제3판

무역학원론

박의범 · 임재열 · 이영련 · 이현훈
정용균 · 권종욱 · 손찬현 · 김태인

TRADE

도서출판 해남

머리말

20세기 말 냉전체제가 붕괴되고 세계무역기구(WTO)체제의 출범과 지역경제통합이 활성화되면서 세계는 점점 하나로 통합되고 있다. 국제무역은 전자무역의 증대 등 그 결제방식과 상품구조가 변화하는 가운데 그 규모가 꾸준히 증가하면서 각 국가는 물론 세계경제 성장에 견인차 역할을 하고 있다. 아울러 21세기에 들어 정보통신기술과 네트워크를 중심으로 디지털경제가 지배하는 정보화 사회가 급속히 진전되면서 지식기반 상품무역의 비중이 증가하고 있다.

제2차 세계대전 이후 세계는 IMF 및 GATT체제하에서 무역과 금융면에서 협력을 지속해 왔다. 특히, 한국 · 타이완 · 싱가포르 · 홍콩은 아시아의 신흥공업국으로서 세계적인 주목을 받으면서 개방적 경제성장의 모범국가로 부상하였으며, 최근에는 중국과 인도가 역시 개방정책에 힘입어 빠른 속도로 성장하고 있다.

우리나라는 1960년대 초부터 시작된 수출주도형 공업화 정책의 성공적인 수행으로 세계에서 보기 드문 압축성장을 이룩하였다. 1997년 말 외환위기를 당하여 IMF로부터 구제금융을 받는 등 경제가 위기에 처하였으나 기업부문 · 금융부문을 비롯한 공공 및 노사부문의 개혁을 통하여 경제위기를 조기에 극복하고 새로운 발전의 전기를 마련하였다. 물론 아직까지 완전한 개혁이 이루어지지는 않았지만 기업 · 금융부문은 구조조정을 통하여 재벌기업이 해체되는 등 엄청난 변화를 이루었다.

본서는 이와 같은 국내외 무역환경의 변화를 감안하여 기존의 무역학원론이 포함하고 있던 국제경제학, 국제경영학 및 무역상무의 편제를 기본적으로 유지하면서 다음과 같은 내용을 수정 · 보완함으로써 더욱 내실 있는 무역학원론 교재로서 활용될 수 있도록 노력하였다.

첫째, 학생들이 보다 쉽게 이해할 수 있도록 어려운 수식이나 용어는 풀어서 설명형식으로 쓰려고 노력하였다.

둘째, 전자무역 등 점점 중요성이 증가하는 새로운 국제무역의 형식을 가르치기 위하여 전자무역 및 국제e-비즈니스론을 별도의 장으로 포함하였다.

셋째, 최근의 국제기구 변화 및 법률 개정을 비롯한 관련자료 및 통계를 가능한 최신 자료로 개정하였다.

본서는 총 27장으로 구성되어 있다. 국제경제학분야는 국제무역이론 및 정책, 국제기구와 경제통합, 국제수지와 외환이론 등으로 구성되어 있다. 국제경영학분야에는 국제기업이론, 직접투자이론, 국제마케팅 및 국제경영관리 등을 포함하고 있으며, 국제상학 또는 무역상무분야에는 무역계약, 국제운송 및 해상보험, 전자상거래 등을 포함하고 있다. 따라서 본서를 한 학기 교재로 사용하기 위해서는 분야별로 필요한 장을 선별하여 강의하는 것이 바람직할 것으로 생각한다.

끝으로 어려운 환경에서도 제3판을 출판하기 위해 애써 주신 도서출판 해남의 노현철 사장님을 비롯한 여러분들에게 감사의 뜻을 표한다.

2010. 3. 4.
아름다운 孝子골에서

차 례

제1편 무역학의 기초

제1장 무역학의 개념과 범주

제2장 무역의 역사

제2편 국제경제학

제8장 GATT와 국제무역질서

제3편 국제경영

제15장 국제경영학의 발전

제16장 국제기업과 해외사업활동

제17장 기업국제화의 이론

제18장 해외직접투자의 이론

제4편 무역상무

제21장 무역계약

제22장 국제운송

제26장 무역관계 법규

제27장 전자무역

제1편

무역학의 기초

Chapter 1

무역학의 개념과 범주

1 무역의 정의와 특성

1. 무역의 어원

무역(trade)은 고대국가에서 시작되었고, 그와 더불어 무역이라는 용어도 발생되었다.[1] 무역의 영문표현인 trade의 어원은 '지나간 자국, 항로(航路)'라는 뜻을 가진 'track'이라는 단어와, '걷다, 밟다'라는 의미의 'tread'라는 단어에서 유래되었다. 즉, 무역은 어떤 길이나 항로를 따라가서 물건을 교환한다는 의미를 지니고 있다. '貿易'이라는 한문의 용어도 고대중국의 고전인 『사기(史記)』와 『십팔사략(十八史略)』에서 '以物相貿易'과 '貿易衣服回轉數周'라는 기록에서 찾아볼 수 있으며, 이때 '貿'와 '易'자는 모두 매매 또는 교환을 의미한다.

따라서 무역이라는 단어 그 자체는 국제뿐만 아니라 국내적인 교역을 모두 포함하는 의미이다. 그러나 우리나라에서 무역은 외국과의 상거래라는 의미로만 해석되고, 그런 의미로 이용되고 있다. 본서에서도 무역이라는 용어를 외국무역의 의미로 사용하기로 한다. 즉, 무역은 국내경제거래(internal transaction)에 대한 상대적 개념으로서, 국경을 넘어서 이루어지는 국제 간의 경제거래(international transaction)를 총칭한다.

2. 무역의 정의

넓은 의미의 무역은 각 경제주체들이 보다 효율적이고 합리적인 경제생활을 위하여 그들의 국가영역 내의 경제적 제약을 완화시킬 목적으로 국경을 넘어 이루어지는 상품 및 용역의 유상적 거래뿐만 아니라 증여 · 배상과 같은 무상적 거래와 자본 등 가용적인 생산요소들을 교환하는 경제적 관계의 총체를 의미한다.

1) 무역의 역사에 대한 구체적인 논의는 제2장을 참조할 것.

한편, 좁은 의미의 무역은 광의의 무역거래 내용 중에서 상품 및 용역의 유상적인 거래만을 가리킨다. 즉, 협의의 무역은 "영리를 획득할 목적으로 한 나라의 기업과 외국의 기업 간에 사적(私的)인 물품매매활동"을 지칭한다. 이때 상대 거래선은 외국인이든 자국인이든 문제가 되지 않으며 본 · 지사 간이라도 무방한데, 다만 상대 거래선이 외국에 존재하는 기업으로 족하다.

일반적으로 일국의 국제수지는 광의의 무역개념에 입각한 모든 종류의 국가 간 경제거래를 체계적으로 분류하여 기록하게 된다.

한 나라가 외국으로 상품을 판매하는 수출(export)과 외국으로부터 상품을 매입하는 수입(import)으로 이루어지는 상품무역(merchandise trade)을 유형무역(visible trade)이라고 한다. 그 밖에 용역(service)의 제공에 의한 보수의 지불도 국제수지상 큰 비중을 차지한다. 예를 들어, 상품의 수출입에 따른 운송이라는 용역의 대가인 운임, 외국인 관광객의 비용이나 대외투자에 대한 이자와 배당금도 적지 않은 금액이 된다. 이들 항목을 일괄해서 무역외거래 또는 무형무역(invisible trade)이라고 한다.

무역은 일반적으로 외국무역 또는 국제무역이라는 명칭과 혼용되는데, 이들 용어를 구별하는 표준은 대체로 다음과 같다. 외국무역(foreign trade)이란 한 나라를 중심으로 외국과의 상거래를 주관적인 입장에서 사용하는 용어이며, 주로 바다를 건너 이루어지므로 해외무역(overseas trade)이라는 용어로 쓰기도 한다. 반면에 국제무역(international trade)은 국가 간(inter-national)의 교역현상을 객관적으로 보는 입장에서 사용된다. 한편, 국제무역이 세계 일부의 국가 간 무역현상을 지칭하는 데 반해서, 세계 전체의 무역관계를 총체적으로 지칭할 경우에는 세계무역(world trade)이라는 용어가 사용되기도 한다. 그러나 이러한 구분은 임의적이며, 실제로는 외국무역, 국제무역, 세계무역 등의 용어가 혼용될 뿐만 아니라 최근에는 무역 대신에 통상(通商, international commerce)이라는 용어도 자주 쓰인다.

3. 무역의 특성

(1) 무역의 복합경제적 성격

무역은 개별적 사경제의 이윤추구활동의 일환으로 이루어지고 있으나 국민경제에 미치는 영향이 매우 심대할 뿐만 아니라 세계 각국을 유기적인 집합체로 연계시키는 역할을 하게 된다. 즉, 무역은 사경제, 국민경제, 세계경제라는 복합경제적 성격을 지니게 된다. 그 성격을 각각 살펴보면 다음과 같다.

1) 사경제적 성격

한 나라의 무역은 전쟁과 같은 비상사태나 사회주의 국가의 경우를 제외하고는 국내상거래와 같이 영업의 자유, 계약의 자유, 통상의 자유라고 하는 상업의 근대적 경향에 따라 기업의 이윤을 극대화하기 위한 방편의 하나로 기업 간의 접촉과 교섭에 의한 사적 물품매매활동으로 이루어지고 있다. 사적 경영기업 간의 무역활동에 대하여 정부의 간섭을 배제하고 관세를 비롯한 제반 무역장벽(trade barriers)을 경감 내지 철폐함으로써 사적 경영기업의 자유활동에 맡기는 것이 국가의 무역효과를 최대한으로 확대할 수 있다. 따라서 기업이 수행하는 수출입활동을 위해 국가의 간섭을 가능한 한 배제하고 사경제적인 개별 활동을 표면에 내세우는 것이 국제경제의 발전에 기여할 수 있게 된다. 이러한 의미에서 무역은 개별적이고도 사경제적인 성격의 바탕 위에서 이루어진다.

2) 국민경제적 성격

사회통념으로 무역은 한 나라와 외국 간의 물자교류를 의미한다. 외국무역이라는 용어 그 자체도 국가본위의 거래임을 나타내고 있다. 즉, 개인이나 기업 간의 물자교류를 통하여 결국은 국가 간의 물자교류를 달성할 수 있게 된다. 각국은 물자의 국제적 불균형을 시정하기 위하여 공공이나 개인 경영기업의 무역거래를 통하여 물자교류를 실현시키고 있다. 이때 정부는 기업의 영리추구라는 개인적인 동기에 바탕을 두고 국민경제적 목표에 따라 무역에 영향을 미치는 정책을 시행하게 된다. 즉, 무역의 주체는 사기업인 동시에 국민경제인 것이다. 무역에 부과된 국민경제적 기능이 기업의 실천적 경영에 맡겨져서 국민경제가 의도하는 바를 달성할 수 있기 때문에 양자는 표리일체(表裏一體)의 복합관계에 있게 된다.

기업의 경영목적은 오직 수익의 획득에 있으나, 국민경제의 교역목적은 주로 국민후생의 증대와 함께 국제수지 균형의 유지 및 실현에 있다. 따라서 어떤 무역활동이 무역업자인 개인에게 유리하다 할지라도 국민경제상 불리하다고 인정될 때는 국가주권으로 억제되지 않으면 안 된다. 무역은 그 자체가 목적이 아닌 일정한 국민경제적 목적을 달성하기 위한 수단으로서 그 가치를 부여받을 수 있는 것이다.

3) 세계경제적 성격

무역은 각국의 국민경제가 상호 연계되어 이루어진다. 이런 의미에서 사경제의 기업경영활동도 모두 세계경제의 범주에서 이루어지는 세계경제의 유기체를 구성한다 하겠다. 즉, 무역은 세계경제를 각 국민경제의 우연한 집합체가 아니라 하나의 유기체로 형성시키는 세계경제적인 성격을 갖고 있다. 한 나라의 금융위기는 세계금융의 이변을 가져오고, 한 지역국가의 불황은 세계경제의 불황을 가져오며, 한 국가의 관세인상은 타국의 보복관세를 연쇄반응적으로 야기시킨다. 따라서 개별 기업의 무역활동도 국가 간의 무역협정이나 경제협정 등에 의한 통상관계의 제약을 받을 뿐만 아니라, 세계경제의 연쇄적인 반응에 직 · 간접적으로 영향을 받게 된다. 이러한 의미에서 오늘날 세계무역의 이념은 세계무역기구(WTO) 및 국제통화기금(IMF)을 중심으로 무역이 세계평화의 일익을 담당하도록 하자는 경제적 국제주의에 입각하고 있다.

(2) 무역의 상거래적 특성

무역거래도 상거래라는 점에서 국내상업거래와 다를 바가 없다. 그러나 무역은 앞에서 살펴본 바와 같이 국경을 넘어 이루어지는 특수하고 복잡한 성격을 지닌 상거래라는 점에서 무역 특유의 성질을 갖는다. 그 특성을 살펴보면 다음과 같다.

1) 해운상업성

무역은 바다가 주된 무대이므로 해운과 무역은 불가분의 관계를 갖는다. 이러한 관계는 해양국가의 무역에만 국한되지 않고 프랑스나 독일과 같은 전형적인 대륙국가에서도 무역총액의 대부분이 해상무역에 의존하고 있다. 중세의 범선무역시대(帆船貿易時代)를 모험상인(冒險商人, merchant adventurer)시대라고 부르는 이유도 무역이 해운과 보험의 종합체로서 발전되어 왔음을 시사하는 것이다. 그 후 해운이 발달하고 보험기업이 분리되었으며, 운송도 해상, 육상, 항공, 내수로 등으로 발달하였다. 오늘날 해상은 이들 일체의 운송을 통상경로(通商經路)로 하고, 해상항구(海商港口)를 중심으로 한 해운 · 해상보험, 그리고 상항(商港)에 있어서의 창고제도 등을 포함하는 통합체를 지칭하게 되었다. 이처럼 무역이 해운이라는 통상경로를 통하여 그것과 불가분의 관계를 가지고 발전되어 왔다는 점에서 무역의 해운상업성(海運商業性)은 절대적이라 하겠다.

2) 기업위험성

세계의 교통수단과 보험제도가 발달함에 따라 무역의 기업위험성은 과거에 비해 상당히 경감되고 담보되고 있으나 무역거래는 국내상거래와 달리 많은 영업상의 위험을 내포하고 있다. 즉, ① 장기간의 운송보관중에 상품 그 자체에서 발생하는 물리적 위험, ② 상품의 인도를 거부하거나 상품대금에 대한 지불불능이나 거절의 위험, ③ 대량선물거래에서 계약시기와 상품의 인도 및 대금의 지불시기에 시간적 격차에 따른 상품가격의 변동위험, ④ 외환시세의 변동에 따른 환위험(換危險) 등은 국내상거래보다 훨씬 큰 기업위험들이다.

3) 산업연관성

무역은 국내 중요 산업이 필요한 원료를 자원이 풍부한 세계 각국으로부터 수입하여 공급하고, 국내에서 생산된 상품을 해외시장에 수출함으로써 산업의 원료 및 상품시장을 국내에서 세계 전체로 확대시키는 배급기능을 담당하고 있다. 특히, 수출은 국내산업에게 광활한 해외시장을 제공함으로써 대량생산을 가능하게 하고, 이는 여타 국내산업에도 많은 파급효과를 내어 고용수준을 향상시키며, 국민경제 발전의 선도적 역할을 수행하게 된다. 즉, 무역을 통한 국민경제의 전체 산업에 대한 영향이 매우 크다.

4) 국제관습성

국제무역도 국제거래와 마찬가지로 매매 쌍방에 법률상의 권리와 의무를 발생시키는 법률행위로서, 일종의 상사계약(商事契約)이다. 그러나 국내상거래는 국내법에 따라 규율되는 반면, 세계무역을 규율하는 국제공통의 매매법은 없다.

무역매매를 규제하는 통일법이 없기 때문에 세계의 무역은 법제(法制)와 풍속(風俗)이 다른 각국의 실무계에서 오랫동안 시행착오를 겪으면서 정형화된 무역관습에 준거하여 계약을 체결하여 이행하고 있다. 다시 말해, 무역매매는 이들 무역관행규칙에 따라 거래되는 특수성을 가지고 있다. 그러나 최근 들어 세계무역에서 확립된 일정한 상사관습이 통일화됨으로써 국제규칙으로까지 발전하기에 이르렀다.

2 무역의 종류

1. 상품의 이동방향에 따른 구분

(1) 수출무역

수출무역(export trade) 또는 수출(export)이란 국내의 상품이나 용역이 외국으로 이동되는 것을 말한다. 즉, 물품을 외국으로 판매하여 그 대가로 외환을 수취하는 거래이다.

(2) 수입무역

수입무역(import trade) 또는 수입(import)이란 외국의 상품이나 용역이 국내로 이동되는 것을 말한다. 즉, 국내로 유입된 물품에 대한 대가로 외환을 지급하는 거래이다.

2. 상품의 이동경로에 따른 구분

(1) 직접무역

직접무역(direct trade)은 수출입 양국의 무역업자가 제3자(중간상인)를 개입시키지 않고 직접 매매계약을 체결하며 모든 수출입활동을 담당하고 수행하는 방식의 무역이다. 이러한 직접무역의 경우 자사의 무역부서나 계열무역회사가 외국의 소비자나 상인 또는 외국회사와 직접 연결되므로 중간상 수수료의 절약에 따른 이윤의 증가, 시장정보의 정확한 파악, 무역 각 단계에 대한 직접통제가 가능하다는 등의 장점이 있다. 그러나 무역거래선 확대에 따른 각 거래국의 지식과 정보파악의 어려움, 무역조직의 유지 및 확충에 대한 인적 · 물적 부담 가중 등의 단점도 나타나게 된다.

(2) 간접무역

간접무역(indirect trade)은 제3국이 어떤 형태로든 개입하여 수출입 양국의 수입업자가 연결되는 형태의 무역이다. 이러한 간접무역의 유형으로는 다음의 몇 가지를 들 수 있다.

1) 중개무역

중개무역(仲介貿易, merchandising trade)은 거래당사국 간에 매매계약이 직접 체결되지 않고 제3국의 무역업자(중개상인)가 개입하여 계약이 체결되며, 상품은 수출국에서 최종수입국으로 직송된다. 중개상은 수출업자(exporter)에게는 수입업자(buyer)의 입장에 서고, 수입업자(importer)에게는 수출업자(seller)의 입장에 서서 매매차익을 받거나 수수료(commission)를 취득하는 경우로 구분된다.

2) 중계무역

중계무역(中繼貿易, intermediary trade)은 거래물품이 수출국에서 수입국으로 직송되지 않고, 일단 제3국에 양륙되었다가 원형 그대로 또는 약간의 가공을 거친 후 최종수입국으로 재수출하게 되는 무역형태이다. 이러한 무역은 홍콩, 마카오, 싱가포르 등 대표적 중계항(intermediary port)을 통하여 이루어지고 있으며, 중계항의 요건으로는 관세가 없는 자유항, 환전상의 복잡성이 없는 외환자유화 지역, 상품의 이동이 용이한 교통중심지 등을 들 수 있다.

3) 통과무역

통과무역(transit trade)은 거래상품이 수출국에서 수입국으로 이동하는 과정에서 부득이하거나 기간단축 등의 목적으로 제3국을 지나게 되는 경우 그 제3국의 입장에서 본 무역을 일컫는다. 이때 제3국은 자국통과의 대가로 통과수수료, 운임, 노임, 보험료 등을 얻게 된다.

4) 스위치무역

스위치무역(switch trade)이란 매매계약이나 상품운송이 거래당사자 간에 직접 이루어지지만 대금결제만은 제3국의 상인을 개입시켜 간접적으로 이루어지도록 하는 무역을 말한다. 이 경우 대금결제에 개입된 자를 스위처(switcher)라 하며, 이 스위처는 일정한 커미션(switcher-commission)을 받게 되는데, 분쟁관계에 있는 국가 간에 볼 수 있는 무역형태이다.

3. 무역주체에 따른 구분

(1) 민간무역

민간무역(private trade)은 무역거래의 담당주체가 개인이나 기업 등 민간무역업자인 경우로 자본주의 체제하에서 가장 일반적인 무역형태이다.

(2) 국영무역

1) 정부무역

정부무역(government trade)은 무역거래의 주체가 정부로서 비영리적인 목적하에서 무역행위를 하는 것이다. 그러나 실제로는 민간업자를 개입시켜 이루어지는 것이 일반적이다.

2) 공무역

공무역(公貿易, public trade)은 무역거래의 주체가 공공기관이 되는 경우로서, 공공기관인 '정부가 출자하거나 중역을 임명하는 정부대행기관'을 설립하여 상거래활동을 하는 것을 말한다. 대표적인 공공기관의 형태로는 사회주의 국가에서 이용되는 해외무역공사 등을 들 수 있다. 그러나 그 대행기관이 공적인 국영기관이 아니고 순수한 민간무역업자나 무역회사 조직체의 성질을 보유하고 있는 기관일 경우에는, 수출입의 대상이 정부관리물자(예를 들면, 담배, 인삼, 무기류) 또는 비축물자라 할지라도 그 무역거래행위는 엄밀한 의미에서 순수한 민간무역이라 할 수 있다.

4. 국가의 간섭 정도에 따른 구분

(1) 자유무역

자유무역(free trade)은 무역거래에서 국가가 일체의 간섭과 통제를 하지 않고 국가 간의 상품, 용역, 자본의 자유로운 유출과 유입을 보장하는 무역을 의미한다. 19세기 영국을 중심으로 시작된 자유무역은 오늘날에는 WTO체제를 중심으로 관세장벽의 경감 · 폐지 등의 자유무역이 추진되고 있으나 완전한 자유무역을 실시하는 나라는 거의 없다.

(2) 보호무역

보호무역(protective trade)은 국가가 국내산업의 보호, 국제수지 개선, 국내고용 증대, 국내물가 안정, 자원의 효율적 배분, 국민복지 향상 등을 위하여 관세 · 비관세 등의 수단으로 무역에 적극 개입함으로써 무역의 통제가 이루어지는 형태이다. 오늘날 대부분의 국가들은 비록 정도의 차이는 있으나 보호무역을 채택하고 있다.

5. 대상지역에 따른 구분

(1) 남북무역

남북무역(north-south trade)은 선진국과 저개발국 간의 국제무역을 의미한다. 남북의 개념은 지리적으로 선진국이나 중진국이 주로 북반구에 위치하고 있는 반면, 아프리카 · 중남미 등의 저개발국가들은 대체로 남반구에 위치하고 있음에서 비롯된 것이다. 한편, 이러한 선 · 후진국 간의 경제적 · 정치적 관계를 남북문제라고 한다.

(2) 동서무역

동서무역(east-west trade)은 자본주의 국가와 사회주의 국가들 간의 무역을 의미한다. 동서의 개념은 유럽을 중심으로 동쪽에 사회주의 국가들이 위치하고 있고, 서쪽에 자본주의 국가들이 위치하고 있음에서 비롯된 것이다. 한편, 이들 간의 전반적인 정치 · 경제적 관계를 동서문제라고 한다. 그러나 1980년대 말 이후 구소련을 위시한 대부분의 사회주의 국가들이 자본주의 시장경제체제로 전환하면서 이러한 구분이 더이상 의미가 없어졌다.

6. 무역대상품의 상이에 따른 구분

(1) 유형무역

유형무역(visible trade)은 거래되는 무역의 대상을 우리의 눈으로 볼 수 있는 어떤 형체를 가지고 있는 물품의 거래를 의미하는 것으로서 상품무역(goods trade)이라고도 한다. 따라서 이러한 물품의 거래는 반드시 수출입의 통관절차를 거쳐야 한다.

(2) 무형무역

무형무역(invisible trade)은 거래되는 무역의 대상이 어떤 형체를 가지지 않는 용역 또는 서비스인 경우를 의미하는 것으로 서비스무역(services trade)이라고도 한다. 즉, 눈으로 볼 수 없는 무역이라는 뜻으로 운임 및 보험, 기타 운수, 여행, 투자무역, 기타 용역(각종 수수료, 광고선전비, 저작권 및 특허권 사용료 등) 등이 여기에 속한다. 이러한 무형무역은 물론 세관에서의 통관절차를 거치지 않는다.

7. 무역대상품의 산업에 따른 구분

(1) 수평무역

수평무역(horizontal trade)은 생산단계가 같거나 유사한 상품 간(예: 공산품 또는 농산물 상호간)의 무역을 의미하는 것으로 소득수준, 기술, 산업구조 등이 비슷한 국가 간에 이루어지는 무역거래이다.

(2) 수직무역

수직무역(vertical trade)은 생산단계가 서로 다르거나 보완적 성격을 가진 상품

간(예: 공산품-농산물)의 무역으로 경제발전 정도가 다른 선진국과 개발도상국, 개발도상국과 저개발국 사이에 이루어지는 무역거래이다.

8. 수출입 연계방법에 따른 구분

(1) 구상무역

구상무역(compensation trade; barter trade)은 수출입 상품의 대금을 그에 상응하는 수입 또는 수출로 상계하는 방식의 무역을 의미한다. 이때 환의 개입 여부에 따라 무환구상무역과 유환구상무역으로 구분되는데, 전자는 무역당사국 간 화폐의 흐름이 없는 순수한 의미의 물물교환방식의 무역으로 선수입에 대한 물품대금을 지급하지 않고 이에 상응하는 물품을 후수출하거나 또는 선수출에 상응하는 물품을 후수입하는 방식이다. 즉, 단일계약(수출판매계약임과 동시에 수입구매계약)으로 두 개의 거래가 하나로 연계되고 상품의 교환도 거의 동시에 이루어지는 무역이다. 후자는 무역당사국 간의 대금결제시 선수출입시에 상응하는 대금을 외화로 지급 또는 수취하는 거래방식이다. 이 경우 특정 수출과 수입을 서로 이행조건으로 함으로써 결과적으로 동액의 무역이 이루어진다. 따라서 구상무역은 주로 두 무역당사국 간의 무역이 균형을 이루도록 하기 위하여 이용되는 방법이다.

(2) 삼각무역

삼각무역(triangular trade)은 두 국가 간의 무역에 구조적 불균형요인이 존재하여 어느 한 국가의 수입초과가 발생하게 되면, 이들 두 국가는 더 이상의 무역증진을 이룰 수 없게 된다. 이때 수입초과 국가와 반대관계에 있거나 다른 특수한 관계에 있는 제3국을 개입시켜 제3국으로 하여금 대금결제를 하게 한다면 불균형의 정도가 완화되고 무역을 확대시킬 수 있게 되는데, 이러한 경우를 삼각무역이라고 한다. 예컨대, A국이 B국에 대하여 수출초과인 경우, A국에 대해서는 수출초과이고 B국에 대해서는 수입초과인 C국을 개입시키면, A와 B 양국 간의 무역은 불균형이지만 전체적으로는 균형에 이를 수 있게 된다. 또한 개입되는 국가가 제3국 이외에도 제4국, 제5국 등 여러 나라가 되면 다각무역(multilateral trade)이 된다.

9. 상품의 수송경로에 따른 구분

(1) 육상무역

육상무역(overland trade)은 상품의 수송경로로 육로(도로, 철도)를 이용하는 무역형태이다. 육상무역은 주로 교역당사국의 수출입 지점이 육상으로 연결되어 있는 유럽과 같은 내륙국가 간에 이루어지고 있으며, 최근 들어 국제복합운송이 발달되면서 해상운송 및 항공운송과 연계되어 많이 이용되고 있다.

(2) 해상무역

해상무역(ocean or maritime trade)은 상품의 수송경로로 바다를 통한 선박을 이용하는 무역형태로서 가장 오래 전부터 이루어져 왔던 방법이다. 또한 한 번에 많은 양을 멀리까지 수송할 수 있다는 장점 때문에 해상무역은 오늘날에도 주를 이루고 있는 무역형태이다.

(3) 하천무역

하천무역(river trade)은 상품의 수송경로로 하천을 이용하여 하천에 접해 있는 여러 나라와 행하는 지역별 무역형태로, 라인강을 이용한 프랑스, 독일, 네덜란드, 스위스 상호간의 무역이 대표적인 예이다.

10. 무역상대국에 따른 구분

(1) 외국무역

외국무역(foreign trade)은 무역거래의 상대국이 정치적으로 완전히 독립된 국가와의 거래로서 오늘날의 무역은 대부분이 순수한 외국무역이다.

(2) 식민지무역

식민지무역(colonial trade)은 본국과 그 주권하에 있는 식민지, 보호령, 속령 간에 이루어지는 무역으로, 대표적인 예로는 영국과 홍콩 간의 무역을 들 수 있다. 그러나 이들 국가 간에는 특혜관세에 의한 우대조치와 공통적인 정책의 시행 등 독립국가와는 다른 무역이 이루어진다.

3 무역학의 범주

1. 무역학의 연구분야

무역학의 연구분야는 크게 국제경제학적 연구, 국제경영학적 연구 및 국제상학적 연구로 구분할 수 있다.

국제경제학적 연구는 경제학적 분석틀을 이용하여 국가 간의 무역거래를 국민경제적 입장에서 분석하는 것이다. 국제경제학적 연구는 다시 국제무역에 관한 연구와 국제금융에 관한 연구로 나눌 수 있다. 국제무역론은 무역발생의 원인 및 패턴, 무역정책, 국제무역기구의 역할 등 국가 간의 실물상품 교환에 대한 분석을 주 연구대상으로 하고 있다. 한편, 국제금융론은 국가 간의 금융거래, 국제수지, 환율변동 등 주로 돈의 흐름에 관련한 것들을 주 연구대상으로 하고 있다.

국제경영학적 연구란 무역을 경영학적 입장에서 무역기업체 그 자체의 본질적 제 문제를 연구하는 것이다. 즉, 무역을 영위하는 기업의 조직, 운영, 마케팅, 거래, 물적 유통, 국제재무, 국제경영관리는 어떠해야 하는가를 연구하는 것이다. 최근 이 분야의 연구가 상당히 이루어지고 있지만 아직 그 체계는 수립되었다고 보기 어렵다. 그러나 무역의 고도화에 따라 수출마케팅, 국제마케팅의 연구가 상당히 중시되고 있으며, 현재에는 국제경영론(international business management)의 일부로서 취급되고 있다.

국제상학적 연구는 무역업에 종사하는 실무자 입장에서 무역거래를 상학 내지는 법학적 입장에서 연구하는 것이다. 즉, 무역이 어떻게 행해지는가를 연구하는 것으로, 방식(how)에 역점이 두어지고 있다. 이 연구는 무역계약의 원리, 해상운송 및 보험, 대금결제, 무역클레임 등 무역거래활동에 관한 실제적 연구를 행하는 것이다. 따라서 국제상학론은 무역실무라고도 일컬어지고 있다.

물론 이상의 연구는 상호 독립적이라기보다는 무역거래를 이해하고, 이를 성공적으로 수행하기 위해 필요한 상호 보완적인 연구이다. 즉, 성공적인 무역인은 단지 일상의 거래체결이나 서류조작에 그치는 것이 아니라, 무역의 경제적 의미에 대한 이해에 기초하여 무역거래에 수반되는 해외마케팅조사, 무역계약, 무역운송, 해상보험 및 무역결제를 어떻게 원활히 그리고 유효하게 행하는가를 이론적 · 실무적으로 이해하는 것이어야 한다. 따라서 국제경제학적 연구, 국제경영학적 연구, 국제상학적 연구는 상호 보완적 관계에 있으므로, 이들의 종합적 연구가 필요하다.

2. 무역학의 교육체계

(1) 교육목표

무역학의 교육목표는 국제무대에서 국가경제 및 기업의 첨병역할을 훌륭히 수행할 수 있는 창조적인 국제무역인을 양성하기 위해 국제적 감각과 기본 능력을 배양함과 동시에 국제무역에 관한 전문지식을 전수하는 데 그 목표를 두어야 한다.

(2) 교육체계

물론 무역학의 교육체계는 위에서 서술한 교육목표를 달성할 수 있도록 정립되어야 할 것이다. 우선 국제감각과 기본 능력을 배양하기 위한 교육체계는 다음의 세 가지로 나누어 볼 수 있다.

1) 국제적 감각과 기본 능력의 배양

첫째, 미래지향적인 가치체계를 확립시키는 일이다. 무역학은 여타의 사회과학보다도 미래지향적이고 자유로운 사고에 입각한 접근이 필요하다. 왜냐하면, 기본적으로 국제무역은 각국이 현재보다는 미래를 지향하고 자유로운 국제상거래를 보장할 때, 비로소 그 기능을 충분히 발휘할 수 있기 때문이다. 따라서 학생들로 하여금 미래지향적인 가치체계를 갖도록 전반적인 학과의 분위기 조성은 물론 각종 미래지향적인 교양과목을 수강하도록 지도할 필요가 있다.

둘째, 외국어 구사능력을 배양시키는 일이다. 무역학과 졸업생들이 외국문화와 언어를 충분히 이해하지 않은 상태에서 이론적 교육만으로 무역현장에서 능력을 발휘할 수 없다는 사실은 너무 당연하다. 따라서 학생들이 영어를 비롯한 다수의 외국어관련 교양과목을 수강하도록 지도함은 물론 무역학과 자체적으로 각종 무역영어관련 과목을 개발하고 이를 외국인 교수가 직접 지도하도록 해야 할 것이다.

셋째, 정보활용능력을 배양시키는 일이다. 현대사회는 정보화 사회이며, 무역거래도 컴퓨터를 이용한 전자문서교환(electronic data interchange; EDI)방식으로 전환되고 있다. 따라서 무역학 전공학생들은 모든 컴퓨터과목을 수강하도록 하여 컴퓨터를 다룰 수 있도록 하고, 전산실에서 개인적인 실습을 할 수 있도록 해야 한다.

2) 국제무역에 관한 전문지식의 전수

무역학과에 개설되는 전공교육과정은 크게 위에서 설명한 바와 같이 국제경제학분야, 국제경영학분야, 국제상학분야로 구분될 수 있다. 국제경제학분야에서는 국제무역론, 무역정책론, 국제금융론, 국제수지론, 국제자원론, 국제지역경제

그림 1-1 무역학과 교육목표 및 체계

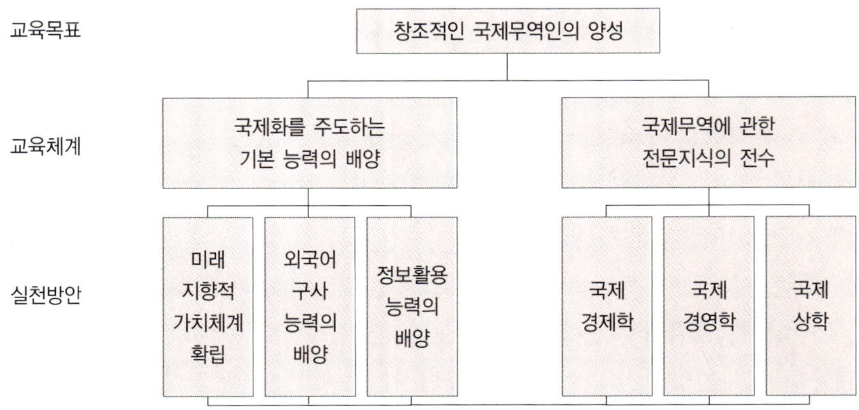

론, 국제경제기구론, 무역사, 한국무역론 등을 다룬다. 국제경영학분야에서는 국제경영론, 해외시장조사론, 국제마케팅론, 해외투자론, 국제기업환경론, 국제재무관리론 등을 다룬다. 국제상학분야에서는 무역상무론, 무역관습론, 국제계약론, 국제운송론, 해상보험론, 신용장론, 국제거래법, 상사중재론, 관세제도론, 무역상품학, 무역영어 등을 다룬다.

이상과 같이 3분야로 구성되어 있는 전공과목을 수강함에 있어 자칫하면 분야별로 대치되거나 중복될 수 있다. 따라서 무역학의 3분야가 종합적으로 연구 · 강의될 수 있도록 과목 간의 상호 긴밀한 보완이 필요하다.

이상에서 서술한 무역학의 교육목표 및 체계는 〈그림 1-1〉에 정리되어 있다.

Chapter 2 무역의 역사

제1절　고대사회
제2절　중세사회
제3절　상업자본주의 시대
제4절　중상주의 시대
제5절　산업자본주의 시대
제6절　독점자본주의 시대
제7절　양차대전 간
제8절　제2차 세계대전 이후

1 고대사회(~5세기 중반)

1. 전개상황

고대문명이 가장 일찍 일어난 곳은 이집트의 나일(Nile)강 유역, 메소포타미아의 티그리스(Tigris)강과 유프라테스(Euphrates)강 유역, 서북 인도의 인더스(Indus)강 유역, 그리고 중국의 황하(黃河) 유역이다.[1] 이들 지역에는 큰 강이 흐르고 있어 우기가 되면 홍수가 나서 상류로부터 기름진 흙이 하류로 흘러들어 옴으로써 토질이 비옥해져 농사를 잘 지을 수 있었다. 따라서 식량이 풍부해지고 생활에 여유가 생겨 여러 가지 수공업도 성립하여 문화를 일으킬 수 있었다. 이러한 수공업의 발달은 결국 상업과 무역의 원인이 되었다.

그러나 본격적인 의미에서 무역에 종사한 최초의 민족은 지중해 크레테(Crete)섬의 주민이었다. 크레테 주민들은 이집트 및 이탈리아의 사르디니아(Sardinia)와 보석, 도자기, 미술품, 상아, 직물 등을 교역하였다.

페니키아는 세계 최초의 해상국가인 크레타의 뒤를 이어 그리스(Greece) 민족이 발전할 때까지 6세기 동안(1400B.C.~800B.C.) 지중해의 해상권을 독차지하면서 무역과 식민활동을 하였다. 이들은 조선기술과 항해에 뛰어났을 뿐만 아니라 염색, 유리 등 제조공업에도 능하여 그 제품을 해외로 수출하였다. 그리고 무역에는 국제적인 언어와 문자가 필요하므로 이집트의 표음문자를 개량한 알파벳을 만들어 그리스로 전하기도 하였다. 이들의 무역활동무대는 남쪽으로는 이집트, 서쪽으로는 이베리아(Iberia)반도에서 영국까지, 동쪽으로는 육로를 통해서 페르시아(Persia)까지, 그리고 지중해, 흑해, 아프리카 해안을 통해서 인도까지 매우 광범위하였다.

그리스는 기원전 7세기경부터 페니키아인과의 세력항쟁에서 승리한 후 지중해의 여러 지역에 대한 해상지배권을 확보하게 되어 식민지 무역활동을 활발히 하였다. 기원전 5세기경부터 해상무역이 가장 성행하였던 곳은 그리스 수도인 아테

1) 조좌호, 『세계문화사』 제2전정판, 박영사, 1986, p. 34.

네(Athens)였다. 아테네는 주로 중계무역을 하였으나 무화과, 벌꿀, 올리브유, 도자기, 대리석, 직물, 공예품 등 아테네의 고유 상품을 수출하기도 하였다. 수입품은 금, 어류, 곡물, 철, 주석, 납, 모피, 털, 노예 등이었다.

로마(Rome)는 기원전 29년부터 200여 년 동안 지중해를 중심으로 로마제국(Pax Romana)을 건설하였다. 그리스와 달리 해안선이 짧고 섬이 적었던 로마는 해양에 대한 관심이 희박하여 초기에는 그리스인보다 무역을 경시하였으나 로마제국이 절정에 이르면서 무역도 매우 번창하였다. 그러나 수출보다는 수입을 중시하였으며, 주요 수입품은 이집트의 화폐 · 마, 그리스의 대리석 · 식기 · 도료 · 향료, 스페인의 금 · 은 · 동 · 납 · 철, 영국의 마포 · 피혁 · 진주, 이탈리아의 돼지 · 조, 독일의 모피 · 철, 인도의 목면, 중국의 생사 · 견직물 등이었다.

2. 특징

첫째, 노예제 사회의 식민지무역이었다. 고대사회는 노예소유제적 생산방식을 채택하고 있었으며, 무역도 식민지에 대한 일종의 수탈무역형식이었다. 따라서 무역대상 상품도 당시의 지배계급이었던 노예소유자들을 위한 사치품이 주종을 이루었으며, 노예매매도 무역에서 큰 비중을 차지하였다.

둘째, 지중해 중심의 해상무역에 의해 교역이 이루어졌다. 고대무역의 주된 결정요인은 해상을 지배할 수 있는 항해술이었다. 이에 따라 초기에는 지중해를 기점으로 한 근접해상무역이었다. 그리고 기원전 9세기경에는 아랍과 인도까지 무역의 범위가 확대되었으며, 로마시대에는 동방까지 넓혀져 중국과의 무역이 이루어졌다.

셋째, 중개무역(仲介貿易)에 의한 간접교역형태였다. 즉, 고대무역은 국내생산자와는 관계없이 중간상인에 의하여 이루어졌으며, 이에 따라 상업도시가 많이 형성되었다.

2 중세사회(5세기 중반~15세기 중반)

1. 전개상황

중세사회는 몽고족의 일종인 훈(Huns)족이 흑해 연안의 동고트족을 정복하자, 게르만민족이 이동하면서 서로마제국이 476년 멸망함으로써 시작되었다.

로마제국의 멸망으로 지방행정관들은 각지에서 독자적인 군대를 양성하여 장원(manor)을 형성하고 영주가 되었다. 이러한 영주들은 지방주민을 예속시켜 농노(農奴)로 만들고 토산물을 진상케 하는 한편, 국왕과는 토지를 매개로 결합되어 가신으로서의 신분상 책임을 다하는 이른바 봉건체제가 형성되었다. 이와 같은 초기 봉건사회에서는 자급자족적 경제가 주를 이루었고, 아울러 인간의 물욕을 비난하고 상업을 경멸하는 사상이 형성됨에 따라 무역은 크게 침체하였다. 무역은 주로 영주나 귀족층을 위한 사치품으로 제한되었다. 이러한 중세유럽의 무역쇠퇴현상은 동로마제국의 수도 콘스탄티노플(Constantinople)이 지중해와 동방을 연결하는 중계지로서의 역할을 시작하게 된 10세기경까지 계속되었다.

11세기 말부터 약 2세기에 걸친 십자군운동이 전개되면서 봉건영주가 몰락하고 강대국이 출현하는 등 봉건제도에 큰 변화가 나타났다. 이즈음 동방과 서유럽 간의 무역이 성행하면서 이탈리아의 여러 도시들이 중개지로서 신상업의 중심이 되었다. 13~14세기에 이르러서는 북유럽의 도시들도 상업의 중심지로서 성장하고 해상 및 육상무역이 크게 발달하였다.

2. 특징

첫째, 초기에는 무역이 매우 침체되었으나 십자군운동 이후 무역이 매우 활발하게 전개되어 지리적으로는 지중해 주변에 한정된 연안무역에서 유럽대륙 내부와 북해와 발틱해안까지 확대된 해양무역으로 변모하였다.

둘째, 무역상품의 종류도 고대와 중세 초기에는 지배계급을 위한 사치품이 주종이었으나 중세 후반에는 상품의 종류도 다양해지고 일반인을 위한 필수품이 큰 비중을 차지하게 되었다.

셋째, 봉건영주의 몰락과 왕권이 신장함에 따라 무역의 주체가 종래의 상인단체에서 중앙집권적인 국가형태의 무역으로 바뀌었다.

3 상업자본주의 시대(15세기 중반~17세기 초)

1. 전개상황

15세기 초가 되자 세계무역권은 지중해, 북해, 발틱해, 인도, 중국까지 확대되었다. 그런데 1453년 동로마제국이 회교도인 오스만투르크족에 의해 멸망함에 따라 육로를 통한 동서무역이 갑자기 제약을 받게 되었다. 이에 따라 유럽 제국은 인도로 가는 항로를 찾고자 하는 노력을 하게 되었는데, 그 결과 미대륙과 희망봉(Cape of Hope)을 경유하는 동인도항로를 발견하게 되었다. 즉, 콜럼부스(Columbus)가 이끄는 스페인 선대는 1492년에 아메리카 대륙을 발견하였고, 바스코 다 가마(Vasco da Gama)가 이끄는 포르투갈 선대는 1498년에 아프리카 최남단인 희망봉을 경유하여 동인도에 이르는 항로를 발견하였다.

이와 같은 지리상의 2대 발견은 지리적 혁명으로 일컫는 매우 큰 사건이었다. 즉, 지리상의 2대 발견은 결국 상업 및 무역에 일대 혁명을 초래하여 상업자본의 도약적 발전을 가져왔다. 스페인은 중남미의 여러 지역을 식민지화하면서 멕시코와 페루의 은광을 개발하여 은을 유럽으로 들여왔다. 은의 대량 유입은 유럽의 상품가격을 상승시켰으며, 이는 모직물을 중심으로 한 상품생산의 발전을 자극하였다. 한편, 포르투갈은 동방의 향료를 대량으로 유럽으로 들여와 막대한 이익을 얻을 수 있었다. 특히, 세계시장의 형성은 유럽 공산물의 거대한 판매시장을 제공함으로써 상업자본의 급속한 발전을 가져왔다.

이와 같이 지리상의 2대 발견은 스페인과 포르투갈로 하여금 이 시대의 무역 패권을 쥐게 하는 결과를 가져왔으며, 앤트워프, 리스본, 카디스 및 인도의 고아를 중심으로 하는 새로운 세계시장이 형성되었다. 스페인은 1580년에 포르투갈을 합병하여 최대의 번성기를 구가하였다. 그러나 루터 및 칼뱅에 의한 종교개혁운동이 일어나면서 1581년에 스페인 지배하에 있던 네덜란드가 독립운동을 일으키고, 영국이 자국의 값싸고 양질의 모직물을 신대륙 무역에 밀반출하는 동시에 허가받은 해적선을 이용하여 스페인의 선대를 습격함으로써 스페인의 위상이 추락하기 시작하였다. 특히, 1588년에는 스페인의 무적함대(Invincible Armada)가 엘리자베스여왕이 파견한 영국 함대에 패배하면서부터 스페인의 무역패권은 점차 네덜란드에게 넘어갔다.

2. 특징

첫째, 무역중심지가 지중해와 유럽에서 전 세계로 확대되었다. 즉, 신항로가 개척된 이래 아프리카 및 동방 상품은 포르투갈 상인에 의해, 아메리카 상품은 스페인 상인에 의해 유럽으로 유입되고, 유럽의 공산품은 다시 이들 지역으로 수출되는 형식으로 무역이 전 세계로 확대되었다.

둘째, 대형선박을 이용한 항해술의 발달로 교역대상 품목과 교역량이 대폭 확대되었다. 이에 따라 무역으로부터 막대한 이득을 얻은 상인들은 상업자본을 축적하게 되었다. 이와 같이 축적된 상업자본은 이 시기에 르네상스 문명을 꽃피우는 밑거름이 되었다.

4 중상주의 시대(17세기 초~18세기 중반)

1. 전개상황

스페인으로부터 무역패권을 물려받은 네덜란드는 1602년 동인도회사를 설립하고 식민지무역을 활발히 전개하였다. 네덜란드의 동인도회사는 동남아시아에서 포르투갈과 영국 등을 축출하고 각지에 상관을 설치하였다. 또한 네덜란드는 아프리카 해안에도 진출하였는데, 기니(Guinea)만과 케이프타운(Cape Town)에 남아프리카 식민지의 거점을 만들었다. 이로써 암스테르담은 매우 번성하였으며, 이와 같은 네덜란드의 번영은 17세기 말 영국으로 무역패권이 넘어갈 때가지 지속되었다.

영국은 16세기에 이르면서 풍부한 원료와 노동력을 중심으로 제조업의 급속한 발달을 가져왔다. 미 대륙에 정착한 영국인 이민들은 금 · 은 개발에 치중한 스페인과 달리 농업에 종사하면서 17세기 중반부터 유럽이 필요로 하는 설탕, 커피, 곡물, 연초 등을 수출하기 시작하였는데, 영국은 이들로부터 이와 같은 농작물을 수입하는 한편, 모직물을 중심으로 하는 공업제품을 수출하면서 공업국으로 부상하였다. 네덜란드의 뒤를 이어 공산품 수출국으로 부상한 영국은 17세기 말경부터 자국산업의 보호 · 육성을 위한 중상주의(mercantilism) 정책을 실시하였다. 이의 주요 내용은 귀금속 확보를 위하여 수입품에 보호관세를 부과하는 한편, 국산품에 대해서는 수출장려금을 지급하는 것으로 요약된다. 특히 모직물, 금속공업제품 등 자국의 유치산업을 보호 · 육성하고 국내시장을 보호하기 위하여 인도의 면사를 비롯한 경쟁적 수입상품에 대하여 수입금지 또는 고율의 관세를 부과하였고, 국내생산에 필수적인 주요 원료의 수출은 금지되었다. 아울러 영국은 항해조례 등을 설정하고 해상권을 장악하면서 식민지를 확대하여 유럽 최강의 대국이 되었다.

한편, 프랑스는 17세기에 들어서자 북미의 퀘벡(Quebec), 오타와(Ottawa) 등에 식민지를 건설하면서 네덜란드 및 영국과 경쟁하였다. 프랑스도 중상주의에 기초하여 자국제품의 수출은 장려하면서 외국제품의 수입은 제한하였는데, 1667년에 네덜란드와 영국으로부터 수입되는 모직물에 대하여 관세율을 두 배로 하는 극단적인 관세정책을 실시하였다. 이와 같은 정책은 일시적으로 성과를 올려 루이 14세 시대에 프랑스는 최고의 번영을 하였으나, 국가의 간섭으로 말미암아 일정 단계 이상의 발전은 이룩하지 못하였다.

2. 특징

첫째, 중상주의에 의하여 일국의 부는 금, 은 등 귀금속의 보유량에 의해 결정된다고 보고, 각국은 배타적이며 보호주의적인 무역을 실시하였다는 점이다. 즉, 이 시기에 각국은 강력히 시장에 개입하여 국내산업을 장려하는 한편, 대외무역에 있어서 수출증대와 수입억제를 통하여 귀금속의 유입이 실현되도록 하였다.

둘째, 이 시기의 무역은 식민지 개척을 통한 식민지와의 교역이 주종을 이루었다. 즉, 식민지로부터 농산품과 원자재를 수입하고, 이를 이용하여 공산품을 생산하여 수출하는 방식이었다. 이에 따라 네덜란드, 프랑스, 영국은 각각 동인도회사를 설립하여 식민지쟁탈전을 치열하게 전개하였다.

5 산업자본주의 시대(18세기 중반~19세기 중반)

1. 전개상황

18세기 중반에 들면서 영국의 면직물에 대한 해외시장의 성장은 영국 면직산업의 기계화를 촉진시키는 계기가 되었다. 이는 여타 산업의 기계화로 확대되어 산업혁명(Industrial Revolution)으로 이어졌다. 즉, 1733년 카이(J. Kay)에 의해 비사(飛梭, flying shuttle)가 발명되면서 직포(織布)의 생산성이 배로 증대되었다. 이렇게 되자 직포의 공급이 급증하여 방적공정의 능률향상이 필요하게 되었는데, 하그리브스(J. Hargreaves)는 1764년에 제니방적기를 발명하였고, 아크라이트(R. Arkwright)는 1769

년에 수력방적기를 발명하였다. 그 결과 면직물공업이 비약적으로 발전하자 이들 제품을 운반하기 위한 수송수단의 혁신을 필요로 하였다. 이에 따라 와트(J. Watt)는 1785년 증기기관을 발명하였고, 이는 이후에 철도와 해상의 교통혁명을 이룩하는 계기가 되었다.

산업혁명은 영국에서 처음 시작되었으나 19세기에 들어서면서 단기간에 유럽과 미국으로 확산되었다. 이에 따라 각국에서 공업이 산업의 주도적 위치를 차지하게 되었으며, 각국 경제의 상호 의존성은 더욱 심화되었다.

2. 특징

첫째, 자유무역주의의 확대이다. 즉, 산업혁명을 일찍 이룩한 영국은 각국의 보호주의적인 무역이 자국상품의 수출확대와 산업발전에 장애가 되는 것으로 보고 자유무역주의를 주장하게 되었다. 이를 위해 영국은 자국 내에서 먼저 산업혁명으로 등장하게 된 산업자본가와 노동자에게는 불리하고 지주들에게는 유리하였던 곡물법을 철폐하였다. 아울러 관세법도 점차적으로 완화되어 1860년에 이르러서는 보호관세와 차별관세가 전반적으로 폐지됨으로써 완전히 자유무역정책으로 전환하였다. 이와 같이 자유무역정책을 먼저 실현하게 된 영국은 프랑스와 조약을 통해 상호간에 관세폐지 또는 수입제한 완화를 시행하였으며, 이어 유럽의 여타 국가들과도 유사한 관세인하조약을 체결함으로써 자유무역은 확대되어 갔다.

둘째, 세계무역량이 급증하였다. 이는 무엇보다도 국제분업체제에 따른 각국의 자유무역정책이 큰 촉진제가 되었다. 그 밖에도 후발자본주의 국가들의 공업화 발전에 따른 생산재 수요의 급증, 급속한 인구증가와 이민급증에 따른 소비재 수요의 급증, 1848년 미 캘리포니아 및 1851년 오스트레일리아 금광의 발견에 따른 신용팽창, 철도 · 기선 등 교통혁신이 가져온 세계시장의 확대 등에도 기인하였다.

셋째, 산업혁명에 따라 등장한 자본주의 시장경제체제와 자유무역의 확대를 이론적으로 뒷받침하기 위한 근대경제학이 태동하기 시작하였다. 스미스(A. Smith)는 1776년 『국부론』(國富論)을 출판하여 이른바 '보이지 않는 손'(invisible hand)에 의한 시장의 자동조절작용과 절대생산비설에 기초한 국제분업의 이점을 설명하면서 시장에 대한 국가의 개입을 최소화해야 한다는 자유방임(laissez faire)을 주장하였다.[2] 이와 같은 스미스의 자유무역이론은 리카도(D. Ricardo)에 의해 비교생산비설로 일반화되었으며, 밀(J. S. Mill)에 의해 체계화되었다.

6 독점자본주의 시대(19세기 중반~1913)

1. 전개상황

산업혁명과 함께 확산된 자유무역주의는 1870년대 이후 불황기를 거치면서 자유경쟁을 부정하는 독점자본주의로 변모하게 되었다. 유럽은 1870년 이후 1896년까지 세 차례에 걸쳐 대불황을 겪게 되었는데, 각국의 산업자본은 이윤율의 저하를 막고 경쟁을 회피하기 위해서 카르텔(cartel), 트러스트(trust), 콘체른(conzern) 등의 독점적 조직에 의해 자본을 집중시켰으며, 대외적으로는 독점관계, 덤핑, 자본수출, 국제카르텔 등 독점조직에 의한 국제경쟁이 전개되었다. 한편, 산업혁명의 후발국인 미국과 독일은 선발국인 영국과 프랑스 등에 대항하여 종래 세력범위의 재편성을 요구하며, 식민지획득 경쟁을 벌이게 되면서 보호무역정책이 일반화되었다.

즉, 19세기 말부터 각국은 국내의 독점가격을 유지하기 위하여 고율의 관세를 부과하는 한편, 식민시장 확보를 위하여 자국의 세력권에 대해서는 특혜관세를 적용하였다. 또한 각국은 독점을 확고하게 하기 위해서 해외투자를 적극 추진하여 원료자원을 개발하는 한편, 상품수출의 장애를 극복하기 위해 현지생산으로 시장을 지배하려고 노력하였다.

20세기에 들어서면서는 영국뿐만 아니라 독일, 프랑스, 미국 등을 정점으로 하는 선진의 복수국가들이 세계시장과 식민지를 분할하는 형국이 되었다. 이와 같은 분할구도에서 각국은 해외시장을 확대하기 위해서는 경쟁국의 시장을 탈취하는

2) Adam Smith, *The Wealth of Nations*, 1776.

길밖에 없었다. 이에 각국은 각종 정치분쟁과 충돌을 일으켰는데, 그 결과 영국과 독일의 시장투쟁이 격화되어 1914년에는 제1차 세계대전으로 확대되었다.

2. 특징

첫째, 보호무역주의가 다시 팽배하였다. 영국이나 프랑스보다 늦게 산업혁명을 겪은 독일이나 미국에서는 국내산업에 대한 보호가 필요하게 되었다. 이와 같은 당시 후진국의 입장을 대변하여 보호무역을 주장한 사람은 미국의 해밀턴(A. Hamilton)과 독일의 리스트(F. List)였다. 특히, 리스트는 스미스의 자유무역론에 반대하여 경제발전단계에서 후진적 입장에 있는 국가의 성장가능성이 높은 유치산업(infant industry)은 한시적으로 국가가 보호해야 한다는 주장을 체계적으로 전개하였다. 이와 같은 리스트의 유치산업보호론은 오늘날까지 가장 설득력 있는 보호무역 정책의 근거가 되고 있다.

둘째, 자본주의 체제가 독점화되고 불황이 만성화되면서 공산주의 사상이 활발히 전개되었다. 마르크스와 엥겔스는 1848년 『공산당선언』을 발표하고 마르크스는 1867년 『자본론』을 출판하였다.[3] 마르크스에 의하면, 상품의 가치는 이를 생산하기 위해 투입된 노동량에 의해 결정된다. 그러나 자본주의하에서 자본가들은 노동자들에게 그들이 창출한 가치보다 작은, 생존에 필요한 정도만큼만 보상하게 된다. 자본가는 이로부터 남은, 이른바 '잉여가치'를 이용하여 자본축적을 계속하게 되는데, 이는 결국 노동투입의 감소로 나타나 잉여가치, 즉 이윤이 감소하게 된다. 이에 따라 자본가들은 한정된 시장에서 살아남기 위하여 기업의 독점화가 진행된다. 한편, 자본가들의 생산능력은 증가하는 반면 노동자들의 상대소득은 감소함에 따라 과잉생산으로 이어져 결국 자본주의 체제는 붕괴하게 되고 노동자들이 중심이 되는 공산주의 사회가 건설된다는 주장이다. 이와 같은 주장에 근거하여 러시아에서는 볼셰비키혁명을 통해 최초의 공산주의 국가가 등장하게 되었다.

3) Karl Heinrich Marx und Fredric Engels, *Manifest der Kommunistischen Partie*, 1848; Karl Heinrich Marx, *Das Kapital*, 1867.

7 양차대전 간(1914~1945)

1. 전개상황

1914년 시작된 제1차 세계대전은 1918년 독일의 패배로 끝났다. 대전 기간중 세계의 무역량은 약 40%가 감소하였으며, 전후에도 1923년까지는 1913년 수준의 80~90%에 머물렀다. 한편, 전쟁 이후 러시아가 볼셰비키혁명에 의해 사회주의 국가로 체제변혁을 함으로써 세계는 자본주의와 사회주의 2개 체제로 분열하였다. 이에 따라 자본주의가 세계경제체제를 지배하였던 시대가 종말을 고함으로써 자본주의 무역은 큰 타격을 입게 되었다.

그러나 1923~1924년경부터 자본주의 세계경제는 전쟁으로 황폐화된 생산시설의 점진적 회복과 미국의 신용확대 등으로 정치적 · 경제적 혼란을 벗어나 생산과 무역이 빠른 속도로 증대하였다. 아울러 전쟁중 혼란스러웠던 국제금융제도도 1925년 영국이 금본위제로 복귀함으로써 안정되었으며, 각국의 무역제한조치들도 1927년 제네바 세계경제회의 이후 상당히 완화되었다.

그러나 1929년 미국의 증권거래소에서 증권가격의 붕괴로 시작된 세계경제공황은 다시금 세계경제를 침체의 늪으로 빠뜨렸다. 1929~1932년 기간 동안 세계공업생산은 약 40% 감소되어 1913년 수준보다도 10% 이상 낮은 수준이 되었다. 또한 금본위제도가 붕괴되어 국제금융체제는 혼란에 빠졌으며, 세계 각국은 각종 관세 및 비관세장벽을 강화하였다. 이에 따라 세계무역액은 1923년보다 약 1/3수준으로 격감하였다.

이러한 각국의 무역제한정책은 후발산업국가들을 더욱 어렵게 만들었다. 이에 따라 독일, 일본, 이탈리아 등 후발산업국가들은 경쟁적으로 군비확장을 추진하게 되고, 이는 마침내 제2차 세계대전을 야기시키는 결과가 되었다.

2. 특징

첫째, 보호무역주의가 강화되었다. 즉, 제1차 세계대전 기간에는 전시체제를 유지하기 위하여 각국이 보호무역정책을 채택하였는데, 1929년에 발생한 공황으로 한층 강화되었다. 이는 결국 또다시 세계대전을 유발하는 결과를 가져왔음은 물론이다. 당시 채택된 보호정책수단은 관세뿐만 아니라 환율의 평가절하, 수량제한 등 매우 다양하였다.

둘째, 자본주의 시장경제체제가 세계대공황을 겪으면서 스미스 등의 고전학파 주장과 달리 정부의 적극적인 시장개입이 필요하다는 경제이론이 정립되었다. 즉, 케인스(J. M. Keynes)는 1936년 『일반이론』을 출판하고 자본주의는 구조적으로 유효수요가 부족하여 만성적인 실업과 불황을 야기하게 되므로, 정부가 적극적인 재정정책을 통하여 유효수요를 창출함으로써 완전고용을 이룩하여야 한다고 주장하였다.[4] 이후 이와 같은 케인스의 유효수요이론은 고전학파의 경제이론을 압도하여 각국은 적극적인 시장개입을 통한 복지국가 실현을 추구하게 되었다.

8 제2차 세계대전 이후(1945~현재)

1. 전개상황

세계 각국은 제2차 세계대전을 겪으면서 국제경제정책에 대한 상호 협조의 필요성을 느끼게 되었고, 제2차 세계대전이 끝나기 1년 전인 1944년 7월 미국의 브레튼우즈(Bretton Woods)에서 44개국 대표들이 모여 전후의 국제통화제도를 미국의 달러화를 기축통화로 하는 금환본위제도(gold-exchange standard system)로 합의하였다. 이는 기본적으로 미국의 달러화만이 금과의 일정 교환비율(gold parity)을 설

4) John Maynard Keynes, *General Theory on Employment, Interest and Money*, 1936.

정 · 유지하고, 각국의 통화는 기축통화인 미국달러화와의 기준환율(par value)을 설정 · 유지하는 제도이다. 그러나 환율의 변동이 전혀 불가능한 것은 아니고, 국제수지의 구조적 불균형상태가 발생할 경우에는 변동이 가능한 조정가능 고정환율제도였다. 이와 함께 이를 효율적으로 관리하기 위한 국제기구로서 국제통화기금(International Monetary Fund; IMF)을 창설하였는데, IMF는 회원국이 출자한 자금을 일시적인 국제수지 불균형이 발생하는 회원국에 공여하여 불균형을 해소하고 환율변동을 억제하도록 하였다. 한편, 국제부흥개발은행(International Bank for Reconstruction and Development; IBRD, 세계은행(World Bank)이라고 약칭함)도 창설하여 장기적인 국제투자를 중심으로 전후 복구와 후진국 경제발전을 위해 필요한 융자를 촉진시키기 위한 역할을 담당하도록 하였다. 이상의 협상결과에 따른 체제를 협상장소의 이름을 따라 브레튼우즈체제라고 부르게 되었다.

한편, 국제무역을 담당하는 기구로서 UN 산하에 국제무역기구(International Trade Organization; ITO)를 설립하여 직접적인 무역제한 철폐와 관세인하에 의한 무역자유화를 실현하려는 노력이 시도되었다가 실패하였다. 대신에 「관세 및 무역에 관한 일반협정」(General Agreement on Tariffs and Trade; GATT)이 1947년 10월 23개국에 의해 조인되었는데, GATT는 ITO보다는 제한된 형태의 국제기구였지만 전후에 세계의 무역자유화를 추진하는 데 큰 기여를 하였다.

이와 같이 전후의 자본주의 세계가 자유무역과 금융을 지향하는 방향으로 나아가면서 각국 경제 및 무역은 번영과 확대를 계속 유지하였다. 그러나 1960년대 월남전을 치르면서 미국 경제가 국제수지 악화와 달러화 약세를 겪게 되자, 1971년 미국 닉슨 대통령이 금과 달러의 태환을 중지하는 조치를 취함으로써 고정환율제도를 근간으로 하는 브레튼우즈체제는 붕괴위기에 처하게 되었다. 이에 따라 세계는 1971년 스미소니언협정에 따라 일시적으로 고정환율제도를 지속시키다가 1976년에 킹스턴협정에 따라 변동환율제도로 이행하게 되었다. 또한 1970년대에는 두 차례에 걸쳐 원유파동이 발발하였는데, 이는 세계의 주요국에 전례 없이 경기불황과 물가상승이 동시에 나타나는 스태그플레이션을 초래하였다.

이에 따라 1970년대 후반부터는 이른바 신보호무역주의 경향이 나타나기 시작하였다. 신보호주의는 19세기에 나타났던 보호무역주의와 달리 선진국이 자국의 사양산업을 보호하기 위하여 GATT 규정을 회피하는 방안으로 관세보다는 각종 비관세장벽을 이용하는 특징이 있다. 이와 같은 신보호무역주의는 GATT가 1986년 9월부터 1993년 12월까지 우루과이라운드(UR)협상을 통하여 세계무역기구(World Trade Organization; WTO)로 개편되고, 기존의 공산품 교역뿐만 아니라 농산품, 서비스, 직접투자도 자유무역을 원칙으로 하면서 일단 주춤해진 상태이다.

그러나 1992년 말 단일시장을 구성한 EC(유럽공동체)가 1995년부터 단일공동시장뿐만 아니라, 단일통화를 사용하고 공동 외교 · 안보정책을 추구하는 EU(유럽연합)로 새롭게 출범하면서 절정에 이르렀다. 이에 대응하여 북미에서는 NAFTA(북미자유무역지대)가 구성되었는데, 이는 앞으로 남미 국가들까지 포함하도록 확대될 전망이다. 아시아에서는 ASEAN이 AFTA(아세안자유무역지대)를 출범시켰으며, 아시아 · 태평양지역에서는 APEC(아태경제협력체)이 결성되면서 세계는 지역주의 경향이 가속화되고 있다.

한편, 1980년대 말 구 소련을 위시한 동구권 국가들이 그 동안의 사회주의 계획경제체제를 탈피하고 자본주의 시장경제체제로 급속히 전환하고 있다.

2. 특징

첫째, 1940년부터 1950년대에 걸쳐서 세계는 미국과 서구 제국을 중심으로 한 자본주의 경제권과 러시아와 동구 제국을 중심으로 한 공산주의 경제권으로 분할되었다. 그러나 1970년대 말 이후 중국이 시장경제체제의 도입과 대외개방을 추진해 오고 있으며, 1980년대 말부터 구소련을 위시한 동구 사회주의 국가들이 그 동안의 사회주의 계획경제체제를 탈피하고 자본주의 계획경제체제로 급격하게 변신하면서 세계경제는 탈이념주의 현상이 나타나게 되었다. 즉, 냉전이 종식되고 경제력이 군사력을 대신하여 세계질서를 정하는 데 가장 중요한 요소로 부각되고 있다. 이에 따라 한국은 적대국이었던 러시아를 비롯한 동구권 국가 및 중국과 외교관계를 수립하게 되었다.

둘째, 교통 · 통신의 발달, 다국적기업의 부상과 함께 WTO체제가 출범함으로써 세계주의가 일반화되었다. 즉, 교통의 발달은 물자 및 인력의 국가 간 이동을 자유롭게 할 뿐만 아니라 인터넷을 중심으로 한 통신의 발달은 정보의 국가 간 이동이 순식간에 가능하도록 하고 있다. 한편, 많은 다국적기업들은 더 이상 출신국에 구애받지 않고 세계의 자본, 노동, 기술, 영업능력 등을 필요에 따라 적절히 활용함으로써 이익의 극대화를 추구하고 있다. 또한 7년 넘게 계속된 UR협상의 타결에 따른 WTO체제의 출범과 함께 무역자유화의 범위가 종전의 공산품분야에서 농산물과 서비스분야까지 확대되었으며, 지구상의 거의 모든 국가가 본 협정에 참여하였거나 현재 참여를 추진중이어서 그야말로 자유무역의 전면화 · 세계화를 이루게 되었다. 이에 따라 세계는 경제적 의미에서 국경이 없어짐으로써 문자 그대로 하나의 지구촌으로 변화되고 있다.

셋째, EU, NAFTA, AFTA, APEC 등의 출범으로 지역주의 경향이 강화되고 있다. 이와 같은 세계경제의 다극화 현상은 일견 세계주의 현상과 대치되는 형상을 보이고 있다. 따라서 WTO를 중심으로 하는 자유무역주의가 앞으로도 지속되기 위해서는 여러 가지 난관을 극복해야 할 것으로 보인다. 즉, 지역주의가 우선적으로 특정 지역에 속한 국가들 간의 자유화를 확대하되 비회원국에 대해서는 추가적인 무역장벽의 구축 없이 개방적인 방향으로 나아갈 수 있도록 하여 궁극적으로 전 세계의 무역자유화에 이바지할 수 있어야 할 것이다.

제2편

국제경제학

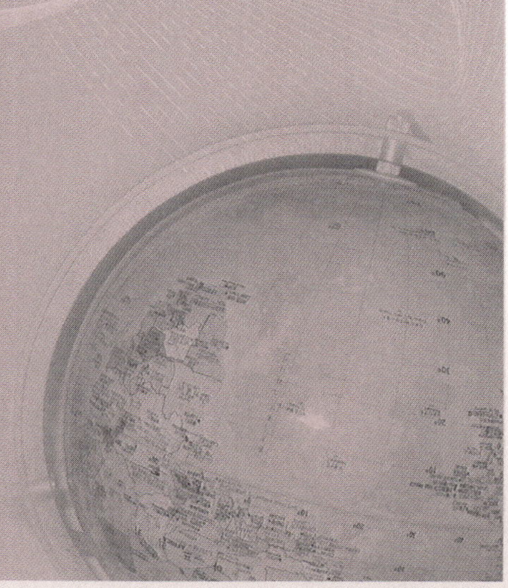

Chapter 3 국제경제학의 영역

국제경제학은 크게 보면 국제무역분야와 국제금융분야로 구분된다. 국제무역분야는 다시 국제무역이론과 무역정책, 국제통상, 지역연구 등으로 세분되며, 국제금융분야는 국제수지와 개방거시경제학, 국제금융이론, 외환이론 등으로 세분된다.

글로벌 경제시대에서 국제경제학분야는 이론적이면서도 실용적인 학문분야로 그 중요성이 더욱 증대되고 있다. 이 장에서는 최근의 국제경제질서의 흐름을 개괄적으로 살펴보고, 이와 관련하여 국제경제학이 어떻게 대응해 왔는지를 살펴본 다음 국제경제학이 다루는 일곱 가지 주제를 정리한다.

1 국제경제질서의 변화와 대응

최근 들어 국제경제관계에는 많은 변화가 있어 왔다.

첫째, 경제의 글로벌화와 자유무역이 확대되고 있다. 정보통신기술과 교통수단의 발달, WTO체제의 출범과 FTA 등 지역경제통합의 확산, 각 국가의 개방적 통상정책의 채택 등으로 세계총생산에서 무역이 차지하는 비중이 증가하고 있다. 이에 따라 경제통합, 통상, 개방거시경제 등에 대한 이론과 정책의 중요성이 부각되고 있다. 한편, 세계적 경제위기 발생의 한 요인으로 미국의 만성적인 무역수지 적자와 이에 따른 글로벌 불균형 시정문제가 다양한 통상이슈로 제기되고 있다.

둘째, 중국, 인도, 브라질, 러시아 등 소위 BRICs와 동아시아의 부상이다. 중국은 2010년 일본을 제치고 미국 다음으로 세계 제2위의 경제대국으로 커지고 있으며, 동아시아는 세계에서 가장 역동적인 경제 및 무역성장을 기록하고 있다. 과거 선진국 중심의 G8 대신에 한국과 주요 개발도상국을 포함하는 G20의 역할이 국제경제관계에서 더욱 증대될 것으로 전망되고 있다. 이에 따라 동아시아를 비롯하여 중국, 인도 등에 대한 지역연구의 중요성이 증대되고 있다.

셋째, 1970년대 말 이후 세계의 환율제도는 종전 미국 달러화를 중심으로 하는 고정환율제도로부터 기본적으로는 시장의 수요와 공급원리에 따라 환율이 변동하는 변동환율제도로 변화되었다. 또한 세계적인 자본시장의 자유화와 다양한 금융상품의 등장으로 거대한 자본이 국제적으로 이동하면서, 한편으로는 산업화와 경제성장을 촉진하고 있으나 다른 한편으로는 국제금융의 불안정성도 커지게 되었다. 따라서 국제자본의 효과적인 이용과 관리 및 감독에 대한 필요성이 증대함에 따라 이에 대한 교육의 중요성이 강조되고 있다.

2 국제경제학의 연구주제

앞에서 살펴본 바와 같이 국제경제학은 크게 국제무역분야와 국제금융분야로 나눌 수 있다. 국제무역분야는 국가 간의 상품과 서비스의 교환에 대한 분석을 주 연구대상으로 하고 있으며, 국제금융분야는 국가 간의 금융거래, 국제수지, 환율변동 등을 주 연구대상으로 하고 있다. 이에 대해 좀더 구체적으로 살펴보자.

1. 국제무역분야

첫째, 무역의 이익(gains from trade)은 발생하는가? 우리나라가 중동으로부터 원유를 수입하는 것은 우리에게 이롭다는 데 대해서 누구나 동의할 것이다. 이와 같이 무역당사국 모두가 무역으로부터 이익을 얻는다고 쉽게 인정되는 경우도 있지만, 무역으로부터 이익을 얻기는커녕 도리어 손해를 입는다는 주장도 많이 있음을 우리는 보고 있다. 예를 들어, 우리나라가 미국이나 태국으로부터 쌀을 수입하거나 일본으로부터 전자제품을 수입하는 데 대해 많은 단체에서 이를 반대하고 있는 현실을 보면, 분명 이 경우 국제무역으로부터 우리가 손해를 입는다는 인식을 하고 있는 것이다. 따라서 국제무역으로부터 무역당사국들은 과연 이익을 얻을 수 있는지의 연구는 국제경제학에서 가장 중요한 주제라고 할 수 있다.

둘째, 무역의 패턴(pattern of trade)은 어떻게 결정되는가? 무역의 패턴이란 무역

발생시 한 나라는 어떤 상품을 수출하고, 어떤 상품을 수입하게 되는가 하는 것이다. 즉, 도대체 우리나라는 왜 섬유, 신발, 전자, 선박, 자동차 등을 수출하고 원유, 농산물, 전자, 자동차, 비행기 등을 수입하는가? 현실로 나타난 무역패턴의 설명이 비교적 쉬운 경우도 있지만 그 설명이 어려운 경우도 있다. 우리나라가 사우디아라비아로부터 원유를 수입하고 브라질로부터 커피를 수입하는 것은 비교적 쉽지만, 우리나라가 자동차, 전자제품 등을 수출하는 동시에 일본 등으로부터 자동차, 전자제품 등을 수입하는 것은 비교적 설명이 어려운 경우에 속한다고 할 수 있다. 아무튼 현실의 무역패턴을 잘 설명할 수 있어야만 무역에 관련한 정책적 수단을 올바로 사용할 수 있다.

셋째, 보호무역정책은 필요한가? 역사적으로 보면 16세기에 근대적 의미의 국가가 형성된 이후 국제무역에 관하여 세계에는 그 동안 자유주의와 보호주의가 상존하여 왔다고 할 수 있다. 우리나라의 경우, 1960년대 이후 수출촉진을 통한 경제성장을 추진하면서 각종 보호무역정책을 사용하여 왔으나 점차 보호무역을 완화하고 있다. 각국은 자국뿐만 아니라 상대국의 무역정책에 대해서도 매우 관심을 많이 가지고 있으며, 이는 무역정책이 정책을 시행하는 당사국뿐만 아니라 이 나라와 교역을 하고 있는 무역상대국에도 영향을 미치기 때문임은 물론이다. 따라서 국제경제학의 중요한 연구주제 중 하나는 보호무역정책의 경제적 효과를 분석하는 것이다. 물론 이와 같은 연구를 통해 우리는 보호무역보다는 자유무역이 이득이 됨을 이해하고, 보호무역정책을 가능한 한 억제해야 함을 주장하게 된다. 그러나 현실에서는 각국이 정도의 차이는 있지만 예외 없이 각종 보호무역정책 수단을 사용하고 있는 것은 물론 현실이 이론에 의해서만 움직이기보다 각종 이해집단의 정치적 요구에 따라 좌우되고 있다는 좋은 예이기도 하다.

넷째, 국제무역정책의 상호 조정은 어떻게 해야 하나? 위에서 설명한 바와 같이, 일국의 무역정책은 정책을 시행하는 국가뿐만 아니라 이 나라의 교역당사국에도 영향을 미치게 된다. 특히, 세계교역이 확대되면서 각국의 경제정책은 다른 국가들의 경제에도 점차 많은 영향을 미치는 추세이다. 이에 따라 각국의 정책을 상호 조정할 필요가 점차 높아지고 있는데, 국제무역정책의 국가 간 조정은 WTO와 지역경제통합 협상 및 다양한 국제기구를 통해서 이루어지고 있다.

2. 국제금융분야

첫째, 국제수지는 균형을 이루는 것이 바람직한가? 일반적으로 국제수지는 흑자를 이루는 것이 바람직스러운 것으로 평가되고 있다. 그러나 브라질 사람들은 국제수지가 흑자가 되자 수출을 지나치게 많이 하여 자기들의 생활이 나빠진다며 불평하기도 한다. 한편, 최근에는 미국의 만성적인 국제수지 적자와 일본과 중국 등 아시아 국가들의 대규모 국제수지 흑자로 나타나는 글로벌 불균형이 2007~2009년을 세계적 금융위기로 몰아넣은 주요한 원인으로 지적되었다. 따라서 국제수지란 도대체 무엇이고, 흑자와 적자의 의미는 무엇이며, 이것이 경제의 다른 분야와 어떤 연관을 갖고 있는가에 대한 연구가 중요한 국제경제학의 연구주제라고 할 수 있다.

둘째, 환율은 어떻게 결정되는가? 국제무역이 국내교역과 다른 점 중의 하나는 국가 간 서로 다른 화폐단위를 사용한다는 것이다. 제2차 세계대전 전까지는 금본위제도로서 금을 기준으로 각국의 환율이 고정되었다. 제2차 세계대전 이후부터 1970년대 초까지는 금환본위제도로서 미국 달러화를 기준으로 환율이 고정되었다. 이때까지만 해도 환율의 결정에 관한 관심은 국제경제학에서 그리 크지 않았다. 그러나 1970년대 초 이후 현재까지는 세계 주요 국가들은 변동환율제도를 채택하여 환율이 시장의 수요 · 공급의 원리에 따라 변동하고 있고, 특히 최근 들어 환율이 매우 불안정하게 움직임에 따라 새로운 환율결정에 대한 연구에 많은 관심이 쏠리고 있다. 따라서 서로 다른 통화단위의 교환비율인 환율이 어떻게 결정되고 경제의 다른 분야와 어떤 연관을 갖고 있는가, 더 나아가 어떤 환율제도가 바람직한가에 대한 연구가 국제경제학의 중요한 주제 중의 하나이다.

셋째, 국제금융정책의 상호 조정은 어떻게 해야 하나? 위에서 설명한 국제무역정책뿐만 아니라 각국의 금융정책도 다른 국가들의 경제에 점차 많은 영향을 주는 추세이므로 각국의 정책을 상호 조정할 필요가 높아지고 있다. 국제금융정책의 국가 간 조정은 주로 G8과 G20와 같은 세계 주요국 간의 협의로 이루어지고 있으며, IMF에서도 일부 이루어지고 있다.

넷째, 국제자본시장의 기능은 무엇이며, 투기적 자본이동에 대해서는 어떻게 대처해야 하나? 1980년대 이후 국제자본시장은 급격히 확대되어 왔으며, 따라서 국제자본시장의 기능 여하가 특정 국가 및 세계경제에 매우 중요한 영향을 미치게 되었다. 단기투기자본의 국제적 이동에 따른 불안정성과 외국자본에 의한 국부의 유출논란은 자본세의 도입 등 새로운 대응책을 모색하게 하고 있다.

Chapter 4 리카도모형

1 서론

국제무역이 발생하는 이유는 크게 보면 다음의 두 가지로 생각할 수 있다. 첫째는 무역을 통해 국가 간의 다른 점을 서로 보완함으로써 이득을 얻기 위해서이다. 즉, 국가도 개인과 마찬가지로 다른 국가보다 상대적으로 잘할 수 있는 것이 있고 못하는 것이 있으므로, 이를 서로 보완함으로써 이득을 얻을 수 있는 것이다. 국제무역 발생의 두 번째 이유는 국가 간 교역을 통하여 생산규모를 확대함으로써 규모의 경제(economies of scale)를 얻기 위해서이다. 여기서 규모의 경제라 함은 생산규모를 확대함에 따라 평균생산비용이 감소하는 경우를 일컫는다.

우선 위에서 설명한 첫 번째 국제무역의 발생형태를 이른바 비교우위(comparative advantage)에 의한 무역이라고 하는데, 다음의 리카도모형(제4장), 헥셔-올린모형(제5장) 등의 전통적 국제무역이론에서 이를 보다 구체적으로 살펴볼 것이다. 리카도모형은 순전히 노동생산성의 국가 간 차이에서 국제무역의 원인이 되는 비교우위가 발생하고 있음을 설명하고 있으며, 헥셔-올린모형은 생산요소 부존량의 국가 간 차이에서 비교우위가 발생하고 있음을 설명하고 있다. 두 번째 국제무역의 발생형태를 규모의 경제에 의한 무역이라고 하는데, 이는 최근에 많은 발전을 이룩한 불완전경쟁모형에서 살펴보게 된다(제6장). 규모의 경제를 나타내는 산업은 규모가 확대됨으로써 효율성이 높아지는 특성에 따라 궁극적으로는 불완전경쟁상태에 이르게 되므로, 규모의 경제에 의한 무역모형을 불완전경쟁모형이라고 한다. 한편, 이상의 무역모형들은 기본적으로 특정 시점의 무역발생만을 설명함으로써 무역패턴의 지속적인 변화를 설명하는 데 한계가 있다. 따라서 마지막 무역모형으로 제품수명주기모형을 이용하여 제품의 수명주기에 따라 국가 간의 기술격차가 변화하고, 이에 따라 무역의 패턴이 변화할 수 있음을 설명하고자 한다(제6장).

여기서 우리는 모형의 의미를 간단히 살펴볼 필요가 있다. 실제로 일어나고 있는 국가 간의 무역은 위에서 설명한 매우 복잡한 원인이 동시에 작용하여 나타난다. 그러나 여러 가지 원인을 동시에 포함하는 설명은 매우 복잡할 수밖에 없을 뿐만 아니라, 경우에 따라서는 중요한 특징을 충분히 부각시키지 못할 수 있다. 따라서 우리는 다른 경제학분야의 분석방법과 마찬가지로 특정한 무엇만을 부각시킬 수 있는 단순화한 모형을 이용하게 된다. 이는 마치 비행기의 비행원리를 설명하기 위하여 실물비행기보다 모형비행기를 이용하거나, 어떤 지형을 설명할 때 실제 지형을 답사하기보다는 중요한 건물과 거리 등만을 그린 약도나 지도를 이용하는 것이 더 편리한 원리와 비슷하다. 물론 모형비행기나 약도(또는 지도)는 사용목적에 따라 조금씩 다를 수 있다.

즉, 현실의 매우 복잡한 원인에 의해서 발생하는 무역을 이해하기 위하여 우리는 그 중 어떤 특정한 원인만을 부각시키는 모형들을 살펴볼 것이다. 물론 이들 모형 중에서 특별히 더 무역을 잘 설명하는 모형이 있고 덜 설명하는 모형이 있을 수는 있지만, 어느 것은 완전히 옳고 어느 것은 완전히 틀리다는 식의 서로 대체적인 관계가 아니라, 각각이 실제 무역을 이해함에 있어서 조금씩 보완적인 역할을 하게 된다.

모형은 일반적으로 현실을 단순화하는 기본 가정으로 구성되어 있다. 우리는 이러한 기본 가정하에서 균형상태를 분석하며, 이러한 균형이 변화하는 경우를 이른바 비교정학적 분석이나 동태적 분석에 의해 살펴보게 된다. 마지막으로 각 모형에 의한 이론적 예측이 현실에 잘 부합되는지에 대한 실증적 검증절차를 거치게 된다.

이 장에서는 앞에서 설명한 바와 같이, 국가 간 노동생산성의 차이에 따라 비교우위가 나타나는 무역모형인 리카도모형(Ricardian model)을 살펴본다. 이 모형은 스미스(A. Smith)가 『국부론』에서 처음 노동생산성과 국제무역의 관계를 설명한 절대생산비설을 일반화한 리카도(D. Ricardo)의 이름을 따른 것이다.[1] 우리는 이를 설명하기 위하여 기본 가정을 살펴본 후, 간단한 수치를 이용한 예를 들고 이를 일반화할 수 있는 모형을 구성한다.

---

1) A. Smith, *An Inquiry into the Nature and Causes of the Wealth of Nations*, 1776; D. Ricardo, *The Principles of Political Economy and Taxation*, 1817.

2 두 재화를 갖는 모형

1. 기본 가정

첫째, 세계에는 오직 본국(home)과 외국(foreign) 두 나라밖에 존재하지 않는다.

둘째, 재화는 X재와 Y재 두 가지밖에 존재하지 않는다.

셋째, 노동만이 유일한 생산요소이다.

넷째, 모든 노동의 질은 동질적(homogeneous)이다.

다섯째, 생산함수는 규모에 대한 수확불변(constant returns to scale)의 특징을 가지고 있다. 즉, 노동투입량을 증가시키면 생산량도 같은 비율로 증가하게 되며, 따라서 재화 1단위를 생산하는 데 필요한 노동의 투입량은 재화의 생산량과는 상관없이 일정하다.[2)]

여섯째, 노동은 한 국가 내에서 산업 간 이동은 완전히 자유로우나 국가 간 이동은 전혀 불가능하다.

일곱째, 노동은 완전고용되어 있다.

여덟째, 상품시장이 완전경쟁상태에 있다.

2. 수치의 예

이제 위와 같은 가정들을 염두에 두고 리카도모형의 기본적 결과를 잘 설명할 수 있는 예를 들어 보자. 〈표 4-1〉은 무역이 발생하기 전 양국에서 X재 및 Y재를 각각 생산하는 데 필요한 단위노동필요량(unit labor requirements; a)을 나타내고 있다. 여기서 단위노동필요량이란 상품 1단위 생산에 필요한 노동량을 의미하며, a_X 및 a_Y는 각각 본국의 X재 및 Y재 생산에서의 단위노동필요량이며, a_X^* 및 a_Y^*는 각각

2) 셋째, 넷째, 다섯째 가정이 의미하는 바는 재화의 가치(가격)는 그 재화생산에 투입된 노동량에 의해 결정된다는 것으로 이른바 노동가치설(labor theory of value)을 나타내고 있다.

표 4-1 단위노동필요량(a)

	X재	Y재
본국	$a_X = 1$	$a_Y = 2$
외국	$a_X^* = 6$	$a_Y^* = 3$

표 4-2 노동 1단위당 생산량($1/a$)

	X재	Y재
본국	$\frac{1}{a_X} = 1$	$\frac{1}{a_Y} = \frac{1}{2}$
외국	$\frac{1}{a_X^*} = \frac{1}{6}$	$\frac{1}{a_Y^*} = \frac{1}{3}$

외국의 X재 및 Y재 생산에서의 단위필요노동량이다.[3)]

표에서 보는 바와 같이, 본국은 X재 1단위를 생산하는 데 1단위의 노동이 필요한 반면, Y재 1단위를 생산하는 데에는 2단위의 노동을 필요로 하고 있다. 한편, 외국은 X재와 Y재를 각각 1단위씩 생산하는 데 6단위와 3단위의 노동을 필요로 하고 있다. 이는 노동생산성을 노동 1단위가 생산할 수 있는 재화의 양으로 정의하면, 본국의 X재 생산에서의 노동생산성은 1, Y재 생산에서의 노동생산성은 1/2인 반면, 외국의 X재 생산에서의 노동생산성은 1/6, Y재 생산에서의 노동생산성은 1/3이 된다. 따라서 〈표 4-1〉의 내용을 노동 1단위당 생산량, 즉 노동생산성으로 표시하면 〈표 4-2〉가 된다.

즉, 본국은 두 상품생산 모두 노동생산성이 외국보다 절대적으로 높다. 다시 말하면, 외국은 두 상품생산 모두 노동생산성이 자국보다 절대적으로 낮다. 이때 우리는 본국은 두 상품생산 모두 절대우위(absolute advantage)에 있으며, 외국은 두 상품생산 모두 절대열위(absolute disadvantage)에 있다고 말한다. 이러한 경우에 과연 무역이 발생할 수 있는가? 무역이 발생하면 이로부터 무역의 이익이 나타나게 되

3) 앞으로도 이와 같이 어떤 기호에 *표시를 하면 외국의 경우를 의미한다.

는가? 이에 대한 설명이 리카도모형의 핵심이다.

이를 위해서 양국 생산성의 절대적 비교보다는 상대적 비교가 필요하다. 즉, Y재와 비교한 X재 생산에서의 단위노동필요량은 외국에서보다 본국에서 상대적으로 낮다. 다시 말해, Y재와 비교한 X재 생산에서 노동생산성은 외국에서보다 본국에서 상대적으로 높다. 따라서 $a_X/a_Y=1/2$, $a_X^*/a_Y^*=6/3$이므로 $a_X/a_Y<a_X^*/a_Y^*$이다. 이 경우 본국은 상대적으로 노동생산성이 높은 X재에 비교우위(comparative advantage)가 있으며, Y재에 비교열위(comparative disadvantage)가 있다. 물론, 외국은 상대적으로 노동생산성이 Y재에 비교우위가 있고, X재에 비교열위가 있다. 왜냐하면, 이 경우 Y재로 비교한 X재의 가격이 외국보다 본국에서 상대적으로 싸기 때문이다(즉, $P_X/P_Y<P_X^*/P_Y^*$). 이를 보다 구체적으로 살펴보자.

가정에 의하여 상품시장은 완전경쟁상태에 있으므로, 생산으로부터의 이윤은 존재하지 않으며, 상품의 한 단위 가격은 상품 한 단위를 생산하는 데 소요된 비용과 같다. 즉, 본국의 X재 및 Y재 가격을 P_X 및 P_Y, 외국의 X재 및 Y재 가격을 P_X^* 및 P_Y^*라 하고, 본국 및 외국의 임금률은 W 및 W^*라 하면

$$
\begin{aligned}
&P_X=a_X\cdot W,\quad P_X^*=a_X^*\cdot W^* \\
&P_Y=a_Y\cdot W,\quad P_Y^*=a_Y^*\cdot W^*
\end{aligned}
\tag{4-1}
$$

의 관계가 성립한다. 이것을 변형하면 $P_X/P_Y=a_X/a_Y=1/2$, $P_X^*/P_Y^*=a_X^*/a_Y^*=2$이므로 $P_X/P_Y<P_X^*/P_Y^*$의 관계가 성립하게 된다. 즉, Y재와 비교한 X재의 가격은 외국에서보다 본국에서 상대적으로 낮다. 따라서 본국은 상대적으로 가격이 낮은 X재에 비교우위를 갖고 있으며, 외국은 상대적으로 가격이 낮은 Y재에 비교우위를 갖게 된다.

그렇다면 무역이 실제로 전개된 후 양국은 이로부터 이익을 얻게 될 것인가? 무역이 전개되면 각국은 자국의 비교우위 상품에 특화하게 될 것이다. 그러면 각국은 더 효율적인 상품의 생산에만 특화하게 되어 전 세계의 생산량은 증가한다. 이를 살펴보기 위하여 각국이 비교열위에 있는 제품의 생산을 1단위씩만 감소시켜 이로부터 나오는 노동력을 비교우위에 있는 제품의 생산에 투입시키는 경우를 생각해 보자. 〈표 4-3〉은 이 경우의 생산량 변화를 나타내고 있다. 즉, 본국은 비교

표 4-3	비교열위 제품의 생산을 1단위 감소시키는 경우의 생산량 변화	
	X재	Y재
본국	+2	−1
외국	−2	+2
세계	+1	+1

열위 제품인 Y재의 생산을 1단위 감소시키면 비교우위 제품인 X재의 생산을 2단위 증가시킬 수 있으며, 외국은 비교열위 제품인 X재의 생산을 1단위 감소시키면 비교우위 제품인 X재의 생산을 2단위 증가시킬 수 있게 된다. 따라서 양국의 생산량 변화를 종합하면 전 세계적으로 X재와 Y재의 생산이 각각 1단위씩 증가하게 된다. 즉, 무역개시 후 각국은 자국의 비교우위 제품만을 특화생산하면 전 세계적으로 생산량이 증가하게 될 것인데, 이를 특화이익이라 한다.

그렇다면 이렇게 증가한 전 세계의 생산량이 꼭 양국 모두에게 이득이 될 것인가? 이를 살펴보기 위해서는 무역개시 후 두 상품이 어떤 가격비에 의해서 교환될 것인가를 결정해야 한다. 그러나 현 단계에서는 국제상대가격비가 정확히 어디에서 결정될지 알 수 없다. 다만 국제상대가격비는 무역개시 전 양국의 상대가격비 사이에서 결정될 것임은 알 수 있다. 논의의 편의상 국제상대가격비 $(P_X/P_Y)i$가 1로 결정되었다고 하자. 즉, 무역개시 후 X재와 Y재가 1 : 1로 교환된다고 하자.

이렇게 되면 본국은 무역개시 전에는 노동 1단위를 투입하여 Y재를 1/2단위밖에 얻지 못하였으나, 무역개시 후에는 같은 단위의 노동을 투입하여 X재를 1단위 생산한 뒤 외국의 Y재 1단위와 교환하게 됨으로써 이득을 보게 된다. 또한 외국은 무역개시 전에는 노동 1단위를 투입하여 X재를 1/6단위밖에 얻지 못하였으나, 무역개시 후에는 같은 단위의 노동을 투입해서 Y재를 1/3단위 생산하여 본국의 X재 1/3단위와 교환함으로써 이득을 보게 된다. 즉, 양국 모두 무역을 통하여 이득을 보게 되는 것이다.

3. 생산가능곡선과 비교우위의 결정

이제 앞서 살펴본 수치의 예를 보다 일반화시켜 보자. 이를 위해서는 기회비용(opportunity cost)과 생산가능곡선(production possibilities curve)의 개념을 도입할 필요가 있다. 기회비용이란 한 재화의 가치는 이 재화를 선택하기 위하여 포기해야만 하는 차선의 다른 재화의 가치라는 개념이다. 즉, 일국이 갖고 있는 기술과 생산요소로 10단위의 X재 또는 20단위의 Y재를 생산할 수 있다면, X재 10단위의 기회비용, 즉 가치는 이를 생산하기 위해 포기해야 하는 Y재 20단위이다. 다시 말해, X재 1단위의 가치는 이를 생산하기 위해 포기해야 하는 Y재 2단위이다. 이 경우 Y재로 표시한 X재의 가치, 즉 상대가격 P_X/P_Y는 1/2이 된다.

한편, 생산가능곡선이란 한 국가가 두 재화를 생산하는 경우, 주어진 기술수준과 생산요소를 이용하여 생산해 낼 수 있는 최대산출량의 여러 가지 조합들을 연결한 곡선이라고 정의할 수 있다. 그렇다면 생산가능곡선이 어떻게 나타나는가를 살펴보자. 이를 위해 Q_X와 Q_Y를 각각 자국의 X재 생산량과 Y재 생산량, Q_X^*와 Q_Y^*를 각각 외국의 X재 생산량과 Y재 생산량으로 정의하고, L은 자국의 총노동량, L^*는 외국의 총노동량이라고 하자.

그렇다면 노동이 완전고용되어 있다는 가정에 의하여 본국의 노동공급량과 노동수요량은 일치하게 되므로

$$L = a_X \cdot Q_X + a_Y \cdot Q_Y$$

또는

$$a_Y \cdot Q_Y = L - a_X \cdot Q_X$$

또는

$$Q_Y = \frac{L}{a_Y} - \left(\frac{\alpha_X}{a_Y}\right) \cdot Q_Y$$

로 표시할 수 있다. 또한 같은 방식으로 외국의 경우에는

$$L^* = a_X^* \cdot Q_X^* + a_Y^* \cdot Q_Y^*$$

또는

$$a_Y^* \cdot Q_Y^* = L^* - a_X^* \cdot Q_X^*$$

또는

$$Q_Y^* = \frac{L^*}{a_Y^*} - \left(\frac{a_X^*}{a_Y^*}\right) \cdot Q_X^*$$

로 표시할 수 있다. 따라서 양국의 생산가능곡선 모양은 전적으로 양국의 노동량과 노동의 상대생산성에 의하여 결정됨을 알 수 있다. 이제 수치의 예에서 본 바와 같이, Y재와 비교한 X재 생산에서의 노동생산성은 외국에서보다 본국에서 상대적으로 높다고 가정하자. 즉, $a_X/a_Y < a_X^*/a_Y^*$ 라고 하자. 그렇다면 양국의 생산가능곡선은 〈그림 4-1〉과 같이 나타난다.

그림 4-1 양국의 생산가능곡선

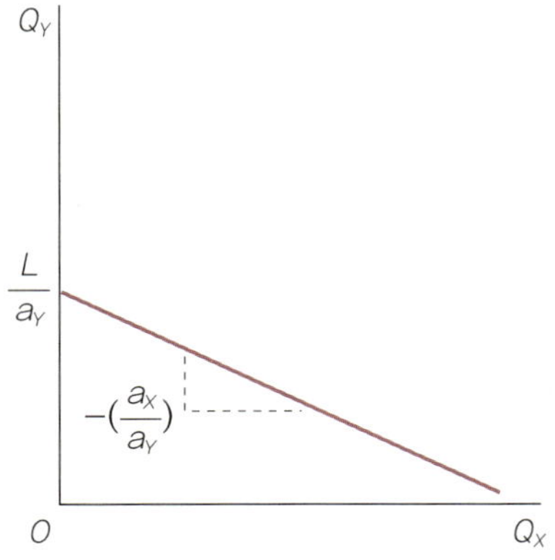

(a) 본국의 생산가능곡선

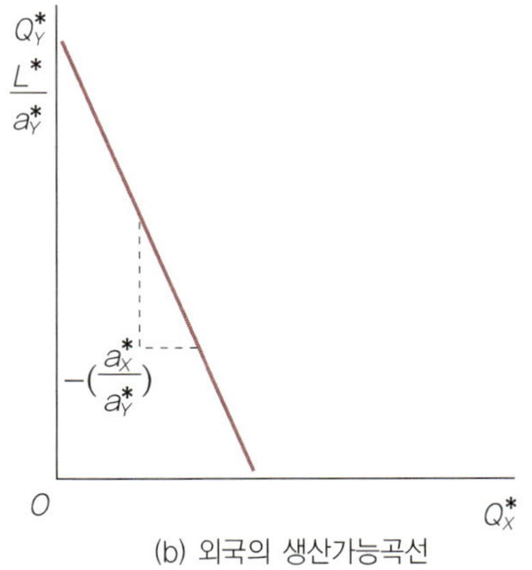

(b) 외국의 생산가능곡선

즉, 자국의 경우 주어진 기술과 자원을 이용하여 X재만을 생산하면 최대생산량은 L/a_X이며, Y재만을 생산하면 최대산출량은 L/a_Y임을 보여 주고 있다. 또한 생산가능곡선의 기울기는 Y재로 표시한 X재의 기회비용인 (a_X/a_Y)의 음수임을 알 수 있다. 한편, 외국의 경우에 X재만을 생산하면 최대생산량은 L^*/a_X^*이며, Y재만을 생산하면 최대산출량은 L^*/a_Y^*이며, 생산가능곡선의 기울기는 (a_X^*/a_Y^*)의 음수이다.[4)]

한편, 이 경우 기회비용의 개념을 이용하면 본국은 X재 L/a_X단위의 기회비용(즉, 상대가격)은 Y재 L/a_Y단위이므로 $P_X/P_Y = (L/a_Y)/(L/a_X) = a_X/a_Y$임을 알 수 있다. 같은 방법으로 외국의 생산가능곡선 기울기는 $P_X^*/P_Y^* = a_X^*/a_Y^*$이다. 즉, 생산가능곡선의 기울기는 다름 아닌 Y재 가격으로 표시한 X재의 상대가격인 것이다. 따라서 Y재와 비교한 X재 생산에서의 노동생산성은 외국에서보다 본국에서 상대적으로 높다(즉, $a_X/a_Y < a_X^*/a_Y^*$)고 가정하였으므로 $P_X/P_Y < P_X^*/P_Y^*$가 된다. 즉, X재의 가격은 상대적으로 본국에서 더 저렴하다. 따라서 자국은 X재에 비교우위, 외국은 Y재에 비교우위를 가지고 있음을 알 수 있다.

4. 국제균형상대가격($(P_X/P_Y)_i$)의 결정

이제 앞에서 본 수치의 예에서 설명을 유보한 국제균형상대가격의 결정에 대해서 알아보자. 여기서 균형(equilibrium)이란 외부의 충격이 없는 한 현재의 상태가 계속 유지되는 상태로, 수요와 공급이 일치하는 상태라고 이해할 수 있다. 그런데 여기서는 한 개의 재화만을 대상으로 하는 것이 아니라 두 개의 재화가 존재하고 있으므로 상대수요와 상대공급의 개념을 이용하게 된다.[5)]

〈그림 4-2〉에서는 모형에서 나타난 상대수요곡선과 상대공급곡선을 보여 주

4) 이로부터 우리는 각국의 노동량이 증가하거나 노동생산성이 증가하면 생산가능곡선이 밖으로 이동함을 알 수 있다. 물론 생산가능곡선이 밖으로 이동하면 소비가능량도 증가하게 되므로 국민 전체적인 후생은 증대한다.

5) 이러한 분석방법을 일반균형분석(general equilibrium analysis)이라고 하는데, 이는 경제 전체에 존재하는 시장들은 서로 연계되어 있으므로 특정 상품만의 시장이 아니라 시장들 간의 관계를 나타낼 수 있도록 상대수요와 상대공급의 개념을 이용하여 분석하는 방법이다. 이 경우 가격과 거래량도 절대가격과 절대거래량 대신 상대가격과 상대수량의 개념을 이용하게 된다. 한편, 이와 대칭되는 부분균형분석(partial equilibrium analysis)은 특정한 상품의 균형가격과 균형거래량을 결정하기 위하여 다른 상품시장은 고려하지 않고 오직 이 상품의 가격과 수요량의 관계를 나타내는 수요곡선과 이 상품의 가격과 공급량의 관계를 나타내는 공급곡선을 이용하는 방법이다.

그림 4-2 국제균형상대가격 및 균형상대거래량의 결정

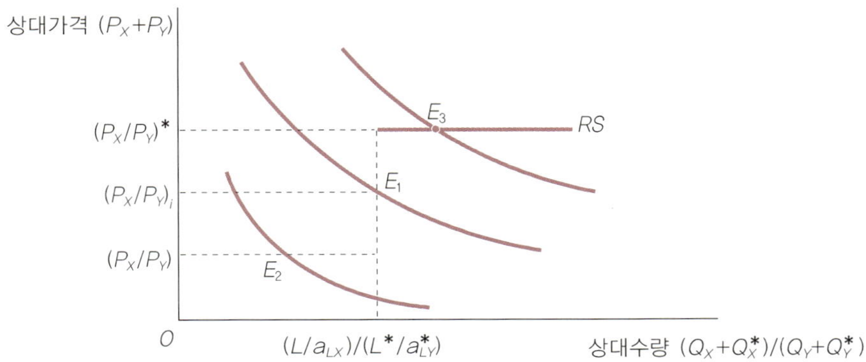

고 있다. 여기서 상대수요곡선(relative demand curve; RD)은 X재의 상대가격(P_X/P_Y)과 X재에 대한 상대적 수요량($(Q_X+Q^*_X)/(Q_Y+Q^*_Y)$)의 관계를 나타내는 곡선인데, X재의 상대가격이 상승함에 따라 X재에 대한 수요는 감소하고 Y재에 대한 수요는 증가하게 되므로 우하향의 모양을 하게 된다.

한편, 상대공급곡선(relative supply curve; RS)은 X재의 상대가격과 X재의 상대적 공급량의 관계를 나타내는 곡선인데, 이의 모양은 약간 주의해서 살펴볼 필요가 있다. 우선, $(P_X/P_Y)<(P_X/P_Y)_i<(P_X/P_Y)^*$인 경우, 본국은 X재만 생산하고 외국은 Y재만 생산하게 되므로, 전 세계의 X재 공급량은 L/a_{LX}이고 Y재 공급량은 L^*/a^*_{LY}이다. 따라서 X재의 상대공급량 $(Q_X+Q^*_X)/(Q_Y+Q^*_Y)$는 $(L/a_{LX})/(L^*/\alpha^*_{LY})$가 된다. 즉, 국제상대가격이 자국과 외국의 상대가격 사이에 있는 구간에서 RS곡선은 항상 국제상대공급량이 $(L/a_{LX})/(L^*/a^*_{LY})$인 수준에서 수직상태가 된다. 한편, $(P_X/P_Y)_i<(P_X/P_Y)<(P_X/P_Y)^*$인 경우, 본국과 외국은 모두 상대적으로 비싼 Y재만 생산하게 되므로 X재의 전 세계 공급량은 전혀 없다. 즉, 국제상대가격이 자국의 상대가격보다 조금이라도 낮아지면 X재의 전 세계 생산량은 전혀 없으므로, $(Q_X+Q^*_X)/(Q_Y+Q^*_Y)$는 0이 되고, RS곡선은 $(P_X/P_Y)_i=(P_X/P_Y)$인 수준에서 수평상태가 된다. 비슷한 방법으로 만일 $(P_X/P_Y)_i>(P_X/P_Y)^*>(P_X/P_Y)$인 경우, 본국과 외국은 모두 상대적으로 비싼 X재만 생산하게 되며 따라서 Y재의 전 세계 공급량은 전혀 없다. 즉, 국제상대가격이 자국의 상대가격보다 조금이라도 높아지면 Y재의 전 세계 공급량은 전혀 없으므로, 즉 $(Q_X+Q_X^*)/(Q_Y+Q_Y^*)$는 ∞가 되고 *RS*곡선은 $(P_X/P_Y)_i=(P_X/P_Y)^*$인 수준에서 수평상태가 된다.

이제 균형상태를 보자. 우선, 일반적인 경우에 *RD*곡선과 *RS*곡선이 E_1에서 교차하면, 본국은 *X*재 생산에 특화하고 외국은 *Y*재 생산에 특화하게 된다. 그러나 특수한 경우로 *RD*곡선과 *RS*곡선이 E_2에서 교차하게 되면, 본국은 *X*재와 *Y*재를 모두 생산하는 반면 외국은 *Y*재 생산에 특화한다. 또한 *RD*곡선과 *RS*곡선이 E_3에서 교차하면, 본국은 *X*재 생산에 특화하고 외국은 *X*재와 *Y*재 모두를 생산하게 된다. 이상에서 살펴본 바를 정리하면 국제균형상대가격과 국제균형상대거래량은 상대수요와 상대공급에 의해 결정되며, 국제균형상대가격은 무역개시 전의 양국 상대가격 사이에서 결정되지만 특수한 경우 한 나라의 상대가격과 같을 수도 있다는 것이다. 즉, $(P_X/P_Y) \leq (P_X/P_Y)_i \leq (P_X^*/P_Y^*)$이다.

5. 무역이익의 발생

여기서도 앞서의 수치의 예에서 본 바와 같이 무역을 통해 간접적으로 생산이 증가함으로써 무역이익(gains from trade)이 발생함을 보일 수 있다. 그러나 생산가능

그림 4-3 소비가능량의 증가에 의한 무역이익

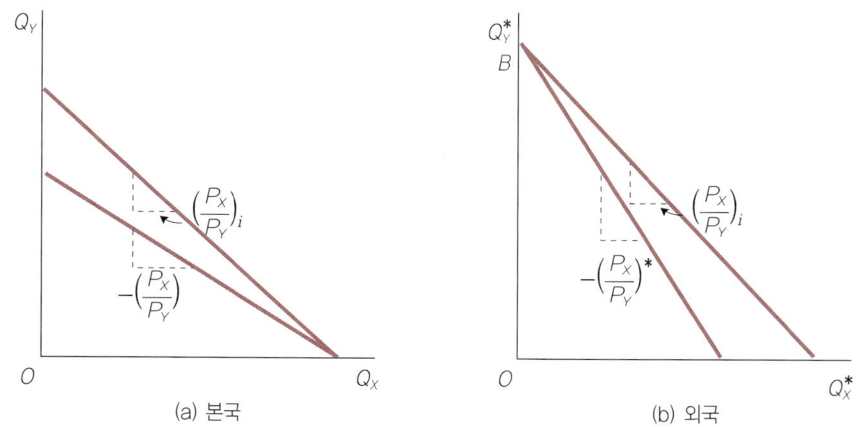

곡선을 이용하면 간단히 무역이익이 발생함을 보일 수 있다. 이를 위해 국제균형 상대가격이 무역개시 전 양국의 상대가격 사이에서 결정되는 일반적인 경우를 보자. 이 경우 〈그림 4-3〉은 무역개시 후 생산가능곡선이 실질적으로 밖으로 이동하는 효과가 나타남함으로써 양국의 소비가능량이 증가함을 보이고 있다. 즉, 무역개시 후 본국은 X재 생산에 완전특화(즉, 점 A에서 생산)하여 이 중의 일부를 무역개시 전의 X재 본국상대가격인 (P_X/P_Y)보다 높은 $(P_X/P_Y)_i$의 가격으로 외국에 수출하여 Y재를 수입함으로써 보다 많은 양의 X재와 Y재를 소비할 수 있게 된다. 한편, 외국은 Y재 생산에 완전특화(즉, 점 B에서 생산)하여 이 중의 일부를 무역개시 전의 X재 외국상대가격인 (P_X^*/P_Y^*)보다 낮은 (P_X/P_Y)의 가격으로 본국에 수출하여 X재를 수입함으로써 보다 많은 양의 X재와 Y재를 소비할 수 있게 된다. 이와 같이 무역이 발생하면 각국에서 기술발전이나 생산자원의 증가가 없이도 생산가능곡선이 밖으로 이동하는 효과를 가져와 소비가능량이 전반적으로 증가하게 되는데, 이것이 바로 무역으로부터 얻을 수 있는 이익인 것이다.

3 국제무역에 대한 몇 가지 잘못된 견해

이상의 비교적 간단한 리카도모형에서 우리는 국제무역의 중요한 몇 가지 사실을 알게 되었다. 그 첫째는 비교우위에 의하여 무역이 발생하게 되며, 국제상대가격은 무역개시 전의 양국 상대가격 사이에서 결정되고, 무역개시 후에는 양국이 모두 무역이익을 얻게 된다는 것이다. 이를 이용하여 국제무역에 관하여 흔히 듣는 잘못된 주장들을 생각해 보기로 하자.

우선 가장 흔하게 듣는 주장 중의 하나는 "자유무역은 자국이 국제경쟁력을 가질 만큼 충분히 생산적일 경우에만 이익이 있다"는 것이다. 즉, 저개발국가는 모든 산업에서 비교우위가 없기 때문에 국제무역에서 손해를 본다는 주장이다. 그러나 앞서 살펴본 바와 같이, 국가가 모든 산업에서 생산성이 낮더라도(즉, 절대열위에 있더라도) 상대적으로 생산성이 덜 낮은 산업에 비교우위가 있기 마련이며, 따라서 무역이익이 존재하므로 이 주장은 잘못되었음을 알 수 있다.

두 번째로 흔히 듣는 주장으로는 "저임금에 기초한 국제무역은 불공정한 것이며, 다른 국가들에게 피해를 준다"는 것이다. 이는 주로 선진국 노동조합들의 주장으로, 최근의 노동과 무역에 관한 국제논쟁에서도 유사한 주장이 나타나고 있다. 그러나 이 경우에도 비교우위의 결정이 일국의 높은 생산성에 의한 것이든 낮은 임금에 의한 것이든 상관없이 무역은 모든 당사국에 이익이 되므로 잘못된 주장이라고 할 수 있다.

세 번째로 "만일 일국에서 수출재를 생산하기 위하여 투입되는 노동력의 양이 동일한 가치를 갖는(즉, 동일한 가격으로 교환되는) 수입재를 생산하기 위하여 타국에서 투입되는 노동량보다 많다면, 무역은 이 나라를 착취하고 경제를 악화시킨다"는 주장이다. 이는 마르크스주의적인 사고에서 나온 것으로 이른바 '무역의 불평등교환' 주장이며, 제3세계 국가에서 많은 지지를 받고 있다. 이 경우에도 앞서 수치의 예에서 살펴본 바와 같이, 무역의 이익을 판단하기 위해서는 자국이 직접 수입품을 생산하기 위해 사용해야 할 국내노동력과 이를 수입하기 위해 간접적으로 사용한 국내노동력을 비교하여야 하므로 잘못된 주장이라 할 것이다.

4 리카도모형의 실증적 검증과 한계

1. 실증적 검증

앞서 설명한 바와 같이, 리카도모형은 각국의 노동생산성 차이가 무역을 발생하게 한다는 중요한 결론을 보여 주고 있다. 그러나 모형으로부터 얻은 결론이 현실설명력이 없으면 그 의미도 없는 것이므로 모형에 대한 실증적 검증이 필요하다. 여기서는 발라사(B. Balassa)의 리카도모형에 대한 실증검증 결과를 제시한다.[6)]

6) B. Balassa, "An Empirical Demonstration of Classical Comparative Cost Theory," *Review of Economics and Statistics*, Vol. 4, 1963, pp. 231~238. 이 밖에 리카도모형에 대한 최초의 실증검증으로 D. A. MacDougal, "British

그림 4-4 **미국의 상대적 노동생산성과 상대적 수출액**

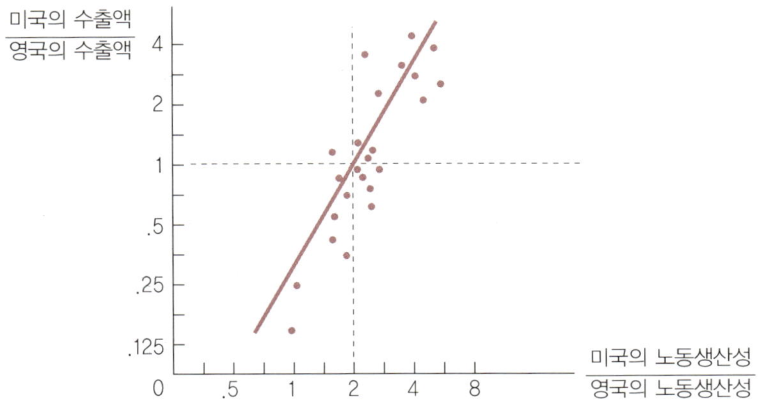

발라사는 1951년도 미국 및 영국의 26개 제조산업의 상대수출액 및 상대노동생산성을 계산하여 리카도모형으로부터 얻을 수 있는 두 가지 가설을 검증하였다. 우선 첫 번째 검증가설은 미국은 영국보다 상대적으로 생산성이 높은 산업의 제품일수록 영국보다 상대적으로 수출을 많이 하는가 하는 것이다. 두 번째 가설은 당시 미국의 임금은 영국의 임금보다 평균적으로 2배 높으므로, 미국의 산업 중 노동생산성이 영국의 산업보다 2배 이상 높은 산업의 경우에만 비교우위를 갖는가 하는 것이다.

그 결과는 〈그림 4-4〉에 나타나 있다. 그림에서 보는 바와 같이, 미국의 노동생산성이 영국의 그것보다 상대적으로 높은 산업일수록 미국의 수출액이 영국의 그것보다 상대적으로 높으므로 첫 번째 가설이 현실에 잘 부합되고 있다고 할 수 있다. 한편, 모든 26개 산업에서 미국의 노동생산성이 영국의 그것보다 컸음에도 불구하고 대략적으로 미국의 노동생산성이 영국보다 2배 이상 큰 14개 산업에서만 미국의 수출이 영국의 수출보다 많아 두 번째 가설도 현실에 잘 부합되고 있음을 나타내고 있다.

and American Exports: A Study Suggested by the Theory of Comparative Costs," *Economic Journal*, Vol. 61, 1951, pp. 697~724를 참조할 것.

이와 같이 노동생산성의 상대적 차이에 의한 비교우위가 무역을 발생시킨다는 리카도모형의 현실설명력이 매우 높다고 할 수 있다.

2. 리카도모형의 한계

앞서 살펴본 바와 같이, 리카도의 무역모형은 각국이 비교우위를 갖는 재화생산에 특화하여 무역함으로써 이익을 얻을 수 있다는 것을 설명할 수 있다는 점에서 매우 중요한 의미를 가지며, 실증적 검증에서도 매우 현실설명력이 있는 것으로 평가되고 있다.

그러나 다음과 같은 몇 가지 이론상의 문제점들을 지적할 수 있다.

첫째, 모형이 단순하여 현실과 달리 완전특화의 결과만 나타낸다는 것이다.

둘째, 최초에 비교우위가 발생하는 원인에 대한 설명이 충분하지 않다는 점이다. 다시 말하면, 재화생산에서 양국의 노동생산성 차이가 비교우위를 결정하게 되는데, 이와 같은 노동생산성의 차이, 즉 기술격차가 발생하는 원인에 대한 설명이 결여되어 있다는 점이다.

셋째, 국제무역이 일국 내의 소득재분배에 미치는 효과에 대한 설명이 없다는 점이다. 즉, 생산요소가 오직 노동 한 가지뿐이며, 산업 간의 이동이 자유롭기 때문에 현실에서 볼 수 있는 무역이 일국 내의 소득재분배에 미치는 효과를 설명할 수 없다는 점이다.

넷째, 세 번째 문제점과 연계하여 생산요소를 노동에만 국한시켜 자본, 토지 및 기타 중요한 생산요소가 없다고 가정함으로써 국가 간 요소부존량의 차이를 무시하고 있다는 점이다.

마지막으로, 서로 조건이 유사한 국가들끼리의 무역발생을 설명할 수 있는 규모의 경제에 대한 가능성을 무시하고 있는 점도 하나의 제약점이라 하겠다.

따라서 우리는 이상의 리카도모형의 문제점을 보완해 나갈 필요가 있다. 우선 처음 네 가지 제약을 보완할 수 있는 모형이 제5장에서 살펴보게 될 헥셔-올린모형이며, 마지막 문제를 집중적으로 부각시키는 모형이 제6장에서 살펴볼 불완전경쟁모형이다.

Chapter 5 헥셔-올린모형

제1절 서론

제2절 기본 모형

제3절 무역개시 전의 균형

제4절 국제균형상대가격의 결정과 무역의 이익

제5절 모형의 실증적 검증

1 서론

앞서 살펴본 바와 같이, 생산요소가 오직 노동만 존재하는 리카도모형의 경우, 비교우위는 오직 노동생산성의 국가 간 상대적 차이에서 발생한다. 그러나 실제로는 노동 이외의 토지, 자본, 자연자원 등도 중요한 생산요소이며, 이들의 국가 간 부존량의 차이가 무역발생의 원인이 되기도 한다. 예를 들어, 중동 국가들이 원유를 수출하는 것은 이들 국가가 원유생산에 있어서 노동생산성이 다른 나라들에 비하여 높아서가 아니라 이 지역에 원유가 대량으로 부존되어 있기 때문이다.

한편, 유일한 생산요소인 노동만이 존재하는 리카도모형에서는 무역개시 후, 양국 모두 무역이익을 얻을 수 있을 뿐만 아니라 개개인도 똑같이 무역으로부터 이익을 얻게 된다(즉, 실질소득이 상승하게 된다). 그러나 현실에서는 무역의 확대에 따라 일국 내에서 소득분배에 영향을 미치게 되며, 이 무역의 소득재분배효과가 보호무역정책을 유발하는 주요 요인으로 작용하게 된다.

따라서 본 장에서는 헥셔-올린모형(Hechscher-Ohlin model)을 이용하여 자원부존량의 국가 간 차이가 무역발생의 원인이 되는 것과 무역이 일국 내의 소득재분배에는 어떤 효과를 가져오는가를 집중적으로 살펴본다. 헥셔-올린모형은 스웨덴의 경제학자인 헥셔(E. Heckscher)가 1919년 국가 간의 요소부존도 차이로 인해 발생하는 비교우위가 무역의 원인이 됨을 처음 밝혔고, 그의 제자 올린(B. Ohlin)이 이를 발전시킴에 따라 이들의 이름을 붙인 모형이다.[1] 이후 헥셔-올린모형은 사무엘슨(P. Samuelson)이 근대 주류경제학적 방법론을 이용하여 정밀화하였고, 또 이 모형으로부터 요소가격 균등화 정리나 스톨퍼-사무엘슨정리와 같은 중요한 응용결과들을 추가하는 등의 기여를 하였기 때문에 헥셔-올린-사무엘슨모형(Hechscher-Ohlin-Samuelson model)이라고도 부르며, 요소부존량의 차이가 무역발생의 원인이 됨을 설명하기 때문에 요소부존모형(factors endowment model)이라고도 한다.

1) E. Hechscher, "The Effect of Foreign Trade on the Distribution of Income," *Ekonomisk Tidskrift*, 1919; B. Ohlin, *Interregional and International Trade*, Harvard University Press, 1933.

2 기본 모형

1. 기본 가정

첫째, 세계에는 오직 본국(home)과 외국(foreign) 두 나라밖에 존재하지 않는다.

둘째, 재화는 X재와 Y재 두 가지밖에 존재하지 않는다.

셋째, 각 재화의 생산에는 노동(L)과 자본(K)이 사용된다.

넷째, 각국 내에서 산업 간 생산요소의 이동은 완전히 자유이지만, 국가 간 이동은 불가능하다.

다섯째, 양국은 동일한 소비패턴을 갖고 있다.

여섯째, 양국은 규모에 대한 수확이 불변(constant returns to scale)인 특징을 갖는 생산기술을 동일하게 보유하고 있다. 즉, 모든 생산요소의 투입량을 똑같이 증가시키면 생산량도 생산요소와 똑같은 비율로 증가하게 된다.

일곱째, 재화시장 및 생산요소시장은 완전경쟁적이다.

여덟째, 본국은 상대적으로 노동풍부국(labor-abundant country)인 데 반해 외국은 자본풍부국(capital-abundant country)이다. 즉, 노동은 상대적으로 외국보다 본국에 더 풍부하며, 자본은 상대적으로 본국보다 외국에 더 풍부하다(($K/L<K^*/L^*$)).

아홉째, X재는 상대적으로 노동집약적 재화(labor-intensive product)인 데 반해 Y재는 자본집약적 재화(capital-intensive product)이다. 즉, X재 생산에는 Y재 생산보다 상대적으로 자본을 노동보다 더 많이 필요로 한다(($K_A/L_A<K_B/L_B$)).

이상의 가정들을 요약하면 양국의 소비패턴과 기술수준은 동일하고 오직 생산요소 부존도에서만 상대적으로 다른 본국과 외국 두 나라가 기술특성이 다른 두 재화를 생산하고 있다. 이제 이러한 가정에 입각하여 양국의 소비패턴과 생산패턴을 이른바 사회무차별곡선과 생산가능곡선의 개념을 이용하여 나타내 보자.

2. 사회무차별곡선

(1) 개별무차별곡선

어떤 소비자가 재화를 소비함으로써 얻는 만족도를 효용(utility)이라 한다. 이제 두 재화(*X*재, *Y*재)가 존재할 때 한 소비자에게 동일한 수준의 효용을 주는 두 재화의 소비점들의 조합들을 연결한 선을 개별무차별곡선(individual indifference curve) 또는 단순히 무차별곡선(indifference curve)이라 한다.[2] 무차별곡선은 다음의 다섯 가지 특징을 가지고 있다. ① *X*재와 *Y*재의 조합으로 이루어지는 평면상에서 각 점은 그것을 지나는 하나의 무차별곡선을 갖는다. 즉, 무차별곡선은 무수히 많이 존재한다. ② 우하향의 기울기를 갖는다. ③ 서로 교차하지 않는다. ④ 원점에 멀리 떨어진 무차별곡선일수록 높은 효용수준을 나타낸다. ⑤ 원점에 볼록하다.

(2) 사회무차별곡선

국가 간의 무역을 설명하기 위해서는 개별 소비자의 소비패턴보다는 한 사회나 국가 전체의 소비패턴을 이해해야 한다. 이를 위해서 사회무차별곡선(social indifference curve)이라는 개념을 도입하고자 한다.

사회무차별곡선이란 사회 전체에 동일한 수준의 효용을 주는 두 재화의 소비점들의 조합들을 연결한 선이다. 즉, 사회무차별곡선은 개별적인 소비자들의 전체 집합이라고 할 수 있는 사회 전체를 대상으로 하는 곡선이다. 따라서 사회무차별곡선도 개별무차별곡선과 동일한 다섯 가지의 특징을 가지고 있다고 할 수 있다.[3] 이러한 다섯 가지의 특징을 갖는 사회무차별곡선이 〈그림 5-1〉에 나타나 있다. 우리는 양국이 동일한 소비패턴을 가지고 있다고 가정하고 있으므로 양국의 무차별곡선을 동일하게 나타날 것이다.

---

2) 무차별곡선에 대한 보다 구체적인 설명은 각종 경제학원론이나 미시경제학 교과서를 참조할 것.
3) 그러나 사회무차별곡선이 개별무차별곡선과 같은 다섯 가지의 특징을 모두 만족시키지 않는 경우가 존재할 수 있다. 여기서 구체적인 설명을 할 수는 없지만 사회 전체의 소득구조가 변화할 때 수혜자의 잉여소득으로 피해자를 보상하는 등의 적절한 소득재분배가 존재하지 않으면 무차별곡선이 서로 교차할 수 있게 된다. 따라서 우리는 적절한 소득재분배정책에 의하여 소득분배효과를 중화한다는 가정을 묵시적으로 하고 있다.

그림 5-1 사회무차별곡선

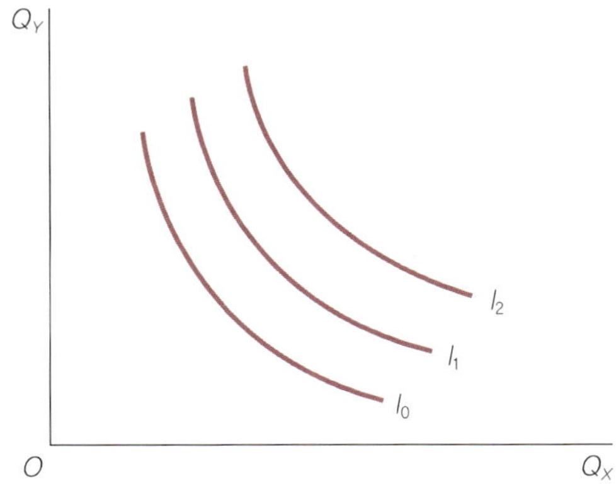

3. 생산가능곡선

(1) 생산가능곡선의 형태

제3장에서 우리는 생산가능곡선이란 한 국가가 두 재화를 생산하는 경우, 주어진 기술수준과 생산요소를 이용하여 생산해 낼 수 있는 최대산출량의 여러 가지 조합들을 연결한 곡선이라고 정의하였다. 리카도모형에서는 각 재화 1단위를 생산하는 데 투입되는 유일한 생산요소인 노동의 양은 고정되어 있다고 가정함으로써 기회비용이 항상 일정한 직선형태의 생산가능곡선을 얻을 수 있었다.

그러나 현재와 같이 두 가지 이상의 생산요소가 존재하는 경우의 생산가능곡선은 〈그림 5-2〉에 나타난 바와 같이 원점에 대해 오목한 형태가 된다. 즉, 한 재화(*X*재)의 생산량을 증가시키기 위해서는 또 다른 재화(*Y*재)의 생산량을 감소시켜야 한다. 그런데 *X*재의 생산을 지속적으로 1단위씩 증가시키면 한계생산은 점차 감소하고, 이에 따라 *Y*재의 감소분은 점차 증가한다.[4] 즉, 한 재화(*X*재)의 생산을 지속

4) 한계생산(marginal product)이란 어떤 재화의 생산에 필요한 한 생산요소의 투입을 한 단위 증가시켰을 때 추가적으로 얻어지는 생산량이다. 그런데 한 생산요소의 투입만을 지속적으로 증가시키면 한계생산은 점차 감소하게 되

그림 5-2 **원점에 대해 오목한 생산가능곡선**

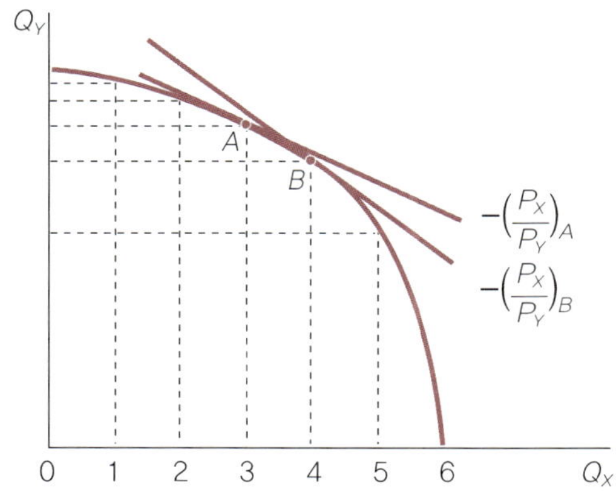

적으로 증가시킬 때, 이에 대한 기회비용은 점차 증가하여 X재의 상대가격(P_X/P_Y)은 증가하게 되고 생산가능곡선은 원점에 대하여 오목한 형태가 된다. 이때 생산가능곡선상의 한 점을 접하는 직선의 기울기는 X재의 상대가격이 된다.

(2) 생산요소 부존량의 증가와 생산가능곡선

일국의 생산가능곡선의 모양은 기본적으로 이 나라의 기술수준과 생산요소 부존량에 의해서 결정된다. 즉, 이 나라의 기술수준이 향상되거나 생산요소의 양이 증가하면 생산가능곡선은 밖으로 이동하게 된다. 그렇다면 여기서 한 생산요소인 노동의 양(L)이 증가하는 경우를 생각해 보자. 노동의 증가는 전반적으로 생산가능곡선을 밖으로 이동시킬 것이다. 그런데 특히 X재는 노동집약적 재화이므로 생산가능곡선은 X재 생산쪽으로 더 많이 밖으로 이동한다. 이러한 상황이 〈그림 5-3〉에 나타나 있다.

는데, 이를 한계생산 체감의 법칙 또는 수확체감의 법칙이라 한다.

그림 5-3 노동량의 증가와 생산가능곡선

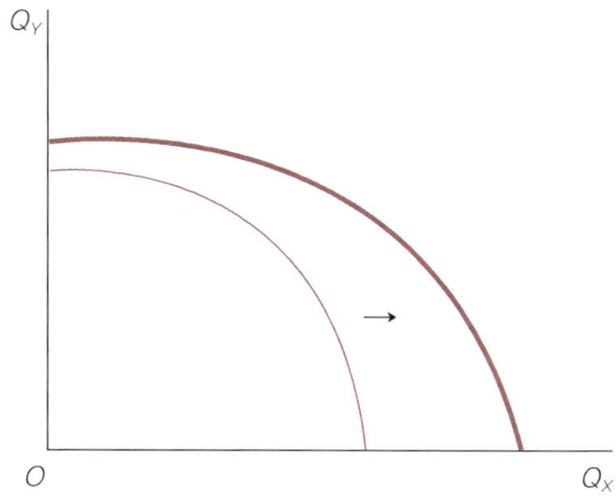

3 무역개시 전의 균형

1. 균형생산량과 균형상대가격의 결정

이제 위에서 살펴본 생산가능곡선과 사회무차별곡선을 이용하여 무역이 개시되기 전에 한 나라에서 어떻게 균형이 이루어지는가를 보자. 균형은 앞서 설명한 바와 같이 일반적으로 공급과 수요가 일치하는 수준에서 결정되며, 우리의 경우에는 생산가능곡선과 사회무차별곡선이 접하는 곳에서 결정된다. 〈그림 5-4〉는 무역개시 전의 균형상태를 보여 주고 있다. 생산가능곡선과 무차별곡선이 접하는 점 E는 균형점이며, 이때의 Q_X^e와 Q_Y^e는 X재와 Y재의 균형생산량인 동시에 균형소비량이고, 균형점을 통과하는 직선의 기울기인 $(P_X/P_Y)^e$는 균형상대가격이다.

그림 5-4 균형생산량과 균형상대가격

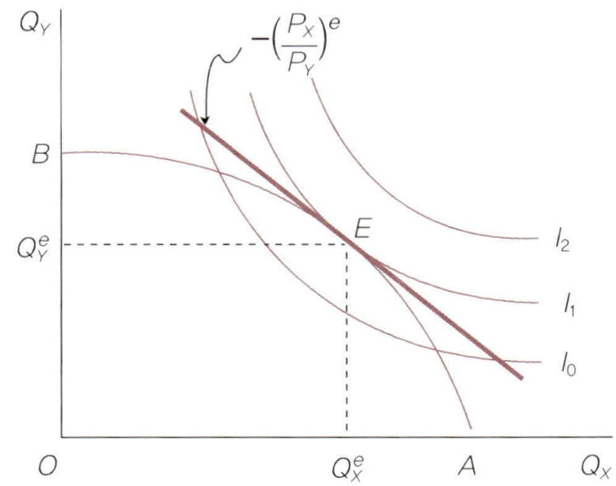

2. 헥셔-올린정리

이제 헥셔-올린모형에서 가장 중요한 결과라고 할 수 있는 헥셔-올린정리(Heckscher-Ohlin theorem)를 보기로 하자. 헥셔-올린정리는 "각국은 자국에 상대적으로 풍부하게 부존된 자원을 집약적으로 이용하여 생산하는 재화에 비교우위를 갖는다"는 표현으로 요약될 수 있다. 즉, 헥셔-올린정리는 무역개시 전의 양국 상황을 비교하여 어떤 나라가 어떤 재화에 비교우위를 갖게 되는가를 설명하는 것으로, 우리의 예에서 노동풍부국인 본국은 노동집약적 재화인 X재에 비교우위를 갖고 자본풍부국인 외국은 자본집약적 재화인 Y재에 비교우위를 갖는다는 것이다.

이에 대한 증명은 사회무차별곡선과 생산가능곡선을 이용하면 비교적 간단하다. 우선, 양국은 동일한 소비패턴을 갖고 있으므로 사회무차별곡선이 동일한 모양을 하고 있음을 우리는 알고 있다. 한편, 본국은 노동풍부국인 반면 외국은 자본풍부국이며, X재는 노동집약적 재화인 반면 Y재는 자본집약적 재화이므로, 양국의 생산가능곡선을 비교하면 본국의 생산가능곡선은 외국의 그것보다 상대적으로 Y재 생산쪽으로 치우쳐 있게 된다. 즉, 이는 앞에서 살펴본 〈그림 5-3〉을 보면 쉽게 유추할 수 있다.

따라서 양국의 사회무차별곡선과 생산가능곡선들을 한 도면에 표시하면 〈그

그림 5-5 헥셔-올린모형에서 비교우위의 결정

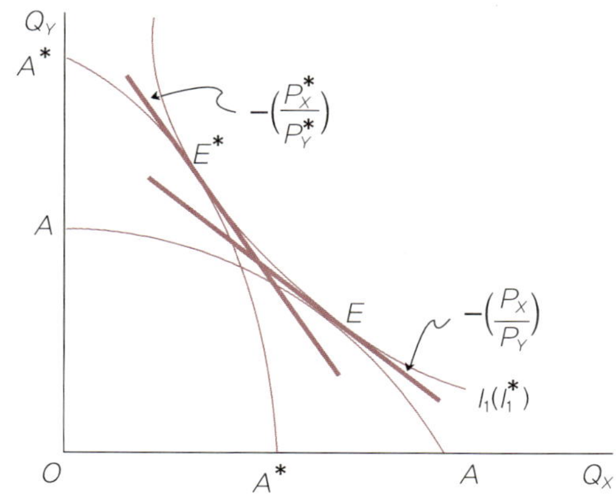

림 5-5>와 같이 나타난다. 즉, 그림에 나타난 사회무차별곡선 I_0, I_1, I_2는 양국에 동일하게 적용되며, 본국의 생산가능곡선은 AA, 외국의 생산가능곡선은 A^*A^*이다. 이에 따라 본국의 생산 및 소비균형점은 E, 외국의 생산 및 소비균형점은 E^*가 된다.[5] 이제 무역개시 전 양국의 균형점을 통과하는 직선의 기울기인 균형상대가격을 비교하면, 노동집약적인 X재의 상대가격은 외국보다 본국에서 낮다. 즉, $(P_X/P_Y)<(P_X^*/P_Y^*)$. 따라서 본국은 X재에 비교우위를 갖고, 외국은 Y재에 비교우위를 갖게 된다.

5) 이 경우는 설명의 편의를 위해 동일한 사회적 무차별곡선이 양국의 생산가능곡선과 동시에 균형을 이루고 있다(즉, 접하고 있다). 그러나 한 국가의 경제규모가 상대적으로 큰 경우에는 서로 다른 사회적 무차별곡선이 각각 양국의 생산곡선에 접하게 된다. 그러나 비교우위의 결과는 동일하다.

4 국제균형상대가격의 결정과 무역의 이익

1. 국제균형상대가격의 결정

헥셔-올린모형하에서도 자유무역이 이루어진 후의 국제균형상대가격은 무역개시 전 양국의 상대가격 사이에서 결정된다. 이제 오퍼곡선(offer curve)의 개념을 이용하여 국제균형상대가격의 결정을 살펴보자. 일국의 오퍼곡선이란 국제상대가격이 변화함에 따라 이 나라가 의도하는 수출량과 수입량들의 조합들을 연결한 선이다.

먼저 본국의 오퍼곡선을 도출해 보자. 무역 전 본국의 상대가격은 생산가능곡선과 사회무차별곡선이 접하는 직선의 기울기가 되고, 이때의 접점이 생산점이자 소비점이 됨은 이미 보았다. 〈그림 5-6〉 (a)에서는 무역 전 상대가격선은 $(P_X/P_Y)_0$로, 생산 · 소비점은 E로 표시되어 있다. 이제 무역이 시작되어 국제상대가격이 $(P_X/P_Y)_1$으로 주어진다면, 본국은 $(P_X/P_Y)_1$과 생산가능곡선이 접하는 점 A_1에서 생산을 하고 $(P_X/P_Y)_1$과 무차별곡선 I_1이 접하는 점 C_1에서 소비를 하고자 할 것이다. 즉, 본국은 A_1D_1만큼의 X재를 수출하고, D_1C_1만큼의 Y재를 수입하려 할 것이다. 한편, 국제상대가격이 $(P_X/P_Y)_2$로 주어진다면 본국은 점 A_2에서 생산하고 점 C_2에서 소비하고자 할 것이므로, A_2D_2만큼의 X재를 수출하고 D_2C_2만큼의 Y재를 수입하려 할 것이다.

〈그림 5-6〉 (b)는 가로축에 본국이 수출하고자 하는 X재의 양을, 세로축에 본국이 수입하고자 하는 Y재의 양을 놓고 (a)에서 논의한 내용을 다시 나타낸 것이다. 즉, 국제상대가격이 $(P_X/P_Y)_0$인 경우에는 무역이 발생하지 않으므로 원점인 점 O에 대응시키고, $(P_X/P_Y)_1$인 경우에는 $OD_1(A_1D_1)$만큼의 X재 수출량과 D_1C_1만큼의 Y재 수입량을, 또 $(P_X/P_Y)_2$인 경우에는 $OD_2(A_2D_2)$만큼의 X재 수출량과 D_2C_2만큼의 Y재 수입량을 대응시킨다. 그리고 이들 각 점들을 매끄럽게 연결하면 본국의 오퍼곡선 OR를 얻게 된다. 이와 같은 방법으로 외국의 오퍼곡선도 구할 수 있다.

이제 본국과 외국의 오퍼곡선을 동시에 고려하면 국제균형상대가격을 구할

그림 5-6 헥셔-올린모형에서 오퍼곡선의 도출

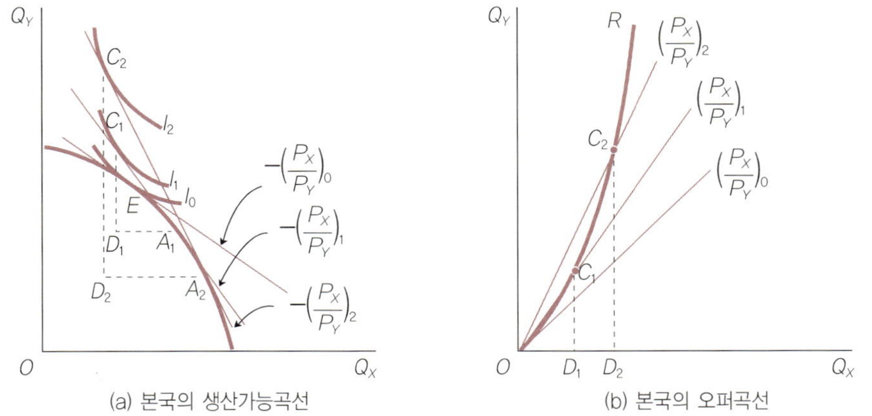

수 있다. 〈그림 5-7〉은 본국의 오퍼곡선 OR곡선과 외국의 오퍼곡선 OR^*곡선을 나타내고 있다. 이 두 곡선이 만나는 점 Q에서는 본국이 수출하고자 하는 X재의 양과 외국이 수입하고자 하는 X재의 양이 모두 OX_1으로 동일하고, 또 본국이 수입하고자 하는 Y재의 양과 외국이 수출하고자 하는 Y재의 양이 모두 OY_1으로 동일하므로 양국 간의 무역이 균형을 이루게 된다. 즉, 점 Q는 무역균형점이며, 원점과 균형점을 잇는 직선 OQ의 기울기는 국제균형상대가격$((P_X/P_Y)_i^e)$이 된다. 다시 말하면, 이러한 국제균형상대가격하에서 본국과 외국이 의도하는 X재와 Y재의 무역량이 일치하게 되므로 실질적으로 무역이 이루어지는 것이다.

2. 무역의 이익

이제 헥셔-올린모형에서 자유무역이 발생하였을 때, 무역의 이익은 어떻게 나타나는가를 살펴보자. 이를 위해서는 무역 전과 무역 후의 균형상태를 비교하면 된다. 이를 보다 간편하게 하기 위해서 〈그림 5-5〉에 함께 그렸던 본국과 외국의 생산가능곡선과 사회무차별곡선을 〈그림 5-8〉의 두 도면에 각각 표시해 보자.

그림 5-7 헥셔-올린모형에서 국제균형상대가격의 결정

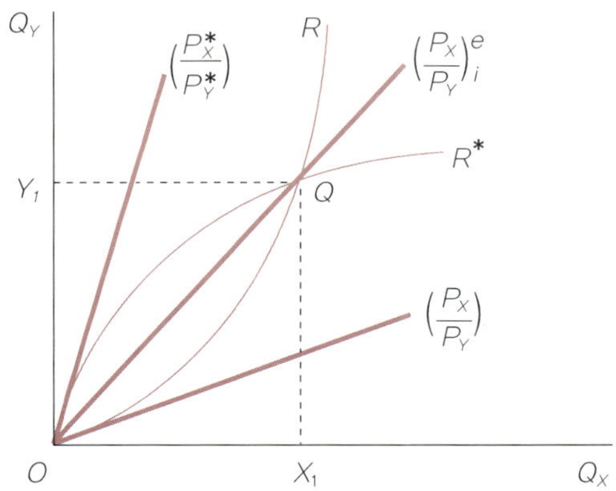

앞서 본 바와 같이, 상대적으로 노동이 풍부한 본국은 무역 전에는 점 *E*에서 생산과 소비가 이루어지고, 자본이 상대적으로 풍부한 외국은 점 E^*에서 생산과 소비가 이루어지므로, 무역 전의 *X*재 상대가격은 외국에서보다 본국에서 낮음을 알 수 있다. 무역 후 국제균형가격은, 위에서 본 바와 같이 무역 전 양국의 상대가격 사이에 위치한 직선 $(P_X/P_Y)_i$로 나타나게 될 것이고, 따라서 본국의 경우 생산점은 점 *P*로, 외국의 경우에는 점 P^*로 이동하게 된다. 이와 같이 리카도모형과 달리 완전특화현상은 발생하지 않는다. 이때 본국은 *PT*만큼의 *X*재를 수출하여 *TC*만큼의 *X*재를 외국으로부터 수입하게 됨으로써 최종소비점은 점 *C*가 될 것이다. 한편, 무역은 균형을 이루게 되어 본국의 수출(수입)과 외국의 수입(수출)은 동일한 크기가 될 것이다. 따라서 외국은 P^*T^*만큼의 *Y*재를 수출하고 T^*C^*만큼의 *X*재를 본국으로부터 수입하여 최종소비점은 C^*가 될 것이다. 물론 〈그림 5-7〉에서 얻은 본국의 *X*재 수출량과 OX_1은 〈그림 5-8〉의 *TP* 및 T^*C^*와 동일하고, OY_1은 *TC* 및 P^*T^*와 동일하다. 따라서 수출과 수입의 크기를 보이는 본국의 무역삼각형 *CTP*는 외국의 무역삼각형 $P^*T^*C^*$와 정확하게 일치할 것이다.

이제 무역의 이익이 발생하는가를 보면, 본국의 경우 자유무역 후 소비점 *C*에서 사회무차별곡선 I_2가 접하고 있는데, 이는 무역 전의 소비점 *E*를 접하였던 무차별곡선 I_1보다 원점으로부터 멀리 떨어져 위치하므로 무역개시 후 사회후생이 증

그림 5-8 헥셔-올린모형에서 무역삼각형과 무역이익

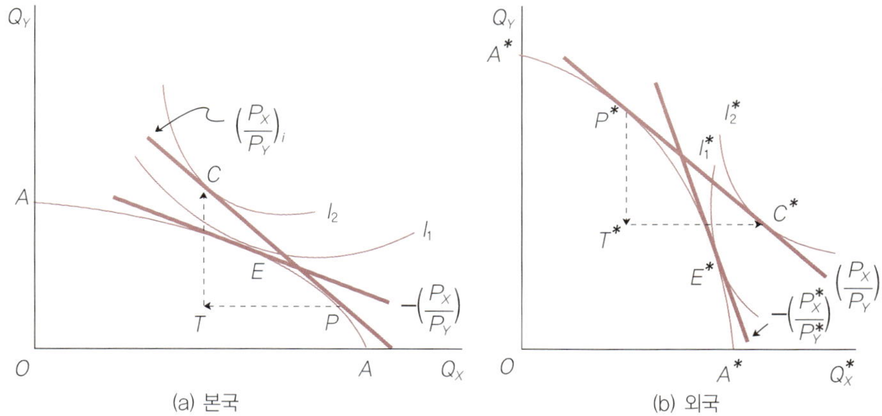

대되었음을 알 수 있다. 외국의 경우도 마찬가지로 사회적 후생수준은 I_1^*에서 I_2^*로 증가하였다. 이와 같이 양국은 자유무역 후 사회후생수준이 증가하였으므로 무역의 이익을 얻고 있음을 알 수 있다.

3. 자유무역의 소득재분배효과: 요소가격 균등화 정리

우리는 앞서 자유무역이 이루어지면 재화의 가격이 같아짐을 보았다. 요소가격 균등화 정리(factor-price equalization theorem)는 자유무역 개시 후 재화의 가격뿐만 아니라 각 생산요소의 가격까지 양국에서 동일해진다는 것이다. 즉, 자유무역 개시 후 각 생산요소의 상대가격뿐만 아니라 절대가격까지도 양국에서 동일해진다는 것이다.

요소가격 균등화에 대한 증명은 원론수준을 넘는 것이므로 여기서는 직관적인 설명만을 하고자 한다. 무역개시 전 본국은 노동풍부국이고 외국은 자본풍부국이므로, 노동의 가격은 본국에서 자본의 가격은 외국에서 저렴할 것이다. 그런데 무역개시 후 본국은 노동집약적 재화인 X재의 생산을 늘리고, 자본집약적 재화인

Y재의 생산을 줄이게 된다. 이는 본국에서 노동에 대한 수요는 증가하고 자본에 대한 수요는 감소하게 됨에 따라, 임금률(w)은 상승하고 이자율(r)은 하락하게 된다. 한편, 외국에서는 정반대로 임금률은 하락하고 이자율은 상승하게 된다. 따라서 궁극적으로 양국에서의 생산요소 상대가격비는 동일해진다.

이상에서 본 바와 같이, 무역개시 후 자국의 비교우위 산업에서 집약적으로 사용되는 생산요소의 실질소득은 증가하고, 비교열위 산업에서 집약적으로 사용되는 특정 요소의 실질소득은 감소한다. 이와 같은 사실은 현실에서 왜 각종 보호무역장벽이 나타나게 되는지에 대한 중요한 이유 중의 하나이다. 즉, 국가 전체로 보면 무역으로부터 이익을 얻지만, 피해를 입는 산업과 집단이 존재하게 되고, 이들이 무역제한을 요구하게 되는 것이다.[6] 미국이 비교열위에 있는 설탕, 신발, 섬유, 철강산업 등의 산업을 보호하는 정책을 사용하는 것이나 우리나라와 일본 등이 농업부문을 자유무역으로부터 가능한 한 보호하려는 정책을 사용하는 것 등이 대표적인 예이다.

물론 국제무역에 의해서 소득재분배효과가 나타난다고 해서 국제무역을 제한하는 것이 좋다는 의미는 아니다. 왜냐하면, 국제무역 이외에도 자국 내의 기술진보, 소비자들의 기호변화, 새로운 생산자원의 발견 등 각종 요인의 변화에 의해서도 소득재분배효과가 나타나는데, 그렇다고 해서 이 모든 변화를 제한할 수 없는 것처럼 국제무역도 제한하지 않는 것이 좋기 때문이다. 차라리 무역을 제한하는 것보다 무역에 의해 상대적으로 피해를 입은 집단을 보상해 줄 수 있는 방안을 강구하는 것이 바람직하다.

6) 또한 여기서 다루지는 않지만 특정요소모형(specific factors model)도 특정 요소가 산업 간 이동이 불가능하거나 자유롭지 못함으로써 자유무역 개시 후 비교열위에 있는 산업에만 종사하는 생산요소의 실질소득이 감소하는 효과를 잘 설명할 수 있는 모형이다.

5 모형의 실증적 검증

1. 검증의 예

헥셔-올린모형은 각국 간 생산요소 집약도의 차이가 비교우위를 결정한다는 헥셔-올린정리를 비롯하여 요소가격 균등화 정리 등과 같은 다른 중요한 내용을 포함하고 있지만 여기서는 가장 핵심적인 내용인 헥셔-올린정리의 검증만을 다루고자 한다.

헥셔-올린정리에 대한 검증은 1953년 레온티에프에 의해서 처음 이루어졌다.[7)]레온티에프는 미국은 세계 최대의 부국이어서 다른 국가들에 비해 자본이 풍부하므로 헥셔-올린정리가 예측하는 것처럼 자본집약적 재화를 수출할 것으로 기대하였다. 그는 이를 확인하기 위하여 투입산출표(input-output table)를 이용하여 1947년도의 미국 수출재와 수입대체재 생산에 직·간접적으로 이용된 자본과 노동의 비율을 측정하였다. 그 결과 수출재 생산에 직·간접적으로 사용된 자본은 노동자 1인당 1만 3,991달러인 반면, 수입대체재의 생산에 사용된 자본은 노동자 1인당 1만 8,184달러로 나타났다. 즉, 당시 미국은 자본이 풍부함에도 불구하고 노동집약적 재화를 수출하고 자본집약적 재화를 수입하는 결과를 얻은 것이다. 이는 물론 헥셔-올린정리와는 반대되는 결과이므로 이를 레온티에프역설(Leontief paradox)이라고 한다.

레온티에프의 이와 같은 헥셔-올린모형에 대한 검증 이후 많은 학자들이 미국뿐만 아니라 다른 나라들의 자료를 이용하여서도 검증을 시도하였다. 그러나 이들 검증의 결과, 일부는 헥셔-올린정리가 현실설명력이 있는 것으로 나타나기도 하였지만 상당수는 레온티에프의 검증결과를 재확인해 주는 것이었다.

한편, 한국의 자료를 이용한 검증도 이루어졌는데, 홍원탁은 전 산업을 수출산업과 수입대체산업으로 구분하여 1966년도에 직·간접적으로 사용된 자본과 노동

7) W. Leontief, "Domestic Production and Foreign Trade: The American Capital Position Re-examined," *Proceedings of the American Philosophical Society*, Vol. 97, 1953, pp. 331~349.

의 비율을 측정하였다.[8] 그 결과 수출산업에는 노동자 1인당 2,800달러의 자본이 투입인 반면, 수입대체산업에는 노동자 1인당 4,300달러의 자본이 투입되었다. 즉, 우리나라는 당시 주로 노동집약적인 재화를 수출하였는데, 우리나라는 노동이 상대적으로 풍부하였다고 할 수 있으므로 헥셔-올린정리가 우리나라의 무역패턴을 잘 설명하고 있다고 할 수 있다. 홍원탁은 또한 1980년도의 경우와 제조업부문만을 대상으로 다시 계산해 보았는데, 이 경우 모두 우리나라의 수출산업은 주로 노동집약적이라는 결과를 얻었다. 한편, 이현훈은 1977년부터 1986년까지 10년 간 한국의 제조업부문만을 대상으로 하여 회귀분석하였다.[9] 그 결과 자본 · 노동비율이 높은 산업일수록 비교우위의 정도가 낮은 것으로 나타나 홍원탁의 결과를 재확인하였다. 그러나 흥미로운 것은 이 기간에 자본 · 노동비율이 높은 산업일수록 비교우위 정도가 점차 높아지고 있는 것으로 나타났다. 즉, 우리나라는 이 기간에 자본축적이 많이 이루어지면서 점차 자본집약적인 산업의 비교우위 정도가 높아지고 있는 것으로 추정된다.

2. 검증의 의미

헥셔-올린이론은 지나치게 단순화되어 있는 리카도모형에 비해, 무역과 소득분배를 연계하여 분석할 수 있는 등의 이유로 해서 전통적으로 매우 중요한 위치를 차지하고 있었다. 그러나 이상에서 본 바와 같이, 리카도모형의 경우에는 현실예측력이 매우 높지만 헥셔-올린정리의 현실예측력은 높지 않은 편이다. 그러나 리카도모형은 기술의 국제적 차이가 왜 발생하는지에 대한 설명이 미흡하므로 이에 대한 연구가 매우 중요해졌다고 할 수 있다. 또한 무역이 꼭 비교우위에 의해서 발생하는 것이 아니라 규모의 경제 등의 이유로 발생한다는 이론도 각광을 받게 되었다. 따라서 다음 장에서는 규모의 경제가 원인이 되어 발생하는 무역모형과 기술의 동적 변화와 무역패턴의 변화를 잘 설명할 수 있는 제품수명주기모형을 다

8) Wontak Hong, "A Comparative Static Application of the Heckscher-Ohlin Model of Factor Proportions: Korean Experience," *Weltwirtschaftliches Archiv*, Vol. 123, 1987, pp. 309~324.

9) 이현훈, 「한국의 제조업부문에 있어서 기술개발이 비교우위의 변화에 미치는 효과분석」, 『경제학연구』 제41집, 1993, pp. 265~286.

루기로 한다.

물론 헥셔-올린모형이 완전히 기능을 상실한 것은 아니며, 좀더 넓은 의미에서 이해하면(즉, 노동을 단순노동과 숙련노동으로 구분, 자본은 물적 자본과 인적 자본으로 구분 등) 상당히 현실설명력이 있으며, 무역의 소득재분배에 미치는 효과에 대한 설명도 계속 유효하다고 할 수 있다.

Chapter 6

새로운 무역이론: 불완전경쟁모형과 제품수명주기모형

1 서론

앞에서 살펴본 리카도모형과 헥셔-올린모형에서는 무역의 발생원인을 각국의 기술수준이나 요소부존도 차이로부터 기인하는 비교우위에서 찾았다. 이와 같은 비교우위론은 경제구조가 많이 다른 국가 간에 발생하는 무역을 설명하는 데 큰 의미를 가지고 있으며, 이러한 결론은 모두 시장구조가 완전경쟁적이라는 가정하에서 도출된다. 그러나 현실적으로 시장이 완전경쟁적이기보다는 불완전한 경쟁상태를 보이는 것이 더 일반적이라고 할 수 있다. 한편, 리카도모형과 헥셔-올린모형은 국가 간에 기술수준이나 요소부존도 등의 조건이 다른 경우에 무역이 발생할 수 있음을 설명하고 있다. 그러나 현실은 제반 조건이 서로 다른 국가들 간뿐만 아니라 서로 유사한 국가들끼리의 무역이 성행하고 있다.

따라서 이 장에서는 우선 제반 조건이 유사한 국가 간에 이른바 규모의 경제이익을 얻기 위해 발생하는 국제무역을 살펴보고자 한다. 이러한 규모의 경제가 존재함에 따라 발생하게 되는 무역모형을 불완전경쟁모형(imperfect competition model)이라고 하는데, 이는 규모의 경제가 존재할 경우에는 시장이 완전경쟁보다는 불완전경쟁 상태로 나타나기 쉽기 때문이다. 이와 같은 불완전경쟁 상태가 나타난 모형은 앞서의 리카도모형이나 헥셔-올린모형보다는 분석이 복잡해진다. 따라서 본 장에서는 복잡한 모형보다는 간단한 예를 들어 설명한다.

한편, 리카도모형에서는 각국의 기술수준이 고정되어 있다고 가정하고 있는데, 현실적으로는 각국의 기술수준은 부단히 변화하게 된다. 따라서 기술수준이 변화하는 동태적 모형인 제품수명주기모형(product life cycle model)에 대해서도 살펴본다.

2 불완전경쟁모형

1. 규모의 경제와 무역의 발생[1)]

(1) 규모의 경제와 생산가능곡선

규모의 경제(economies of scale)란 생산요소 투입량이 증가할 때 생산량은 그보다 더 많이 증가하는 경우를 의미한다. 즉, 모든 생산요소의 투입량이 2배로 증가할 때, 생산량은 2배보다 크게 증가하게 된다. 이러한 규모의 경제는 생산규모를 확대함에 따라 생산의 분업이 보다 잘 이루어지고, 따라서 생산효율성이 증가하기 때문이다. 이렇듯 규모의 경제가 존재하면 생산규모가 큰 기업일수록 생산효율이 높아져 결국 소수의 몇 기업이 시장 전체를 지배하게 되거나, 다수의 기업이 존재하더라도 각각의 기업이 차별화된 상품을 생산함으로써 독점적 성격을 띠게 된다. 이러한 경우에 발생하는 무역을 설명하는 모형을 불완전경쟁모형이라고 한다.

이제 규모의 경제가 존재하는 경우를 다음의 간단한 예를 통해 살펴보자. 본국은 총 54단위의 노동을 보유하고 있는데, X재 및 Y재 생산기술은 동일하게 〈표 6-1〉에 나타난 바와 같다고 가정하자. 즉, 각 재화의 생산을 1단위씩 증가시킴에 따라 추가적으로 필요한 노동의 양은 점차 감소하는 것으로 나타났다. 이에 대한 생산가능곡선을 그리면 〈그림 6-1〉과 같이 원점에 대하여 볼록한 곡선이 된다. 이를 설명하기 위하여 본국이 Y재만을 생산하는 경우부터 점차 X재 생산을 한 단위씩 증가시키는 경우를 생각해 보자. 본국이 노동력 54단위를 모두 Y재 생산에만 투입하면 9단위를 생산하게 된다. 이제 X재 1단위를 생산하기 위해서는 Y재 생산에 투입된 노동력 중 10단위를 X재 생산에 전환해야 하므로 Y재는 44단위의 노동을 이용하여 6단위보다 조금 적은 양을 생산하게 된다(Y재 6단위 생산에는 45단위의 노동이 필요하므로). 한편, X재를 1단위 더 생산하기 위해서는(즉, 총 2단위의 X재를 생산하

1) 이 내용은 김인준, 『국제경제론』 제2판, 다산출판사, 1993, pp. 437~439를 주로 참조하였음.

표 6-1 각 재화에 투입된 노동량과 생산량의 관계

생산량	1	2	3	4	5	6	7	8	9
노동투입량	10	19	27	34	40	45	49	52	54
상품 1단위당 필요노동량	10	9.5	9	8.5	8	7.5	7	6.5	6

그림 6-1 규모의 경제와 생산가능곡선

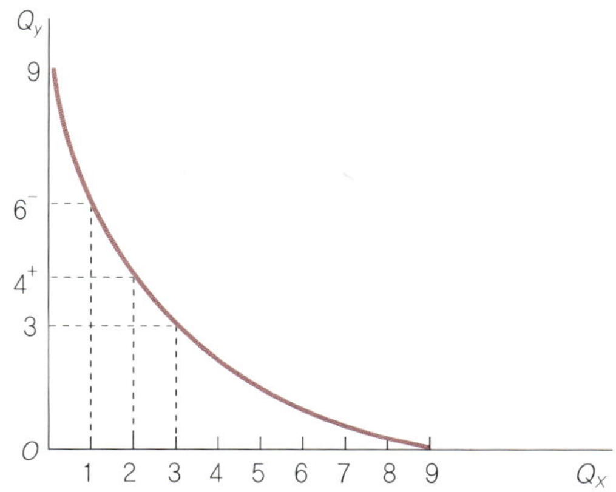

기 위해서는) 9단위의 노동이 추가적으로 Y재 생산으로부터 X재 생산으로 전환되어야 하므로 35단위의 노동으로 Y재는 4단위보다 조금 많은 양을 생산하게 된다. 이와 같이 X재의 생산을 1단위씩 증가시킴에 따라 포기해야 할 Y재의 크기가 점차 줄어들어 생산가능곡선은 원점에 대해 볼록해진다. 이는 물론 두 재화의 생산에서 규모의 경제가 존재하기 때문이다. 즉, X재의 생산을 증가시킴에 따라 Y재로 표시한 X재 생산의 기회비용은 감소하기 때문이며, 이는 생산가능곡선 기울기의 절대치가 X재의 생산증가에 따라 감소함을 의미한다.

(2) 규모의 경제와 무역의 발생

이제 본국과 외국 두 나라가 존재하는 경우, 양국의 생산조건이 동일하다고 하자. 즉, 양국의 노동량과 생산기술이 〈표 6-1〉에 나타난 대로 똑같이 주어졌다고

그림 6-2 규모의 경제와 무역의 발생

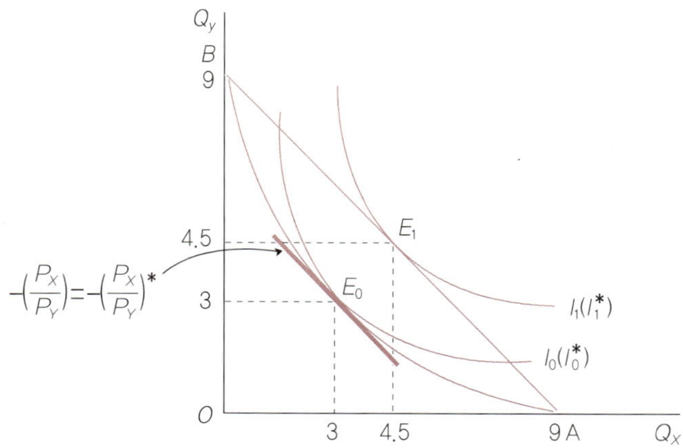

하면 우리가 도출한 생산가능곡선은 양국에서 동일하다. 한편, 소비패턴도 양국 간에 동일하다고 가정하면 양국의 사회무차별곡선 또한 동일하게 나타날 수 있다. 〈그림 6-2〉는 양국에 동일하게 적용되는 생산가능곡선과 사회무차별곡선을 나타내고 있다.

따라서 교역 전 양국에서는 무차별곡선과 생산가능곡선이 접하는 점 E_0에서 생산과 소비가 각각 이루어진다. 즉, 양국 모두 27단위의 노동을 X재 및 Y재 생산에 투입하여 3단위씩의 X재 및 Y재를 각각 생산하고 소비함을 알 수 있다. 이 경우 양국의 X재 및 Y재의 생산비용은 동일하므로, 양국에서 두 재화의 상대가격은 동일하고 비교우위는 존재하지 않으며, 따라서 비교우위에 입각한 무역 역시 발생하지 않는다.

그러나 본국과 외국이 두 재화 중 한 재화의 생산에 특화함으로써 각각 점 A와 점 B에서 생산하여 무역을 한다면 소비가능영역은 직선 AB를 포함한 영역 OAB가 된다. 예를 들어, 본국은 X재에 특화하여 점 A에서 생산하고, 외국은 Y재에 특화하여 점 B에서 생산한다고 하자. 이 경우 본국은 X재 4.5단위를 수출하여 Y재 4.5단위를 수입하면(외국은 Y재 4.5단위를 수출하여 X재 4.5단위를 수입하면), 양국의 소비는 각각 점 E_1에서 이루어질 것이다. 따라서 생산요소의 크기에 변화가 없이도 양국은 모두 X재와 Y재를 각각 1.5단위씩 더 소비할 수 있으므로 후생이 증대되고 무역의 이익을 얻을 수 있음을 알 수 있다.

이와 같이 어떤 산업에 규모의 경제가 존재하면 자유무역에 의해 시장이 확대됨에 따라 생산요소의 증가 없이도 생산량이 증가하게 되어 무역의 이익이 발생한다. 그러나 규모가 큰 기업일수록 생산성이 높아지고 가격경쟁력이 높아지게 되므로 각국에서는 완정경쟁보다는 독점, 과점, 독점적경쟁 등 불완전경쟁이 나타나게 된다.

한편, 위의 예에서 본 바와 같이 각국은 완전특화를 하게 된다. 또한 본국은 X재 생산에 특화할 수도 있고 Y재 생산에 특화할 수도 있다. 즉, 규모의 경제에 따라 무역이 이루어질 때, 무역패턴은 예측이 불가능해진다. 또한 이 경우 X재와 Y재가 꼭 다른 산업의 제품들일 필요가 없다. 즉, 동종 산업 내에서 차별화된 상품들의 수출과 수입이 동시에 이루어지는 산업내무역(intra-industry trade)의 발생가능성이 높게 된다. 이는 헥셔-올린모형의 경우와 같이 국가 간에 서로 다른 산업의 제품을 교역하게 되는 산업간무역(inter-industry trade)과 구별된다.

이제 산업내무역에 대해 보다 구체적으로 생각해 보기로 하자.

2. 산업내무역

(1) 산업내무역과 산업간무역의 차이점

산업내무역의 특징을 이해하기 위해서 산업간무역과의 차이점을 설명하기로 한다.

첫째, 앞서 설명한 바와 같이 산업간무역은 비교우위에 의해 발생하지만, 산업내무역은 규모의 경제에 의해 발생하게 된다. 즉, 본국에 상대적으로 노동이 풍부하다면, 본국은 노동집약적인 재화에 비교우위를 가짐으로써 노동집약적 제품을 수출하고 자본집약적인 재화를 수입하는 형태의 산업간무역이 발생하게 된다. 그러나 양국의 요소부존도가 똑같은 경우에는 본국과 외국은 어떤 상품에도 비교우위를 가질 수 없으나, 무역으로 인한 시장확대에 따른 규모의 경제 이익을 추구하기 위하여 무역이 발생할 수 있는데, 이 경우 산업내무역의 형태가 된다.

둘째, 산업간무역의 패턴은 예측가능하지만, 산업내무역의 패턴은 예측이 불가능하다. 즉, 위의 예에서 본 산업간무역의 경우 노동이 상대적으로 풍부한 본국은 노동집약적인 재화를 수출하고 자본집약적인 재화를 수입할 것으로 예측이 가능하지만, 산업내무역의 경우 같은 산업 내의 차별화된 상품 중 일부는 본국에서, 나머지 일부는 외국에서 생산 · 수출하지만 이들 상품이 구체적으로 어떤 것인지는 예측이 불가능하다.

셋째, 무역상대국 간의 제반 조건이 비슷할수록 전체 무역에서 차지하는 산업내무역의 비중이 높아진다. 즉, 양국의 요소부존도, 수요패턴, 기술수준 등이 비슷할수록 산업간무역의 발생가능성이 줄어들므로 산업내무역의 비중이 높아지게 된다.

넷째, 산업내무역은 농수산업부문보다는 제조업부문 내에서 발생한다. 즉, 제조업부문 내에는 각종 차별화된 제품들이 많이 존재하고, 규모의 경제가능성이 높으므로 산업내무역의 발생가능성이 높다.

다섯째, 경제수준이 낮은 국가일수록 산업간무역의 비중이 큰 반면, 경제수준이 높은 국가일수록 산업내무역의 비중이 커진다. 즉, 경제수준이 높아질수록 산업화가 심화되고, 따라서 전체 산업에서 차지하는 제조업의 비중이 높아지므로 산업내무역의 비중도 높아진다.

여섯째, 산업내무역은 산업간무역에 비하여 일국 내의 소득재분배 가능성이 낮다. 즉, 산업내무역은 동종 산업 내의 제품이 교역되므로 생산요소의 이동이 비교적 수월하여 소득재분배 가능성이 낮다.

(2) 산업내무역의 의의

산업내무역은 선진공업국 간의 제조업 제품교역에서 큰 비중을 차지하고 있다. 특히, 선진공업국들의 기술수준, 요소부존도 등이 점차 비슷해지면서 산업내무역의 비중이 더 커지는 추세이다.

산업내무역은 특히 유럽연합(EU) 국가 간에 매우 활발하다. 1958년 유럽의 프랑스, 서독, 포르투갈, 벨기에, 네덜란드, 룩셈부르크 등 6개국은 EEC를 결성하였는데, 이들 회원국은 소득수준, 경제규모, 자원 등에서 서로 유사한 조건을 가지고 있었다. EEC 결성 이후 1960년대에 회원국 간의 무역은 전 세계 무역보다 2배 빠르게 증가하였는데, 회원국 간 무역의 대부분은 산업내무역이었다. 따라서 회원국 간의 무역확대는 심각한 자원의 재분배나 정치적 불안을 야기하지 않았고, 이것이 EU의 성공적인 심화 발전에 도움이 되었다.

한국의 경우도 경제수준이 높아지면서 제조업부문의 무역에서 차지하는 산업내무역의 비중이 점차 증가하고 있는 추세이다.

3 제품수명주기모형

1. 제품수명주기가설

이제까지 살펴본 무역모형들은 주로 무역의 정태적 측면만을 설명하고 있다. 그러나 특정 시점에서의 무역발생 원인과 패턴이 시간이 지남에 따라 달라지는 것이 현실이다. 예를 들어, 우리나라는 1960년대 경제개발 초기에는 주로 노동집약적인 재화를 수출하였으나, 최근에는 점차 자본과 기술집약적인 재화를 주로 수출하는 형태로 무역패턴이 바뀌어 가고 있는 실정이다. 이러한 무역의 동태적 측면을 잘 설명할 수 있는 모형이 제품수명주기모형(product life cycle model)이다. 제품수명주기모형은 버논(R. Vernon) 등에 의해 처음 가설로 제기되었다가 크루그만(P. Krugman) 등에 의해 모형화되었다.[2)]

여기에서는 버논의 설명을 간단히 요약해 보자. 상품은 신생기, 성장기, 성숙기(표준화기), 쇠퇴기 등 일련의 주기(life cycle)를 겪게 되는데, 이 주기의 단계에 따라 이 상품에 대한 선 · 후진국 간의 기술격차가 변화되고 무역패턴이 달라진다.

2) R. Vernon, "International Investment and Interregional Trade in Product Cycles," *Quarterly Journal of Economics*, Vol. 80, 1966, pp. 190~207; P. Krugman, "A Model of Innovation, Technology Transfer, and the World Distribution of Income," *Journal of Political Economy*, Vol. 87, 1979, pp. 253~266.

여기서 신생기는 새로운 제품의 도입기로서 생산기술은 불완전하고 수요도 불확실한 상태이다. 이 경우 기술선도국인 미국에서 선진공업국 및 저개발국가로 이 제품을 수출하게 된다. 성장기는 대량생산 및 대량판매방식이 도입되어 생산 및 판매량이 급속하게 증가하는 시기로, 이제 미국보다 상대적으로 임금이 저렴한 선진공업국이 이 제품에 대한 비교우위를 점하게 된다. 성숙기는 대규모 소비단계로서 제품이 표준화되어 미숙련노동으로 생산이 가능하게 되는 시기로서, 이 경우 선진공업국보다 상대적으로 임금이 저렴한 저개발국이 이 제품에 대한 비교우위를 차지하게 된다. 쇠퇴기는 다른 신제품이나 보다 좋은 대체품이 출현하여 궁극적으로 이 상품에 대한 수요가 감소하고 따라서 생산도 감소하는 시기이다.

예를 들어, 기술선도국인 미국은 소득수준이 높으므로 신제품에 대한 수요가 많고, 많은 R&D투자로 기술수준이 높으므로 신제품을 가장 먼저 개발하게 된다. 이후 기술수준이 비교적 높은 여타 선진국들은 대량생산이 가능한 성장기에 이르면 이 상품에 대한 생산기술을 습득하게 되고, 미국보다 저렴한 임금에 바탕을 두어 비교우위를 갖게 된다. 이후 기술수준이 매우 낮은 저개발국가들은 이 제품생산이 표준화되는 성숙기에 이르러 이 제품생산기술을 습득하여 저임금에 바탕을 둔 비교우위를 갖게 된다. 그러나 이후 새로운 대체품이 등장하면 이 상품생산은 궁극적으로 감소하게 된다.

2. 제품수명주기모형의 의미

오늘날에는 버논이 제시한 미국, 기술선진국, 저개발국가로 나누는 것보다 기술선진국, 신흥공업국, 후발개도국으로 나누어 기술선진국은 제품의 신생기에, 신흥공업국은 성장기에, 후발개도국은 표준화기에 비교우위를 갖는 것으로 설명하는 것이 더 현실성 있다. 이제 세계를 기술선진국, 신흥공업국, 후발개도국으로 나누어 어떤 상품이 일련의 수명주기를 거치면서 변화하는 무역패턴을 〈그림 6-3〉으로 나타내 보자.

그림에서는 기술선진국이 어떤 신상품을 개발하여, 신생기에는 이들 국가의 이 상품에 대한 순수출(수출-수입)이 증가하고, 성장기에 이르면 신흥공업국의 순

그림 6-3 **제품수명주기와 무역패턴**

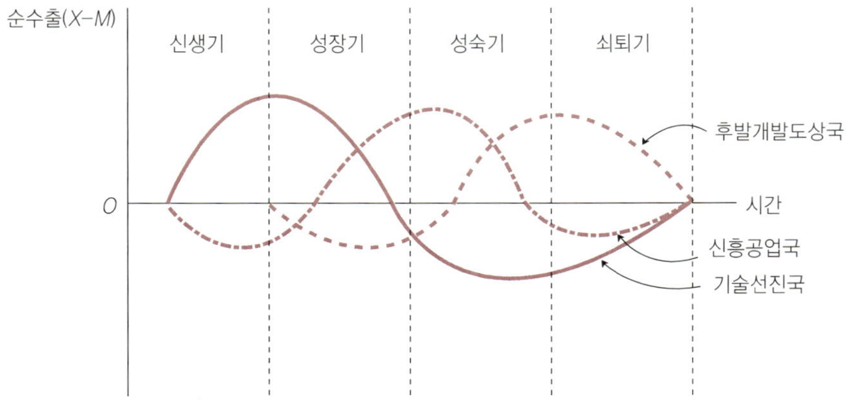

수출이 증가하고, 성숙기에 이르면 후발개도국의 순수출이 증가하다가 쇠퇴기에 이르면 새로운 대체상품이 기술선진국에서 개발됨으로써 궁극적으로 이 상품의 교역이 소멸되는 상황을 보여 주고 있다.

이와 같이 제품수명주기모형은 국가 간 제조업 제품의 기술격차(technology gap)와 비교우위가 어떻게 체계적으로 변화하는가를 설명하는 대표적인 동태이론이다. 아울러 제조업분야의 무역에서 앞서 설명한 규모의 경제뿐만 아니라 제품의 개발과 기술이전에 의해서 산업내무역이 발생할 수 있음을 설명하고 있다. 또한 이 모형은 어느 국가도 특정 제품에 대해 지속적인 비교우위를 가질 수 없다는 암시를 함으로써 오늘날 우리나라 무역패턴의 변화를 잘 설명하고 있다고 할 수 있다.

Chapter 7 무역정책론

1 서론

1. 무역정책의 의의

우리는 앞서 이론적 분석을 통해 일반적으로 자유무역은 무역당사국 모두에게 이득이 된다는 것을 살펴보았다. 즉, 자유무역의 확대는 각국의 생산요소를 보다 더 효율적으로 활용하여 생산할 수 있도록 함으로써 전 세계적으로 생산량이 증가하고, 따라서 소비자들은 보다 많고 질 좋은 상품을 소비할 수 있으므로 후생이 증대된다는 것이다. 그러나 국가 간 무역이 시작된 고대로부터 현대에 이르기까지 자유무역보다는 제한된 형태의 무역, 즉 보호무역이 더 일반적이라는 사실을 부정하기는 어렵다. 특히, 무역이론이 잘 발달된 오늘날에도 각국은 정도의 차이는 있지만 외국과의 경제거래에서 정부가 간섭 또는 제한을 하고 있는 것을 쉽게 찾아볼 수 있다.

따라서 본 장에서는 왜 각국은 외국과의 경제거래에 개입을 하는가, 즉 무역정책(trade policy)을 실시하는가, 그리고 개입하는 형태는 어떤 것이 있는가, 또한 이러한 정책의 효과는 어떠한가 등의 문제를 다루려고 한다.

여기서 무역정책을 간략히 정의하면, 일국 정부가 특정 경제목적을 달성하기 위하여 자국의 대외경제활동에 개입하는 전반적인 정책 및 그 수단을 의미한다. 무역정책수단은 좁게 보면 직접적으로 무역활동에 영향을 미치는 관세 및 비관세정책을 비롯하여 환율 및 외환관리정책, 각종 국제경제기구와의 협력정책 등이 있다. 그러나 보다 범위를 넓혀 보면 간접적으로 무역활동에 영향을 줄 수 있는 모든 경제정책, 즉 일국의 재정정책, 통화정책, 가격규제정책 등 거의 모든 경제관련 정책을 포함한다고 볼 수 있다. 그러나 본 장에서는 협의의 무역정책수단, 그 중에서도 관세 및 비관세정책과 국제경제기구에 대해서만 살펴보기로 한다. 한편, 무역정책 중에서도 관세 및 비관세정책만을 지칭하여 통상정책(commercial policy) 또는 환율 및 외환관리정책과 각종 국제경제기구와의 협력정책을 포함하여 국제경제정책(international economic policy)이라고 부르기도 한다.

2. 무역정책의 역사적 전개

무역정책의 역사적 전개과정을 살펴보면, 정도의 차이는 있지만 자유무역주의와 보호무역주의가 대립되어 오늘날까지 이르고 있다. 물론 자유무역주의가 보편화되는 시대가 있는가 하면, 보호무역주의가 더 일반적인 시대가 있다. 또한 동일한 시대에도 국가 간의 경제적 발전과정의 차이에 따라서 자유무역주의를 선호하는 국가들이 있는 한편, 보호무역주의를 선호하는 국가들이 있기 마련이다. 일반적으로 경제가 발전된 선진국들은 비교우위에 입각한 자유무역주의를 지지하는 경향이 있는 반면, 경제발전이 뒤처진 개발도상국들은 자국의 산업을 보호하고자 보호무역주의를 선호하는 경향이 많았다.

물론 여기서 자유무역주의라 하면 보통 일국이 대외무역거래에 대하여 가능한 한 통제나 개입의 폭을 축소 또는 폐지하려는 경향을 말하며, 보호무역주의는 그 반대의 경우를 의미하는 것으로 일국이 수입을 제한하는 정책수단들을 동원하고 수출을 증대시키기 위한 각종 지원정책을 사용하는 경향을 지칭한다.

이제 17세기 중상주의시대부터 현재에 이르기까지 무역정책이 어떻게 변화되어 왔는지 살펴보기로 한다.

(1) 중상주의 시대(17~18세기)

중상주의(重商主義, mercantilism)는 17세기부터 18세기에 이르기까지 유럽을 지배하던 사조이다. 중상주의는 일국이 부를 증진시키기 위해서는 금, 은과 같은 귀금속을 축적하는 것이 최선의 방법이라고 믿고, 귀금속의 국내보유량을 증가시키기 위하여 일국이 시장에 적극적으로 개입하여 상품의 수출을 장려하고 수입을 억제하여 무역흑자를 이룩해야 한다는 주장을 펼쳤다. 따라서 무역에 대해서 '한 국가의 이익은 다른 국가의 손해'라는 논리를 폈다.

당시 무역정책의 주요 수단은 관세였으며, 그 이외에 환율의 임의적 조작, 수출입 금지 또는 제한, 항해독점 등의 수단도 동원되었다.

(2) 자유무역주의의 이론적 확립(19세기)

18세기 후반에 접어들면서 당시 산업혁명의 선발국가인 영국에서 중상주의적 사고에 대한 회의가 일기 시작하였다. 특히, 스미스(A. Smith)는 1776년 출간한 『국부론』에서 무역을 통한 생산의 국제분업과 전문화가 궁극적으로 무역당사국 모두에게 이익을 가져다 준다는 논리를 이른바 절대생산비설이라는 이름으로 제공하였다. 스미스에 이어 리카도(D. Ricardo)에 의한 비교생산비설의 등장은 본격적인 자유무역이론의 시발이 되었으며, 이는 밀(J. S. Mill)의 주장과 함께 자유무역체제의 이점을 합리화시키는 체계적인 이론이 되었다.

이들 고전학파 경제학자들의 자유무역에 대한 옹호는 당시 산업혁명의 선두주자였던 영국에 의해 받아들여져 영국은 1840년대부터 본격적인 자유무역주의를 추구하기 시작하였다. 영국의 이러한 자유무역주의 추구는 유럽대륙 국가들에게도 영향을 미쳐 1860년대에 들어서 국제적인 무역자유화의 경향을 가져와 국가 간의 무역조약 체결이 활발하게 이루어졌다. 당시의 무역조약들은 이른바 최혜국대우(most favored nation treatment; MFN)에 입각한 것이었는데, 이는 양국이 각각 다른 어떤 국가에 적용하는 가장 유리한 조치를 조약상대국에 제공한다는 내용으로, 제2차 세계대전 이후 탄생한 GATT체제에서 근간이 되는 다자적 무차별원칙(multilateral non-discrimination principle)의 중요한 선례가 된다.

(3) 보호주의 이론의 전개(19세기 후반)

보호주의의 필요성을 최초로 논리적으로 체계화한 사람은 미국의 재무장관을 지낸 해밀턴(A. Hamilton)이었다. 그는 미국의 제조업부문에서 자급체제 확립과 농업부문 보호를 통한 식량의 안정적인 공급원 확보를 강조하였다. 오늘날 미국이 이와는 상반된 주장을 펴는 현실을 감안하면 참으로 격세지감이 아닐 수 없다. 아무튼 해밀턴의 주장은 19세기 당시 미국으로 하여금 보호주의적 무역정책을 강화하는 데 이론적 뒷받침이 되었으며, 실제로 미국이 선진공업국으로 발전하는 데 기여를 하였다.

해밀턴의 다소 소박한 주장은 그 후 독일의 리스트(F. List)에 의하여 보다 이론적으로 설득력을 갖춘 유치산업보호론으로 발전하였다. 리스트는 1841년 발표한 저서에서 고전학파의 자유무역이론을 신랄하게 비판하였다.[1] 그는 자유무역이론이 동일한 조건을 가진 국가 간의 무역에만 합당할 뿐, 국가 간 상이한 경쟁력을 보유하고 있을 때는 합당하지 않다고 주장하였다. 즉, 무역정책은 각국의 경제발전단계와 연계하여 각각 다르게 수행되어야 하는데, 발전단계가 뒤처진 국가의 경우에는 공업부문의 유치산업이 경쟁력이 배양될 때까지 일정 기간 보호해 주어야 한다는 것이다. 이와 같은 주장은 19세기 중엽 당시 독일이 처하였던 경제적 여건을 배경으로 하고 있는데, 실로 당시 후진상태에 있었던 미국 및 독일 등이 선진공업국으로 등장하는 데 크게 기여하였음은 부인할 수 없다. 또한 오늘날에도 많은 개발도상국가들이 이 주장을 무역정책에 반영하고 있다.

(4) 양차대전 간의 보호무역주의 확산(20세기 전반)

비록 19세기 후반 이후 보호주의적 추세가 확산되었으나 국제무역의 규모는 빠른 속도로 증가하였다. 예를 들어, 1870년부터 1914년까지 세계의 연평균 생산증가율은 2.1%였는 데 반하여 무역증가율은 3.4%에 달하였다. 그러나 1920년대 말부터 1930년대 초의 세계대공황으로 경제가 침체하자 각국은 자국의 산업을 보호 또는 회생시키려는 차원에서 종래의 관세정책을 강화할 뿐만 아니라 직접적인 무역제한이나 강력한 외환관리제도를 도입하였다. 이와 같은 각국의 정책은 근린궁핍화정책(近隣窮乏化政策, beggar-thy neighbor policy)으로 보복정책을 야기하게 되어 경제침체는 심화되고 세계무역량은 더욱 크게 감소하였다. 예를 들어, 1881～1913년간 무역증가율이 40%였던 것이 1913～1937년간에 14%로 급격히 하락하였다.[2] 이후 제2차 세계대전이 발발하면서 국제무역량은 더욱 급격히 하락하였음은 물론이다.

(5) 제2차 세계대전 후의 자유무역주의 확산(1945~1970년대 초)

제2차 세계대전이 끝날 무렵 연합국들 간에는 전후에 보호주의적 상황의 재연

1) F. List, *The National System of Political Economy*, 1841.
2) 김세원, 『무역정책』, 무역경영사, 1988, p. 57.

을 방지하고 경제부흥을 이룩하기 위해서는 무역자유화를 위한 제도적 장치가 필요함에 의견이 일치하게 되었다. 즉, 1941년 미국과 영국은 대서양헌장(Atlantic Charter)을 발표하였는데, 이 헌장에는 전후 국제경제협력에 대한 큰 테두리인 다자주의(multilateralism)와 신자유주의(neoliberalism) 정신이 명시되었다.

이에 따라 1945년을 전후하여 국제금융과 국제무역에 관한 국제적 · 제도적 장치가 마련되었다. 우선, 제2차 세계대전이 끝나기 1년 전인 1944년 7월 미국의 브레튼우즈(Bretton Woods)에서 44개국 대표들이 모여 전후의 국제통화제도를 미국의 달러화를 기축통화로 하는 금환본위제도(gold-exchange standard system)로 하기로 하고, 이를 효율적으로 관리하기 위한 국제기구로서 국제통화기금(International Monetary Fund; IMF)을 창설하였다. 한편, 1947년에는 관세 및 무역에 관한 일반협정(General Agreement on Tariffs and Trade; GATT)이 23개국에 의해 조인되어 1948년부터 그 기능을 시작하였다.[3)] 이와 같이 국제금융 및 통화적 측면에서는 IMF, 국제무역 측면에서는 GATT가 전후의 자유로운 국제경제관계에 기여하게 됨에 따라 세계무역은 크게 확대되었으며, 각국의 경제성장도 괄목할 만한 성과를 거두게 되었다.

(6) 신보호주의의 확산(1970년대 초~1990년대 초)

IMF와 GATT의 역할에 힘입어 확산되던 자유무역주의는 1970년대 두 차례의 오일쇼크를 겪게 되면서 새로운 형태의 보호주의로 급선회하게 된다. 즉, 1970년대의 오일쇼크로 말미암아 세계 각국은 스태그플레이션(stagflation)이라는 유례 없는 형태의 경기불황을 겪게 되었고, 이에 따라 자국의 산업을 보호하기 위한 보호주의적 조치들을 경쟁적으로 채택하였다.

이를 특별히 기존의 보호주의와 달리 신보호주의라고 지칭하게 된 것은 1970년대 이후의 보호주의가 여러 가지 면에서 기존의 것과 다른 특징을 가지고 있기 때문이다.

첫째, 기존의 보호주의는 주로 경제개발에서 상대적으로 뒤처진 국가들이 자국의 개발과 관련한 유치산업의 경쟁력을 강화하는 데 목적이 있었다면, 신보호주

3) GATT에 대한 보다 구체적인 논의는 제8장을 참조할 것.

의는 새롭게 부상하는 신흥공업국들과의 경쟁결과 선진국들이 비교우위를 잃고 있는 자국의 사양산업을 보호하는 데 목적이 있었다.

둘째, 기존의 보호주의가 주로 무차별적인 관세를 정책수단으로 사용하였으나, 신보호주의는 GATT체제하에서 상당폭 낮아진 관세장벽보다는 주로 GATT 규정을 교묘히 회피할 수 있는 비관세장벽이 사용되었다.

셋째, 종전의 보호주의는 주로 자국의 재화시장을 보호하려는 데 국한되었던 데 반하여, 신보호주의는 보험, 저작권, 특허권 등의 각종 서비스산업까지 포함하여 자국시장을 보호하는 한편 상대국의 시장을 개방하려는 적극적인 정책이 사용되었다.[4)]

이와 같은 신보호주의의 확산에 따라 GATT에 의해 추진되어 온 무역자유화가 위협을 받게 되고 무역분쟁이 심화되면서 GATT의 제8차 협상인 우루과이라운드가 1986년 9월 시작되어 1993년 12월 타결되었다.[5)]

(7) 세계주의의 확산과 반발(1990년대 초 이후)

제8장에서 보다 자세히 살펴보겠지만 우루과이라운드가 타결되고 기존의 GATT를 대체하는 세계무역기구(WTO)가 탄생하면서 세계교역질서는 느슨한 국제협정 대신 보다 구속력을 갖고 있는 국제적인 무역기구에 의해서 유지되게 되었다. 또한 기존의 GATT체제가 주로 공산품만을 무역자유화 대상으로 한 데 반해, 새로운 WTO체제는 농산물과 서비스도 무역자유화 대상으로 포함함으로써 거의 모든 상품과 서비스의 무역이 점진적으로 자유화하게 되었다.

또한 인터넷의 발달로 상징되는 정보화로 말미암아 전 세계는 더욱 원활하게 상품정보와 소비자 수요를 공유하게 되고, 한편으로 해상과 육상뿐만 아니라 항공의 교통수단도 급속히 발달하면서 세계 각지로 상품과 원료가 빠르게 수송될 수 있는 기반이 마련되었다.

이러한 새로운 무역환경은 또한 해외직접투자(foreign direct investment; FDI)를 더욱 촉진함으로써 다국적기업들의 활동이 더욱 활발하게 되었다. 이로써 세계는 그

4) 이의 대표적인 예가 슈퍼301조라고 불리는 1988년 제정된 미국의 종합무역법안이다.
5) 우루과이라운드에 대한 보다 구체적인 설명은 제8장을 참조할 것.

야말로 하나의 시장으로 통합되는 세계화(globalization)가 진행되어 왔다. 이러한 세계화는 산업구조 조정에 따른 실업자의 발생과 경제주권의 위협에 대한 우려 등으로 각국에서 많은 반발을 불러 왔다. 또한 2007~2009년의 미국발 세계적 금융위기는 세계화의 중심에 있는 자유무역과 투자에 대한 회의를 새롭게 불러일으키는 계기가 되었다.

2 무역정책의 목적

앞서 무역정책은 일국이 특정 경제목적을 달성하기 위해 시행된다고 하였다. 일국이 무역정책을 통해 추구하는 주요한 경제목적은 다음과 같이 정리할 수 있다.

1. 국내산업 보호

무역정책의 목적 중 가장 직접적이고 일반적으로 고려되는 목적이라고 할 수 있다. 즉, 국내의 특정 산업을 보호하기 위해서 해당 산업에서 생산되는 상품과 동종 또는 유사상품이 외국으로부터 수입되는 것을 제한 또는 금지하거나, 국내의 해당 산업에서 생산되는 상품의 해외수출을 촉진하기 위한 각종 무역정책을 시행할 수 있다. 보호되는 국내산업은 무역정책을 시행하는 국가의 경제적 위치에 따라서 개발도상국의 유치산업과 선진산업국의 사양산업과 전략산업으로 크게 구분할 수 있다.

(1) 유치산업 보호

우선, 유치산업 보호(infant industry protection)는 경제발전단계가 상대적으로 늦은 국가에서 자국의 유치단계에 있는 산업을 보호 · 육성함으로써 궁극적으로는 선진국의 동종산업과 경쟁할 수 있도록 하고자 하는 취지에서 나온 것이다. 이러한 유치산업을 보호하기 위해 무역제한을 한시적으로 시행해야 한다는 주장은, 앞서 설명한 바와 같이 산업혁명이 상대적으로 늦었던 미국과 독일에서 19세기경에 해밀턴(A. Hamilton), 리스트(F. List) 등에 의해 실천적 이론체계가 수립되었다. 이와 같은 주장은 오랜 기간에 걸쳐 많은 국가에서 무역정책의 근거로 활용되어 왔으며, 특히 제2차 세계대전 이후 우리나라를 비롯한 많은 개발도상국들이 경제성장을 추진하는 과정에서 가장 많이 사용하고 있는 무역정책의 근거로 활용되어 왔다.

이는 이론적으로도 상당히 설득력을 갖고 있는 주장이다. ① 초기 생산비가 많이 드는 이른바 규모의 경제효과를 갖고 있는 산업이므로 정부의 보조 없이는 개발도상국의 소규모 기업이 처음부터 국제경쟁력을 가질 수 없으며, ② 이 산업이 발전되면 후발기업 또는 타산업에 외부경제효과를 발생시키게 된다. 이러한 경우 정부가 개입하여 이 산업을 보호함에 따라 그 사회가 부담해야 하는 경제적 비용보다 동태적 외부경제효과가 크다면 유치산업보호론은 설득력을 갖는다고 볼 수 있다.

그러나 현실적으로 적절한 무역정책을 시행하는 것이 쉽지만은 않다.

첫째, 어떤 산업이 만족스러운 유치산업인가를 선정하기가 쉽지 않다.

둘째, 설사 특정 유치산업을 선정하더라도 이 유치산업이 궁극적으로 동태적 외부경제효과를 얼마만큼 발생시킬 것인지, 따라서 사회적 비용을 어느 정도 감수해야만 하는지 정확하게 규명하기 어렵다.

셋째, 언제까지 이 산업을 보호할 것인지를 결정하기도 어렵다. 특히, 일단 어떤 산업이 정부의 보호를 받게 되면, 설사 이 산업이 어느 시점에서 정부의 보호 없이도 국제경쟁력을 가질 수 있지만 이 산업에 속한 기업들은 정부의 보호장벽 제거를 원치 않기 때문에 정부의 보호가 필요 이상으로 길어질 수 있다.

넷째, 정부의 보호에 의해 외국과의 경쟁을 하지 않아도 되는 국내기업들이 생산성 증대에 역점을 두지 않게 되고, 더 나아가서는 정경유착이나 독과점 형태를 초래하게 될 가능성이 높다.

마지막으로, 이상의 문제점을 모두 극복한다 하더라도 결국 무역상대국의 희생을 초래할 수밖에 없기 때문이다. 이는 이른바 근린궁핍화정책이기 때문에 상대국의 보복을 초래할 수 있고, 결국 모든 무역당사국이 피해자가 될 수 있다.

아무튼 이러한 현실적 실행의 어려움에도 불구하고 유치산업 보호를 위한다는 명분으로 많은 개도국에서 보호무역정책이 흔하게 실행되었으며, 우리나라도 예외는 아니다.

(2) 사양산업 보호

한 나라에서 비교우위 산업은 고정되어 있기보다는 끊임없이 변화하는 것이 지극히 자연스러운 현상이다. 우리가 앞서 살펴본 제품수명주기이론은 이러한 비교우위의 동태적 변화를 잘 설명하고 있는 이론이다. 사양산업 보호를 위한 무역정책은 이와 같은 비교우위의 동태적 변화와 관련하여 주로 선진국에서 그 동안 비교우위를 갖고 있었으나 개발도상국에게 비교우위를 빼앗기게 된 산업을 보호하려는 취지에서 나온 것이다.

그런데 현실적으로 한 나라의 산업이 한동안 비교우위를 누리다가 다른 나라에게 그 비교우위를 잃게 되는 경우, 해당 국가의 산업에 종사하고 있는 노동자 및 그 산업이 위치하고 있는 지역주민들 사이에 이에 대한 저항이 있게 된다. 즉, 이러한 사양산업들은 일반적으로 노동집약적인 산업들로서 이들 산업이 국제경쟁력을 잃게 됨에 따라 많은 고용노동자를 감축해야 하는데, 이들 산업에 고용된 노동자들은 선진국에 잘 발달된 노동조합과 의회를 통해서 정부가 이들 산업을 보호해야 한다고 주장한다.

물론 이러한 사양산업을 보호하기 위한 무역정책은 유치산업보호론과 비교하여 이론적 타당성은 없고 도리어 여러 가지 문제점을 갖고 있다. ① 사양산업이 보호되는 경우 그것이 산업구조 조정을 지연시켜 비능률적인 산업에 생산자원을 너무 오랫동안 묶어 둘 가능성이 있다. ② 이들 산업을 보호하기 위한 수입규제와 같은 무역정책은 일시적인 사용일지라도 그것은 오직 소비자의 희생 위에서만 가능하다. ③ 위의 유치산업 보호를 위한 경우와 마찬가지로 이는 결국 본질적으로 근린궁핍화정책이기 때문에 상대국의 보복을 초래할 수 있고, 결국 모든 무역당사국이 피해자가 될 수 있다.

(3) 전략적 무역정책

선진국에서 위와 같은 사양산업 보호 주장보다 더 설득력이 있는 것으로는 이른바 전략적 산업(strategic industry)을 보호 · 육성해야 한다는 주장이다. 이 주장에 따르면, 군수장비, 인공위성, 항공기, 생명공학 등의 첨단산업분야의 경우 세계시장이 완전경쟁보다는 독과점적 구조를 갖고 있으며, 따라서 여기에 참여하는 기업은 초과이윤을 향유하게 될 가능성이 높고, 이 기업이 속한 국가도 물론 이에 따른 이익을 얻게 된다. 그리고 유치산업의 경우와 흡사하게 전략산업의 경우에는 규모의 경제와 외부경제효과가 존재하게 된다. 따라서 정부가 이 산업에 대한 보조금 지급과 같은 적절한 무역정책을 통해 자국의 기업이 선발기업이 되도록 하거나 타국의 기업이 경쟁에서 도태되도록 함으로써 자국의 기업이 초과이윤을 얻도록 하고, 더 나아가서는 자국의 여타 산업에 외부경제효과가 발생하도록 한다는 것이다.

그러나 이 경우에도 실제로 활용하는 데에는 많은 문제점이 있다. 우선 한 나라 정부가 이러한 정책을 효과적으로 시행하기 위해서는 유치산업 보호의 경우보다 훨씬 방대한 정보를 필요로 하는데, 이는 현실적으로 거의 불가능하다. 즉, 어떤 특정 산업을 전략산업으로 선정하기가 어렵고, 설사 선정하더라도 어떤 방법으로 어느 정도의 기간에 지원해야 하는가를 결정하기가 매우 어렵다. 그리고 앞서의 경우와 마찬가지로 이러한 무역정책의 사용은 반드시 경쟁국의 희생을 대가로 해서 성공할 수 있는 것이기 때문에 보복의 위험을 수반하며, 결국 모두가 손해를 입을 가능성이 높다.

2. 국제수지의 개선

국제수지는 일정 기간 일국의 거주자와 여타 세계의 거주자들 사이에 발생한 모든 경제거래를 체계적으로 분류하여 집계한 것을 의미하는데, 균형을 이루는 것이 바람직하다. 왜냐하면, 외화의 지급이 수입보다 많은 상태가 계속된다면 결국 그 나라의 보유외화가 고갈되고 긴요한 재화마저 수입할 수 없게 되는 상황에 이를 가능성이 있기 때문이다. 한편, 외화의 수입이 지급을 항상 초과하는 상태도 바람직하지 못한데, 이는 외국으로부터 획득한 외화를 단순히 축적하기만 함으로써 국내의 물가상승을 야기할 수도 있으며, 또한 외화를 이용하여 외국의 물품을 수입함으로써 국민의 생활수준을 향상시키고 경제발전에 도움이 되도록 하는 것이 바람직하기 때문이다.

이에 따라 한 나라는 그 나라의 국제수지가 지속적으로 불균형상태(특히, 적자상태)를 보이면 이를 개선하려는 무역정책을 채택하게 된다. 사실 제2차 세계대전 이전에는 각국이 국제수지 불균형을 해소하기 위하여 보호무역정책을 시행하는 경향이 매우 컸다. 따라서 대전 이후 세계 각국은 국제통화기금(IMF)을 창설하여, 회원국이 일시적으로 국제수지 적자상태를 보이면 단기자금을 공여함으로써 국제수지 불균형을 이유로 한 보호무역정책의 시행을 방지하려고 노력하고 있다. 그러나 그 동안 자유무역주의의 선봉역할을 해 왔던 미국이 장기적인 국제수지 적자에 시달리면서 이를 개선하기 위하여 외국제품에 대한 수입규제조치를 실시하는 동시에 중국 등 외국에 대한 시장개방 압력을 강력하게 가하고 있는 것이 작금의 현실이다.

3. 국내물가 안정

일국에서 지나친 물가상승은 소비자의 실질소득을 감소시키고 투자자들의 장기적인 계획수립을 어렵게 함으로써 국민경제생활을 불안정하게 할 뿐만 아니라 자원의 불평등한 분배를 초래하게 된다. 따라서 국내물가가 불안정할 경우 정부는 국내물가의 상승을 주도하는 제품이 외국으로부터 저렴한 가격에 수입될 수 있도록 해당 품목의 관세율을 인하하거나 수입허용폭을 확대하고, 경우에 따라서 해당 품목의 수출을 억제하는 정책을 추구하게 된다. 또한 물가상승이 대부분의 상품에서 나타나는 경우에는 환율을 조정하기도 한다.

4. 교역조건 개선

교역조건(terms of trade)이란 일국의 수출품과 수입품의 교환비율, 즉 수출품의 평균가격과 수입품의 평균가격의 비율을 의미한다. 수출품의 평균가격이 수입품의 평균가격보다 하락하는 경우, 즉 교역조건이 악화되는 경우는 본국이 동일한 양의 외국상품을 수입하기 위하여 보다 많은 국내상품을 외국에 지불해야 하므로 바람직스럽지 않다. 따라서 교역조건을 개선하기 위하여 외국상품의 수입을 제한하기도 하는데, 이 경우 본국의 경제규모가 비교적 커야 하는 제한이 있다. 이에 대한 보다 구체적인 분석은 다음 절을 참조하기 바란다.

5. 기타의 무역정책목표

그 밖의 무역정책목표로서는 국내의 고용증대, 경제성장의 촉진, 소득 및 부의 재분배 개선, 특정 지역경제의 보호, 재정재원의 확보 등을 들 수 있다. 이와 같은 목표들은 위에서 언급한 무역정책의 목표들을 달성함에 있어서 부차적으로 수반되는 것이므로 추가적인 설명은 생략한다.

이와 같이 무역정책의 목표는 매우 다양하며, 경우에 따라서는 상충되는 결과를 가져올 수 있다. 한편, 이상의 목표를 달성하기 위한 무역정책의 수단도 매우 다양하며, 각국은 자국의 실정에 따라 일부 목표를 달성하기 위하여 필요한 무역정책수단을 선별적으로 시행하게 된다. 따라서 다음 절에서는 무역정책의 수단을 크게 관세정책과 비관세정책으로 나누어 각각의 경제적 효과에 대해 간단히 설명한다.

3 관세정책

1. 관세정책의 의의

관세(tariff)는 각종 무역정책수단 중 가장 역사가 오래된 것이며, 가장 간단한 형태로서 관세영역을 통과하는 수출입 상품에 대하여 부과되는 일종의 세금이다. 관세는 수출상품에 대해 부과되는 수출관세(export tariff)와 수입상품에 대해 부과되는 수입관세(import tariff)로 나눌 수 있으나 주로 수입관세가 일반적이다. 관세를 부과하면 정부의 관세수입이 증가할 뿐만 아니라 수입재의 국내거래가격이 상승하여 수입이 감소하는 등의 여러 가지 효과가 나타나게 된다. 따라서 아래에서는 일국 정부가 수입관세를 부과하였을 때 어떠한 경제적 효과가 나타나는지를 분석한다.

2. 관세의 경제적 효과 I: 소국, 부분균형분석

(1) 소비자잉여와 생산자잉여

관세는 일반적으로 수입재의 국내거래가격을 상승시킴에 따라 국내소비자들은 손해를 입는 반면, 국내생산자들은 이득을 얻고 정부는 관세수입을 얻게 된다. 따라서 관세부과에 따른 일국 전체의 후생수준 변화를 분석하기 위해서는 이와 같은 관세의 비용과 이득효과를 비교해야 하는데, 이를 간단히 설명할 수 있는 개념이 이른바 소비자잉여(consumer surplus)와 생산자잉여(producer surplus)이다.

소비자잉여란 소비자가 어떤 재화를 구입할 때 그가 지불할 용의가 있는 가격보다 실제로 지불한 가격이 낮음에 따라 소비자가 얻는 이득을 말한다. 예를 들어, 어떤 소비자가 *X*재를 한 단위 구입할 때 1,000원을 지불할 용의가 있음에도 불구하고 실제시장에서 거래되는 가격이 한 단위에 600원인 경우 이 소비자는 400원의 소비자잉여를 얻게 된다. 이와 같은 소비자잉여는 〈그림 7-1〉의 시장수요곡선으로부

그림 7-1 **소비자잉여**

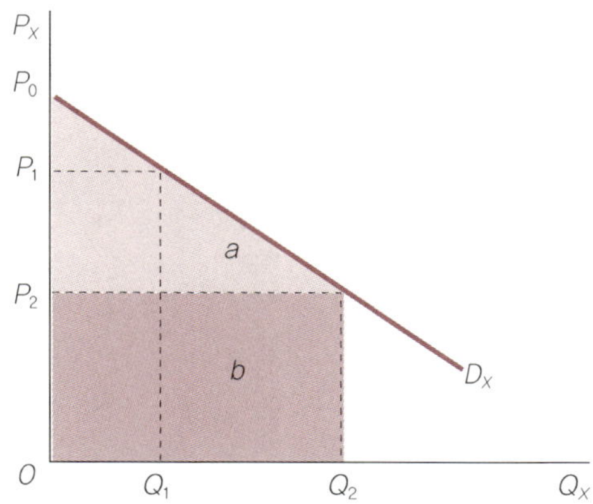

터 간단히 이해할 수 있다. 그림에서 D_X곡선은 X재의 시장수요곡선을 나타내고 있다. 이 경우 X재 한 단위의 가격이 P_0인 경우에는 소비자들은 전혀 구입을 하지 않을 것이지만 가격이 P_0보다 아주 조금이라도 하락하여 P_1이 되면 소비자들은 Q_1만큼의 X재를 구매할 것이다. 이제 시장에서 실제로 결정된 X재 한 단위의 가격이 P_2라면 소비자는 Q_2만큼의 X재를 구매할 것이다. 이 경우 소비자들은 더 높은 가격(P_1을 포함하여)을 지불하고도 X재를 일부 구매할 용의가 있었으므로 소비자들이 얻는 총효용은 면적 $a+b$로 나타날 것이다. 그러나 소비자들이 실제로 지불하는 금액은 면적 b이므로 소비자잉여는 면적 a가 된다.

한편, 생산자잉여란 생산자가 어떤 재화를 판매할 때 그가 받고자 하는 가격보다 실제로 받은 가격이 높음에 따라 생산자가 얻게 되는 이득을 말한다. 예를 들어, 어떤 생산자가 X재 한 단위당 400원에 판매할 용의가 있음에도 불구하고 실제시장에서 거래되는 가격이 한 단위에 600원인 경우 이 생산자는 200원의 생산자잉여를 얻게 된다. 〈그림 7-2〉는 시장공급곡선 S_X를 나타내고 있다. 이 경우 X재 한 단위의 가격이 P_4이면 생산자들은 전혀 판매를 하지 않을 것이지만, 가격이 P_4보다 아주 조금이라도 상승하여 P_3가 되면 생산자들은 Q_3만큼의 X재를 공급하게 될 것이다. 이제 시장에서 실제로 결정된 X재 한 단위의 가격이 P_2라면 생산자들은 Q_2만큼의 X재를 생산 · 판매할 것이다. 이 경우 생산자들은 더 낮은 가격(P_3를 포함하여)을 받

그림 7-2 생산자잉여

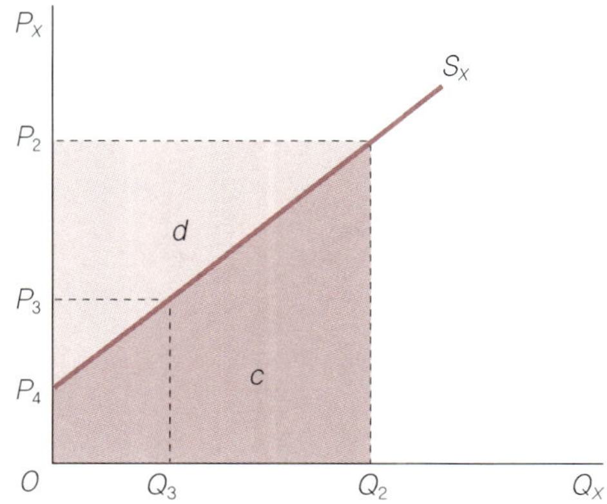

고도 X재를 일부 판매할 용의가 있었으므로 생산자들이 얻는 총효용은 면적 c로 나타날 것이지만, 실제로 생산자들이 받은 금액은 면적 $c+d$이므로 생산자잉여는 면적 d가 된다.

(2) 관세의 경제적 효과 I: 소국, 부분균형분석

이제 수입관세의 부과가 단기적 차원에서 주로 어떤 경제적 효과를 가져오는지 앞서 설명한 소비자잉여와 생산자잉여의 개념을 이용하여 설명하고자 한다. 수입관세는 수입품의 가격을 과세표준으로 하여 세율을 정하는 종가세(ad valorem duties)와 수량을 기준으로 하여 세율을 정하는 종량세(specific duties)로 나눌 수 있는데, 경제적인 효과는 거의 똑같다. 여기서는 관세가 종가세의 형태로 부과되는 경우를 살펴본다.

〈그림 7-3〉은 소국인 본국이 어떤 수입상품에 대해 t%의 관세를 부과하였을 때의 효과를 부분균형분석에 의해 나타내고 있다. 여기서 소국이라 함은 전 세계시장에서 이 나라의 수입량이 차지하는 비중이 아주 작아 수입량의 증감이 전혀 수입가격에 영향을 주지 않는 경우이다. 그림에서 S_X곡선과 D_X곡선은 각각 이 상품에 대한 국내생산자의 공급곡선과 국내소비자의 수요곡선을 나타낸다. 만일 무역

그림 7-3 관세의 효과: 소국의 경우

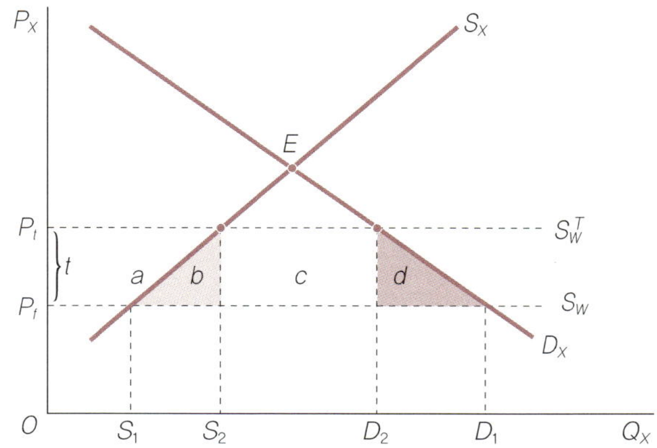

이 없는 경우에 균형은 점 E에서 결정될 것이다. 이제 무역이 개시되었을 때, 본국은 이 상품을 수입량의 정도에 상관없이 P_f의 가격으로 수입할 수 있게 된다. 자유무역의 경우 국내에서 거래되는 이 상품의 가격은 수입가격 P_f와 같으므로 국내소비자의 수요는 D_1이 되고, 국내공급자의 공급은 S_1이 되어 결국 S_1D_1만큼의 수입이 이루어지게 된다.

이제 본국 정부가 수입재 한 단위당 t의 관세를 부과한다고 하자. 이때 본국은 소국이므로 관세부과는 이 상품의 국제가격에 아무런 영향을 주지 못하고 국내에서 거래되는 이 상품의 가격만 상승하게 된다. 즉, 이 상품의 국내거래가격은 P_t로 상승하게 되는데, P_t는 $(1+t)P_f$가 될 것이다. 이는 곧 그림에서 보듯이 국내소비자의 수요는 D_2로 감소하고, 국내공급자의 공급은 S_2로 증가하게 되어 수입은 S_2D_2로 감소하는 결과를 가져온다.

한편, 관세의 부과는 소득분배에도 영향을 미치게 된다. 자유무역시 소비자잉여의 일부였던 사다리꼴 영역 $a+b+c+d$는 관세부과 후 국내가격이 상승함에 따라 a는 생산자잉여로 전환되고 c는 관세수입으로 전환된다. 한편, b와 d는 국내의 다른 부문으로 재분배되지 않고 사라지므로 국민 전체의 후생이 감소하는 부분이다.

이상의 결과들을 종합해 보면, 수입관세 부과는 ① 해당 상품의 국내생산이 증가하여 나타나는 국내산업 보호효과, ② 국내소비가 감소하는 소비효과, ③ 수입량이 감소하는 무역효과, ④ 소비자잉여의 일부가 생산자잉여와 정부의 조세수입으로 전환되는 소득재분배효과, ⑤ 사회 전체적으로 후생이 감소하는 국민후생효과 등을 가져오게 된다.[6)]

3. 관세의 경제적 효과 Ⅱ: 대국, 일반균형분석

위에서 가정하였던 소국 경제의 경우에는 관세부과가 국제가격에 아무런 영향을 미치지 못하였다. 그러나 관세를 부과하는 본국의 수요가 세계수요에 영향을 미칠 만큼 경제규모가 크다면(즉, 본국이 대국인 경우), 관세의 부과는 수입재에 대한 국내수요를 감소시키고, 이는 다시 세계수요를 감소시킬 것이므로 관세부과 후 해당 상품의 수입가격은 하락할 것이다. 즉, 수입재들의 평균가격으로 비교한 수출재들의 평균가격인 본국의 교역조건은 개선될 수 있을 것이다.

이와 같이 관세부과가 교역조건에 미치는 효과를 제5장에서 배운 오퍼곡선의 개념을 이용하여 살펴보기로 한다.

위에서 우리는 관세를 부과하는 본국의 수요가 세계수요에 영향을 미칠 만큼 경제규모가 크다면(즉, 본국이 대국인 경우), 관세의 부과는 교역조건을 개선하는 효과가 있음을 보았다. 이제 여기에서는 오퍼곡선의 개념을 이용하여 본국뿐만 아니라 외국을 동시에 고려하여 관세부과가 교역조건에 미치는 효과 등을 살펴보기로 한다.

(1) 관세부과에 따른 오퍼곡선의 변화

앞서 우리는 일국의 오퍼곡선을 국제상대가격이 변화함에 따라 이 나라가 의도하는 수출량과 수입량들의 조합들을 연결한 선이라고 정의하였다. 〈그림 7-4〉에서 횡축은 본국의 *X*재 수출량을 나타내고, 종축은 본국의 *Y*재 수입량을 나타내며, *OR*곡선은 자유무역시 본국의 오퍼곡선을 나타내고 있다. 이제 본국의 정부가 *Y*재

6) 관세부과국이 소국이 아니라 대국이어서 관세부과시 수입상품에 대한 수입가격을 하락시키는 경우에도 대체로 이와 유사한 결과를 가져오게 된다.

그림 7-4 관세부과와 오퍼곡선의 이동

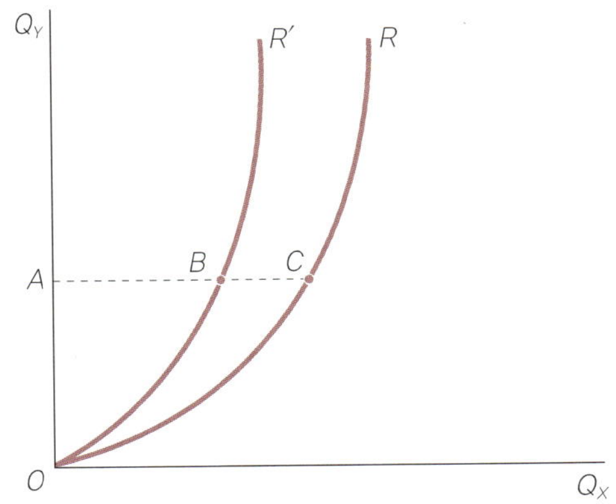

수입에 t%의 관세를 부과하였을 때 오퍼곡선이 어떻게 변화하는가를 살펴보자.

먼저 *OR*곡선상의 한 점인 점 *C*를 생각해 보자. 오퍼곡선의 정의에 따라 점 *C*는 상대가격이 *OA*/*AC*인 경우 본국(본국의 소비자)은 *OA*만큼의 *Y*재를 수입하는 대가로 *AC*만큼의 *X*재를 제공(수출)할 의사가 있음을 나타낸다. 그러나 관세가 부과된다면 *AC* 중의 일부는 관세로 정부에 지불되고, 그 나머지가 외국에 제공될 것이다. 즉, 관세율(t)이 *BC*/*AB*라면 본국의 소비자들은 *OA*만큼의 *Y*재를 수입하기 위해 *AC*만큼의 *X*재를 지불하지만, 그 중 *BC*만큼은 본국 정부에 관세로 지불되고 나머지 *AB*만큼만 외국에 지불된다. 결국 *OA*만큼의 *Y*재를 수입하기 위하여 외국에 제공되는 *X*의 양은 *AB*이므로 관세가 부과된 후의 새로운 오퍼곡선은 점 *B*를 지나게 된다. 이와 마찬가지로, 자유무역하에서 오퍼곡선상에 위치한 모든 다른 점들도 관세부과 후에는 왼쪽으로 이동하게 되어 결국 관세부과 후의 오퍼곡선은 *OR*′이 된다.

(2) 관세부과에 따른 교역조건의 변화

이제 본국의 오퍼곡선과 외국의 오퍼곡선을 동시에 고려하여 본국의 관세부과가 교역조건에 어떤 영향을 주는가 살펴보자. 〈그림 7-5〉는 자유무역하에서 본

그림 7-5 관세부과 후 국제균형상대가격의 결정

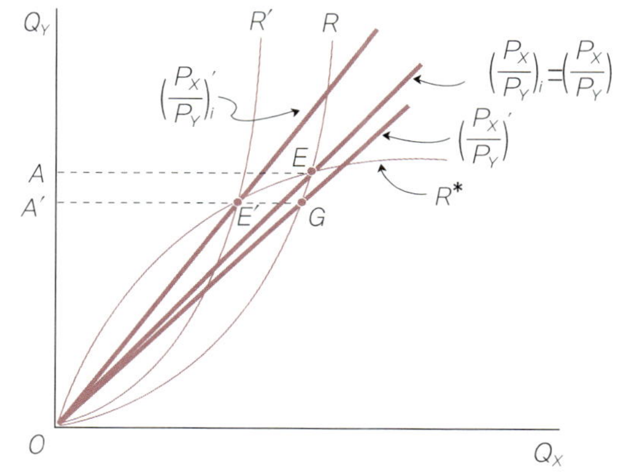

국의 오퍼곡선 *OR*곡선과 외국의 오퍼곡선 *OR**곡선을 나타내고 있다. 앞서 우리는 본국의 오퍼곡선과 외국의 오퍼곡선이 교차하는 점에서 균형이 이루어지고, 이때의 국제상대가격이 국제균형상대가격(즉, 균형교역조건)임을 보았다. 즉, 점 *E*는 자유무역하에서의 균형점으로, 원점 *O*와 점 *E*를 지나는 직선의 기울기(*OA/AE*)는 이때의 국내상대가격(P_d)이자 국제상대가격(균형조건 P_i)을 나타낸다. 이때 본국은 *AE*만큼의 *X*재를 수출하여 *OA*만큼의 *Y*재를 수입하고 있다.

이제 본국 정부가 *t*%의 관세를 부과한다면 본국의 오퍼곡선은 좌측으로 이동하여 곡선 *OR′*이 된다. 결국 관세부과 후 새로운 무역균형점은 *E′*이 되어 새로운 국제상대가격, 즉 새로운 교역조건은 *OA′/AE′*인 P_i'이 된다. 이 경우 (*OA′/AE′*)은 (*OA/AE*)보다 크므로 관세부과 후 본국의 교역조건은 개선되었음을 알 수 있다. 이때 본국은 *A′E′*만큼의 *X*재를 수출하여 *OA′*만큼의 *Y*재를 수입하게 된다.

한편, 관세부과 후의 국내상대가격을 보자. 관세부과 후에 본국의 소비자들이 *OA′*만큼의 *Y*재를 사기 위해서는 *A′E′*만큼의 *X*재를 외국에게 지불하고, *E′G*만큼을 본국 정부에 수입관세로 지불해야 한다. 즉, 관세부과 후 국내상대가격은 *OA′/A′G*인 P_d'이 된다. 이제 관세부과 후의 국내상대가격인 *OA′/E′G*는 자유무역하에서의 국내상대가격인 *OA/AE*보다 작으므로 수출재 *X*(수입재 *Y*)의 상대가격은 하락(상승)하였음을 알 수 있다.[7)]

이와 같이 대국의 경우 관세를 부과하면 본국의 교역조건이 개선되는데, 이는 수출재 한 단위를 수출함으로써 전보다 많은 수입재를 수입할 수 있게 됨을 의미하므로 사회적 후생의 증대효과가 있음을 알 수 있다. 그러나 다른 한편으로 관세의 부과는 교역량을 감소시키고 생산과 소비면에서 왜곡을 가져와 사회적 후생의 감소효과도 존재하게 된다. 따라서 관세부과에 따른 사회 전체적인 후생효과는 교역조건의 개선에 따른 후생증대효과와 무역량의 감소에 따른 후생감소효과 중 어느 쪽이 더 큰가에 달려 있다.[8)]

이에 따라 수입재에 대하여 어떤 일정 수준의 관세를 부과함으로써 교역조건의 개선효과는 극대화하고 교역량 감소효과는 극소화하여 사회후생수준을 극대화시킬 수 있는 관세를 최적관세(optimum tariff)라고 하고, 이때의 관세율을 최적관세율(optimum tariff rate)이라 한다. 그러나 본국이 최적관세에 의해 본국의 사회후생수준을 높이려는 정책을 쓰게 되면 외국은 교역조건의 악화와 무역량의 감소를 초래하므로 외국은 관세보복을 하게 될 공산이 크고, 이렇게 되면 최초에 관세를 부과하였던 본국의 후생수준은 다시 감소할 것이다. 이에 대응해서 본국이 관세보복을 되풀이하고 외국도 이에 또다시 대응하면, 결국 양국의 사회후생은 모두 하락할 것이다.

4 비관세정책

1. 비관세정책의 의의

비관세정책(non-tariff policy) 또는 비관세장벽(non-tariff barriers; NTB)이란 관세 이

7) 그러나 특수한 경우에는 관세부과 후 국내상대가격이 하락할 수 있다. 즉, 관세부과 후 국제시장에서 교역조건 개선으로 인한 수입재가격의 하락분이 관세부과로 인한 상승분보다 크다면 국내상대가격은 하락할 수도 있는데, 이러한 경우를 메츨러역설(Metzler paradox)이라고 한다.
8) 그러나 소국의 경우에는 관세의 부과가 교역조건을 개선시키는 효과가 없으므로, 앞에서 분석한 바와 같이 사회적 후생은 반드시 감소하게 된다.

외의 모든 무역정책 및 그 수단을 지칭한다. 따라서 비관세장벽은 그 형태나 성격 그리고 그 영향이 매우 복잡하고 다양하여 그에 대한 분석도 쉽지 않다. 따라서 가장 대표적인 비관세장벽인 수입할당제의 경우만을 비교적 자세히 분석하고, 기타 무역장벽은 그 유형과 특징만을 간단히 소개한다.

2. 수입할당제

관세가 수입가격에 대한 규제임에 반해 수입할당(import quota)은 수입량 자체에 대한 직접규제이다. 즉, 수입할당은 정부가 일정 수준까지의 수입만을 허용하는 비가격 수입제한정책이다.

이제 〈그림 7-6〉을 이용하여 수입할당의 경제적 효과를 분석해 보자. 〈그림 7-5〉는 앞서 소국의 경우 관세정책의 효과를 분석하기 위해 이용한 〈그림 7-3〉과 비슷한 모양을 하고 있다. 즉, S_X곡선과 D_X곡선은 각각 이 상품에 대한 국내생산자의 공급곡선과 국내소비자의 수요곡선을 나타내고 있으므로, 만일 무역이 없는 경우 균형은 점 E에서 결정될 것이다. 이제 무역이 개시되면, 본국은 소국이므로 P_f의 가격으로 수입할 수 있게 된다. 자유무역의 경우 국내에서 거래되는 이 상품의 가격

그림 7-6 수입할당의 효과: 소국의 경우

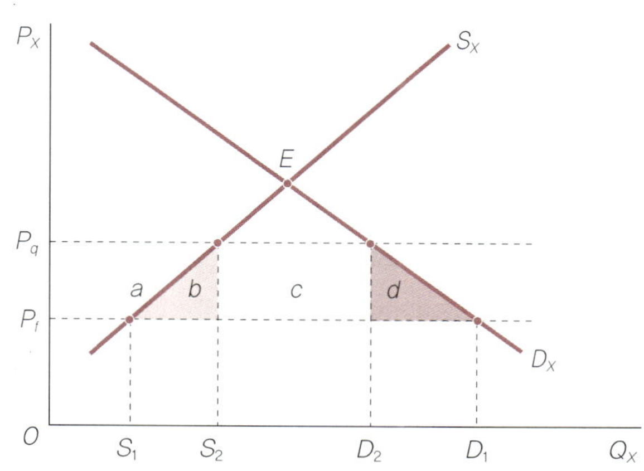

은 수입가격 P_f와 같으므로 국내소비자의 수요는 D_1이 되고, 국내공급자의 공급은 S_1이 되어 결국 S_1D_1만큼의 수입이 이루어지게 된다.

우리는 앞서 본국 정부가 관세를 부과함으로써 수입재의 국내가격을 상승시켜 수입이 감소함을 보았다. 이제 본국 정부가 수입재 한 단위에 대해 t의 관세를 부과할 때와 동일한 수입량인 S_2D_2를 수입할당하였다고 하자. 이때 본국은 소국이므로 수입할당에 따른 수입감소는 이 상품의 국제가격에 아무런 영향을 주지 못하므로 국내에서 거래되는 이 상품의 가격만 상승하게 된다. 즉, 이 상품의 국내거래가격은 P_q로 상승하게 되는데, P_q는 t의 관세부과시 가격인 P_t와 동일할 것이다. 이에 따라 국내소비자의 수요는 D_2로 감소하고, 국내공급자의 공급은 S_2로 증가하는 결과를 가져온다.

또한 수입할당의 경우도 관세의 부과와 유사하게 소득분배에 영향을 미친다. 자유무역시 소비자잉여의 일부였던 사다리꼴 영역 $a+b+c+d$는 수입할당 후 국내가격이 상승함에 따라 a는 생산자잉여로 전환된다. 한편, 관세부과시 관세수입으로 전환되었던 c는 수입허가권을 부여받은 특정 수입업자의 독점이윤으로 전환된다. 한편, b와 d는 국내의 다른 부문으로 재분배되지 않고 사라지므로 국민 전체의 후생이 감소하는 부분이다.

이상의 결과들을 종합해 보면 수입할당은 관세와 매우 유사한 효과를 갖는다. 다만 관세와 달리 수입할당의 경우에는 소비자잉여의 감소분 일부가 수입업자의 독점이윤으로 전환된다. 따라서 수입할당의 경우 수입허가를 얻은 수입업자의 독점이윤을 사회로 전환하기 위한 추가적인 정책적 수단이 강구되어야 한다.

3. 기타 비관세정책

(1) 관세할당제

관세할당제(tariff quota)란 관세와 수입할당제를 결합한 제도로 특정 상품의 일정 수입량에 대해서는 무관세 또는 낮은 수준의 관세를 부과하고, 이를 초과한 양에 대해서는 보다 높은 수준의 관세를 부과하는 것이다.

(2) 수출자율규제

수입할당은 수입국이 수입량을 일방적으로 제한하는 조치이나, 수출자율규제(voluntary export restraint; VER)란 형식상으로는 수출국이 수입국의 국내시장 교란을 방지하기 위해 자율적으로 수출량을 일정하게 제한하는 조치이다. 그러나 실제적으로는 수출국이 이를 시행하지 않으면 보다 큰 무역규제를 하겠다는 수입국의 암묵적인 위협에 따라 수입국과 수출국이 묵시적 또는 명시적 합의하에 수출국이 시행하게 된다. 따라서 수출자율규제는 수입할당의 경우와 비슷한 경제적 효과를 가져온다. 다만 수입할당의 경우 수입업자에게 전환되었던 독점이윤이 수출자율규제의 경우에는 수출국의 수출업자에게 돌아가게 되어 수입국의 사회적 후생의 손실이 더욱 크다. 이와 같이 수출자율규제는 수입할당의 경우보다 사회적 후생의 손실이 더욱 큼에도 불구하고 수출규제가 시행되는 이유는 GATT가 원칙적으로 수입할당을 금지하고 있기 때문에 이를 회피하기 위해서이다. 이와 같은 수출자율규제는 1970년대 중반 이후 확산되었는데, 대표적인 예로는 미국과 일본이 합의하여 1980년대에 시행되었던 시장유지질서협정(Orderly Marketing Agreement; OMA)이 있다.

(3) 수출보조금

수출보조금(export subsidy)은 수출국의 정부 또는 공공단체가 수출실적에 따라 일정률의 보조금을 해당 기업이나 수출업자에게 지급하는 것이다. 이 경우 수출업자의 수출가격이 낮아지므로 수출이 증대되어 무역수지를 개선시킬 수 있다. 한편, 국내적으로는 당해 수출산업을 보호 · 육성할 수 있게 되나 재정적 부담이 가중된다. 수입국의 입장에서는 이 상품의 수입가격을 정상가격으로 회복시키기 위해 수출국의 보조금을 상쇄할 정도의 상계관세(countervailing duties)를 부과함으로써 이에 대처하기도 한다. 이때 수입국은 상계관세제도를 남용함으로써 또 다른 비관세장벽을 만들 수도 있다.

(4) 생산보조금

생산보조금(production subsidy)은 수출보조금과 달리 수출과 국내판매를 구분하지 않고 생산실적에 따라 일정률의 보조금을 지급하는 것이다. 이 경우에도 생산업자의 생산비가 낮아지므로 가격이 전반적으로 낮아져 수입을 억제함으로써 국내산업을 보호할 수 있고, 궁극적으로는 수출도 증대시키는 효과를 가져오게 된다.

(5) 외환관리

외환관리(exchange control)는 특정 국가가 외환거래의 직접적인 가격통제나 양적 제한조치를 취하는 것으로, 외환시장 개입에 의한 환율조작, 대외지불허가제, 외환집중제도 등이 포함된다. 이 경우에 해당 국가의 수입을 제한하고 수출을 촉진함으로써 국제수지의 균형을 도모할 수 있을 뿐만 아니라, 외환시세의 안정, 외환투기의 억제, 자본도피의 방지, 대외지급준비자산 확보 등의 효과도 거둘 수 있다.

(6) 수출입링크제

수출입링크제(export-import link system)란 수출과 수입을 연계시켜 일정한 수출과 교환할 것을 조건으로 하여 수입을 정부가 인정하는 제도이다. 즉, 원료 등의 수입시 일정한 기간 내에 그 원료를 사용하여 만든 제품의 수출을 의무화하는 조건하에 수입을 허가하는 제도이다.

(7) 기술규제

기술규제(technology restriction)란 제품의 기술수준 및 규격에 대한 인준, 허가 등에 제한을 가하여 수입절차를 어렵게 하고 수출국의 비용을 증가시켜 수입을 억제하는 방법이다. 예를 들어, 공업제품의 국내표준규격을 외국과 다르게 정하여 이를 수입품에 대하여 적용할 것을 요구하는 정책 등이다.

(8) 원산지규정

원산지규정(rules of origin)이란 일국이 특정국으로부터의 수입에 대해 각종 특혜를 부여하기 위하여 수입상품에 대하여 원산지를 표시하도록 하는 제도이다. 이와 같은 원산지규정은 지역주의에 따른 경제블록화가 진행되면서 회원국의 제품을 식별하거나 일반특혜관세제도(GSP)의 적용에 있어서 수혜국을 식별하여 특혜를 제공하기 위해서이다. 이러한 원산지규정은 국가마다 다르고 그 자체의 차별적 적용가능성이 존재하므로 무역장벽의 기능을 하고 있다고 할 수 있다.

(9) 반덤핑조치

덤핑(dumping)이란 일국의 상품을 자국 내에서의 판매가격이나 생산비보다도 낮은 가격으로 외국에 수출하는 경우이다. 이때 수입국은 해당 상품의 덤핑에 의하여 국내산업이 실질적으로 피해를 입거나, 또는 실질적인 피해를 입을 염려가 있는 경우 덤핑폭만큼 추가적인 관세를 부과하는 조치를 취할 수 있는데, 이를 반덤핑조치(antidumping action)라고 한다. 이 경우 표면적으로는 반덤핑조치로써 불공정무역을 시정한다고 할 수 있으나 덤핑판정을 함에 있어서 다분히 남용할 가능성이 높으며, 실제로 남용이 많이 되어 무역장벽의 기능을 하게 된다.

(10) 긴급수입제한조치

긴급수입제한조치(safeguard)란 특정 상품의 수입이 급증함에 따라 해당 국내산업이 중대한 위협을 받거나 국제수지를 긴급히 보호해야 하는 상당한 이유가 있을 경우 수입국은 해당 상품의 수입량을 일시적으로 규제하거나 특별관세를 부과할 수 있는 조치로 GATT시절부터 인정해 오고 있는 조치다.

(11) 정부구매

정부구매(government purchasement)란 문자 그대로 일국의 정부가 정부 내의 사용물자나 공공사업에 필요한 물자를 구입하는 것으로, 이때 자국산만을 구입하거나 외국산에 대하여 차별적 조치를 하여 무역제한을 하게 된다.

(12) 정부무역

정부무역(state trade)이란 국가로부터 권한을 위임받은 국영무역기업이 행하는 무역으로 정부가 물자구입시에 수출입에 수반된 구매 및 판매에서 특권을 행사하게 된다. 이와 같은 정부무역은 정부에 의해서 직접적으로 수입을 제한할 수 있다는 특징이 있으며, 사회주의 경제에서는 모든 무역이 이에 해당된다.

(13) 행정적 제한

행정적 제한(administrative restriction)이란 무역과 관련된 일선 행정기관들이 각종 조치를 공표 · 시행할 때 수입업자를 차별함으로써 수입을 제한하는 조치들을 말한다. 이 경우에 특히 그 형태와 효과의 측정이 매우 어렵다.

Chapter 8 GATT와 국제무역질서

1 GATT의 설립

1. 보호주의의 교훈

세계경제는 1929년부터 1930년대 초까지 대공황(Great Depression)을 겪게 되었다. 대공황으로 경기침체가 계속되자 세계 주요 무역국들은 자국산업의 활로를 찾기 위하여 보호무역정책을 실시하였다. 환율의 평가절하, 관세율 인상, 수입제한 등으로 자국의 수출을 촉진시키고 수입은 억제하였다. 이는 결국 교역상대국의 보복정책을 초래하는 악순환이 반복되어 국제무역 및 경제의 침체가 더욱 심화되었다.

결국 각국은 제2차 세계대전을 겪으면서 더욱더 국제경제정책에 대한 상호 협조의 필요성을 느껴 1941년에 미국과 영국은 「대서양헌장」(Atlantic Charter)을 발표하였다. 이 헌장에는 전후 국제경제협력에 대한 큰 테두리가 설정되었는데, 다자주의(multilateralism)와 신자유주의(neo-liberalism)가 그것이다. 여기서 다자주의는 특혜무역의 관계를 모든 국가에 무차별적으로 적용한다는 것이다. 신자유주의는 자유무역주의의 실현을 위해 각국이 협조하고, 각종 시장왜곡과 자유무역을 저해하는 인위적인 요소들을 제거한다는 것이다.

이후 제2차 세계대전이 끝나기 1년 전인 1944년 7월 미국의 브레튼우즈(Bretton Woods)에서 44개국 대표들이 모여 전후의 국제통화제도를 미국의 달러화를 기축통화로 하는 금환본위제도(gold-exchange standard system)로 합의하였다. 이는 기본적으로 미국의 달러화만이 금과의 일정 교환비율(gold parity)을 설정 · 유지하고, 각국의 통화는 기축통화인 미국의 달러화와의 기준환율(par value)을 설정 · 유지하는 제도이다. 그러나 환율의 변동이 전혀 불가능한 것은 아니고 국제수지의 구조적 불균형상태가 발생하는 경우에는 변동이 가능한 이른바 '조정가능 고정환율제도'였다. 이와 함께 이것을 효율적으로 관리하기 위한 국제기구로서 국제통화기금(International Monetary Fund; IMF)을 창설하였는데, IMF는 각 회원국이 출자한 자금을 일시적으로 국제수지 불균형이 발생하는 회원국에 공여하여 불균형을 해소하고 환율변동을 억제하도록 하였다. 한편, 국제부흥개발은행(International Bank for

Reconstruction and Development; IBRD, 세계은행(World Bank)이라고 약칭함)도 창설하여 장기적인 국제투자를 중심으로 전후 복구와 후진국 경제발전을 위해 필요한 융자를 촉진시키기 위한 역할을 담당하도록 하였다. 이상의 협상결과에 따른 체제를 협상장소의 이름을 따라 브레튼우즈체제라고 부르게 되었다.

2. ITO의 유산과 GATT의 탄생

한편, IMF는 국제통화 및 국제금융만을 관장하는 기구이므로, 국제무역을 담당하는 기구로서 UN 산하에 국제무역기구(International Trade Organization; ITO)를 설립하여 직접적인 무역제한 철폐와 관세인하에 의한 무역자유화를 실현하려는 노력이 시도되었다. 이에 따라 1948년 쿠바의 아바나(Havana)에서 개최된 UN 무역고용회의(United Nations Conference on Trade and Employment)에서 국제무역상의 제 원칙을 규정한 국제무역헌장(Charter of International Trade Organization)이 채택되었다. 이를 일반적으로 ITO헌장이라고 부르고 있으며, 채택된 지명에 따라 아바나헌장이라고도 한다.

ITO헌장은 자유무역의 이념을 충실히 반영하고 있을 뿐만 아니라 관세, 무역정책, 완전고용정책, 상품협정 등과 관련하여 광범위한 내용이 담겨 있었다. 그러나 ITO헌장에 직접 반영된 자유무역에 관한 내용은 당시의 각국 국내사정에 잘 부합되지 않았기 때문에 호주 및 라이베리아 2개국을 제외한 모든 나라에서 자국 내 의회의 비준을 받지 못하여 ITO는 발효되지 못하고 유산될 수밖에 없었다.

한편, ITO헌장을 채택하기 이전에 헌장 초안을 검토하기 위해 제네바에서 개최되었던 1947년 제3차 준비위원회 참가국들은 미국의 제안으로 관세 및 비관세장벽을 완화하기 위한 협상에 합의하였다. 이와 같이 ITO 창설을 전제로 논의되어 1947년 10월 제네바회의에서 다자 간 관세인하협상에서 합의된 내용과 ITO헌장 초안 중 일부인 관세 및 무역에 관한 규정을 발췌하여 국제조약으로 채택한 것이 「관세 및 무역에 관한 일반협정」(General Agreement on Tariffs and Trade; GATT)이다.

GATT는 1947년 10월 30일 23개국에 의해 조인되었고, 1948년 1월 1일을 기해 그 협정문이 발효됨으로써 공식적인 활동을 시작하게 되지만, 당초 GATT는 ITO헌장의 통상정책을 조속히 발효시키고, 이에 의한 국제무역기구가 설립되기까지 다자 간 무역협정 실시의 공백을 메우기 위하여 잠정적으로 채택된 협정에 불과하며, 그 조문도 ITO의 관세 및 무역에 관한 부분만을 계승한 3부 36조로 구성되어 있었다. 그러나 그 후 ITO가 유산됨에 따라 국제무역질서를 통제하게 되었고, GATT 규정은 케네디라운드 결과 추가된 2조를 포함하여 본문이 4부 38조로 구성되었다. 이후 GATT는 1993년 12월 종결된 우루과이라운드의 결과에 따라 세계무역기구(WTO)로 새롭게 출범하게 된다. 그러나 WTO도 기본적으로 GATT의 기본 이념과 원칙을 승계하는 것이므로 여기서는 GATT의 기본 원칙, 성격, 그리고 그 동안의 활동 등을 살펴본다. 한편, 한국은 1967년 4월에 73번째로 GATT에 가입하였다.

2 GATT의 기본 원칙

GATT의 궁극적인 목적은 회원국들의 생활수준 향상, 완전고용 실현, 실질소득 및 유효수요의 점진적 증대 도모, 세계자원의 효율적 이용 또는 완전 이용, 상품의 생산 및 교환확대 등과 같은 거시적 목표를 실현하는 것이다. 이를 위해 GATT는 자유무역의 원칙(free trade principle)과 무차별원칙(non-discrimination principle)을 기본 원칙으로 하고 있다.

1. 자유무역의 원칙

자유무역원칙은 무역규제수단으로 물량적 수입제한은 철폐하고 관세만을 인정한다는 것이 중심내용이다. 이러한 원칙은 현행 관세율을 인상하는 것은 허용하지 않고 다자 간 교섭에 의하여 관세율을 인하한다는 것으로 제11조 및 제13조에 잘 나타나 있다. 즉, GATT는 특히 물량적 수입제한이 자유무역을 저해하는 중요한 요인이 되고 있다고 보고 이를 철폐하는 한편, 관세율은 다자 간 협상에 의하여 점진적으로 인하함으로써 무역자유화를 실현시키려고 하였다. 그러나 GATT는 다음과 같은 특수한 경우에 한하여 예외를 인정하였다.

첫째, GATT 제11조 제2항에는 각 가맹국은 국내농업의 보호나 국내농산물가격 하락을 방지하기 위하여 농산물의 수입제한을 실시할 수 있도록 하였다.

둘째, GATT 제12조 및 제18조 A에서는 국제수지 개선을 위하여 수입제한을 할 수 있도록 허용하였다. 즉, 국제수지가 크게 악화되어 있는 국가는 수입수량을 제한할 수 있는데, 국제수지 악화에 대한 판단은 IMF 당국이 결정하도록 하였다.

셋째, GATT 제18조 C, D에는 개발도상국 경제개발에 따른 특정 산업의 확립을 위하여 수입제한을 할 수 있도록 하였다.

넷째, GATT 제19조는 긴급조치에 의하여 수입제한을 할 수 있도록 규정하고 있다. 특정 상품의 수입이 예상 밖으로 증가됨으로써 국내 동종산업이 심각한 피해를 받고 있거나 받을 염려가 있을 때, 국내산업의 보호를 위해 일시적으로 수입을 제한하거나 관세율을 인상하여 이에 대처할 수 있도록 하였는데, 이를 긴급수입제한조치(safeguards)라고도 한다.

다섯째, GATT 제20조는 경제외적 요인, 즉 공중도덕, 위생, 국보급 보호 등의 요인에 의한 일반적 예외를 인정하였다.

여섯째, GATT 제21조는 국가의 안전보장을 위해 수입을 제한할 수 있도록 하였다.

일곱째, GATT 제25조는 총회에서 2/3의 동의를 통해 의무면제(waiver) 승인을 얻어 수입제한조치를 취할 수 있도록 하였다.

여덟째, 서비스교역에 대해서는 GATT 조문에 자유무역의 규정을 두지 않음으로써 자유무역에 대한 예외를 사실상 인정하였다.

2. 무차별원칙

GATT는 국제무역환경에서 자유무역을 실현하는 데 따른 회원국들 간 이해관계 침해방지 및 상호간의 원만한 문제해결을 통한 각국 분쟁해결과 무역발전을 위한 토대를 형성하기 위하여 최혜국대우, 내국민대우, 상호주의 등의 무차별원칙을 채택하였다.

(1) 최혜국대우

국제무역의 규범이 되고 있는 GATT 제1조의 최혜국대우(most-favored-nation treatment; MFN)원칙은 GATT 회원국 중 어느 한 국가가 다른 국가에게 관세인하조치 같은 경제상 일체의 권리 및 이익을 부여할 경우, 제3국에 대해서도 동일한 조치를 취해야 한다는 것으로, 2국 간의 배타적인 특혜조치는 인정되지 않으며, 그 특혜조치는 모든 회원국에게 동일하게 적용되도록 보장하고 있다. 따라서 GATT의 기본원칙은 수입제한의 철폐와 관세인하에 의한 무역자유화 혜택을 최혜국대우원칙에 입각하여 모든 회원국에게 무차별적으로 제공하는 데 있다. 그러나 최혜국대우원칙의 적용에는 다음과 같은 예외규정이 있다.

첫째, GATT 제1조 제2~4항에는 기존 특혜관세의 존속을 허용하고 있다. 특혜관세(preferential tariff)란 정치적 · 경제적 · 지리적으로 긴밀한 국가들과의 교역을 증진시키기 위하여 이들 나라에 대하여 특별히 관세상 우대조치를 취하는 관세제도이다. 따라서 이들 국가 간의 무역상 특혜조치가 다른 GATT 회원국보다 유리하더라도 그것을 인정하고 있다. 그 대표적인 예가 영연방특혜관세제도, 불연합특혜관세제도이다.

둘째, GATT 제24조 제4~10항에서는 관세동맹 및 자유무역지역 등 지역적 경제통합에 대한 예외조치를 인정하고 있다. EC와 같은 공동시장은 관세동맹 및 자유무역지역을 형성하여 역외국가에 대해서는 차별주의를 취하고 있기 때문에, 역외국들은 차별대우를 받게 되는데, 역내국들은 최혜국대우도 받는 등 이중의 특혜를 받게 된다. 현재의 EU나 NAFTA도 GATT의 예외조치를 인정받고 있다.

셋째, GATT는 도쿄라운드 협정 제1부에서 권능부여조항(enabling clause)을 두어 선진국이 개발도상국에게 제공하는 특혜조치와 개발도상국 간의 특혜협정은 최혜국대우원칙의 적용을 받지 않아도 된다고 규정하고 있다. 오늘날 선진국들이 개발도상국들에게 제공하는 일반특혜관세제도(GSP) 등과 같은 특혜조치가 이에 해당된다.

(2) 내국민대우

내국민대우(national treatment)원칙이란 국내조세정책이나 정부의 규제조치를 적용함에 있어서 수입품(또는 외국기업활동)과 국내상품(또는 국내기업활동)은 아무런 차별 없이 동등하게 취급되어야 한다는 원칙을 말한다. 즉, GATT 회원국은 조세, 국내과징금, 국내운송 및 판매 등에 있어서 국내상품(국내기업)에 대해서 특혜조치를 취하기 위한 목적으로 다른 회원국들로부터 동종 수입상품(해외기업)에 대하여 차별대우를 해서는 안 된다는 것을 규정하고 있다.

이와 같은 내국민대우원칙 적용은 모든 수입국에 대한 무조건적 동등대우를 규정한 최혜국대우(MFN)원칙을 국내적으로 보완하는 것이다.

(3) 상호주의

상호주의(reciprocity)원칙은 GATT의 한 회원국이 관세를 인하하면 상대국도 반드시 그에 상응하는 관세인하를 단행하여야 한다는 것이다. 즉, 어느 한 나라가 관세양허를 시행하면 이를 수용한 나라는 그 대가로 이에 상응하는 양허를 반드시 제공해야 한다고 규정하고 있다.

이와 같은 상호주의 의무의 구체화는 자유무역과 관련된 무임승차문제를 사전에 방지하기 위한 것이다. 즉, 어떤 특정한 나라가 국내수입시장에서는 관세양허를 제공하지 않으면서 그들의 수출시장에서는 관세양허를 활용하여 더 많은 관세의 편익을 수용한다면, 그 나라는 무역자유화의 비용을 부담하지 않은 결과를 가져오게 되므로 이를 사전에 방지하기 위해서는 상호주의에 입각해야 한다는 것이다.

3 GATT의 성격과 개발도상국

1. GATT의 성격

앞서 설명한 바와 같이 GATT는 원래 ITO 설치가 완료될 때까지 관세율 인하와 기타 무역장벽을 완화하기 위하여 채택된 잠정적 국제협정에 지나지 않았다. 따라서 GATT의 성격은 체계성이 미비된 국제협정, 구속력이 미약한 법체계, 불완전한 국제경제기구 등의 측면에서 살펴보아야 할 것이다.

첫째, GATT 규정은 각국의 주장이 복잡하게 반영되어 있는 잠정적 협정이어서 그 체계성이 미비하였다. 즉, ITO헌장 채택 전에 논의된 관세 및 무역에 관한 규정을 발췌하여 GATT 규정으로 삼았기 때문에 각국 주장이 복잡하게 반영되어 있어서 그 해석상 어려움이 따르는 법체계를 이루고 있다.

둘째, GATT는 원래 무역자유화와 무차별대우 등 국제무역상의 원칙을 규정한 협정에 불과하므로 국제경제기구로서의 성격을 구비하지 못하고 있었다. 즉, GATT는 처음부터 일정한 규정에 의하여 설립되지 않고, 회원국의 공동행동에 입각하여 ITO에 대신하는 잠정적인 협정에 불과하기 때문에 엄밀한 의미에서 국제경제기구라고 볼 수 없었다. 따라서 GATT 규정은 국제무역의 제 문제를 단편적으로 취급하고 있기 때문에 법적인 면에서 구속력이 미약하였다. 다만 최혜국대우와 관세인하 등 관세에 관하여 규정된 제1부(제1, 2조), 그리고 관세교섭, GATT의 가입 및 탈퇴에 대한 절차가 규정된 제3부(제24~35조)에서는 어느 정도 구속력이 있었다. 그러나 수입제한 폐지원칙, 무차별대우원칙, 덤핑 및 보조금과 같은 비관세장벽의 문제 등을 규정하고 있는 제2부(제3~23조)와 개발도상국 무역확대문제를 규정한 제4부(제36~38조)는 가맹시점의 국내법 범위 내에서만 그 이행의무가 부여되어 있기 때문에 별로 구속력이 없었다.

그러나 GATT는 이와 같은 성격상의 문제를 지니고 있음에도 불구하고, 관세인하와 모든 무역장벽을 완화시켜 무역자유화를 추구하여 왔으며, 최혜국대우, 내국민대우, 상호주의, 공정무역 등에 의한 무차별대우의 원칙을 실현함으로써 1970

년대 신보호무역주의가 대두되기 이전까지 국제무역 확대와 세계의 경제발전에 크게 기여해 왔다. 즉, GATT는 국제통화문제를 다루고 있는 IMF 및 후진국 경제발전과 전후 경제복구를 위한 국제금융을 담당하고 있는 IBRD와 함께 국제무역문제를 전담하는 기구로서 광범위하게 인정받았고, 그 기능과 임무를 어느 정도 발휘하였다고 하겠다.

2. GATT와 개발도상국

GATT는 앞에서 지적한 것처럼 국제협정의 체계성 미비, 구속력이 약한 법적 효과 등의 면에서 불비한 점이 많았다고 하겠다. 또한 GATT의 무역자유화 노력과 무차별원칙 채택 등으로 국제무역 확대에 크게 공헌하였지만 국제무역 확대는 주로 선진국들 몫이었고, 개발도상국들을 위해서는 그 효과가 미미한 실정이었다.

따라서 1950년대 중반부터 많은 개발도상국들은 개발도상국과 선진국 사이에 경제적 격차와 경제구조의 차이가 존재하기 때문에, 국제무역 확대효과가 개발도상국보다 선진국에 유리하게 나타난다고 생각하게 되었다. 그들은 개발도상국의 수출이 선진국에 비하여 불리하게 전개되고 있다고 지적하고, 1차산품과 공산품의 교역조건이 개선되어야 한다는 주장을 하였다.

1957년에는 개발도상국의 무역확대 및 개발을 연관시켜 개발도상국의 경제발전을 촉진시켜야 한다는 『하벌러보고서』(*Haberler Report*)가 제13회 GATT 총회에 제출되었고, GATT는 그 내용의 일부를 수용하여 1958년에 제3위원회(Committee Ⅲ)를 탄생시켰다. 이 위원회의 탄생은 자유무역의 원칙을 수정할 필요가 있다는 것을 묵시적으로 인정한 것이라 하겠다.

1962년에는 UN 무역개발회의(UNCTAD) 창립총회를 앞둔 시점에서 프레비시(R. Prebisch)는 『개발을 위한 새로운 무역정책을 향하여』(*Towards a New Trade Policy for Development*)라는 보고서를 작성하여 발표하였다. 이 보고서의 골자는 선진국과 개발도상국 간의 경제적 격차를 완화시켜 개발도상국의 무역확대와 경제개발을 이룩하여 남북문제를 해결하는 새로운 국제무역기구 창설을 주장하면서 GATT의 결함을 다음과 같이 지적하고 있다.

첫째, GATT는 세계적 기구가 아니다.

둘째, GATT는 국제무역의 문제를 단편적으로 취급한다.

셋째, GATT는 선진공업국 간의 무역문제를 취급하는 데에는 적당한 기구이지만, 선진공업국과 개발도상국 간의 무역문제를 동시에 취급하는 데에는 부적당한 기구이다.

넷째, GATT는 정부 간 무역을 예외로 취급하고 있으며, 대부분의 사회주의 국가는 GATT에 가입하지 않고 있다.

다섯째, 1차상품에 관한 모든 협정 및 기타 모든 활동은 대부분 GATT에서 취급되지 않고 있다.

프레비시보고서는 또한 개발도상국의 대선진국 농산품 수출에 의한 소득증대 방안을 촉구하고, 개발도상국의 공산품 수출에 대한 선진국의 관세특혜조치 시행을 촉구하였다. 이와 같은 제안하에서 UNCTAD는 1964년 12월 UN의 상설기관으로 발족하게 되었다.

한편, GATT는 개발도상국들의 이와 같은 주장에 따라 GATT 규정의 개정에 대한 논의를 가속화시키게 되었고, 1965년 2월 GATT 특별총회에서 새로운 GATT 규정을 협정문에 추가하기로 결의하게 되었다. 따라서 GATT 규정의 개정작업이 급속히 진행되었고, 1966년 6월에는 무역 및 개발에 관한 제4부(제36~38조)가 GATT 규정에 신설 · 추가되었다.

무역과 개발을 규정하고 있는 제4부는 개발도상국의 수출확대를 통한 경제개발 촉진을 그 목적으로 하고 있다. GATT 제36조는 개발도상국의 수출시장 및 소득확대, 1차산품 교역조건 개선, 개발도상국의 경제다각화, UN의 각종 기관을 포함한 모든 국제기구와의 협력강화, 개발도상국에 대한 상호주의원칙 불강요 등을 규정하고 있다. GATT 제37조는 선진국은 법률상 또는 불가피한 경우를 제외하고는 개발도상국의 수출과 관련된 부문에 대하여 수입장벽을 완화하고, 또 최소한 현행 수준 이상으로 수입제한정책을 강화하지 않으며, 개발도상국의 1차산품 소비증대에 노력할 뿐만 아니라 개발도상국의 1차산품을 수입하여 그 판매가격을 결정할 때에도 그 차익은 공평수준을 유지하도록 규정하고 있다. 그리고 선진국은 개발도상국의 상품수입을 촉진하기 위하여 국내산업 개편, 소비촉진, 무역지원 등을 모색하도록 한다고 규정하고 있다. GATT 제38조는 개발도상국의 무역확대와 경제개발을 위하여 회원국은 공동행동으로 1차산품 수출확대를 위해 노력하고, 다각적인 차원에서 개발도상국의 무역확대와 경제개발 촉진을 위해 노력하며, 그리고 제4부 규정을 실시하는 데 필요한 기구를 설치한다고 규정하고 있다.

그러나 제4부에서 규정하고 있는 내용들은 기존 GATT 규정의 일반성을 크게 완화하여 개발도상국 수출확대와 개발에 특혜를 제공하려는 의도를 담고 있으나, GATT 규정 그 자체가 어떤 실질적이고 구속력이 있는 방안이 아니어서 그 실효성에 대해서는 의문이 제기될 수밖에 없었다.

이에 따라 GATT 규정의 개정과는 별도로 UNCTAD는 계속 활동을 해 왔다. UNCTAD는 1968년 2월 뉴델리에서 개최된 제2차 회의에서 선진국은 GNP의 1%를 개도국에 원조로 공여한다는 기준을 정하는 한편, 개도국의 수출에 적용할 일반특혜관세제도(GSP)를 협의하기 위한 특별위원회를 구성하기로 결의하였다.

이후 UNCTAD는 매 4년마다 정기회의를 개최하였지만 대부분의 개도국 입장에서는 매우 불만족스러운 성과밖에 거두지 못하였는데, 거의 유일한 가시적 성과는 GSP의 시행이다. UNCTAD는 1970년 GSP 공여를 위한 입법조치를 취하자는 데 합의를 보았다. 이후 EC가 최초로 1971년부터 GSP를 공여하기 시작하였으며, 일본이 그 해 8월부터, 그리고 미국을 제외한 여타 선진국들은 1972년 1월부터 실시하기 시작하였다. 미국은 1976년 1월부터 GSP를 공여하였다. GSP는 GATT의 무차별원칙에 대한 예외조치임에도 불구하고 이는 개발도상국은 물론 선진국의 후생증진에도 도움이 되는 것으로 인식되고 있다. 왜냐하면, 개발도상국의 유치산업을 보호하는 효과와 아울러 무역확대에 따른 수입국의 소비자후생 증대에도 기여하기 때문이다. 우리나라를 비롯한 싱가포르, 대만, 홍콩 등 신흥공업국들은 특히 GSP로부터 많은 혜택을 받아 왔는데, 이제 우리나라는 수혜대상에서 제외되었다.

한편, UNCTAD는 1974년 UN 총회에서 신국제경제질서(new international economic order; NIEO)를 천명하였는데, 이는 ① 천연자원의 항구주권, ② 외국투자, 다국적기업의 규제 및 국내법에 의한 국유화 요건의 타당성, ③ 개도국 상품에 대한 시장확보의 보장, ④ 국제상품협정 체결, 특혜관세 공여의 확대, 개발자금 원조 및 과학기술의 이전을 위한 국제협력 등의 내용을 포함하고 있다.

4 GATT의 다자 간 무역협상

1. GATT의 다자 간 무역협상의 성과

GATT의 목적은 앞에서 논한 바와 같이 자유무역과 무차별원칙에 의거하여 국제무역 확대와 세계경제 발전을 추구하는 데 있다. 이를 실현하기 위해서 GATT는 회원국 간의 다자 간 무역협상(multilateral trade negotiation; MTN)을 통하여 무역제한 철폐 및 관세율 인하를 추진하였다.

1947년 제네바에서 열린 제1차 협상은 GATT를 탄생시킨 회의였으며, 1960~1961년에 걸쳐 개최된 제5차 딜론라운드까지는 2개국 간의 품목별 관세교섭 협상방식이 주로 취해졌다. 그러나 이러한 2국 간의 관세인하 협상방식에서는 개별적 품목에 대한 관세인하가 이루어졌기 때문에 시간이 많이 소요되어 비효율적이었을 뿐만 아니라 협상이 어려운 품목의 관세인하가 부진하였다. 그리하여 1964년부터 시작되어 1967년에 타결된 제6차 다자 간 협상인 케네디라운드(Kennedy Round)에서는 일괄적 관세인하협상을 통해 획기적인 성과를 거두었는데, 약 3만여 개의 품목에 대하여 평균 35%의 관세율 인하가 이루어져 국제무역협상에서 큰 의미를 가진 협상이 되었다.

한편, 케네디라운드 이후 관세율이 대폭적으로 인하되었으나 많은 GATT 회원국이 관세 이외의 각종 비관세장벽을 사용함으로써 관세율 인하만으로는 국제무역 확대를 이룩하는 것이 어렵게 되었다. 이에 따라 1973년부터 1979년까지 계속된 도쿄라운드(Tokyo Round)에서는 관세인하뿐만 아니라 비관세장벽의 완화 및 철폐에 관한 협상이 주요 내용으로 다루어졌다. 그리고 1993년 12월에 타결된 우루과이라운드에서는 관세장벽 및 비관세장벽뿐만 아니라 농산물교역, 서비스무역, 지적재산권, 무역관련 투자조치 등 새로운 분야의 협상이 포괄적으로 이루어졌다. 이제 케네디라운드, 도쿄라운드, 우루과이라운드에 관해서 보다 구체적으로 살펴보기로 하자.[1)]

1) 여기서 '라운드'(Round)라 하는 것은 GATT 제5차 다자 간 무역협상 때부터 사용된 용어인데, 이는 기본적으로 다

2. 케네디라운드

(1) 케네디라운드의 배경 및 특징

케네디라운드는 1964년 5월에 시작하여 1967년 7월에 타결된 제6차 GATT협상을 의미하는데, 케네디 대통령의 제안에 의하여 개최되었으므로 케네디라운드라고 한다. 미국이 케네디라운드를 제창한 것은 EC 등 지역경제 통합체들이 실시하고 있는 대외공동관세정책에 의하여 역외국가들이 차별대우를 받게 됨에 따라 대외공동관세를 인하하기 위해서였다. 한편으로는 1962년 미국이 호혜통상협정법(Reciprocal Trade Agreement Act)을 개정하여 통상확대법(Trade Expansion Act)을 제정함으로써 미 행정부가 국제무역협상을 주도할 수 있는 법적 권한을 위임받았기 때문이다. 즉, 미국 케네디 행정부는 대통령의 대폭적인 관세인하 교섭권한이 확대됨에 따라 상호주의원칙을 바탕으로 무역협상을 할 수 있게 되었다.

케네디라운드의 특징은 그 동안 다섯 차례의 관세인하협상이 국별 · 상품별 인하방식을 채택하였던 데 반해 일괄인하방식(line tariff cut formula)을 채택하였다는 점이다. 즉, 그 동안의 국별 · 상품별 인하방식은 시간이 많이 소요될 뿐만 아니라 대상품목이 적고 관세인하폭도 작아 이를 시정하기 위하여 일괄인하방식을 채택하였다.

케네디라운드의 또 다른 하나의 특징은 그 동안의 관세인하 협상대상이 공산품에 집중되었으나, 케네디라운드부터는 공산품에 대한 관세인하뿐만이 아니라 농산물도 포함시켰다는 점이다. 또한 종래의 국제무역협상의 대상이 주로 관세인하에 국한되었으나 케네디라운드에서는 관세장벽 이외에 비관세장벽에 관한 것까지 다루기 시작하였다.

자 간 무역협상과 같은 의미를 지니고 있다. 즉, '라운드'는 정해진 시간 내에 정해진 문제를 해결하기 위한 장소 또는 모임의 의미를 지니며, '라운드' 앞에 딜론, 케네디, 도쿄, 우루과이와 같은 명칭이 붙은 것은 당해 라운드를 있게 한 공로자, 또는 라운드가 시작된 지명을 딴 것이다. 그러나 각종 회의는 GATT 본부가 있는 스위스의 제네바에서 주로 이루어진다.

(2) 케네디라운드의 과정 및 성과

케네디라운드는 참가국수, 관세양허품목수, 관세인하율 등에 있어서 종래의 관세인하 교섭과는 비교할 수 없는 획기적인 성과를 거두었다. 즉, 케네디라운드 협상 참가국들은 약 3만 개 품목에 대하여 평균 35%의 대폭적인 관세인하에 합의함으로써 GATT가 추구하는 자유무역을 통한 국제무역 확대에 크게 기여하게 되었다. 케네디라운드협상 결과를 보다 정리하면 다음과 같다.

첫째, 협상참가국의 수가 48개국이었다. 그 중 37개국이 관세인하를 양허하였고, 그 인하품목의 총무역액은 400억 달러에 이르는 최대규모의 관세인하협정이었다.

둘째, 관세율을 평균 35% 인하시킴으로써 선진국의 공산품에 대한 평균관세율은 10% 수준 이하로 크게 인하되었다.

셋째, 국제반덤핑협정을 체결하였다. GATT 제6조는 반덤핑관세와 상계관세에 관하여 정의, 관세요건 등을 규정하고 있지만, 그 규정에는 구체성이 결여되어 있었기 때문에 종래의 수입제한 목적을 남용하는 경향이 있었다. 따라서 케네디라운드에서는 제6조의 일반절차규정으로서 반덤핑관세 부과의 요건, 덤핑의 판정기준, 손해의 판정기준, 조사절차 등을 포함한 반덤핑코드(Anti-dumping Code)를 작성하여 1968년 1월 1일자로 발효시켰다.

이와 같이 케네디라운드의 성과는 GATT 창립 이후 최대규모의 것이었으나, 당초의 기대에 비해서는 상당히 후퇴한 것이었다. 케네디라운드의 성과가 당초의 기대에 미치지 못한 이유는, 참가국 상호간의 이해가 상반되고 각 회원국이 자국의 경제문제 때문에 무역자유화 조치를 과감히 추진할 수 없었다는 데에서 찾을 수 있을 것이다. 특히, 케네디라운드협상의 결과가 개발도상국의 당면과제를 해결하는 데 별다른 성과를 가져오지 못한 반면, 선진국을 위한 무역상의 이해관계를 조정하고 그들의 이익만을 반영하였다는 이유로 개발도상국들의 GATT에 대한 불신감을 더욱 증폭시키는 결과를 초래하였다.

3. 도쿄라운드

(1) 도쿄라운드의 배경 및 특징

도쿄라운드(Tokyo Round)는 1972년 2월 미국, EC, 일본 등이 GATT 내에서 새로운 다자 간 무역협상을 개시하자는 공동선언을 발표한 후, 1973년 9월 도쿄에서 GATT 각료회의를 개최하여 정식으로 도쿄선언을 채택하게 되고, 이것을 기본 방침으로 하여 1979년 7월까지 계속된 제7차 다자 간 무역협상이다.

도쿄선언은 다자 간 무역협상의 목표로서 국제무역 확대를 위한 무역장벽 완화 및 철폐에 두고, 협상원칙은 상호주의에 의하지만 개발도상국에 대해서는 필요에 따라 가능한 한도 내에서 유리하게 하기로 하고, 협상분야로서는 관세 · 비관세장벽, 보조적 방법으로 분야별 협상, 긴급수입제한조항의 재검토, 농산물교역, 열대산품교역 등 6개 분야를 다루기로 하였다.

도쿄선언의 채택배경을 살펴보면, 1947년 GATT가 창설된 이래 1970년대 초까지 GATT의 꾸준한 무역자유화 노력으로 관세수준이 현저하게 낮아짐으로써 국제무역 확대가 어느 정도 달성되었다. 그러나 1970년대로 접어들면서 제1차 원유파동을 계기로 국제경제의 침체가 장기화되었고, 이에 따라 각국에서 비관세장벽을 포함한 신보호무역주의가 만연하게 되어 GATT의 기본 원칙인 무역자유화 기조가 크게 위협받게 되었다. 그리하여 이와 같은 신보호무역주의에 대응하기 위하여 비관세장벽을 포함한 모든 보호주의 수단을 철폐하고 무역자유화의 진전을 위한 다자 간 무역협상(MTN)을 개최할 필요성이 대두되었던 것이다.

도쿄선언에 근거한 도쿄라운드는 1974년 12월 미국의 신통상법이 성립함과 동시에 본격적으로 활동을 개시하게 되어, 1977년 말까지 협상을 완료할 것을 목표로 교섭이 진행되었다. 그러나 각국의 이해대립으로 협상종료시한을 넘겼으나, 1978년 7월 독일 본에서 개최된 선진국 정상회담을 계기로 협상은 급진전되어 동년 12월에 미국 · 일본 간 협상의 기본 원칙에 대한 합의가 이루어졌고, 1979년 2월에는 일본 · EC 간, 미-EC · 일본 간에 의견조정이 이루어졌다. 그리고 1979년 4월 12일 제네바에서 열린 무역협상위원회에서 합의의정서에 조인하게 되어 6년간에 걸친 도쿄라운드협상은 종결을 보게 되었다.

도쿄라운드의 특징은 다음과 같다.

첫째, 도쿄라운드에서는 케네디라운드에서의 일괄인하방식 대신 조화인하방식(harmonization cut formula)을 채택하였다. 즉, 케네디라운드에서는 일괄인하방식을 채택하여 관세율의 고저에 상관없이 일정한 비율로 인하하는 것을 원칙으로 하였으나, 도쿄라운드에서는 관세율이 높은 품목에 대해서는 큰 폭으로 인하하고 낮은 품목에 대해서는 적게 인하하는 조화인하방식을 채택하였다.

둘째, 비관세장벽에 의한 무역제한이 확대되고 있는 실정을 감안하여 비관세장벽의 제거를 중요한 의제로 다루었다. 비관세장벽의 완화 및 철폐를 위하여 GATT는 각국으로부터 850여 건의 비관세장벽에 대한 사례를 통보받아 이를 분류하여 분야별로 관련협정을 작성하는 방식으로 협상을 진행하였다.

(2) 도쿄라운드의 협상내용과 성과

종래의 GATT의 다자 간 무역협상의 주요 관심사는 관세인하문제였으나, 도쿄라운드협상에서는 비관세장벽을 포함한 모든 무역장벽의 완화 내지 철폐와 국제적 무역규범의 개선을 통하여 무역자유화와 국제무역 확대를 실현하고 개발도상국에 대하여 우대조치나 특별조치를 부여함으로써 개발도상국의 실질적인 생활수준 향상과 경제발전을 위한 것을 목표로 하였다. 따라서 관세인하뿐만 아니라 비관세장벽분야에서도 상당한 진전을 볼 수 있었으며, 개발도상국에 대한 우대협정도 체결할 수 있었다.

도쿄라운드의 주요 협상내용과 그 성과를 살펴보면 다음과 같다.

첫째, 앞서 설명한 조화인하방식에 따라 18개 선진국은 2만 7,000개 품목의 관세율을 인하하여 세계 총무역량의 10%에 달하는 공산품이 양허되었고, 평균관세인하율은 33%에 이르렀다. 공산품의 명목관세 평균인하율을 주요 국별로 보면, 미국이 33%, EC 22%, 일본 44%, 캐나다 40%이었다.

둘째, 비관세장벽과 관련하여 보조금 및 상계관세협정, 관세평가협정, 무역에 관한 기술장벽제거협정, 정부조달협정, 수입허가절차협정 등을 체결하고, 반덤핑방지협정을 개정하였다. 이들 협정의 공통적 특징은 행동규범이 상세히 규정되어 있으며, 개도국에 대해서는 동일한 의무부담을 요구하지 않으나 개발단계에 따른 응분의 의무를 기대하며, 비관세장벽에 대한 각국의 동향을 감시하고, 국가 간 분쟁을 해결하기 위한 각 협정위원회를 설치한다는 것이다.

셋째, 남북한 무역협상의 중요성을 인식하여 선진국이 개발도상국에 대하여 무역상 특별우대조치를 취할 수 있는 개발도상국 우대협정인 무역규범협정을 체결하였다. 그리하여 GATT의 최혜국대우원칙에도 불구하고 선진국의 개발도상국에 대한 GSP에 합법성을 부여하고, 비관세장벽을 포함한 각종 협정에서 개발도상국 우대조항을 신설할 수 있었으며, 개발도상국은 상호 우대조치를 취할 수 있다는 사항에도 합의하였다. 그러나 개발도상국이 경제발전을 이룩하여 개발도상국의 범주에서 벗어날 수 있을 때는 GATT가 규정하고 있는 의무를 이행해야 한다는 '개도국졸업조항'이 채택됨으로써 신흥공업국(newly industrialization countries; NICs)들에 대한 특혜공여가 축소될 가능성을 명문화하였다.

넷째, 그 밖에 농산물과 관련된 협정으로 국제낙농품협정, 국제식육협정, 농산물협의에 관한 권고 등에 대한 협정을 채택하였으며, 선진국들 간에는 민간항공기협정 등을 체결하였다.

이상에서 살펴본 바와 같이, 도쿄라운드 무역협상의 성과는 다음과 같은 두 가지 특징을 가지고 있다고 하겠다. 첫째는 1970년대에 들어와서 더욱 심각해진 각국의 보호무역주의 경향의 확산을 방지하고, 경기침체로 위축된 세계무역을 다시 활성화하려는 노력에 의해 비관세장벽을 점진적으로 완화 내지 철폐하려는 것이고, 둘째는 개발도상국의 실질적인 국민소득 향상과 경제발전을 위해 개도국에 대한 무차별원칙을 유예하여 선진국들이 개발도상국들에게 각종 특혜조치를 취할 수 있도록 하는 특혜부여를 합법화하였다는 점이다.

그러나 국제무역과 관련된 모든 관세 및 비관세장벽을 완화 내지 철폐한다는 당초 목표를 완전히 달성하지는 못하였다. 또한 각종 협상이 선진국의 공통관심분야를 중심으로 이루어졌으며, 더욱이 각종 협정에서 수출자율규제(VERs)나 시장질서유지협정(OMAs) 같은 선진국들의 무역관행이 개발도상국에도 확대적용되는 결과를 초래하여 개발도상국의 기대에 부응하지 못하였다고 할 수 있다.

4. 우루과이라운드

이상과 같은 도쿄라운드의 성과에도 불구하고 회원국들은 경기침체의 장기화로 인하여 보호주의 경향을 강화시켰다. 따라서 1980년대 중반들어 새로운 협상의 필요성이 대두됨에 따라 1986년부터 1993년에 걸쳐 제8차 협상이 진행되었는데, 이것이 우루과이라운드이다. 우루과이라운드는 무엇보다도 GATT를 대체하는 강력한 세계무역기구(World Trade Organization; WTO)를 설립하고 제조업 제품뿐만 아니라 농산품, 서비스, 직접투자 등도 자유무역체제에 포함시킴으로써 앞으로 세계는 새로운 국제무역질서가 형성되게 되었다.

따라서 제9장 WTO와 신국제무역질서에서는 WTO의 출범을 가져온 우루과이라운드 다자 간 협상과, WTO체제하에서 첫 번째 다자 간 협상인 도하개발아젠다(DDA)협상에 대해서 논의한다.

Chapter 9 WTO와 신국제무역질서

제1절　우루과이라운드의 추진배경과 경과

제2절　UR협상의 의의와 결과

제3절　도하개발아젠다(DDA)협상의 개요 및 논의동향

1 우루과이라운드의 추진배경과 경과

1. 추진배경

우루과이라운드(Uruguay Round; UR)는 1986년 9월 21일 남미 우루과이의 푼타 델 에스테(Punta Del Este)에서 시작되어 1993년 12월 15일 종결된 GATT 제8차 다자 간 무역협상을 말한다. UR의 추진배경을 구체적으로 살펴보면 다음과 같다.

첫째, 신보호무역주의(neo-protectionism)의 만연으로, GATT의 기능이 한계점에 도달하였기 때문에 이를 해소하기 위한 새로운 협상이 제기되었다. GATT는 1970년대의 제7차 협상까지 다자 간 무역협상에 의해 무역자유화를 지속적으로 추진해 왔으며, 상품무역에 대하여 상당한 성과를 거두었다. 그러나 1980년대에 들어서면서 제2차 석유파동으로 인한 전 세계적인 경기침체가 지속되고, 미국의 경상수지와 재정수지 적자폭이 확대되면서 미국 경제의 절대적인 우위성 상실로 국제경제의 구조변화가 심화되었다. 이에 따른 지역주의 현상의 강화와 선진국의 산업구조 조정지연에 따른 신보호무역주의 경향의 심화로 무역분쟁이 격화되면서 새로운 다자 간 무역규범을 필요로 하게 되었다.

둘째, 농산물, 섬유 등은 국제무역에서 차지하는 비중이 높음에도 불구하고 사실상 GATT체제 밖에서 광범위한 규제가 이루어지거나 GATT 규정의 폭넓은 예외조치를 인정받음으로써 무역질서가 문란하게 되었다. 즉, 섬유는 완전히 GATT체제 밖에서 다자 간 섬유협정(MFA)에 따라서 국별 쿼터제로 운영되고 있었으며, 농산물의 교역은 1980년대 후반 세계 총교역액이 약 3,000억 달러이었으나, 선진국이 지불한 보조금이 무려 2,000억 달러에 달하는 등 과다한 보조금의 지급, 과잉생산, 이에 따른 덤핑수출 및 수출보조금 지급으로 국제무역질서가 혼란하였다.

셋째, 서비스, 지적재산권과 같은 분야는 국제교역에서 차지하는 비중이 증대하고 있었지만 GATT는 이러한 새로운 분야를 포괄할 수 없었다. 즉, 서비스교역은 상품교역의 1/4에 달할 정도로 규모가 컸음에도 불구하고 이를 포괄할 수 있는 국제규범이 없이, 부문별로 쌍무 간 협정이나 복수 간 협정에 따라 이루어지고 있었으며, 국가별로도 규제가 심하여 국제교역상 많은 문제점이 노출되었다.

넷째, GATT의 자체적인 기능강화를 통하여 새로운 국제무역질서를 확립할 필요성이 대두되었다. 앞서 지적한 바와 같이, GATT는 IMF나 World Bank와 같은 명실상부한 국제기구가 아니고 단순한 협정에 지나지 않기 때문에 국제기구로서의 역할과 기능을 수행하지 못하였으며, 외적인 환경변화에도 신속히 대응하지 못하는 약점을 가지고 있었다. 더욱이 GATT는 다른 국제기구와 달리 의사결정방법이 만장일치제[1)]를 채택하고 있는 등 의사결정권한이 극히 제약되어 있고, 의사결정에 대한 집행력도 크게 결여되어 있었다.

이러한 배경에서 GATT체제의 보완과 유지를 위하여 새로운 다자 간 협상이 필요하다는 공통적인 인식을 바탕으로 1986년 9월 우루과이에 있는 푼타 델 에스테에서 각국 통상장관들은 1990년 12월을 시한으로 UR협상의 개시를 선언함으로써 제8차 다자 간 협상인 우루과이라운드(UR)협상이 공식적으로 출범하였다.

2. 경과

UR협상 각료선언에서는 협상에 참여할 수 있는 자격을 GATT 가입국은 물론이고, 사실상 GATT 적용국으로서 1987년 4월 30일 이전까지 GATT에 가입하였거나 가입절차를 밟는 국가로 규정하였다. 따라서 협상이 시작될 당시 이런 조건에 부합되어 협상에 참여한 나라는 105개국이었고, 그 후 마카오, 베네수엘라, 볼리비아 등이 추가되어 108개국이 협상에 주로 참여하였으며, 1993년 12월 15일의 최종의정서 채택까지는 117개국이, 1994년 4월 15일의 최종의정서 서명까지는 125개국이 참가하였다.

이와 같이 많은 국가가 참여한 UR협상은 1986년 9월에 시작되어 1990년 12월 브뤼셀 각료회의에서 타결을 볼 예정으로 추진되었으나, 농산물교역협상에서의 합의실패로 타결시한을 연장할 수밖에 없었다. 그 후 우여곡절 끝에 UR 출범 이후 7년 3개월이 경과한 1993년 12월 15일 역사적인 타결에 합의하였다.

1) 의사결정시 공식적으로 반대를 표명하는 국가가 없을 경우에는 합의에 의하여 의사결정이 이루어진 것으로 간주한다.

2 UR협상의 의의와 결과

1. UR협상의 의의

UR협상 타결의 진정한 의미는 관세 및 비관세장벽의 인하로 인한 무역창출효과도 있지만 무엇보다도 향후 안정된 국제무역질서를 확립할 수 있다는 데에 있다. 즉, 과거의 GATT체제는 느슨한 국제협정의 성격만 가지고 있었으나 냉전구조라는 특이한 국제정치상황과 미국 경제의 절대적 우위 등으로 단점이 보완되어 세계교역질서가 유지되어 왔다. 그러나 냉전이 종식되고 미국 경제의 절대적 우위가 상대적으로 저하되었으며, EC와 일본의 경제력이 급상승하여 경제적 다원화 시대가 도래하고 경제대국 간의 무역마찰이 빈번해짐에 따라 이를 중재할 수 있는 국제규범이 필요한 상황이었다. 이러한 상황에서 세계교역질서를 근본적으로 개편하는 UR협정은 향후 세계교역질서를 안정시키는 데에 결정적인 역할을 하였다.

특히, UR협정에서는 과거의 GATT가 단순한 국제협정이어서 구속력이 약하였다는 점을 개선하여 강력한 세계무역기구(WTO)를 설립하였다. 한편으로 UR협정은 기존의 GATT가 다루지 못하였던 섬유, 농산물, 도쿄라운드협정 등을 다자 간 체제로 복귀시키고, 또한 서비스, 지적재산권과 같은 새로운 분야도 포괄함으로써 명실공히 국제교역에 관한 총괄적 규범을 제정한 것이라 할 수 있다.

2. WTO의 설립

(1) WTO의 조직

UR협정으로 인하여 가장 가시적으로 바뀌는 부분이 세계무역기구(WTO)의 설립이라 할 수 있다. 〈그림 9-1〉에서 보듯이 WTO는 상품교역이사회, 서비스교역이사회, 지적재산권이사회를 두고 상품, 서비스, 지적재산권 등의 광범위한 분야를

그림 9-1 WTO의 구조

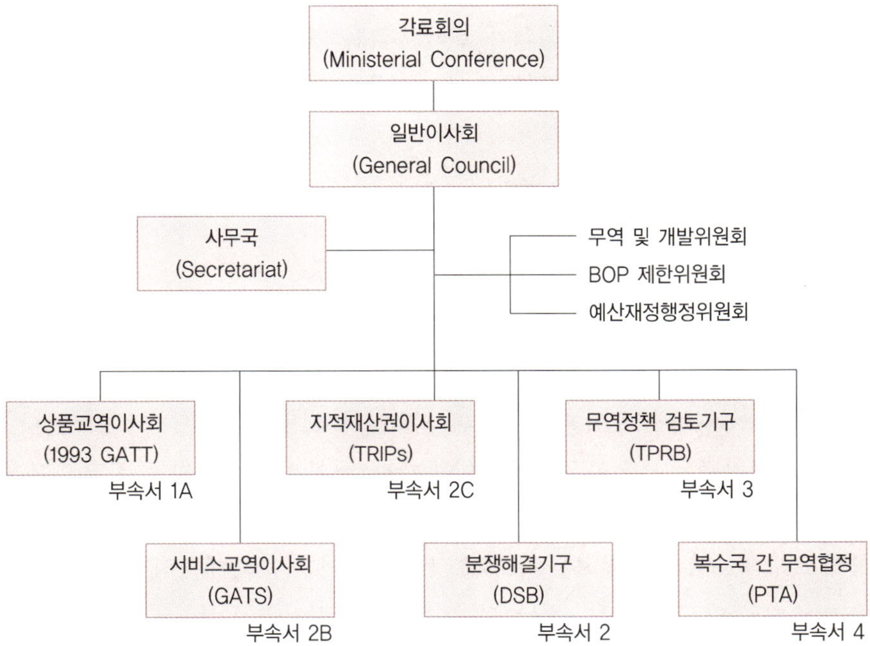

총괄하고 있다. WTO의 기구와 기능을 보다 구체적으로 설명하면 다음과 같다.

1) 각료회의

각국의 통상대표들로 구성되는 최고의사결정기구로서 2년마다 회의를 개최한다.[2] 각료회의는 WTO의 기능을 수행하며, 이를 위해 필요한 조치를 취한다. 또한 회원국이 요청하는 경우 WTO의 구체적인 의사결정 요건에 따라 다자 간 무역협정의 모든 사항에 대하여 결정을 내릴 권한이 있다.[3]

2) 그러나 항상 2년마다 개최되고 있지는 않다. 1차(1996년, 싱가포르), 2차(1998년, 스위스 제네바), 3차(1999년, 미국 시애틀), 4차(2001년, 카타르 도하), 5차(2003년, 멕시코 칸쿤), 6차(2005년, 홍콩), 7차(2009년, 스위스 제네바).
3) WTO 설립협정 제4조 1항.

2) 일반이사회

각료회의에서 결정한 사항을 집행하거나 하부 이사회, 각종 위원회 및 기구의 관리 · 조정을 담당한다. 각료회의가 열리지 않는 비회기 동안에 발생하는 일상업무는 다음 세 기구에 의해 처리된다.[4] 세 기구들은 모든 사항을 정기각료회의에 보고한다.

- 일반이사회(The General Council)
- 분쟁해결기구(The Dispute Settlement Body)
- 무역정책 검토기구(The Trade Policy Review Body)

일반이사회는 모든 WTO의 문제들에 대해 각료회의를 대신하여 의사결정을 한다. 일반이사회는 회원국 간 분쟁해결절차를 감독하기 위한 분쟁해결기구이면서, 회원국들의 무역정책을 분석하기 위한 무역정책 평가기구로서도 활동한다.

분쟁해결기구는 부속서 2에 의거하여 다자 간 협정에 관계된 모든 무역분쟁을 관리한다. WTO는 분쟁해결절차를 통일하여 체계성을 갖추고 또한 일방적 조치를 억제하고 교차보복을 인정하는 등 실효성도 증대시켜 WTO체제의 유지를 위한 기반을 마련하고 있으며, 이를 관할하기 위한 분쟁해결기구를 설치하였다.

무역정책 검토기구는 부속서 3에 의거하여 각 회원국의 무역정책을 주기적으로 평가함으로써 각국의 무역정책에 대한 명료성 및 상호 이해를 증진시켜 무역분쟁의 발생가능성을 감소시킨다.

3) 사무국

각료회의에서 결정된 사무총장을 최고책임자로 하는 사무국이 설치되어 행정적 업무를 담당한다.

4) 무역분야별 이사회[5]

① 상품교역이사회

상품교역이사회(Council for General Agreement on Trade in Goods; 1993 GATT) 및 서비

4) 세 기구는 사실상 같은 것으로, 다른 위임사항에 따라 모임을 가짐에도 불구하고 WTO 설립협정에서는 세 기구 모두를 일반이사회로 명명하고 있다.
5) 세 이사회는 각 무역분야와 관련된 WTO협정의 운영에 대해 책임을 진다. 이사회는 모든 WTO 회원국들로 구성되며, 여러 부속기구를 가지고 있다.

스교역이사회와 같이 높은 단계의 이사회는 각각의 부속기구들을 산하에 두고 있다. 상품교역이사회는 상품교역협정을 규정하는 부속서 1A의 이행을 감독하게 된다. 상품분야에서는 과거의 도쿄라운드협정 9개 중 5개를 다자화시키고, 농산물, 섬유 등을 GATT로 복귀시켰으며, 원산지규정, 선적 전 검사, 동 · 식물 위생규정 등 기존의 GATT를 보완할 수 있는 규정들을 새로 제정하여 상품분야에 관한 대폭적인 개선을 이룩하였다. 다만 항공기, 정부조달, 낙농, 쇠고기협정은 아직도 다자화되지 못하고 일부 회원국 간에만 적용되는 복수국 간 협정(Pluralateral Trade Agreement; PTA)으로 남아 있지만 과거의 도쿄라운드협정이 법적으로는 GATT와 무관하였던 것에 비하여 4개의 복수국 간 협정은 다른 협정과 마찬가지로 WTO의 관할을 받도록 되어 있다는 차이가 있다.

② 서비스교역이사회

서비스교역이사회(Council for General Agreement on Trade in Services; GATS)는 서비스교역협정을 규정하고 있는 부속서 1B의 이행을 감독하게 된다. 서비스는 UR협상에서 당초에는 규범의 제정 정도를 목표로 하였으나 최초 자유화 약속에 관한 협상도 거의 종결하여 기대 이상의 성과를 거둔 것으로 평가되고 있다.

③ 지적재산권이사회

지적재산권이사회(Council for Trade-Related Aspects of Intellectual Property Rights; TPRB)는 지적재산권협정인 부속서 1C의 이행을 감독하게 된다. 지적재산권분야의 협상은 당초에는 위조상품의 교역방지 정도를 목표로 하였으나 협상이 진행되는 과정에서 포괄범위가 확대되어 신지적재산권도 포함하는 광범위한 협정이 제정되었다. 그러나 지적재산권협정은 완전히 새로운 별도의 협정은 아니며, 기존 국제협약에 추가하는 국제협약 플러스의 형태를 띠고 있다는 특징이 있다.

④ 무역 및 개발위원회

무역 및 개발위원회(Trade and Development Committee)는 다자 간 협정상의 최빈개발도상국(least-developed countries) 특별조항의 운영을 검토한다.

⑤ BOP 제한위원회

BOP 제한위원회(Balance of Payments Committee)는 다자 간 협정상의 국제수지 방어 특별조항 운영을 검토한다.

⑥ 예산재정운영위원회

예산재정운영위원회(Committee on Budget, Finance and Administration)는 WTO의 예산, 재정 및 운영 전반을 관리한다.

⑦ 복수국 간 무역협정

복수국 간 무역협정(Plurulateral Trade Agreements; PTA)은 부속서 4의 내용으로 민간항공기 교역에 관한 협정, 정부조달에 관한 협정, 국제낙농협정, 우육관련 협정 등으로 구성되어 있다.

(2) WTO협정의 기본 구조

WTO협정은 크게 상품 및 서비스, 지적 재산에 관한 국제 간의 합의가 주된 내용이다. 또한 WTO협정은 국제통상의 근본이념이자 원리로서 자유무역주의를 명백히 규정함으로써 더욱 자유롭고 공정한 교역이 추구될 수 있는 환경을 조성하였고, 이 원리하에서 허용될 수 있는 예외들을 명확히 설명하고 있다.

WTO협정은 전 세계적인 관세인하 약속과 관세 이외의 무역장벽에 관한 국제 간의 합의, 서비스시장의 개방과 유지에 관한 국제 간 약속을 주된 내용으로 한다. WTO협정은 GATT에는 없는 국제 간의 분쟁해결절차를 규정하여 국제무역질서의 법적 안정성과 예측가능성을 보장한 것이다. 또한 WTO협정은 개발도상국과 최빈개발도상국에 대해서는 '특별대우'를 규정하고 있다.

WTO협정은 약 60여 개의 협정과 부속서, 결정사항 및 약정 등에 관한 방대한 목록으로 구성되어 있으나, WTO협정문은 크게 기본규정, 추가적인 세부사항, 시장접근 약속 등의 3단계 외형으로 구성되어 있다고 할 수 있다.

(3) WTO의 의사결정방식

과거 GATT체제는 단순히 만장일치제(컨센서스)에만 의존하였지만 WTO는 일부 조문을 제외하고 합의가 이루어지지 않을 경우에는 다수결투표에 의하여 의사를 결정함으로써 의사결정의 신속성을 확보하였다.

구체적으로는 최혜국대우와 관련되는 조문과 분쟁해결절차에 관한 조문은 전

회원국이 수락하지 않는 한 개정할 수 없도록 규정하고 있다. 그러나 상품협정이나 지적재산권협정 조문 중에서 회원국의 권리나 의무를 변경하는 사항과 서비스협정의 제1, 2, 3부(서비스의 정의, 일반적 의무 및 구체적 의무)에 대하여는 회원국 2/3 이상의 수락으로 수락회원국에게만 수정조문이 효력을 발생하게 된다. 또한 3/4 이상의 동의가 있으면 회원국의 수락시한을 설정할 수 있으며, 이를 수락하지 않을 경우에는 WTO를 탈퇴하도록 하고 있어 WTO의 권한을 대폭 강화시켰다.

한편, 분쟁해결절차에 있어서 90일 간의 심사기간을 거쳐 합의제로 조정안을 채택하는 것을 원칙으로 하지만 합의가 이루어지지 않을 경우에는 회원국 2/3 이상의 동의로 수정안을 채택하기로 함으로써 신속성이 보장되었다.

기본적으로는 회원국 3/4의 동의가 있으면 최혜국대우조항, 분쟁해결절차 등의 일부 조문을 제외하고는 거의 모든 조정이 가능하며, 이를 수락하지 않는 국가는 사실상 WTO를 탈퇴하도록 함으로써 WTO는 과거의 GATT에 비해 강력한 권한을 갖게 되었다고 하겠다.

3. 전반적 평가

우선 무역창출 및 소득증대효과를 보자. GATT 추정에 따르면 세계교역량은 2005년중 최고 24%까지 증가할 것으로 전망하였으며, 이에 따라 각국의 소득수준도 크게 높아져 2005년중 세계소득(GDP기준)이 약 5,100억 달러가 추가적으로 늘어날 것으로 전망하였다.[6)]

분야별 협정에 따른 선진국과 개도국 간의 성과차이를 보면, 우선 반덤핑, 긴급수입제한, 섬유 및 의복, 분쟁해결절차 등에서는 개도국이 선진국보다 유리한 성과를 보였다고 판단된다. 이에 비하여 보조금 및 상계관세, 서비스, 지적재산권과 같은 분야에서는 선진국이 개도국에 비하여 월등이 유리한 성과를 보였다고 판단된다. 그러나 농산물의 경우에는 농산물 수출국이 선진국과 개도국에 혼재되어 있기 때문에 단정적인 평가는 어렵다. 다만 선진국이 무세화 또는 관세조화를 통하

6) GATT, *The Results of the Uruguay Round of Multilateral Trade Negotiations*, Nov. 1994.

여 관세를 대폭 인하하였다고는 하지만 기존의 관세율이 낮은 편인 데 비하여 개도국은 기존 관세율이 높아 절대적인 면에서는 개도국의 관세인하폭이 큰 편이다.

그러나 이러한 평가보다도 더욱 중요한 것은 UR협정은 다자 간 교역체제를 강화하고, 세계적인 교역자유화의 확대를 통하여 보호무역주의 추세를 완하시키며, 세계경제의 활성화 및 교역질서의 안정화에 크게 기여할 것이라는 점이다. 즉, 무세화 및 관세조화로 관세를 대폭적으로 인하하고, 수출자율규제와 같은 비관세장벽을 4년 내에 폐지하기로 한 것 등은 많은 무역기회를 창출할 것이며, 섬유와 농산물에서도 모든 수입제한조치가 폐지되고 관세만이 유일한 장벽수단으로 남게 되어 무역장벽이 완화되었다. 한편, 각국에서 보호무역수단으로 이용되어 온 반덤핑 · 상계관세제도 등은 명료성과 합리성이 제고되어 향후 남용이 억제될 것이며, 보다 객관적이고 신속한 분쟁해결절차가 마련되어 공정한 교역질서의 확립에 기여할 것이다. 또한 최근 국제교역에서 점차 비중이 커지고 있는 서비스 및 지적재산권에 대하여 별도의 규범이 제정되고, 서비스의 경우에는 시장개방 약속까지 이루어져 이들 새로운 분야에서의 국제교역 확대의 발판을 마련하였다고 할 수 있다.

4. 부문별 평가

(1) 공산품의 관세인하

공산품의 관세인하는 제7차 도쿄라운드와 유사한 가중평균관세율 1/3 감축을 목표로 하였으나 1993년 7월 도쿄의 4자회담에서 무세화 및 관세조화품목에 대한 합의가 이루어짐으로써 관세인하폭이 대폭 확대되었다. 무세화는 철강, 건설장비, 농업장비, 의료기기, 의약품, 가구 등의 품목에 적용하기로 하고, 고관세품목의 하향평준화(5~ 6.5%로 조화시킴)를 위한 관세조화는 화학제품에 적용하기로 하였다.

무세화 및 관세조화의 효과를 감안할 경우, 1993년 12월 15일까지의 양허사항을 중심으로 하면 전체적으로는 약 38% 관세인하효과가 있으며, 미국은 37%, EC는 33%, 일본은 67%, 그리고 우리나라는 41%의 관세인하효과가 있는 것으로 나타나고 있다.

(2) 농산물시장접근

농산물교역은 특히 과거에 GATT에서 사실상 예외조치를 인정받아 GATT 규율 밖에서 유지되어 왔으나 UR협상으로 인하여 농산물교역에 관하여는 최초로 국제규범이 제정되게 되었다.

농산물부문은 국경조치, 국내보조금 감축, 수출보조금 감축의 세 분야로 협상이 나뉘어 진행되었는데, 우리나라에서 가장 관심을 많이 가졌던 협상분야 중 하나였다. 국경조치에 관하여는 수량제한 등의 모든 수입제한조치를 폐지하고 관세만을 유일한 보호수단으로 하는 예외 없는 관세화와 지나치게 높은 관세로 수입량이 미미할 경우에는 최소시장접근을 허용하도록 하는 원칙을 적용하게 되었다. 그러나 우리나라와 일본의 경우에는 쌀에 대하여 관세화 유예기간을 인정받음으로써 특혜조치가 발생하였으나, 협상기간 동안 예외 없는 관세화에 반대하였던 캐나다(52개 품목에 대한 예외 주장), 스위스(75개 품목), 멕시코(36개 품목)는 모두 예외 없는 관세화를 수용하였다.

국내보조금의 경우, 모든 국내보조금을 합산하여 허용보조금과 감축대상 보조금으로 구분하고 감축대상 보조금은 모두 총량화하여 이를 20% 감축하기로 합의하였다. 또한 수출보조금은 금액과 물량기준으로 각각 36%와 21%를 감축하기로 합의하였다.

한편, 식량을 무기화하는 것을 방지하기 위하여 식량수출국이 자의적으로 수출을 규제하지 못하도록 하는 조항도 삽입함으로써 식량수입국의 이해도 반영하였다.

(3) 섬유 및 의복

섬유교역은 다자 간 섬유협정(MFA)에 의하여 국별 쿼터제도로 운영되어 왔었는데, UR섬유협정으로 1995년부터 2005년까지 4단계에 걸쳐 수량규제조치를 폐지함으로써 완전한 교역자유화를 달성하게 되었다.

(4) 규범의 강화

반덤핑, 긴급수입제한제도 등이 주로 선진국에 의하여 남용되어 온 점을 중시하여 이번 UR협정에서는 관련협정을 명료화 · 객관화함으로써 남용의 여지를 축소시켰다.

반덤핑의 경우에는 최소개념(de minimis)의 폭이 선진국에서 시행하고 있는 것보다 넓은 폭으로 인정되고, 덤핑마진 산정의 기본이 되는 정상가격의 인정범위를 확대하며, 구성가격 산정에서 실제자료를 인정하는 등 객관성이 제고되었다. 그러나 누증개념이 배제되지 못한 점, 우회덤핑에 대한 언급이 없는 점, 패널이 새로운 자료를 참조하지 않고 덤핑판정국의 자료만을 검토하도록 되어 있는 점 등은 선진국의 입장이 반영된 사항으로 앞으로 남용의 소지가 있다 하겠다.

한편, GATT 제19조에 따른 긴급수입제한(safeguard)조치의 경우, 이들 조치의 시행일로부터 8년 이내 또는 협정발효 후 5년 이내(2001년 1월 1일까지)에 철폐하기로 하였다. 아울러 수출자율규제(VER), 시장질서협정(OMA) 등과 같은 회색지대조치(grey-area measures)도 협정발효 후 4년 이내(1999년 1월 1일까지)에 모두 철폐하기로 하였다.

(5) 보조금 및 상계관세제도

보조금 및 상계관세제도는 수출국의 보조금 지급으로 인하여 국제무역이 왜곡되었을 경우에 수입국이 보조금에 해당하는 만큼의 추가관세(상계관세)를 부과할 수 있도록 하고 있다.

보조금규정은 수출입에 직접적인 영향을 주는 금지보조금, 특정 산업이나 특정 기업을 대상으로 하지 않는 허용보조금, 기타 상계관세 부과가 가능한 상계가능보조금으로 구분된다. 그런데 금지보조금은 협정발효 후 3년 이내에 폐지하도록 규정하였다. 한편, 산업구조 조정을 위한 보조금이 허용보조금으로 분류되지 않아 우리나라의 경우에 구조조정을 위한 직접적인 보조금을 지급할 수 없게 되었다.

(6) 서비스

이번 우루과이라운드에서는 상품교역보다 훨씬 빠른 속도로 늘어나고 있는 서비스거래에 관해서도 최초로 광범위한 국제규범을 마련하여 외국의 서비스 및 서비스제공자에 대한 내국민대우, 최혜국대우, 정책의 투명성 등의 적용이 의무화되었다.

그러나 현재 제정된 서비스협정은 최혜국대우를 기본적 의무로 규정하고 있기는 하지만, 국가별로 최혜국대우 의무면제를 신청할 수 있는 여지를 남겨 둠으로써 전체 협정의 결점으로 지적되었다. 한편, 국내규제제도, 자격인정제도, 보조금, 긴급수입제한, 정부조달 등이 모두 후속협상으로 남겨지기도 하는 등 규범제정의 어려움을 나타내었다.

양허협상에서는 서비스교역의 핵심분야인 금융, 해운, 기본 통신이 모두 계속협상만을 합의한 채 협상시한을 넘겼다. 서비스교역이 상품교역의 1/4 수준이고 상품교역의 10% 정도가 운임과 보험료인 것을 감안하면 서비스교역의 1/3 이상이 UR 양허협상에서 해결되지 못하고 계속 협상으로 남겨진 것이다.[7]

(7) 지적재산권

이 분야는 선진국의 입장이 가장 많이 반영되었다고 할 수 있으며, 당초의 위조상품 방지라는 목표보다 범위가 확대된 포괄적인 협정이 제정되었는데, 개발도상국이 UR협정의 발효로 인하여 가장 타격이 심한 분야인 것으로 평가된다.

현재의 지적재산권협정은 기본적으로 기존 국제협약 플러스의 방식을 채택하고 있으며, 대여권, 컴퓨터프로그램의 보호, 지리적 표시권의 인정, 집적회로배치설계권의 보호 등이 추가로 규정되었으며, 영업비밀까지도 보호대상으로 확대되었다.

7) 이후 대부분의 서비스부문별 협상은 1996년까지 완료되었다.

(8) 분쟁해결절차

분쟁해결절차는 과거 GATT의 분쟁해결절차에 많은 시일이 소요되고 구속력이 약하다는 비판이 있어 왔다. 따라서 WTO에서는 분쟁조정기구(DSB)를 설치하여 국가 간 무역분쟁을 총괄적으로 조정할 수 있도록 하고, 이 기구의 결정에 불복할 경우 별도의 기구(Appelate Body)에 재심을 요청할 수 있는 제도적 장치를 마련하였다. 특히, 분쟁해결에 있어서 절차를 명료하게 하고, 시한을 설정하며, 패널보고서의 채택을 용이하게 하는 등 신속히 분쟁해결을 할 수 있도록 하였다.

또한 여타 분야에 대하여도 보복할 수 있는 교차보복을 인정함으로써 보복조치의 실효성을 증대시켰으며, 각국은 패널이 협정위반이라고 결정하기 전에 일방적인 결정을 내려서는 안 된다고 규정하여 일방적 조치를 억제하고 있다.

5. 우리나라에 미치는 영향

UR협정의 진정한 의미를 살펴보기 위하여는 UR협정이 있을 경우와 없을 경우를 비교해 보는 것이 필요하다. 만약 UR협정이 없었다면 미국, EC, 일본 등 경제대국은 서로의 이익을 확보하기 위하여 빈번한 무역마찰을 할 것으로 예상되고, 또한 다른 국가에 대하여는 쌍무적인 압력을 가하였을 것이다.

우리나라가 비록 농산물분야나 보조금분야 등에서 UR협정의 타결로 불리한 위치에 놓이게 된 것은 사실이나 UR협정이 없는 상황에서 만약 미국 등의 국가가 동일한 내용으로 우리에게 쌍무적인 압력을 가한다면 지금의 결과보다도 더 불리한 결과가 초래되었을 것이다. 다자 간 협상에서는 우리와 비슷한 입장에 놓인 국가가 많이 있으므로, 경제규모가 작고 대외의존도가 높으며 따라서 협상력이 약한 우리로서는 쌍무적인 협상에서보다는 다자 간 협상에서 더욱 협상력을 가질 수 있다는 것은 의심할 여지가 없다. 이러한 관점에서 본다면 UR협정이 우리에게 전반적으로는 이득이 된다고 할 수 있을 것이다.

3 도하개발아젠다(DDA)협상의 개요 및 논의동향[8)]

1. DDA협상 개요

도하개발아젠다(Doha Development Agenda; DDA)협상은 2001년 11월 카타르 도하에서 개최된 제4차 WTO 각료회의에서 출범하였다. DDA협상은 UR협상에 이어 GATT 출범 이후 아홉 번째 다자 간 무역협상이며, WTO 출범 이후 첫 번째 다자 간 무역협상이다. '개발'이라는 이름이 붙은 것은 앞선 협상들과 달리 개발도상국의 개발에 중점을 두어야 한다는 개발도상국들의 주장이 반영되었기 때문이다. DDA 협상은 의제도 UR협상에 버금가는 대규모 통상협상이다.

협상출범 당시의 계획은 2005년 이전에 협상을 일괄타결방식이라는 방식으로 종료한다는 것이었다. 그러나 농산물에 대한 수입국과 수출국의 대립 등으로 인해 2009년 말 현재 협상이 계속되고 있다.

DDA의 협상의제는 ① 농산물, 농산물을 제외한 나머지 상품(공산품 및 임수산물), 서비스시장의 개방과, ② 반덤핑, 보조금, 지역협정, 분쟁해결에 대한 기존 WTO협정의 개선, 그리고 ③ 관세행정의 개선 등을 추구하는 무역원활화, 환경, 개발 그리고 지적재산권 등 크게 세 그룹으로 나누어진다. 이에 따라 농산물, 비농산물, 서비스, 규범(반덤핑 및 보조금), 환경, 지적재산권, 분쟁해결, 무역원활화, 개발분야에 대해 협상그룹이 설치되어 2002년부터 본격적인 협상이 진행되었다.

그러나 자유화 세부원칙에 대한 합의도출이 계속 미루어지면서, 한동안 협상이 공전되었다. 그러다가 2004년 8월 자유화 세부원칙의 윤곽을 결정하는 기본 골격의 합의가 타결되면서 다시 협상은 본격적으로 진행되었다. 이때 이른바 '싱가포르 이슈'라고 불리던 투자, 경쟁정책, 정부조달 투명성, 무역원활화 4개 이슈에 대한 개발도상국들의 반발을 수용하여 무역원활화만 정식 협상의제로 다루기로 합의하였고, 나머지 이슈에 대해서는 논의를 중단하기로 결정하였다.

---

8) 외교통상부 다자통상국의 「도하개발아젠다」 홈페이지를 참조하였음.

2005년 12월 홍콩에서 제6차 WTO 각료회의가 개최되어 다시 한 번 진전을 위한 노력이 시도되었지만, 자유화 세부원칙 타결에는 이르지 못하였다. 그러다가 2007년부터 농업, 비농산물 및 규범 의장들이 각각 자유화 세부원칙의 초안을 제출하고 이를 개정하면서 조금씩 진전을 이루어 나갔다. 2008년 7월 제네바에서 개최된 소규모 각료회의에서는 농산물 및 비농산물 관세감축 수준과 농업보조금 감축 수준을 포함한 잠정타협안에 의견 수렴이 이루어졌으나, 개발도상국의 농산물 수입급증시 긴급관세를 부과하는 메커니즘을 포함한 몇 가지 쟁점에 대한 이견을 해소하지 못해 최종합의를 도출하지 못하였다.

이와 같이 DDA협상은 당초 3년 내 합의를 목표로 2001년 출범하였으나, 그간 협상과정에서 농산물과 비농산물의 관세감축, 농업보조금 감축에 대해 선진국(미국, EU)과 개발도상국(브라질, 인도 등) 간 대치국면으로 당초 합의시한을 넘겨 아직까지 진행중이다. 2009년 개최된 G8 확대정상회의 및 G20 정상회의에서 2010년 DDA협상 타결목표를 설정하였다.

2. 분야별 주요 쟁점

(1) 농업

농업협상은 도하각료회의가 개최되기 이전인 2000년부터 시작되었는데, 이는 UR협상 당시 농산물무역의 자유화를 계속적으로 추구하기로 약속한 것에 따른 것이다. 이러한 협상은 2001년 DDA협상의 일환으로 편입되었다.

농업협상은 수입국과 수출국 간뿐만 아니라, 선진국과 개발도상국의 입장차로 인해 수입선진국 그룹, 수출선진국 그룹, 수출개도국 및 수입개도국 그룹으로 크게 나뉜다.

EU, 일본, 스위스, 노르웨이 등 수입선진국 그룹은 자국의 일부 민감한 농산물들을 보호하기 위해 일반적인 관세감축공식과 다른 방식을 적용한 점진적인 자유화를 희망하고 있다. 호주, 뉴질랜드 등 수출선진국들은 대폭적인 관세감축과 보조금 감축을 주장하고 있다. 개발도상국들은 선진국이 보조금을 대폭 감축할 것을 요구하면서 개발도상국에게는 상당 수준의 특혜가 필요하다는 입장을 가지고 있다. 그러나 개발도상국 가운데서도 브라질, 아르헨티나, 태국과 같은 수출개발도상국들은 선진국이나 개발도상국 모두 상당한 수준의 시장개방이 필요하다는 입장이나, 우리나라와 함께 현재 인도와 중국 등 수입개발도상국들은 자국농민 보호를 위하여 중요 품목은 특별히 예외적인 대우가 필요하다는 입장이다.

(2) 서비스

서비스협상도 이미 GATS에 의거하여 주기적으로 협상을 하도록 규정되어 있는 이른바 '기설정 의제'(built-in agenda)로서 DDA 출범 이전에 이미 협상이 진행되고 있었고, DDA 출범에 따라 DDA협상의 일부가 되어 본격적인 협상이 진행되었다.

서비스협상은 전체 12개 분야 155개 세부업종을 대상으로 진행되는데, 크게 두 가지 면에서 농업, 비농산물 등 타협상분야와 차이를 가지고 있다. 첫째, 자국이 원하는 분야만을 자발적으로 선택하여 개방할 수 있도록 하는 이른바 포지티브 방식(positive system)을 취하였다. 둘째, 모든 상품에 대한 관세인하율을 다자적으로 정하는 공식(formula) 접근방식을 취하는 상품분야와 달리, 서비스협상은 각국이 스스로 개방할 서비스업종과 그 폭에 대해 시장개방계획안(양허안)을 제출하고, 여러 교역상대국에 대해 같은 수준의 시장개방을 요구하는 과정을 반복하는 양자협상(request/offer approach)방식을 채택하였다.

이러한 원칙하에 각 회원국은 2002년 7월 시장개방요청서(request)를 무역상대국들에게 제출하고, 2003년과 2005년 상반기에 각각 자국의 1차 시장개방계획안(offer)과 2차 시장개방계획안(revised offer)을 제출하면서 양자협상이 진행되어 왔다. 그러나 서비스개방요청서와 시장개방계획안이 각국의 서비스산업 부문별 경쟁정도에 따라 괴리가 매우 큰 상태이기 때문에 2009년 말 현재까지 의미 있는 합의가 이루어지지 못하고 있는 실정이다.

(3) 비농산물

비농산물시장접근(non-agricultural market access; NAMA)협상의 이슈는 크게 ① 관

세장벽 해소, ② 개발도상국에 대한 신축성 부여 문제, ③ 비관세장벽 해소로 분류할 수 있다. NAMA협상은 세부원칙의 기본 골격을 도출하고, 주요 사항별 논의를 통해 합의점을 모색하는 과정을 거쳐 왔다. 기본 골격 합의에는 관세율이 높을수록 감축폭이 커지는 관세감축공식 및 관세감축공식 적용시 개발도상국에게 어떤 형태의 대우를 부여할 것인지, 분야별 자유화 협상 및 비관세장벽 해소 등에 대한 기본 내용이 수록되어 있다.

2005년 12월 홍콩각료회의에서는 선진국과 개도국에 각각의 계수를 부여하는 관세감축공식(스위스 공식)을 바탕으로 모든 비농산물 품목에 대한 일괄감축방식을 채택하게 되어 협상의 바탕을 마련하게 되었다.[9] 그러나 2009년 말 현재까지 비농산물시장접근분야의 세부원칙에 대해서는 비록 공감대는 형성되었으나 실질적인 결실은 맺지 못하였다.

(4) 규범

규범협상은 2001년 11월 도하각료회의에서 현행 반덤핑협정, 보조금협정 및 지역협정의 기본 원칙과 개념을 유지하면서 관련규정을 명료화하고 개선하도록 하는 협상지침에 합의함에 따라 상기 세 분야별로 협상이 시작되었다.

반덤핑분야에서는 반덤핑조치의 남용을 방지하기 위해 협정의 실질적 개정을 통해 규정을 강화해야 한다는 입장과, 현행 협정의 기본 틀 유지를 선호하며 절차적 문제 이외에 협정의 실질적 개정에는 소극적인 입장(미국)이 대립중이다. 일반보조금분야는 회원국 간 첨예한 대립이 없고 협상주도 그룹도 없어 논의가 침체된 상황이며, 주로 보조금의 정의, 특정성, 심각한 손상 등 현행 협정상 불명확한 부분에 초점을 맞추어 이를 명확하게 하는 협상이 진행되어 왔다.

(5) 지적재산권

지적재산권분야는 가장 논란이 많은 분야 중 하나이다. 포도주와 증류주의 지

9) 스위스 공식은 일정한 계수가 관세상한의 역할을 하면서 관세가 높을수록 감축률이 커지는 공식이다.

리적 표시(Geographical Indication; GI) 통보 및 등록을 위한 다자등록처 설립문제, GI 특별보호대상 확대문제, 무역관련 지적재산권(TRIPS)협정과 생물다양성협약과의 관계 등 주요 의제에 있어서 이론적이고 원칙적인 문제에서부터 회원국 간 의견대립이 지속되고 있다.[10)]

(6) 환경

DDA 환경관련 이슈는 크게 협상의제와 검토의제가 있다. 협상의제는 ① WTO 규범과 다자 간 환경협약(Multilateral Environmental Agreement; MEA)상 특정무역의무(Specific Trade Obligation; STO)와의 관계, ② WTO와 MEA 사무국 간 정보교환 정례화 및 옵저버 지위 부여기준 마련, ③ 환경상품 및 서비스에 대한 관세장벽 · 비관세장벽 감축 또는 철폐 등 세 가지가 있다.

아울러, 검토의제에는 ① 시장접근에 대한 환경조치의 효과 및 무역 · 환경 · 개발 모두에 도움이 되는 win-win-win 상황, ② 지적재산권협정(TRIPS Agreement)의 환경관련 규정, 그리고 ③ 환경목적의 라벨링요건이 포함된다.

(7) 분쟁해결

1995년 WTO(세계무역기구) 출범 당시 4년 이내 분쟁에 관한 협정(Understanding on Rules and Procedures Governing the Settlement of Disputes; DSU)에 대한 재검토를 실시하도록 규정하였고, 이에 따라 1998년부터 DSU 재검토작업을 시작하였다.

논의되고 있는 주요 쟁점은 이행 및 보복조치에 적용되는 규정의 명확화, 분쟁해결절차의 신속화, 패널과정의 공개 등이다. 다수의 협상참가국들은 현행 분쟁해결제도의 전반적인 개정이 아닌 부분적인 절차개선을 추진하고 있는 반면, EU는 개정안의 확대를 요구하고 있으며, 미국도 개발도상국들이 적극 반대하고 있는 분쟁해결절차상의 투명성 강화(패널/상소기구 심의과정 공개 등) 등을 추진함에 따라 합의도출이 어려운 상태이다.

10) 지리적 표시란 상품의 품질, 명성 등이 특정 지리적 근원에서 비롯하는 경우, 생산자와 소비자를 보호하기 위해 그 생산지를 알리는 표시.

(8) 개발

2001년 11월 도하각료회의에서 회원국들은 개발도상국 우대조항을 보다 정확하고 실효적이고 운용가능하도록 만들기 위해 검토할 것에 합의하였다. 주로 논의가 되고 있는 이슈는 ① 개별 협정과 결정상의 개발도상국 우대조항과 관련된 총 88개의 제안과 ② 특정 협정 또는 결정에 국한되지 않고 개발도상국 우대 전반에 걸쳐 공통적으로 관련되는 이슈로 구분된다.

선진국들은 개발도상국 우대는 개발도상국에게 한시적인 도움을 주기 위한 것이라는 원칙하에 동 조항을 일괄적으로 의무조항으로 개정하는 데 반대하는 입장을 취하고 있다. 한편, 개발도상국들은 개발도상국 우대는 개발도상국에게 주어진 권리임에도 불구하고 협정상의 마비로 인해 제대로 활용되지 않고 있다면서 이를 의무화 · 강제화할 수 있는 제도적 장치를 마련해야 한다는 주장을 하고 있다.

(9) 무역원활화

무역원활화 협상은 GATT 제5조(통과의 자유), 제8조(수출입 절차 및 수수료), 제10조(무역규정의 공표 및 시행)를 중심으로 통관절차를 개선하여 무역거래비용을 줄이고 무역을 촉진하는 무역원활화 규범을 수립하는 것을 목표로 진행되고 있다. 이와 더불어, 개발도상국에 대한 기술지원 및 능력배양 방안에 대한 논의도 무역원활화 협상의 다른 한 축을 형성하고 있다.

Chapter 10 경제통합

1 서론

정보통신 및 운송수단의 발달과 국경 간 무역장벽의 철폐로 공산품 이외에 농산물, 금융, 통신, 유통, 시청각, 교육, 의료, 법률, 문화산업에 이르기까지 시장개방이 빠르게 진행되고 있다. 또한 국제 간 자본이동은 이미 가장 광역화되어 이루어지고 있으며, 마침내 노동력의 국경 간 이동도 발생하고 있다.

앞 장에서 살펴보았듯이, WTO가 출범하면서 다자 간 교역체제를 강화시켜 공산품은 물론 섬유, 농산물, 서비스가 교역자유화 확대에 포함되었다. 이러한 교역자유화를 통한 21세기 국제경제질서는 초강대국 하나가 국제규범의 제정과 실행을 주도하기보다는 비슷한 경제력을 갖는 지역경제권이 상호 경쟁 및 협력 속에서 국제통상환경을 형성하여 가는 다극체제가 될 것이다.

그러나 WTO와 같이 다자 간 경제체제의 속도가 느리고 심층화가 지연되자, 뜻을 같이하는 국가들이 지역단위에서 관세와 비관세장벽을 헐어버리고 경제운용의 시스템까지도 동조화하는 지역주의가 경쟁적으로 등장하고 있다. 이에 따라 현재 국제통상환경은 다자주의와 지역주의 두 가지 기조로 이루어진다고 할 수 있다. 다자주의 효과가 극대화되지 못하자 지역단위의 경제통합을 이루어 관세 및 비관세장벽 철폐로 인한 협력체제를 이루고 있는 것이다.

따라서 본 장에서는 경제통합의 의의 및 형태, 경제적 효과를 살펴본 후 현재 진행되고 있는 경제통합 현황을 유럽, 미주, 아시아 · 태평양의 3대지역으로 나누어 살펴본다.

2 경제통합의 의의

1. 경제통합의 정의

경제통합이 무엇인가에 대한 학자들의 다양한 정의가 제시되고 있지만 아직까지 통일된 견해는 없다고 할 수 있다. 여기서 현재 세계 각지에서 진행되고 있는 경제통합의 형태를 감안하여 정의를 한다면, 지리적으로 인접한 2개 이상의 주권국가들이 자원의 효율적 배분을 이룩하기 위한 단일의 확대시장을 단계적으로 실현한다는 장기적 목표 아래 비회원국들에게는 제공되지 않는 경제적 특혜를 서로 제공하는 상태 또는 이를 실현하기 위한 과정이라고 할 수 있다.

그림 10-1 세계의 지역블록 현황

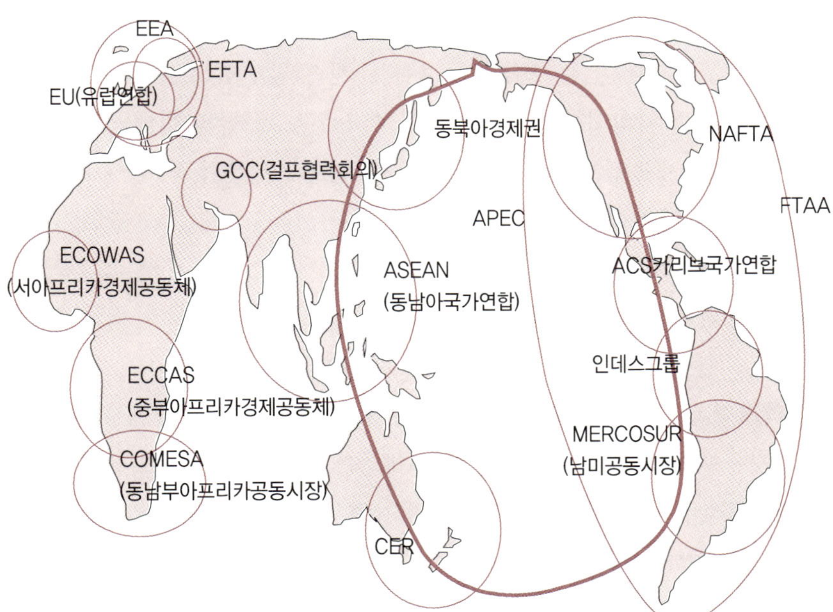

이러한 정의에 따라 경제통합의 몇 가지 공통점을 정리할 수 있다.

첫째, 주권국가 간 정책적 합의라는 점에서 종교나 군사력 등에 의하여 강제적으로 다른 국가를 합병하는 행동은 설사 경제적 이해가 근본적인 동기라 할지라도 경제통합이 아니라는 점이다.

둘째, 확대된 단일시장을 형성하여 비회원국에게는 배타적인 효과를 가져옴으로써 단순한 경제협력의 차원을 넘어선다.

셋째, 경제통합은 예외없이 단계별로 추구하는 통합계획을 가지고 있으며, 궁극적으로는 일국경제와 같은 완전경제통합의 형태로 진행되기 때문에 정책수행 과정의 의미를 갖는다.

한편, 앞 장에서 설명한 바와 같이 GATT와 WTO는 경제통합이 무차별원칙과 어긋나는 점이 있음에도 경제통합에 관한 예외를 인정하고 있다. 이는 경제통합이 주로 강대국들의 논리에 의하여 이루어지고 있기 때문임을 부인할 수는 없다.

2. 경제통합의 형태 및 발전과정

경제통합은 고정되어 있는 상태라기보다는 계속 발전하는 동태적인 과정이다. 따라서 그 형태를 임의적으로 규정하기는 어려우나, 통합의 형태나 정도에 따라 자유무역지역, 관세동맹, 공동시장, 경제동맹, 완전경제통합 등 다섯 가지 형태로 구분하는 것이 일반적이다.

(1) 자유무역지역

자유무역지역(free trade area)이란 경제통합의 가장 초기적인 단계로서 회원국 상호간에는 모든 무역장벽을 철폐하여 역내에서는 모든 재화의 자유로운 이동이 가능한 한편, 역외국가에 대해서는 각국이 독자적인 무역정책을 취함으로써 경제주권을 최대한 인정하는 형태이다.

이에 따라 자유무역지역은 무역의 굴절현상(trade deflections)이 발생할 가능성이 높다는 단점이 있다. 즉, 비회원국의 재화가 회원국 중 가장 자유무역주의적인 국가를 통하여 역내로 유입될 가능성이 있다. 따라서 이를 저지하기 위한 제도적 장치로서 원산지규정을 사용하게 되지만 무역의 굴절현상을 완전히 막을 수는 없다.

이러한 자유무역지역은 과거 19세기 영국식 자유무역주의에서 유래되었다고 볼 수 있는데, 영국이 주도하여 1960년에 창설한 유럽자유무역지역(European Free Trade Area; EFTA), 라틴아메리카 자유무역연합(Latin American Free Trade Association; LAFTA), 북미자유무역협정(North America Free Trade Agreement; NAFTA) 등을 들 수 있다.

(2) 관세동맹

관세동맹(customs union)이란 회원국 간의 무역자유화는 물론 대외적으로 공동관세(common tariff)를 부과하여 무역의 굴절현상을 회피하는 형태의 경제통합이다. 일반적으로 경제통합은 관세동맹의 형태를 의미하며, 경제통합의 이론적 분석도 관세동맹에 의한 경제적 효과를 분석하는 것으로부터 출발한다.

관세동맹의 효시는 19세기 초 독일관세동맹(Zollverein)이며, 현대적 의미로서는 1944년 체결된 베네룩스 3개국 간의 관세동맹, 1958년 출범한 유럽경제공동체(European Economic Community; EEC)를 들 수 있다.

(3) 공동시장

공동시장(common market)은 관세동맹이 더욱 발전하여 역내에서는 재화뿐만 아니라 노동, 자본 등의 모든 생산요소의 자유로운 이동을 인정하고 역외국가들에 대해서는 공동의 무역정책을 수행하는 형태이다.

이러한 예는 1986년 발동된 단일유럽법(Single European Act)에 의해 추진되어 1992년 말 완성되었다고 평가되는 유럽공동체(European Community; EC)를 들 수 있다.

(4) 경제동맹 또는 통화동맹

경제동맹(economic union) 또는 통화동맹(monetary union)이란 공동시장의 형태가 더욱 발전하여 역내국가 간 재화 및 생산요소의 자유로운 이동뿐만 아니라 가맹국 간 산업 · 재정 · 통화정책 등 경제 전반에 걸쳐 공동정책을 실시하는 형태이다.

이는 1992년 마스트리히트(Maastricht)조약 체결 이후 1994년 출범한 유럽연합(European Union; EU)이 대표적인 예이다.

(5) 완전경제통합

완전경제통합(complete economic integration)이란 각국이 독립된 경제정책을 포기하고 초국가적인 기구를 설치하여 회원국들의 모든 경제 및 사회정책을 통합하여 실시하는 형태이다. 이는 사실상 각국의 국가주권이 포기된 정치통합을 의미한다.

이의 예는 물론 미합중국을 들 수 있으며, EU가 궁극적으로 지향하는 형태이기도 하다.

3 경제통합의 경제적 효과

1. 무역창출효과와 무역전환효과

경제통합의 특성은 무엇보다도 자유무역주의와 보호무역주의가 혼합되어 있다는 데 있다. 즉, 회원국 간 무역 등 각종 경제거래에서 장벽의 철폐는 자원배분의 효율성을 가져오지만, 다른 한편 비회원국에 대해서는 이와 같은 혜택이 유보되므로 그만큼 차별대우를 가져오는 것이기도 하다. 이를 이론적으로 잘 설명할 수 있는 것이 관세동맹의 경우 발생하는 무역창출효과(trade creation effect)와 무역전환효과(trade diversion effect)이다.

이를 설명하기 위해 간단한 예를 들어 보자. 〈표 10-1〉은 각국의 X재 한 단위당 생산비를 나타내고 있다. 현재 전 세계는 본국을 비롯하여 A국과 B국이 있다고 하자. 어떤 재화 X재의 한 단위당 생산비는 표에 나타난 바와 같이 자국이 제일 높고, 다음으로 A국, B국의 순이라고 하자. 현재 자국은 외국으로부터 수입되는 상품에

표 10-1 각국의 X재 한 단위당 생산비 (단위: 달러)

국가	본국	A국	B국
생산비	50	30	20

대하여 일률적으로 수입가격당 100%의 종가관세를 부과한다면 관세부과 후의 A국의 X재 가격은 60달러, B국의 X재 가격은 40달러가 된다. 따라서 본국은 관세부과 후, 상품가격이 가장 싼(본국과 A국보다도) B국의 상품을 수입하게 될 것이다. 이때 본국과 A국이 관세동맹을 체결한다고 하여 본국은 A국으로부터 수입되는 상품에 대해서는 관세를 폐지하고, B국으로부터 수입되는 상품에 대해서는 종전과 같은 100%의 관세를 부과한다고 하자. 결국 B국의 X재 수입가격이 30달러로 3국 중 가장 싸기 때문에 수입은 종전의 B국으로부터 A국으로 전환될 것이다. 이 경우 본국은 관세동맹 체결 이전보다 더 싸게 X재를 수입하게 되기 때문에 수입이 증대될 것이고, 국민후생이 증대될 것이다.

이와 같이 무역창출효과는 관세동맹 체결 후 상품가격이 종전보다 낮아진 상태로 상품을 수입함으로써 무역량이 증대하여 국민후생이 증대되는 효과이다. 반면에 무역전환효과는 관세동맹 이전에는 관세부과 후 상품가격이 가장 낮은 국가(B국)로부터 수입하였으나, 관세동맹을 체결한 후에는 상품가격이 상대적으로 더 높은 국가(A국)로 수입을 전환함으로써 역외국과의 교역량이 감소하고 국민후생이 감소하는 효과이다.

〈그림 10-2〉는 관세동맹의 무역창출효과와 무역전환효과를 그림으로 보여 주고 있다. S_X곡선과 D_X곡선은 각각 어떤 상품(X재)에 대한 국내생산자의 공급곡선과 국내소비자의 수요곡선을 나타내며, 수평선 AA'과 BB'은 각각 자유무역하에서 A국과 B국의 공급곡선을 나타낸다. 그림에서 양국의 공급곡선이 수평인 것은 본국이 소국이라는 것을, 그리고 AA'이 BB'보다 위에 위치한 것은 A국의 생산비가 B국의 그것보다 높음을 의미한다.

자유무역시에는 물론 본국은 B국으로부터 OB의 가격으로 X재를 수입할 것이다. 이제 본국이 X재 수입에 대해 t만큼 종량관세를 부과하면 B국의 공급곡선은 t만큼 상향이동해서 TT'이 되고, 국내가격은 OT가 된다. 따라서 본국 소비자의 수

그림 10-2 관세동맹의 무역창출효과와 무역전환효과

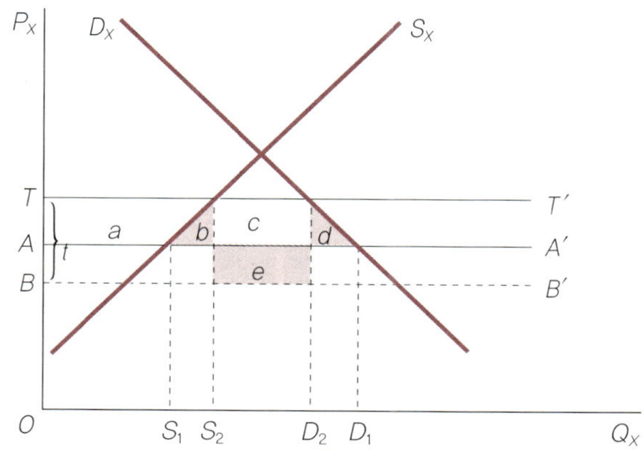

요는 D_1이 되고, 국내공급자의 공급은 S_1이 되어 수입은 S_1D_1이 된다. 이때 본국의 관세수입은 사각형 $c+e$의 면적이 될 것이다.

이제 본국과 *A*국이 관세동맹을 체결하면 본국은 *A*국에 대해 관세를 철폐하고 *B*국에 대해서는 계속 기존의 관세를 유지하므로 본국은 *X*재를 더 싸게 수입할 수 있는 *A*국으로 수입선을 전환하게 된다. 이에 따라 *X*재의 수입가격이 *OT*로부터 *OA*로 하락함에 따라 본국의 소비는 D_1에서 D_2로 증가하고, 국내공급자의 공급은 S_1으로부터 S_2로 감소하여 수입은 S_1D_1에서 S_2D_2로 증가한다. 이때 소비자잉여는 $a+b+c+d$만큼 증가하고, 생산자잉여는 *a*만큼 감소하고, 본국의 관세수입은 $c+e$만큼 감소하게 된다. 이에 따라 두 삼각형 $b+d$의 면적만큼 국민후생이 증대하는데 이를 관세동맹의 무역창출효과라고 하며, *e*만큼 관세수입이 순감소하게 되는데 이를 무역전환효과라고 한다. 따라서 관세동맹이 후생에 미치는 순효과는 이들 양자 간의 상대적 크기에 의해서 결정된다.

2. 규모의 경제효과

경제통합은 국제무역에서 각종 불확실성을 가져오는 관세 및 비관세장벽, 환율조정, 경쟁국의 수출보조정책 등의 변동요소를 제거함으로써 시장의 안정적 규모확대를 가져온다. 이와 같은 시장규모의 확대는 기업들로 하여금 경제통합 이전처럼 시장이 소규모일 경우에는 불가능하였던 대량생산을 가능하게 함으로써 단위당 평균생산비용을 낮추게 되는 이른바 규모의 경제(economies of scale)이익을 가져다 준다.

3. 자원이용의 효율성 제고

자유무역지대 또는 관세동맹을 체결하게 되어 역내의 상품교역이 자유화되면 통합 이전에 각국 내에서 시장을 지배하던 국내기업들의 독점력이 사라지고 경쟁자의 수가 늘어나 동종산업 간 경쟁이 심화된다. 이는 결국 기업의 생산성 향상 노력을 자극함으로써 결과적으로 역내의 제반 생산요소가 효율성이 높은 부문으로 재분배되는 분업의 고도화를 이룰 수 있게 된다.

한편, 경제통합이 공동시장의 단계에 이르게 되면 상품뿐만 아니라 노동, 자본 및 서비스 등 생산요소의 역내이동이 자유화됨으로써 역내 제반 생산요소가 생산성이 낮은 나라로부터 높은 나라로 이동하게 되어 역내 전체적으로 생산자원의 이용효율성이 더욱 높아지게 된다.

4 지역별 경제통합 현황

WTO 출범 이전인 1994년까지 GATT에 통보된 지역무역협정(regional trade agreement; RTA)은 124개였다. RTA는 〈그림 10-3〉에서 보는 바와 같이 1990년 이후 급속히 증가하고 있으며 WTO가 창설된 1995년 이후 WTO에 통보된 RTA의 수는 300여의 개에 이르고 있다. 이로써 2009년 말 현재 총 420여 개가 GATT와 WTO에 통보되어 있으며 이 중 230여 개가 실제 활동중에 있다.

그림 10-3 지역무역협정의 GATT와 WTO 통보현황

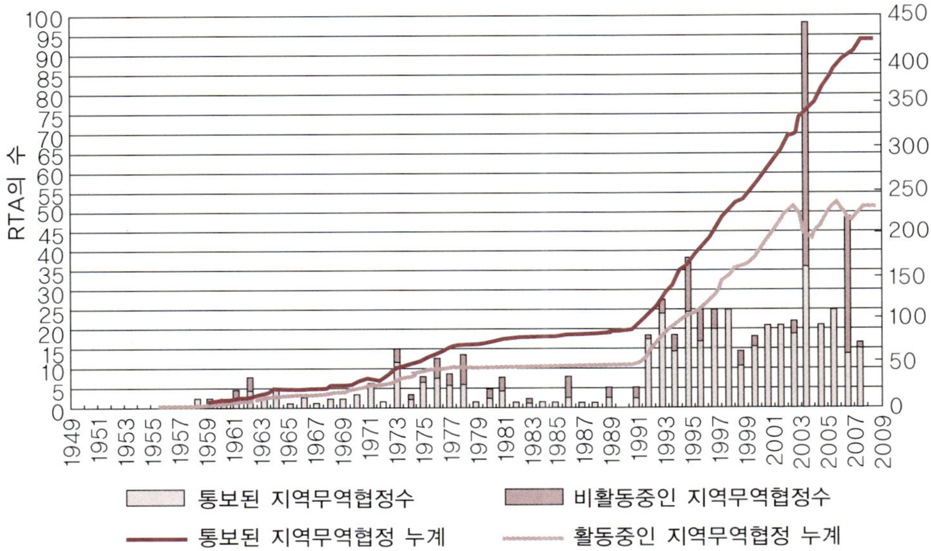

자료: WTO 사무국 홈페이지.

1. 유럽지역

(1) 경제통합의 태동

경제통합의 움직임은 유럽지역에서 가장 먼저 일어났는데, 1952년 프랑스, 서독, 이탈리아, 네덜란드, 벨기에, 룩셈부르크 등 6개국은 석탄 및 철강자원의 공동이용을 위해 유럽석탄철강공동체(European Coal and Steel Community; ECSC)를 결성함으로써 근대적 의미에서의 경제통합의 효시가 되었다. 그 후 1957년 ECSC 6개 회원국은 로마조약(Rome Treaty)을 체결하여 1958년 유럽경제공동체(EEC)와 유럽원자력공동체(European Nuclear Energy Community; ENEC)를 출범시켰다. 한편, 영국을 비롯한 7개 서유럽 국가들은 EEC에 대응하여 1960년 유럽자유무역연합(EFTA)을 발족하였다.

(2) EC 통합의 가속화

EEC는 1960년대 중 관세동맹을 통해 역내의 관세 및 수입수량규제를 철폐함으로써 재화의 이동은 어느 정도 자유화하였으나 서비스 및 생산요소의 이동은 여전히 규제되었다. 1970년대에는 두 차례의 석유파동에 따른 각국 경제사정의 악화로 유럽통화제도(European Monetary System; EMS) 창설 이외에는 별다른 경제통합의 성과를 거두지 못하였다. 1980년대에 들어 EEC의 경제가 장기침체를 겪게 되고 산업경쟁력 약화로 역내의 시장기반이 일본 및 아시아 신흥공업국들에 의해 잠식됨에 따라 EEC는 관세동맹에서 공동시장의 단계로 경제통합을 심화하는 노력을 하게 되었다.

즉, 1985년 3월 EEC 이사회는 1992년까지 공동시장을 창설하기로 합의한 데 이어 같은 해 6월 EEC 집행위원회는 이를 위한 구체적인 입법계획서인『역내시장통합백서』(*White Paper on Completing the Internal Market*)를 발표하였다. 이 백서는 역내국가 간 자유로운 생산요소의 이동을 저해하는 장벽을 물리적 장벽, 기술적 장벽, 행정적 장벽의 세 가지 유형으로 구분하고, 이를 제거하기 위한 방안으로서 총 300여 개의 구체적인 제안과 실행계획을 제시하였다. 이후 1987년 7월에는 EC 공동시장 창설계획을 제도적으로 뒷받침하기 위한 단일유럽법(Single European Act)이 발효되었는데, 여기서 1992년 말까지 공동시장 창설을 완료한다는 목표를 명문화하였다.

한편, 1986년 EEC는 ECSC 및 ENEC와 함께 EC를 형성하게 되었다. 또한 EEC는 창설 당시 6개 회원국으로 구성되었으나, 1973년에는 덴마크, 영국, 아일랜드, 1981년에는 그리스, 1986년에는 스페인과 포르투갈이 가입하여 회원국수는 총 12개국으로 확대되었다.

(3) EC경제권의 확대

EC와 EFTA는 출범 직후부터 지리적 · 문화적 동질성을 바탕으로 상호 교류를 확대해 왔다. 즉, 1973년 일부 공산품을 대상으로 자유무역협정을 체결한 데 이어 1984년에는 최초의 합동각료회의를 개최하여 상호간의 관세장벽과 수입쿼터 제한의 철폐, 제품규격의 표준화, 통관절차의 간소화 등을 추진함으로써 궁극적으로 유럽지역의 공동시장 창설을 지향한다는 내용의 룩셈부르크공동선언을 채택하였다. 그러나 이후 양측의 입장이 서로 대립되어 구체적인 진전을 보지 못하다가 1980년대 후반 이후 EC의 시장통합 움직임이 가속화되자 스웨덴, 오스트리아 등 일부 EFTA 회원국이 개별적으로 EC 가입을 모색하는 등 EFTA의 붕괴가능성이 대두되었고, 이에 따라 EFTA는 EC와의 통합교섭에 적극적이 되었다. EC의 입장에서도 역내결속 강화를 저해할 수 있는 회원국수의 증대를 억제하기 위해 별도의 경제공동체 창설이 유리하다는 판단하에 1991년 10월 개최된 합동각료회의는 양 시장을 통합하여 유럽경제지역(European Economic Area; EEA)을 창설하기로 합의하였다.

이 합의에 따르면, 그 동안 자유무역지대 수준에 머물러 있던 EC와 EFTA의 관계를 1994년 1월부터 재화(농산물 제외)는 물론 서비스, 인력 및 자본의 이동까지 자유화하는 공동시장의 단계로 발전시키기로 하였다. 또한 EEA의 의사결정기구로서 EEA 평위원회(Council of Ministers)를 설치하여 매 6개월마다 회의를 개최하도록 하였으며, EEA 내의 분쟁은 EC 사법기관인 유럽사법재판소(European Court of Justice)가 처리하도록 하였다.

(4) EU의 출범

EC는 시장통합에 따른 경제적 이익을 극대화하기 위해서는 통화단일화를 이루어야 한다는 공동인식하에 1980년대 후반부터 그간 EMS의 창설 이외에는 별로 진전이 없었던 통화통합노력을 가속화하였다. 구체적으로 1989년 경제 및 통화통합(Economic and Monetary Union; EMU)을 3단계에 걸쳐 추진한다는 내용의 들로르보고서가 발표되었는데, 이 보고서에 따르면 제1단계로 모든 역내통화를 환율조정기구(Exchange Rate Mechanism; ERM)에 가입시켜 환율안정을 도모하고, 제2단계에서는 유럽중앙은행제도(European System of Central Banks; ECSB)를 설립하며, 제3단계에서는 통화정책에 관한 모든 권한과 책임을 유럽중앙은행에 이양하고 단일통화를 창출할 것을 제안하였다. 이후 EC는 1990년 7월부터 제1단계를 출범시켰으며, 1991년 12월 마스트리히트 정상회담에서는 유럽동맹조약을 정식으로 체결하고 1994년 1월부터 발효시킴에 따라 EC는 유럽연합(EU)으로 새롭게 출범하게 되었다. 마스트리히트조약(Maastricht Treaty)은 경제 · 통화동맹(European Monetary Union; EMU)조약과 정치동맹(European Political Union; EPU)조약으로 구성되어 있다.

EMU조약은 역내자본이동 및 대외지급결제에 대한 모든 제한을 철폐한 후 1994년 1월부터 EMU 제2단계에 진입하고, 늦어도 1999년부터는 제3단계로 진입하도록 규정하였다. 이 조약은 또 제2단계에서는 회원국 중앙은행들로 구성되는 유럽통화기구(European Monetary Institute; EMI)를 설립하여 중앙은행 간 협력 및 통화정책 조정기능과 제3단계로의 이행을 위한 사전준비업무를 담당하도록 하였으며, 제3단계에서는 유럽중앙은행(European Central Bank; ECB)을 설립하고 유럽단일통화를 창출함으로써 통화통합을 완성하도록 규정하고 있다.[1)]

한편, EPU조약은 유럽동맹시민권제도를 도입하여 각 회원국의 국적을 보유한 모든 개인은 회원국 영토 내에서의 거주 · 이전의 자유와, 지방자치단체에서의 투표권 및 피선거권 보유 등 유럽동맹 시민으로서의 권리와 의무를 부담한다고 규정하고 있다. 또한 이 조약은 유럽의회에 집행위원회가 제안한 정책, 법률안 등에 대한 거부권과 집행위원의 선출에 대한 승인권을 부여하여 권한을 강화하였다. 아울러 외교 · 안보정책의 원칙 및 기본 방침은 이사회에서 결정하며, 공동정책 수행을 위한 세부사항은 각료이사회에서 결정하고, 서유럽동맹(Western European Union; WEU)을 주축으로 공동방위정책을 수행하도록 하였다.

아울러 EU는 1995년 11월 바르셀로나선언을 통해 북아프리카와 중동 등 지중해 연안지역의 12개국과 오는 2010년까지 자유무역지대를 형성하기로 합의하였으며, 12월에는 남미공동시장(MERCOSUR)과 자유무역협정을 체결하여 2000년까지 상호 경제협력관계 증진을 위한 지침을 마련하였다. EU는 또 북미자유무역지대(NAFTA)와 범대서양자유무역지대(TAFTA)의 설립을 검토하는 한편, 1996년 3월에는 '아시아-유럽정상회담'(ASEM)을 결성하는 등 비유럽지역을 대상으로 한 협력확대 작업에 적극 나서고 있다. 또한 한국을 포함한 개별 국가와의 자유무역지대 협상도 활발히 전개하고 있다.

한편, 1994년에 오스트리아, 스웨덴, 핀란드가 EU에 가입하여 총 15개 회원국[2)]으로 확대되었다. 또한 2004년 초에 폴란드, 헝가리, 리투아니아, 라트비아, 키프러

1) 회원국(12개국): 벨기에, 프랑스, 독일, 이탈리아, 룩셈부르크, 네덜란드, 아일랜드, 스페인, 포르투갈, 오스트리아, 핀란드, 그리스.
2) 회원국(15개국): 독일, 프랑스, 영국, 아일랜드, 벨기에, 네덜란드, 룩셈부르크, 덴마크, 스웨덴, 핀란드, 오스트리아, 이탈리아, 스페인, 포르투갈, 그리스.

스와 몰타 등 중 · 동유럽 10개국들이 가입하였고, 2007년 불가리아와 루마니아가 가입하여 총 27개국의 회원국이 되었다. 이로써 EU는 2008년 기준 총 5억 명이 넘은 인구와 전 세계 약 20%의 GDP를 갖고 있다. 27개 회원국 중 16개국(2009년 현재)은 단일통화인 유로(Euro)를 사용하고 있다.

아울러 2009년 12월 리스본조약(Lisbon Treaty)이 발효되어 유럽연합 대통령도 선출하게 되는 등 유럽합중국의 길로 나아가고 있다.

2. 미주지역

(1) NAFTA

미주에서는 1980년대 중반까지는 미국 등의 북미 국가들보다는 주로 EEC의 출범에 자극받은 중남미 국가들이 대미의존적 수출입구조에서 벗어나 시장을 다변화하기 위해 경제통합을 시도하였다. 그러나 오랫동안 GATT를 발판으로 세계경제를 주도하여 왔던 미국이 1970년대 후반부터 경기침체와 함께 만성적인 국제수지 적자와 재정적자로 허덕이게 됨에 따라 자국의 경제적 이익을 앞세운 지역주의 현상에 관심을 기울이게 되었다. 그리하여 미국은 1985년 이스라엘과 자유무역협정을 체결하였고, 1988년에는 캐나다와 자유무역협정을 체결하였다. 곧이어 1992년 12월 미국, 캐나다, 멕시코 등 3개국이 북미자유무역협정(North America Free Trade Agreement; NAFTA)을 조인하고 1994년 1월부터 발효시킴으로써 북미도 EU 등과 함께 세계의 지역주의 경향에 동참하는 형국이 되었다.

NAFTA는 인구와 경제규모면에서 EU를 능가하는 세계 최대의 경제블록이나, 단일통화체제의 실현과 정치적 통합까지 모색하는 EU와 달리 자유무역지대를 형성하는 것이어서 경제통합의 정도는 약한 편이다. 협정의 주요 내용을 살펴보면 역내국가 간의 무역장벽 철폐[3]와 원활한 상품 및 서비스 이동, 공정한 경쟁조건의

3) 관세장벽 철폐에 대해서는 원산지규정에 의해 북미산 인정 제품에 대해 단계적 철폐를 시행하기로 합의하여, 대상 상품을 다섯 가지로 분류하여 단계적으로 관세철폐를 시도하고 5년 또는 10년 이내에 완전히 철폐하기로 합의하였다.
비관세장벽의 철폐는 GATT 제11조에 의하지 않은 쿼터, 수입허가제 등이 해당하였고, 사람 · 동물 · 건강 · 환경보호 등을 위한 예외적인 수입제한을 인정하기로 하였다.

배양, 투자기회의 확대, 지적재산권의 충분하고 효율적인 보호, 협정의 시행 · 운용 및 분쟁해결에 관한 절차 마련, 협정의 혜택을 확대 · 증진시키기 위한 협력체제 구축 등을 들 수 있다.

이와 같은 경제블록을 통해 미국, 캐나다, 멕시코는 각기 다른 형태의 이익을 얻을 수 있으리라 기대된다. 먼저 미국은 멕시코의 풍부한 자연자원과 풍부하고 저렴한 노동력을 이용함으로써 산업경쟁력을 제고할 수 있다. 반면에 멕시코는 자국이 비교우위를 가지고 있는 노동집약적 산업에 부과되는 미국의 무역장벽을 제거함으로써, 총교역의 76%를 차지하는 미국 시장에의 보다 자유롭고 안정적인 접근을 보장받는 한편, 미국으로부터의 자본 및 기술도입 촉진으로 경제발전을 가속화시킬 수 있다. 한편, 캐나다는 당초 멕시코와의 교역관계가 별로 긴밀하지 않은데다 멕시코와 경쟁관계에 있는 에너지 · 석유산업, 자동차산업 등이 위협을 받을 것이라는 우려 때문에 가장 소극적인 태도를 보였다. 그러나 미국과 멕시코 간의 자유무역지대가 형성될 경우 캐나다의 미국 내 시장이 멕시코 상품에 의해 잠식될 것을 우려하여 이 협정에의 참여를 결정하였다.

이와 같이 NAFTA는 비슷한 경제수준 간의 수평적 통합인 EU와는 달리 선 · 후진국 간의 수직적 통합으로 회원국 상호간의 보완적 이익을 기대하고 있다. 즉, NAFTA는 역내국 간의 무역량 확대뿐만 아니라 미국과 캐나다의 풍부한 기술, 자본, 자원이 멕시코의 저렴하고 풍부한 노동력과 효율적으로 결합되어 역내산업의 경쟁력이 강화되고 역내투자의 증대에 따른 고용증대가 이루어질 수 있으리라는 것이다. 반면에 부정적인 측면으로 미국과 캐나다의 경우 노동집약적 산업이 멕시코 이전에 따라 실업률이 증가할 수 있고, 멕시코는 선진국 기업의 진출에 의하여 생산성이 낮은 자국산업의 도산과 환경오염의 증대가능성을 들 수 있다. 한편, 멕시코와 경제상황이 유사한 우리나라의 입장에서는 미국 시장에서의 무역전환효과가 특히 많이 나타나고 있는 것으로 추정된다.

(2) FTAA

미주자유무역지대(Free Trade Area of the Americas; FTAA)는 쿠바를 제외한 미주 34개국이 모두 참가하여 미주 전역을 자유무역지대로 형성하고자 하는 구상이다.

앞에서 설명한 바와 같이 중남미 국가들은 유럽의 EEC 태동에 자극을 받아 일찍부터 경제통합을 시도해 왔다. 즉, 1961년 라틴아메리카 자유무역연합(Latin America Free Trade Association; LAFTA)을 결성하였고, 이어 1962년에는 중미공동시장(Central American Common Market; CACM), 1968년 카리브자유무역연합(Caribbean Free Trade Association; CARIFTA) 등을 결성하였다. 그런데 기존 경제협력체의 통합이 부진하자 불만을 가진 국가들이 1969년 안데스공동시장(Andean Common Market; ANCOM), 1985년에는 브라질, 아르헨티나, 우루과이, 파라과이가 남미공동시장(Mercado Common Del Sur; MERCOSUR)을 결성한 후, 1995년에는 관세동맹의 기능을 발효시켰다. 한편, 기존의 CARIFTA는 1973년 카리브공동시장(Caribbean Community and Common Market; CARICOM)으로, LAFTA는 1981년 라틴아메리카 통합연합(Latin America Integration Association; LAIA) 등으로 재편되었다가 1995년에 카리브해 연안 25개국과 15개 속령이 참여하는 카리브국가연합(ACS)이 공식 출범되었다.

한편, 1980년대 중반까지 지역블록에 반대 또는 유보적인 입장이었던 미국이 NAFTA를 성공리에 결성한 뒤, 1990년 6월 미주대륙 전체를 자유무역지대화하자는 범미주경제권(Enterprise for the Americas Initiative; EAI) 구상을 발표하면서 논의되기 시작하였다. 범미주경제권 구상은, ① 미국과 자유무역협정을 체결하고자 하는 중남미 국가들과 우선적으로 자유무역협정을 체결하고, ② 중남미 국가들의 외채문제 해결을 위해 미국 정부의 중남미에 대한 공공차관의 상당 부분을 경감시켜 주는 한편 상업차관도 탕감되도록 국제금융기관과 적극 협력하며, ③ 미주개발은행(Inter-American Development Bank)을 통한 자금지원으로 외국기업들의 대중남미 투자를 활성화시켜 중남미지역에 대한 경제개혁정책을 적극 지원한다는 내용으로 되어 있다.

이와 같은 구상에 따라 미국은 1994년 12월 쿠바를 제외한 미주 34개국 정상을 마이애미에 초청하여 미주정상회의 개최를 주도하였는데, 이 회의에서는 4개 분야에 걸친 원칙선언(Declaration of Principles)과 23개 항의 행동계획(Plan of Action)을 채택하였다. 특히, 원칙선언의 제2분야에 '경제통합 및 자유무역을 통한 번영추구' 원칙을 설정하고, 무역 및 투자장벽을 점진적으로 철폐한다는 목표 아래 미주자유무역지대(FTAA)의 창설작업에 즉각 착수하여 20세기 말까지 '실질적인 진전'을 달성한 뒤, 늦어도 2005년 1월 협상을 완료하여 2005년 12월 공식 출범하기로 합의하였다.

그러나 WTO의 DDA협상에서와 같이 선 · 후진국 간의 극명한 입장차이로 아직까지 전척이 없는 상태이다. 즉, 미국을 위시한 선진국들은 서비스무역의 확대와 지적재산권 보호 강화를 요구하는 반면, 브라질을 위시한 개발도상국들은 농업보조금 철폐와 농산물의 무역자유화를 요구하고 있다.

3. 아시아 · 태평양지역

(1) AFTA

아시아 · 태평양지역은 전통적으로 경제통합 움직임이 가장 미미한 지역이었다. 유일한 정부 차원의 협력기구로 동남아국가연합(ASEAN)이 1967년 설립되었으나 참여국이 싱가포르, 말레이시아, 인도네시아, 태국, 필리핀, 브루나이 등 6개국에 불과한데다 1970년대까지는 경제협력기구라기보다는 지역안보기구로서의 성격이 짙었다.[4] 그러나 최근 들어 이 지역 국가들의 주수출시장인 유럽과 북미지역에서의 경제블록화가 가속화되고, 동유럽 및 중남미지역이 ASEAN을 대체하는 새로운 투자지역으로 급부상하게 되자, 이에 대한 공동대응을 위해 역내경제통합에 대한 논의를 활발하게 전개하였다.

그 결과 1992년 1월 싱가포르에서 개최된 제4차 ASEAN 정상회담에서는 '싱가포르선언'(Singapore Declaration)의 채택과 「ASEAN의 경제협력 강화에 관한 기본협정」이 체결되었고, 각료회의에서 1993년 1월부터 ASEAN자유무역지대(ASEAN Free Trade Area; AFTA)를 창설하기로 하는 협정을 체결하였다. 이 협정은 공동유효특혜관세(Common Effective Preferential Tariff; CEPT)에 따라 현재 ASEAN 역내의 교역상품에 대한 평균 30%를 웃도는 각국의 수입관세를 향후 15년 이내에 5% 이하로 단계적으로 낮추는 한편, 비관세장벽의 철폐도 병행 추진하여 2008년부터는 자유무역지대의 창설을 완료하도록 규정하였다. 실제로, ASEAN 선발 6개국[5]은 2010년까지, 나

4) 브루나이는 1984년에 가입하였음.
5) 브루나이, 인도네시아, 말레이시아, 필리핀, 싱가포르, 태국을 의미한다.

머지 4개의 회원국들은 2015년까지 모든 역내관세를 완전 철폐하기로 하였다.

AFTA는 각 회원국이 자국의 사정에 맞도록 관세인하계획을 작성하도록 허용하고, 민감품목에 대해서는 폭넓은 예외를 인정하고 있기 때문에, 과연 실질적인 무역확대효과를 가져올지에 대해서는 회의적인 시각이 많다. 그러나 AFTA는 동아시아지역 최초의 공식적인 자유무역협정이라는 점에서 큰 의의를 가지며 동아시아지역, 더 나아가 아시아 · 태평양지역의 경제통합 움직임에도 상당한 영향을 미치고 있다. 아울러 ASEAN은 한국을 비롯하여 중국, 일본, 인도, 호주, 뉴질랜드의 자유무역협정을 이미 체결하였거나 협상중이다.

한편, 1995년에는 베트남이 가입하여 총 7개 회원국으로 확대되었으며, 1997년 라오스, 미얀마 가입, 1999년 캄보디아가 추가로 가입하여 2003년 현재 총 10개국이다.

(2) APEC

아 · 태경제협력체(Asia Pacific Economic Cooperation; APEC)는 아시아 · 태평양지역 국가 간의 경제협력 및 무역확대를 도모할 목적으로 1989년 호주의 호크 총리의 제창으로 우리나라를 비롯하여 미국, 호주, 뉴질랜드, 캐나다, 일본, ASEAN 6개국 등 총 12개국 간에 창설된 아 · 태지역을 연결하는 범정부 간 공식협력기구이다.

APEC은 2007년 기준으로 세계인구의 53%, 세계교역의 45%, 세계 GDP의 53%를 차지하는 세계 최대의 지역협력체이다. 그러나 APEC은 EU, NAFTA, ASEAN 등과는 달리 역외지역에 대해 배타적이지 않은 것을 특징으로 하여 창설 이후 꾸준히 회원국이 증가하였다. 1991년 11월 서울에서 개최된 제3차 각료회의중 중국, 대만, 홍콩이 가입하였고, 1993년 11월 미국 시애틀에서 개최된 제1차 지도자회의 및 제5차 각료회의중 멕시코와 파푸아뉴기니가 가입하였으며, 1994년 11월 제2차 지도자회의 및 제6차 각료회의중 칠레, 1998년 11월 제7차 각료회의중 러시아, 베트남, 페루가 가입함으로써 총 21개 회원국이 되었다.

APEC의 시초는 1967년 이 지역 민간기업인들이 참여하는 태평양경제협의회(Pacific Basin Economic Council; PBEC)이다. 이는 1980년에 정부, 학계, 민간기업인 등 3원적 협의기구인 태평양경제협력회의(Pacific Economic Cooperation Council; PECC)로 발전되었으며, 이것이 모태가 되어 1989년 APEC이 창설을 보게 된 것이다.

APEC의 결성은 EC의 통합가속화와 NAFTA의 출범에 따라 이에 대응하는 지역연합체의 필요성이 제기되었을 뿐만 아니라, 당시 우루과이라운드의 타결전망이 극히 불투명해짐에 따라 이에 대한 대응방안으로 이 지역 내 국가 간 상호 협의와 협력의 필요성이 대두되었기 때문이다.

APEC은 지역의 광활성, 인종, 문화 및 언어의 이질성, 경제적 수준의 차이 등과 이에 따른 각국 간 입장차이가 현저하여 창설 초기에는 단순한 정부 간 협의체(Forum)에 불과하였으며 전망도 그리 밝지 않았다. 그러나 1994년 11월 인도네시아 보고르에서 개최된 제2차 지도자회의 및 제6차 각료회의는 아 · 태경제협력의 진전에 중요한 전기를 마련하였다. 즉, 이 회의에서는 APEC 18개 회원국들이 참석하여 향후 역내의 무역 및 투자자유화의 진행방향에 있어서 매우 중요한 지침이 될 '보고르선언'을 채택하였다. 보고르선언은 역내 개발도상국에 대한 배려, 다자 간 교역질서 강화, 경제개발을 위한 협력, 역내무역 및 투자자유화 등의 네 부문으로 구성되어 있다. 이 중 핵심적인 내용은 역내무역 및 투자자유화라고 할 수 있는데, 선진공업국은 2010년까지, 우리나라를 포함한 개발도상국은 2020년까지 각각 무역자유화를 실현한다는 2단계 장기목표를 설정하였다.

1995년 11월 일본 오사카에서 개최된 제3차 지도자회의 및 제7차 각료회의에서는 오사카선언을 채택하고 보고르선언의 행동(action agenda)을 마련함으로써 그간의 비전과 목표를 현실로 만들기 위한 행동단계로 돌입하게 되었다. 회원국들은 행동지침에 따라 1996년에 필리핀 마닐라에서 개최될 제4차 지도자회의 및 제8차 각료회의까지 행동계획(action plan)을 제출하도록 하였다.

그러나 이후 APEC의 무역자유화 추진이 매우 미미하자 APEC의 무용론까지 대두되었다. 이러한 외부 비판에 대한 대응의 하나로 APEC은 2006년 베트남 하노이에서 개최된 제14차 지도자회의에서 아 · 태자유무역지대(Free Trade Area of the Asia-Pacific; FTAAP)의 출범을 장기과제로서 추진하기로 합의하였다. FTAAP가 결성된다면, 무엇보다 아 · 태지역에 만연되어 있는 각종 양자 또는 복수국 간 자유무역협정을 하나로 통합함으로써 이른바 국수그릇현상(noodle bowl syndrome)을 해소하고, 또한 세계 최대의 무역통합체로서 매우 큰 무역창출효과를 기대할 수 있을 것이다.

그러나 FTAAP가 단기적으로 현실화될 가능성은 높아 보이지 않는다. 아시아

그림 10-4 아 · 태지역의 다양한 지역통합 구상

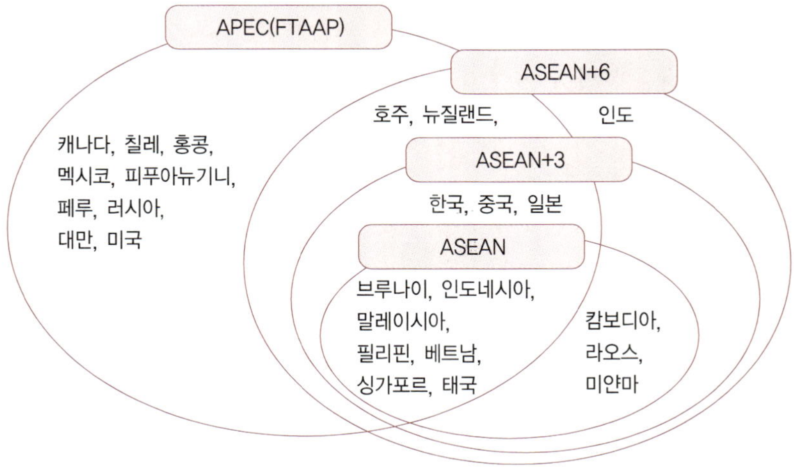

지역에서는 동아시아 국가들로만으로 구성된 ASEAN+3(한국, 중국, 일본) 또는 ASEAN+6(호주, 뉴질랜드, 인도 등 3국 추가)를 중심으로 한 자유무역협정 논의도 동시에 진행되고 있기 때문이다(〈그림 10-4〉 참조).

또한 APEC 회원국들은 경제체제와 발전 정도뿐만 아니라 정치 · 문화적으로도 매우 다양하기 때문에, FTAAP협상 개시에 대한 합의도 어려울 뿐만 아니라 협상이 시작되더라도 모든 회원국들이 단일안에 합의하기가 어려울 것으로 전망된다. 이러한 이유 때문에 APEC은 현재 FTAAP를 단순히 장기적 비전(long-term prospect)으로만 발표하고 있는 상황이다.

따라서 전면적인 FTAAP에 대한 합의보다는 APEC의 회원국 일부(싱가포르, 뉴질랜드, 칠레, 브루나이)로 구성된 TPP(Trans-Pacific Partnership)무역협정이 점진적으로 회원국을 확대해 나가는 형태로 FTAAP가 부분적으로 현실화될 가능성이 높다. 현재 미국을 비롯하여 호주, 베트남, 페루가 조만간 가입협상을 진행할 예정이며, 캐나다, 멕시코 등도 가입의사를 밝히고 있다.

4. 한국의 경제통합

한국은 국제무역에 있어서 GATT와 WTO 중심의 다자무역체제에 입각한 무역규범에 의존해 왔다. 한국의 경제발전은 대외교역을 통해 성장을 이룬 전형적인 성공사례로 인용되고 있는데, 이런 의미에서 한국은 GATT와 WTO의 자무역체제의 가장 큰 수혜국이라고 할 수 있다.

그런데 앞에서 살펴본 바와 같이 최근 지역주의가 가속화되고 있는 상황이다. 이러한 지역주의의 경향은 과거 GATT체제보다 현재의 WTO체제에서 오히려 급속도로 확산되는 경향을 보이고 있다. 더욱이 현재 진행중인 DDA협상이 의미 있는 합의 도출에 난항을 겪고 있어 많은 국가들이 양자 간 지역협정에 의존하는 경향이 더욱 높아졌다.

이에 따라 한국은 2000년대 들어서면서 세계 주요국과 자유무역협정(FTA) 체결을 적극 추진하고 있다. 이를 통해 FTA 역외국으로서의 피해를 최소화할 뿐만 아니라 동아시아 FTA 허브로서의 역할을 기대하고 있다. 2002년 칠레와의 FTA 타결을 시작으로 2009년 말 현재 싱가포르, EFTA, ASEAN, 인도 등 15개국과의 FTA가 발효되었고, 2007년 6월에는 미국과 FTA에 각각 서명하여 양국 의회의 비준을 기다리고 있다. 또한 EU와의 FTA협상은 2009년 7월 종결하였으며, 2010년 2월 현재 캐나다, 멕시코, GCC, 호주, 뉴질랜드, 페루 등 11개국과 FTA협상을 진행중에 있다.

Chapter 11 외환시장

1 외환시장의 의의

1. 외환시장의 특징

(1) 범세계적 시장

외환시장은 각국의 자본 및 외환거래에 대한 규제가 완화되고, 전자통신기술이 급속히 발전하고, 국제적인 결제시스템이 갖추어짐에 따라 전 세계를 대상으로 하는 범세계적 시장(global markt)으로서의 성격을 갖게 되었다.

외환시장은 세계에서 규모가 가장 큰 시장으로서 은행 간 장외거래가 주종을 이루고 있어, 그 규모를 정확히 알 수는 없지만 국제결제은행에 의하면 2007년 4월 현재, 1일평균 거래규모가 3조 2,100억 달러에 달하고 있는 것으로 추정되고 있다.

(2) 24시간 시장(24 hours market)

세계의 주요 외환시장으로서는 런던 외환시장, 뉴욕 외환시장, 도쿄 외환시장, 싱가포르 외환시장, 프랑크푸르트 외환시장, 취리히 외환시장, 홍콩 외환시장 등을 들 수 있다. 그런데 이들 외환시장의 거래시간이 지역 간 시차로 인해 부분적으로 중복 · 연결되면서 세계 전체적으로 볼 때 24시간 동안 거래가 이루어지고 있다. 이 중 뉴욕 외환시장의 개장시간대가 유럽의 주요 외환시장의 영업시간대와 중복되어 동 시간대에 외환거래가 가장 활발하게 이루어지고 있다.

(3) 장외시장

외환거래는 대부분이 장외시장(over-the-counter-market)에서 이루어진다. 장외거래란 특정 장소에서 이루어지는 거래소 거래와는 달리 각자의 외환거래실에서 전화, 컴퓨터단말기를 통하여 매수자와 매도자 간에 거래가 이루어지는 형태이다.

(4) 제로섬 게임시장

외환시장에서의 매매자들의 거래는 제로섬 게임시장(zero sum game market)의 성격을 가진다. 시장참가자들이 외환거래를 함으로써 환차익을 얻는 자도 있고, 환손실을 입는 자도 있겠으나 환차익의 합계는 환차손의 합계와 일치한다.

2. 외환시장의 기능

(1) 구매력 이전기능

외환을 매입함은 자국에서 구매력을 갖고 있는 자국통화를 대가로 외국에서 구매력을 가지고 있는 외국통화를 구입하는 것이고, 외환을 매각함은 외국에서 구매력을 갖고 있는 외국통화를 대가로 자국에서 구매력을 갖고 있는 자국통화를 매각한다는 것이다. 따라서 외환의 매매를 통해 표시통화가 서로 다른 국가 간의 구매력이 상호 이전되며, 이로써 국가 간의 교역과 투자가 원활히 이루어진다.

(2) 신용공여기능

수출업자가 상품수출을 하고 이에 대한 대금결제가 이루어지기까지는 일정기간이 소요된다. 그러나 수출업자는 상품수출을 함과 동시에 환어음을 발행하여 외국환은행으로부터 수출대금을 즉각적으로 받으며, 외국환은행은 환어음이 만기가 되었을 때 수입업자로부터 동 대금을 회수한다. 이러한 과정에서 외국환은행으로부터 수출입업자에게 신용공여가 이루어진다.

(3) 환위험회피기능

외환시장은 선물환, 통화선물, 통화옵션 등과 같은 다양한 금융수단을 제공하여 줌으로써 외환시장 참가자들이 외환시세의 변동과정에서 발생할 수 있는 환위험을 회피할 수 있도록 하고 있다.

3. 외환시장의 참가자

(1) 고객

외환시장의 고객에는 외환을 사거나 파는 수출입업자, 국제적으로 자금을 운용 · 관리하는 국제증권투자자, 외화자산의 포지션 관리를 위해 외환시장에 적극 참여하는 다국적기업, 그리고 환위험을 부담하는 환투기자 등이 있다. 최근 들어 수출입업자보다는 외환시장 참가자로서 주목받고 있는 고객은 증권회사, 보험회사, 그리고 투자신탁회사와 같은 비은행금융기관이다.

(2) 외국환은행

외국환은행은 세계적인 네트워크를 가지고 외환시장에서 가장 중추적인 역할을 담당하고 있다. 외국환은행은 수동적인 입장에서 고객이 매입하고자 할 때 팔고, 고객이 팔고자 할 때 매입하여 줌으로써 국제적인 자금의 결제나 이동의 중재자가 된다. 따라서 외국환은행은 운영자금의 형태로 외국에 있는 은행에 외화예금 잔고를 갖는데, 고객이 사고자 하면 외화예금 잔고에서 인출하여 팔고, 고객이 팔고자 하면 매입함으로써 외화예금 잔고가 증가한다.

외국환은행은 외환거래 결과, 일반적으로 매입액과 매도액이 일치하지 않아 외환포지션[1)]이 발생함으로써 환율이 변할 때 환위험을 부담하게 되는데, 외국환은행들은 환위험을 회피하기 위하여 외환이 부족한 은행들과 여유 있는 은행들 간에 상호 매매를 통하여 그들의 외환포지션을 조정한다.[2)]

1) 외환포지션이란 어느 한 시점에서 기업이나 외국환은행이 갖고 있는 외화자산과 외화부채의 차이를 말한다.
2) 외국환은행 간 거래는 외국환은행들끼리 직접거래를 통하여 하기도 하고, 브로커를 통하여 하기도 한다.

(3) 환브로커

환브로커는 외국환은행 간 외환거래를 중개하는 업자로서 매매당사자로부터 중개수수료를 받고 외환거래를 중개한다. 이들은 외환을 보유하거나 매매할 수 없는 단순중개전문업자로서 매매자들 간의 외환거래가 성사되도록 중개한다. 따라서 이들은 독자적으로 외환포지션을 갖고 있는 외국환은행과 달리 환위험에 직면하지 않는다.

외국환은행들은 그들이 직접 외환시장에서 얻을 수 있는 정보가 한정되어 있어 최상의 가격조건으로 거래하기가 쉽지 않다. 따라서 대부분의 경우 보다 뛰어난 정보 및 서비스를 제공하는 브로커를 경유해 거래한다.[3)]

(4) 외환당국

외환당국은 정부의 외환거래를 대행하거나, 외국중앙은행 및 국제금융기관들과 외환거래를 하나 무엇보다도 외환시장에 개입하기 위하여 외환시장에 참여한다. 외환당국이 외환시장에 개입할 때는 필요에 따라서 외국환은행을 통하여 개입하기도 하고, 때로는 외환브로커를 통하여 개입하기도 한다.

4. 외환거래형태

(1) 현물환

현물환(spot exchange)은 모든 외환거래의 기본이 되는 거래로서 외환의 매매계약과 동시에 외환의 수도와 대금결제가 이루어지는 외환거래를 말한다. 그러나 현실적으로 지역 간의 시차가 있어 계약을 이행하고 서류작성 및 확인절차를 위한 시간이 필요하여 매매계약일자(contract date)와 대금결제일자(value date) 간의 시차가

3) 오늘날 외환시장의 브로커는 최첨단 통신시설을 갖추고 수백 개 은행들에게 국제적인 거래를 동시에 중개한다.

존재하는데, 통상적으로 대금결제가 '2영업일'(2 business days)[4] 이내에 이루어지는 경우를 현물환거래로 분류한다.[5] 따라서 현물환거래는 약정일로부터 몇 번째 영업일에 외환의 수도와 대금결제가 이루어지는가에 따라 거래당일에 결제되는 당일물(value today), 거래 다음 영업일에 결제되는 익일물(value tomorrow), 거래 후 둘째 영업일에 결제되는 익익일물(value spot)로 구분한다.

(2) 선물환

선물환(forward exchange)은 매매계약일로부터 일정 기간이 경과한 후 외환을 수도하고 결제하기로 한 외환거래로서 계약일로부터 3영업일 이후에 이루어진다. 예를 들어, 수입업자가 외국환은행으로부터 90일 만기의 선물파운드를 파운드당 1.96달러로 100파운드를 매입하였다 하자. 이 경우에 90일이 경과하면 그때의 환율 수준이 어떠하든간에 관계없이 196달러를 주고 100파운드를 인도받음으로써 환율의 변화로 인해 발생할 수 있는 환위험을 회피할 수 있다.[6]

선물환의 만기는 30일 배수인 30일, 60일, 90일, 180일물이 널리 이용되며, 30일 이내의 선물환계약이나 1년 이상의 장기적인 선물환계약도 거래당사자들 간의 합의에 따라서는 가능하다.

(3) 스왑거래

스왑거래(swap transaction)란 결제일을 달리하는 2개의 외환거래를 동일한 거래당사자들이 하나의 거래로 묶어서 체결하는 것이다. 스왑거래는 현물환거래와 현물환거래, 현물환거래와 선물환거래, 그리고 만기를 달리하는 선물환거래와 선물환거래를 동시적으로 행하여지는 거래로 나누어진다. 이 중 현물환거래와 선물환거래를 동시적으로 반대방향으로 매매하는 스왑거래가 일반적이다. 이러한 스왑

4) 이때 영업일이란 해당 통화국 모두 영업을 하는 날을 의미한다. 예를 들어, 외환시장에서 정상영업이 이루어지는 경우, 수요일에 매매계약이 이루어지면 결제일은 금요일에, 금요일에 매매계약이 이루어지면 다음 주 화요일에 대금결제와 외환의 인도가 이루어진다.

5) 이는 은행 간 현물환거래에 적용되는 것이며, 은행의 대고객거래에는 당일자에 외환의 수도와 대금결제가 이루어진다.

6) 선물환을 체결할 때 약간의 보증금을 제외하고는 아무런 대금을 지불하지 않는다.

거래는 이자차익거래를 하거나 여유외화자금을 단기적으로 운용하고자 할 때 활용된다.

2 외환시세에 대한 기초개념

1. 균형환율의 결정

두 나라 통화 간의 교환비율이라 할 수 있는 환율은 외환시장에서의 수급원리에 의하여 결정되는 외환의 매매가격이기도 하지만 일국통화의 대외가치를 나타내기도 한다. 한편, 환율은 환율제도의 형태에 따라 결정되는 메커니즘이 다르다. 이하에서는 가장 전형적인 환율제도의 형태로서 자유변동환율제와 고정환율제를 가상하고 각각의 환율제도하에서 균형환율이 어떻게 결정되는가를 설명하도록 한다.

(1) 자유변동환율제하에서의 균형환율의 결정[7)]

자유변동환율제(floating exchange rate system)하에서 균형환율은 외환에 대한 수요와 공급이 일치할 때 결정된다. 〈그림 11-1〉에서 보는 바와 같이 달러화에 대한 수요곡선은 환율이 오를수록 그 수요가 감소하고 가격이 내릴수록 그 수요가 증가하여 D와 같이 우하향하는 형태를 가진다. 한편, 달러화 공급곡선은 환율이 오를수록 공급이 증대하고 환율이 하락할수록 공급이 감소하여 S와 같이 우상향하는 형태를 갖는다. 따라서 균형환율은 달러화에 대한 수요와 공급이 일치하는 e_0가 된다. 왜냐하면, e_0보다 높은 환율수준에서는 달러의 초과공급이 발생함으로써 e_0로 하락할 것이며, e_0보다 낮은 환율수준에서는 외환에 대한 초과수요가 발생함으로

7) 분석을 단순화하기 위하여 전 세계는 한국과 미국만이 존재한다고 하자. 이때 환율은 미국달러 1단위와 교환되는 원화의 단위수를 나타낸다.

그림 11-1 **변동환율제하에서의 균형환율의 결정**

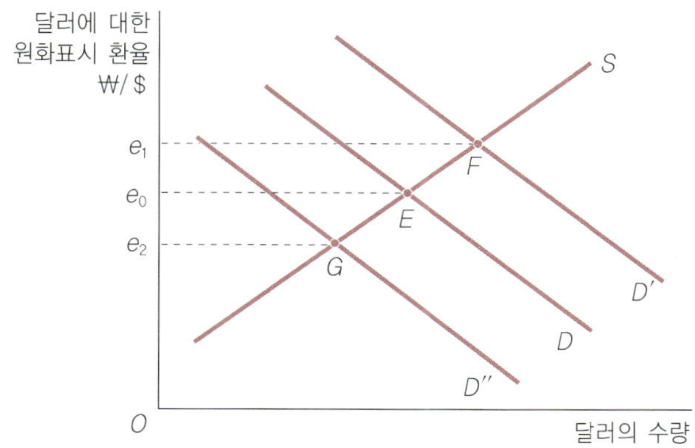

써 환율이 상승하여 궁극적으로 e_0로 오를 것이기 때문이다.

한편, 자유변동환율제하에서 수급원리에 의하여 환율이 결정되는 과정을 살펴보도록 하자. 〈그림 11-1〉에서 보는 바와 같이 미국 제품에 대한 우리나라의 수입이 증가하여 미국달러화에 대한 수요가 증가하였다 하자. 이로 인해 미국달러에 대한 수요곡선은 D'과 같이 우측으로 이동할 것이며, 원래의 균형환율수준하에서는 외환의 초과수요가 발생함으로써 새로운 균형점은 점 F에서 성립하여 환율은 오를 것이다.[8] 똑같은 논리로 외환의 수요곡선이 D''과 같이 좌측으로 이동하면 새로운 균형은 G에서 성립하여 환율은 하락한다.[9] 이러한 논의는 외환공급의 변화가 있는 경우에도 그대로 적용할 수 있는데, 외환의 공급곡선이 우측으로 이동하면 환율은 하락하고, 좌측으로 이동하면 상승할 것이다.

(2) 고정환율제하에서의 균형환율의 결정

고정환율제(fixed exchange rate system)는 외환당국이 외환시장에 개입해 환율수준을 일정하게 유지하려는 제도이다. 〈그림 11-2〉에서 보는 바와 같이 외환당국이

8) 이렇듯 환율이 인상되는 경우를 평가절하라 하며, 이는 자국통화의 대외가치가 하락함을 의미한다.
9) 이를 평가절상이라 하고, 이때 자국통화의 대외가치는 증대된다.

그림 11-2 고정환율제하에서의 균형환율의 결정

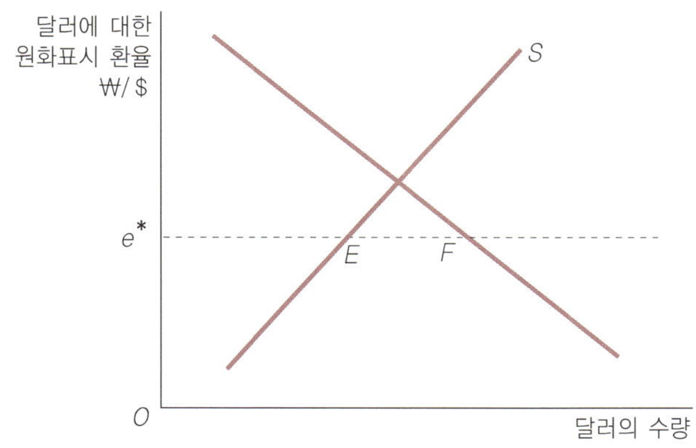

일정하게 유지하고자 하는 환율수준이 e^*라고 하자.[10)] 동 환율수준에서 외환에 대한 수요와 공급이 일치한다는 보장이 없으므로 환율은 항상 변화하고자 할 것이다.

가령 e^*에서 EF만큼의 초과수요가 발생하고 있다고 하자. 이때 환율은 오르고자 할 것이며, 외환당국은 환율을 일정 수준 유지하기 위하여 보유하고 있는 외환을 외환시장에 공급하고자 할 것이다. 이러한 논리는 외환의 초과공급이 발생하는 경우에도 마찬가지여서 외환당국이 외환시장에서 외환을 매입함으로써 환율을 일정하게 유지하고자 할 것이다.

그러나 현실세계에서는 많은 나라들이 고정환율제도와 변동환율제도를 절충한 환율제도를 사용하고 있다. 예를 들어, 기본적으로는 고정환율제를 유지하면서도 구조적인 문제가 발생할 경우 환율의 변화를 인정하는 조정가능환율제도 또는 기본적으로 변동환율제를 채택하되 필요에 따라 외환당국이 외환시장에 개입하는 관리변동환율제도 등을 도입하고 있는 경우가 많다.

10) 물론 실제의 고정환율제하에서는 환율수준이 어떠한 특정한 값으로 주어지는 것이 아니고 어떤 특정 환율수준을 중심으로 소폭이나마 환율이 변화할 수 있는 상한선과 하한선이 주어져 이 범위 내에서 수급원리에 의하여 자유롭게 결정된다. 그러나 환율이 이 범위를 벗어나려고 할 때에는 외환당국이 외환시장에 개입하여 환율을 안정시킬 것이다.

2. 환차익거래

환차익거래(exchange arbitrage)란 어느 시점에서 외환시세가 지역적으로 상이할 때 그 차익을 얻고자 하는 외환거래행위를 말한다. 즉, 각 외환시장에서의 환율이 상이할 때 저렴한 시장에서 외환을 매입하여 이를 비싼 시장에 매각함으로써 그 차액만큼 이익을 볼 것이다. 이러한 과정에서 환율이 낮은 시장에서는 환율이 오르고, 비싼 시장에서는 환율이 하락함으로써 모든 외환시장에서의 환율은 동일한 값을 갖게 된다. 예를 들어, 뉴욕 외환시장에서 £1=$1.99이고, 런던 외환시장에서 £1=$2.01이라 할 때 환차익거래자들은 뉴욕 외환시장에서 영국 파운드를 1.99달러에 매입하여 런던 외환시장에서 파운드당 2.01달러에 매각함으로써 파운드당 0.02달러의 이익을 본다.[11] 이 과정에서 뉴욕 외환시장에서는 파운드에 대한 수요가 증대하여 환율이 오르고, 런던 외환시장에서는 파운드 공급의 증대로 환율이 하락하여 이들 외환시장에서 같은 값인 파운드당 2.0달러가 된다.[12]

앞서는 2개의 통화에 걸쳐 이루어지는 2국 간 환차익거래(two-point arbitrage)에 대하여 설명하였는데, 3개국 통화 또는 그 이상의 통화 간에 걸쳐 이루어지는 환차익거래에 대하여도 똑같이 설명할 수 있다. 예를 들어, 뉴욕 외환시장에서는 $2=£1이고, 런던 외환시장에서는 £0.2=SFr1이고, 취리히 외환시장에서는 SFr2.5 =$1라 할 때, $2=£1= SFr5이어서 이 경우 환차익거래에 대한 유인이 존재하지 않는다. 그러나 뉴욕 외환시장에서 £1=$1.96라 할 때 환차익거래의 유인이 발생하는데, 뉴욕 외환시장에서 1.96달러를 주고 1파운드를 구입하고, 이를 이용하여 런던에서 5SFr을 구입하고, 다시 이를 가지고 프랑크푸르트 시장에서 2달러로 교환함으로써 0.04달러의 이익을 얻을 수 있다. 이렇듯 3국 통화에 걸친 환차익거래의 기회가 주어질 때도 환차익거래는 즉각적으로 발생할 것이며, 이로 인해 환차익거래를 통해 균형이 이루어짐으로써 이익의 기회는 궁극적으로 소멸될 것이다.

11) 물론 이때 거래비용은 무시한다.
12) 이러한 과정은 정보 · 통신수단에 의하여 큰 비용을 들이지 않고 수초 내에 이루어지기 때문에 현실세계에서는 환차익거래를 통하여 이익을 볼 수 있는 기회가 존재하지 않는다 하겠다.

그림 11-3 환차익 거래

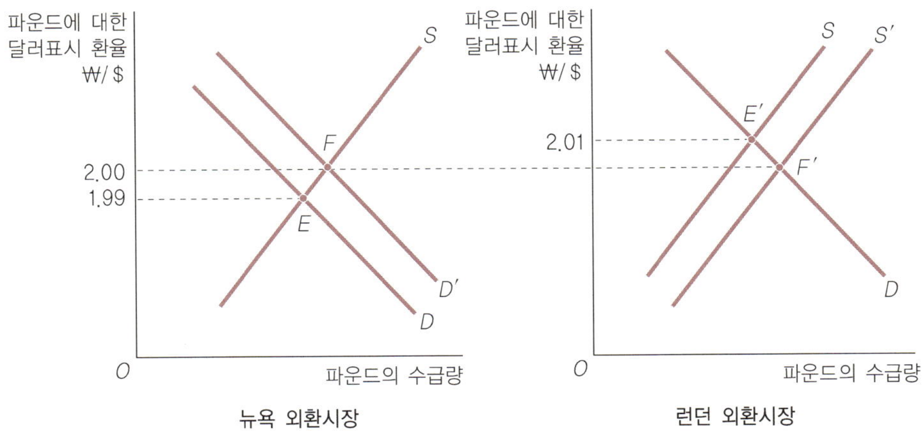

3. 환율의 표시방법

(1) 현물환율 표시방법

환율은 자국통화와 외국통화 간의 교환비율이므로 어느 통화를 기준으로 보느냐에 따라 환율표시방법이 달라질 수 있는데, 현물환율을 표기하는 방식에는 자국통화 표시방법(giving quotation)과 외국통화 표시방법(receiving quotation)의 두 가지가 있다. 자국통화 표시방법이란 외국통화 1단위와 교환되는 자국통화 단위수로 표기하는 방식이다. 이에 반해 외국통화 표시방법이란 자국통화 1단위와 교환되는 외국통화의 단위수로 표기하는 방식이다. 예를 들면, 우리나라 입장에서 달러화에 대한 환율을 자국통화 표시방식으로 표현하면 ₩1,000/$이 되며, 외국통화 표시방법으로 표현하면 $0.001/₩가 된다.

(2) 선물환율 표시방법

선물환율을 표시하는 방법은 일반적으로 현물환율과 선물환율이 서로 다르므로 현물환율을 기준으로 하여 그것보다 얼마나 높은가 또는 낮은가 하는 식으로 표기한다.[13] 이에는 현물환율과 선물환율의 차이의 절대값[14]을 표기하는 방법과 이 차이를 현물환율로 나누어 백분비로 표시하는 방법이 있다.

선물환율이 현물환율보다 높은 경우를 선물환할증(premium)이라 하고, 선물환율이 현물환율보다 낮은 경우를 선물환할인(discount)이라 한다. 그리고 선물환율과 현물환율이 같은 경우를 플래트(flat)라 한다.

4. 환율의 종류

(1) 은행 간 환율 및 대고객 환율

1) 은행 간 환율

이는 외국환은행 간에 이루어지는 외환거래에 적용되는 환율로서 거래규모가 커 도매가격으로서의 성격을 갖고 있다. 그리고 시장환율로서의 성격을 가지고 있어 하루 중에도 외환시장에서 수급상황에 따라 수시로 변화한다.[15]

2) 대고객 환율

외국환은행이 고객과의 외환매매과정에 적용되는 환율로, 소매가격으로서의 특성을 갖고 있다. 고객을 대상으로 하는 외환매매에는 은행의 수수료, 금리, 환위험의 보험료가 수반되는데, 외환의 형태에 따라 그 크기가 달라 대고객 시세에는 외환의 종류에 따라 여러 가지 시세가 존재한다.[16]

(2) 매입률, 매도율

매입률(bid rate)은 외국환은행 입장에서 외환을 살 때 적용되는 환율이며, 매도

13) 선물환율을 표기할 때 자국통화 표시방법으로 표기할 것인지 외국통화 표시방법으로 표기할 것인지는 현물환율 표기방법에 따른다.
14) 이를 스왑률이라 한다.
15) 외국환은행 간의 현물환거래는 모두 전신환에 의하여 행하여지므로 은행 간 환율에는 전신환율만이 존재한다.
16) 구체적으로는 현찰환율, 전신환환율, 여행자수표환율, 일람출급환율 등 여러 가지가 있다.

율(offer rate)은 외국환은행이 외환을 팔 때 적용되는 환율이다. 매도율은 매입률보다 크며, 매도율과 매입률의 차이를 스프레드(spread)라 한다. 이는 외국환은행의 입장에서 보면 매매수익이라 하겠지만 고객의 입장에서는 거래비용이라 할 수 있다.

£/$	매입률	매도율
	1.5121	1.5136

위와 같이 환율이 고시되었다 할 때, 이는 외국환은행이 파운드화를 1.5121달러를 주고 매입하고, 1.5136 달러를 받고 파운드를 팔겠다는 의미이다.

(3) 기준환율, 교차환율, 재정환율

1) 기준환율

기준환율(basic rate)이란 외환거래관계에서 차지하는 비중이 전통적으로 큰 특정국 통화와 자국통화 간의 교환비율을 의미한다. 현재 미국달러화가 기축통화로서의 역할을 수행하고 있기 때문에 미국달러화와 자국통화 간에 교환비율을 의미하며, 우리나라의 경우도 미국달러화에 대한 원화표시 환율을 기준환율로 정하여 직접 고시하고 있다.

2) 교차환율

교차환율(cross rate)이란 자국통화가 개입되지 않은 외국통화 간의 환율을 의미한다. 예를 들면, 달러에 대한 일본엔화표시 환율, 달러에 대한 유로화표시 환율 등을 의미하며 이를 근거로 엔화 또는 유로화에 대한 원화표시 환율을 간접적으로 구할 수 있다.

3) 재정환율

재정환율(aebitrage rate)이란 기준환율과 교차환율을 매개로 하여 얻어진 자국통화와 제3국 통화 간의 교환비율을 말한다. 예를 들어, 미국달러에 대한 원화표시 환율이 ₩1,000/＄이고, 미국달러에 대한 일본엔화표시 환율이 ￥100/＄이라 할 때, 일본엔화에 대한 원화표시 환율 ¥/$은 10이 된다.

우리나라의 경우 미국달러화에 대한 환율만 외환시장에서 직접 고시하고, 미국달러를 제외한 나머지 나라 통화와의 환율은 미국달러에 대한 기준환율과 미국달러와 제3국 통화 간의 교차환율을 재정하여 간접적으로 고시하고 있다.

(4) 실효환율, 실질환율

1) 실효환율

그 동안 앞서 언급된 환율은 어떤 특정국 통화와 자국통화 간의 2국 간 환율(bilateral exchange rate)이었다. 그러나 2국 간 환율로는 해당국 통화의 전반적인 대외가치의 변화를 정확하게 평가하기 어렵다. 예를 들어, 우리나라 원화가 미국달러화에 대하여 평가절상이 이루어지고 일본엔화에 대하여는 평가절하가 이루어지는 경우 대미환율을 통해 보면 원화의 대외가치가 상승하였다고 볼 수 있으나, 대일환율을 통해 보면 원화의 대외가치가 오히려 하락하였다고 볼 수 있다. 이렇듯 2국 간 환율을 가지고는 자국통화의 전반적인 대외가치를 정확하게 평가할 수 없는데, 이러한 문제점을 해결하기 위하여 제시된 개념이 '실효환율'(effective exchange rate)이다.

실효환율은 개념적 환율로서 '2국 간 환율의 가중평균값'(an average of bilateral exchange rates)으로 정의된다. 이때 일반적으로 많이 사용되는 가중치는 '2국 간 무역가중치'(bilateral trade-weighted index)이다.[17)]

실효환율에 대한 이해를 돕기 위하여 예를 들어 설명하여 보자. 그리고 설명을 단순화시키기 위하여 대상통화를 미국달러, 일본엔, 유로화로 국한하도록 하자. 기준시점에서 일본엔에 대한 원화표시 환율이 100엔당 1,000원, 미국달러화에 대한 원화표시 환율이 1,250원, 유로화에 대한 원화표시 환율이 1,500원이라 하자. 이들 통화에 대한 2국 간 환율이 각각 변화하여 비교시점에서 각각 1,200, 1,000, 1,350이 되었다 하자. 이 경우 우리나라 원화가 일본엔화에 대하여는 그 가치가 하락하였지만 미국달러화와 유로화에 대하여는 가치가 상승하여 이들 통화에 대한 2국

17) 무역가중치는 총무역액 중에서 해당 국가의 무역액이 차지하는 비중이다.

간 환율을 가지고는 우리나라 원화의 대외가치가 전반적으로 상승하였는지 하락하였는지를 정확히 파악할 수 없다. 따라서 우리나라 원화의 대외가치 변화를 알아보기 위해서는 실효환율의 개념이 필요하다. 이해를 돕기 위해 위에 제시된 구체적인 숫자를 가지고 실효환율을 계산하여 보도록 하자. 일본엔화의 경우 기준시점의 환율을 100으로 볼 때 비교시점에서의 환율은 120이며, 미국달러화의 경우는 그 값이 80, 유로화의 경우는 90이 된다. 이때 무역가중치가 미국달러와 일본엔의 경우 각각 40%, 유로화가 20%라 할 때, 실효환율은 120×0.4+80×0.4+90×0.2=98이 된다. 이는 기준시점에 비하여 비교시점에서의 실효환율이 2% 하락하여 우리나라 원화의 대외가치가 평균적으로 2% 상승하였음을 의미한다.[18)]

2) 실질환율

그 동안 앞서 언급된 환율의 개념은 '명목환율'(nominal exchange rate)이었다. 일반적으로 명목환율이 오르면 수출품의 외화표시 가격이 인하되고 수입품의 국내통화표시 가격이 인상됨으로써 자국상품의 국제경쟁력이 증대된다고 한다. 그러나 이러한 주장은 국내 및 해외물가가 변하지 않는 경우에만 타당하다. 만약 명목환율이 10% 인상되었을 때 국내물가가 10% 이상 오르거나 해외물가가 10% 이상 하락하면 명목환율이 오름에도 불구하고 자국상품의 가격경쟁력은 오히려 악화된다. 이와 같이 명목환율은 국내 및 해외물가의 변화에 따르는 양국 간의 국제경쟁력 변화를 반영하지 못하는 약점을 가지고 있어 자국 및 해외물가의 변화를 반영하여 자국상품의 국제경쟁력을 정확히 평가할 수 있는 실질환율(real exchange rate)의 개념이 필요하다.

실질환율은 '물가로 조정된 명목환율'(price-adjusted nominal exchange rate)이라 정의되며, $q=e \cdot p^*/p$로 표시된다. 이때 q는 실질환율, e는 명목환율, p^*는 외국물가, p는 자국물가를 나타낸다. $e \cdot p^*$는 자국통화로 환산된 외국상품묶음(a bundle of foreign commodities)의 가격이고, p는 일반물가로서 자국상품묶음의 가격이므로,[19)] 실질환율은 자국통화로 환산된 외국상품묶음 가격과 자국상품묶음 가격의 비율을 나타낸다. 따라서 실질환율이 상승하면 외국상품묶음의 자국통화표시 가

18) 실효환율이 100 이상이면 자국통화가 평가절하되고, 100 미만이면 평가절상됨을 의미한다.
19) 이때 자국상품묶음이나 외국상품묶음은 동일한 것으로 간주한다.

격(ep^*)이 자국상품묶음의 가격(p)보다 상대적으로 비싸짐으로써 자국상품의 국제경쟁력은 증대되며, 실질환율이 하락하면 외국상품묶음의 자국통화표시 가격이 자국상품묶음의 가격보다 저렴해지므로 자국상품의 국제경쟁력은 하락한다. 다시 정리해 보면, 다른 조건이 일정하다 할 때 명목환율 및 외국의 물가가 오르거나 자국의 물가가 떨어져 실질환율이 오르면 자국상품의 국제경쟁력은 증대되고, 명목환율 및 외국의 물가가 떨어지거나 자국의 물가가 올라 실질환율이 떨어지면 자국상품의 국제경쟁력은 하락한다.

(5) 구매력평가이론

1) 절대적 구매력평가설

어느 한 시점에 있어서 환율수준은 양국 통화의 구매력 비율인 구매력평가에 의하여 결정된다. 각국 통화의 구매력은 일반물가의 역수로 나타내어지므로, 한 시점에서 환율의 크기는 자국통화의 구매력과 외국통화의 구매력의 비율에 의하여 결정되며, 그 구체적인 값은 식 (11-1)과 같다.

$$E = \frac{P}{P^*} \tag{11-1}$$

여기서, P: 자국의 일반물가

P^*: 외국의 일반물가

이러한 절대적 구매력평가설(the absolute version of PPP)이 성립하기 위하여는 다음과 같은 가정이 충족되어야 한다. ① 수송비가 존재하지 않아야 한다. ② 관세 및 비관세장벽과 같은 무역에 대한 인위적인 장벽이 없어야 한다. ③ 양국의 교역품이 동질적이어야 한다. ④ 일반물가를 구성하는 개별 상품의 가중치가 양국에서 같아야 한다.

2) 상대적 구매력평가설

이는 서로 다른 시점 간에 있어서 환율의 변화가 양국의 물가상승률 차이에 의한 구매력의 변화에 의하여 이루어진다고 본다. 비록 절대적 구매력평가설이 성립하지 않더라도 양국 경제에 어떠한 구조적 변화가 없는 한,[20] 환율의 변화는 대체적으로 양국의 일반물가의 변화율 차이에 비례한다고 본다. 한편, 상대적 구매력 평가설(the relative version of PPP)은 아래에서와 같이 두 가지 형태로 표현될 수 있다.

$$E_1 = \frac{E_0 \cdot P}{P^*} \tag{11-2}$$

$$\dot{E} = \dot{P} - \dot{P}^* \tag{11-3}$$

이때 E_0는 기준시점에서의 환율수준을, E_1은 비교시점에서의 환율수준을 나타내며, P는 기준시점에서의 물가를 100으로 보았을 때 비교시점에서의 자국물가지수를 나타내며, P^*는 기준시점에서의 물가를 100으로 보았을 때 비교시점에서의 외국물가지수를 나타낸다.

식 (11-2)가 의미하는 바는 비교시점에서의 환율수준은 기준시점에서의 환율수준에 양국 물가의 변화율을 곱해 준 것과 같다는 것이며, 식 (11-3)은 식 (11-2)를 로그형태로 변환한 다음 시간 t에 대해 미분하여 얻어진 식으로서 환율의 변화율이 양국의 물가변화율의 차이와 일치한다는 것이다. 예를 들면, 어느 기간 동안 자국의 물가상승률이 10%이고, 외국의 물가상승률이 5%이면 환율은 동 기간 동안 5% 인상되어야 한다는 것이다.[21]

5. 외환포지션과 환위험

환위험(exchange risk)이란 "환율이 변화함으로써 발생하는 미래에 예상되는 현금흐름의 불확실성의 정도 또는 손익의 분산 정도"라 하겠다. 변동환율제하에서는 외환의 수요와 공급을 규정짓는 요인들 –국민소득, 물가, 통화량, 예상, 기호 등– 이 변함에 따라 환율은 수시로 변화하며, 이러한 과정에서 환위험이 발생하게 된다. 예를 들어, 한국의 수출업자가 3개월 후에 100만 달러를 받을 예정이라고 하

20) 수송비라든가 무역에 대한 규제, 교역재와 비교역재에 대한 비율 등이 분석기간 동안 변하지 않는다고 본다.
21) 이와 같이 양국의 물가상승률 차이만큼 명목환율이 변하는 경우 실질환율은 변하지 않는다.

표 11-1 외환포지션과 환위험

환율수준	(1) 스퀘어포지션		(2) 매입초과포지션		(3) 매도초과포지션	
	외화자산	외화부채	외화자산	외화부채	외화자산	외화부채
	$100	$100	$100	$50	$50	$100
₩ 1,200/$	120,000	120,000	120,000	60,000	60,000	120,000
₩ 1,100/$	110,000 (−10,000)	110,000 (−10,000)	110,000 (−10,000)	55,000 (−5,000)	55,000 (−5,000)	110,000 (−10,000)
₩ 1,300/$	130,000 (+10,000)	130,000 (+10,000)	130,000 (+10,000)	65,000 (+5,000)	65,000 (+5,000)	130,000 (+10,000)

주: ( ) 내의 +값은 환차익을, -값은 환차손을 나타낸다.

자. 현재의 미국달러에 대한 원화표시 환율이 1,250원이라 할 때 3개월 후에 대미환율이 1,200원으로 하락하면 수출업자는 5,000만 원의 환차손을 보게 될 것이며, 환율이 1,300원으로 인상되면 5,000만 원만큼의 환차익을 얻을 것이다. 이렇듯 환위험이란 미래시점에서 환율이 변함으로써 발생하는 현금흐름의 불확실성 정도를 의미한다 하겠다.[22)]

외환포지션(exchange position)이란 일정 시점에 은행 및 기업이 보유하고 있는 외화자산과 외화부채의 차액을 말한다. 외환포지션은 그 형태에 따라 스퀘어포지션(square position)과 오픈포지션(open position)으로 나누어 볼 수 있으며, 오픈포지션은 다시 매입초과포지션(overbought position, long position)과 매도초과포지션(oversold position, short position)으로 나눌 수 있다.[23)] 외환포지션은 앞서 언급된 환위험과 밀접한 관련을 가짐으로써 환위험을 회피하기 위한 외화자금 조절의 기초자료가 될 뿐만 아니라 외환매매이익의 산출에 중요한 근거자료가 된다.

이러한 환포지션과 환위험의 관계를 보다 구체적으로 이해하기 위하여 〈표 11-1〉과 같은 예를 들어 설명하도록 하자. 첫 번째 예는 외환포지션이 스퀘어포지션인 경우로서 환율이 달러당 1,200원에서 1,300원으로 오르든지, 1,100원으로 내리든지에 관계없이 환율의 변화로 인해 발생하는 환차익과 환차손이 10,000원으로 그 크기가 같아 환위험에 중립적이다. 두 번째의 예는 외화자산이 외화부채보다

22) 통계학적으로는 미래의 현금흐름의 평균적인 값을 중심으로 하는 분산의 크기를 의미한다.
23) 환거래의 종류에 따라 외환포지션을 현물환포지션, 선물환포지션, 종합포지션으로 구분할 수도 있다.

큰 매입초과포지션 상태인 경우로서 환율이 달러당 1,300원으로 오르면 5,000원의 환차익을 보는 반면, 환율이 달러당 1,100원으로 하락하면 5,000원의 환차손을 본다. 세 번째의 예는 매도초과 상태에 있는 경우로서 환율이 달러당 1,300원으로 오르면 5,000원의 환차손을 보고 달러당 1,100원으로 하락하면 5,000원의 환차익을 본다.

위의 예를 통해서 알 수 있는 바와 같이, 스퀘어포지션의 경우를 제외하고는 오픈포지션인 경우 환율의 변화로 인하여 현금흐름이 변화하는 환위험에 직면하고 있음을 쉽게 확인할 수 있다. 따라서 환위험을 회피하기 위해서는 외환포지션을 스퀘어포지션 상태로 만들어야 한다.

3 선물환이론

1. 헤징

헤징(hedging)이란 환율의 변화로부터 발생하는 환위험을 회피하기 위하여 이루어지는 외환거래이다. 외환포지션이 오픈포지션 상태에 있어 환위험에 직면하면 반대거래를 하여 스퀘어포지션을 취함으로써 환위험을 회피할 수 있는데, 이를 헤징이라 한다. 헤징은 여러 가지 수단을 통해 이루어질 수 있는데, 이하에서는 선물환을 통해 헤징하는 경우를 살펴보기로 하자.

대외거래로 인해 미래 어느 시점에서 외환을 지급하거나 수취하는 경우, 환율변화로 인해 국내통화로 평가된 지급액이나 수취액이 변화하게 된다. 이러한 불확실한 현금흐름에 기인하는 환위험은 선물환을 통하여 회피할 수 있는데, 외환의 수취가 예상되는 경우에는 선물환을 매도하고, 외환의 지급이 예상되는 경우에는 선물환을 매입한다. 이에 대한 이해를 돕기 위해 다음과 같은 구체적인 예를 들어 보도록 하자. 현시점에서 상품수입을 하고 3개월 후에 100만 달러를 지불하여야 하는 수입업자가 있다 하자. 현물환율이 달러당 1,250원이라 할 때, 현시점에서 100만 달러의 원화표시 지불액은 12억 원이나 만약 3개월 후에 현물환율이 1,300원으로 오르면 원화표시 지불액은 13억 원이 되어 5,000만 원만큼의 추가적인 부담이 발생한다. 따라서 수입업자 입장에서는 환율이 인상됨에 따라 발생할 수 있는 추가적인 부담을 회피하기 위하여 현시점에서 확정된 선물환시세인 달러당 1,240원을 주고 100만 달러의 선물환을 매입하여 3개월 후의 환율이 어떻게 되는가에 관계없이 현시점에서 수입결제대금을 12억 4,000만 원으로 확정하여 환율의 변화로부터 초래될 수 있는 환위험을 회피할 수 있다.[24)]

한편, 미래에 외환의 수취가 예상되는 수출업자의 경우에도 현시점에서 확정된 시세로 선물환을 매도하여 환율의 변화에 관계없이 자국통화표시 수출액을 확정시켜 환율이 하락함으로써 발생할 수 있는 환차손을 회피하고자 할 것이다.

2. 커버된 이자차익거래

'커버된 이자차익거래'(covered interest arbitrage)란 자국의 금융시장에서 자금을 운용할 때 얻어지는 수익률과 외국의 금융시장에서 자금을 운용할 때 얻어지는 수익률의 차이가 있을 경우, 그 차액을 얻기 위하여 이루어지는 금융거래를 말한다. 이때 투자기간 동안의 환율변화로 인해 발생할 수 있는 환위험은 선물환을 통하여 회피한다.

자국통화 한 단위를 가지고 i의 수익률을 보장하는 자국통화표시 금융자산에 투자하는 경우 만기시점에서 얻어지는 원리금은 $1+i$ 이다. 한편, 동일 금액을 같은 기간 동안 i^*의 수익률을 보장하는 외화표시 금융자산에 투자하는 경우를 살펴보자. 외화표시 금융자산에 투자할 때에는 표시통화가 외국통화이므로 우선 자국통화 한 단위를 가지고 현물환시장에서 외화를 매입하여야 하는데, 이때 매입할 수 있는 외화금액은 $1/e$ 이다. 그리고 이를 외화표시 금융자산에 투자하여 만기시점에서 얻어지는 원리금은 $(1+i^*)/e$ 이다. 그러나 이는 외화로 표시되어 있으므로 양

24) 물론 환율이 오름으로써 항상 추가적인 부담만 발생하는 것은 아니며, 환율이 하락하여 부담이 경감되는 경우도 있으나, 수입업자는 환차익을 노리는 환투기업자와는 달리 환차손을 보는 경우에 대비하여 선물환을 매입하는 것으로 간주한다.

금융시장에서의 투자결과를 비교하기 위해서는 외화표시 원리금을 자국통화로 환산하여야 할 것이다. 이때 자국통화로 환산된 외화표시 원리금의 크기는 투자기간 동안 환율이 어떻게 변하느냐에 달라지는 환위험에 직면하게 된다. 따라서 이를 회피하고자 하는 투자자들은 현물환을 매입함과 동시에 투자 만기시점에서 수취가 예상되는 외화표시 원리금을 선물환시장에서 매도한다. 이때 선물환율을 f원이라 하면, 자국통화로 환산된 원리금은 $f(1+i^*)/e$가 된다. 아무런 비용 없이 국가 간에 자본이동이 자유롭게 이루어진다고 하면 이자차익거래에 의하여 그 원리금은 같게 될 것이며, 이에 따라 다음과 같은 등식이 성립한다.[25)]

$$1+i = \frac{f(1+i^*)}{e} \tag{11-4}$$

여기서, i: 국내이자율

i^*: 해외이자율

e: 현물환율

f: 선물환율

식 (11-4)의 양변을 $1+i^*$로 나누어 주면,

$$\frac{1+i}{1+i^*} = \frac{f}{e} \tag{11-5}$$

가 되며, 양변에서 각각 1을 빼고 이를 정리하면,

$$\frac{i-i^*}{1+i^*} = \frac{f-e}{e} \tag{11-6}$$

가 된다. 우리는 이를 금리평가조건(interest parity condition)이라 한다.[26)] 한편, 식 (11-6)을 식 (11-7)과 같이 단순한 형태로 표현하기도 한다.[27)]

---

25) 이는 다음과 같은 몇 가지 가정에 근거하고 있다. ① 자금의 이동이 자유로워야 한다. ② 거래비용이 무시될 수 있을 정도로 작아야 한다. ③ 자금의 이동규모가 충분히 커야 한다. ④ 잘 조직화된 외환시장이 존재하여야 한다.

26) 그러나 이러한 조건은 현실적으로 국제 간의 자본이동이 제한되어 있고, 거래비용이 발생하고 국내자산과 해외자산 간의 대체성이 완전하지 않아 성립하지 않는다.

27) $(i-i^*)/(1+i^*)=(f-e)/e$에 좌변과 우변에 $(1+i^*)$을 곱하면 $(i-i^*)=(f-e)/e \cdot (1+i^*)$이 되고, 이를 풀면 $(i-i^*)=(f-e)/e+(f-e)i^*/e$이 된다. 이때 $(f-e)i^*/e$는 선물환 할인(증)율이 아주 크거나 해외금리가 아주 크지 않은 이상 0에 가까운 값이므로 이를 무시하면 식 (11-7)이 구해진다.

$$i-i^{*}=\frac{f-e}{e} \qquad (11\text{-}7)$$

식 (11-7)에 따르면 자국의 이자율과 외국의 이자율 간의 차이는 선물환할증률 또는 할인율과 일치하는데, 자국의 이자율이 외국의 이자율보다 크면 자국통화는 외국통화에 대해 선물할인 상태에 있게 되고, 자국의 이자율이 외국의 이자율보다 낮으면 자국통화는 외국통화에 대해 선물할증 상태에 있게 된다. 이는 양국의 금리차이에서 발생하는 수익률의 차이를 선물환할증 또는 선물환할인에 기인한 환차익이나 환차손을 통하여 보전한다는 사실을 의미한다. 왜냐하면, 선물환할증 상태에 있는 통화에 투자하면 저렴한 현물환시세로 매입하여 비싼 선물환시세로 매도함으로써 할증률만큼 환차익을 볼 것이고, 선물환할인 상태에 있는 통화에 투자하면 비싼 현물환시세로 매입하여 저렴한 선물환시세로 매도함으로써 할인율만큼 환차손을 볼 것이기 때문이다.

3. 환투기

환투기(exchange speculation)란 장차 외환시세가 변화할 것이라는 예상하에 현재 환시세와 미래 환시세의 차이에서 발생하는 이윤을 얻을 목적으로 외환을 매매하는 행위이다. 선물환을 통한 환투기는 현재의 선물환시세와 선물환의 만기시점에서 시현될 것으로 예상되는 현물환시세와의 차이가 있을 때, 그 차익을 얻기 위하여 이루어진다. 환투기는 미래의 환율이 상승할 것으로 예상하면 투기매입(bull speculation)을 행하여 매입초과포지션을 만들고, 환율이 하락할 것으로 예상하면 투기매출(bear speculation)을 하여 매도초과포지션을 만든다. 따라서 선물환시세보다 동일 만기의 현물환시세가 높을 것으로 예상되는 경우에는 선물환 매입을 할 것이며, 이와는 달리 선물환시세보다 동일 만기의 현물환시세가 낮을 것으로 예상되는 경우에는 선물환을 매도할 것이다.[28] 이에 대한 이해를 돕기 위해 구체적인 예를

28) 물론 이러한 과정에서 미래의 현물환시세가 예상대로 그대로 시현되었을 때 그 차액만큼의 환차익을 보지만 예상된 환율이 시현되지 않을 경우 환차손을 볼 수도 있다.

들어 살펴보도록 하자. 현시점에서 3개월 만기 선물환시세가 ₩1,226/$이고 환투기업자가 3개월 후에 기대되는 현물환율이 ₩1,250/$이라 하자. 이 경우 환투기업자는 선물환을 매입할 것이며 실제 3개월 후에 예상된 환율이 그대로 적중하였을 때, 이미 3개월 전에 약속한 바대로 1,226원을 주고 1달러를 매입하여 이를 현물환시장에 달러당 1,250원을 받고 매각함으로써 1달러당 23원만큼의 이익을 보게 될 것이다. 한편, 3개월 후에 예상되는 환율이 1,200원으로 3개월 만기 선물환율보다 낮을 것으로 예상하면 선물환을 매도한다. 만약 3개월 후에 예상된 환율이 그대로 시현될 경우, 그 시점의 현물환시장에서 1달러를 1,200원에 매입하여 이미 3개월 전에 약정된 선물환시세 1,226원에 매각함으로써 그 차액인 달러당 26원의 이익을 보게 될 것이다.

Chapter 12 국제수지의 개념

제1절 국제수지의 기초개념

제2절 국제수지의 균형과 불균형

제3절 국제수지표와 타사회계정과의 관계

1 국제수지의 기초개념

1. 국제수지의 정의

"국제수지표란 어떤 일정 기간 동안에 거주자와 비거주자 간에 이루어진 모든 경제거래를 체계적으로 분류하여 요약 · 집계한 기록이다"라고 정의된다. 이를 좀 더 자세히 살펴보면, 첫째 '일정 기간 동안'[1]이라 함은 국제수지는 어느 한 시점으로부터 다른 시점까지의 대외거래 흐름을 나타내는 유량변수(flow variable)[2]라는 것이다.

둘째, '거주자'라 함은 그 나라에 경제적 근거를 지니고 있는 경제주체를 말하는데, 이는 법률상 국적과 항상 일치하지는 않는다.[3]

셋째, '모든 경제거래'라 함은 거주자와 비거주자 간에 이루어지는 재화 및 서비스의 거래, 국가 간의 이전거래 · 자본거래를 포괄한다.

넷째, '체계적으로 분류한다'라 함은 수많은 대외거래를 몇 가지 형태별로 유형화하고 복식부기원리에 입각하여 차변과 대변으로 구분하여 작성한다는 것이다.

1) 이때 일정 기간은 통상적으로 1년을 지칭한다.
2) 경제변수는 크게 유량변수(flow variable)와 저량변수(stock variable)로 구분되는데, 전자는 일정 기간 동안의 흐름을 파악하는 변수인데, 이에는 국민총생산(GNP), 국제수지 등이 있다. 후자는 어느 한 시점에서의 그 크기를 파악하는 변수로 이에는 자본량, 통화량 등이 있다.
3) 국제수지표에 있어서는 법률상 국적이 비록 외국에 속해 있는 외국인이라도 '이익의 중심'(center of interest)이 국제수지 작성국에 있는 경우에는 거주자로 간주된다. 따라서 일시적으로 체류하는 외교관, 노동자, 유학생 등은 해당 국가의 거주자로 파악되지 않는다. 법인의 경우 지점(branch), 자회사(subsidiary)는 일반적으로 소재국의 거주자로 간주되나, 해운, 항공, 보험기관 등과 같은 외국서비스기관 국내지점은 단순히 외국 본사의 업무를 대행하는 것으로 보고 비거주자로 간주한다. 정부기관의 경우는 그 소재지가 어디든 관계없이 소속되어 있는 나라의 거주자로 간주한다.

2. 국제수지표의 구성

(1) 경상계정

경상계정(current account)에는 직접적으로 경상국민소득을 발생시키거나 경상국민소득의 지출을 초래하는 실물거래가 계상되며, 상품수지, 서비스수지, 소득수지, 경상이전수지로 구성된다.

1) 상품

이 계정에는 현금결제와 연지급결제, 유상거래와 무상거래, 유환거래와 무환거래에 의한 모든 형태의 상품수출입이 계상된다. 통관기준 수출입통계에서는 상품이 세관선을 통과한 시점을 기준으로 기록되는 데 반해, 국제수지표에서는 상품거래와 그에 수반되는 자금의 흐름인 자본거래를 일치시키기 위하여 상품의 대금결제가 이루어지는 결제기준시점으로 수출입을 평가한다. 그런데 통관기준의 경우 상품의 수출액은 FOB가격으로, 수입액은 CIF가격으로 표시하는 반면, 국제수지표에서는 이들 모두 FOB가격으로 표시한다. 이러한 상품계정은 그 특성에 따라 일반상품, 가공용 재화, 운수조달재화, 재화수리, 비화폐용 금의 5개 항목으로 나누어진다.

가공용 재화는 외국에서 가공하기 위해 수출한 후 재수입된 재화나 국내에서 가공하기 위해 수입한 후 재수출된 재화로서 재수출 및 재수입시에 든 가공임을 포함한 재화의 총액을 계상한다.

운수조달 재화에는 선박, 항공기 등 운송수단이 해외의 항구 및 공항에서 조달한 연료, 식량, 보급품 등을 계상하며, 재화수리에는 선박, 항공기 등 재화에 대한 수리대가로 수취 또는 지급한 수리비를 계상한다.

비화폐용 금에는 통화당국이 준비자산으로 보유하고 있는 금을 제외한 모든 금의 수출입거래를 계상한다.

일반상품에는 수출입상품 중 가공용 재화, 운수조달재화, 재화수리 및 비화폐용 금에 포함되지 않는 모든 상품의 거래를 계상한다.

2) 서비스

본 계정은 운수, 여행, 통신, 건설, 보험, 금융, 컴퓨터 및 정보서비스, 특허권 사용료, 사업서비스,[4] 개인, 문화 및 오락서비스, 정부서비스의 11개 항목으로 구성되어 있다.

운수에는 거주자와 비거주자 간의 운송수단을 이용한 서비스거래가 계상되고, 여행에는 여행자가 해외체류기간중 체류국에서 취득한 재화 및 서비스가 계상된다. 통신에는 거주자와 비거주자 간의 전화, 팩시밀리 등을 이용한 원격통신서비스, 우편 및 배달서비스가 계상되며, 건설에는 거주지 밖에서 수행되는 건설 또는 설비공사 가액이 계상된다. 보험에는 거주자와 비거주자 간의 보험료, 보험금의 수취 및 지급이 계상되며, 금융에는 수출신용장, 금융리스, 외국환거래 등과 관련된 금융중개수수료와 발행모집 · 인수, 상환 등 유가증권거래관련 수수료가 계상된다. 컴퓨터 및 정보서비스에는 소프트웨어 구축, 하드웨어관련 자문, 컴퓨터 및 주변기기의 유지 및 보수, 통신사의 뉴스서비스, 정기간행물의 구독료가 포함되며, 특허권 사용료에는 상표권, 저작권, 특허권 등 무형자산의 사용에 따르는 대가가 계상된다. 사업서비스에는 중개 및 무역관련 상품중개, 항공기 등 수송장비의 임대, 법률 · 회계 · 경영컨설팅, 광고 및 시장조사 등이 계상되며, 개인, 문화 및 오락서비스에는 영화제작, TV프로 제작 등과 관련된 서비스료, 대중매체 배급권료, TV중계권료 및 문화, 스포츠, 오락활동과 관련된 서비스가 계상된다. 정부서비스에는 정부와 비거주자 간의 서비스거래가 계상되는데, 해외의 대사관, 영사관, 군대 등이 거주하고 있는 경제권의 거주자와 행한 모든 거래가 포함된다.

3) 소득

본 계정에는 거주자와 비거주자 사이에 일어난 급료 및 임금과 금융자산 또는 부채로 인해 발생한 배당, 이자 등 투자소득의 수입 및 지급이 계상된다.

급료 및 임금은 비거주자인 외국인이 국내에서 제공한 노동의 대가로 수취한 급료, 임금 및 기타 보수와 내국인이 외국에서 제공한 노동의 대가로 비거주자로

4) 이에는 중개 및 무역관련 상품중개, 딜러서비스 등의 서비스, 승무원이 동반하지 않은 선박, 항공기 등 수송장비의 임대, 법률 · 회계 · 경영컨설팅, 광고 및 시장조사, 각종 공사의 기획 및 감독에 따른 서비스수수료 등이 포함되어 있다.

부터 수취한 급료, 임금 및 기타 보수를 의미한다.

투자소득은 거주자가 보유하는 대외자산에 대한 소득의 수입과 비거주자가 보유하고 있는 거주자의 부채에 대한 지급을 의미하며, 이는 직접투자소득, 증권투자소득, 기타 투자소득으로 나누어진다.

직접투자소득은 경영참여를 목적으로 하는 대외투자의 과실로서 배당금, 지점수익, 재투자수익 등 지분소득과 대부투자에 의한 이자 등 채무소득으로 구성되어 있다. 증권투자소득은 경영참여보다는 단순히 이윤획득을 목적으로 하는 주식 및 채권투자에 대한 과실로서 지분소득과 채무소득으로 구성되어 있다. 한편, 기타 투자소득은 직접투자와 포트폴리오투자가 아닌 차입 및 대출, 예금 등에 대한 이자소득을 의미한다.

4) 경상이전

경상이전거래란 반대급부 없이 상품, 서비스 등을 비거주자로부터 일방적으로 받거나 주는 것을 의미한다. 개인송금, 무상원조, 배상금, 기여금, 연금, 국제기구출연금 등이 본 계정에 포함되며, 자국에서 외국으로 물자나 자금이 이전되면 이전지출이 되고, 외국에서 국내로 물자나 자금이 들어오면 이전수취가 된다.

(2) 자본 및 투자계정

자본 및 투자계정(capital and investment account)은 거주자와 비거주자 사이에 발생한 채권 · 채무관계의 변화와 현금, 예금, 주식, 채권 등과 같은 금융자산의 거래를 기록하는 계정이다.

자본계정에는 자본이전거래의 비생산 · 비금융자산의 취득 및 처분거래가, 투자계정에는 직접투자, 포트폴리오투자, 기타 투자가 계상된다.

1) 자본계정

자본계정은 자본이전계정과 비생산 · 비금융자산계정으로 구성된다.

자본이전이란 거래 당사자 중 최소한 일방에게 반드시 현금 이외의 자산의 변동을 초래하는 거래이며, 이에는 해외이주비, 투자보조금 지급 등 고정자산 취득과 관련한 현금이전이 포함된다.

비생산 · 비금융자산에는 특허권, 저작권, 상표권 등 비생산 무형자산 및 토지, 지하자원 등 비생산 무형자산의 취득 및 처분에 따른 거래가 계상된다.

2) 투자계정

여기에는 통화당국의 준비자산 증감을 제외한 민간기업, 금융기관, 정부의 대외금융자산 또는 부채의 소유권 변동과 관련된 모든 거래가 기록되며, 투자형태에 따라서 직접투자, 포트폴리오투자, 기타 투자로 나누어진다.

직접투자는 기업을 운영 · 통제하기 위해 이루어지는 투자를 말하며, 투자주체별로 해외투자와 외국인 직접투자로 구분되고, 투자형태에 따라서는 주식자본, 수익재투자 및 기타 자본으로 구분된다.

포트폴리오투자는 직접투자와 달리 기업경영의 지배를 목적으로 하기보다는 투자자본의 가치증가, 이윤획득 등을 목적으로 이루어지는 대외투자를 말한다. 이는 투자주체별로 내국인의 해외증권투자를 나타내는 자산항목 및 외국인의 국내증권투자를 나타내는 부채항목으로 나누어지며, 투자형태에 따라 중 · 장기채, 단기채, 파생금융상품으로 구분된다.

기타 투자에는 직접투자와 포트폴리오투자에 속하지 않는 대출 및 차입, 무역관련 신용, 현금 및 예금 등의 금융거래가 계상된다. 대출 및 차입은 채권자가 채무자에게 직접적으로 자금을 대여하는 거래로서 차관 · 금융 · 리스 · 환매조건부 거래, IMF 신용인출 및 차입이 포함되며, 무역관련 신용에는 재화 및 서비스거래와 관련한 채권 · 채무관계의 변화가, 현금 및 예금에는 민간기업, 금융기관 등이 보유하고 있는 현금 및 해외예치금이 계상된다.

(3) 준비자산계정

준비자산계정(reserve account)에는 중앙은행이나 기타 통화기관 등이 국제수지 불균형을 보전하는 과정에서 초래되는 통화당국의 대외부채와 대외자산의 증감이 기록된다. 자산항목으로는 중앙은행이 보유하고 있는 외환보유액과 기타 통화금융기관이 보유하고 있는 외화자산 등이 있고, 부채항목에는 중앙은행의 IMF 신

표 12-1 국제수지표의 구성

	차변(지급)	대변(수입)
A. 경상계정		
상품	상품수입	상품수출
서비스	서비스수입	서비스수출
소득	소득지출	소득취득
경상이전거래	경상이전지출	경상이전수입
B. 자본계정 및 투자계정		
자본계정		
자본이전	자본이전 지출	자본이전수입
비생산 · 비금융자산의 처분 및 취득	처분	취득
투자계정		
직접투자	직접투자유출	직접투자유입
포트폴리오투자	포트폴리오투자유출	포트폴리오투자유입
기타 투자	기타 투자유출	기타 투자유입
C. 오차 및 누락		
D. 준비자산의 증감	통화당국의 대외자산 증가 및 부채의 감소	통화당국의 대외자산 감소 및 부채의 증가

용인출과 상환, 외국환은행의 단기차입금, 외화예금, 외화채권 등이 있다. 이렇듯 자본거래의 형태로서 준비자산계정을 별도로 계상하는 이유는 이들의 변화가 앞서 언급된 투자계정상의 거래와 같이 시장력에 의해서라기보다는 정부정책에 의하여 이루어진다고 볼 수 있기 때문이다.

준비자산계정은 통화당국이 보유하고 있는 금과 외화자산 및 부채에 대한 변동사항을 측정한 것으로, 대외준비자산에서 대외채무를 공제하므로 통화당국의 외화자산과 외화부채의 증감인 순외화자산의 증감으로 이 계정에 대한 흑자나 적자가 나타나게 된다. 따라서 이 계정은 대외지불능력과 외환시장의 개입가능능력을 측정하는 기준으로 사용되고 있다.

(4) 오차 및 누락

국제수지표는 복식부기의 원리에 의하여 작성되므로 차변총액과 대변총액은 항상 일치하여야 한다. 그러나 현실적으로는 이것들이 일치하지 않는 것이 일반적이어서 국제수지표를 작성하는 과정에서 이러한 오류를 조정해 주는 항목이 필요한데, 이것이 바로 오차 및 누락(errors and omissions)이다.

현실세계에서 오차 및 누락의 발생이 불가피하다면 이는 어느 정도 수준까지 허용될 수 있는가? IMF의 권고기준에 따르면 수출입액의 5% 이하이면 정밀도가 높은 것으로 평가된다.

3. 국제수지표의 기재방식

(1) 기재방식

국제수지표는 모든 대외거래를 급부와 반대급부의 양 측면에서 파악하여 대변(credit)과 차변(debit)에 동일한 금액을 계상하는 복식부기원리(double-entry book-keeping)에 의하여 작성된다.[5)]

그러면 대외거래가 발생하였을 때, 어떠한 기준에 따라 각각 차변과 대변에 기재하는가? 일반적으로 대변에는 자산의 감소, 부채의 증가를 초래하는 거래를 계상하고, 차변에는 자산의 증가, 부채의 감소를 초래하는 거래를 계상한다. 한편, 이를 외환의 흐름의 방향을 기준으로 구분하기도 하는데, 외국으로부터 외환의 수취를 초래하는 항목은 대변에, 자국에 의한 외환의 지급을 초래하는 항목은 차변에 계상한다. 따라서 대변항목에는 외환의 수취를 초래하는 상품 및 서비스의 수출, 외국으로부터의 이전수입, 자본의 유입,[6)] 준비자산계정상에 있어서의 부채의 증가 또는 자산의 감소를 계상하고, 차변항목에는 외환의 지급을 초래하는 상품 및

5) 원조나 증여와 같은 이전거래는 반대급부가 없어 '이전거래'라는 실체가 없는 항목을 만들어 복식부기원리를 일관성 있게 유지한다.
6) 이는 자국이 보유하고 있는 외화자산이 감소하거나 외화부채가 증가하는 경우를 말한다.

용역의 수입, 외국으로의 이전지급, 자본의 유출,[7] 준비자산계정상에 있어서의 부채의 감소 또는 자산의 증가를 계상한다.

(2) 국제수지표의 작성 예

이하에서는 복식부기원리에 입각해서 국제수지가 어떻게 작성되는가를 보다 알기 쉽게 이해하기 위하여 다음과 같은 가상적인 예를 들어 설명하도록 하자.

1) 우리나라 수출업자가 미국의 수입업자에게 100만 달러 상당의 자동차를 수출하여 그 대금으로 미국 은행에 예치되어 있는 수입업자 명의의 미국달러 요구불 예금을 우리나라 수출업자 계정으로 이전시키다. 이때 상품수출은 대변에 기재되고, 수출업자의 예금증가는 차변에 계상된다.

(차변) 현금 및 예금의 증가 $1,000,000 (대변) 상품수출 $1,000,000

2) 우리나라 수입업자가 일본 기업으로부터 100만 달러 상당의 생산설비를 수입하고, 50만 달러는 외화현금으로 지불하고, 나머지 50만 달러는 1년 이상의 연불조건으로 결제하기로 하였다. 상품수입 100만 달러는 차변에 계상되며, 이에 대해 대변에는 대외단기자산의 감소 50만 달러, 대외장기부채의 증가 50만 달러가 각각 계상된다.

(차변) 상품수입	$1,000,000	(대변) 무역관련신용	$500,000
		현금 및 예금의 감소	$500,000

3) 우리나라 관광객이 외국을 여행하면서 이에 대한 경비로 30만 달러를 사용하고 이를 외화현금으로 결제하였다. 자국의 거주자가 여행서비스를 구매한 것이므로 이는 차변에 계상되고, 이에 상응하여 자국의 대외단기자산이 감소하였으므

7) 이는 자국이 보유하고 있는 외화자산이 증가하거나 외화부채가 감소하는 경우를 말한다.

로 이는 대변에 계상된다.

(차변) 서비스의 수입 $300,000 (대변) 현금 및 예금의 감소 $300,000

4) 우리나라 정부가 300만 달러 상당의 의약품을 소말리아에 무료제공하였다. 대변의 상품계정에 300만 달러가 계상되나 이에 상응하는 반대급부는 존재하지 않지만 복식부기의 원리를 일관성 있게 유지하기 위하여 이전거래라는 가상적인 항목을 설정하여 차변에 300만 달러를 계상한다.

(차변) 이전지급 $3,000,000 (대변) 상품수출 $3,000,000

5) 우리나라의 신발업체가 중국 산동성에 500만 달러의 현금을 출자하여 자회사를 설립하였다. 이는 자국의 거주자가 경영권 행사를 목적으로 직접투자를 한 경우로서 차변에 계상이 되며, 이 과정에서 발생한 500만 달러의 외화현금지출은 대변에 계상된다.

(차변) 해외직접투자의 증가 $5,000,000 (대변) 현금 및 예금의 감소 $5,000,000

6) 외국인이 이자수입을 얻을 목적으로 100만 달러 상당의 채권을 매입하면서 외화표시 요구불예금의 형태로 자국인에게 지불하였다. 이러한 외국인의 채권매입은 자국인이 보유하는 대외부채를 증가시키므로 대변에 기록되며, 이에 상응하여 자국인 소유의 외화표시예금이 증대되므로 이는 차변에 계상된다.

(차변) 현금 및 예금의 증가 $1,000,000 (대변) 포트폴리오투자의 유입 $1,000,000

7) 한국은행이 자국통화를 대가로 민간부문으로부터 500만 달러를 매입함으로써 외환보유고가 증대되었다. 이로 인해 비공적기관이 보유하고 있던 대외단기자산이 공적기관이 보유하는 대외단기자산으로 전환되었다. 대외민간자산의 감소는 대변에, 대외공적자산의 증가는 차변에 각각 계상된다.

표 12-2 **가상적인 국제수지표**

	차변	대변
상품	(2) $1,000,000	(1) $1,000,000
		(4) $3,000,000
서비스	(3) $300,000	
이전거래	(4) $3,000,000	
투자계정	(5) $5,000,000	(2) $500,000
		(6) $1,000,000
	(1) $1,000,000	(2) $500,000
	(6) $1,000,000	(3) $300,000
		(5) $5,000,000
		(7) $5,000,000
준비자산	(7) $5,000,000	
총액	$16,300,000	$16,300,000

(차변) 준비자산의 증가 $5,000,000 (대변) 현금 및 예금의 감소 $5,000,000

한편, 위의 예를 통하여 얻어진 가상적인 국제수지표는 〈표 12-2〉와 같다. 이로부터 얻을 수 있는 중요한 사실은 국제수지표상의 차변의 총액과 대변의 총액은 사후적으로 항상 일치한다는 것이다.[8)]

2 국제수지의 균형과 불균형

1. 자율거래와 조정거래

국제수지표는 복식부기원리에 의하여 작성되므로 대변의 총액과 차변의 총액

8) 이러한 사실로부터 경상계정상의 차변과 대변의 순계는 자본계정상의 차변과 대변의 순계와 부호는 다르나 그 절대값은 같다.

은 항상 일치한다. 그러나 국제수지표의 대변총액과 차변총액이 일치한다고 해서 국제수지가 균형을 이룬다고 할 수 없으며, 국제수지의 균형 여부는 사전적인(ex-ante) 의미에서 파악되어야 한다. 자율거래와 조정거래는 사전적인 의미에서 국제수지 상태를 파악하는 데 있어 중요한 기준을 제시해 주고 있다.

자율거래는 국가 간의 가격차, 이자율 차이, 소득의 차이 등과 같은 경제적 요인 또는 정치적 요인에 의하여 자율적으로 발생하는 거래로서, 여기에는 이윤획득을 목적으로 이루어지는 상품의 수출입, 이전거래, 정상적인 대외투자, 이자율 차이에 기인하거나 자본도피의 형태로 이루어지는 단기자본의 이동 등이 있다.

조정거래는 이와는 달리 타계정의 조정을 목적으로 발생하는 거래로, 주로 준비자산계정에 상정되어 있는 거래항목들이 이에 해당한다. 보다 구체적으로는 화폐용 금의 이동, 외환보유액의 변화, 국제수지 적자시 외국으로부터의 차입 등이 이에 해당한다.

2. 선위 및 선아래

그러면 자율거래와 조정거래를 이용하여 어떻게 한 나라의 국제수지 상태를 파악할 수 있는가?

국제수지표상에 가상적인 선을 그어 '선위'(above the line)에 자율거래를, '선아래'(below the line)에 조정거래를 열거함으로써 선위에 있는 자율거래의 대변 합과 차변 합 간의 차액을 통하여 사전적인 의미에서의 국제수지의 균형 및 불균형 여부를 판단한다. 대변의 합과 차변의 합이 같으면 국제수지는 균형, 대변의 합이 차변의 합보다 크면 흑자를, 반대면 적자를 시현하는 것으로 본다. 그러나 현실세계에서 자율거래와 조정거래를 이용하여 사전적 의미에서의 국제수지 상태를 파악하는 것은 다음과 같은 몇 가지 어려움이 있다.

첫째, 양 당사국 간에 발생한 거래에 대하여 한 나라에서는 자율거래로 간주되는 데 반해, 다른 나라에서는 조정거래로 간주되는 경우가 있을 수 있다. 이로서 전 세계적으로는 국제수지의 적자총액과 흑자총액은 일치하여야 하나 일치하지 않는 경우가 발생할 수 있다.[9]

둘째, 자율거래와 조정거래는 사후적(ex-post)인 통계자료에서는 관측될 수 없는 거래동기에 의존하는 사전적 개념이므로 실제 이를 적용할 때 국제수지 작성자의 주관적인 판단에 의존하는 자의성이 발생할 수 있다.

셋째, 자율거래와 조정거래를 명확히 구분하기 어려운 경우가 있을 수 있다. 예를 들면, 국제수지 적자를 기록하고 있는 국가에서 이를 해소하기 위하여 이자율을 인상시켜 단기자본을 도입한 경우, 민간투자업자 입장에서는 이윤동기에 의하여 투자한 것이므로 자율거래로 파악되지만, 통화당국의 입장에서는 국제수지 상태에 따라 이루어진 것이므로 조정거래로 파악된다.

3. 국제수지표에 의한 국제수지 균형 및 불균형의 파악

국제수지 불균형 및 균형의 파악은 국제수지표상의 모든 거래를 자율거래와 조정거래로 분류한 후 자율거래에 의한 수입과 지급의 차이를 통해 가능하다. 그러나 현실세계에서 국제수지표를 활용하여 일국의 국제수지 상태를 파악할 수 있는 유일한 기준은 존재하지 않는다. 다만 국제수지표상에 선을 그어 선 위에 있는 거래를 자율거래로, 선 아래에 있는 거래를 조정거래로 파악하여, 자율거래의 대변 합과 차변 합의 차액으로 국제수지 상태를 파악한다. 따라서 국제수지표상의 어디에 선을 그어 국제수지 상태를 파악할 것인가에 대해서는 국제수지표를 사용하는 목적에 따라 달라질 수 있는데 다음과 같은 몇 가지 기준이 제시될 수 있다.

(1) 상품수지

상품수지는 일정 기간 동안의 상품수출액과 상품수입액의 차액을 말한다. 상품계정의 대변 합계가 차변 합계보다 큰 경우 상품수지는 흑자를, 대변 합계가 차변 합계보다 작은 경우 상품수지는 적자를 기록한 것으로 파악한다.

상품교역은 교역국 간의 비교우위를 반영하므로 상품수지는 일국의 국제경쟁

9) 어느 나라가 국제수지 불균형을 보전하기 위하여 다른 나라의 금융시장에서 차입할 때 차입국에서는 이를 조정거래로 파악하지만, 상대방 국가에서는 이를 자율거래로 파악할 것이다.

력을 나타내는 1차적인 지표라 할 수 있다. 상품수지 적자를 시현하는 국가는 평균적인 의미에서 국제경쟁력이 약하다는 것을 나타내는 것이며, 상품수지 흑자를 시현하는 국가는 국제경쟁력이 강하다는 사실을 나타낸다.

(2) 경상수지

이는 상품수지, 서비스수지, 소득수지, 경상이전수지를 합계한 것으로 실물 측면에서 본 국제수지의 개념이다.

국제수지 불균형의 근본적 원인은 경상수지(current account) 불균형에 있기 때문에 많은 국가들은 국제수지에 대한 정책적인 초점을 경상수지에 두고 있다. 경상수지의 개념이 다른 어느 국제수지의 개념보다 중요하게 취급되는 이유는 이전거래를 무시할 때 경상수지는 국민소득계정의 해외부문인 상품 및 서비스의 순수출에 해당되어 국민소득의 발생과 지출에 직접적인 관련을 갖기 때문이다. 경상수지가 흑자라는 사실은 해외부문으로부터 소득이 증가한다는 것을 의미하며, 경상수지가 적자라는 사실은 그만큼 해외부문으로 소득이 유출된다는 것을 의미한다.

경상수지는 국제수지가 복식부기원리에 의해 작성된다는 사실로 인해 준비자산계정을 포함하는 자본수지값과 부호는 다르지만 절대값은 같다. 따라서 경상수지 흑자는 자본수지 적자를 의미하는데, 이 경우 대외적인 자산이 증가하거나 부채가 감소함으로써 대외적인 부가 증대된다. 이에 반해 경상수지 적자는 자본수지의 흑자를 초래하는데, 이로써 대외적인 부채가 증가하거나 자산이 감소하여 대외적인 부가 감소한다.[10)]

(3) 종합수지

종합수지(overall balance)는 준비자산계정을 제외한 모든 대외거래 –경상수지, 자본수지, 오차 및 누락– 전체를 포괄하는 것이기 때문에 한 나라의 종합적인 대외지불능력을 측정하는 척도로 사용된다.

10) 이는 마치 가계의 경우 수입이 지출보다 많을 때 금융자산이 증대되거나 부채가 감소되어 순채권이 증대되고, 지출이 수입보다 많으면 금융자산이 감소하거나 부채가 감소되어 순채권이 감소하는 것과 같은 이치다.

고정환율제하에서는 종합수지의 불균형은 환율수준을 일정하게 유지하기 위하여 준비자산에 의하여 보전되기 때문에, 일국의 종합수지는 통화당국의 외환시장 개입규모와 같다. 그리고 종합수지는 통화당국이 외환시장에 개입하는 과정에서 통화당국이 보유하고 있는 대외준비자산의 크기에 영향을 미침으로써 통화공급에 직접적인 영향을 미친다. 즉, 종합수지가 흑자를 시현하면 통화당국이 보유하고 있는 준비자산이 늘어남으로써 통화량이 증가할 것이고, 종합수지가 적자를 시현하면 통화당국이 보유하고 있는 준비자산은 감소함으로써 통화량이 감소할 것이다.

4. 환율제도와 국제수지

국제수지표상에서의 대변 항목들은 외환의 수취를, 차변 항목들은 외환의 지급을 나타낸다. 즉, 상품 및 서비스를 수입한다든가, 이전지급이 이루어진다든가, 외화자산을 매입하는 과정에서 외환에 대한 수요가 발생하고, 상품 및 서비스를 수출한다든가, 이전수취가 이루어진다든가, 국내자산을 외국인에게 매각하는 과정에서 외환의 공급이 발생한다.

국제수지 균형의 개념은 해당 국가가 채택하고 있는 환율제도의 형태에 따라 그 의미를 달리한다. 환율의 결정이 외환시장에서 수요와 공급에 의하여 자유롭게 결정되는 변동환율제하에서는 〈그림 12-1〉에서와 같이 환율의 자유로운 변화에 의하여 외환의 수요와 공급이 항상 일치한다. 따라서 변동환율제하에서는 환율의 자유로운 변화에 의해 국제수지는 항상 균형을 이루게 된다. 예를 들어, 자국이 대외적으로 상품시장을 개방하였다고 하자. 이때 자국의 외국상품에 대한 수입이 늘어남으로써 외환에 대한 수요곡선은 D'곡선과 같이 우측으로 이동하여 새로운 균형이 F에서 달성된다. 이에 따라 환율은 e_1으로 오르고, 국제수지는 균형을 이루게 될 것이다.[11] 따라서 변동환율제하에서는 환율의 신축적인 변화에 의해 외환의 수

11) 이때 국제수지는 종합수지를 의미한다. 왜냐하면, 외환의 수요는 준비자산계정을 제외한 경상계정, 자본 및 투자계정상의 차변총액을, 외환의 공급 역시 준비자산계정을 제외한 경상계정, 자본 및 투자계정상의 대변총액을 나타내기 때문이다. 물론 국가 간에 자본이동이 전혀 이루어지지 않는 경우 오직 외환의 수요와 공급은 경상거래에 의하여만 이루어지게 되므로 경상수지가 항상 균형을 이룰 것이다.

그림 12-1 환율제도와 국제수지

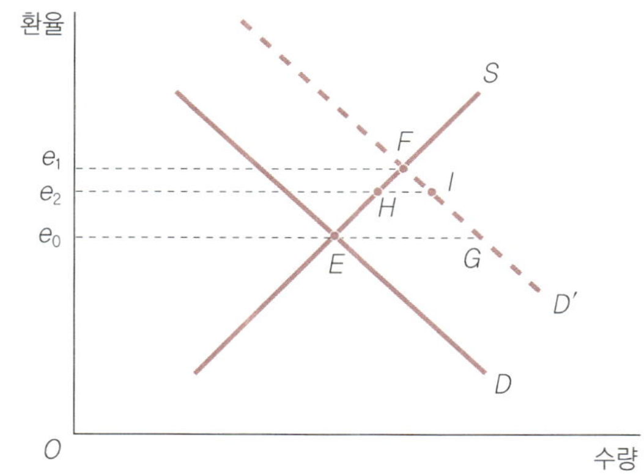

요와 공급이 항상 일치하기 때문에 국제수지의 불균형을 보전하기 위한 조정거래는 원칙적으로 존재하지 않는다. 한편, 이 나라가 고정환율제를 채택하여 환율수준을 e_0로 유지하고자 하는 경우, 동 환율수준에서 시현되는 외환의 초과수요 *EG*는 통화당국의 외환시장 개입을 통하여 보전되어야 하는데, 그 결과로서 동 금액만큼 종합수지가 적자를 기록하게 된다.

변동환율제와 고정환율제의 절충안이라 할 수 있는 관리변동환율제(managed floating system)하에서는 위의 설명이 다소 수정된다. 〈그림 12-1〉에서와 같이 관리변동환율제하에서는 국제수지 적자로 인해 외환시장에서 *EG*만큼의 초과수요가 발생한 경우 자유변동환율제에서와 같이 환율이 e_1으로 오르지 않고, 부분적으로만 환율의 상승이 용인됨으로써 환율은 e_2로 오른다. 따라서 초기에 발생한 국제수지 적자 *EG* 중 일부는 환율인상을 통하여 흡수되고, 나머지 부분 *HI*는 외환시장 개입을 통하여 보전된다. 이로써 관리변동환율제를 채택하고 있는 국가에서 나타나는 종합수지 불균형 폭은 원래의 국제수지 불균형 폭을 과소평가하게 된다.

3 국제수지표와 타사회계정과의 관계

1. 국제수지표와 국민소득계정

폐쇄경제는 정의상 식 (12-1)과 같이 국민소득계정에 국제수지를 포함하지 않는다.

$$Y = C + I + G \qquad (12\text{-}1)$$

그러나 개방경제는 폐쇄경제와는 달리 국민소득계정에 국제수지가 포함된다. 식 (12-2)에서 보는 바와 같이 지출 측면에서 볼 때, 국민소득계정은 민간소비지출(C), 투자지출(I), 정부지출(G), 재화 및 서비스의 순수출(X-M)로 구성되며, 이때 재화 및 서비스의 총수출(X)과 총수입액(M)의 차이인 순수출은 이전거래를 무시할 때 국제수지표상의 경상수지와 일치한다. 따라서 국민소득계정은 국제수지표의 경상계정을 필수적으로 포함하여 한 나라의 대외거래 상황이 그 나라 국민소득의 결정과 지출에 직접적인 관련을 갖게 된다.

$$Y = C + I + G + (X - M) \qquad (12\text{-}2)$$

민간소비지출, 투자지출, 정부지출의 합계를 국내총지출(absorption; A)이라 할 때,

$$A = C + I + G \qquad (12\text{-}3)$$

가 되며, 이를 식 (12-2)에 대입하여 정리하면 식 (12-4)가 된다.

$$Y = A + (X - M) \qquad (12\text{-}4)$$

다시 이를 변형하면

$$Y-A=X-M \tag{12-5}$$

가 구해지는데, 이 식에 따르면 일국의 경상수지값은 국민소득에서 국내총지출을 공제한 값과 같다. 따라서 국민소득이 국내총지출과 같을 때 경상수지는 균형을 이루게 되며, 국민소득이 국내총지출보다 크면 경상수지는 흑자를 나타내고, 반대의 경우는 경상수지가 적자를 나타낸다.

이러한 관계를 다른 각도에서 살펴보기 위해 식 (12-2)의 좌변과 우변에서 각각 조세(T)를 공제하고, 해외이전 순수취(R)를 가산하여 이를 정리하면 식 (12-6)이 구해진다.

$$Y+R-T=C+I+(G-T)+(X-M+R) \tag{12-6}$$

식 (12-6)의 좌변의 가처분소득 $Y+R-T$에서 우변의 소비지출 C를 빼고 이를 다시 정리하면 식 (12-7)이 구해진다.

$$(X-M+R)=(S-I)+(T-G) \tag{12-7}$$

식 (12-7)에 따르면 경상수지는 민간부문의 국내저축(S)과 투자(I)의 차액과 정부부문에서의 재정수지($T-G$)의 크기에 의하여 결정된다. 따라서 다른 조건이 일정할 때 투자의 크기가 저축을 상(하)회하거나 또는 정부지출이 조세수입보다 크(작으)면 경상수지는 적(흑)자를 시현하게 된다.

$$S+(T-G)+(M-X-R)=I \tag{12-8}$$

한편, 식 (12-7)을 변형하면 식 (12-8)이 얻어지는데, 이에 따르면 총투자는 사후적으로 민간저축(S)과 정부부문의 순저축($T-G$) 그리고 해외저축인 경상수지 적자로 구성되어 있다는 사실을 알 수 있다. 즉, 식 (12-8)에 의하면 국내저축, 정부저축, 해외저축의 합계는 투자지출과 일치하므로 경상계정의 순계가 '양'(+)인 경우는 국내저축이 국내투자를 상회하여 사후적인 해외투자가 발생하고 있다는 사실을 의미하고, '음'(–)인 경우는 반대로 국내저축이 국내투자를 하회하여 사후적으로 해외저축을 도입하고 있다는 사실을 의미한다.

2. 국제수지표와 통화계정

일국의 국제수지는 통화공급과 밀접한 관련을 갖는다. 국제수지가 흑자인 경우에는 해외부문으로부터 본원통화가 증대되어 통화량이 증대되며, 국제수지가 적자인 경우에는 해외부문으로부터 본원통화가 감소하여 통화량이 감소한다. 국제수지 불균형이 통화공급의 변동에 미치는 파급경로는 기본적으로 중앙은행의 창구를 통하여 공급되는 본원통화의 변화를 통하여 이루어진다.[12)]

본원통화는 중앙은행이 금, 외환과 같은 외화준비자산의 형태로 자산을 보유하거나 대부, 재할인, 정부채권 등의 형태로 자산을 보유함에 따라 창출된다. 이러한 본원통화의 공급경로는 〈표 12-3〉과 같은 중앙은행의 가상적인 대차대조표를 통하여 파악될 수 있다.

중앙은행의 대차대조표는 복식부기원리에 의하여 작성되므로 자산총액과 부채총액은 사후적으로 항상 일치하며,[13)] 이러한 사실은 식 (12-9)로 나타낼 수 있다.

$$DC+FA+OA=H+FL+OL \tag{12-9}$$

표 12-3 중앙은행의 대차대조표

자산(A)	부채(L)
국내여신(DC) 외화자산(FA) 기타 자산(OA)	통화발행액(H) 외화부채(FL) 기타 부채(OL)

12) 이때 본원통화는 중앙은행의 창구를 통하여 시중에 들어오는 현금을 말하는데, 통화승수를 통하여 몇 배의 신용창출이 이루어진다.
13) 여기서는 분석의 편의상 중앙은행이 갖고 있는 자본금은 무시하도록 한다.

식 (12-9)에서 외화부채(FL)와 기타 부채(OL)를 좌변으로 이동하여, 이를 각각 외화자산(FA)과 기타 자산(OA)에서 공제하면 식 (12-10)이 구해진다.

$$DC+NFA+NOA=H \tag{12-10}$$

이때 NFA는 순외화자산을, NOA는 순기타자산을 나타낸다.

본원통화의 공급경로를 보다 명확히 살펴보기 위하여 위의 관계를 변화분으로 나타내면 식 (12-11)과 같다.

$$\Delta DC+\Delta NFA+\Delta NOA=\Delta H \tag{12-11}$$

식 (12-11)을 보면 통화발행액 또는 본원통화의 변화는 국내여신이나 순외화자산, 그리고 순기타자산이 변화하는 과정에서 나타난다. 이 중 순외화자산의 변화분 ΔNFA는 중앙은행의 부채항목인 본원통화의 변동을 초래함으로써 국제수지표가 국민경제의 금융부문과 직접적으로 연결되는 고리역할을 한다. 이때 중앙은행에 의하여 보유되는 순외화자산의 변화분은 당해국의 종합수지 불균형을 나타낸다.[14] 종합수지가 흑자인 경우에는 외환의 초과공급이 발생하여 고정환율제하에서 환율하락 압력이 발생할 것이며, 통화당국은 환율을 안정시키기 위하여 외환시장에서 외환을 매입하거나 기왕의 외화부채를 상환하고자 할 것이다. 이러한 과정에서 그들이 보유하고 있는 순외화자산이 증가하게 될 것이다. 종합수지가 적자를 보이는 경우에는 통화당국이 외환시장에서의 초과수요를 해소하기 위하여 보유하고 있는 외화자산을 매도하거나 대외차입을 증대시키는 과정에서 순외화자산이 감소한다. 따라서 종합수지가 흑자를 기록하여 외화자산이 증가하면, 통화량이 증가하고, 종합수지가 적자를 시현하면 외화자산이 감소하여 통화량이 감소한다.[15]

14) 일국에서 경상수지상의 흑자를 보인다 하더라도 자본수지의 적자를 통하여 경상수지의 흑자분을 상계하고도 남을 경우 종합수지는 적자를 나타내므로 해외부문으로부터 통화량이 감소할 수도 있다.

15) 식 (12-11)에서 보는 바와 같이 외화자산의 변화분 ΔNFA에 상응하여 반대방향으로 국내여신 ΔDC를 변화시키면 본원통화는 변하지 않으며, 이에 따라 해외부문으로부터의 통화량의 증감요인이 차단된다. 우리는 이를 불태화정책(sterilization policy)이라고 한다.

Chapter 13 환율과 국제수지

제1절　수입수요곡선과 수출공급곡선

제2절　수출입 상품시장에서의 균형

제3절　국제수지 개선조건

1 수입수요곡선과 수출공급곡선

1. 개요

한 나라의 국제수지를 상품수출과 상품수입의 차액으로 파악할 때, 환율의 변화는 수출입 상품시장에서의 수출입 상품의 단위당 가격과 물량에 영향을 미침으로써 수출액과 수입액의 변화를 초래하여 국제수지에 영향을 미치게 된다.[1)]

수출입 상품시장에서의 균형가격과 균형물량은 해당 상품시장에서의 수요곡선과 공급곡선에 의하여 결정된다. 이때 수입수요곡선과 수출공급곡선은 통상적인 의미에서의 국내수요곡선과 국내공급곡선과는 성격을 달리한다. 이하에서는 수출입상품시장에서의 균형가격과 균형물량이 결정되는 과정을 이해하기 위하여 수출공급곡선과 수입수요곡선의 개념에 대하여 설명하도록 하자. 설명을 단순화시키기 위하여 전 세계는 우리나라와 미국 두 나라만이 존재하고,[2)] 우리나라는 미국에 대하여 X재를 수출하고, 미국으로부터는 Y재를 수입한다고 가정한다.

2. 수입수요곡선

어떤 제품을 수입한다는 사실은 국내에서 생산된 물량을 가지고는 국내소비를 완전히 충족시키지 못한다는 것이다. 따라서 국내기업에 의하여 생산된 국산품을 우선적으로 먼저 사용하고, 나머지 부족분은 외국으로부터 수입을 통해 충당한다. 이러한 관점에서 수입수요곡선은 초과수요곡선의 성격을 갖는다.[3)]

〈그림 13-1〉 (a)에서는 수입품에 대한 수입수요곡선의 도출과정을 보여 주고 있다.[4)] S곡선과 D곡선은 각각 국내에서의 공급곡선과 수요곡선을 나타내고 있다.

1) 물론 환율의 변화가 일국의 국제수지 상태에 미치는 효과는 이러한 과정 외에도 소득과 지출의 변화, 화폐시장에서의 화폐수요와 화폐공급의 변화 등을 통해서도 이루어질 수 있다.
2) 이러한 2국 모형에서는 자국의 수출이 상대방 국가의 수입이고, 상대방 국가의 수출이 자국의 수입이다.
3) 물론 국내에서 생산이 전혀 이루어지지 않는 경우 국내수요와 초과수요는 동일하다.

그림 13-1 수입수요곡선의 도출

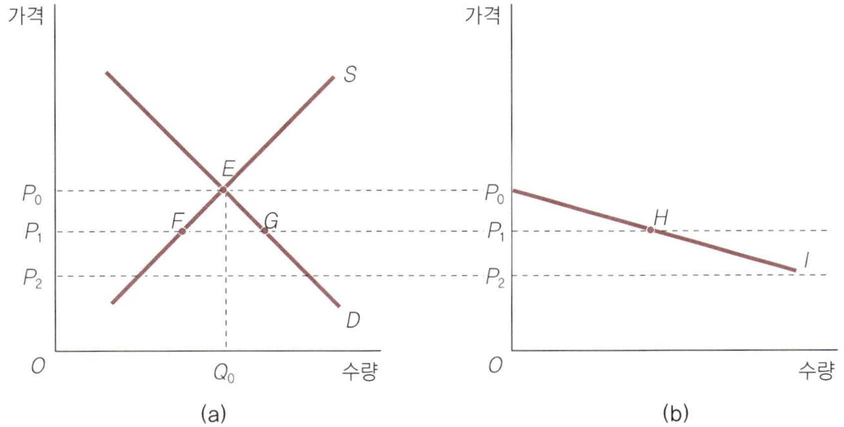

교역이 전혀 이루어지지 않는 상황에서 균형은 국내공급곡선과 국내수요곡선이 서로 만나는 점 E에서 이루어지며, 균형가격과 균형물량은 P_0, Q_0가 된다. 수입품의 국제시장에서의 가격은 국내에서 형성된 균형가격 P_0보다 낮을 것이다. 가상하여 세계시장에서 주어진 가격이 P_1이라 하면, 〈그림 13-1〉 (a)에서 보는 바와 같이 P_1의 가격하에서 실현되는 국내수요는 P_1G인 데 반해 국내공급량은 P_1F가 된다.

이때 FG만큼의 초과수요가 발생하는데, 이는 〈그림 13-1〉 (b)에서 P_1H로 표기된다. 아울러 P_2의 가격하에서도 동일한 방법을 통하여 P_2에 대응하는 초과수요의 크기를 P_2I를 도출할 수 있는데, 이를 연결하여 얻어진 수입수요곡선은 〈그림 13-1〉 (b)에서 보는 바와 같이 우하향하는 형태를 띠게 된다.[5)]

4) X재 수입수요곡선의 도출과정이나 Y재 수입수요곡선의 도출과정은 같으므로 이하에서는 우리나라 입장에서 Y재 수입수요곡선의 도출과정에 대하여 알아보도록 하자.
5) 가격수준이 하락함에 따라 국내수요가 증대될 뿐만 아니라 국내공급이 감소함으로써 초과수요의 증대폭이 국내수요의 증대폭보다 크므로 국내수요보다 초과수요가 가격에 대한 수요탄력성이 크다.

그림 13-2 수출공급곡선의 도출

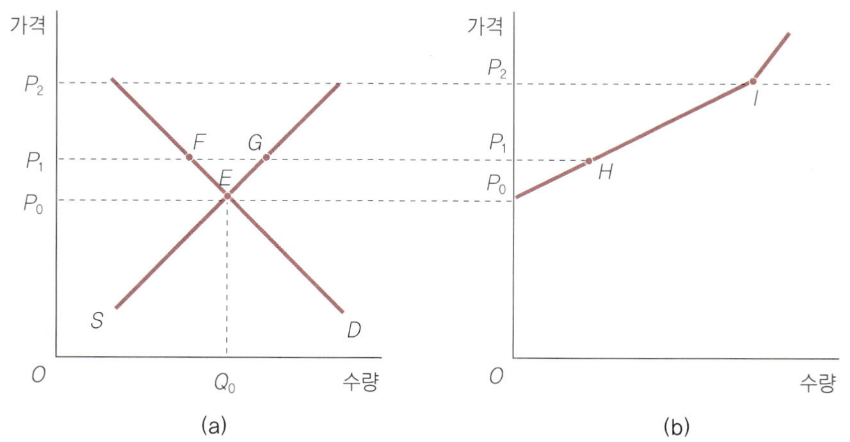

3. 수출공급곡선

수출공급곡선 역시 그 상품에 대한 국내소비가 존재하는 한, 국내공급곡선과는 달리 초과공급곡선으로서의 성격을 갖는다.[6)]

〈그림 13-2〉 (a)에는 수출가능 상품에 대한 해당 당사국의 국내수요곡선 D와 국내공급곡선 S가 제시되어 있다. 국가 간에 교역이 이루어지지 않는 상황에서 얻어지는 균형은 국내공급곡선과 국내수요곡선이 서로 만나는 점 E이며, 이때 국내균형가격은 P_0, 국내균형물량은 Q_0이다.

한 나라 나라에서 어떤 상품을 수출하고 있다는 것은 세계시장에서 형성된 가격이 국내균형가격보다 높다는 사실을 의미한다. 따라서 국내균형가격보다 높은 세계시장가격하에서는 초과공급곡선이 도출되는데, 이것이 우리가 구하고자 하는 수출공급곡선이다. 예를 들어, 세계시장에서의 가격이 P_1이라 하면, 이 가격하에서 국내공급량은 P_1G인 반면 국내수요량은 P_1F이어서 FG만큼의 초과공급이 발생하며, 이것이 〈그림 13-2〉 (b)에서 보는 바와 같이 P_1이라는 가격하에서 주어지는

6) 왜냐하면, 국제경제학에서는 국내에서 생산된 것 중에서 우선적으로 국내에서 소비하고 난 나머지를 수출하는 것으로 파악하고 있기 때문이다.

수출공급량이다.

한편, 세계시장에서의 가격이 P_2라 하자. 이 가격하에서 국내공급은 더욱 증가하고 국내수요는 더욱 감소함으로써 초과공급분은 P_2I가 될 것이며, 이러한 과정을 통하여 〈그림 13-2〉 (b)에서와 같이 우상향하는 형태의 수출공급곡선을 도출할 수 있다.[7)]

2 수출입 상품시장에서의 균형

1. 표시가격의 통일

우리는 앞서 수출공급곡선과 수입수요곡선의 도출과정에 대하여 알아보았다. 양국의 수입수요곡선과 수출공급곡선이 주어지면 세계시장에서의 수출재 X 및 수입재 Y의 균형가격과 균형물량이 어떻게 결정되는지를 알 수 있다. X재의 세계시장에서는 우리나라의 수출공급곡선과 미국의 수입수요곡선에 의하여 균형가격과 균형물량이 결정될 것이고, Y재의 세계시장에서는 미국의 Y재 수출공급곡선과 우리나라의 Y재 수입수요곡선에 의하여 균형가격과 균형물량이 결정될 것이다.

한편, 그 동안의 논의과정에서는 미국달러와 우리나라 원화의 교환비율이 1 : 1인 경우를 전제로 함으로써 환율에 대한 고려가 없었는데, 수출입 상품시장에서의 균형과정을 설명하기 위해서는 실제적인 환율수준이 감안되어야 한다. 왜냐하면, X재 시장에서의 수출공급의 주체는 우리나라 수출업체이므로 수출공급곡선이 원화로 표시되는 반면, 동 재화에 대한 수입수요의 주체는 미국 기업이어서 수입수요곡선은 달러화로 표기되기 때문이다. 그리고 Y재의 경우도 똑같은 논리에 의해 수출공급곡선은 달러화로, 수입수요곡선은 원화로 표시된다. 따라서 세계상품시

7) 수출공급곡선 역시 국내공급곡선에 비하여 완만한 기울기를 가지게 되는데, 이는 가격이 오를 때마다 국내공급이 증가할 뿐만 아니라 국내수요가 감소함으로써 동일한 가격변화에 대응하여 초과공급의 변화폭이 국내공급의 변화폭보다 크기 때문이다.

장에서의 균형가격과 균형물량의 결정과정에 대하여 알아보기 위해서는, 우선 각 상품시장에서의 수출입 상품에 대한 가격을 미국달러화 또는 우리나라의 원화로 표기를 통일시켜야 할 것이다. 만약 달러화로 표기를 통일하고자 하는 경우 *X*재 시장에서 원화로 표기되어 있는 수출공급곡선을 달러화에 대한 원화표시 환율을 이용하여 달러화로 표기를 전환시켜야 하며, *Y*재 시장에서는 수입수요곡선이 원화로 표기되어 있기 때문에 이를 달러화로 표기를 바꿔야 한다.[8)]

2. 수출입 상품시장에서의 균형

*X*재는 미국에서 수입하므로 수입수요곡선은 달러화로 표시되는 반면, 수출공급곡선은 원화로 표기된다. 이들 곡선을 동일한 평면에 동시적으로 나타내기 위해서는 환율을 이용하여 원화표시 수출공급곡선을 달러화표시 수출공급곡선으로 전환시켜야 한다. 예를 들어, 달러화에 대한 원화표시 환율이 ₩1,200/$라 할 때, 〈그

그림 13-3 자국통화표시 수출공급곡선의 외국통화표시 수출공급곡선으로의 전환

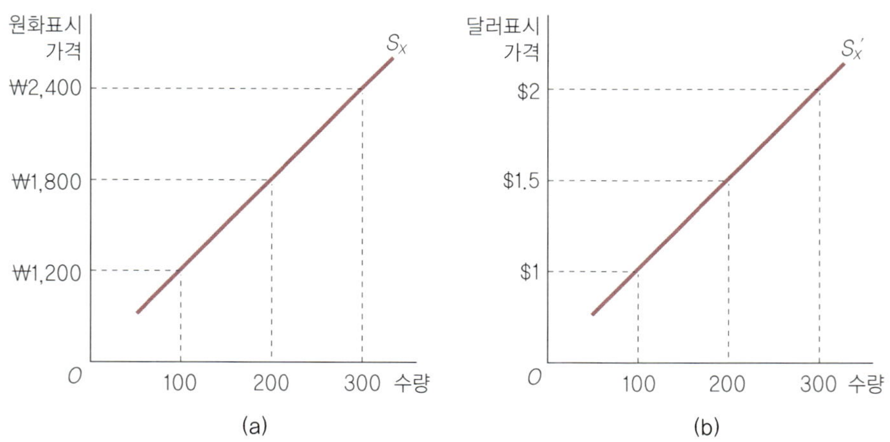

8) 물론 *X*재와 *Y*재의 가격을 원화로 표기를 통일시키는 경우도 동일한 방법을 적용하면 된다. 그러나 이하에서는 가격표기를 미국달러화로 통일시키는 경우에 대하여 설명하도록 한다.

그림 13-4 **수출상품시장에서 균형의 달성**

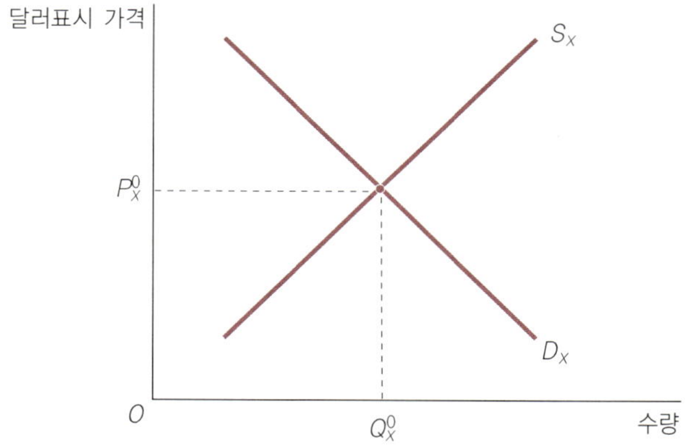

림 13-3〉 (a)에 있는 원화표시 수출공급곡선을 달러화표시 가격으로 전환시키면 〈그림 13-3〉 (b)와 같이 된다. 이로써 달러화로 표시되어 있는 X재에 대한 수출공급곡선과 수입수요곡선을 동일 평면에 표기함으로써 〈그림 13-4〉에서와 같이 달러화표시 X재의 균형가격과 균형물량을 구할 수 있다. Y재 상품시장에서도 똑같은 과정이 적용되는데, 원화로 표시되어 있는 수입수요곡선을 환율을 이용하여 달러화표시 수입수요곡선으로 전환시킬 수 있다.

이 결과는 〈그림 13-5〉 (a)와 〈그림 13-5〉 (b)에 나타나 있다. 한국의 수입상품인 Y재의 경우에도 수출공급곡선과 수입수요곡선 모두 달러화로 표기를 통일시켰으므로 두 곡선을 동일 평면에 동시적으로 표기할 수 있다. 이에 따라 〈그림 13-6〉에서와 같이 두 곡선이 만나는 점 E_m에서 Y재에 대한 균형가격 P_m^0와 균형물량 Q_m^0가 결정된다.

〈그림 13-4〉와 〈그림 13-6〉을 통하여 볼 때, 수출상품시장에서의 달러화표시 균형가격은 P_X^0, 균형물량은 Q_X^0이고, 수입상품시장에서의 달러화표시 균형가격은 P_m^0이고 균형물량은 Q_m^0이다. 따라서 달러화표시 수출액 또는 외환공급액은 〈그림 13-4〉에서와 같이 $OP_X^0E_xQ_X^0$의 사각형 면적으로, 달러화표시 수입액 또는 외환에 대한 수요액은 〈그림 13-6〉에서와 같이 $OP_m^0E_mQ_m^0$의 사각형 면적으로 나타내어진다.

그림 13-5 원화표시 수입수요곡선의 달러화표시 수입수요곡선으로의 전환

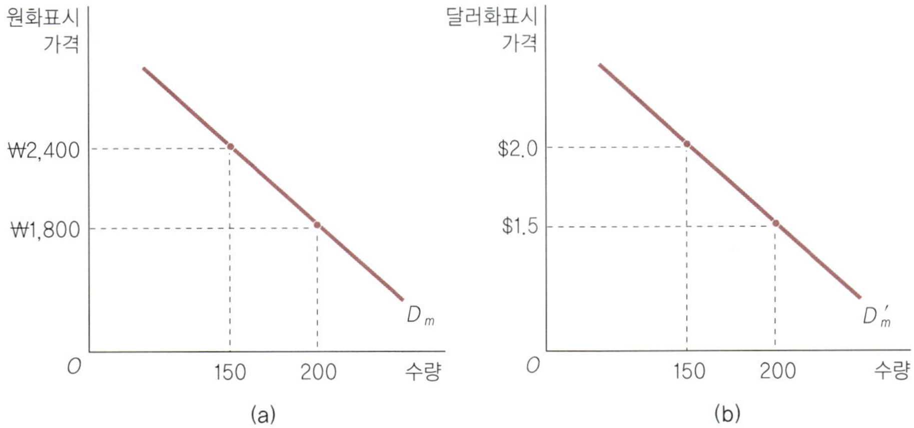

그림 13-6 수입상품시장에서의 균형의 달성

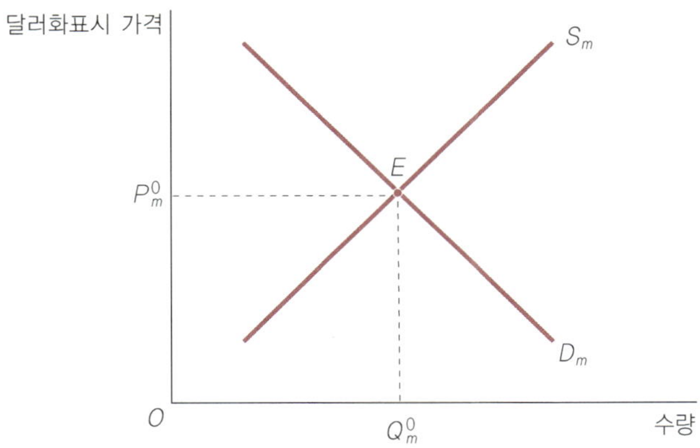

3. 환율의 변화로 인한 수출입액의 변화

앞서의 분석에서는 일정하게 주어진 환율을 통하여 달러화로 가격표기를 통일시켜 얻어진 수출공급곡선과 수입수요곡선을 가지고 수출입 상품시장에서의

그림 13-7 환율인상으로 인한 수출공급곡선의 이동

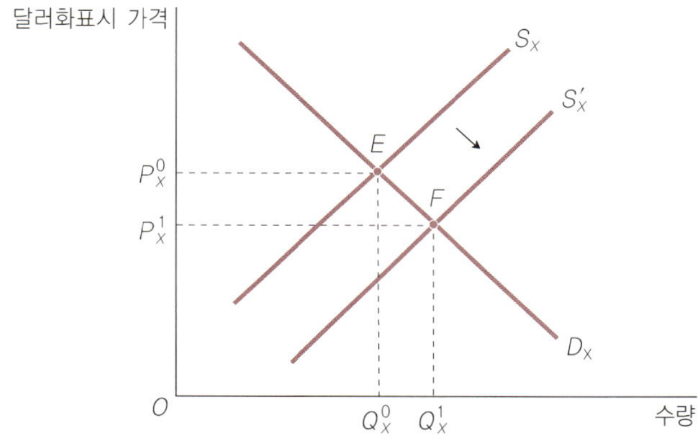

균형이 어떻게 달성되는가에 대하여 알아보았다. 이하에서는 환율이 변화할 때, 그것이 수출입상품시장에서의 균형가격과 균형물량에 어떠한 영향을 미쳐, 궁극적으로 국제수지에 어떠한 영향을 미치는가에 대하여 알아보도록 하자.

설명의 편의를 위하여 국제수지 적자국에서 국제수지 적자를 해소하기 위하여 달러에 대한 원화표시 환율을 절하하는 경우를 살펴보도록 하자.

우리나라의 수출상품 X재 시장에서 원래 달러화로 표기되어 있는 수입수요곡선 D_X는 원화표시 환율이 인상되어도 변화하지 않을 것이나, 수출공급곡선은 〈그림 13-7〉에서 보는 바와 같이 원래 수출공급곡선 S_X의 우측에 존재하게 될 것이다. 왜냐하면, 우리나라의 X재 수출업자 입장에서 볼 때, 달러화에 대한 원화표시 환율이 오름에 따라, 수출상품의 달러화표시 가격을 적게 받아도 종전과 같은 원화표시 가격을 받을 수 있어 동일 물량의 수출을 지속적으로 할 수 있기 때문이다. 예를 들어, X재의 단위당 가격이 18만 원일 때, ₩1,200/$에서 150달러를 받고 수출을 하였는데, 환율이 ₩1,500/$로 인상되면, 우리나라의 수출업자는 120달러를 받고도 과거와 같이 18만 원을 받을 수 있다. 따라서 환율변화로 인한 새로운 수출공급곡선은 〈그림 13-7〉과 같이 우측에 위치함으로써 이것이 수입수요곡선과 만나는 점 F에서 새로운 균형이 달성되는데, 균형가격은 P'_X으로 하락하고, 균형물량은 Q'_X으로 증가한다. 그러나 이러한 과정에서 환율인상이 수출액에 미치는 영향에 대하여

그림 13-8 **환율인상으로 인한 수입수요곡선의 이동**

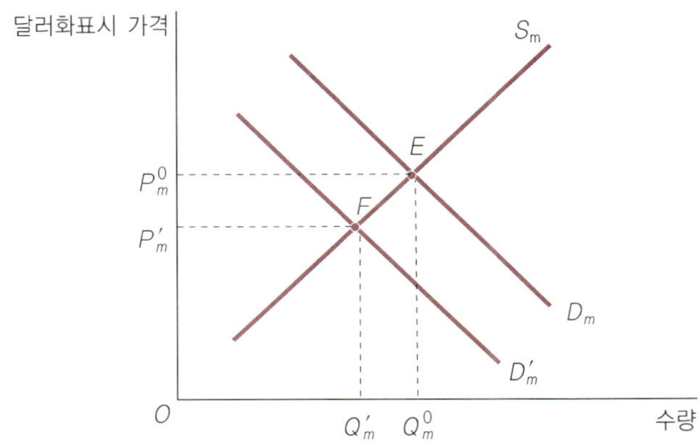

는 어떠한 일의적인 결론을 내릴 수 없다. 왜냐하면, 수출상품의 단위당 가격은 하락하는 반면 수출물량은 증가하므로, 이들 중 어느 것의 변화폭이 크냐에 따라 외화표시 수출액이 증가할 수도, 불변일 수도, 감소할 수도 있기 때문이다. 즉, 수출상품가격의 하락폭보다 수출물량의 증대폭이 큰 경우에는 수출액이 증가할 것이고, 반대의 경우에는 수출액이 감소할 것이고, 서로 같은 경우에는 수출액이 변하지 않을 것이다. 따라서 환율인상이 수출액에 미치는 효과는 수출상품에 대한 탄력성의 크기에 의하여 결정되는데, 수출상품에 대한 수요탄력성이 1보다 크면 수출액이 증가하고, 작으면 수출액이 감소하고, 1이면 수출액은 변하지 않는다. 한편, Y재 시장에서는 환율이 인상됨에 따라 수출공급곡선은 환율의 변화에 영향을 받지 않으나, 수입수요곡선은 환율이 인상됨에 따라 〈그림 13-8〉에서와 같이 좌측으로 이동한다. 왜냐하면, 우리나라의 수입업자 입장에서 보면 환율이 인상됨에 따라 수입상품의 원화표시 가격이 인상되어 수입을 줄이려고 할 것인데, 기존의 물량이 계속 수입되기 위해서는 수입상품의 원화표시 가격이 똑같이 유지되어야 하기 때문이다.

수입상품의 원화표시 가격이 일정하게 유지되기 위해서는 수입상품의 달러화표시 가격이 하락하여야 한다. 그러므로 환율이 인상됨에 따라 수입수요곡선은 D_m'과 같이 좌측으로 이동하여 수입상품의 단위당 가격과 물량이 동시에 감소하고 수입액은 감소한다.

위의 논의를 통해 판단하건대 평가절하가 일국의 국제수지 적자를 항상 개선시킨다고 단정할 수 없다. 왜냐하면, 환율이 인상됨에 따라 수입액은 감소하여 국제수지 적자를 해소시킨다고 볼 수 있지만, 수출액의 경우 증가할 수도, 감소할 수도, 그리고 전혀 변하지 않을 수도 있는데 극단적인 경우에는 수출액이 감소하여 그 감소폭이 수입액의 감소폭보다 크면 오히려 국제수지가 악화될 수 있는 경우도 있을 수 있기 때문이다. 따라서 평가절하는 일국의 국제수지 적자를 항상 개선시키는 것은 아니며, 궁극적으로 환율의 변화가 수출입 상품의 단위가격과 물량에 얼마만큼의 영향을 미치는가에 달려 있다.[9)]

3 국제수지 개선조건

1. 마샬-러너조건

앞서도 언급한 바와 같이, 국제수지 적자를 시현하고 있는 국가에서 평가절하를 하였을 때 그것이 항상 국제수지 적자를 개선시키는 것은 아니다. 그렇다면 어느 경우에 국제수지 적자가 개선되는가? 이에 대한 답을 제시해 주고 있는 것이 마샬-러너조건이다. 마샬-러너조건은 국제수지 적자를 시현하고 있는 국가에서 평가절하를 하였을 때, 그것이 국제수지를 개선시키기 위한 조건이며,[10)] 식 (13-1)과 같다. 이 식에 따르면 수출입 상품시장에서의 수요탄력성 합이 1보다 클 때, 평가절하에 의해 해당 국가의 국제수지 적자가 해소된다는 것이다.

9) 다시 말하면, 환율의 변화가 국제수지에 미치는 효과는 궁극적으로 수출입 상품시장에서의 수요탄력성 및 공급탄력성의 크기에 달려 있다.

10) 동 조건은 초기에 국제수지가 균형을 시현하고 있고, 수출입 상품시장에서의 공급탄력성이 무한대라는 제한적인 가정하에 얻어진다. 이에 대한 구체적인 도출과정에 대하여는 D. Salvatore, *International Economics*, 7th ed., John Wiley & Sons, 2001, pp. 580~583을 참조할 것.

그림 13-9 J곡선현상

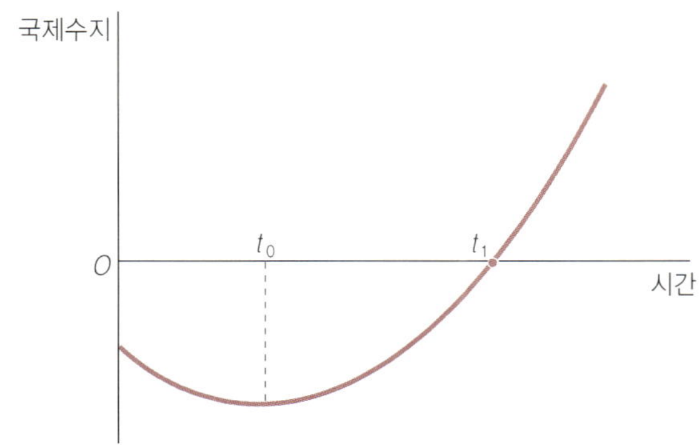

$$\eta_x + \eta_m > 1 \qquad (13\text{-}1)$$

여기서, η_x: 수출상품의 수요탄력성

η_m: 수입상품의 수요탄력성

2. J곡선효과

J곡선효과란 평가절하를 하였을 때, 이것이 국제수지에 미치는 동태적 효과에 관한 것이다. 〈그림 13-9〉에서 보는 바와 같이 국제수지 적자를 시현하고 있는 국가에서 평가절하를 하였을 때, 초기에는 오히려 국제수지가 악화되다가 시간이 흐름에 따라 서서히 개선되는 양상을 보여, 시간에 따르는 국제수지의 변화행태가 영문자 J자형의 궤적을 나타낸다.

이러한 현상은 초기에는 수출입수요의 가격탄력성이 낮아 마샬-러너조건을 충족시키지 못해, 무역수지가 악화되다가 시간이 흐름에 따라 탄력성이 서서히 회복됨으로써 국제수지가 점차 개선된다는 것이다.[11] 이렇듯 장 · 단기의 가격탄력

11) J곡선효과는 현실세계에서 변동환율제를 운용하는 데 있어 단기적인 환율변동이 장기균형치를 과잉적응(overshooting)함으로써 심각한 문제를 발생시킬 수 있다. 예를 들면, 외환에 대한 수요가 증대되어 평가절하를

성의 값이 다른 이유는, ① 환율의 변화가 수입품의 국내가격의 변화와 수출품의 외화표시가격으로의 전가과정에서 경제주체들이 이러한 가격의 변화를 인지하는 데 있어 시간이 소요되며, ② 환율의 변화가 수출품과 수입품의 가격에 전가되었을 때라도 국내 및 외국의 수입업자들은 이러한 새로운 가격에 서서히 반응하는 경향이 있기 때문이다.

3. 탄력성 낙관주의와 탄력성 비관주의

탄력성의 크기가 평가절하시 국제수지 적자를 해소하기 위한 기준으로 제시됨에 따라 이들 탄력성의 값을 실제적으로 계측하려는 노력이 활발하게 제기되었다. 그 결과 1930년대와 1940년대에는 수입수요탄력성과 수출수요탄력성의 크기가 작게 계측되어 국제수지 개선책으로서 평가절하가 갖는 효과에 대하여 비관적인 반응이 제시되었다 따라서 이 시기에는 국제수지 적자를 개선하기 위해서는 평가절하보다는 오히려 외환통제와 같은 여타의 다른 정책을 사용하는 것이 바람직하다는 견해가 제시되었다.[12] 이를 탄력성 비관주의(elasticity pessimism)라 한다. 이에 반해 1950년대에 들어와 세계적으로 교역구조가 1차 상품에서 2차 상품으로의 비중이 커지고 계량경제학적 기법의 발전으로 인해 과거 낮게 계측되었던 탄력성의 값이 제대로 평가됨으로써 평가절하의 국제수지에 미치는 효과에 대한 낙관적인 견해가 대두되었는데, 이를 탄력성 낙관주의(elasticity optimism)라 한다.

하였을 때, 단기적으로는 무역수지가 악화될 것이고, 이에 따라 외환에 대한 초과수요가 더욱 증대되어 환율이 장기균형환율수준 이상으로 상승함으로써 자원의 비효율적인 배분을 초래할 수도 있다.

12) 따라서 이 시기에는 국제수지 적자를 개선하기 위해서는 평가절하보다는 오히려 외환통제와 같은 여타의 다른 정책을 사용하는 것이 바람직하다는 견해가 제시되었다.

Chapter 14

국제통화제도

1 국제통화제도의 변천과정

국제통화제도는 제1차 세계대전 이전까지의 금본위제도, 제2차 세계대전 이후 1970년대 초까지의 금환본위제도, 1970년대 중반 이후 현재까지의 변동환율제도로 변해 왔다. 본 절에서는 이러한 국제통화제도를 살펴본다.

1. 금본위제도

금본위제도(金本位制度, gold standard system)는 통화단위를 순금의 일정한 중량으로 정해 두고 지폐는 항상 아무런 제한 없이 금화와 교환할 수 있도록 하는 제도이다. 이 제도는 1870년대에 영국의 주도하에 유럽의 여러 나라들이 이 제도를 받아들이면서 제1차 세계대전 직전인 1914년까지 세계 주요 국가들이 채택하였다. 이 제도는 평가(parity)를 금과 연관시켜 환율을 정하는 고정환율제도였고, 이와 같은 평가를 금평가(gold parity)라고 한다. 금본위제도하에서 금은 두 가지 기능을 수행하게 되었는데, 국제 간 대차관계를 결제하는 지급수단으로서의 기능과 국내시장에서 교환 및 지급수단으로서의 기능을 한다.

금본위제도하에서의 각국 통화 간의 교환비율은 각국 통화의 금평가에 의해 결정되고, 이를 중심으로 금을 거래하는 데 드는 비용[1)]만큼의 변동이 허용되었으므로 환율의 안정을 기할 수 있다. 왜냐하면, 만약 환율이 금평가의 상한폭보다 높으면 금을 현송(現送)하여 지급하고 금평가의 하한폭보다 낮으면 지급받기 때문에, 환율이 금평가의 상 · 하한폭 내로 수렴하게 되어 매우 안정적으로 된다.

금본위제도는 국제무역체제의 근간으로서 국제수지의 자동조절과 국내물가의 상대적 안정을 기함으로써 세계경제의 안정과 확대에 기여하였다. 그러나 세계경제 및 무역의 확대에 비해 금의 산출량이 절대적으로 부족해지고 미국의 국제수

1) 예를 들면, 거래수수료, 운송비, 보험료 등과 같은 부대비용을 말한다.

지 흑자가 지속되자 금의 편재현상이 가속화되면서 흔들리기 시작하였다. 게다가 1914년 제1차 세계대전의 발발로 금의 자유로운 유출입과 태환(兌換)이 어려워지자 금본위제도는 전면적으로 붕괴되었다.

2. 금환본위제도와 브레튼우즈체제

대공황과 제2차 세계대전으로 인하여 국제금본위제도가 붕괴된 이후 세계경제는 무역제한조치의 만연, 주요국의 경쟁적인 평가절하(平價切下), 세계적 인플레이션, 국제유동성의 부족, 외환통제의 가속화 등 혼란이 야기되었다. 이러한 상황하에서 제2차 세계대전 후의 국제통화질서 유지를 위한 전 세계적인 해결책과 국제적 협력에 관한 논의가 시작되었다. 영국은 채무국의 입장을 대변한 케인스(Keyens)안[2]을 발표하였으며, 미국은 채권국의 입장을 대변한 화이트(White)안[3]을 발표하였다. 이러한 두 가지 안에 대한 논의는 미국의 화이트안이 1944년 4월 뉴욕에서 개최된 30개국 전문가회의에서 채택되었고, 1944년 7월 미국의 뉴햄프셔(New Hampshire)주의 브레튼우즈(Bretten Woods)에서 44개국 대표자들이 참석하여, 국제통화제도의 조직과 기능에 대해 협상을 하였다. 이러한 노력으로 국제통화기금의 협정조문(the Articles of Agreement of International Monetary Fund)이 확정되어 1947년 3월 1일부터 IMF가 정식으로 발족하게 되었다. 이와 함께 출범한 새로운 국제통화제도를 브레튼우즈체제라고 한다.

브레튼우즈체제는 국제통화제도의 본질적 기능인 국제유동성 공급과 국제수지 조정메커니즘을 금환본위제도(gold exchange system)와 조정가능 고정환율제도를 통해 해결하고자 하였다. 브레튼우즈체제하에서 각국은 IMF 가입 즉시 자국통화

2) 케인스(J. M. Keyenes)는 1943년 4월 "Proposal for International Clearing"이라는 것을 발표하였다. 그 주요 내용은 가맹국이 초국가적 중앙은행(super-national bank)이라고 할 수 있는 국제청산동맹을 창설하여 외환시세의 안정과 국제무역의 균형적 발전을 위해 국제통화량을 관리한다는 것이다. 또한 케인스안에서는 환율변동에 보다 관대하였으며, 금을 통화가치의 척도로 간주함과 동시에 국제수지 불균형의 조정에 있어서는 적자국과 흑자국에 동등한 의무를 부여하였다.

3) 화이트(Harry D. White)는 1943년 7월 "Paeliminary Draft Outline of Proposal for an International fund of the United and Associated Nations"를 발표하였다. 이 화이트안의 주요 내용은 국제안정기금(International Stabilization Fund)을 통하여 외환시세의 안정을 기하려는 것이 그 근본적이다. 이를 위해 필요하다면 가맹국에 자금을 공급하는 한편, 국내경제정책을 금지하는 등 경제적 주권을 제시할 수 있도록 구상된 것이다.

의 가치를 금 또는 미국달러에 대해 고정시켜야 하였으며, 그 후는 IMF 평가의 1% 범위 내에서 자국환율을 유지하게 되어 있었다.

또한 IMF 가맹국은 이 기금의 할당액(quota)을 배정받게 되는데, 일국의 쿼터크기는 그 나라의 경제규모에 근거하여 결정되며, 이 쿼터규모에 의해 투표권 및 IMF 차입한도가 결정되었다. 동 가맹국은 쿼터의 25%는 금으로, 나머지는 자국통화로 불입하게 되어 있다. 일국의 IMF 차입은 차입국이 일정액의 자국통화를 추가로 예치하고, 그와 교환으로 교환성 통화를 수령하게 되어 있는데, IMF가 보유하는 해당 인출국 통화의 잔액은 그 나라 쿼터의 200%를 초과할 수 없게 되어 있다. 그리고 IMF 가맹국은 연간 자국 쿼터의 25%를 초과하여 차입할 수 없으며, 5년간의 차입 합계가 쿼터의 125%를 초과할 수 없게 되어 있다. 자국 쿼터의 최초 25%(금부문(gold tranche))의 차입은 자동적으로 이루어질 수 있다. 그 이상의 추가차입(신용부문(credit tranche))에 대해서는 더 높은 이자율이 부과되며 IMF의 규제가 강화되었다. 차입금은 3~5년 내에 상환되어야 하며, 이 상환은 IMF가 보유하고 있는 자국통화를 금 또는 IMF가 인정하는 교환성 통화를 대가로 환매(repurchasing)하는 형식을 취하였다.

한편, 브레튼우즈체제에서는 국제수지 불균형을 해결할 수 있는 세 가지 방안을 마련하였다.[4)]

첫째, 각국의 유효수요를 적절히 조정함으로써 국제수지 불균형을 회피할 수 있을 것으로 기대하였다. 즉, 국제수지 흑자국은 유효수요를 증대시키는 확대금융 · 재정정책을 실시하여 수입의 증대, 수출의 감소를 도모하고, 적자국은 금융재정면의 긴축강화, 총수요를 감축함으로써 수출을 증대하고 수입을 감소시킨다. 이와 같은 유효수요 조정은 각국이 정기적이고도 세계적인 국제수지 균형과 조화되도록 국내경제정책을 실시한다는 것을 전제로 한 것이다.

둘째, 첫 번째의 정책에도 불구하고 국제 간 교역관계의 일시적인 불균형이 발생할 경우 IMF는 필요한 국제유동성을 지원할 수 있도록 하였다. 즉, 적자국에 IMF 기금 중에서 자금을 지원하여 주는 반면, 흑자국에 대해서는 강제적 규제를 가하도록 함으로써 세계의 무역과 자본이동을 촉진시킬 수 있다고 기대하였다.

4) 박필수, 『국제무역환경론』, 법문사, 1993, pp. 292~293; 남금식 외, 『최신무역론』, 명경사, 1998, pp. 260~261.

셋째, 이상과 같은 조치를 취한 후에도 기초적 불균형이 존재하여 현 환율을 더이상 유지할 수 없는 국가에 대하여는 평가변경이 인정되고 있는데, 이는 평가를 균형환율수준으로 변경함으로써 국제수지를 균형시킬 수 있다는 것을 전제로 하고 있다. 조정가능 고정환율제도를 채택하고 있는 브레튼우즈체제하에서 각국은 자국통화의 현물환율을 평가의 상하 1% 범위 내에서 유지하여야 하는 것으로 하였다. 다만 국제수지가 기초적 불균형에 처한 경우에 한하여 IMF와 사전협의 후 10% 범위 내에서 평가변경을 할 수 있도록 하였다.

이러한 제도적 장치에도 불구하고 브레튼우즈체제의 문제점이 서서히 나타나기 시작한 것은 1960년대 이후 미국의 국제수지 적자폭이 크게 확대되면서부터였다. 미국의 대외채무의 지속적인 증가는 달러에 대한 신인도를 떨어뜨리고 달러의 금태환성을 불안하게 만들기 시작하였다. 특히, 월남전 이후의 해외군비지출 및 늘어만 가던 민간부문의 해외투자는 미국 내에 인플레를 야기시키고, 그에 따라 국제수지가 지속적인 적자를 보여 미국의 금준비가 크게 감소되자 달러에 대한 신인도는 더욱 급격히 저하되었다. 이에 대처하여 1971년 8월 미국의 닉슨 대통령은 국제수지 개선과 달러방위를 위해 달러의 금태환을 정지시켰다. 이로써 금-달러 본위제도를 근간으로 하고 있던 브레튼우즈체제는 사실상 붕괴되고 국제통화제도는 새로운 전기를 맞이하게 된다.

3. 스미소니언체제

달러화의 금태환정지로 브레튼우즈체제가 붕괴된 후, 국제금융체제가 혼란에 빠지자 이를 수습하기 위하여 10개 선진국의 재무장관과 중앙은행 총재가 1971년 12월 17~18일 양일간 워싱턴의 스미소니언(Smithsonian)박물관에 모여 스미소니언 협정을 체결하기에 이르렀다. 이 협정의 주요 내용은 ① 환율체제는 고정환율제도를 유지하되, 종래의 금 또는 미국달러 평가 대신 보다 신축성 있는 기준율(central rate)제도를 도입하고, ② 미국달러의 금에 대한 평가를 7.895% 절하(금 1온스=35달러 →38달러)하고, 이에 따라 각국 간의 평가를 조정함과 아울러, ③ 환율변동폭을 기준율의 상하 2.25%로 하는 wider margin제를 도입하는 것 등을 골자로 한 것이었다.

그러나 스미소니언체제는 내재적 취약성으로 많은 진통을 겪어야 하였다. 그리고 스미소니언체제는 브레튼우즈체제의 모순을 근본적으로 제거한 것이 아니라 통화불안을 진정시키기 위한 과도기적 잠정체제의 성격을 지니고 있었기 때문에 주요국 간의 국제수지 불균형이 개선되기보다는 오히려 더욱 확대되었다. 영국은 스미소니언체제가 출범한 지 불과 6개월 만인 1972년 6월에 변동환율제도로 이행하고, 이어 프랑스 · 벨기에 · 이탈리아도 이중환율제도를 택하자, 미국도 달러에 대한 투매압력을 견디지 못하고 1973년 3월 달러화를 다시 10% 평가절하(금 1온스당 38달러에서 42.22달러로 조정)하기에 이르렀다. 달러화의 평가절하 후 일본도 변동환율제로 이행하였고, EC 역시 1973년 3월에 공동변동환율제도로 이행함으로써 스미소니언체제는 와해되기에 이르렀다.

한편, 1973년 10월 1차 석유파동은 주요 선진공업국만으로는 이미 세계경제를 통제할 수 없음을 보여 주는 계기가 되었다. 이러한 세계경제질서의 변화 속에서 IMF는 1976년 1월 각국에 환율제도의 선택재량권을 부여하는 협정문을 개정하여 1973년 이래의 변동환율제도를 사실상 추인함으로써 킹스턴체제를 출범시켰다.

4. 킹스턴체제

킹스턴(Kingston)체제는 1972년 9월 IMF 연차총회에서 국제통화제도의 장기적이고도 근본적인 개편을 위하여 20개국의 위원회를 발족시킨 때부터 논의되었다. 20여개국의 위원회는 1974년 6월까지 6차에 걸친 회의를 개최하고, 그간의 작업결과를 수록한 「국제통화제도 개혁개요(outline of reform)」를 발표한 후 10월에 해체되었다.

이 위원회의 해체와 더불어 1974년 10월 3일에는 IMF에 자문역할을 할 정위원회가 설립되어 국제통화제도 개혁작업을 계속하게 되었다. 1976년 1월 7~8일 양일간 자메이카의 수도 킹스턴에서 열린 IMF 임시위원회에서는 그때까지의 논의결과와 선진 10개국의 합의내용을 바탕으로 금문제, 환율문제, IMF의 신용제도 개선문제 등에 관련된 현안문제를 일괄하여 타결하게 되었다. 이에 따라 IMF협정 개정안이 1976년 4월 30일 IMF 총회에서 채택되고, 1978년 4월 1일에 정식으로 발효함으로써 킹스턴체제가 탄생하였다.

킹스턴체제는 스미소니언체제의 붕괴 이후 주요국이 변동환율제도로 이행한 것과 금의 공정가격 및 금평가제가 전면적으로 와해되면서 특별인출권(SDR)의 기능 및 이용도를 높였다. 이에 따라 점진적으로 SDR 본위제도로 이행할 수 있는 계기가 마련되었음은 물론 IMF 신용의 확대 및 이용조건이 개선되었다. SDR는 원래 브레튼우즈체제하에서의 국제유동성 부족문제를 보완하기 위하여 1970년 1월 1일 IMF가 창출한 새로운 형태의 대외지급준비자산이다. 그러나 SDR는 창출 당시 금과 달러를 대치하기 위한 국제결제통화로서의 기능보다는 기존의 준비자산을 보완하기 위한 신용수단적 성격을 띠고 있었기 때문에 사용에 여러 가지 제약이 따랐다.

킹스턴체제에서 금을 없애고 SDR를 주요 준비자산으로 사용하기로 함에 따라 그 기능과 이용도를 제고하기 위한 조치를 취하게 되었다. 즉, SDR를 IMF의 모든 권리와 의무를 표시하는 가치단위로 사용하도록 하고, 각 통화 간의 교환비율을 SDR를 가치기준으로 공인하였다.

2 국제통화제도의 개편논의[5)]

1. 배경

1977년 발생한 동아시아 외환위기는 국제사회로 하여금 기존의 국제통화제도가 외환위기를 예방하고 관리함에 있어서 한계가 있음을 확인하는 계기가 되었다. 즉, 동아시아 외환위기는 위기국가들 내부의 구조적 결함에도 그 원인이 있었지만 당시의 국제금융체제가 급속히 확대된 세계자본이동을 적절히 조율할 수 없었기 때문이라는 데에 많은 국가들과 학자들이 의견을 같이 하였다. 아울러 동아시아

5) 본 절은 이현훈 · 양두용, 「국제금융체제 개편의 논의 동향과 우리의 대응」, 『경제분석』 7권 1호, 한국은행, 2001년의 내용을 발췌 · 요약하였음.

외환위기의 발발과 확산은 기존의 국제금융기구, 특히 IMF 기능의 취약성을 부각시키는 계기가 되었다. 즉, 기존의 IMF는 국제수지 불균형을 초래하는 거시경제적 불균형만을 감시 · 조정하는 기능을 갖고 있었다. 그러나 1997년의 사태는 외환위기가 채무국의 구조적 모순과 투자자들의 위험을 무시한 투자확대와 이들의 군집행위 등과 같은 거시경제 이외의 요인으로 발생할 수 있음을 보여 주었다. 따라서 IMF가 아시아 금융위기의 발생을 사전에 인지하고 예방하지 못하였을 뿐만 아니라, 그 처방도 기존 방식에 의한 긴축적인 재정 및 통화정책을 고집함으로써 경제 전반적으로 불필요한 위기확산을 초래하였다는 비판이 제기되었다.

이에 따라 그 동안 학계, 각국 정부, G7, G20, 국제기구 등 다양한 단체와 개인들이 국제금융체제를 새롭게 개편해야 한다는 점에 동의하고 각종 대안을 제시해왔다. 일부 학자는 기존의 IMF를 폐지하고 새로운 국제금융기구를 설립해야 한다는 주장을 하였다. 그러나 최근에 와서는 IMF의 기능을 보다 강화하는 방향으로 국제금융질서를 재편하고 있다.

따라서 본 절에서는 현재 진행되고 있는 국제통화제도 개편의 논의동향을 ① 새로운 국제금융기구의 설치논의, ② 위기예방을 위한 국제금융체제의 개혁논의, ③ 위기관리를 위한 국제금융체제의 개혁논의, ④ 동아시아 국가 간의 역내협력의 순으로 살펴본다.

2. 새로운 국제금융기구의 설치논의

아시아 위기 이후 작금의 국제금융체제의 구조로는 위기재발을 억제할 수 없다는 주장이 빈번히 제시되었다. 과거 브레튼우즈체제하에서 설립되었던 국제금융체제의 구조로는 급변한 금융환경을 효과적으로 안정시킬 수 없으므로 보다 근본적인 개혁이 필요하다는 것이다. 이에 따라 일부 학자들 중에는 IMF의 폐지를 주장하기도 하였으며, 새로운 형태의 국제금융기구 설치를 제안하였다.

국제부도처리법원의 설치

이는 일국 내에서 기업의 부도를 법적으로 처리하는 방법과 유사하게 한 나라에서 외국자본의 긴급이탈로 부도위기에 처하였을 때 국제적인 부도처리법원(international bankruptcy court)에서 이를 판결하도록 하자는 것이다. 이 주장의 요체는 외환위기가 발생하였을 때 부도처리법원이 일시적인 채무동결을 명령할 수 있도록 하고, 채권국과 채무국이 자발적인 합의에 이르지 못하면 법원이 일방적으로 해결방안을 판결하도록 하자는 것이다.

이와 같은 주장은 외환위기 발생시 일시적으로 외국채무의 이행을 중지함으로써 국가부도를 방지시킨다는 점에서 위기확대를 억제하는 효과가 있을 수 있다. 더욱이 국제부도처리법원의 설치는 IMF가 최후 대부자역할과 위기관리자로서의 역할을 하기 위해 필요한 막대한 자금을 조성할 필요도 없다는 장점이 있다. 따라서 채권은행들의 도덕적 해이를 유도하지도 않는다.

그러나 문제는 한 국가 내에서는 법원이 기업의 재산을 몰수할 수도 있고 경영진을 해고시키도록 명령할 수 있지만, 국제기구인 부도처리법원이 과연 이와 유사한 권한을 가질 수 있겠는가 하는 것이다. 즉, 부도위기에 처한 국가의 재산을 동결 또는 몰수하고, 경우에 따라서는 기업의 경영진이라고 할 수 있는 그 나라의 행정부를 해고시킬 수 있겠는가 하는 것이다. 최소한 법원이 외국의 채권은행들로 하여금 채무국의 경제문제에 간섭할 수 있도록 하는 권한을 가져야 하는데, 현실적으로 독립국가인 채무국이 이를 받아들일 수 없고, 이를 강제할 수도 없다는 치명적인 문제점을 갖고 있다. 이에 대한 대안으로 IMF나 다른 국제금융기구로 하여금 채무이행중지(standstill)를 행할 수 있는 권한을 부여하자는 의견도 있으나 강제적인 집행에 따른 부작용과 현실적으로 적용하기 어려운 문제를 안고 있다.

국제투자보험회사의 설립

이는 국제투자에 있어서 있을 수 있는 채무불이행을 보장하는 국제적인 투자보험회사를 설립하여 일국의 금융기관 등이 외국에서 채권을 발행하는 경우 투자보험에 가입하도록 하자는 것이다. 국제적 투자보험은 채권자들의 신뢰상실로 인해 발생하는 채권 만기연장의 보류를 억제하는 효과를 통해 위기를 사전에 예방하는 효과가 있을 것이다. 이를 위해서는 제도적 제한이 필요한데, 예컨대 국제금융기구가 경제상황과 금융상황에 기초하여 각국이 차용할 수 있는 외채상한액을 정하고, 국제금융기구로 하여금 G7은 보험에 가입되지 않은 채무에 대해 구제금융을 지원하지 않는다는 조치와 같은 제한조건이 있어야 할 것이다.

더욱이 이 주장은 위험부담이 큰 채무일수록 더 많은 보험료를 지불하도록 함으로써 획일적인 규제보다는 시장원리에 맞추어 외환위기의 발발가능성을 감소시키고, 아울러 발발 후에도 이에 대처할 수 있는 재원을 마련한다는 점에서 의의가 있다.

그러나 이 주장도 현실적인 문제점을 갖고 있다. 우선 투자보험회사가 보험료는 어떻게 정할 것인가 하는 문제이다. 아울러 IMF가 각국의 외채상한액을 어떤 기준으로 정할 것인가 하는 것도 쉽지 않은 문제이다. 또한 IMF와 G7국가들이 보험에 가입되지 않은 채무에 대해서는 구제금융을 지원하지 않겠다고 선언하더라도 과연 이 선언이 어느 정도 설득력을 갖겠느냐 하는 것도 의문이다. 즉, 보험에 가입하지 않은 채무국에서 외환위기가 발생하였을 경우 과연 이를 그냥 방치할 수 있겠느냐 하는 것이다. 만일 이 경우에도 결국은 IMF와 G7국가들이 구제금융을 지원할 수밖에 없을 것이라는 믿음이 투자자와 채무자 사이에 존재한다면 투자보험에 가입하려는 동기가 감소할 수밖에 없을 것이다.

(3) 세계중앙은행의 설립

이는 세계중앙은행을 설립하여 세계에서 통용되는 단일화폐를 발행하도록 하고 전 세계가 이 화폐를 사용하여 동일한 통화정책을 수행하도록 하자는 주장이다. 이 주장은 이미 오래 전부터 제시된 것으로 현실성이 없다는 반론에 힘을 얻지 못하다가, 아시아 금융위기와 함께 유럽에서의 단일화폐인 유로(euro)의 등장으로 다시 제기되고 있다.

그러나 이와 같은 주장은 우선 현실적으로 전 세계적인 단일화폐를 발행하는 중앙은행을 설립하기 위해서는 각국의 정치적인 합의가 이루어져야 하는데, 이는 현재로서는 완전히 불가능하다고 해도 과언이 아니다. 설사 중앙은행이 설립되었다 하더라도 각국의 정치 · 경제적 상황이 상이한 조건을 모두 만족시키는 단일의 통화정책을 수행할 수 있기란 거의 불가능하다고 할 수 있다. 아울러 경제적인 측면에서도 국가마다 상이한 경제사정에 적합한 통화정책을 별도로 수행하는 것이 효과적이다. 또한 세계적으로 단일화폐를 갖는 것보다 여러 화폐가 경쟁하는 것이 물가안정을 도모하는 면에서 더욱 유리하다는 주장이 있다.

3. 위기예방을 위한 국제금융체제의 개혁논의

위에서 살펴본 새로운 국제금융기구의 설치는 여러 가지 측면에서 비현실적이라는 주장과 미국 등의 부정적인 입장 때문에 현재로서는 추진되지 못하고 있다. 대신 IMF 등 기존의 국제금융기구를 강화하여 외환위기의 발생을 가능한 한 방지하고, 발생하더라도 이를 효율적으로 관리할 수 있는 방안을 마련하는 방향으로 국제금융기구의 개편노력이 이루어지고 있다.

(1) IMF의 국제적 최종대부자기능의 확대

국제기구 개편논의는 국제수준에서의 최종대부자(international lender of last resort)의 기능이 존재해야 한다는 점에서 비롯된다. 최근의 사례에서 나타나듯이 위기의 전염이 광범위하고 빠르게 이루어지는 상황에서 최종대부자의 기능부여는 이러한 전염효과를 억제하는 데 중요한 역할을 한다. 더욱이 민간자본이동이 대규모로 이루어지고 있는 상황에서 기존 국제기구의 재원으로 위기를 억제하거나 해결하는 데 미흡하다는 것이 아시아 위기의 해결과정에서 더욱 분명해졌다. 이러한 배경하에서 최근 IMF와 같은 국제금융기관으로 하여금 국제적 최종대부자의 역할을 부여함으로써 국제금융체제의 안정을 확보할 수 있다는 것이다.

이 주장은 일반시중은행의 예금인출사태(bank run)를 대비하기 위한 예금보험과 유사한 것으로, IMF(또는 BIS)는 막대한 자금을 추가로 조성해야 한다. 이렇게 되면 조성된 최후의 대부자금의 존재만으로도 현재와 같은 투기자금의 돌발적인 이탈에서 시작되는 외환위기의 발발은 상당히 줄어들 것이라는 것이다.

사실 이와 같은 주장은 상당히 일리가 있다. 현재 IMF가 보유하고 있는 금융자금(총쿼터액)은 약 2,800억 달러 정도인데, 이는 IMF 창설 당시와 현재의 세계 GNP 규모를 비교하면 약 1/4 정도밖에 되지 않는다. 이를 창설 당시와 현재의 세계 자본이동규모를 비교하면 훨씬 많이 줄어든 규모이다.

그러나 문제는 현재의 세계 GNP규모와 자본이동규모에 상응하도록 IMF의 자금을 확충하기 위해서는 G7국가들의 상당한 추가부담이 불가피한데, 미국을 포함한 이들 국가가 현재로서는 이와 같은 막대한 추가부담을 원하지 않는다는 것이다. 아울러 최종대부자의 존재가 현실화된다면 도리어 채권은행들로 하여금 더욱 더 위험부담이 큰 대출을 부추기게 되어 외환위기가 늘어날 수도 있다는 반론도 제기되고 있다.

이러한 반론에도 불구하고 금융위기 발생시 IMF의 최종대부자 역할을 증대시키기 위하여 1999년 1월 재원확충을 위한 쿼터를 증액하는 한편, 자체적으로 감독(surveillance)기능 강화, 통계 및 정책의 투명성 제고, 자금지원제도 개선 등의 부문에서 진행해 왔다.

특히, 자금지원제도의 개선과 관련하여 IMF는 아시아의 위기 이후 1997년 12월 경제 전체적인 유동성 위기에 대하여 대규모의 단기성 자금을 지원하기 위한 보충준비금융제도(supplement reserve facility; SRF)를 설치하고, 1999년 4월에는 경제가 건실함에도 외부로부터의 위기가 전염될 가능성이 있는 경우를 대비하기 위한 예방적 신용공여제도(contingent credit line; CCL)를 설치하였다. 그러나 현행 CCL제도는 당해 국가가 CCL을 신청하도록 하고 있는데, CCL 신청으로 위기에 노출된 국가로 오해를 받을까 신청을 꺼리는 문제점이 있다. 아울러 CCL과 SRF에 동일한 금리가 적용되어 위기 이전에 CCL을 미리 신청할 유인이 없다는 문제점이 있다. 따라서 CCL의 금리를 보다 낮게 적용하도록 하고 위기발생 가능시에는 이 자금이 자동적으로 지원될 수 있도록 하는 방안을 강구하고 있다. 또한 일정한 요건(prequalification)을 충족시킨 국가에 대해서만 지원하도록 되어 있는데, 여타 국가에 대해서도 전면적인 지원불가보다는 지원조건을 달리해서 적용해야 한다는 주장도 있다.

(2) IMF의 위기감시기능 강화

위기예방을 위해서는 위기에 대한 감시기능을 수행하는 기관이 필요하다는 점은 모두가 공감하는 사항이다. 이는 각국의 정책당사자로 하여금 사전에 위기방지를 위한 조치를 취할 수 있게 한다는 것이다. 물론 이러한 기능을 IMF가 수행해 왔다. 그러나 최근 멕시코와 아시아의 위기에 대한 IMF의 감시기능 실패를 계기로 이러한 기능이 강화되어야 한다는 주장이 제기되고 있다. 1994년 멕시코 위기에 대한 IMF의 감시기능을 작동하지 않았으며, 1997년 태국의 위기에 대한 경고가 있었으나, 태국 정부의 적절한 대응조치가 이루어지지 않았다. 더욱이 아시아 위기의 전염으로 인한 신흥시장 위기는 IMF에 의해 감지되지 않았던 것이다. 특히, 개발도상국의 금융시장 취약성에 대한 IMF의 평가가 부재하였다는 점은 IMF의 역할에 대한 회의를 확대시키기도 하였다.

그러나 IMF의 위기감시기능을 확대시키는 것은 정보공개의 딜레마에 직면하고 있다. IMF의 평가가 시장에 공개되는 것이 보다 실질적인 위기예방에 도움이 될 수 있으나, 대부분의 IMF 회원국들이 IMF에 자료를 제공하는 데 주저하지 않는 이유가 정보공개가 한정적이기 때문이었다. 만약 이러한 제한이 없어진다면, IMF에 대한 각국의 정보제공이 자발적으로 이루어지지 않을 수 있으며, IMF와의 정책협조도 소극적일 수 있다.

(3) 투명성 제고와 국제기준 개발

1994년 멕시코 위기와 1997년 아시아 위기를 거치면서, IMF 등 국제기구와 각국 정부는 외환보유고 등 주요 경제변수에 대한 정보의 공개성과 신뢰성 및 기업 및 금융부문의 건전성의 중요성에 주목하였다. 그리고 건전성 확보를 위해 국제적인 표준을 설정하고, 이를 각국이 채용하도록 하려는 노력 및 이에 관한 논의가 최근 제기되기 시작하였다. 특히, 투자자들의 불필요한 군집행위(herding behavior)를 최소화하고, 금융감독당국이 효율적으로 시장을 감시하고 감독하기 위해서는 정보와 정책의 투명성을 높이고 경제제도 및 관행을 국제기준(International Standards and Codes)에 부합시키는 것이 필요하다는 합의가 이루어졌다.

국제기준 이행은, 첫째 신흥시장국 경제 전반에 걸친 투명성을 제고하자는 것이다. 즉, 회계기준이나 정보공개 등을 통한 신흥시장 경제의 투명성 제고는 위기로부터 발생할 수 있는 도덕적 해이(moral hazard)나 군집행위를 사전에 제거할 수 있을 것이다. 또한 투명성 제고는 금융감독당국으로 하여금 시장감시 및 감독을 효과적으로 수행할 수 있게 함으로써 위기재발 방지 및 해결에 기여할 수 있을 것이다. 둘째, 국제기준의 설정 및 이행을 통해 국내의 금융시스템 및 기업경쟁력을 제고하자는 것이다. 국제기준의 이행은 금융규제 · 감독 강화, 투명성 제고, 취약성 완화에 있어 중요한 역할을 함으로써 국내금융시스템의 건전성 및 국제적 금융안정성 증진에 기여함을 강조하고 있다.

그러나 장 · 단기 채무의 만기 불일치가 존재하기만 하면 얼마든지 예금인출사태나 외환위기가 나타날 수 있기 때문에 투명한 정책과 정보의 공개만이 외환위기 예방의 충분조건이 되지 못한다. 아울러 이 정책도 각국의 정책조화를 위해서는 특정국의 일방적인 시행보다는 여러 국가들의 협력이 필수적이다.

(4) 과다채무 금융기관에 대한 규제

1990년대에 들어서자 이른바 헤지펀드라는 과다채무 금융기관(highly leveraged institutions; HLIs)에 대한 관심과 우려가 확대되고 있는 것은 1990년대 신흥시장국 위기발생 및 전파에 헤지펀드의 역할이 크다고 믿어지기 때문이다. 더욱이 경제기초가 양호한 국가조차도 위기로부터 안전하지 않은 작금의 국제금융체제하에서 HLIs의 규제에 대한 논의는 이른바 신국제금융체제 개편논의의 중요한 주제로 부각되고 있다.

HLIs에 대한 규제는 국경 간 자본이동에 대한 근본적인 인식의 전환이 이루어지고 있다는 것을 의미한다. 상품과 서비스에 대한 국경 간 거래는 상호적 경제성장에 기여한다는 것이 보편적인 견해였다. 따라서 상품 및 서비스의 자유화는 1970년대 이후 많은 국가들이 선택한 정책이었다. 한편, 상품과 서비스의 자유화와 동일한 선상에서 최근까지 자본자유화가 진행되어 왔다. 그러나 1990년대 들어서면서 빈번한 신흥시장국의 위기로 인해 자본자유화를 상품 및 서비스자유화와 동일시해서는 안 된다는 견해도 제시되고 있다. 자본자유화로 인해 국경 간 자본이동이 용이해진 상황에서 국제적 자본배분의 이익을 극대화하기 위해서는 신흥시장으로의 자본흐름이 안정적이어야 한다. 그러나 단순히 헤지펀드의 규제와 같은 자금공급자에 대한 제한으로 위기를 사전에 방지하거나 해결할 수는 없을 것이다. 자금수요국의 입장에서는 적절한 자유화 단계의 선택이나 자본통제 등을 고려해야 한다. 또한 국내금융시장의 성숙과 금융기관의 건전성 제고 및 효율적인 금융규제 또한 중요한 사항일 것이다.

(5) 단기자본 유입에 대한 통제

이는 해외로부터 유입되는 단기자본의 규모를 축소하고 장기투자로 유도하기 위하여 단기자본의 유입에 일정한 형태의 세금을 부과해야 한다는 주장으로 요약될 수 있는데, 칠레가 이것의 성공적인 사례로 제시되고 있다. 예를 들어, 칠레는 1992년 5월부터 1998년 5월까지 주식투자 목적 이외의 모든 해외자본은 총유입액의 30%를 1년 동안 중앙은행에 무이자로 예치하도록 하였다. 이 경우 오직 1년 동안만 예치하도록 함으로써 투자기간이 길수록 실효세율이 적어지는 효과가 있으므로 단기자본 유입을 억제하고 장기자본 유입을 유인하는 결과를 가져온다는 것이다.

그러나 이 경우 국내금융기관들이 해외에서 파생적인 스왑계약을 통한 단기자금 차입을 통하여 장기적인 해외투자를 하는 경우 등 각종 방법으로 이 암묵적인 조세를 회피하려 할 경우 이를 파악하는 데 어려움이 있을 수 있다. 아울러 해당국이 지속적인 경상수지 적자로 자본유입이 절대적으로 필요한 경우 단기자본의 유입이라도 저지하기 곤란한 경우가 있을 수 있다. 사실 칠레가 1998년 6월부터 9월까지 단계적으로 이 정책을 폐지한 것은 이것 때문이었다. 아울러 칠레의 경우 자본유입의 통제는 필연적으로 자본의 조달비용을 높이게 되어 국내이자율이 높게 유지되었는데, 이는 특히 자본유입의 통제를 회피하기 어려운 중소기업들에게 큰 부담이 되었다.

그럼에도 불구하고 이 정책은 자본유출 통제에 비해 상대적으로 부정의 소지가 적고 시행이 간편하기 때문에 현재로서는 가장 현실적인 정책이라고 할 수 있다. 그러나 이 경우에도 특정 채무국이 단독으로 이 정책을 시행하게 되면 상대적으로 외국자본 유입의 절대금액이 감소할 가능성이 높기 때문에 유사한 조건의 국가들이 정책을 협의 · 조율하여 동시에 실시하는 것이 바람직할 것이다.

(6) 적절한 환율제도의 선택

아시아 위기 이후에 환율제도 선택문제는 위기방지 및 해결에 중요한 문제로 지목되고 있다. 이는 최근 준고정형태로 대변되는 중간환율제도(intermediate exchange rate regime)를 채택한 국가들의 환율제도 취약성이 두드러지게 나타나고 있기 때문이다. 일부 학자들은 아시아 신흥시장국들의 중간환율제도가 위기를 자초한 원인이라고 지적하면서, 환율의 유연성을 부여하거나 신용도를 높이는 방안이 필요하다고 지적하고 있다. 이에 따라 개도국은 완전한 자유변동환율제도를 선택하거나 극단적인 고정환율제도를 선택해야 한다는 것이다.

그러나 이러한 극단적인 환율제도가 적절한가에 대한 의문이 제기되고 있다. 한편, 문제는 개도국의 환율변동이 아니라 선진국 환율변동이 심하기 때문이라는 주장도 있다. 즉, 미국달러화와 일본엔화의 환율, 달러화와 유로화의 환율이 급격하게 움직이면 개도국의 환율도 불안정해지고, 이것이 외환위기의 주요 원인이 되기 때문에 이들 주요 환율의 변동목표범위를 설정하여 운용해야 한다는 것이다. G7국가들이 장기적인 기준환율을 정하여 상하 15% 정도 내에서 환율이 움직이도록 허용해야 하고, 장기적인 불균형의 경우에는 주기적으로 기준환율을 점진적으로 조정하도록 한다는 것이다. 그러나 이 경우에도 3개 통화지역이 최적통화지역(optimal currency area)의 조건을 만족시키지 못하고 있으며, 이들 지역의 경기변동이 동조현상을 보이지 않고 있으므로 3개 통화를 고정시키려는 시도는 시장의 신뢰성을 갖지 못해 결국 와해될 것이라는 반론이 있다.

4. 위기관리를 위한 국제금융체제의 개혁논의

(1) IMF의 국제적인 외환위기 관리자로서의 역할증대

IMF의 최종대부자 역할은 현실적으로 막대한 자금이 필요하고, 그것만으로는 외환위기 발생을 완전히 방지할 수 없으므로, 외환위기가 발생하였을 때 IMF가 현재보다 외환위기 관리자로서의 역할을 증대해야 한다는 것이다. 즉, IMF가 진정한 최종대부자 역할을 하기 위해서는 외환위기가 발생하였을 때 IMF가 주도적으로 채권은행들로 하여금 만기가 돌아오는 자금을 재연장할 뿐만 아니라 필요한 경우 추가적인 자금의 대출을 독려하는 외환위기 관리자로서의 역할이 필수적이라는 것이다. 이와 같은 외환위기 관리자로서의 역할이 증대되면 최종대부자 역할에 들어가는 자금도 상당히 줄일 수 있다는 입장이다.

이를 위해 우선 IMF 재원을 보다 효과적으로 사용하기 위해 개선을 시도하였다. 이러한 배경하에서 그 동안 비교적 장기형태의 IMF 자금공여기간을 축소하기로 합의하였다. 또한 대출금리도 상향조정함으로써 저금리에 따른 과대자금지원 혜택을 줄이고자 하고 있다. 그러나 과연 IMF가 단독으로 이와 같은 관리자기능을 할 정도의 힘을 가질 수 있을까 의문이다.

(2) 위기발생시 민간부문의 책임분담

위기발생시 현재와 같은 국제사회의 자금지원이 계속될 경우 민간투자자들만 계속해서 구제되고, 이에 따라 이들의 도덕적 해이가 증대되어 또 다른 위기의 원인이 된다는 인식이 확산되었다. 물론 이러한 위기발생시 국제적 공적 자금이 한정되어 있다는 현실적인 문제도 민간투자가들을 위기해결에 적극적으로 가담시키는 데 중요한 이유가 될 것이다. 따라서 위기발생시 민간투자자들도 구제받지 않고 손실을 분담시켜야 한다는 책임분담의 필요성에 대해 기본적 합의가 이루어졌다.

민간부문 참여방식에 대해서는 위기상황에 대비한 사전적 메커니즘(pre-set mechanism)을 확립하자는 주장과, 위기국의 상황에 따라 적절한 대응방안이 적용되어야 한다는 주장이 제기되었다.

(3) 자본유출의 일시적 중지

개도국의 경우 일국이 외환위기에 노출되기 시작할 때 비상수단으로서 해당국이 일방적으로 자본의 해외유출을 일시적으로 중지시키는 것이 다른 수단보다는 나쁘지 않은 수단이라는 것이다. 이는 IMF의 일반적인 처방인 이자율의 급격한 상승은 국내의 금융체제와 경제 전반에 심각한 타격을 줄 수 있으며, 환율의 급격한 상승은 외채가 대부분 외국통화로 표시되어 있기 때문에 더욱 심각한 외채위기에 직면하게 되는 데 반해서, 자본유출의 일시적 중지는 이와 같은 부작용이 덜하다는 것이다. 아울러 자본유출 통제와 함께 이자율을 낮추고 각종 성장 위주의 정책과 금융부문의 구조조정을 할 수 있는 시간을 벌 수 있다는 것이다.

사실 말레이시아는 한국, 태국, 인도네시아의 경우와 달리 IMF의 구제금융과 구조개혁 처방을 거부하고 자본의 해외유출을 통제하는 정책을 도입하여 1999년 2월까지 시행하였는데, 한국이나 태국과 유사한 속도로 외환위기에서 탈출하는 데 성공하였다.

그러나 이와 같은 말레이시아의 성공은 자본유출의 통제 때문이 아니라 자체적인 국내금융체제의 개혁에 기인할 수 있다. 예를 들어, 1980년대 초 중남미 국가들에게 외환위기가 발생하였을 때 자본유출을 통제한 아르헨티나, 브라질, 멕시코 등은 외환위기를 조기에 극복하지 못하였을 뿐만 아니라 현재까지도 저성장, 고인플레, 고실업률에 시달리고 있는 형편이다. 아울러 이들 국가에서 자본유출의 통제가 구조조정으로 연결되지도 않았다. 또한 외환위기 직후 자본유출을 통제한 국가들에서 실제로 자본유출이 감소하지도 않았다. 아울러 채무국이 외국채무를 일방적으로 상환중지하게 되면 향후에 외국자본의 유입이 어려워진다는 것이다. 아울러 자본유출의 양적인 통제는 결국 여타 통제정책과 마찬가지로 뇌물과 부정이 개입될 소지가 많다는 점도 지적된다. 따라서 이와 같은 정책은 채무국이 일방적으로 시행하기보다는 IMF와 G7국가들의 동의와 이들의 정책조율하에서 시행하는 것이 바람직하다고 할 수 있다. 그러나 현실적으로 채권금융기관의 국가들인 G7 국가들이 이에 동의하기가 쉽지 않다.

5. 동아시아 역내국가 간의 협력

동아시아 금융위기를 계기로 역내국가 간의 경제협력 논의가 다양하고 구체적으로 진행되고 있다. 이는 무엇보다도 최근의 외환위기가 특정 국가만을 대상으로 하지 않고 동아시아지역에 속한 국가군 전체에 동시다발적으로 나타났다는 점이다. 아울러 외환위기 발발 후 아시아 국가들이 미국과 앵글로-색슨 주도의 국제기구에 절대적으로 의존할 수밖에 없었다는 점에도 자성의 측면이 있다. 즉, 전 세계경제의 1/3을 차지하는 아시아 국가들이 더 이상 일방적인 서구 주도의 국제경제체제에 의존할 수 없다는 것이다. 예를 들어, 1992~1993년의 유럽 통화위기는 IMF나 미국의 도움 없이 유럽 국가들 자체로 해결되었다는 점도 지적된다. 아울러 말레이시아의 독자적인 외환위기 극복사례도 서구의 처방에 일방적으로 끌려다닐 필요가 없다는 자신감을 아시아 국가들에게 심어 주었다. 한편으로는 외환위기에 대한 APEC의 대응 미흡, 유럽연합(EU)의 지속적인 심화와 확산, NAFTA의 확산, 1999년 말 출범예정이었던 WTO의 새로운 다자 간 무역협상의 실패 등도 아시아 국가 간의 경제협력을 강화시키는 계기가 되고 있다.

(1) 아시아통화기금의 설립

1997년 9월 태국 방콕에서 개최된 ASEM 재무장관회의에서 일본에 의해 아시아 역내국가 간의 통화기금(Asian Monetary Fund; AMF)의 설립이 제기되었다. 일본은 약 1,000억 달러 규모의 기금을 참가국들이 출자약정하되 일본이 절반 이상을 출연할 의사가 있음을 표명하였다. 홍콩, 타이완, 싱가포르도 AMF에 출자의사를 표명하였다. 이에 대해 대다수 동남아 국가들은 찬성하였으며, 한국도 기본적으로 찬성의사를 표명하였다. 중국은 당초에는 반대하였지만 현재는 찬성하고 있다. 그러나 미국의 강력한 반대와 각국 간의 견해차이로 아직까지는 구체적인 진전을 보지 못하고 있다. 한편, 일부에서는 미국을 포함하는 아시아 · 태평양통화기금(Asian Pacific Monetary Fund; APMF)의 설립을 제안하고 있다.

(2) 아시아 국가 간의 다양한 금융협력 구상

한편, 1997년 11월 금융안정을 도모하기 위한 아시아지역 간 협력을 목적으로 하는 Manila Framework가 마련되었다. 여기에는 아 · 태지역 14개국이 참가하여 역내에서의 자금협력, 금융체제 및 감독기능의 강화를 위한 상호 협력, 역내자금이동의 감시 · 협력 등이 포함되었다. 이와 별도로 외환위기 발발시 외환유동성을 공급하기 위하여 아시아 국가들의 중앙은행 간 스왑계약 체결도 이루어졌다. 예를 들어, 1999년 1월 한국은행과 일본 중앙은행이 50억 달러의 통화스왑계약을 체결하기로 하고, 1999년 6월부터 계약이 정식으로 발효되었다. 아울러 2000년 10월 한국과 중국의 중앙은행 간에도 이와 유사한 스왑계약을 체결하기로 합의하였다. 이 밖에도 홍콩과 필리핀은 아시아 통화(Asian Currency Unit; ACU)의 창출을 제안하였다. 또한 아시아개발은행(Asian Bank for Reconstruction and Development), 아시아국제결제은행(Asian BIS) 등의 창설도 논의되고 있다. 즉, 1991년 2월 11개 아 · 태지역의 중앙은행을 회원으로 창설된 EMEAP(Executives' Meeting of East Asia and Pacific Central Banks)는 1996년 작업반을 구성하여 회원국 간 금융시장 발전, 금융감독 등에 관한 협력방안을 마련중에 있는데, 장기적으로는 아시아국제결제은행의 창설가능성도 논의중이다.

3 우리나라의 환율제도

우리나라는 해방 이후 1964년 4월까지 고정환율제도, 1964년 5월부터 1979년 12월까지는 단일변동환율제도, 1980년 1월부터 1990년 2월까지 복수통화군제도, 1990년 3월부터 1997년 12월 15일까지 시장평균환율제도, 외환위기 발발 직후인 1997년 12월 16일부터 현재까지는 자유변동환율제도 등으로 지속적으로 변해 왔다.

우리나라 환율의 변천추이 및 주요 특징을 살펴보면 〈표 14-1〉과 같다.

표 14-1 우리나라 환율제도의 변천추이

환율제도	시행기간	내용
고정환율제도	1945. 10~ 1964. 5	원화의 대미달러환율을 고정
단일변동환율제도	1964. 5~ 1980. 2	고정환율의 유동화 · 실세화를 목적으로 원화의 가치를 미국달러화에 연동시키는 사실상의 고정환율제도
복수통화바스켓제도	1980. 2~ 1990. 2	단속적인 평가절하가 경제에 미치는 충격을 완화하고 원화환율을 유동화시키기 위해 도입
시장평균환율제도	1990. 3~ 1997. 12	대외적인 환율조작 오해를 없애고 환율의 시장기능을 높이되 외환시장의 기초여건이 성숙되지 못한 점을 감안, 자유변동환율제도로 이행하기 위한 전단계로 도입하여 시행하였고, 환율변동 제한폭을 단계적으로 확대
자유변동환율제도	1997. 12. 16~ 현재	가격결정원리에 입각한 완전자율변동환율제 도입

자료: 김정수, 『환위험관리해법』, 두남, 1998, p. 25.

1. 고정환율제도

우리나라는 해방 이후인 1945년 10월 1일부터 1964년 5월 2일까지 고정환율제도를 실시하였는데, 이 기간중에는 높은 인플레이션으로 인해 지속적인 원화가치의 하락압력이 존재함에 따라 몇 차례에 걸쳐 큰 폭으로 평가절하되는 부작용이 발생하게 되었다.

해방 후 미군정당국에서는 당시 조선은행권인 원화와 미국달러화의 공정환율을 1달러당 15원으로 정하였으나, 당시 민간의 대외거래가 인정되지 않아 미군정청의 대민간 채무변제시에만 적용되었다. 실제로 외환의 자유매매율이 성립된 것은 1948년 2월 조선환금은행이 외국환예치증제를 발표하고 외환의 자유양도를 허용하면서부터인데, 이 당시의 대미달러환율은 850원이었다. 그 이후 1948년 10월 「한 · 미 간 환금에 관한 잠정협정」에 의거 양국의 합의에 의해 대미환율을 450원으로 책정하였다.

1949년 6월 대통령령에 의해 정부보유 외환의 환금에만 적용되는 공정환율과 일반외환의 환금에만 적용되는 일반환율로 구분하는 복수환율제도를 채택하였는데, 1949년 11월에는 공정환율의 실세 반영을 위해 외환경매를 실시하게 된다. 그 후 한국전쟁의 발발로 외환경매 실시가 불가능해짐에 따라 공정환율을 1,800원에서 2,500원으로 인상하고 1951년에는 6,000원까지 인상하였다.

1953년 2월 정부의 통화개혁으로 원을 환으로 변경하면서 100:1의 평가절하를 시행하고 공정환율은 60환, 대충자금 환율은 180환으로 책정하게 되었다. 1960년 군사원조를 제외한 한 · 미 간의 경제활동이 일시 중단되었다가 과도정부 수립 후 미국의 원조활동이 재개되자 미국측의 요청으로 환율은 1달러당 1,000환으로 인상된다. 1962년 6월 통화개혁으로 10:1의 평가절하를 실시하면서 환을 원으로 개칭하고 환율을 1달러당 130원으로 책정하였다.

2. 단일변동환율제도

정부는 1964년 5월 3일 1달러당 255원을 하한으로 하여 이전의 복수환율체계를 단일화하면서 환율변동을 일부 허용하는 단일변동환율제도를 채택하는 동시에 외환증서제도를 도입하였다. 이 제도의 취지는 그 동안 환율을 고정시킨 결과 실세를 반영시키지 못한 단점을 극복할 수 있도록 환율을 외환시장에서의 외환증서 수급에 따라 형성되는 시장률로 결정하도록 하여 환율의 실세화를 유도하는 데 있었다.

그러나 수입쿼터제 실시 등을 통해 환율이 1달러당 255원으로 사실상 고정운용되었다. 1965년 3월 22일 그 동안의 물가안정과 IMF로부터 외환증서 시장안정기금 명목의 930만 달러 차관확보 등을 바탕으로 수입쿼터를 대폭 철폐하고 변동환율제를 실시하였다.

환율의 운용형태가 변동환율제도라고 하지만 1974년 12월 7일 이후부터 1980년 2월 26일까지 실제로는 한국은행의 외환시장 개입에 의한 사실상의 고정환율제도로 운용되었다. 그 결과 환율이 인플레이션과 연동되지 못하고 실세반영이 제대로 되지 않아 필요할 때마다 수차례에 걸쳐 평가절하를 단행하였다. 이 중 특기할 만한 조치는 1971년 6월 28일에 약 13%의 평가절하조치인데, 이는 당시 수출기업

표 14-2 단일변동환율제도하에서의 환율변동 추이 (단위: 원)

일자	변동 전	변동 후	인상/인하율
1969. 11. 3	291.40	304.35	4.4% 인상
1971. 6. 28	328.15	370.80	13.0% 인상
1974. 12. 7	400.00	484.00	21.0% 인상
1980. 1. 12	484.00	580.00	19.8% 인상

자료: 한국은행, 『경제교실』 제3집, 1998.

의 채산성 악화를 경감시키는 데 목적이 있었다. 그 후에도 1973년 10월 제1차 유가파동과 국제원자재가격 상승으로 원화가치가 고평가되면서 국제수지 적자가 확대됨에 따라 정부는 1974년 12월 7일 기준환율을 달러당 225원에서 480원으로 인상하는 동시에 한국은행 집중기준율도 달러당 400원에서 484원으로 21.0% 인상조치를 취하였다. 그 후 약 5년 동안 원화환율은 달러당 484원의 수준이 지속되다가 제2차 유가파동과 국내정세 불안으로 경제침체가 심화되자 1980년 1월 12일에는 달러당 484원에서 580원으로 19.8%의 평가절하를 단행하였다(〈표 14-2〉 참조).

이와 같은 단일변동환율제도는 다음과 같은 문제점들이 도출되었다.[6]

첫째, 환율이 고정환율의 형태로 운용됨에 따라 환율의 가격조정기능이 미약하였다.

둘째, 환율의 고정화 추세에 따라 제1, 2차 유가파동과 같이 국제가격 등귀가 환율을 매체로 하여 수입인플레이션율을 유도함으로써 수출경쟁력이 약화되었다.

셋째, 환율을 대미달러화에만 평가고정(peg)시킨 결과 일본엔화 등 기타 통화의 가치와는 무관하게 수동적으로 변동됨으로써 실세를 반영할 수 없는 약점을 갖고 있었다.

넷째, 환율조정이 적기에 실세를 반영하여 이루어지지 못한 결과 필요에 따라 불가피하게 대폭적인 환율조정이 이루어져 경제 전반에 걸친 충격과 부작용이 컸다. 이러한 문제점들로 인하여 1980년 2월에는 다시 환율제도를 개편하게 되었는데, 그것이 다음의 복수통화군제도이다.

6) 송희영, 『외국환관리론』, 삼영사, 2000, pp. 181~182; 김인준, 『국제경제론』, 다산출판사, 2000, pp. 339~340.

3. 복수통화군제도

이 환율제도는 1980년 2월 27일부터 1990년 3월 2일 시장평균환율제도로 변경되기까지 11년간 사용되었다. 이는 과거 환율을 경직적으로 운영함에 따른 급격한 환율조정을 방지하고 주요 교역대상국 통화에 대한 원화환율의 안정성을 추구하면서 환율의 국제수지 조정기능을 회복하고자 한 제도이다.

복수통화군제도는 원화가치를 SDR통화군(SDR basket)과 교역량을 가중치로 한 독자통화군을 결합한 복수통화군에 연동시키면서도 환율이 외환의 실세를 적절하게 반영하도록 하는 일종의 변동환율제도라고 하겠다. 이 제도하에서 환율결정은 먼저 SDR바스켓에 의한 원화의 대미달러화 환율과 독자통화바스켓에 의한 원화의 대미달러환율을 결합한 후 여기에 실세반영치를 가감하여 한국은행 총재가 국내외 금리차, 국내외 물가상승률차, 외환시장 전망 등을 감안하여 매일의 한국은행 집중기준율을 결정하고, 이를 중심으로 하여 한국은행과 외국환은행 간의 외환거래시 적용되는 한국은행 집중매입률과 집중매도율을 고시하였는데, 이의 환율결정공식은 다음과 같이 나타낼 수 있다.

$$ER = b \times \text{SDR바스켓} + b' \times \text{독자통화바스켓} + a$$

여기서 ER는 일정 기간 원화의 대미달러화 환율, 즉 한국은행 집중기준율을 나타내며, b와 b'은 각각 SDR바스켓과 독자바스켓의 가중치로서 $b+b'$은 1이 된다. 또한 a는 일정 기간의 실세반영장치를 나타내는데, 정책변수를 의미한다.

복수통화바스켓제도는 기본적으로 페그통화의 다양화로 환율의 안정적 변동을 기대할 수 있을 뿐만 아니라 주요 교역상대국과의 경쟁력을 반영함으로써 환율의 적정운용을 기할 수 있는 장점을 갖고 있는 것으로 평가되었다. 그러나 이 제도 또한 여러 가지 단점들을 내포하고 있었는데, 실세반영이 미흡할 뿐만 아니라 급격한 환율변동으로 환위험이 발생할 가능성이 있고 환율을 매일 계산해야 하는 업무상 복잡성 등이 지적되었다. 특히, SDR 가치결정에 사용되는 구성통화와 가중치가 미국, 일본 편중의 우리나라 무역구조 실정에 맞지 않을 뿐만 아니라 독자통화바스켓에 사용되는 가중치의 결정에도 문제가 있었다.

또한 독자통화바스켓에 사용된 가중치가 대외적으로 공표되지 않았기 때문에 실세반영장치와 함께 환율결정에 자의성이 개입되었다. 왜냐하면, 가중치의 변경 또는 실세반영장치의 조정을 통해 정부가 의도하는 방향으로의 환율결정이 가능하였기 때문이다.

이 제도에 내재된 이러한 문제점들은 1980년대 후반에 한국의 국제수지가 흑자로 전환되면서 미국을 비롯한 주요 교역상대국들과의 빈번한 통상마찰과 원화의 평가절상 압력의 요인으로 표면화되기 시작하였다.

이에 새로운 환율제도의 도입에 대한 필요성이 인식되기 시작하였으며, 한 걸음 더 나아가 세계적인 국제금융의 자유화 및 통합화 추세에 능동적으로 대처하고 향후의 금융국제화를 효율적으로 추진한다는 차원에서 1990년 3월 2일부터 환율제도는 시장평균환율제도로 변경하게 되었다.

4. 시장평균환율제도

시장평균환율(market-average exchange rate regime)이란 전일의 모든 외국환은행이 거래한 원/US의 현물환율을 거래량으로 가중평균하여 산출되는 원화의 대미달러 환율을 말하는데, 이는 당일 외환거래의 매매기준율이 된다. 이 제도는 1990년 3월부터 한국이 외환위기를 겪고 IMF의 구제금융을 받게 되었던 무렵인 1997년 12월까지 지속된 환율제도이다. 복수통화바스켓제도하에서는 환율은 기본적으로 국제금융시장에서 주요국의 환율변동에 의해 결정되었으나, 이 제도하에서는 제한적이나마 국내외환시장의 수요와 공급에 의해 환율이 결정되며, 외국환은행의 자율성이 어느 정도 허용되었다. 따라서 이 제도는 기존 환율제도에서 결여되었던 시장기능을 강화하고 외환시장을 활성화하여 궁극적으로 환율이 시장가격을 충분히 반영하여 자유롭게 결정되는 자유변동환율제도로 이행하기 위한 과도기적 제도로서의 역할을 하였다.[7)]

이 제도하에서 원화와 기타 통화의 환율은 시장평균환율을 국제외환시장에서

7) 재무부, 『재정 · 금융뉴스』, 1990. 2, pp. 24~28.

형성된 기타 통화의 대미달러환율로써 재정하여 산출한다. 따라서 원/기타 통화의 환율은 재정환율로 결정한다.[8)]

한편, 시장평균환율의 1일변동범위는 1990년 3월 동 제도의 시행 당시에 기준환율의 상하 0.4% 이내로 설정되었으나, 현저한 외환의 수급불균형이나 환율변동이 발생되는 경우에는 외환당국이 개입할 수 있도록 하였다. 즉, 단기적으로는 외환의 수요와 공급에 의해 환율이 결정되나, 장기적으로는 중앙은행에 의해 관리되는 관리변동환율제도로 운영되어 온 것이다. 이러한 환율의 1일변동폭은 매년 확대되어 왔으나 1997년 12월 변동폭을 시장기능에 맡겨 자율화하였다.[9)]

5. 자유변동환율제도

1997년 12월 16일 전일 거래환율의 가중평균치를 당일의 기준환율로 고시하는 시장평균환율의 매매기준율 메커니즘은 유지하면서 기존 10%의 원화환율의 1일 변동폭을 완전히 폐지함으로써 환율이 시장기능에 따라 움직이는 자유변동환율제도로 이행하게 되었다. 그러나 이러한 조치도 투기적 공급을 막지 못하고, 환율이 상한선까지 폭등하는 일이 나타나 외환시장은 마비상태가 되었다.

이러한 자유변동환율제도로 변경한 배경은 1997년 7월 태국에서 시작된 동남아시아의 외환위기가 우리나라에도 발발하면서 외환보유고 부족 등으로 정부의 외환시장 개입여력이 약화되어 환율방어능력을 상실하였으며, 기존 제도하에서 환율이 변동제한폭까지 상승하면서 달러화의 투기적 가수요가 발생하여 외환시장이 마비되는 현상이 계속 발생함으로써 이에 대한 시정이 요구되었다. 그리고 IMF가 한국의 환율제도에 있어 제한폭을 두는 것이 외환시장의 안정보다는 왜곡

8) 시장평균환율 산출의 예를 보면 다음과 같다.

은행 간 거래환율(A)	거래량(B)	거래금액(C)=A×B
800.00(₩) : 1US($)	US($)10,000	₩8,000,000
810.00(₩) : 1US($)	US($)30,000	₩24,300,000
820.00(₩) : 1US($)	US($)20,000	₩16,400,000
합 계	US($)60,000(D)	₩48,700,000(E)

시장평균환율: (₩/US($): E/D=48,700,000/60,000=811.67

9) 즉, 환율의 1일변동폭은 1990. 3. 2: ±0.4%, 1991. 9. 2: ±0.6%, 1992. 7. 1: ±0.8%, 1993. 10: ±1.0%, 1994. 11: ±1.5%, 1995. 12: ±2.25%, 1997. 11. 20: ±10%로 단계적으로 확대되었다.

을 초래하기 때문에 환율결정을 시장기능에 맡기는 것이 바람직하다는 IMF의 의견을 받아들인 것이다.

자유변동환율제 도입으로 초기에는 환율변동성이 크게 확대되었으나 이후 외환시장이 자유변동환율제도에 적응하면서 점차 안정을 되찾게 되었다.

제3편

국제경영

Chapter 15 국제경영학의 발전

1 국제경영학의 환경

1. 국제경제의 세계화

국제경제의 세계화(globalization)란 "국가 간의 자원이동에 있어서 장벽이 점차 낮아지고, 국가 간의 상호 의존도가 점차 높아지는 현상"이라고 정의할 수 있다. 현재의 추세로 세계화가 진행된다면 결국 '국경 없는 세계경제'(the borderless world economy)가 등장하게 될 것이라는 예측도 가능하다. 그러나 학자들은 주권국가(主權國家)의 의미가 완전히 퇴색하지는 않을 것이며, 적어도 21세기에도 주권국가가 여전히 세계경제의 주요한 행동주체로 남을 가능성이 큰 것으로 예상하고 있다.

그러면 세계화 추세를 가져오는 주요한 요인은 무엇일까?

첫째는 통신과 대중매체의 발달이다. 통신위성이나 팩시밀리와 같은 통신수단과 TV, VCR과 같은 대중매체, 특히 인터넷망의 발달은 세계를 좁혀 놓는 데 결정적인 역할을 하고 있다. 예를 들어, 아프가니스탄의 전쟁상황이나 아이티의 대지진과 같은 사건이 순간적으로 세계 전역에 알려져서 관련국가에게 즉각적인 영향을 미친다.

둘째는 무역장벽과 외환규제의 완화이다. 이제 무역장벽은 세계적으로 상당히 낮아졌으며, 우루과이라운드(Uruguay Round; UR)의 타결과 세계무역기구(World Trade Organization; WTO)의 출범으로 인해 서비스와 투자, 그리고 지적소유권과 같은 광범위한 범위까지 자유화의 물결이 일어날 것으로 예상된다. 또한 외환시장의 자유화와 이른바 '핫 머니'(hot money)라고 불리는 유동성 자금의 국제적인 이동은 IMF의 외환위기처럼 국가들의 독립적인 금융통화정책을 어렵게 만들고 있다. 환율과 금리변동을 통해 각국 국민경제는 서로 밀접한 관련을 맺고 있다.

셋째는 세계적인 조직망을 가지고 있는 다국적기업들의 사업형태 자체가 세계경제의 상호 의존도를 증가시키고 있다. 우선, 다국적기업들은 신제품개발에 있어서 처음부터 세계시장을 겨냥하고 있으며, 제품소개도 세계의 주요 시장에서 동시에 이루어지고 있다. 생산활동에 있어서는 특정 생산요소를 가장 유리하게 획득하기 위해 여러 나라에 분산시켜 부가가치를 창출함으로써 국가 간의 상호의존도를 증가시키고 있다. 또한 산업의 세계화로 인해 다국적기업 간의 경쟁이 국경을 초월하여 전개됨으로써, 한 국가시장은 세분시장(細分市場)으로 그 의미가 격하되었다.

세계화를 초래하는 위의 세 가지 요인 중에서 적어도 두 가지는 개별 민족국가의 통제범위 밖의 현상이라는 점에 주목할 필요가 있다. 통신과 대중매체, 그리고 인터넷의 확산에 대해서 개별 정부가 영향을 미치기 어렵고, 다국적기업의 사업에 대한 민족국가의 영향력도 제한적이다. 특히, 최근에 대부분의 국가들이 다국적기업에 대해 개방정책을 취하고 있다는 것은, 다국적기업의 세계전략에서 소외되지 않기 위한 것으로 해석할 수 있다. 무역이나 외환의 자유화에 있어서는 개별 국가가 어느 정도의 통제력을 발휘하였으나, 이것마저도 최근에는 쌍무(雙務) 또는 다자(多者) 간 협상을 통해서 영향을 받게 되었다. 결국 어느 국가도 완전고립을 선택하지 않는 한 세계화의 영향을 벗어나지 못하게 되었으며, 역으로 완전고립정책의 선택은 한 나라가 스스로 경제적 쇠퇴의 길을 걷는 것이나 다름없게 되었다.

2. 세계화와 국제경영

이상과 같은 세계화의 경향으로 인해 우리의 사고전환(思考轉換)이 절실해지고 있다. 국제경제의 세계화가 참으로 중요하고 지속적인 경향이라면 기업전략과 경제운용에 대한 우리의 시각도 상당히 수정되어야 한다. 기업의 전략이란 환경의 산물이다. 한국의 대기업집단들이 현재와 같은 다각화 구조를 가지고 있는 것은 과거의 기업환경에 대응한 기업전략의 결과이다. 따라서 앞으로 새로운 환경 아래서 기업의 전략은 계속하여 수정되어 나갈 것이다. 이와 반면에 환경에 적응하지 못하는 기업은 쇠퇴의 길을 걷게 될 것이다.

보다 구체적으로 세계화가 기업경영에 시사하는 바는 무엇인가? 하나는 경쟁의 세계화이다. 다시 말하면, 세계화된 산업에서는 기업의 경쟁대상이 반드시 그 나라의 국내기업에만 한정되지 않는다는 것이다. 과거 우리나라에서 개방의 정도가 약하고 내수시장 유통구조상의 특수성 때문에 외국기업의 진출이 그다지 활발하지는 않았으나, 1980년대 후반부터 우리나라에 대한 외국인 직접투자가 전면 개방되었고, 특히 1997년 말 IMF 외환위기 이후에 국내 외국인투자 유치정책에 힘입어 본격화되고 있다.

세계화란 기업의 자원획득이 국제적인 안목에 의해 이루어지는 것을 의미한다. 국경이 낮아진다고 해서 모든 자원이 다 자유롭게 이동하는 것은 아니다. 대체로 기업의 통제하에 있는 기술, 경영노하우(know-how), 브랜드(brand) 그리고 자본과 같은 자원은 쉽게 국경을 넘어 이동하는 데 비해서, 아직도 사람이나 사회간접자본과 같은 자원은 한 지역에 고정되어 있다. 그러므로 이동이 자유로운 자원과 자유롭지 못한 자원은 서로 유리한 대상을 찾아 부단한 교섭이 이루어진다. 즉, 고정된 자원을 통제하는 국가와 이동할 수 있는 자원을 통제하는 기업은 서로 유리한 파트너(partner)를 선택하려고 노력하게 된다. 이러한 교섭의 중요한 의미는 정부나 정부서비스도 결코 독점이 아니라는 점이다. 결국 한 국가의 상태가 매우 불안정하거나 비효율적이면 그 국가는 국제기업들로부터 외면당하게 된다.

세계화가 세계경제를 재편하는 추세라고 하면, 유럽연합(European Union; EU)이나 북미자유무역지역협정(North American Free Trade Area; NAFTA)과 같은 블록(bloc)화는 상반된 현상이라고 볼 수 있다. 그러나 이들 두 가지 추세는 한편으로는 서로 갈등을 일으키면서도 다른 한편으로는 상호 보완적인 결과를 낳고 있다. 우선, 최근에 형성되고 있는 지역적인 경제블록은 보다 대규모 시장에 진출해 이익을 거두려는 역외기업들의 해외직접투자를 유인하고 있다. 이는 최근 EU의 사례에서도 볼 수 있는 현상으로서, 특히 미국과 일본의 다국적기업들은 통합된 EU의 '내부인'(內部人, insider)이 되기 위해 EU에 대규모 투자를 실시하고 있다. 물론 국경을 넘어선 기업들 간의 합병(mergers)이나 전략적 제휴(strategic alliance)에 의한 유럽 기업들의 재편도 병행되어 왔다. 해외직접투자는 앞으로 EU를 구성하고 있는 각국의 경제를 통합시킬 것이다.

두 번째의 상호 보완적인 효과는 세계적인 경쟁의 심화로 주권국가들이 지역적인 통합을 추구하게 되었다는 것이다. 소규모의 경제단위들이 통합되면, 이들은 역외국가나 다국적기업들과의 관계에 있어서 보다 강력한 위치를 확보하게 될 것이다. 아직 독자적인 경제블록으로 발전하지는 못하였지만, 아세안(Assosiation of South East Asian Nations; ASEAN)이 이러한 경우에 해당된다. 이와 동시에 범위의 경제

(economies of scope)를 가능하게 하고, 경쟁과 투자를 촉진시키는 등 경제통합의 여러 효과들은 경제단위들의 블록형성을 가속화시키고 있다. 최근 유럽 제국이 추구하는 EU의 통합은 '유럽병'으로 불리는 경제적 침체를 치료하고, 세계적 경쟁상황에서 미국이나 일본과 효과적으로 경쟁하기 위한 노력의 일환으로 설명할 수 있다. 이처럼 세계경제가 근원적인 구조개혁을 추진해 나가는 와중에서 기업은 우선 살아 남아야 하며, 한 걸음 더 나아가서는 국제경쟁력을 지니면서 성장할 수 있어야 한다. 국제화에 늦게 참여한 한국 기업으로서는 불가피한 세계적인 변화추세에 보다 능동적으로 적응해 나가지 않으면 안 된다.

2 국제경영학의 성격

1. 학문적 성격

경제학이 모든 경제현상을 국민경제적 관점에서 다루고 있는 학문분야라면, 경영학은 이러한 제반 현상을 기업의 관점에서 다루는 학문분야이다. 따라서 똑같은 현상이라도 이를 국민경제적 관점에서 다루면 경제학적 분석이 되고, 기업의 관점에서 다루면 경영학적 분석이 된다. 예를 들어, 유럽연합의 정치 · 경제통합이 우리나라의 수출총량 · 환율 · 물가 등의 거시경제변수에 어떤 영향을 미칠 것인가에 대해 분석하면 이는 경제학적 분석이 되고, 유럽통합이 우리나라 개별 기업의 수출전략, 채산성 및 제반 기업활동에 미치는 영향을 분석한다면 이는 경영학적 분석이 된다. 따라서 경제학과 경영학은 그것들이 다루는 현상이 다른 것이 아니라, 다만 같은 현상을 어떤 관점에서 분석하느냐에 따라 학문의 분류가 달라진다.

이처럼 경영학의 모든 세분야(細分野)는 기업의 문제를 다루고 있다. 즉, 재무관리는 기업의 자금조달 및 운용의 문제를 다루고, 인사관리는 기업의 인적 자원을 어떻게 충원하여 훈련시키며, 이들을 어떻게 배치하고 동기부여(motivation)를 하여 경영성과를 올릴 것인가 하는 문제를 다루는 학문분야이다. 마케팅관리는 소비자인 고객을 만족시키면서 동시에 기업의 목표를 달성하기 위하여 생산자로부터 소비자 또는 최종사용자에게 제품과 서비스를 유통시키는 총체적인 기업활동의 여러 측면을 다루는 학문이고, 생산관리는 기업의 최적생산효율을 달성하기 위한 생산체제와 이와 관련된 제반 문제를 다루는 학문분야이다.

국제경영학도 경영학의 한 분야이므로 기업의 문제를 다루는 학문분야임에 틀림없다. 다만 국제경영학은 기업활동을 국제적인 시각에 맞추어 분석하는 학문이다. 따라서 기업국제화, 해외직접투자, 국제기업활동을 둘러싼 국제기업환경, 국제기업의 경영관리 등 여러 분야가 국제경영학의 주요한 연구대상이 된다.

2. 국제경영학의 정의

국제경영학이란 국경을 넘는 자원결합과 이를 주도하는 기업을 연구와 교육의 대상으로 삼는 경영학의 한 분야이다. 여기서 국경을 넘는 거래대상인 자원에는 제품, 서비스, 자본, 인력, 기술 및 경영노하우 등이 모두 포함된다. 국가 간 교역의 역사는 국가의 등장과 함께 시작하였고, 해외직접투자가 이루어진 것도 100여 년 전으로 거슬러 올라가지만, 국제경영학이 독립된 분야가 된 것은 제2차 세계대전 이후의 일이다. 대전 이후 기업들의 해외사업규모가 커지고 성격이 복잡해지면서, 그러한 국제거래가 기업 및 정부에게 여러 가지 해결하기 어려운 문제를 제기하게 되었다. 따라서 국제거래문제를 해결하기 위한 실용적 필요에 의해서 국제경영학이란 분야가 생기게 된 것이다. 국제경영학의 태동에 결정적인 역할을 한 것은 다국적기업의 등장이라고 할 수 있다. 종래의 무역이 기본적으로 특정 국가에 속해 있는 독립된 민족기업 간의 거래였음에 비해서, 다국적기업의 활동은 소유, 거래, 통제 등의 여러 면에서 한 기업의 영역이 여러 국가에 동시에 걸쳐 있다는 점에서 큰 질적 차이가 있다. 그러나 국제경영학의 대상이 다국적기업의 활동에 국한되는 것은 아니다. 전통적인 무역거래, 기술과 같은 지식거래, 경영권의 장악을 위한 직접투자, 단순히 투자수익만을 노리는 증권투자 등이 모두 국제경영학의 연구대상이 된다.

국제경영학이 독립된 분야로 성립되기 위해서는 경영학분야에서 충분히 해결할 수 없는 문제들의 영역이 있어야 할 것이다. 국제경영학이 그 나름대로의 독특한 문제를 갖는 가장 중요한 원인은 기업환경의 차이에서 찾아볼 수 있다. 우선 각국이 나름대로 서로 다른 문화적 · 정치적 및 경제적 · 법적인 전통과 제도를 갖고 있다. 다음으로, 외국에 나가서 사업을 하게 될 경우 그 나라 현지국(host country) 정부와의 관계가 매우 중요한 문제가 된다. 마지막으로, 화폐단위가 상이한 국가에서 국제경영활동을 전개하는 경우 환율의 변동에서 발생하는 여러 문제에 봉착하게 된다.

그렇지만 단순히 환경이 다르다고 해서 다른 학문분야가 필요할 수는 없다. 비교경제제도론, 비교경영학, 인류학 등 다른 나라의 제도와 전통을 그 연구대상으로 하는 분야가 있기 때문이다. 국제경영학이 존재하기 위해서는 그 다른 환경 때문에 발생하는 독특한 문제를 해결하는 데 도움이 되는 이론이 필요하고, 그러한 이론들이 교육을 통해서 전수가 가능해야만 한다. 다시 말해서, 국경을 넘는 거래를 수행하는 데 있어서 환경이 다르기 때문에 여러 가지 경영상의 문제가 발생하고, 그러한 문제해결에 도움을 주는 이론을 개발하는 학문분야가 국제경영학이다.

그러면 국제경영학과 비교경영학은 서로 어떻게 다를까? 비교경영학이란 다른 나라의 경영철학과 제도를 연구대상으로 하는 학문분야로서 일본이나 미국의 경영제도 등을 연구하는 것이 바로 그 예이다. 즉, 비교경영학은 국가 간의 거래발생을 전제로 하지 않는 분야인 데 반해서, 국제경영학은 국가 간의 자원이전이 그 연구대상이므로 기본적으로 다르다. 다만 비교경영학이 외국의 경영환경 및 제도 등을 연구대상으로 하기 때문에 그러한 지식의 축적은 국제경영학에 활용될 수 있으며, 그러한 의미에서 양자는 서로 보완적인 위치에 있다.

3. 국제경영학의 범위

앞에서 살펴본 바와 같이 국제경영학은 국제기업활동의 여러 측면을 이론적 및 실제적으로 다루는 학문분야이다. 그러면 국제기업활동이란 구체적으로 무엇을 의미하는가?

요약하면, 국제기업활동이란 각 국가의 국경을 넘어서 이루어지는 모든 사업활동을 의미한다. 국경을 넘는 사업활동의 대상에는 제품, 서비스, 자본, 인력, 기술 및 경영관리 노하우 등이 모두 포함된다.

국제기업의 원조는 다국적기업(multinational enterprise; MNC)이다. 다국적기업은 제2차 세계대전 이후 급속히 등장하기 시작하였는데, 다국적기업의 활동은 본질적으로 국내기업의 활동과는 그 성격이 달랐다. 그럼에도 불구하고 1950년대까지는 다국적기업을 독자적인 이론으로 설명하지 않고, 전통적 무역이론(trade theory)과 국제자본이동론의 이론체계로만 설명하려 하였다. 그러나 이와 같은 이론적 설명은 곧 그 한계에 직면하게 되었다. 왜냐하면, 무역이론은 그 가정에서부터 생산요소의 국제적인 불이동성(不移動性, factor international immobility)을 전제하고 있기 때문이다. 즉, 무역이론은 생산요소가 한 국가 내에서는 자유롭게 이동할 수 있으나, 국경을 넘어서는 이동할 수 없다고 전제하고 그 이론체계를 구축하였다. 생산요소의 국제적인 불이동성을 전제할 때, 각국이 절대적 비교우위 내지 상대적 비교우위를 갖고 있는 재화생산에 특화(specialization)하고, 이를 무역으로 거래하면 각국이 서로 교역의 이익을 얻게 된다는 것이 무역이론의 기본 체계이다.

그러나 다국적기업의 등장은 이러한 무역이론의 체계를 그 가정에서부터 깨뜨리는 것이었다. 다국적기업은 그 출발부터 생산요소를 국제적으로 이동시키며 생성되었기 때문이다. 다국적기업은 단순히 자본만을 국제적으로 이동시킬 뿐만 아니라, 인력 · 기술 · 제품 · 서비스 및 경영관리능력 등 모든 경영자원(management resources)을 국제적으로 이동시키면서 국제적인 사업활동을 전개하였다.

또한 무역이론은 무역에 있어서 각국 간 비교우위(comparative advantage)를 그 나라의 부존자원 등에 근거한 국가 특유의 비교우위 개념으로 설명하고 있다. 즉, 자본이 풍부한 나라는 자본집약적 산업에 비교우위를 가지고, 노동이 풍부한 나라는 노동집약적 산업에 비교우위를 가진다는 것이다.

그러나 다국적기업은 그 출발에서부터 국가 특유의 비교우위가 아니라 기업 특유의 독점적 우위(monopolistic advantage)를 가지고 시작하였다. 즉, 다국적기업은 비록 같은 나라에 속해 있는 기업이라도 서로 공유하고 있지 못하는 그 기업만의 독특한 독점적 우위를 가지고 국제사업활동을 벌이며 경쟁력을 확보해 나갔던 것이다.

다국적기업을 독자적인 이론체계로서 설명하기 시작한 학자는 하이머(S. H.

그림 15-1 국제경영학의 인접 학문분야

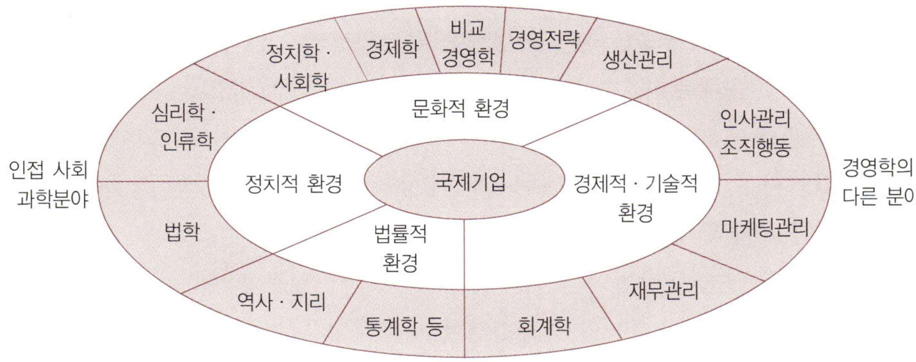

자료: 어윤대 외, 『국제경영』, 학현사, 1996, p. 14.

Hymer)였다.[1] 하이머의 논문은 1960년에 완성되었으나 출판은 1976년에 와서야 이루졌는데, 그 사이에 하이머의 스승이었던 킨들버거(C. P. Kindleberger)에 의해 수정 · 보완되어 독점적 우위이론으로 정립되었다. 하이머가 독자적인 이론체계로 다국적기업을 설명한 이후 많은 학자들이 다국적기업의 이론개발과 해외직접투자에 관한 이론연구에 몰두하였다. 그 결과 1970년대 중반에 이르러 국제경영학은 독자적인 학문으로서 이론체계를 갖추고 경영학의 한 분과로서 독립된 위치를 차지하게 되었다.

이상에서 살펴본 바와 같이, 국제기업의 활동은 상당히 다각적이다. 따라서 국제기업의 활동영역에는 국제경영학의 고유한 이론체계와 접근방법만으로는 설명하기 어려운 부분들이 있다. 예를 들어, 문화적 환경관리분야를 설명함에 있어서는 인접 학문분야인 문화인류학의 여러 연구결과를 빌려다 설명하는 수밖에 없다.

이렇게 국제경영학은 여러 인접 사회과학 및 경영학의 다른 분야와 밀접하게 연관되어 있다. 이들 인접 학문들은 국제기업이나 다국적기업을 이해하고 분석하는 데 매우 유용한 이론과 개념의 틀을 제공한다. 〈그림 15-1〉은 국제경영학의 여러 인접학문을 요약해서 보여 주고 있다.

1) 1960년 그의 박사학위논문으로 제출한 "The International Operation of National Firms"가 그 효시(嚆矢)였다.

하나의 학문이 과학(science)으로서 성립하기 위해서는 그 학문만의 고유한 연구영역이 있어야 하며, 이와 동시에 그 대상을 연구하는 방법에 있어서도 특성을 지녀야 한다. 우선 국제경영학은 "국경선을 넘어서거나 2국 이상에서 동시에 일어나는 경영활동"이라는 다른 어느 학문에서도 취급하지 않고 있는 대상을 연구하고 있다는 점에서 과학으로서의 첫 번째 조건을 충족시키고 있다. 그러나 그 연구방법에 있어서는 국제경영이라는 독특한 대상을 파악하는 데 가장 적절하면서도 독특한 기법을 아직 개발 · 정립해 나가는 과정에 있다.

국제경영학의 연구방법이 확립되어 가는 과정에 있는 이유는 학문의 역사가 짧기도 하지만, 그 연구대상인 국제경영에 내재하고 있는 포괄적인 성격 때문이기도 하다. 즉, 경영활동 중 특정 기능을 대상으로 하고 있는 생산관리 · 마케팅관리 · 재무관리 등의 연구분야와는 달리, 국제경영학은 대상에 있어서 이들 특정 기능을 망라한 기업의 국제적인 경영활동을 포괄적으로 다루어야 한다. 따라서 국제경영학자들은 연구목적과 분석대상에 따라 다양한 연구방법을 사용하고 있다. 예컨대, 국제경영활동의 주체인 국제기업이나 다국적기업 자체의 상태를 파악하기 위한 기업론적 연구방법, 이들이 진출하고 있는 현지국가 또는 국제금융시장을 포함한 국제환경을 연구하기 위한 객체적(客體的)인 연구방법, 석유 · 곡물 · 전자제품 등과 같이 국제거래가 빈번히 일어나는 특정 자원 또는 제품에 초점을 맞추는 상품별 연구방법, 국제마케팅관리 · 국제재무관리 등의 특정 기능을 다루는 기능별 연구방법, 기업이 국제화하는 데 있어 선택할 수 있는 전략형태를 고찰하는 전략대안별 연구방법 등이 관점에 따라 다양하게 사용되고 있다.

그러나 이런 연구방법 하나하나는 마치 '장님이 코끼리를 만지는 식'으로 국제경영이라는 대상을 제각기 다른 각도에서 보는 것에 불과하다. 국제경영이라는 연구대상의 포괄적 성격을 감안할 때 이 중 어느 한 가지만이 국제경영학에 접근하는 유일한 방법이라고 볼 수 없다. 따라서 여러 가지 연구방법을 모두 사용함으로써 국제경영에 대한 보다 종합적인 이해를 도모해야 할 것이다.

Chapter 16

국제기업과 해외사업활동

1 다국적기업과 국제기업

다국적기업의 개념은 흔히 국제기업(international corporation)의 개념과 혼용되고 있다. 다국적기업에 대한 정의는 매우 다양하다. 다국적기업의 개념은 구미 학자들에 의해 개발되었는데, 일반적으로 해외자회사의 수, 진출하고 있는 국가의 수, 모기업 주식소유의 국제적 분산, 중역진을 포함한 인적 구성의 국적분포, 기업활동 중 해외생산이나 해외매출액이 차지하는 비중 등 여러 가지 기준에 의해 정의되고 있다.

버논(R. Vernon)은 다국적기업을 "『포춘』(*Fortune*)지가 선정한 500대 회사에 연 2회 이상 등재되어 있는 기업으로서 6개국 이상의 국가에서 생산 및 판매활동을 영위하고 있는 기업"이라고 구체적 평가기준을 제시하여 정의하고 있으며, 『비즈니스 인터내셔널』(*Business International*)지는 "매출액과 수익의 35% 정도를 해외사업에서 얻는 기업"이라고 정의하고 있다. 버만(J. Behrman)은 다국적기업이란 "국경을 넘어 여러 국가에 퍼져 다양한 기업활동을 하고 있으면서도 기업 전체의 목표에 따라 일률적으로 통제·운용되고 있는 단일기업군(單一企業群)"이라고 정의하여 다국적기업의 구조적 특징을 강조하고 있다. 루트(F. Root)는 "여러 국가에 계열회사를 두고 기업활동을 수행하며, 각각의 계열회사를 직접 통제·관리하는 모기업(母企業)"이라고 정의함으로써 다국적기업의 활동영역과 통일적인 관리체계의 특질을 강조하고 있다. 이렇게 다양한 정의를 요약하면 다음과 같다. 즉, 다국적기업이란 "여러 국가에 계열회사를 가지고 다양한 기업활동을 영위하면서 본사가 설정한 다국적기업 전체 조직목표(corporate system-wide objective)에 의해서 일률적으로 통제·관리되는 기업군"이다. 다국적기업의 목표는 다국적기업 전체 조직의 이익을 극대화하는 방향으로 설정된다. 따라서 다국적기업 전체 조직의 이익을 증진시키는 일이라면 그 일이 설사 계열회사의 이익에는 역행하더라도 이를 추진하게 된다.

예를 들어, 미국의 다국적기업 A의 계열 자회사가 영국(B자회사)과 한국(K자회사)에 있다고 하자. B자회사와 K자회사는 각기 영국과 한국의 법률에 의하여 설립된 독립법인들이다. 영국의 법인세율이 50%, 한국의 법인세율이 25%라고 가정하면, A기업 전체로 보아 영국에 있는 B자회사보다는 한국에 있는 K자회사에서 더 많은 이익을 내는 것이 유리하다. 왜냐하면, 법인세의 부담이 반밖에 되지 않기 때문이다. 이 경우 A기업은 이전가격책정(移轉價格策定, transfer pricing)방법으로 B자회사보다는 K자회사에서 이익이 더 많이 날 수 있도록 유도하여 자회사를 통제 · 관리하게 된다. B자회사는 K자회사에게 반제품을 공급하고 K자회사는 B자회사에게 완제품을 공급하는 기업 간 내부거래를 수행하고 있을 경우, B자회사와 K자회사 간의 내부거래에서 자회사가 지불하는 반제품가격은 싸게 책정하고 수취하는 완제품가격은 비싸게 책정한다면, 자연히 B자회사의 이익은 적어지고 K자회사의 이익은 많아지게 된다. 이 경우에, B자회사는 계열회사로서 '자회사의 이윤극대화'라는 기업목표는 추구하지 못하게 되지만, 다국적기업인 A기업 전체 조직의 이윤극대화라는 전체 조직의 목표는 달성하게 된다. 이런 의미에서 다국적기업은 여러 개의 개별 회사가 아닌 '전체로서의 하나'(integral as a whole)인 기업군이며, 이 기업군은 다국적기업 전체 조직을 통합하는 체계통합적인 기업전략을 수행하게 된다. 체계통합적 다국적기업 전략의 가장 큰 특질은 다국적기업의 모회사와 자회사 또는 자회사 간의 내부거래가 활발하다는 것이다. 이와 같은 내부거래의 가격구조가 바로 이전가격이다.

구미의 학자들은 국제기업의 개념과 다국적기업의 개념을 혼용하고 있다. 그 이유는 실상 미국이나 유럽 기업의 경우에 국제화 내지 세계화가 성숙하여 두 용어 사이의 개념을 굳이 구분할 필요가 없기 때문이다. 구미 학자들의 정의를 엄격하게 적용한다면, 한국 기업 중에 다국적기업으로 분류될 수 있는 기업은 극히 드물며, 상당수의 한국 기업들이 국제경영학의 연구대상에서 제외된다.

한국 기업의 국제화는 1968년 한국남방개발(주)가 인도네시아 산림개발을 위한 국내 최초의 해외직접투자를 행함으로써 시작되었다. 운수업과 무역업부문은 1970년에 각기 해외로 진출하였으며, 1973년에 이르러서는 제조업부문에서도 해외직접투자가 이루어지기 시작하였다. 특히, 1980년대 중반 이후 1990년대에는 대(對)개발도상국 투자뿐만 아니라 대선진국 투자가 늘어나는 등 한국 기업의 국제화는 급속도로 진전되었다.

학문은 그 시대와 사회의 요구에 부응하여 발전하는 것이다. 우리나라에서의 국제경영학도 급속히 세계화되어 가는 한국 기업의 국제적인 기업활동을 설명할 수 있어야 한다. 우리나라 기업을 대상으로 연구하기 위하여는 다국적기업의 개념을 보다 확장한 국제기업의 개념이 필요하다. 즉, 국제기업이란 "국제적인 기업활동이 기업 내에서 차지하는 비중이 상당히 높은 기업"을 말한다. 이렇게 포괄적으로 국제기업의 개념을 정의하면, 우리나라 대부분의 무역회사, 건설회사 및 상당수의 제조업부문 기업들을 국제기업으로 분류할 수 있게 되어 국제경영학의 연구대상으로 포함시킬 수 있다.

펄뮤터(Howard V. Perlmutter) 교수는 국제기업에서 본사의 자회사에 대한 태도를 중심으로 다음과 같은 네 가지의 경영자 태도를 제시하고 있다.[1] ① 자민족 중심적(自民族 中心的, ethnocentric) 경영관이란 의사결정에 있어서의 권한, 자회사 통제방법, 의사소통방법, 인원구성 등 여러 조직과 경영면에서 경영자들이 본사 중심적인 태도를 갖고 있음을 가리킨다. ② 다중심적(多中心的, polycentric) 경영관이란 여러 조직이나 경영 등의 기준이 현지자회사 중심적인 본사의 태도를 가리키며 현지주의라고 할 수 있다. ③ 지역 중심적(regiocentric) 경영관이란 수개국이 인접해 있는 지역이나 경제블록지역에 대한 접근태도를 가리킨다. 그리고 ④ 지구 중심적(geocentric) 경영관이란 세계를 하나의 활동무대로 보며 특정 국가에 구애받지 않는 태도를 가리킨다. 예를 들면, 직원채용에 있어서도 경영자의 국적에 관계없이 가장 능력 있는 사원을 적재적소에 배치하는 정책 등을 말한다. 이러한 분류와 착상은 흥미롭기는 하지만, 과연 어떤 기업과 경영자가 지구 중심적인 태도를 갖고 있는지, 또 그러한 태도를 갖고 있지 않은 기업은 다국적기업이 아니라고 단정하기 어렵다. 그러나 이 네 가지의 경영관은 아직도 설명력을 지니고 있다. 특히, 다분히 자민족 중심적인 경영관을 지닌 한국 기업으로서는 앞으로 국제화를 달성하는 데 있어서 경영자의 의식이 문제가 될 수 있음을 암시해 준다.

다국적기업이 세계경제조직에서 문제가 되는 것은 민족국가와의 이해상충에 있다. 즉, 다국적기업이 등장하기 이전까지는 기업이나 개인의 행동이 속해 있는 국가의 이해와 일치한다고 인정되었기 때문에 국제거래에서 특별한 문제가 제기되지 않았다. 그러나 다국적기업의 등장으로 특정 현지국(host country) 국적을 가진

1) 펄뮤터의 이 네 가지 경영관을 EPR & G도식(scheme)이라고도 함.

자회사는 그 자회사의 본사가 위치한 본사국(home country) 이익과 반드시 일치하지 않는 행동을 할 가능성을 낳게 되었고, 이로 인해 세계경제조직상 다국적기업이 문제가 되고 있다. 이러한 다국적기업의 성격은 세계경제조직 내의 행동주체(actor)로서 민족국가뿐만 아니라 다국적기업도 포함시켜야 할 것이다.

한편, 초국적기업(超國籍企業, supernational corporation)이란 "지구 전체를 대상으로 사업을 전개하며, 특히 경영진이나 주주의 구성에서도 한 국가를 초월하여 조직되는 기업"으로 정의할 수 있다. 초국적기업은 다국적기업이 더욱 발달하여 출현하게 된다.

따라서 이 책에서는 국내기업이 국제기업으로, 다국적기업으로, 그리고 초국적기업으로 발전해 나간다는 단계적 발전론의 입장을 지니고 있다. 국제기업이란 다음 절에서 제시한 여러 가지 해외사업의 형태 중에서 어떤 것이든 그러한 사업의 비중이 기업전략상 중요한 비중을 차지하는 기업이고, 다국적기업이란 해외자회사를 거느리면서 그 자회사들이 본사에 의해서 계획 · 통제되는 기업을 말한다. 따라서 해외자회사 없이 수출사업에 의해 해외수출시장 비중이 기업전략상 중요한 기업은 국제기업으로 분류될 수 있지만 다국적기업으로 볼 수는 없다. 즉, 다국적기업은 국제기업의 범주에 들어가되 고도로 발달된 국제기업의 한 형태라고 볼 수 있다.

1980년대 초부터 이른바 제3세계 다국적기업(third world multinationals corporation)이란 용어가 사용되기 시작하였다. 그 이전까지의 다국적기업이 주로 미국, 유럽, 일본 등 선진국에 본부를 둔 기업을 지칭하였던 데 비해서, 이제는 개발도상국에 본부를 둔 다국적기업이 대두되었다. 이제 제3세계의 다국적기업에서 한국 기업도 중요한 비중을 차지하게 되었으며, 2000년대에 들어서서 한국 기업의 다국적화가 더욱 가속화되고 있다.[2)] 한국 기업의 국제화는 그 나름대로 특수성을 갖고 있으므로 보다 많은 연구와 분석이 요구된다.

2) 2009년도 포춘 글로벌 500대(Fortune Global 500) 기업 중 한국 기업이 14개 선정되었음.

2 국제기업의 해외사업활동

1. 해외사업활동의 형태

기업이 해외에 진출하는 사업활동을 크게 무역, 지적재산거래, 국제투자 등 세 가지로 나누어 볼 수 있다. 무역이란 상품과 용역의 직접 또는 간접적인 수출입을 가리키며, 지적재산거래란 기술, 마케팅노하우(know-how), 경영노하우와 같은 무형의 정보나 시스템을 계약을 통해서 소유면에서 독립된 기업에게 판매하는 거래이다. 국제투자란 외국기업 주식의 일부나 전부를 소유하게 되는 사업을 말한다.

수출은 기업 해외진출의 가장 기본적 형태로서 상품 및 서비스의 해외판매를 의미하며 여러 가지 형태가 있다. 상품수출에도 외국고객에게 어느 정도 접근하느냐에 따라서 간접수출, 직접수출, 해외자회사를 통한 수출 등의 방식으로 나누어진다. 간접수출이란 제조회사가 무역회사를 통해 상품을 수출하는 방법인데, 투자규모와 위험 정도가 작다는 장점은 있으나, 수출활동 자체를 거의 외부에 의존하므로 본격적인 해외진출활동으로 보기는 어렵다. 직접수출이란 제조회사나 무역회사가 직접 외국의 수입상이나 중간상에게 수출하는 가장 보편적인 해외사업활동이다. 그리고 해외자회사를 통한 수출이란 외국에 판매를 담당할 지사나 현지법인을 설립해서 현지의 판매경로에 한 단계 더 개입해 들어가는 더 발달된 형태의 수출이다.

우리나라는 1960년대 초 수출확장을 통해 경제성장의 달성이 경제정책의 기본과제였다. 제1차 경제개발 5개년계획이 실시되기 전 해인 1961년도의 수출입액은 각각 4,000만 달러와 3억 달러에 불과하였는데, 이러한 정책이 실시된 30여 년 후인 1989년도에는 수출입량이 각각 624억 달러와 615억 달러로서 수출이 1,521배 증가하고 수입이 195배 증가하였다.[3)] 이처럼 한국 기업의 수출이 매우 빠른 속도로 증가하여 경제성장에의 공헌도가 매우 컸으며, 여기에 힘입어 1986년도부터는 무역

3) 2009년도 한국의 상품수출액은 3,736억 달러, 상품수입액은 3,338억 달러였음.

그림 16-1 **해외사업활동의 형태**

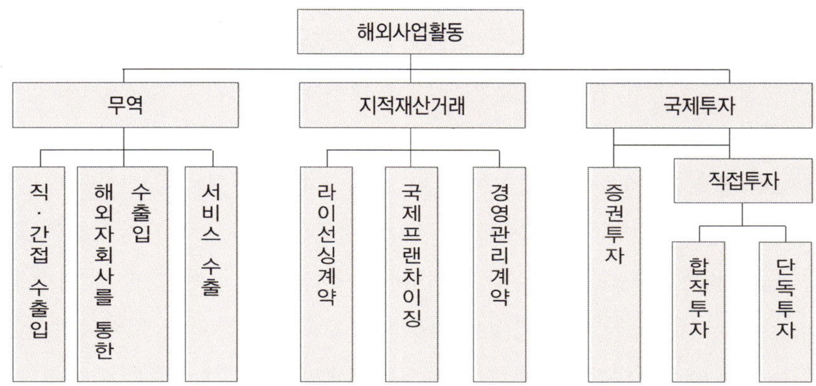

수지도 만성적인 적자에서 흑자로 전환되었다. 그러나 1980년대 후반과 1990년대에 와서는 대내외적인 경제 및 무역환경이 크게 달라져서 직접적인 정책수단을 동원하여 수입을 억제하고 수출을 촉진시키는 정책의 기조는 매우 어려운 국면에 접어들었다. 이처럼 1990년대 들어 수출이 부진한 이유는 통상마찰의 증가, 선진국의 경기침체 등 외적인 요인도 있으나, 근본적으로는 한국 상품의 국제경쟁력이 약화된 데 있다. 즉, 사회 전반의 생산비용이 상승한 반면 이에 상응하는 고부가가치의 제품생산이 이루어지지 않았기 때문이다.

다음으로, 라이선싱계약(licensing agreement)이란 독립된 두 기업 간에 일정 기간 특정한 기술을 사고팔기로 약정하는 거래이며, 경영관리계약(management contract)이란 일정 기간 계약당사자 중 한 기업이 다른 당사자가 소유하고 있는 기업을 대신 경영해 줌으로써 그 기간 동안 경영에 필요한 노하우와 조직(system)을 이전시키기로 약정하는 거래이다.

프랜차이징(franching)이란 제품, 가격, 유통경로, 광고 및 판매촉진 등의 포괄적인 마케팅믹스(marketing mix)를 제공함으로써 소비자들이 본사와 동일한 이미지, 제품 및 서비스를 제공받는다는 느낌이 들도록 하는 해외사업활동이다.

우리나라의 주요 기술도입선은 일본과 미국으로 구성되어 있다. 한편, 한국 기업의 대외기술수출은 기술개발촉진법에 따라 1978년 처음 이루어진 후, 기술도입에 비해 매우 미약한 것으로 평가된다. 기술수출의 주요 대상국은 아시아 및 기타 개발도상국으로 정유 · 화학, 전기 · 전자, 금속, 기계, 방직, 요업 및 시멘트가 주요 기술수출업종으로 나타나고 있다. 그러나 기술수출건수와 기술대가 수취액면에서 괄목할 만한 증가세를 보였다. 이러한 점증의 이유는 기술도입을 추진하고 있는 후발개도국 기업들이 자국의 산업화 과정에서 필요한 기술은 선진국의 기초설계기술이나 고도의 제품생산기술보다 한국 기업처럼 선진국의 기술을 도입 · 소화하여 나름대로 토착화시킨 노동집약적이면서도 중간수준의 제품생산기술이 적정기술(appropriate technology)이라고 보기 때문이다. 보다 높은 수준의 기술도입을 적극적으로 추진해야 할 한국 기업의 입장에서는 국제경쟁력을 유지시켜 줄 수 없는 사양기술이나 기술수출에 따르는 수출유발효과가 큰 기술은 경제협력 차원에서도 적극적인 수출이 필요하다.

해외건설공사계약(foreign construction contract)은 계약내용에 따라 건축물이나 구조물을 건설해 주는 국제계약거래로서 건축자재 등의 유형자산뿐 아니라 기술, 엔지니어링 등의 무형자산도 필요한 복합적인 해외진출사업의 형태로서 우리나라에서는 건설수출로 널리 알려져 있다. 한국 기업의 해외건설은 1965년까지의 준비기, 베트남 및 동남아 시장의 진출을 시도하는 개척기, 그 후 중동 시장에 적극적인 참여를 통해 비약적인 성장이 이루어진 확산기 및 중동건설이 절정에 달해 세계 2위의 건설수출국으로 부상된 성숙기, 그리고 유가하락으로 인해 중동의 건설시장이 위축되기 시작한 조정기를 거쳐 현재는 시장다변화 노력에 의한 회복기에 접어들고 있다. 1980년대에 접어들어 리비아, 이라크 등 후발국으로부터의 토목공사 수주가 늘어나고 사우디아라비아 등 선발국에서의 토목공사 발주의 지속으로 토목과 건축이 거의 균형을 이루었으나, 동아건설의 리비아 대수로공사 수주로 토목공사의 비중이 현격히 상승하였다.

지역별로는 현재 중동지역, 동남아지역 이외에 아시아 시장의 비중이 급속히 증가하여 가장 중요한 전략시장으로 부상하였다. 특히, 중국은 12억 인구의 거대시장으로서 서부대개발정책에 따른 해외건설의 잠재력이 무한하며, 선진국 시장도 WTO에 의한 개방으로 진출기회가 늘어나고 있다.

플랜트/턴키계약(plant/turn-key contract)이란 공장시설을 계약조건에 의해 완성하거나 일괄수주방식으로 준공하고 대가를 지불받는 해외사업형태인데, 계약기간이 장기이고 계약금액도 거액인 경우가 많다. 계약제조(contract manufacture)란 일정 수준의 제조시설과 능력을 갖춘 해외의 제조기업에게 주문회사의 요구대로 제품을 생산 · 공급하도록 계약을 맺고, 공급제품에 대한 마케팅은 주문회사가 책임을 지는 해외사업형태이다. 이 형태는 생산면에서 경쟁우위를 지닌 국제마케팅기업의 협력방식이다. 우리나라에서 주문자생산방식(original equipment manufacture; OEM)이라 부르는 수출도 계약제조의 한 형태이다.

공동생산(co-production agreement)이란 경제협력과 시장침투를 목적으로 일정한 계약조건 아래 공동생산을 약정하는 해외사업형태이다. 이 밖에도 기술이나 시설재를 제공하는 대가로 생산물 중에서 일정 비율을 분배받는 생산물분배(production sharing), 국제하도급(international subcontracting) 등 다양한 형태의 국제계약거래가 있을 수 있다. 해외사업활동 중에서 가장 본격적인 사업형태는 국제투자로서 국제간접투자와 해외직접투자로 나누어진다. 국제간접투자(international portfolio investment)는 투자대상 기업의 경영에는 참여하지 않고 단순히 이자나 배당수입을 바라는 증권투자이다. 해외직접투자(foreign direct investment; FDI)는 배당이나 이자수입만을 바라지 않고 해외기업에 대한 경영지배나 통제권을 행사하기 위해 투자하는 것이다. 해외직접투자는 그 소유지분이 100%인가, 또는 그 미만인가에 따라 단독투자와 합작투자로 나누어지며, 투자방식도 기존의 기업이나 공장을 매입하는 방식과 신규로 건설하는 방식의 두 가지로 나누어 볼 수 있다. 국제합작투자는 투자자금을 합작선과 나누어 조달할 수 있고, 현지국에서 외국비용(cost of foreignness)의 절감으로 정치적 위험의 발생가능성을 감소시키며, 국제합작선의 마케팅능력을 활용함으로써 유리한 해외사업 여건을 조성해 갈 수 있다. 그러나 합작투자는 통일된 경영체제를 확립하여 통제권을 행사하기가 어렵고, 기밀사항이나 노하우의 유출가능성이 크며, 국제합작선과 의견충돌로 인해 정치적 위험의 가능성이 단독투자보다 더 커질 수 있다.

한국 기업의 실질적인 해외직접투자는 1968년 한국남방개발(주)가 인도네시아에 산림개발을 위한 임업투자를 행함으로써 시작되었으며, 투자규모면에서 해외직접투자가 본격적으로 이루어지기 시작한 것은 국제수지 흑자의 원년으로 기록될 1986년 이후로, 특히 1990년대에 들어서면서 투자의 급증현상이 두드러지게 나타나고 있다. 업종별로 보면 제조업이 전체의 절반 이상을 차지하였으며, 무역업, 건설업의 순으로 기록되었다. 제조업 해외직접투자는 앞으로도 지속적인 증가가 예상된다.

제조업 해외직접투자의 증가이유는 다음과 같다.

첫째로 우리나라의 전통적인 비교우위산업이었던 노동집약적 산업, 즉 제품주기상으로 성숙기에 접어든 섬유, 의류, 신발, 봉제, 완구산업 등의 조립 · 가공형 생산부문에서 후발개도국의 추격으로 우리의 국제경쟁력이 크게 저하되고 있다. 따라서 현재 우리나라는 비교우위산업과 고부가가치산업을 적극 육성하고 산업구조를 고도화시켜야 할 것이며, 이를 위해 우리 기업들의 해외직접투자 확대는 효율적인 대안이 될 수 있다.

둘째로 최근 우리나라는 급격한 임금인상과 함께 근로자들의 육체노동 기피 등으로 제조업부문에서 심각한 인력난을 겪고 있다. 이러한 현상은 특히 전통적으로 우리나라가 비교우위를 보이던 노동집약적인 산업에서 해외직접투자를 통하여 현지의 저렴하고 풍부한 노동력을 확보하고 기업의 국제경쟁력을 지속적으로 유지해 나갈 필요성이 있다.

셋째로 최근 우리나라는 외국인 직접투자와 상품수입시장의 개방확대로 우리 기업들의 경쟁력이 뒤떨어진 부문에서 국내시장을 외국기업들이 잠식해 들어오는 실정이다. 이에 따라, 일부 우리나라 기업들은 뛰어난 경쟁력을 갖춘 외국기업에 대항하여 부담이 큰 국내시장을 방어하기보다 해외직접투자를 통해 비교적 손쉬운 해외시장을 공략함으로써 돌파구를 마련할 가능성이 매우 높다. 현재 제조업부문에서의 해외직접투자는 아시아 개발도상국을 중심으로 이루어지고 있으며, 총투자의 절반 이상을 차지하고 있다.

현재로서는 무역, 기술협력, 국제하도급생산 및 해외직접투자 등 해외진출활동에서 일본과 미국이 우리 기업의 주요한 협력국가이다. 그러나 최근 유럽 국가들과의 협력이 증대되고 있으며, 특히 개발도상국과 구공산권을 중심으로 수출입, 기술수출, 해외직접투자가 크게 늘어나 협력국가의 다변화 현상이 뚜렷해지고 있다. 우리 기업들은 선진국에 대해서는 자본수입, 기술도입 및 국제하도급생산 등 수입국의 수동적 역할을 수행하고 있는 반면에, 개발도상국과 구공산권 국가에 대해서는 자본 및 기술의 수출국으로 적극적인 역할을 수행하는 것으로 평가해 볼 수 있다. 따라서 향후 우리 기업들의 해외진출전략은 선진국형 국제화의 조직망을 이루어 나가는 방향으로 추진해야 할 것이다.

2. 한국 기업의 해외진출전략 방향

국제경영관리의 기능별 현지화, 현지사회와의 조화로운 관계 유지, 자회사의 자율권 강화 등 우리나라의 해외진출기업이 취할 수 있는 현지화 전략(localization strategy)을 심화시켜야 한다. 한국 기업의 현지화 전략은 크게 세 가지 측면에서 이해될 수 있다.

첫째, 국제경영관리의 기능별 현지화 측면으로서 국제생산관리, 국제마케팅관리, 국제재무관리, 국제인사관리, 국제경영조직, 국제정보관리 등 기능별 각 분야에서 현지화를 지향하는 것이다. 해외진출과 현지생산이 어느 정도 진전된 단계에서 국제경영학의 초점은 현지경영관리를 어떻게 성공시키느냐에 달려 있다. 현지의 공장경영과 관련하여 본국 경영관리자의 파견, 본국 설비의 공급, 작업조직의 운영, 품질의 관리방식 등 기존의 한국적인 생산 및 관리방식을 가지고 들어가는 해외진출전략이 보편적인 실정이다. 그러나 본사의 파견인원을 줄이고, 자립할 수 있는 현지공장이 얼마나 되며, 현지공장이 얼마나 장기적인 안전성을 확보할 수 있는지 등의 문제가 제기되고 있다. 일단 현지공장 운영의 장애는 극복하였더라도 전체적으로 저조한 효율성을 얼마나 개선할 수 있을지가 향후의 과제이다.

둘째, 현지사회와의 조화로운 관계 속에서 현지국의 정치적 위험을 감소시키는 전략적인 측면이다. 최근에 한국 기업들의 해외직접투자가 급증하면서 현지국에서 한국 기업에 대한 비판이 서서히 나타나고 있다. 이러한 국제환경 변화에 대응하여 해외시장에 현지법인을 갖고 있는 한국 기업들은 현지화의 노력을 적극화해야 한다. 현지인의 고용증가나 권한위임 등 기업 내의 국제화 노력은 물론, 지역사회와의 조화를 이루기 위한 문화활동이나 기부금 등의 사회기여활동에 의해 현지국에서 '선량한 기업시민'(good corporation citizenship)이 될 수 있어야 한다. 한국 기업의 해외자회사 규모가 점차 확대됨에 따라 현지인 고용이 중요한 문제로 등장하였고, 현지의 고용관련 제도를 충분히 이해하지 못한 실수도 발생하고 있다. 현지인에 대한 신규 채용, 임금, 승진결정에 있어서 인종, 피부색, 종교, 성별 등에 의한 차별은 신중을 기해야 한다.

셋째, 본사와 자회사의 권한위양관계로서 해외자회사의 자율권을 보다 강화하는 것이다. 해외현지법인에 대한 본사의 전략은 세계화(globalization)와 현지화(localization)의 두 가지 방향에서 접근이 가능하다. 그 동안 한국 기업들은 세계화 전략의 이점을 최대로 살리는 전략을 많이 수행하였다. 향후 선진기업들과 해외시장에서 경쟁하기 위한 차별화의 강화는 현지법인에 대한 권한위양을 통해 가능하다. 현지법인에 대한 자율성 보장은 현지시장의 요구에 신속히 대응하고 현지경쟁자와의 경쟁에서 민첩하게 전략적인 대응을 하기 위해 요구되고 있다.

Chapter 17 기업국제화의 이론

1 기업국제화의 개념

최근 우리 나라에서 가장 빈번하게 사용되고 있는 용어가 바로 '개방화'(laisser-faire)와 '국제화'(internationalization)이다. '개방화'란 수입을 자유화하고 외국인 투자제한의 완화 등으로 외국상품의 수입과 외국기업들의 국내진출을 자유롭게 하는 수동적 의미를 지닌 개념이다. 특히, 광범위한 분야에서 시장개방을 촉진하고 다자 간에 무역규범을 강화하기 위한 UR협상의 타결과 WTO의 탄생으로 국내시장의 개방은 피할 수 없는 추세이다. 한편, WTO체제로 인해 외국시장도 크게 개방될 것이므로 한국 기업들도 새로운 기업성장의 기회를 갖게 될 것이다.

한편, '국제화'란 기업 차원에서 보면 사업에 필요한 자원획득이나 시장개척을 위해 해외로 진출해 나가는 보다 적극적이고 능동적 과정을 의미한다. '국제화'는 국가 간의 자원이동에서 장벽이 낮아지고, 상호의존도가 높아지는 현상이라고 정의할 수 있다.

최근 국제화가 보다 심화된 현상을 '세계화'(globalization)라는 용어로 보편화하여 사용하고 있다. 여기에서 '세계화'란 의식과 제도의 합리화 내지는 선진화를 통해 국제경쟁력을 갖추자는 의미이다. 따라서 앞으로 한국 기업은 '세계화'라는 새로운 환경변화에 적응하여 대대적인 구조조정전략이 요청되고 있다.

기업의 국제화 과정과 단계에 대한 학자들의 연구는, 대체로 기업활동의 국제화에 초점을 맞춘 연구와 기업경영관리의 국제화에 초점을 맞춘 연구로 나누어 볼 수 있다. 전자는 국내생산 및 판매활동을 영위하던 국내기업이 점차 수출, 라이선싱, 해외직접투자 등 기업활동을 국제적으로 확대해 나가는 과정분석에 그 연구의 초점을 맞추고 있다. 반면, 후자는 기업활동의 확대에 따라 한 기업의 조직 · 경영관리 · 경영전략 등이 국제화되어 가는 것에 그 분석의 초점을 맞추고 있다.

1. 기업활동의 국제화

콜데(E. J. Kolde)는 기업의 국제화 과정을 기업활동이 단계적으로 확대되는 과정에 따라 다음의 세 단계로 나누고 있다. 즉, 기업은 제1단계로 제품의 수출, 제2단계로 현지판매 및 저장시설의 확대, 제3단계로 해외직접투자에 의한 현지생산의 과정을 거치면서 기업활동을 국제적으로 확대 · 발전시켜 나간다는 것이다.

딤자(W. A. Dymsza)는 기업의 국제사업활동을 중심으로 기업의 국제화 과정을 네 단계로 구분하고 있다. 제1단계는 기업의 경영관리방침이나 제품계열을 약간 변경하여 수출입활동에 주력하는 수출입활동단계이다. 제2단계는 기업의 경영방침과 경영전략을 약간 변경하여 외국기업과 라이선싱계약을 체결하는 기술적 노하우의 이전단계이다. 제3단계는 국내중심형 해외생산단계이다. 이 단계에는 해외생산 · 조립공장의 설립에서부터 해외 일괄생산 · 제조공장의 설립까지 모두 포함되나, 국제기업의 주요 의사결정은 아직 국내활동을 중심으로 이루어진다. 최종 제4단계인 다국적기업단계는 국제기업의 해외직접투자가 상당한 정도로 이루어져 총자산 중에서 해외자산이 차지하는 비중이 커질 뿐만 아니라, 국제사업활동으로 얻어지는 이익이 기업 전체 이익의 상당 부분을 차지하게 되는 본격적인 국제기업단계이다. 이 단계에 이르면 국제기업의 생산 · 판매 · 재무 등과 관련된 모든 국제경영관리계획의 집행 및 통제가 범세계적 차원에서 통합된다. 그러나 딤자는 어느 기업이든 이상의 네 단계 모두를 거치면서 국제화되는 것은 아니라고 주장하고 있다.

요한슨(J. Johanson)과 발네(J. E. Vahlne)는 기업이 특정 외국시장에서 기업활동을 점진적으로 확대시켜 나가는 과정에 초점을 맞추고, 스웨덴의 4개 기업을 대상으로 기업국제화 과정을 규명하였다. 이들은 기업국제화 과정을 제1단계 현지무역대리업자(agent)를 통한 수출, 제2단계 현지판매법인(sales subsidiary)의 설립, 제3단계 현지생산법인(production subsidiary)의 설립, 제4단계 현지생산 · 판매법인의 설립 등의 네 단계로 구분하였다. 이들의 실증분석에 따르면 현지국에 판매법인을 설립한 대부분의 기업들이 그 이전 단계에는 현지의 무역대리업자를 통해 수출하였다. 그리고 현지생산법인을 설립한 경우, 그 이전에는 현지무역대리업자나 현지판매법인을 통하여 수출활동을 지속적으로 전개하였던 것으로 나타났다. 또한 이들은 외국시장에 대한 본격적인 진출이 이루어진다고 주장하고 있다.

데이빗슨(W. H. Davidson)은 기업국제화 과정의 결정요인으로 제품 및 시장특성, 시장진출의 순서와 시기(timing) 등을 열거하면서 그 과정을 수출에서 해외직접투자로 이행하는 점진적 단계로 설명하고 있다. 그는 "외국시장에 현지판매법기능을 가지고 있는 기업은 곧 그 시장에서 현지생산을 위한 해외직접투자를 하게 되는 경향이 있다"고 주장하였다.

보르첼과 보르첼(L. H. Wortzel and H. V. Wortzel)은 한국 · 홍콩 · 대만 등의 신흥공업국(newly industrializing countries; NICs)과 태국 · 필리핀 등의 개발도상국(less developing countries; LDC)을 대상으로 한 조사에서 기업국제화 과정을 다섯 단계로 구분하였다. 제1단계는 수입업자 끌기(importer pull)단계로 수입업자의 요구에 의해 기업이 수출을 시작하는 단계이다. 이 단계에서는 수입업자가 제품의 품질과 가격, 선적조건 등 거의 모든 의사결정을 담당하고, 수출업자는 수입업자의 요구대로 제품을 만들어 수출할 뿐이다. 제2단계는 기초적인 생산능력의 마케팅단계로 수출기업이 디자인 등 기초적인 사항에 관한 의사결정을 담당하나, 마케팅기능의 대부분은 아직 본사국 중심으로 이루어지는 단계이다. 제3단계는 발전된 생산능력의 마케팅단계이다. 이 단계에서는 기업이 가격이나 판매량 등 시장요인에 대한 통제권을 일부 행사하기 시작하고, 이에 따라 마케팅기능의 일부가 피투자국 현지에서도 이루어지게 된다. 제4단계는 기업이 거의 모든 의사결정을 담당하는 유통경로 밀기(channel push)단계인데, 이 단계에서는 현지의 마케팅조직이 상당히 개선된다. 마지막 단계인 제5단계는 소비자 밀기(consumer push)단계로 신흥공업국 및 개발도상국 기업의 국제화 수준이 선진국과 거의 비슷하게 되는 단계이다. 이 단계에서는 국제화를 추진하는 국제기업이 피투자국 현지에서의 광고, 제품설계 등 제반 국제경영관리활동에 적극적으로 참여하게 된다.

이상 학자들의 기업국제화 과정에 관한 연구에서 발견할 수 있는 공통점은 기업국제화는 갑자기 이루어질 수 있는 것이 아니고 점진적인 발전과정을 거치면서 추진된다는 점, 기업국제화 추진에 있어서 시장내부화의 경험과 신흥공업국이나 개발도상국의 경우에 최고경영층의 국제화 의지가 매우 중요한 역할을 하게 된다는 점 등이다.

그러나 모든 기업이 동일한 경로를 따르는 것은 아니다. 어떤 기업은 처음부터

그림 17-1 그라이너의 기업국제화 모형

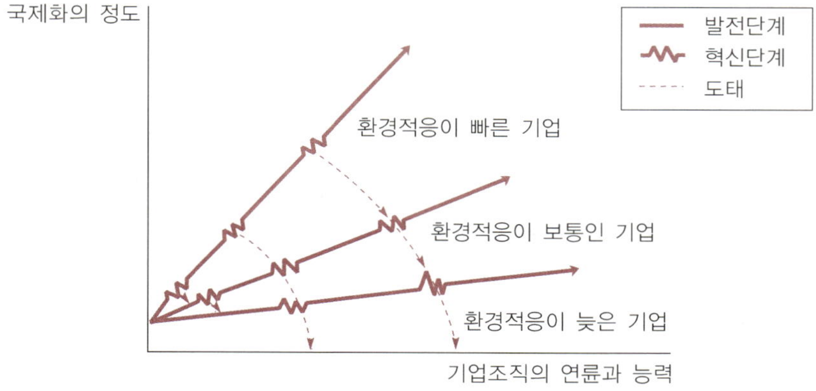

자료: E. J. Kolde, *International Business Enterprise*, Englewood Cliffs, New Jersey: Prentice-Hall, 1968.

특정한 해외사업활동방식으로 시작해서 그 방식에 계속 머무르고, 또 다른 기업은 단계모형에서 제시하는 방식과 반대되는 방향으로 바꾸기도 한다. 거래비용이 많이 발생하는 거래대상이나 시장인 경우 오히려 단독소유 · 운영을 먼저 시작하고 시간이 지날수록 수출이나 라이선싱방식을 택하기도 한다. 이처럼 단계모형은 현상을 기술해 놓은 모형이기 때문에 기업의 행동을 잘 반영하고 있지만 앞으로의 방향제시에서는 한계성을 지닌다.

2. 기업경영관리의 국제화

로빈슨(R. D. Robinson)은 기업의 해외활동 및 세계적 자원배분 정도, 소유국가, 기업경영관리의 특성 등을 기준으로 기업의 국제화 과정을 다섯 단계로 구분하였다. 그는 국제화 과정에 따라 단계별로 국가기업(national firm), 국제기업(international firm), 다국적기업(multinational firm), 초국적기업(transnational firm) 및 초국가기업(supernational firm)이라 하였다.

한편, 팅(W. Ting)은 제품개발전략을 중심으로 신흥공업국 기업의 국제화 과정을 모방기 · 개량기 · 선도기의 세 단계로 구분하였다. 그의 연구에 의하면 신흥공업국 기업들은 선진국 제품을 모방하여 이를 신흥공업국 여건에 적합하도록 개량한 후, 경쟁우위를 확보하여 이를 기반으로 새로운 시장을 개척해 나간다는 것이다. 이러한 과정에서 신흥공업국 기업의 국제화가 이루어지며, 기업국제화가 진전될수록 마케팅기능과 연구개발기능이 중요한 역할을 하게 된다.

현재 우리나라는 중국과 같은 저비용국가와 경쟁을 해야 하는 동시에 경영능력, 시장의 이해, 기술부문에서 우위에 있는 일본과 같은 국가와 경쟁해야 하는 이른바 '넛크래커'(the nutcracker)의 상황에 처해 이중고에 시달리고 있다.[1] 한국은 일본의 경제발전에 초석이 되었던 섬유, 철강, 석유화학제품, 선박, 자동차와 같은 기간산업에서 값싼 노동력을 바탕으로 경제성장을 이룩하였다. 경제성장을 가능하게 하였던 이러한 산업부문들은 이제 다른 아시아 국가들로부터 도전을 받고 있다. 중국을 위시한 아시아의 신흥공업국들은 노동비용면에서 한국보다 월등한 경쟁우위를 확보하고 있다. 이들은 우리나라와 달리 경제성장을 촉진시키기 위해 적극적으로 외국자본을 유치하였다. 또한 한국이 첨단기술산업으로 진출하기 위해서는 선진국 기업들과 기술부문에서 경쟁해야 한다. 우리나라는 일본이 집중적으로 육성한 산업분야를 그대로 따라 육성하였기 때문에 현재 한국이 직면한 '넛크래커'의 위에는 일본 기업이 위치하고 있다.

2 한국 기업의 국제화 과정

기업의 국제화란 개념은 단순한 수출활동에서 시작해서 복잡하고 방대한 세계적 경영활동에 이르기까지 실로 다양한 내용을 담고 있다. 따라서 기업이 어느 정도의 국제화를 이루고 있는가를 알기 전에는 그 기업의 국제경영활동에 대한 논

1) 매일경제신문사, 『부즈 · 앨런 & 해밀턴 한국보고서』, 1998, pp. 95~96.

의를 할 수 없으며, 이러한 논리는 한국 기업에도 그대로 적용된다. 그러므로 우리가 한국의 여건에 가장 적합한 국제경영이론과 전략, 그리고 관리에 관한 전반적인 이해를 얻기 위해서는 한국 기업의 국제화 과정을 단계적 · 동태적으로 살펴볼 필요가 있다.

1. 국내지향기업

기업이 처음 설립할 때는 거리적으로 가깝고 정보수집이 용이한 국내시장을 목표로 생산 및 판매활동이 이루어진다. 물론 오퍼(offer)상처럼 처음부터 해외시장을 상대로 하여 영업활동을 하는 사업체도 있을 수 있으나, 대부분의 제조판매업에서는 초기 국내시장을 목표로 삼는 것이 일반적이라고 할 수 있다. 이러한 기업은 생산시설의 가동률을 극대화하여 국내시장 점유율을 증대시킴으로써 수익극대화가 전략적 목표가 된다. 따라서 기업조직 역시 단일제품일 경우에는 각 제품성격의 상이성에 따라 기능별 분화 또는 제품별 분화가 채택된다. 자금조달면에서는 국내자본이 조달원천이 된다. 특히, 자금의 원천이 그 용도로부터 독립되지 못하고 특정한 사업프로젝트에 대한 정부의 제도적 지원 또는 기타 외부요인에 의하여 결정되는 우리나라의 여건에서는 재무관리부서의 역할이 경리 및 회계부서에 종속되는 현상을 보이게 된다.

일반적으로는 중소기업이 대기업보다 훨씬 국내지향적인 기업형태를 취하게 된다. 이는 중소기업이 대기업에 비해 자본, 경영 등에서 능력이 열세이기 때문에 이들로서는 불확실성이 높은 외국시장보다 국내시장에 대한 참여가 상대적으로 용이하다. 예를 들면, 미국과 같이 국내시장규모가 큰 여건에서는 절대다수의 기업이 외국진출에 관심을 보이지 않는 현상을 볼 수 있다. 그러나 국내시장이 협소한 우리나라와 서유럽 제국, 특히 스위스, 벨기에, 네덜란드와 같은 국가의 기업들이 국경선을 뛰어넘는 국제경영활동을 하지 않고 성장을 도모한다는 것은 불가능하다.

2. 해외지향기업

과거 국내시장 점유율의 극대화를 제1차적 목표로 삼았던 한국 기업은 1960년대 이후의 경제발전과 더불어 시련기를 맞이하였다. 국내시장의 규모가 일본의 1/10, 미국의 1/20에 불과한 실정에서 미·일의 대량생산체제하에 개발된 선진기술과 대단위 생산설비를 도입한 기업체에서는 경쟁의 심화와 함께 초래된 조업도의 감소를 국내시장만으로는 해소할 수 없게 되었기 때문이다. 승용차산업의 경우, 과거 신진자동차에 의한 주문생산적 독점체제에서 1980년도 초반에는 선진기술의 도입 및 부품계열화에 의해 대량생산체제를 갖춘 현대, 기아, 대우 등 과점경쟁체제로 발전하였다. 연간 20만 대 규모의 국내수요로는 당시 3개사의 총생산능력인 120만 대의 20% 수준의 조업도밖에 유지되지 못하였다.

이러한 경쟁체제에서도 각 기업 간에 일정한 평형이 이루어진 후, 모든 경쟁참가 기업들이 시장성장률과 같은 속도로 기업성장률을 유지하는 데 만족한다면 시장규모의 한계가 큰 문제가 되지 않았을 것이다. 그러나 연간 매출액성장률이 50%, 100%를 상회하는 기업체들이 잇달아 나타나고 있던 한국적 기업여건에서는 성장을 위해 해외시장에 눈을 돌리지 않을 수 없게 된 것이다. 따라서 국내시장 확대의 한계를 맞아 많은 기업들은 제2단계의 수출지향기업으로 전환하게 되었다. 그에 따라 이들 기업은 수출에 의한 해외시장 개척의 결과로서 조업도 제고 및 생산규모의 경제단위화 달성을 통한 수익증대를 목표로 삼게 되었다.

이러한 기업에서는 수출활동을 지원하기 위하여 과거의 기능별 또는 제품별 조직의 하부구조인 마케팅부서가 국내부와 수출부로 이분화되었다. 수출부의 주관 아래 수출활동이 이루어지고, 국내경영자 중 해외에 대한 식견이 있는 인물이 파견되어 현지시장과의 긴밀한 연락관계를 유지하였다. 다만 해외파견요원은 대부분 현지의 도매상이나 중개상을 접촉하며, 보다 적극적인 시장침투 국제마케팅 활동은 현지인에게 의뢰하게 된다. 예를 들어, 뉴욕에 있는 한국 섬유회사의 지사에는 부장이나 중역급의 한국인이 지사장으로서 파견되지만, 대부분 유태계 미국인을 고용하여 그들이 현지시장에 대한 접촉을 담당하도록 하는 것을 볼 수 있다. 재무면에서는 정부의 수출금융이나 지원조치를 효과적으로 활용하기 위한 전담부서를 종래의 회계부서로부터 독립시켜 최고경영자 직속기구로 편성한다.

그림 17-2 **우리나라 전자산업의 국제화 과정**

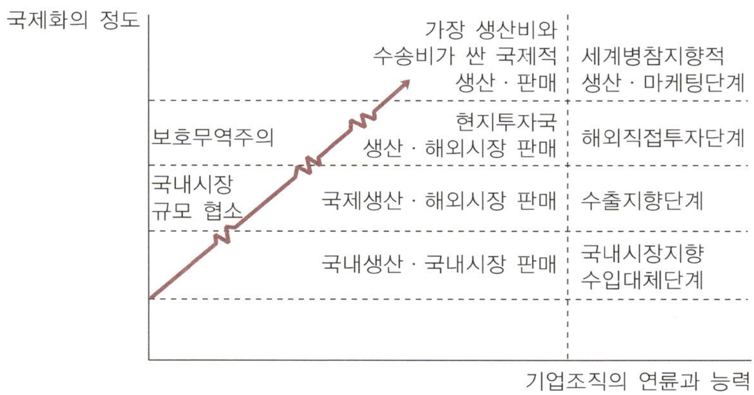

현재 한국의 기업체 중 종합무역상사, 일반무역회사, 그리고 수출업무를 직접 수행하고 있는 섬유, 전자 등 대부분의 제조업체를 수출지향기업으로 간주할 수 있다. 이들 중에서도 가장 대표적 형태인 10개 종합무역상사는 1983년에 이르러 우리나라 전체 수출의 50% 이상을 차지하였고, 이후 우리나라 총수출에서 차지하는 비중이 다소 줄었으나 1990년대 초반에도 40% 이상을 7개 종합무역상사가 차지할 정도로 수출지향적 국제경영활동을 수행해 왔다.

이러한 수출지향기업의 특징은 해외시장에서 경쟁력을 유지할 수 있는 생산요소가 국내에 있다는 점이다. 예컨대, 섬유나 신발 등 경공업제품과 같이 저임금과 고생산성을 겸비한 국내노동력이 외국에 비하여 상대적으로 유리한 조건으로 존재할 때, 제2기 기업의 국제경쟁력은 유지될 수 있다.

3. 현지지향기업

정부의 수출드라이브정책에 편승하여 급속히 성장한 수출지향기업들은, 1973년 석유가 급등에 충격(oil shock)을 받은 세계시장수요의 상대적 감퇴와 선진국의 자국노동자 보호를 위한 보호무역형 수입규제에 의해 두 번째 시련기를 맞이하게 되었다. 이에 따라 기업들은 그 동안 높은 성장률을 달성하게 하였던 한정된 품목으로 소수의 주력시장에 진출하는 수출전략에서 탈피하여 품목의 다양화 및 수출시장의 다변화를 통하여 수출성장률을 지속시키는 영역확대전략을 채택하게 되었다. 특히, 정부는 1975년에 종합무역상사제도의 도입과 함께 그 지정요건을 통하여 이러한 다각화 전략을 제도화하였다. 그러나 이러한 다각화 전략에는 한계성을 지니고 있다. 특히, 세계시장의 1/3 이상을 차지하는 미국 시장에서 한국 기업이 수출경쟁력을 가지고 있는 섬유, 신발, 컬러TV 등의 수입규제에 대신할 만한 시장과 품목은 손쉽게 찾을 수 없는 현실이었다. 따라서 선진국으로부터의 수입규제라는 어려움에 직면한 TV제조업, 섬유, 신발 등의 업계에서는 현지직접투자에 의한 수출시장 내의 생산활동이나 생산원가가 유리한 제3국 생산에 의한 선진국 시장침투전략을 채택하였다.

이러한 해외직접투자전략은 기업경영자의 주관이나 사고영역이 국내에서 해외로 확장되므로 근본적인 개혁이 요구된다. 즉, 해외투자를 실시하는 기업체는 재산가치를 판단하는 근거에 있어서 한국이라는 테두리를 벗어나게 된다. 왜냐하면, 해외투자에 의해서 형성된 재산은 현지국 주권(host country sovereignty)의 지배를 받게 됨에 따라 경영자도 마음대로 본국으로 환수나 처분을 할 수 없기 때문이다. 따라서 기업재산의 해외투자는 한 국가를 경제주체의 단위로 판단할 때에는, 반드시 국부(國富)의 증가를 도모하는 것이 아니라는 해석도 가능하다.

이러한 활동을 뒷받침하기 위하여 해외직접투자 기업에서는 수출지향기업 마케팅부서의 하부기관이었던 수출부를 외국부서로 독립시키고, 그 아래에 해외생산 및 국제마케팅을 담당하는 하부기관을 구성하게 된다. 인사면에서도 과거의 수출활동을 위한 본국 경영자의 현지파견뿐 아니라, 현지의 생산 및 마케팅을 담당하기 위해 현지노동자의 성향이나 소비행태를 피부로 느낄 수 있는 현지인의 활용이라는 새로운 전략이 도입된다. 재무면에서는 해외자본을 적극 활용하기 위한 국제금융업무가 주요 과제로 등장한다. 특히, 미국이나 유럽과 같은 선진국에 대한 투자자금은 상당 부분 현지금융시장에서 조달이 가능하고, 그 조건도 유리한 경우가 많기 때문에 해외투자활동을 위한 자금조달에 대해서는 국제금융시장의 활용을 기본적으로 고려한다.

우리나라 기업의 대표적인 해외직접투자 사례로는 주식회사 미원의 인도네시아에 대한 조미료제조 합작투자사업과 금성사를 비롯한 대규모 가전제품 제조업체들이 미국의 수입규제조치를 회피하기 위한 수단으로 현지생산공장을 설립한 것을 들 수 있다. 섬유업계의 경우 국내임금상승으로 인한 국제경쟁력 약화를 극복하기 위해 인도네시아를 비롯한 코스타리카, 도미니카공화국, 스리랑카, 방글라데시 등 저임금국가에 대한 해외투자를 들 수 있다. 또한 사업내용과 판매대상 지역은 다르나 자원개발을 위한 해외직접투자도 현지지향기업에 포함시킬 수 있으며, 1980년대 포항제철에서 추진한 호주 및 캐나다에서의 탄광개발이나, 주식회사 선경에서 추진한 인도네시아에서의 합판생산과 같은 사업도 좋은 예가 될 것이다. 구미(歐美)의 국제경영학자들이 많이 사용하고 있는 다국적기업(multinational corporation)은 한국의 경우 현지지향기업에 해당된다고 볼 수 있다.

4. 세계지향기업

현지지향기업이 성장을 계속한다면 어떠한 애로사항이 그 한계점으로 등장하게 될까? 이러한 미래의 기업환경에 대해 명확한 답변을 하기가 매우 어렵다. 그러나 선진 제국의 국제기업들이 나아가는 방향을 살펴보면, 한국 기업들도 해외지향기업, 현지지향기업을 통해 국제경쟁력이 강화되면 선진국 국제기업의 방향으로 발전하리라고 예상해 볼 수 있다. 따라서 세계시장의 체계가 더욱 확립되고 관세·비관세 등의 무역장벽이 낮아지며, 세계적 수송망의 발달로 운송비의 비중이 낮아질 때, 제4기의 기업형태로서는 세계에서 가장 저렴한 원가구조를 갖는 국가에서 생산된 제품을 전 세계 시장에서 판매하는 이른바 다변화된 생산·판매체계를 갖춘 세계지향기업이 등장한다고 볼 수 있다. 이러한 기업형태는 포터(M. Porter)가 소개한 세계기업(global firm)과 같은 개념이라 할 수 있다.[2)]

이러한 세계지향기업의 조직으로서는 기존의 기능별 또는 제품별 조직보다는 지역별 분화에 의한 라인조직(line system), 그리고 지역별 조직의 하부기관으로서 생산 및 판매를 중앙에서 유기적·효율적으로 통제·조정할 수 있는 기획실과 같

2) Michael E. Portor, *The Competitive Advantage of Nations*, Free Press, 1990, pp. 53~67.

은 스탭조직(staff system)의 이중적 구조가 등장할 것으로 예측된다. 물론 이러한 단계에 와서는 인사면에서도 국적을 떠나 능력을 기준으로 한 제3국 경영자의 등장이 필연적이다. 재무면에서도 다각적인 현지투자를 뒷받침하고 복잡한 지역적 조직에서 파생되는 위험성을 집합하여 통제할 수 있는 금융회사가 기존 조직 내의 재무부서로부터 독립하게 된다. 대표적인 예로 미국의 제너럴 모터스 해외회사(GM Overseas Corporation), 제너럴 일렉트릭 신용회사(GE Credit Corporation), IBM 금융회사(IBM Financing Corporation) 등을 들 수 있다.

한국의 기업들은 제1기의 국내지향기업에서 출발하여 해외지향, 현지지향 그리고 세계지향기업에 이르기까지 단계적인 발전을 추구해 왔다. 여기에서 제1기의 기업형태를 '국내기업'이라고 한다면, 제2기부터 제4기에 이르는 단계의 기업형태는 모두 '국제기업'에 포함시켜도 좋을 것이다. 이 중에서 제2기의 해외지향기업은 수출활동을 가장 주된 업무로 삼게 된다는 점에서 '수출기업', 제3기의 현지지향기업은 여러 국가에 본격적인 거점을 마련하고 생산, 마케팅 등의 경영활동을 수행한다는 점에서 '다국적기업', 그리고 제4기의 세계지향기업은 세계를 무대로 한 경영활동을 본격적으로 벌인다는 점에서 '세계기업'이라고 부를 수 있을 것이다.

해외직접투자를 독립적인 경제현상으로 인식하고 이론적으로 설명하기 위한 시도는, 제2차 세계대전 이후 급속히 발달하기 시작한 다국적기업의 성장과 함께 시작되었다. 그 전에는 해외직접투자를 독립적인 경제현상으로 인식하지 않고, 단지 국제자본이동의 한 범주로서만 이해하였다. 따라서 해외직접투자를 독립적인 이론으로 설명하기보다는 자본의 한계생산력 차이에 의해 국제적으로 자본이동이 일어난다는 전통적인 국제자본 이동현상으로 설명하려고 노력하였다.

그러나 해외직접투자는 단순히 배당이나 이자수입만을 바라는 것이 아니라, 해외에서 경영지배(management control) 또는 통제권을 행사함으로써 직접 사업을 수행하기 위해 투자하는 것을 의미하며, 따라서 전통적인 국제경제이론인 무역이론이나 국제자본이동론만으로는 설명할 수 없는 특징을 지니고 있다.

해외직접투자를 설명하기 위한 이론은 매우 다양하다. 그러나 무역이론분야에 있어서의 헥셔-올린(Hecksher-Ohlin)모형과 같은 지배적인 통합이론은 아직 개발되지 못하였다. 지금까지 개발된 여러 이론들은 해외직접투자의 특성을 부분적으로 설명해 주는 이론들로서 서로 경쟁적이라기보다는 상호 보완적인 성격을 지니고 있다. 따라서 현단계에서는 이러한 이론들을 기초하여 복잡·다양한 특성을 가지고 있는 해외직접투자를 일관성 있게 설명할 수 있는 통합이론모형의 개발이 필요하다고 할 수 있다.

Chapter 18 해외직접투자의 이론

제1절　해외직접투자의 개념과 특징

제2절　해외직접투자이론의 요건

제3절　해외직접투자의 제 이론

제4절　개발도상국 기업의 해외직접투자이론

1 해외직접투자의 개념과 특징

1. 해외직접투자의 개념

해외직접투자(foreign direct investment)의 개념은 국제간접투자(international portfolio investment)의 개념과 구분된다. 해외직접투자는 해외에서 경영지배나 통제권을 행사함으로써 직접 사업을 수행하기 위하여 투자하는 것을 의미한다. 따라서 해외직접투자에는 자본뿐 아니라 제품 · 기술 · 특허 · 경영관리능력 등과 같은 각종 경영자원의 이동이 동시에 일어나는 것이 특징이다.

반면에 국제간접투자는 경영지배나 통제의 목적이 아닌 단순한 배당금이나 이자수입을 목적으로 외국기업의 주식이나 채권을 취득하는 것을 말한다. 따라서 대부분의 경우 자본, 즉 화폐자산만 이동하게 된다. 따라서 해외직접투자와 국제간접투자의 차이는 피투자기업에 대한 경영통제권의 행사 유무에 있다고 할 수 있다. 이러한 해외직접투자의 개념을 루트(F. Root)는 "경영통제권을 갖는 해외기업에 대한 장기지분투자(long term equity investment)"로 정의하였고, 고지마(K. Kojima)는 "해외기업의 경영과 이익에 대한 통제권(control over management and profits)을 주목적으로 하는 자본이동"으로 정의하였다. 따라서 투자주체가 피투자국의 현지기업을 직접 지배 · 경영하는 경우에는 해외직접투자로, 투자주체가 경영통제권을 행사하지 않으면 이는 국제간접투자로 분류할 수 있다.

경우에 따라서는 자본이동이 수반되지 않은 해외직접투자도 있을 수 있다. 즉, 본사국인 투자국 자본이 외국으로의 이동 없이, 외국의 현지금융시장에서 자금을 차입함으로써 외국기업의 통제권을 획득할 수 있는 한편, 특허권, 기술, 기계 등과 같은 비화폐적인 실물자산으로도 투자할 수 있기 때문이다. 또한 기존 투자분의 과실이익이 피투자국인 현지국에 재투자되기도 한다. 따라서 해외직접투자는 엄밀하게 보아 국제적인 자본이동이라기보다는 해외의 생산시설, 자산에 자금을 이전 · 투하시킬 자본조성(capital formation)을 할 수 있는 국제기업의 자본 및 금융에 관한 능력이라고 정의할 수 있다.

2. 해외직접투자의 특징

해외직접투자는 다음과 같은 특징을 가진다.

첫째, 해외직접투자는 투자동기면에서 단순히 이자나 유동성 확보만을 지향하는 유가증권투자 또는 배당소득만을 목적으로 하는 주식매입과는 달리, 해외사업에 대하여 직접적으로 영향력을 행사하여 경영지배를 하는 것이 목적이다. 따라서 단기적인 이익획득의 가능성은 직접투자에 있어서 중요한 문제가 안 되며, 투하자본의 이자획득만을 목적으로 하는 경우에는 직접투자가 아니다. 그러므로 채권이나 주식의 취득, 모든 종류의 단기자본투자, 이자나 배당금 위주의 장기투자, 사업목적을 수반하지 않는 토지의 취득 등은 직접투자에 포함될 수 없다.

이와 같이 해외직접투자는 경영참여를 목적으로 하고 있다는 점에서 간접투자와 구별된다. 그러나 주식투자의 경우 투자형태상 공통점이 많고 외견상 구분이 곤란하므로 경영지배권을 출자비율에 의해 구분하여 일정 수준 이상의 주식보유를 직접투자로 보는 것이 일반적이다. 이에 관하여 명확한 기준은 없으나 미국 · 일본 등의 국가에서는 출자비율 25% 이상을 직접투자로 분류하고, 우리나라는 외국환관리법상 원칙적으로 50% 이상을 직접투자로 분류하고 있다.

둘째, 해외직접투자는 그 구체적 형태면에서 단순한 화폐적 형태의 자본이동뿐만 아니라 유형 · 무형의 경영자원, 즉 외면상으로는 경영자를 중핵으로 하고 실질적으로는 경영관리상의 지식과 경험, 특허(patent), 노하우(know-how)는 물론 마케팅기법 등을 포함한 광범위한 전문적 · 기술적 지식, 판매 · 원료구입 · 자금조달 등 시장에서의 지위, 상표 또는 신용, 정보수집 · 연구개발을 위한 조직 등을 포함한 포괄적 이전을 의미하고 있다는 점에서 수출이나 라이선싱과 구별된다.

한편, 해외직접투자에 필요한 자본은 반드시 모기업의 거주지 국가로부터 이전될 필요는 없으며, 필요자금을 현지국의 자본시장에서 조달할 수도 있다. 그러나 해외직접투자의 기본 성격이 이윤동기에 의한 현지기업의 실질적 지배에 있으므로 그 기본 속성은 자본수출에 있으며, 여기에 기타 유형 · 무형의 여러 경영자원 수출이 복합되어 있다 하겠다.

셋째, 해외직접투자는 자본의 수출인 동시에 기업의 수출로서 한 국가의 기업이 국내지향 및 해외지향의 경영에서 현지지향 및 세계지향의 경영으로 전환하기 위한 필요조건이다. 이를 기업의 일반적인 성장과정에서 보면 기업은 생성 초기 단계에서는 국내시장 개척에 주력하나, 기업이 성장하면서 국내판매에서 발생되는 제 문제, 즉 시장의 제한성, 경쟁의 심화 등을 해소하기 위하여 수출에 의한 해외시장 개척을 도모하게 된다. 이러한 해외시장 개척에 의해 기업은 수출확대기에 돌입하나, 이 시기가 지나면 수입국의 제반 여건변화, 제3국과의 경쟁심화 등의 이유로 현지생산에 의한 시장기반 확보 및 생산원가 절감을 추구하게 된다. 해외직접투자는 이와 같이 기업이 현지생산기에 접어들면서 이루어지며, 따라서 해외직접투자는 다국적기업의 발생과 성장을 위한 기반이라 할 수 있다. 여기에서 한 걸음 더 나아가 기업이 세계시장을 상대로 유기적 경영을 수행하는 세계지향기에서도 해외직접투자는 그 기본 조건이 되는 것이다.

2 해외직접투자이론의 요건

그러면 해외직접투자이론이 설명하여야 할 주제는 무엇인가? 해외직접투자이론이 설명하여야 할 주제는 일반적으로 다음의 세 가지를 들 수 있다.

첫째, 외국기업은 현지국 기업과 비교하여 갖게 되는 여러 가지 불리한 점, 즉 갖가지 외국비용(cost of foreignness)에도 불구하고 왜 해외직접투자를 행하는가? 현지국 기업과의 경쟁에서 이길 수 있는 외국기업의 우위성의 원천, 즉 기업 특유의 우위요소(firm-specific advantage)는 무엇인가?

둘째, 수출이나 라이선싱(licensing) 같은 다른 사업형태가 있음에도 불구하고 왜 해외직접투자라는 위험부담이 높고, 자원투입이 많은 사업형태를 택하는가? 즉, 기업 특유의 우위요소가 왜 해외직접투자라는 방법을 통하여 이동하는가?

셋째, 어떤 나라의 어떤 산업에서 어떤 기업이 투자활동을 주도하는가? 즉, 해외직접투자가 일어나는 생산입지상의 조건은 무엇인가?

이상의 세 가지 질문에 답할 수 있다면 해외직접투자현상을 설명하는 일반이론이라고 볼 수 있지만 이제까지 개발된 어떤 이론도 이상의 주제들을 일관성 있게 충분히 설명하고 있지는 못한 실정이다. 이상의 세 가지 주제를 다시 요약하면, ① 해외로 이동할 자원, 즉 기업 특유의 우위요소에 대한 설명, ② 자원을 해외로 이동시키는 방법에 대한 설명, ③ 자원을 이동시키는 대상국 내지 피투자국인 현지국의 선정문제라고 할 수 있다.

앞에서 설명한 바와 같이 해외직접투자가 성립하기 위하여는 외국기업이 현지국 기업에 비하여 갖게 되는 여러 가지 불리한 점, 즉 외국비용을 상쇄시킬 수 있으나 그 중에 대표적인 것으로 현지국 기업에 유리한 경제 · 사회 · 법률의 제도, 사회적 관습, 소비자의 기호, 교통 · 통신비용과 현지국의 주민 또는 공공기관의 차별대우, 현지국 사정에 대한 지식부족 등을 들 수 있다.

따라서 이러한 외국비용에도 불구하고 해외직접투자사업을 통해 수익을 얻기 위하여는, 외국비용을 상쇄하고도 남을 수 있는 기업 특유의 우위요소를 해외직접투자기업이 보유하고 있어야 한다. 이러한 기업 특유의 우위요소는 무역이론에서 국제무역을 가능하게 하는 비교우위요소(comparative advantage)와는 그 성격이 사뭇 다른 것이다. 무역이론이 상정하고 있는 비교우위요소는 국가 특유 우위요소(country-specific advantage)인 반면, 해외직접투자를 가능하게 하는 우위요소는 기업 특유 우위요소(firm-specific advantage)이다. 기업 특유 우위요소는 해외직접투자를 행하는 특정 기업이 보유하고 있으며, 그 특정 기업 내부에서는 국경을 넘어 자유롭게 이동할 수 있는 성격을 가지고 있다.

기업 특유의 우위요소는 구체적으로 무엇인가? 이는 각 기업의 사정에 따라 다를 수 있으나, 일반적으로는 ① 신제품 및 새로운 제조공정의 개발능력, 제품차별화 능력, 고도의 조직 및 경영관리기법 등 기업의 기술적 우위요소, ② 과점적 시장구조, 규모의 경제 등과 같은 산업구조적 요소, ③ 전 세계적인 조직망과 이를 활용한 우수한 정보수집 및 분석능력, ④ 환율변동에 따른 통화프리미엄, 저렴한 자본조달비용, 영업활동의 지역적 분산을 통한 위험분산 및 이익흐름의 안정화 등 재무 · 화폐적 요소, ⑤ 원료산지에 대한 독점적 지배 등으로 요약할 수 있다.

기업 특유의 우위요소가 존재하려면 국제시장이 불완전해야 한다. 완전경쟁상태에서는 어떤 기업도 시장지배력을 가질 수 없으므로, 모든 기업은 동질적인 제품을 생산하고 모든 생산요소를 균등하게 사용한다. 이러한 국제시장에서는 어떤 기업도 다른 기업이 향유하지 못하는 특유의 우위요소를 가질 수 없다. 따라서 완전경쟁시장에서는 해외직접투자가 발생할 수 없다. 이러한 맥락에서 볼 때, 국제시장의 불완전성은 해외직접투자를 가능하게 하는 기본 전제조건이 된다고 할 수 있다.

3 해외직접투자의 제 이론

전통적인 무역이론은 국가와 국가 간의 교역을 설명하는 과정에서 개인이나 기업의 존재에 대해서 특별한 고려를 하지 않는다. 국가의 행위만을 분석하면 자연히 개인이나 기업의 행위도 포함된다고 본 것이다. 그러나 다국적기업이 존재하는 세계에서는 이러한 가정이 성립하지 못한다. 다국적기업의 해외현지법인과 본사의 무역거래는 독립된 기업 간의 무역거래와는 그 성격이 상당히 다르다. 비록 국경을 넘기는 하지만 기업 내부의 거래이므로 교역대상 상품의 성격이나 거래가격이 독립기업 간의 그것들과 다를 가능성이 크다.

다국적기업의 등장으로 인해 전통적인 무역거래에 대해 새로운 설명이 요구될 뿐만 아니라, 기술이전이나 직접투자와 같은 새로운 거래에 대한 설명도 요구된다. 특히, 해외직접투자는 기술, 자본, 경영 등이 복합적으로 포함되는 사업이고 가장 발달된 형태의 사업인 만큼 이 사업을 설명하려는 노력이 가장 많았다. 구체적으로 해외직접투자를 설명하려는 시도는 1960년에 하이머(S. H. Hymer)에 의해서 시작된 이후 지난 30년간 상당히 많은 이론과 실증적 연구가 진행되어 왔다. 한편, 기술이전에 대해서도 다양한 접근방법을 통해서 다양한 가설들에 대한 연구들이 계속되어 왔다.

이러한 연구들이 특정한 사업형태를 설명한다는 점에서 의의가 있기는 하지만 그 자체가 다국적기업이론이 되지는 못한다. 직접투자, 기술이전 또는 무역거래가 모두 다국적기업이 수행하는 사업형태이기는 하나 이들 개개 사업형태를 모두 설명한다 해도 그들의 합이 다국적기업이론이 되지는 못한다. 세계를 무대로 시장거래를 내부거래화하며, 다양한 사업을 추구하는 다국적기업 자체에 대한 이론연구는 이제 형성되어 가는 과정에 있다.

경영학, 특히 국제경영학에서 이론의 발달은 실제현상을 뒤쫓아 가는 경향이 많다. 다국적기업의 등장이나 해외직접투자활동이 활성화된 후 수십 년이 지났지만 아직도 이론분야는 일반화되지 못한 상태이다. 따라서 본 절에서는 직접투자이론이 설명하여야 할 과제가, ① 외국기업이 현지기업에 비해 갖는 불리점에도 불구하고 왜 투자를 하느냐는 점, ② 국제기업이 수출, 기술계약, 국제직접투자와 같은 여러 가지 사업대안 중에서 특정 사업형태를 어떻게 선택하는가 하는 점, ③ 왜 특정 국가에 해외직접투자의 입지를 정하느냐는 점이라고 하였을 때, 이를 설명할 수 있는 해외직접투자이론을 종합하는 방향에서 기존의 이론을 설명하고자 한다. 이러한 설명을 위해 본 절에서는 우선 기존에 개발된 독점적 우위이론(monopolistic advantage theory), 내부화 이론(internalization theory), 절충이론(eclectic theory)을 설명한다. 기타 직접투자이론으로는 급진주의이론, 상품주기이론(product life cycle theory), 과점적 경쟁이론(oligopolistic reaction theory), 기업행동이론(organizational behavior theory), 자본시장 불완전이론에 대해서 설명한 후, 최근에 연구가 이루어진 개발도상국 기업의 해외직접투자이론을 간략히 소개한다.

1. 독점적 우위이론

독점적 우위이론은 킨들버거(C. P. Kindleberger)의 지도 아래 하이머가 미국 기업이 유럽에 투자하는 현상을 설명하기 위해 만든 이론이기 때문에 흔히 하이머-킨들버거(Hymer-Kindleberger)이론이라고도 한다. 이 이론의 핵심적인 내용은 외국기업이 정상적인 해외사업활동을 하기 위해서는 현지기업에 비해 갖는 필연적 불이익을 보전할 수 있는 독점적 우위를 가져야 한다는 것이다.

어떤 나라에서 그 나라의 국내기업과 외국기업이 경쟁한다고 하였을 때, 외국기업은 언어와 문화가 낯설고, 정부로부터 차별적 대우를 받을 가능성이 많으며, 나아가서는 환율변동이나 정치적 변동 등의 추가적인 위험에 노출된다. 이러한 외국기업으로서 갖는 불리함에도 해외사업을 영위할 수 있다는 것은 그러한 불리점을 극복해 주는 우위가 있을 것이며, 또한 있어야 한다는 것이다.

무역의 요소부존도이론(要素賦存度理論, factor endowments theory)에서 교역의 우위요건인 생산요소가 국가 특유(country-specific) 또는 장소 특유(location-specific)의 특징을 갖는 데 비해 해외직접투자의 우위요건인 독점적 우위는 기업특유우위(firm-specific advantage)라고 하며, 케이브스(Richard E. Caves)는 이를 제품차별화(product differentiation) 능력이라고 부른다.

기업 특유의 지식으로는 기술, 마케팅 노하우 및 경영능력을 들 수 있다. 기술이란 장기간의 연구개발투자를 통해서 형성된 지식이며, 마케팅 노하우는 광고나 유통경로 등에 대한 투자를 통해서 구축한 지식을 말하며, 경영능력은 인력에 대한 투자와 경영시스템 개발을 위한 투자에 의해 만들어진 지식이다. 지식은 한 번 축적되면 동시에 여러 곳에 사용될 수 있기 때문에, 한계사용비용이 거의 0에 가까운 데 반해 현지기업이 그러한 지식을 획득하는 데는 상당한 투자가 필요하기 때문에 상대적으로 외국기업의 불리점을 극복할 수 있다.

이러한 지식은 모두 공공재적 성격을 갖는다. 공공재(public goods)란 한 사람이 소비한다고 해서 다른 사람들이 소비할 수 있는 기회가 배제되지 않는 재화라고 정의할 수 있는데, 공원, 등대, 도로 등이 좋은 예이다. 국제기업은 지식의 이러한 공공재적 성격 때문에 사유화(appropriate)할 필요가 있어 직접투자를 하게 된다는 것이다.

그러므로 독점적 우위이론에 따르면, 직접투자는 기술집약적인 산업과 광고집약적인 산업에서 빈번할 것으로 예상할 수 있는데, 대체로 미국의 해외직접투자는 이러한 가설을 잘 뒷받침해 주고 있다. 예를 들어, 화학, 제약, 기계, 정유 등의 기술집약적 산업과 가공식품, 화장품과 같은 광고집약적 산업에서 직접투자가 많은 반면, 제철이나 석유산업에서는 그다지 투자활동이 활발하지 않다.

이상에서 독점적 우위이론은 해외직접투자이론이 설명하여야 할 세 가지 물음에 대해, 우선 해외시장에서 불리함을 보전할 기업특유의 우위로써 거의 완벽하게 설명해 주며, 다음으로 해외사업형태로서 해외직접투자를 택하는 근거를 독점적 우위인 지식의 공공재적인 특성 때문에 국제기업이 이를 사유화하는 과정을 통해 부분적으로 설명하고 있다.

하지만 독점적 우위이론은 두 가지 한계를 지니고 있다.

첫째, 뚜렷한 독점적 우위가 없는 경우에도 직접투자는 일어난다는 점을 설명하지 못한다. 예컨대, 원자재 확보를 위한 경우나 생산효율 및 수출장벽의 극복을 위해 직접투자는 이루어진다.

둘째, 지식의 공공재적 특성 때문에 사유화할 필요가 있다고 하지만, 지식이 특허나 상표권으로 보호되는 경우 굳이 직접투자라는 방법으로 사유화하지 않더라도 보호된다는 점에서 이 이론의 설명력이 떨어진다.

2. 제품수명주기이론

버논(R. Vernon)은 하이머의 독점적 우위요소를 더욱 면밀히 분석하여 이를 제품의 발전단계에 적용함으로써 제품수명주기이론(product life cycle theory)을 개발하였다. 이 이론은 원래 마케팅분야에서 개발된 이론이지만 그 후 수출과 해외직접투자를 설명하는 데 응용되었다. 이 이론에 따르면, 기업의 국제적 활동은 그 기업이 개발한 제품의 수명주기에 따라 신제품단계, 성숙제품단계, 표준화 제품단계의 세 과정을 거치면서 변화하게 된다.

제품수명주기이론에 따르면, 우선 기술혁신국이란 과학자와 엔지니어의 공급이 충분하고 전반적인 기술수준이 높은 나라이며, 또한 충분한 수요가 있어서 기업으로 하여금 신제품개발을 위한 유인을 제공해 줄 수 있는 국가이다. 일정한 시간이 경과하면서 기술혁신국 내에서도 후발기업들이 모방을 시작하면서 경쟁이 시작되고 또한 국내에서의 수요도 늘어나게 된다. 이 제품은 이제 도입기에서 성장기로 접어들면서 외국에도 알려져 해외수요가 생기기 시작하여 기술혁신국은 제품을 수출한다. 기술모방국은 어느 정도의 수입기간을 거친 후 제품에 대한 기술을 습득하게 되고 이 제품을 생산하기 시작한다. 이처럼 혁신국과 모방국 사이에는 소비와 생산에서 모방격차(imitation gap)가 존재하기 때문에 수명주기 개념을 통해 무역과 해외직접투자를 설명하는 데 의미가 있다.

더 나아가 혁신국에서 제품기술이 표준화되기 시작하면서 제품수요도 성숙기로 접어들게 되며, 더 이상 제품기술로써 차별화가 어렵게 됨에 따라 이 제품은 마케팅을 통한 차별화 대상이 되거나 또는 가격경쟁을 하는 표준화된 제품이 된다. 이 단계에서 경쟁의 초점은 표준화된 제품의 경우 가격경쟁이 되며, 이때의 무역

그림 18-1 제품수명주기에 따른 기업의 생산 및 무역

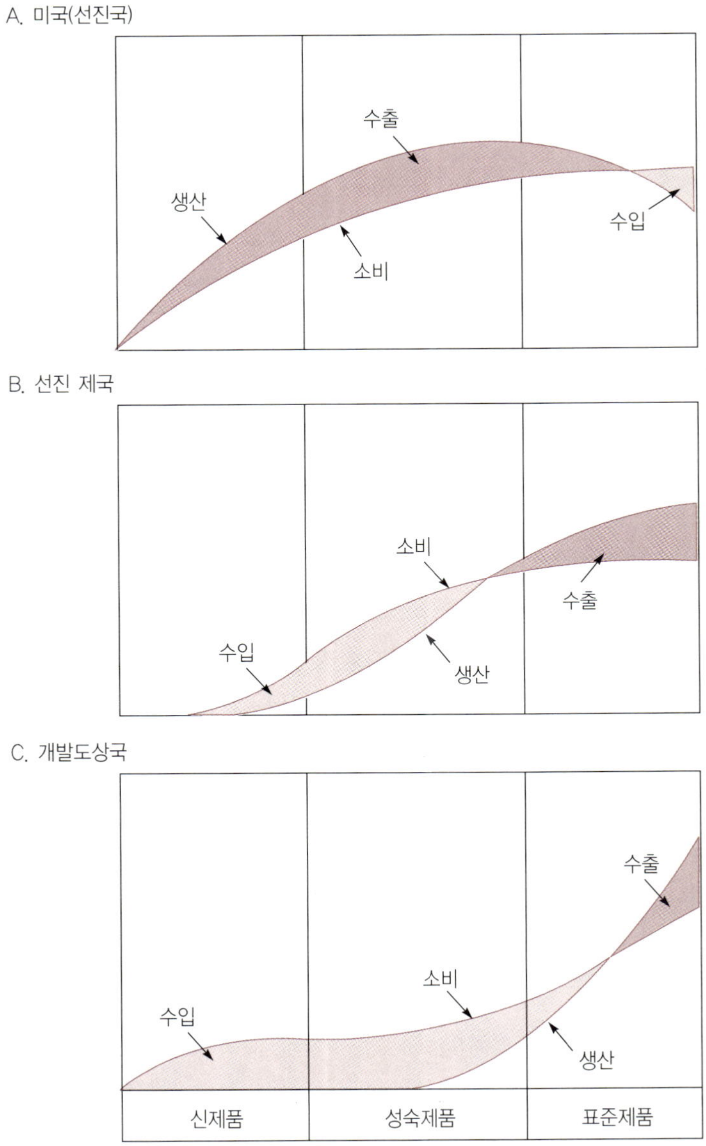

자료: R. Vernon, "International Investment and International Trade in Product Cycle," *Quarterly Journal of Economics*, May 1966, pp. 190~207.

패턴은 일반적으로 저임금의 기술모방국이 비교우위를 갖게끔 바뀌게 된다. 따라서 처음에는 제품을 수출하던 혁신국이 오히려 수입을 하게 된다.

이러한 제품수명주기이론을 통해서 우리는 수명주기상의 두 가지 단계에서 직접투자가 발생함을 알 수 있다. 첫째는 모방국 기업이 제품을 생산하거나 또는 모방국 정부가 국내생산을 촉진하기 위해서 관세보호 등 유인책을 제공하는 시기이다. 이때 외국의 혁신기업은 기존의 수출시장을 빼앗기지 않으려는 방어적 목적에서 해외직접투자를 하게 된다. 두 번째는 제품이 성숙기로 접어들면서 가격경쟁을 하게 되고, 모방국이 혁신국에 역수출(逆輸出)을 하게 됨에 따라 본국 시장에서 시장위치를 빼앗기지 않으려는 목적으로 낮은 생산비의 국가에 해외직접투자를 하게 된다.

수명주기가 성숙기로 이동하면서 생산입지가 기술모방국으로 이전된다. 이때 다국적기업이 해외직접투자를 통해 현지생산을 하고 처음에는 현지시장을 표적으로 영업활동을 하며, 시간경과에 따라 생산비용이 기술모방국에 유리하게 바뀌면서 본국으로 역수출을 하게 된다. 이때는 현지자회사가 생산을 계속할 수 있고, 또한 현지기업에게 하청생산을 시킬 수 있게 된다.

제품수명주기이론의 가장 큰 약점은 이 이론이 기술의 점진적 확산을 가정하고 있다는 점이다. 현재의 다국적기업은 이미 범세계적인 조직을 가지고 있기 때문에 신제품이 개발되면 범세계적으로 거의 동시에 제품을 내놓게 된다. 따라서 혁신국과 모방국 사이에 모방격차가 거의 존재하지 않게 되며, 이 모방격차가 존재하지 않으면 무역과 해외직접투자이론으로서 제품수명주기이론은 그 자체로서 해외직접투자의 필연적 조건을 제시하지는 못한다. 따라서 제품수명주기이론의 의의는 시장이라는 점에 있으며, 해외직접투자의 성립조건을 설명하기 위해서는 독점적 우위이론의 힘을 빌리지 않을 수 없다.

3. 내부화 이론

해외직접투자가 수출이나 기술계약과 다른 점은 해외직접투자가 자회사를 세움으로써 해외사업을 기업 내부로 끌어들이는 데 비해서, 수출 및 기술계약은 일단 독립된 두 기업 간에 거래가 이루어진다는 점이다. 내부화 이론(internalization theory)은 바로 이 점에 착안해서 국제기업의 사업활동을 설명하는 이론이다. 즉, 국제기업이 어떤 이유에서 시장거래를 지양하고 해외사업을 기업의 내부로 끌어들이느냐 하는 점이다.

일부 학자들에 의하여 다국적기업의 일반이론으로 받아들여지고 있는 이 이론은, 코스(C. H. Coase)의 연구로부터 시작하여 윌리엄슨(O. E. Williamson)에 의해 보다 체계적으로 계승되었고, 이를 처음으로 다국적기업에 적용시킨 이는 버클리(P. J. Buckley)와 카슨(M. C. Casson)이었다. 또한 러그만(A. Rugman)은 내부화 이론을 더욱 발전시켜 다국적기업의 일반이론으로 제시하면서, 지금까지 제시된 여러 해외직접투자이론을 내부화 이론의 하위이론으로 분류하였다.

이 이론의 핵심은 시장이 불완전하기 때문에 내부화한다는 것이다. 시장불완전성을 시장실패라고도 하며, 이는 자연적 시장불완전성과 인위적 시장불완전성으로 양분된다.

자연적 시장불완전성이란 시장을 통할 경우 거래비용이 과다하게 발생하는 경우를 말하는데, 시장의 자연적 불완전성에는 두 가지 요인이 작용하고 있다. 첫째는 국제기업이 가진 우위의 성격이 공공재적이기 때문이고, 다음으로는 독점적 우위가 특허나 상표권 등으로 보호되어 공공재적 성격이 작더라도 시장을 통해 거래할 경우 비용이 과다해서 시장을 회피하게 된다는 것이다. 거래비용이 과다하게 되는 이유는 구매자 불확실성, 품질관리, 계약체결의 어려움(difficult in making a contract) 등 세 가지로 집약할 수 있다. 구매자 불확실성이란 구매자의 입장에서 상품에 대한 정보가 불충분하여 구매를 주저하게 되는 현상을 가리킨다. 국제기업의 독점적 우위인 지식은 거래가 있기 전에는 상품에 대한 자세한 내용을 알기 어려우므로 구매자 불확실성이 존재하게 된다. 다음으로 품질관리란 특히 기술계약에 적용되는 것으로서, 기술판매자의 입장에서 볼 때 기술구매자가 자기의 상표로 생산해 놓은 제품의 품질이 조악할 경우 자기 기업의 이미지에 미칠 악영향에 대한 불안감을 가지는 것을 가리킨다. 한편, 양쪽이 모두 기회주의적으로 행동함으로써 계약을 제대로 이행하지 않을 가능성은 항상 있기 마련이다. 따라서 계약체결 자체가 어려워진다.

인위적 시장불완전성은 정부의 개입으로 인해 수출이나 지적재산거래가 어렵게 되는 상황을 가리킨다. 대표적인 경우는 관세 및 비관세장벽 때문에 이미 개발해 놓은 수출시장이 위협을 받을 때로, 이러한 불완전성을 극복하기 위해서 직접투자를 하게 된다.

이 이론은 다양한 해외직접투자현상의 원인을 시장불완전성에서 찾고 있어 시장불완전성의 원인을 어떻게 설명하느냐에 따라 다양한 방식으로 전개된다. 버클리와 카슨은 내부화의 동기가 되는 불완전시장의 발생요인으로 ① 미래시장의 부재, ② 가격차별화의 불가능, ③ 경쟁격화로 인한 비용 및 사회적 불확실성의 증가, ④ 판매자와 구매자 간에 상품지식에 대한 차이, ⑤ 국제시장에서의 정부간섭 등을 들면서 시장의 불완전성을 완제품시장에서뿐만 아니라 중간재시장에서도 파악하여야 한다고 주장하였다. 이처럼 불완전성만 가정하게 되면 어느 시장에나 적용될 수 있어 앞에서 독점적 우위이론으로는 설명하지 못하였던 두 가지 문제를 해결해 주며, 심지어 해외부동산투자와 같은 현상도 관련시장의 불완전성만 가정하면 설명이 가능하다.

버클리와 카슨은 다국적기업이 해외직접투자를 통하여 시장을 내부화하는 유형을 다음과 같이 세 가지로 구분하였다.

첫째는 수직적 통합형태로서 중간재시장의 내부화를 통한 수직적 해외직접투자이다. 이윤극대화를 추구하는 기업은 중간재시장에서 불완전성이 발견되면 이를 기업조직 내로 흡수하여 내부화하려는 경향을 갖게 된다. 중간재의 내부화는 어떤 기업이 그 생산라인에 원료를 공급하는 후방통합(後方統合), 그 기업이 생산한 제품 · 반제품을 사용하거나 판매하는 공장을 다른 나라에 설립하는 전방통합(前方統合)을 말한다. 이러한 내부화의 결과 수직적 해외직접투자가 생겨나게 되는데, 원자재 및 부품시장 등 중간재를 조달하기 위한 모든 해외직접투자가 이 부류에 속한다고 할 수 있다. 만일 이들 상품에 대한 중간재시장이 매우 효율적이라면, 이들의 거래는 시장거래를 통하여 이루어질 것이고, 따라서 내부화의 유인은 전혀 존재할 수 없다. 그러나 실제로 시장은 그리 효율적이지 못하며 불완전하기 때문에 내부화의 유인이 생기고, 따라서 수직적 해외직접투자가 발생하는 것이다.

둘째는 수평적 통합형태로서 지식 및 기술시장의 내부화를 통한 수평적 해외직접투자이다. 가장 전형적인 불완전시장은 지식시장이다. 지식의 개발을 위하여는 여러 가지 사적 비용이 필요하고, 더구나 이러한 지식을 기업의 생산 및 마케팅활동에 도입하는 데 많은 비용이 소요된다. 그러나 연구개발이 일단 완료되면 이 지식 및 기술은 공공재의 성격을 띠게 된다. 공공재의 가격이 영이므로 기업은 외부시장거래를 통하여서는 그 지식개발에 투자한 비용을 보상받기 어렵다. 따라서 기업은 지식시장을 내부화하여 지식을 중간재로 사용하는 완제품을 생산하고 최종완제품을 독점함으로써 지식 및 기술개발에 사용한 비용을 보상받고자 한다. 즉, 기업은 지식 및 기술의 우위를 독점적으로 사용함으로써, 연구개발에 소요된 초기비용에 대한 수익을 극대화하게 되는 것이다.

이러한 지식시장의 불완전성은 수평적 통합의 가장 큰 유인으로 작용하게 되는데, 수평적 통합에 의한 해외직접투자란 기존의 국내생산시설과 동일한 생산시설을 해외에 설치하는 것을 말한다. 만일 시장이 완전하다면 수평적 통합을 통하여 얻을 수 있는 모든 이익을 외부시장거래를 통하여서도 얻을 수 있을 것이나, 실제시장은 그렇게 완전하지 못하다. 즉, 현실적 시장은 지식 및 기술 등의 요소를 효율적으로 중개하지 못하므로 이러한 지식시장의 불완전성은 수평적 통합의 중요한 유인이 된다. 수평적 통합을 통하여 기업은 사적 소유의 가능성을 확보할 수 있게 된다.

셋째로는 다각적 통합으로서 자본시장의 내부화를 통한 다각적 해외직접투자이다. 세계적인 다국적기업들은 국제자본시장의 불완전성에 직면하여, 자본시장의 기능을 내부화함으로써 다각적 통합에 따른 다각적 해외직접투자(conglomerate foreign direct investment)를 행하고 있다. 만일 피투자국의 자본시장이 잘 발달되지 못하면, 다국적기업은 자체 내의 효율적인 내부시장을 활용하여 자원의 효율적인 배분을 추구하게 된다. 즉, 국경에 상관없이 가장 높은 수익이 보장되는 지역에 투자함으로써 자본의 한계효율을 높이려 할 것이다. 이와 같이 다각적 해외투자란 기존의 국내생산시설과 다른 생산시설을 해외에 확대하여 투자하는 것으로서 국내의 생산 및 판매활동과 밀접한 관계가 없는 사업으로 해외에 진출하여 다양한 사업활동을 전개하는 것이다. 이 경우 한 나라에서만 활동하는 것보다 해외직접투자를 통해 영업활동을 분산시킴으로써 기업위험을 줄일 수 있으며, 안정적인 수익의 흐름을 확보할 수 있게 된다.

범세계적으로 다각적인 해외직접투자를 수행하는 다국적기업의 주식을 구입하면 국제적 위험분산의 포트폴리오효과가 발생하게 되는데, 이러한 위험분산효

표 18-1 기업의 해외시장 개입방식과 그 결정요소

결정요소 / 개입방식	우위요소(advantage)		
	기업 특유의 우위요소 (ownership)	내부화 요소 (internalization)	입지적 요소 (foreign location)
해외직접투자 (foreign direct investment)	○	○	○
수출(export)	○	○	×
간접자원이동방식 (portfolio resource transfers)	○	○	×

과는 일반적으로 다국적기업의 세계적인 영업활동에서 나타나는 것이다. 즉, 다국적기업은 국제적인 자본시장의 불완전성에 직면하여 위험분산효과를 제공해 주는 자본시장의 기능을 내부화하는 역할을 하는 것이다.

러그만은 이러한 내부화 이론을 해외직접투자의 일반이론이라고 하면서, 기존 이론은 근본적으로 내부화 이론의 하위체계에 속한다고 주장하였다.

내부화 이론의 접근방법은 중간재시장, 지식 및 기술시장, 자본시장 등의 불완전성을 가정함으로써 어떤 해외직접투자라도 설명할 수 있는 이점이 있다. 그러나 내부화 이론을 일반화하기에는 몇 가지 한계점을 지니고 있다.

첫째, 기업의 해외진출 동기를 분명하게 설명해 주지 못하였다.

둘째, 기업이 외부환경으로 주어진 시장불완전성에 반응할 뿐 아니라 스스로 시장의 불완전성을 창출해 갈 수 있다는 가능성을 부정하지 못한다. 즉, 세계적인 다국적기업들은 때때로 국제시장의 불완전성을 내부화하여 기업특유우위를 영속화하려는 경향을 가지고 있다. 이 경우 시장불완전성의 내부화는 기업이 내생적으로 창조해 나가는 것이라고 볼 수 있다.

셋째, 해외직접투자의 방향인 국제생산입지에 대해 설명하지 못하고 있다.

4. 절충이론

더닝(J. H. Dunning)은 독점적 우위이론과 내부화 이론에 국제생산입지이론을 추가하여 국제생산 해외직접투자에 관해 절충이론(eclectic theory)을 주장하였다. 그는 해외직접투자를 하는 기업이 그렇지 않은 기업에 비해 갖는 우위를 소유특유우위(ownership-specific advantage),[1] 내부화 우위(internalization advantage) 및 장소특유우위(location-specific advantage)로 나누었다. 이와 같이 해외직접투자현상을 이러한 우위개념을 통해 설명하였기 때문에 세 우위의 영문 머릿글자를 따서 'OLI 패러다임'이라고도 한다.

소유특유우위요소, 즉 기업 특유의 우위요소는 그 기업이 일정 기간 배타적으로 사용할 수 있는 무형자산으로서, 새로운 진입기업에 대해서는 진입장벽에 해당하는 요소들을 말한다. 앞에서 설명한 바와 같이, 내부화 우위요소란 그 기업의 기업특유우위요소를 수출이나 라이선싱과 같이 외부시장을 이용하기보다 이를 기업 안의 조직체계를 직접 이용해서 얻는 이익, 즉 내부화를 통한 이익을 말한다. 그리고 장소특유우위요소, 즉 생산입지우위요소란 다국적기업의 해외직접투자를 끌어들이는 특정 국가의 매력으로서 구체적으로는 성장속도가 빠르고 규모가 큰 시장, 싼 인건비, 우수한 노동력, 정부의 지원 등이 포함된다. 따라서 더닝은 소유특유우위요소는 다국적기업의 해외진출을 작동시키는 밀기(push)역할을 하고, 장소특유우위요소는 다국적기업의 해외직접투자를 특정 국가로 끌어들이는 끌기(pull)역할을 하며, 내부화 우위요소는 기업 내 조직체계를 직접 이용하도록 만드는 역할을 함으로써 이 세 요소가 모두 작용해야만 해외투자가 일어날 수 있다고 주장하였다.

이상과 같이, 절충이론은 독점적 우위이론과 내부화 이론에 생산입지이론을 추가하여 나온 이론이기 때문에 설명의 폭이 넓다. 예컨대, 우리나라 기업이 생산효율을 증진시키기 위해 동남아에 진출하는 해외직접투자도 장소특유우위로 설명할 수 있다. 따라서 절충이론은 현재까지 개발된 이론 중에서 가장 일반적이고 포괄적인 이론이다. 그러나 이 이론에도 몇 가지 한계점을 지니고 있다.

1) 하이머는 그의 독점적 우위이론에서 해외직접투자의 우위요건인 이 우위를 기업특유우위(firm-specific advantage)라고 불렀다.

첫째, 절충이론은 시장내부화를 통한 해외직접투자의 유인요소를 제시하였는데, 이러한 유인요소를 가장 많이 가지고 있는 기업은 세계적으로 규모가 거대한 독점적 다국적기업이라고 할 수 있다. 따라서 이 이론은 결과적으로 독과점적 대규모 다국적기업의 다양한 기업행위를 이념적으로 합리화하고 옹호하는 결과를 가져온다.

둘째, 절충이론은 기업의 미시적인 관점에서 해외직접투자를 바라보았기 때문에 거시적인 경제단위인 국가경제와의 마찰가능성을 배제할 수 없다는 점이다.

셋째, 절충이론은 기존의 독점적 우위이론과 내부화 이론에 장소특유우위의 내용을 추가한 것이기 때문에 독창성이 없으며, 단지 여러 이론을 결합시켜 절충한 이론에 지나지 않는다는 점이다.

5. 기타 해외직접투자이론

국제기업의 행태를 종합적으로 설명하려는 앞의 세 이론 이외에도 해외직접투자이론에는 다양한 이론들이 존재하고 있다. 여기서는 이러한 다양한 이론 중에서 과점적 경쟁이론(oligopolistic reaction theory), 급진주의이론, 상품주기이론(product life cycle theory), 기업행동적 접근방법, 자본시장 불완전이론에 대해서 설명한다.

(1) 과점적 경쟁이론

니커보커(F. Knickerbocker)는 어떤 산업에서의 해외직접투자는 그 산업의 선도적 기업과 경쟁기업 사이의 행동-반응(action-reaction)의 형을 따라 이루어진다고 주장하면서, 과점적 경쟁이론(oligopolistic reaction theory)을 창안하였다. 해외직접투자기업은 대개의 경우 소수의 지배적 기업으로 특징지어지는 산업에 속해 있는 대기업들이다. 이러한 과점적 구조의 대기업들은 다른 기업의 움직임에 매우 민감하며, 따라서 그 의사결정은 선도기업의 의사결정을 비슷하게 바로 뒤쫓아 가는 상호 의존적인 방식에 의하여 이루어진다. 이와 같이 동종산업에 속하는 과점적 기업들 사이의 상호 의존성은 과점적 균형유지와 경쟁의 본질이라고 할 수 있다.

과점적 경쟁을 벌이고 있는 산업에서 어떤 선도기업이 신제품 개발, 신시장 개척, 신원료산지 장악을 통해 경쟁상 우위를 확보하려 하면, 경쟁기업은 선도기업의 새로운 행동(action)에 상응하는 반응(reaction)으로 이에 대처하게 된다. 그렇게 하지 않을 경우 선도기업이 경쟁상 우위를 차지하게 되고, 이에 따라 후발기업은 시장에서의 경쟁적 위치, 심지어는 성장의 기회를 상실하는 위험에 처할 수 있기 때문이다.

이 경우에 과점기업 간의 1차적인 목표는 이윤극대화라기보다 성장 내지 시장점유율의 유지라고 말할 수 있다. 각 기업은 경쟁기업과 같은 속도로 성장하기를 원하며, 따라서 시장점유율을 위협하는 경쟁기업의 행위에 극도로 민감하게 대처하게 되는데, 심지어는 전체 시장규모가 증대되어 기업의 절대적인 이익 및 판매량이 증가하는 경우에도 상대적인 시장점유율의 하락을 경계하게 된다. 즉, 시장점유율의 안정을 통하여 과점적 균형을 유지하려고 하는 것이다. 과점산업 기업들의 이러한 과점적 경쟁행위는 결과적으로 어느 특정 국가에 과점산업 기업들이 집중적으로 투자를 하도록 만드는데, 이러한 현상을 밴드웨건효과(band wagon effect)라고 한다. 이 이론은 1950년대와 1960년대에 걸친 미국 기업들의 유럽에 대한 집중투자를 설명하는 데 유용하다.

그러나 이 이론은 다른 기업들로 하여금 과점적 반응을 일으키는 최초의 선도적 기업의 투자의사결정에 관해 설명하지 못하는 한계점이 있다. 또 이 이론은 미국과 같은 대규모의 시장경제체제를 가진 국가의 과점산업을 상정하고 전개하였기 때문에, 투자본국에서 과점적 균형이 유지되고 있지 않은 경우라 하더라도, 해외시장에서의 과점적 경쟁이 있으면 과점기업들은 그들끼리 해외시장에서의 과점적 균형을 유지하기 위하여 해외직접투자를 하게 된다.

이 과점적 경쟁이론은 다음과 같은 한계점을 지니고 있다.

첫째, 다른 기업들로 하여금 과점적인 반응을 일으키는 선도적 기업의 최초 투자의사결정에 관해서는 설명하지 못한다.

둘째, 이 이론은 대규모 시장경제체제를 가진 국가의 과점산업을 상정하고 전개하였기 때문에 투자본국에서 과점적 균형보다는 현지국 해외시장에서 과점적 균형유지를 더욱 중시하였다. 그러나 이러한 관점은 국내시장이 소규모이고 전적으로 해외시장에 주력하고 있는 개방경제국가에서는 해외시장에서 과점기업 간

균형유지 여부가 국내시장에서 생존과 사활을 의미할 수 있기 때문에 다소 수정되거나 확대하여 해석되어야 한다.

(2) 통화지역이론

통화지역이론(currency area theorem)은 알리버(R. Aliber)에 의해 제기되었다. 그는 해외직접투자가 상이한 통화지역 간에 일어난다는 사실에 착안하여 일정 시점에서 볼 때 어떤 통화는 다른 통화에 비해 강세를 보인다. 이 경우에 강세통화국에 위치한 기업들은 시장의 불확실성에 의한 통화프리미엄의 존재로 인하여 약세통화국에 위치한 기업들보다 자본조달면에서 상대적인 우위를 누릴 수 있다고 주장하였다.

이 이론은 1950년대 및 1960년대에 걸친 미국 기업들의 유럽지역에 대한 집중적인 해외직접투자를 설명하는 데 유용하게 사용되어 왔으나, 환율은 해외직접투자를 결정하는 수많은 요인들 중 하나에 불과하므로 그 이후 많은 실증연구에 의해 지지를 받지 못하였다. 즉, 통화프리미엄은 강세통화국에 위치한 모든 기업들이 향유하는 요인이어서 기업 특유의 우위라고 할 수 없다. 따라서 환율은 해외직접투자 자체의 결정요인이라기보다 해외직접투자를 행하는 시기선택에 큰 영향을 미치는 요인이라고 할 수 있다. 더욱이 이 이론은 해외직접투자의 복합적인 성격을 고려하지 않고 해외직접투자를 단순한 강세통화지역에서 약세통화지역으로의 자본이동현상으로 파악하고 있기 때문에 상이한 통화지역 간의 상호 투자나 동일 통화지역 내에서 발생하는 해외직접투자를 설명할 수 없는 약점을 지니고 있다.

(3) 급진주의이론

이 분야의 이론들은 다국적기업의 해외직접투자활동에 관해 극도의 비판적 입장을 취하고 있는 이론들이다. 이들 급진주의적 이론들은 그 내용 및 관점에서 매우 다양하다. 그러나 공통점은, ① 모두 다국적기업의 해외투자에 관한 신고전학파 경제이론의 낙관주의적 견해를 거부하고 있다는 점이며, ② 정도의 차이는 있지만 다국적기업을 선진국들의 정치적 제국주의 실험을 위한 새로운 하부 실행 기관으로 보고 있다는 점이다.

이 분야의 대표적인 이론으로는 신제국주의 견해와 종속이론(dependancy theory)을 들 수 있다. 마르크스주의 이념에 동조하는 신제국주의론자들은 자본주의 경제의 내재적 모순이라는 관점에서 다국적기업의 해외직접투자를 자본의 국제화를 위해 다국적기업이 수행하는 해외착취활동의 일환으로 보고 있다. 즉, 폐쇄된 자본주의 경제는 유효수요의 부족과 불충분한 사업기회로 인하여 부득이 해외시장을 개척해야 하는데, 해외직접투자는 이러한 잉여투자의 출구로서 하나의 수단이 됨과 동시에 투자국이 피투자국을 착취하는 데 사용하는 주요한 도구라는 것이다.

한편, 종속이론은 세계자본주의 발전에 있어서 기업규모의 거대화와 불평등한 발전의 결과로 세계경제의 주요한 의사결정과 권력은 일부 중심부 국가에 집중되는 반면, 주변부인 후진국들의 성장은 그로 인하여 영속적으로 지체되고 있다고 주장하고 있다. 종속이론을 주장하는 사람들은 다국적기업의 해외직접투자가 경제적 종속의 범세계적 지배체계의 결과인 동시에 원인이라고 보고 있다. 즉, 투자본국의 다국적기업은 원료와 시장의 확보를 위해서 해외생산자산을 소유 · 통제하며, 그 과정에서 그들은 공업화를 통한 경제발전을 꾀하려는 현지국의 내부적인 경제성장 노력을 의도적으로 교란시켜 후진국인 현지국들의 경제성장을 방해한다는 것이다. 다국적기업들은 생산원료를 특권적으로 취득하고, 그들의 생산물을 후진국인 현지국 시장에 판매를 강요하며, 또한 자국에 유리하도록 세계시장의 메커니즘을 통제할 수 있는 강력한 국가권력 및 덤핑 등의 제반 수단을 활용하여 후진국들을 계속해서 주변부에 머무르게 만든다. 따라서 다국적기업의 해외직접투자는 선진국과 후진국의 종속관계를 영속적으로 유지 · 강화해 나가는 중요한 도구로 활용되고 있다는 것이 종속이론의 핵심 내용이다. 이와 같이 종속이론은 해외직접투자를 중심부인 선진국과 주변부인 후진국의 종속관계라는 관점에서 설명하고 있다.

(4) 기업행동이론

아하로니(Y. Aharoni)는 기업행동이론에 근거하여 기업의 해외직접투자가 반드시 경제적 · 합리적인 동기에 의해서만 이루어지는 것은 아니라고 주장하고 있다. 우선 최초의 투자를 유발하는 것은 해외시장기회에 대한 조직적인 조사로부터라기보다는 어떤 강한 외부자극에 의해서 일어나기 쉽다는 것이다. 일반적으로 사람이나 기업은 관성에 의해서 자기가 익숙한 기업환경에 젖어 있는 경향이 강하며, 이러한 상태에서 해외시장에 눈을 돌리게 하는 것은 경쟁사의 진출이라든가 현지기업인이나 다른 외부인으로부터의 권고 등 외부자극 때문이라는 것이다.

외부의 자극에 의해서 일단 해외투자에 대한 조사가 시작되면 이번에는 또 다른 행동적 관습이 투자가 이루어지도록 유도한다. 즉, 해외직접투자의 타당성 여부를 조사하는 관리자는 그 일을 수행하는 과정에서 그 일에 대해 깊은 관심과 이해를 갖게 되며, 자신의 승진과 이익을 위해서 투자를 실시하는 방향으로 의사결정과정을 이끌어 간다는 것이다. 또한 이때의 타당성 평가기준도 이윤의 극대화보다는 여러 목표의 적정선이 된다.

앞에서 살펴본 이론들이 해외직접투자현상을 합리적으로 설명하는 것과는 달리, 이 이론은 해외직접투자를 행태적인 요인으로 설명하고 있다는 것이다. 이 이론은 해외직접투자 그 자체를 설명하는 이론이라기보다는 해외직접투자를 위한 의사결정내용에 대한 이론이라고 보는 것이 더 적절할 것이다. 따라서 이 이론은 다른 이론의 설명력을 보완하는 것으로 보아야 할 것이다.

4 개발도상국 기업의 해외직접투자이론

제2차 세계대전 이후에 해외직접투자는 주로 선진국 다국적기업들에 의해 주도되어 왔다. 그러나 1970년대 중반 이후, 특히 1980년대에 들어서면서 선발 개발도상국들의 해외직접투자는 급속하게 증가하였다. 개발도상국의 해외직접투자는 투자의 특성과 방향, 투자기업의 비교우위요소, 투자동기 등 여러 가지 측면에서 선진국 기업의 해외직접투자와는 상이한 성격을 지니고 있다.

기존에 개발된 해외직접투자이론들은 거의 모두 선진국 기업의 해외직접투자에 그 초점을 맞추어 정립되었으므로, 이러한 이론을 가지고 개발도상국 기업의 해외직접투자를 설명하기에는 다소 무리가 있다. 그러나 아직까지 개발도상국 기업의 해외직접투자를 설명할 수 있는 새로운 통합이론은 개발되지 않고 있다. 개발도상국 기업의 해외직접투자에 대한 이론연구는 크게 기존의 선진국 이론 적용, 기존 이론의 수정적용 및 새로운 독자이론의 개발 · 시도라는 세 가지 방향에서 이루어지고 있다.

1. 기존 이론의 수정적용

(1) 절충이론의 수정

기디(H. I. Giddy)와 영(S. Young)은 선진국 기업의 해외직접투자를 설명하기 위해 개발된 기존의 해외직접투자이론을 수정하여 개발도상국 기업의 해외직접투자에 적용하여 설명하려고 노력하였다. 이들의 견해는 기존 이론으로는 최근에 급증하고 있는 개발도상국 기업의 해외직접투자의 원천, 투자규모, 기술수준상의 특징 등을 설명하는 데 한계가 있다는 것이다.

개발도상국 기업의 해외직접투자의 특징은 기업 특유의 우위가 확실하지 않고, 기업규모가 작으며, 또한 투자기업이 독과점적 시장지배구조를 가지고 있지 않다는 점이다. 이러한 특성을 감안할 때, 기업규모가 작고 생산기술상의 우위가 거의 없는 개발도상국 기업일지라도 일단 유리한 생산입지 특유의 우위가 작용하면 해외직접투자를 할 수 있다. 다만 개발도상국 기업들은 대체로 기업 특유의 우위가 낮기 때문에, 현지국에서 생산활동에 소요되는 비용을 절감할 수 있을 경우에만 해외직접투자를 실현할 수 있다.

기디와 영은 개발도상국 기업이 해외직접투자 현지국에서 소요되는 비용을 줄일 수 있는 방법으로 다음의 여섯 가지를 들고 있다.

첫째, 현지파트너와 합작투자를 행함으로써 피투자국 현지시장에 대한 정보 · 지식을 비교적 쉽게 수집하고 투자자금을 최소화할 수 있다.

둘째, 기존의 경쟁기업들이 이미 해외직접투자를 한 국가에 투자를 감행함으로써 현지국의 경쟁구조와 경쟁유형을 비교적 쉽고 정확하게 파악할 수 있다.

셋째, 자기 회사와 하청관계를 맺고 있는 기업이 이미 진출한 외국시장에 해외직접투자를 함으로써 안정된 시장을 확보할 수 있다.

넷째, 자금부담을 줄이기 위하여는 낮은 세율이나 이자율 등과 같은 투자유인을 가능한 한 많이 제공하는 국가에 투자한다.

다섯째, 자기 나라와 언어나 문화적 환경이 비교적 비슷한 현지국 시장에 투자함으로써 사회적 · 문화적 · 심리적 거리감을 줄이도록 한다.

여섯째, 투자국보다 경제적으로 뒤진 현지국에의 투자로 치열한 경쟁을 회피한다.

기디와 영의 견해를 종합해 보면, 개발도상국 기업은 기업 특유의 우위요소보다 주로 생산입지요인에 의해 해외직접투자를 감행한다. 따라서 위에서 언급하고 있는 여섯 가지 방법 등을 통해 해외직접투자에 따른 제반 비용을 최대한 줄일 수 있는 경우에만 해외직접투자를 행한다고 볼 수 있다.

그러나 이상의 여섯 가지 방법은 모두 개발도상국 기업의 개발도상국에 대한 투자시에나 고려될 수 있는 것이기 때문에 개발도상국 기업의 선진국 해외직접투자를 설명하기에는 그 설명력이 미흡하다.

(2) 제품수명주기이론의 연장

레크로(D. J. Lecraw)는 제품수명주기이론을 연장하여 개발도상국 기업의 해외직접투자를 설명하고 있다. 이는 표준화 단계에 따라 생산공장의 입지가 다른 선진국에서 선발 개발도상국을 거쳐 후발 개발도상국으로 이전된다는 것이다.

선발 개발도상국이 수입대체단계를 거쳐 그 제품을 수출산업화하는 단계에 이르면, 후발 개발도상국에서도 해당 제품에 대한 국내수요와 이에 따른 수입증가에 따라 수입대체를 위해 높은 보호무역의 장벽 아래서 국내유치산업의 생산을 시작하게 된다.

이에 따라 선발 개발도상국 기업들은 후발 개발도상국의 보호된 시장을 상실하지 않기 위해 그 동안 축적된 자본과 생산기술 및 경험을 토대로 후발 개발도상국에 대한 해외직접투자를 하게 된다. 이 경우에 수출은 현지생산으로 대체되며, 선발 개발도상국이 사용하는 기술은 선진국 기업과 같은 연구개발과 마케팅지향적이 아니라 소규모 생산기술이 된다. 이 이론은 해외직접투자의 방향이 선발 개발도상국에서 후발 개발도상국으로 옮겨 가는 현상을 설명해 준다. 레크로는 이 가설을 아세안 5개국에 투자하고 있는 23개 개발도상국 기업에 대한 실증분석을 통해 입증하였다.

제품수명주기이론을 연장하는 다른 접근방식은 롤(S. Lall)에 의해 제기되었다. 선발 개발도상국의 경우에 그 경제적 · 기술적 잠재력이 커졌기 때문에 1960년대 유럽이나 일본이 개발하였던 자원과 자본집약형 제품들을 개발할 가능성이 상대적으로 높아졌다. 이러한 제품의 개발은 자체적 기술혁신을 통해 이루어질 수도 있고, 선진국에서 도입한 기술을 개발도상국의 환경에 보다 적합한 형태로 변형하여 이루어질 수도 있다. 후자의 경우 선진국들은 자국산업의 보호를 위해 개발도상국들로부터의 수입에 여러 가지 제한을 가하게 된다. 이러한 상황에서 선진국에 표준화된 제품을 수출해 오던 개발도상국 기업들은 상대적으로 저렴한 투자국 노동비용과 자신들이 개발한 새로운 생산이나 공정기술을 활용하여 선진국으로 역투자 조립생산을 하게 된다.

2. 순위이론

순위이론(pecking order theory)은 원래 허프바우어(G. Hufbauer)가 국가 간의 기술격차와 노동비용의 차이를 근거로 국제무역에 대한 설명을 시도한 이론을 웰스(L. T. Wells)가 해외직접투자이론으로 확장하여 응용한 이론이다.

허프바우어는 선진국의 기술을 모방한 중진국의 수출제품이 선진국과 후진국 양쪽으로 수출될 수 있는 이유를 설명하였다. 즉, 후진국에 대해서는 모방지체(模倣遲滯, imitation lag)로 인한 기술격차상의 우위, 선진국에 대해서는 노무비 격차상의 우위를 갖기 때문이라고 설명하였다. 웰스는 이것을 선발 개발도상국의 후발

개발도상국에 대한 해외직접투자에 적용하고 있다. 순위이론에 따르면 각국은 특정 제품을 처음으로 생산하게 되는 시기에 따라서 그 순위가 정해질 수 있으며, 현재 그 제품을 생산하고 있는 국가들은 그 순위에 따라 보다 낮은 순위의 국가에 대해 수출과 해외직접투자를 행하게 된다. 따라서 선진국이 특정 제품에 대한 최초의 해외직접투자를 하게 되고, 그 뒤를 이어 선발 개발도상국이 하위순위에 있는 국가들에 대해 해외직접투자를 행하게 된다.

순위이론은 기술의 가용성과 생산비의 차이에 그 이론적 근거를 두고 있는데, 시간의 흐름에 따라 비교우위요소인 기술이 순위에 따라 이동한다고 가정하고 있다.

3. 독자적인 해외직접투자이론

개발도상국 기업의 해외직접투자는 선진국 다국적기업들의 해외직접투자현상과는 근본적으로 차이가 있기 때문에 독자적인 이론정립이 필요하다는 주장으로, 고지마(K. Kojima)의 일본형 또는 경제발전지향형 해외직접투자론에서 시작되었다. 그 후에 고지마는 일본의 해외직접투자는 거대한 구미 다국적기업에 의한 해외직접투자와는 투자형태가 다르며, 그 거시적인 영향도 다르다는 관점에서 한계산업진출론(限界産業進出論)으로 자신의 주장을 정리하였다. 비교우위원리 명제라고도 불리는 한계산업진출론에 의하면, 해외직접투자는 투자국에서는 이미 비교열위에 있거나 비교열위에 접어들고 있는 산업, 즉 한계산업으로부터 순차적으로 이루어져야 한다는 것이다. 이러한 고지마의 이론은 많은 논의를 불러일으켰지만 개발도상국 기업의 해외직접투자현상에 대한 설명력에는 한계가 있다. 특히, 최근 들어 다양하게 전개되고 있는 개발도상국 기업의 해외직접투자를 설명하기에는 설득력이 약하다. 그러나 해외직접투자의 규범적인 방향을 제시하고 있는 이론으로 평가된다.

Chapter 19 국제마케팅의 환경

국제기업의 경영활동은 국내와 상이한 국제경영환경의 제약을 받게 되고, 많은 위험과 불확실성에 직면하게 된다. 따라서 국제기업은 이러한 환경요인을 통제하기 위해 더욱 많은 지식과 체계적인 정보가 필요하다. 국제기업이 성공하기 위해서는 우선적으로 기업을 둘러싸고 있는 환경을 면밀히 분석하는 것이 선행되어야 한다. 국제기업의 환경은 거시적인 환경과 미시적인 환경으로 구분할 수 있는데, 거시적인 변수 중에서 국제마케팅과 가장 밀접한 변수는 정치적 환경과 문화적 환경이다.

1 정치적 환경

1. 정치적 위험의 개념

현지국의 정치와 법적인 환경은 다양한 형태로 기업의 국제경영활동에 영향을 미친다. 그러므로 국제경영 관리자는 국제경영환경 속에서 발생할지도 모르는 변화를 예측하여 계획을 수립할 수 있어야 한다. 국제시장에서 국제기업은 언제나 안정되고 우호적인 국가 내에서의 사업을 선호하지만 그러한 경우를 항상 기대할 수는 없다. 그러므로 지속적으로 사업에 악영향을 줄 수 있는 정치적 변화의 잠재적인 요소를 미리 감지하기 위해 대상국의 정부 및 정치의 안정성에 대해 지속적인 관심을 가져야 한다.

정치적 위험(political risks)이란 현지국의 정치적 결정이나 사건으로 인해 어떤 형태로든 외국인 투자기업의 경영환경에 영향을 미침으로써 외국투자가들이 받게 되는 금전상의 손실이나 예상한 만큼의 수익을 얻지 못하게 작용하는 영향을 의미한다. 즉, 일련의 정치적 변화로 말미암아 해외진출 기업의 활동이 직 · 간접으로 영향을 받게 되거나 재산상 또는 수익의 손실이 발생할 수 있는 모든 가능성을 포함하는 개념이다.

2. 정치적 위험의 종류

모든 국가가 정치적 위험을 가지고 있지만, 국가마다 위험의 정도는 매우 다양하다. 일반적으로 역사적 관점에서 보면 일관성 있게 안정적인 국가에서는 정치적 위험이 낮고, 그렇지 못한 국가에서는 정치적 위험이 높은 경향이 있다. 그러나 겉보기에는 정치적으로 안정된 국가라도 대중의 억눌린 욕구불만이 표출되어 정치적 혼란으로 나타나는 경우도 있다. 정치적 위험은 다음의 세 가지 형태로 나타나는데, 자산과 생명에 위협을 주는 소유권위험(ownership risk), 기업의 업무수행에 위협을 주는 업무적 위험(operating risk), 그리고 국가 간 자본이동을 위협하는 이전위험(transfer risk)이다.

정치적 위험은 흔히 충돌과 폭력을 동반하기도 한다. 국제마케팅 관리자들은 이러한 위험의 가능성이 높은 국가에서 사업을 수행하기 전에 신중해야 한다. 만약 충돌이 발생하면 기업의 자산과 고용인들에 대한 직접적인 피해가능성이 매우 높아진다. 특히, 반기업적 성향이 강할 경우 기업과 고용인들을 대상으로 게릴라전, 시민폭동, 테러가 발생하기도 한다. 최근 남미 정부는 석유와 가스산업을 군대를 동원하여 국유화하는 사례가 증가하고 있다.

특히, 개발도상국에서 쿠데타는 정권에 극적인 변화를 가져오기도 한다. 쿠바, 니카라과, 이란에서 발생한 쿠데타와 같이 새로운 정부는 외국인 다국적기업을 공격할지도 모른다. 비록 그러한 변화는 기업과 근로자에게 즉각적이고 물리적인 위협으로 나타나지 않더라도 미치는 영향은 치명적일 수 있다. 지난 10년간 목격된 가나, 에티오피아, 이라크에서 일어난 쿠데타는 국제기업의 국제마케팅활동에 심각한 영향을 미쳤다. 또한 국제마케팅 관리자가 주의해야 할 사항은 민족주의자나 종교계, 반자본주의자들의 압력에 영향을 받은 정부정책의 변화이다. 따라서 이러한 변화를 예측하고 대처할 방법을 계획해야 한다.

현지국 정부가 시행하는 정치적 위험 중에 수용(expropriation)이 있다. 수용은 가끔 민족주의 성향의 결과로 나타나며, 수용이 빈번하게 발생하면 현지국에 대한 외국기업의 투자를 주저하게 만든다. 수용을 하는 현지국 정부는 수용을 당하는 외국기업이나 소유자에게 보상을 하여야 한다. 그러나 수용협상은 흔히 지연되면서 결국 소유자에게 불만족스러운 결과를 가져온다. 예를 들어, 부분적인 형태의 보상, 태환성(兌換性)이 없는 지역통화의 사용, 그리고 기업의 장부가격에 근거한 보상 등의 경우가 있다. 비록 보상수준이 불만족스럽더라도 더 좋은 대안이 없을 경우에는 이를 받아들일 수밖에 없다. 수용은 정치적 도구로서 급격하게 증가되어 왔다. 1970년대 중반에 1년 동안 83개 이상의 수용이 발생하였고, 1980년대에 들어서는 연평균 3배나 늘었다. 그러나 분명한 사실은 수용을 수행하는 현지국 정부는 수용으로 인하여 이득보다는 손해를 입게 된다는 사실이다.

외국기업으로부터 현지국으로 소유권이 이전되는 몰수(confiscation)는 수용과 유사하지만 외국기업에 대하여 보상을 하지 않는다는 점이 다르다. 소수의 산업은 현지국 경제에서 차지하는 중요도가 높고 시설이전이 어렵기 때문에 다른 산업들보다 압수와 수용에 더욱 노출되기 쉽다. 이러한 이유로 광산, 에너지, 공공재, 은행업과 같은 부문은 우선적으로 정부조치의 대상이 된다.

외국투자가에게 몰수와 수용은 주요한 정치적 위험이다. 아울러 다른 형태의 정부조치도 피해를 준다. 많은 국가들은 몰수와 수용을 현지화(domestication)와 같이 상대적으로 강도가 약한 통제로 전환한다. 현지화는 외국투자에 대한 통제의 획득이라는 목적은 같지만 방법에 있어 몰수나 수용과는 다르다. 현지화를 통하여 정부는 소유권과 경영권의 부분적인 이전을 요구하고, 국내부품의 생산을 증가하고, 이윤이 국외로 빠져나가지 않도록 규제한다.

현지화는 국제마케팅 관리자에게 심각한 영향을 줄 수 있다. 우선, 기업이 비전문적인 현지인을 고용하게 되면 미숙한 기업운영과 의사소통이 정확하지 않을 수 있다. 그리고 현지화가 매우 단기간에 걸쳐 나타난다면 비전문적인 현지경영자에 의하여 해외사업활동이 이루어질지도 모른다. 또한 기업에게 강제로 현지부품의 구입을 강요한다면 비용의 증가, 비효율성, 품질저하 등으로 나타날 수 있다. 외국회사에 대해 엄격한 수출자격이 부과된다면 제3국에서의 사업을 어렵게 한다. 현지화의 목적은 해외경쟁으로부터 일국 내의 산업을 보호하기 위한 것이다. 그러나 결과적으로 비효율성은 장기적인 관점에서 보면 국제경쟁력을 약화시킬 것이다.

이상의 강력한 조치와 같이 위험하지는 않지만 외국기업은 종종 다양한 형태의 위험에 직면하게 된다. 외국통화의 부족에 직면한 현지국 정부는 국내외로 자본이동을 통제한다. 그러한 통제는 현지국으로부터 이익송금이나 투자이전을 하려는 외국기업에게 어려움을 줄 것이다. 그러한 규제는 거래를 어렵게 하여 부품, 재료, 생산에 결정적인 공급재 수입과 생산계획에 차질을 줄 수도 있다. 외환통제의 위험을 줄이기 위해서 기업은 현지국 정부와 지속적인 협정노력이 필요하다. 그러나 현지국 정부와 기업경영자의 목적이 완전히 다를 경우 협정이 이루어진다 하더라도 기업의 국제마케팅 수행에 큰 피해를 가져올 수도 있다.

각 국가는 투자기업과 자본을 통제하기 위하여 해외투자가에게 적용되는 세율을 높일 수 있다. 이러한 세금증대는 단기적으로 현지국 국고의 증대를 가져오지만 해외투자가의 활동에 심각한 타격을 가져다 주기 때문에 장기적으로 현지국의 소득을 감소시키게 된다.

국제마케팅 관리자는 가격통제에 대해서도 세심한 주의를 기울여야만 한다. 대부분의 국가에서 정치적인 압력은 수입품이나 서비스에 대한 가격통제로 이어진다. 특히, 식품이나 건강제품과 같이 정치적으로 민감한 반응을 보이는 제품의 경우에 더욱 그러하다. 현지정부는 민족적 경향을 발동하여 가격통제를 강행하며, 해당 외국기업은 가격통제의 대상이 될 것이다. 더욱이 높은 인플레이션이나 잦은 평가절하에 시달리는 국가인 경우에 이러한 정치적 위험은 더욱 심각하다.

3. 정치적 위험의 평가

세계적으로 정치적 위험을 분석 · 평가하려는 시도는 1972년 이란사태로 걸프사가 막대한 손실을 본 이후부터이다. 이란혁명은 국제기업에게 가장 비극적인 결과를 초래한 정치적 사건의 하나로 기억되고 있다. 그것은 국제기업의 손실이 컸다는 점뿐만 아니라, 거의 모든 기업들이 전혀 예측하지 못하였다는 점이다. 이와 같은 사건을 계기로 정치적 위험을 평가하기 위한 모형의 개선작업이 추진되어 왔다.

정치적 위험을 측정하기 위한 방법은 정성적(qualitative), 정량적(quantitative), 이론적(theoretical), 비이론적(non-theoretical)의 네 가지 기준에 따라 분류된다. 여기에서는 이론적 근거를 지니지 않으면서 또한 서술적인 방식으로 정치적 위험을 평가하는 정성적 · 비이론적 분석방법인 자유서술방식, 체크리스트방식, 현지방문조사법, 고문제도, 델파이분석 및 전문가 견해 등과 통합적 분석방법으로 최근 시나리오분석법이 사용되고 있다.

다양한 기관에서 각국의 정치적 위험을 평가하고 있는데, 대표적으로 PRS (Political Risk Services)나 BERI(Business Environment Risk Information)와 같은 독립적인 단체들은 정기적으로 80~100개 국가를 대상으로 연구보고서를 제공하고 있다. 특히, 포춘(Fortune)이나 이코노미스트(Economist)와 같은 출판사들은 자체적으로 지니고 있는 전문성을 활용하여 위험평가를 하고 있다. 이 가운데 이코노미스트의 방법은 100점 중에서 경제적인 요소 33점, 정치적인 요소 50점, 사회적인 요소 17점을 배정하여 각 국가의 정치적 위험을 평가하였다. 50점을 차지하고 있는 6개의 정치적인 변수는 주변국가 정세(3점), 독재주의(7점), 부패(5점), 위법(9점), 군부의 장악(6점), 전쟁과 군사반란(20점)이고, 17점을 차지하고 있는 4개의 사회적인 변수는 도시화(3점), 정통파 회교주의(4점), 부패(6점), 인종갈등(4점)이다.

4. 정치적 위험의 관리전략

국제경영 관리자들이 해외사업을 수행할 때 정치적인 위험에 대응하기 위한 전략은 해외직접투자 이전과 이후의 관리전략, 그리고 정치적 위험발생 이후의 관리전략으로 분류할 수 있다.

(1) 해외직접투자 이전 관리전략

정치적 위험을 관리하는 가장 바람직한 전략은 투자를 행하기 이전에 진출대상국의 정치적 위험 정도를 평가하는 것이다. 부정확한 분석과 사전정보의 미흡상태로 현지국에 진출하였다가 전혀 예기치 않은 사건이 발생한다거나, 투자여건의 변화로 인해 진퇴양난의 입장에 빠지는 경우, 투자기업은 막대한 시설과 자금의 손실을 입을 수 있기 때문이다.

기업의 내부적 관리전략으로서 만약 투자안의 기대수익률이 비용에 훨씬 못 미치거나 위험수준이 현저하게 높거나 기업에 치명적인 경우, 그러한 투자안은 기각되고 결국 진출을 포기해야 할 것이다. 그러나 위험수준이 적절하거나 통제가능한 수준이고 또한 기대수익률도 높게 나타난다면, 현지에 투자를 하되 발생할지도 모르는 정치적 위험에 대비하여 현지지분을 최소화하거나 국제적인 통합전략을 구사함으로써 불의의 사태에 대비하는 지혜를 지녀야 한다.

현지지분을 최소화하는 구체적인 전략으로는 현지차입의 확대, 현지국민의 자본참여 유도나 현지합작투자 형태의 진출, 경영관리계약이나 라이선싱 등 계약방식의 해외사업활동 등을 들 수 있다. 한편, 국제적인 통합전략이란 기업이 전 세계적으로 사업단위를 분배하여 이들을 유기적으로 조직관리하는 전략을 의미한다. 이 경우 특정국에 존재하는 개별 기업은 전 세계적 차원에서 수직적 · 수평적 계열화의 일부분에 지나지 않기 때문에 현지국의 정치적 위험에 대응할 수 있다. 예를 들어, 과거 산유국들이 유정(油井)을 국유화하였음에도 불구하고 결국 석유산업 메이저그룹에 굴복한 것은 메이저그룹들이 정유시설과 제품판매경로를 완전히 장악하고 있어서 이들을 통하지 않고는 석유판매가 불가능하였기 때문이다.

기업의 외부적 관리전략이란 기업이 정치적 위험을 회피하기 위해 보험기관, 본국 또는 현지국 정부 등 외부기관에 이전시키는 방법을 의미한다. 정치적 위험의 일부를 다른 회사에 이전시키는 대표적인 방법은 보험이다. 점차 해외투자활동이 빈번해지고 그 범위도 넓어짐에 따라 각국은 자국기업이 해외에서 국유화, 전쟁 및 내란, 송금제한 등의 정치적 위험을 보호하기 위해 여러 가지 보험제도를 개발하고 있으며, 일반 민간보험회사에서도 정치적 위험을 보상하기 위한 다양한 금융상품을 개발하고 있다. 미국에서는 해외민간투자기업(Overseas Private Investment Corporation; OPIC), 한국에서는 한국수출입은행(The Export and Import Bank of Korea; EXIM)에서 이러한 서비스를 제공하고 있다.

투자기업이 현지국 경제에 막대한 영향을 미치거나 현지국이 외국인의 직접투자를 적극 유치하려고 하는 경우 현지국 정부가 외국인투자에 대해 보증할 수도 있다. 우리나라가 중국, 러시아와 정상적 국교를 수립하기 이전부터 한국 기업들이 현지국에 진출할 수 있었던 것은 현지국의 투자보증 때문이었다. 또한 해외투자를 수행하려는 기업이 본국 정부를 동원하여 현지국 정부와 협정을 체결하도록 요청함으로써 정치적 위험을 극복할 수 있다. 정부 간에는 해외투자를 보호하기 위해 투자보장협정을 체결하거나, 국가 간 조세처리의 단순화와 해외투자기업의 조세부담 경감을 위한 이중과세방지협정을 맺고 있다. 따라서 본국과 상대국 간에 이러한 협정이 체결되어 있는지의 여부와 그 내용을 사전에 파악하는 것이 중요하다. 현재 한국과 투자보장협정을 체결하고 있는 국가는 15개국이며, 이중과세방지협정을 체결한 국가는 32개국이 있다.

(2) 해외직접투자 이후 관리전략

기업이 현지국에 자원을 투입할수록 기업의 정치적 위험은 커진다. 투자 이전의 여러 가지 관리전략에도 불구하고 현지에서 시간이 경과할수록 국제기업의 기술상 우위는 기술확산으로 인해 퇴색하고 현지의 사업단위를 축소하거나 철수하기가 어려워져서 국제기업의 교섭력이 약해지게 된다. 물론 신기술을 지속적으로 제공하고, 기술수준이 높거나, 현지기업과의 경쟁이 심하지 않은 경우에는 정치적 위험수준이 높아지지 않겠지만 일반적인 경우에는 시간이 경과하고 자원투입이 많아질수록 교섭력이 떨어지고 정치적 위험은 더욱 확대된다.

투자 이후의 정치적 위험에 대한 기업 내부적 관리전략으로는 다음을 들 수 있다.

첫째, 투자기업이 현지국에서 선량한 기업시민(good corporate citizenship)이라는 이미지를 심어 주는 것이다. 즉, 진출하는 국가에서 원만한 지역사회관계를 유지함으로써 거시적 정치위험은 부득이해도 미시적 정치위험은 피할 수 있다.

둘째, 국제기업이 제공하는 기술이 현지국의 기술향상에 공헌하는 것이다. 기술은 다른 생산요소보다 중요하기 때문에, 특히 개발도상국에서 국제기업은 자신의 핵심 기술이 노출되지 않는 범위 내에서 현지국에 필요한 기술을 이전해 줌으로써 정치적 위험을 회피할 수 있다.

셋째, 현지국에서 관련산업을 육성시키는 것이다. 현지에서 조달이 가능한 중간재나 원자재의 현지구매비율을 높이고, 이를 통해 현지생산의 수직적 계열화를 이룩하는 것이다. 이 경우에도 핵심 부품의 생산입지는 본국이나 다른 국가로 정하는 것이 바람직하다.

투자 이후에 발생하는 정치적 위험에 대한 기업 외부적 관리전략은 투자 이전과 마찬가지로 정부나 민간보험에 부보를 하거나, 현지국 정부로부터 투자보증과 본국 정부를 통한 정부 간 협정체결 등을 들 수 있겠다.

그 밖에 위험발생 이후의 관리전략으로는 글래드윈(T. Gladwin)과 월터(I. Walter)가 제시한 갈등관리모형이 있다.[1] 이들이 제시하는 갈등관리모형은 국제기업이 독단성(assertiveness)과 협조성(cooperativeness)이라는 두 가지 차원에서 과연 협상대상인 기업이나 정부가 어느 위치에 존재하는가를 분류하고 각각의 경우 어떠한 갈등관리방식을 택할 것인가를 설명해 주고 있다. 이들은 독단성과 협조성을 기준으로 각 기업의 갈등관리방식을 경쟁, 회피, 협동, 순응, 타협 등 다섯 가지로 구분하였다. 이 모형은 정치적 위험을 초래하는 것이 투자기업과 현지정부 사이의 갈등 그 자체라기보다 이러한 갈등을 어떻게 관리하느냐가 관건이라는 기본적 사고방식에 기초하고 있다.

2 문화적 환경

국제경영활동과 관련된 문화적 환경은 각종 요소로 복잡하게 구성되어 있다. 한 사회의 문화는 그것을 구성하는 많은 요소들이 무작위나 독립적으로 존재하는 것이 아니라, 상호 긴밀한 관계를 유지하면서 하나의 전체나 체계를 이루고 있다. 이와 같이 복잡다양하게 구성되어 있는 문화요소들은 국제기업활동에 지대한 영향을 미치기 때문에 국제경영활동을 수행하기 위해서는 외국의 이질적인 문화환경의 특성을 파악하고, 이에 적합한 전략, 조직행위, 조직구조 및 기술 등을 개발해야 한다.

1) Thomas Gladwin and Ingo Walter, *Multiantionals Under Fires: Lessons in the Management of Conflict*, New York: John Wiley and Sons, 1980, p. 79.

1. 문화의 정의

영국의 테일러(E. B. Taylor)는 100년 전 문화를 "개인이 구성원으로서 획득하는 지식, 신념, 기술, 도덕, 법, 관습 및 그 밖의 능력과 습관 등에 포함된 복합적인 전체"라고 정의한 바 있다. 그 후 많은 문화인류학자들이 문화에 대한 정의를 내리는데 시간과 노력을 기울여 왔지만 아직도 문화의 공통된 정의에 대해 의견일치를 보지 못한 채 논쟁이 계속되고 있다. 이와 같이 문화에 대한 논의가 다양하지만 이들을 종합하여 다음과 같이 일반적인 정의를 내릴 수 있다. 즉, 문화란 "한 사회의 인간행동을 규정지은 사회적 규범과 양식의 총체적 체계"라고 정의할 수 있다(Robock and Simmonds, 1989, p. 408). 다시 말해, 한 사회를 다른 사회와 구별되게 만들고, 각 사회마다 고유의 특성을 지니도록 만드는 것이 문화라고 할 수 있다.

문화는 한 사회의 구성원으로서 각 개인들이 소유하고 생각하며, 행하는 모든 것이다. 문화는 일반적으로 학습 · 공유되고 한 세대에서 다음 세대로 전달된다. 문화는 사회조직, 특별한 이익집단, 정부, 학교, 교회 등에 의해서도 전수된다. 아울러 문화는 상호의존적인 공통요소로 구성되어 있기 때문에 한 분야에서 발생하는 변화는 다른 영역에도 영향을 준다. 문화는 사회구성원에 의해 학습된 행동양식의 통합시스템으로 정의되기도 한다. 문화는 집단의 관습, 언어, 유물, 공유되는 행동 및 감정체계 등도 포함한다. 따라서 문화는 물질적인 부분에서 정신적인 부분에 이르는 광범위한 요소들로 구성되어 있음을 알 수 있다. 문화는 본질적으로 보수적이며, 변화를 싫어하고, 연속성을 추구한다. 모든 인간은 하나의 특정한 문화의 지배를 받기 마련인데, 하나의 특정한 문화권에 속한 사람이 다른 문화권에 적응할 때 종종 문제가 발생하게 된다. 이러한 특정 문화에 적응하는 문화적응(acculturation)과정은 국제경영활동의 성공을 위하여 필수적이다.

2. 문화의 요소

문화에 대한 정의가 다양하듯, 문화의 구성요소에 대한 학자들의 견해도 다양하다. 문화의 구성요소들은 서로 독립적이라기보다는 대체적으로 상호 연관성을 가지고 있다. 따라서 학자들은 구체적인 구성요소보다는 이러한 요소들에 공통적으로 존재하는 요인을 들어서 설명과 분석을 하고 있다.

여기에서는 문화의 주요 구성요인에 따라 해외시장 간 차이를 살펴보고, 이것이 국제마케팅활동에 어떤 영향을 미치는가를 살펴보기로 한다. 여기서는 국제마케팅활동 전반에 영향을 미치는 문화의 구성요소로서 언어, 종교, 가치관, 기술 및 물질문명, 시간 개념, 미적 감각 등을 살펴본다.

(1) 언어

언어는 문화의 거울이라고 일컬어진다. 언어가 다르면 일반적으로 문화권도 달라지기 때문이다. 따라서 다른 문화를 이해하기 위해서는 언어에 대한 이해가 선행되어야 한다. 세계에는 약 3,000개의 서로 다른 언어가 존재한다고 보고되고 있으며, 방언까지 합치면 약 1만 개에 이를 것으로 추측하고 있다. 언어가 문화적 특이성을 나타낸다면 1만여 개의 서로 다른 문화가 존재한다고 할 수 있겠다. 그러나 이러한 수치는 전 세계 국가수가 200개 미만임을 감안할 때 동일한 국가 내에도 여러 가지 언어가 존재한다는 것이며, 특히 약 3,000개의 방언이 존재하는 인도의 경우에는 같은 국가 내에서도 3,000여 개의 서로 다른 문화가 존재하고 있는 것으로 볼 수 있다. 따라서 이와 같은 언어의 다양성이 국제경영활동을 제한하는 요인으로 작용할 수 있다.

언어에 대한 이해는 단지 기술적인 차원을 넘어서 그 문화의 올바른 배경(context) 안에서 이해할 수 있는 수준을 의미한다. 국제경영, 특히 국제마케팅 관리자에게 이러한 각국 언어에 대한 이해는 필수적이라고 할 수 있다. 언어에 대한 부주의가 번역상의 오류로 나타나고, 그 결과 국제마케팅에 부정적인 영향을 미치는 경우가 많이 있다. 예를 들어, GM자동차가 1980년대 중반에 시장에 내놓았던 신차 'NOVA'는 스페인어로 번역하면 'No Go'라는 의미를 갖고 있어 GM은 멕시코를 비롯한 중남미지역 판매에 큰 어려움을 겪었다. 또한 Chanel No. 5가 만약 Chanel No. 4였다면 한국이나 일본 등지에서 많이 판매되지 않았을 것이다. 왜냐하면, 4는 죽음을 나타내는 단어와 비슷한 발음을 갖고 있기 때문이다.

우리나라 대영자전거의 경우 미국 시장에 진출하였을 때 영어로 상표명을

'DAI YOUNG'이라고 하였는데, 미국 소비자들은 'Die Young'(일찍 죽는다)으로 받아들여 미국 시장에서 실패한 사례가 있다. 따라서 우리나라 기업들이 해외시장에 진출하는 경우에는 구태여 내수용 상표명을 영어로 직역하기보다는 전 세계 소비자들이 쉽게 발음할 수 있고 오래 기억할 수 있는 상표명을 정하여 해외시장에서 사용하는 범세계 상표전략을 선택할 필요가 있다.

한편, 언어에는 몸동작이나 얼굴표현 등 침묵의 언어가 중요한 의사전달수단으로 사용되는 경우가 많다. 문화적 환경에 따라 이러한 비언어적 의사전달의 의미와 내용이 달라지는 경우도 많다. 예를 들어, 일반적으로 고개를 아래 위로 흔드는 것이 긍정의 표시로 사용되는 것과 반대로, 북부 유럽에서는 고개를 좌우로 흔드는 것이 긍정을 나타내는 몸동작으로 사용된다. 코를 만지는 몸동작도 영국에서는 '조심하라'는 뜻이지만, 이탈리아에서는 '속고 있다'는 의미로 사용되고 있다. 따라서 국제마케터들은 현지국의 언어뿐만 아니라 비언어적 의사전달수단인 몸동작이나 얼굴표현의 차이와 의미까지도 이해할 수 있어야 한다.

(2) 종교

국제경영활동을 수행하기 위해서 해외에 파견되는 국제경영자는 현지의 종교적 관행과 신념이 가져올지도 모르는 영향력에 대해 교육을 받아야 하며, 또한 자신이 이를 통제할 수 있도록 노력해야 한다.

대개의 종교는 종교적으로 신성시하는 기념일이 있다. 이러한 기념행사는 종교마다 다르다. 예를 들어, 기독교국가인 이탈리아는 같은 종교국인 미국보다 종교적 경축일이 훨씬 많다. 구소련에서는 단지 6일간, 스리랑카에서는 불교, 기독교, 힌두교, 이슬람교의 경축일을 모두 포함하여 27일간을 종교휴일로 지키고 있다. 종교적 행사는 생산에도 영향을 미칠 뿐만 아니라 소비형태에도 영향을 미치게 된다. 예를 들면, 동일 직장 내에서 여러 종파의 근로자가 근무를 한다면 작업계획에 차질을 빚을 수 있다. 이슬람교의 라마단(Ramadan) 금식기간 중에는 생산성이 급격히 떨어지지만, 반면에 소비는 급격히 늘어남으로써 긍정적 효과와 부정적 효과가 동시에 나타나기도 한다. 기독교국가에서 크리스마스는 연중 판매량이 최고조에 달하는 시기이다.

종교상의 특정 믿음이 소비행태에 영향을 미친다. 예를 들어, 힌두교에서 소, 이슬람교와 유대교에서는 돼지를 각각 먹지 못하도록 규정하고 있다. 제2차 세계대전 중 일본군이 캘커타로 진격하자 현재의 방글라데시 지방으로부터 인도로 피난민이 흘러넘치게 되었다. 그 결과, 인도 내에서 식량부족사태가 발생하자 연합군은 긴급구조선으로 식량을 급송하였다. 그러나 식량부족사태는 해결되지 않고 구호식량은 남아도는 기현상이 발생하였다. 그 이유를 살펴보니, 그 당시의 보급식량이 통조림 소고기와 쌀이었음을 알게 되었다. 종교적인 이유로 소고기를 먹지 않는 지역이 인도에는 많이 있고, 북부 인도에서는 종교적 믿음으로 쌀보다 밀을 주식으로 사용하기 때문이었다. 이러한 이유로 국제마케팅 담당자들은 이미 우리가 알고 있는 금지상품 이외에도 사용이 배제될 가능성이 있는 상품에 대한 사전 예측력과 통찰력을 발휘할 수 있어야 한다.

(3) 가치관과 태도

가치관이란 이성적으로 특정 행위를 우선적으로 행해야 한다는 믿음이다. 이러한 가치관은 인간의 사회화 과정인 교육이나 종교를 통해 학습된 것이다. 따라서 가치관의 차이는 국제경영자가 현지의 기업이나 정부와 접촉을 할 때 혼란을 초래함으로써 적절한 의사소통을 방해하는 요인이 된다. 기업활동에 영향을 미치는 가치관으로서는 시간 · 일 · 부(富)에 대한 태도, 일의 성취욕구, 변화의 수용성 등이 있다.

시간에 대한 태도의 예를 들면, 만약 수입을 하기로 계약을 체결하고 물품을 조기에 선적하라고 요구한 경우에 그 빠른 정도는 국가마다 다를 수 있다. 또한 모두가 협동작업을 수행해야 하는 생산공정에서 소수의 종업원이 출근시간을 어겼을 경우 생산 자체가 중단될 수 있다. 해외에 진출하는 기업의 국제경영자와 현지의 종업원이 지니는 일의 성취도가 다르다. 따라서 국제경영자들은 진출하려는 국가의 국민들이 지니는 일에 대한 태도나 성취감을 미리 파악하고, 이에 따라 국제경영활동을 계획하여야 한다. 변화에 대한 태도 역시 사회와 문화마다 다르다. 예를 들면, 이슬람교에서는 '모든 변화와 개혁은 악의 산물'이라고 주장하지만, 변화를 진보의 산물로 평가하는 미국의 경우에는 광고에 'new'(새로운)나 'improved'(개선된)와 같은 표현문구를 가능한 한 크게 확대하여 진보된 제품으로 나타내고자 한다.

각 사회나 문화마다 변화에 대한 태도가 다르지만, 동일한 문화나 사회에서도 다를 수 있다. 우리 나라에서 된장이나 고추장을 선전할 때 주로 등장하는 광고문구는 '전통의 맛', '재래식' 등이다. 그러나 맞벌이 부부를 위한 아침식사 대용식 선전에서는 '새로운 아침영양', '간편한 아침식사'로 다르게 나타난다.

이와 같이 변화에 대한 태도가 사회마다 그리고 동일 사회 내에서도 차이가 발생하기 때문에 새로운 혁신이나 변화의 소개가 매우 어려운 일이 된다. 특히, 변화를 수용하지 않으려는 집단에 대해서는 더욱 어렵다. 따라서 혁신제품을 현지에 소개하려는 기업들은 관습, 가치관, 그리고 행동규범 중 변화를 수용하지 못하는 요인을 확인하고, 기업이 변화시킬 수 있는 요인을 찾아 내야 한다. 그리고 현지에서 신제품이나 혁신의 효율성이 증명될 때에는 채택이 빠르게 진행된다는 것을 인식해야 한다.

(4) 기술과 물질문명

교통 · 통신이 발달하지 않았던 19세기 이전에는 동인도회사와 같이 식민지통치에 의해서 기업국제화가 가능하였다. 그러나 20세기에 접어들어 항공기, 전화, 팩시밀리 등의 등장으로 원격지 간 조정 · 통제가 가능해짐에 따라 기업의 국제사업활동에 대한 진출과 개입이 활발하게 되었다. 이처럼 교통 · 통신기술의 발달이 과거에는 생각할 수 없었던 국제생산이라는 목표를 달성하도록 하였을 뿐만 아니라, 이제는 국제화라는 가치관을 기업에 인식시키고 선호하도록 만들었다.

한편, 한 국가에서 사회적으로 바람직하고 적절한 것에 대한 일련의 우선순위와 가치체계로 인해 사회가 사용하는 기술이 결정되기도 한다. 예를 들어, 미국에서 개발된 생산라인 무결함운동(zero-defect movement)이 일본에 처음 도입될 때 큰 관심을 끌지 못하였다. 그 이유는 일본 경영자와 근로자의 기존 시각에서 볼 때, 종업원은 자유의지를 지닌 인간이며 수동적인 기계나 로봇이 아니라는 가치관 때문이었다.

과학기술의 진보는 문화변화의 주요한 요인이 된다. 예를 들면, 높은 생활수준과 더 많은 여가시간을 즐기기 위해서 일본 소비자들은 편리한 제품에 강한 수요를 보이고 있기 때문에 국제마케팅 관리자는 이들 요구에 맞도록 제품을 조정할 수 있어야 하고, 제품을 일본인의 새로운 라이프스타일 기준에 맞추어야 한다. 이동식 전화기와 소형컴퓨터의 판매증가는 일본인들이 개인용 제품을 많이 구입한다는 것을 보여 주고 있다.

물질문화는 경제적 하부구조인 운송, 에너지와 통신체계, 사회적 하부구조인 주택, 보건과 교육체계, 금융과 마케팅 하부구조인 유통경로, 은행, 조사기관 등을 포함한다. 국제기업은 현지국의 다양한 하부구조에 완벽한 이해를 갖고 있어야 한다. 산업화 정도가 물질문명수준의 지표로 이용될 수 있다면 시장세분화를 위한 기준으로 사용될 수 있다. 제너럴 일렉트릭(General Electric)사와 같이 산업재를 판매하는 기업에서는 시장선정과정에서 물질문명수준이 유용한 출발점이 된다. 예컨대, 개발도상국은 기초에너지 생산제품에 대한 수요가 높을 것이고, 선진국 시장에서는 시간절약형 가정용 제품에 대한 수요가 더 높을 것이다.

(5) 매너와 관습

외국인과 사업을 성공적으로 진행하기 위해서는 다양한 문화의 특수한 관습을 반드시 조사해야만 한다. 그 중 하나가 오른손과 왼손 사용에 관한 것이다. 이른바 오른손 사회라 불리는 곳에서는 왼손은 '화장실 손'(toilet hand)으로 간주되어 왼손으로 식사하는 것은 무례한 것으로 여겨진다.

국제경영자들은 제품사용법의 차이에 대해서도 관심을 가져야 한다. 사용상의 차이점은 제품형태 및 촉진 의사결정에 반영되어야만 한다. 맥스웰 하우스(Maxwell House) 커피가 미국에서는 갈아먹는 커피인 그라운드형과 인스턴트형이 모두 판매되는데, 영국에서는 인스턴트 형태로만 판매되고, 스칸디나비아 국가에서는 최상급 제품으로 인식된다. 맥스웰 하우스는 영국과 일본에서 간단히 '맥스웰'(Maxwell)이라고 불린다. 왜냐하면, 'House'라는 단어가 소비자를 혼란에 빠뜨리기 때문이다. 남미 시장의 샴푸제조업자는 제품의 판매량이 낮은 이유가 많은 여성들이 머리를 감을 때 비누를 사용하고 샴푸는 단지 간단히 헹굴 때 쓰거나 상류층만이 사용하기 때문이라는 것을 뒤늦게 발견하였다.

일본에 진출한 많은 서구의 기업들은 일본 소비자들의 독특한 습관에 대한 연구부족으로 사업에서 실패하였다. 일본에서 존슨 앤 존슨(Johnson & Johnson)사는 유아분(baby powder)의 사용환경에 대한 소비자행동을 조사하기 전까지는 성공을 거두지 못하였다. 그 이유는 일본의 주부들은 작은 집에 가루가 날라다녀 깨끗한 주방을 더럽히는 것을 싫어하기 때문이었다. 따라서 존슨 앤 존슨사는 알뜰한 주부를 위하여 현재 유아분을 화장용 솔과 함께 평평한 상자에 넣어 팔고 있다. 포장과 라벨에 관한 의사결정의 사례로서, 멕시코에는 일반적으로 대가족이 많기 때문에 캠벨(Campbell)사가 깡통에 넣어 판매하는 수프는 4~5명의 가족이 먹을 정도로 커야 하였다.

국제마케터들은 세밀한 조사를 통해 이러한 문제들을 사전에 피할 수 있다. 제품개념 테스트는 제품의 시장진입에 있어 소비자들의 잠재수용력과 이해 정도를 알아볼 수 있는 방법이다. 핵심집단면접(focus group interview)을 이용하여 발견된 문제점을 개선할 수도 있다. 포장된 소비재와 같이 민감한 제품은 소매업자로부터 가정까지 유통되는 제품의 이동과정을 분석해야 할 뿐만 아니라, 소비자의 사용과 태도도 연구해야 한다.

(6) 심미적 요소

문화마다 선호하는 색상이 다르며, 색의 의미도 달라진다. 예를 들어, 검정색이 미국이나 유럽의 경우에는 죽음이나 장례식의 상징으로 표현되지만, 일본, 한국, 중국 등 동북아지역에서는 백색이 동일한 의미로 상징된다. 유나이티드(United)항공사가 서울에 처음으로 취항할 때, 축하의 의미로 승무원들이 탑승객들에게 하얀 카네이션을 가슴에 달아 주는 행사를 가졌으나 한국인 여승객들은 대부분 이를 거절하였다. 서울에 도착한 후, 항공사측이 그 이유를 알아본 결과 한국에서는 죽은 사람을 추모하기 위해 흰 카네이션을 사용한다는 사실을 알고 즉시 그 행사를 중지시킨 일화가 있다. 싱가포르에서 사업을 확장하려던 어떤 영국 은행이 회사상징의 색으로 푸른색과 녹색을 사용하려 하였으나, 싱가포르에서는 녹색이 죽음과 관계가 있다는 것을 알고 녹색의 농도를 바꾸었다.

(7) 교 육

교육은 문화전수와 전달에 있어 중요한 역할을 담당한다. 교육수준은 사업에 영향을 미칠 수 있다. 예를 들면, 문맹률이 높은 사회에서는 글로 인쇄된 안내서보다는 그림이나 그래픽과 같은 시각물을 사용하도록 권장해야 한다. 국가마다 교육수준이 다르기 때문에 국제기업은 정기적으로 현지에서 채용된 직원을 본부로 불러 훈련시킨다.

기업이 행하는 생산자나 소비자에 대한 교육도 결국은 인간의 행동을 계획적으로 변화시킨다는 대전제 아래 시행되어야 한다. 예를 들어, 기업의 광고도 자사제품의 우월성을 소비자에게 인지시키고 실제로 구매하도록 교육하는 것이다. 국제마케팅 관리자는 직원채용에서 나타나는 문제를 해결해야 할 것이다. 예를 들면, 일본에서는 충성을 아주 강조하고, 근로자들은 스스로를 기업가족의 일부로 여긴다. 만약 외국기업이 일본 시장에서의 철수를 결정한다면 근로자들은 아마 중간경력자로서 다른 직장에 취업하는 것이 힘들 것이다. 그러므로 일본에서는 대학졸업자들이 외국기업체에 취업하는 것을 꺼려 한다.

(8) 사회제도와 정치체제

국제경영을 하다 보면 현지국의 사회제도나 정치체제와 관련을 맺지 않을 수 없다. 외국의 고객들은 그들만의 사회조직과 정치체제에 동화되어 있기 때문에 현지에서의 국제경영활동에 앞서 경영자는 문화적 차이를 인식함으로써 현지인과 마찰 없이 국제경영활동을 수행할 수 있어야 한다.

국제경영자가 국제사업활동을 확대할 때마다 되풀이되는 고민거리는 얼마나 현지의 경영관습을 따르고, 얼마나 본사의 경영방침을 고수할 것인가의 문제이다. 현지국가의 관습을 완전히 무시하거나 전혀 개의치 않는다면 자신의 의사결정으로 인해 전혀 생각지도 않았던 일들이 발생할 수 있고, 그 결과로 현지국의 분노나 반감을 초래할 수 있다. 해외로 진출하는 경영자는 거시적으로 정치적 위험과 같은 문제에 봉착하기도 하지만, 현지국에서의 대인관계나 의사소통과 같은 아주 미세한 부분까지도 각별히 신경을 써야 한다.

외국의 문화나 이질적인 사회조직에 따르는 외국인의 행동을 자기준거기준(self-reference criterion)으로 보면 일견 터무니 없어 이해되지 않을 때도 있다. 그러나 외국인의 입장에서는 이러한 행동들이 당연하고 상식적인 일이 된다. 즉, 모든 인간사회는 의식주의 해결방법, 권력이나 부의 분배 등에 있어서 그 사회 나름대로 독특한 해결방식을 지니고 있는 것이다.

3. 이문화 적응훈련

문화적 감각을 갖추고 이문화(異文化)에 적응하기 위해서는 체계적이고 조직적인 훈련과 내부 교육프로그램의 시행이 필요하다. 공식적인 교육프로그램의 목적은 관리자들과 직원들이 부족한 준비성, 민감함, 인내, 적응성을 개발하고 촉진하는 데 있다.

(1) 지역연구

지역연구(area study) 프로그램은 관리자가 특정 국가를 방문하기 전에 이미 연구된 보고서를 통하여 지식을 습득하게 된다. 특히, 다른 형태의 교육프로그램에 앞서 지역연구가 선행되어야 한다.

(2) 문화적 동화

문화적 동화(cultural assimilator)는 피교육자가 특정 국가의 특정 상황에 맞추어 행동하는 프로그램이다. 충분한 시간이 주어지는 경우, 경영자는 언어사용에 대한 폭넓은 교육을 받아야 한다.

(3) 민감도훈련

민감도훈련(sensitivity training)은 본국 상황과 매우 다른 상황에서 관리자의 적응력을 강화하는 데 초점을 맞추고 있다. 접근방법은 자신의 문화만을 이해하고, 인정하는 것이 다른 문화에 속한 사람을 이해하는 데 대한 부정적인 요소가 된다는 사실에 기초한다. 해외여행과 같은 방법이 이러한 목적에 사용된다.

(4) 실제경험

실제경험(field experience)이란 제한된 시간 동안 타문화국가에 관리자를 보내는 것이다. 이는 정착 및 관리비가 많이 드는 등의 단점이 있으나 실제현장을 경험할 수 있다는 장점이 있다.

국제마케팅에서 소비자에 대한 이해는 소비자의 상품욕구를 아는 것 이상의 의미가 있다. 이것은 소비자국가의 문화를 이해하는 것을 포함한다. 효과적인 국제마케팅을 위해서는 다음과 같은 노력들이 필요하다.

첫째, 현지국의 문화, 가치기준, 지리, 예술가, 음악가, 종교, 정치구조에 대한 연구가 필요하다.

둘째, 시간은 귀하지만 많은 국가에서 시간을 너무 중시하는 것은 비우호적이고 오만한 태도를 보여 신용관계를 해치게 만든다.

셋째, 사업개시 이전에 먼저 관계와 믿음을 발전시키는 것이 필요하다. 많은 국가에서 사업은 믿음이 형성되기 전까지는 행해지지 않는다.

넷째, 언어, 미묘한 차이, 어구들을 배우고 필요한 경우에는 통역자의 도움을 구하는 것이 현명하다.

다섯째, 문화를 존중하고 예의를 지키는 것이 매우 중요하다. 손님의 입장에서 현지국 소비자들이 중요시하는 것을 존중해 주어야 한다.

Chapter 20 국제경영관리

1 국제마케팅관리

1. 국제마케팅의 개념

국제마케팅의 개념을 이해하기 위해서는 국내마케팅의 개념에 대한 이해가 필요하다. 왜냐하면, 국제마케팅의 체계와 기본 원리는 마케팅에서 비롯되기 때문이다. 마케팅의 정의는 학자에 따라 다양하게 내려져 있지만 미국마케팅협회(American Marketing Association; AMA)의 정의(1985)를 기초로 국제마케팅이란 "개인 및 조직의 목표를 충족시키는 교환을 위해 해외시장에 개입하고, 아이디어, 재화, 용역의 개념화, 가격, 촉진 및 유통을 국제적으로 계획하고 수행하는 과정"으로 정의해 볼 수 있다.

국제마케팅의 정의에는 마케팅의 정의에 '국제적'이란 말이 첨가되었다. 이는 마케팅활동이 여러 국가에서 이루어질 수 있으며, 그 활동은 국가에 따라 다소 조정이 필요함을 의미한다. 또한 교환이 국경을 넘어서 발생한다는 사실은 국내마케팅과 국제마케팅의 차이를 구분짓게 하는 기초를 제공해 준다. 즉, 국제마케팅은 국내마케팅과 달리 여러 국가에서 발생하는 정치적 · 경제적 · 사회적 · 문화적 환경에 직면하여 수행하게 된다.

한편, 국제마케팅은 기업이 해외시장에 개입하는 정도인 국제화 수준과 강조하고 있는 마케팅활동에 따라 여러 명칭으로 분류된다. 즉, 수출마케팅은 재화와 용역의 국가 간 이동에 초점을 두는 형태로서 본국에서 해외로 이동하기 전까지의 활동을 대상으로 한다. 해외마케팅은 현지국 중심의 마케팅활동에 초점을 둔 경우를 말하며, 다국적마케팅은 복수의 해외시장을 대상으로 이루어지는 마케팅활동을 강조하는 형태이다. 따라서 개별 해외시장을 대상으로 할 때보다 통합과 조정의 과정이 필요하게 된다. 마지막으로 범세계적 마케팅은 본국과 외국을 구분하지 않고 전 세계를 하나의 시장으로 간주하여 수행하는 마케팅활동에 초점을 두는 형태이다.

2. 마케팅의 개념

국제마케팅을 수행하기 위해 우선 마케팅에 대한 이해가 있어야 한다. 코틀러(P. Kotler)는 마케팅이란 "개인 및 조직의 목적을 달성하기 위해 교환활동을 창출해 나가는 과정"이라고 정의하였다. 이와 같은 마케팅의 원리나 개념은 전 세계 어디에서나 보편적으로 적용될 수 있지만, 구체적인 실행방법은 나라에 따라 다를 수 있다. 지구상의 각 나라들은 나름대로의 고유한 환경과 특성을 지니고 있다. 이것은 한 나라의 마케팅 경험이 다른 나라에서 그대로 적용될 수 없는 원인이 된다. 즉, 나라에 따라 고객, 경쟁자, 유통경로 및 광고매체가 달라지며, 마케팅은 이러한 환경의 변화에 따라 전략적 수정이 이루어져야 한다.

과거 30년 동안 마케팅에 대한 사고는 커다란 변화를 겪어 왔다. 미국의 경우, 1970년대까지의 전통적인 마케팅은 주로 제품에 중점을 두고 좋은 제품을 만들어 판매하는 데 초점을 두었다. 따라서 마케팅의 목표는 기업조직의 이익을 극대화하는 데 두었으며, 이 목표를 달성하도록 판매를 위해 고객이 회사의 제품을 구매하도록 설득하는 광고와 판촉에 중점을 두었다.

그러나 1980년대에 접어들어 이러한 판매 중심의 마케팅사고는 고객 중심의 사고로 변해 새로운 현대적 마케팅사고가 탄생하게 되었다. 현대적 마케팅사고에서는 마케팅의 초점을 제품에서 고객으로 변경하여 마케팅의 목적을 고객만족을 높이는 데 설정하였다. 그리고 이러한 목적을 달성하는 수단으로서 제품(product), 가격(price), 유통(place), 촉진(promotion) 등 '4P's'에 의한 통합적인 관리에 두었다.

이 네 가지 활동은 모두 마케팅관리자가 통제할 수 없는 소비자 기호의 변화나 경쟁자의 마케팅환경에 대응하여 사용할 수 있는 네 가지 통제가능한 마케팅수단을 의미한다. 이러한 네 가지 마케팅수단을 마케팅믹스(marketing mix)라고 부르며, 최근에는 4P's에 조사활동(probe)이나 사람(people)을 덧붙여 '5P's'를 주장하기도 한다.

마케팅관리과정은 조직의 자원과 목적을 외부환경에서 찾을 수 있는 기회에 집중하는 과정을 의미한다. 그 과정을 구체적으로 정리해 보면, 우선 외부환경을 분석하여 기회와 위협을 찾아 내고, 기회를 잘 활용하기 위해 전체 시장을 성격이 비슷한 세분시장으로 나누는 시장세분화 과정이 있다. 다음은 이처럼 나눈 세분시장을 대상으로 목표시장을 선정하는 표적시장의 선정과정이 있다. 다음으로, 선정된 목표시장에서 자사제품의 이미지를 경쟁사와 차별화시켜 소비자가 기억하도록 포지셔닝(positioning)과정이 있다. 마지막으로 목표시장의 고객특성과 시장환경에 맞추어 앞에서 결정된 포지셔닝에 따라 제품, 가격, 유통, 촉진활동 등 마케팅믹스를 결정하는 단계이다. 이러한 마케팅관리과정은 국제마케팅에서도 그대로 적용된다.

3. 국제마케팅조사

국제마케팅조사(international marketing research)를 살펴보기 전에 먼저 마케팅조사(marketing research)의 의미를 이해하는 것이 우선과제이다. 마케팅조사란 기업이 제품이나 서비스의 판매를 촉진하기 위하여 시장에 관한 다양한 정보를 기업의 내부 또는 외부에서 수집하여 과학적으로 조사 · 분석하는 것을 의미한다. 미국마케팅학회의 정의에 따르면, 마케팅조사란 "제품과 서비스마케팅에 관련된 문제에 관련된 자료를 체계적으로 수집 · 기록 · 분석하는 것"으로 정의되고 있다. 이 정의에서 강조되고 있는 것은, ① 마케팅조사는 체계적인 작업으로서 계획되고 조직적인 활동이며, ② 개인적인 판단보다 자료의 필요성이 강조되면서 마케팅조사를 통한 정보의 축적이 중요시되고, ③ 마케팅조사의 목적은 특정 문제해결을 위한다는 것이다. 최근에 발표된 마케팅조사의 정의는 "마케팅관리자의 의사결정과정을 지원하는 정보의 개발과 제시를 가능하게 하는 체계적이고 객관적인 접근"으로 규정하고 있다. 이 정의는 앞서의 미국마케팅학회의 정의를 보강한 것으로, 객관적이라는 표현을 포함시켜 마케팅조사에 편견이 들어가지 않도록 하고 공정한 조사가 되어야 함을 강조하고 있다. 다시 말하면, 조사는 반드시 과학적인 방법을 적용해야 하고 모든 사람이 공감할 수 있는 공통된 기준에 입각해야 한다는 것이다. 마지막으로 마케팅조사와 의사결정과정 사이의 관계를 특별히 강조한다. 유용한 마케팅조사를 수행하기 위해서는 사용가능한 정보를 수집해야 하고, 경영자는 그 정보를 통해 기업경영을 보다 효율적으로 수행할 수 있어야 한다.

시장조사에는 두 가지 기본적인 형태가 있다. 1차시장조사는 특별한 조사목적을 위하여 기존 자료가 부족한 경우 새로운 1차자료를 수집하는 것이고,[1] 2차시장조사에서는 이미 수집되어 가공된 2차자료가 이용된다.[2] 일반적으로 기업규모가 클수록 1차자료를 더 많이 수집하며, 마케팅 의사결정 지원시스템을 개발할 수 있는 인적 · 물적 자본을 가지고 있어 유리하다. 2차시장조사는 중 · 소규모 기업이 부담 없이 이용할 수 있는 조사방법이다.

기업이 국제시장에 진출하기 전에 먼저 목표로 하고 있는 해외시장에 관한 조사가 필요하다. 기업은 목적시장을 대상으로 그 시장의 상관습과 거래방법 또는 경쟁관계 등을 면밀히 조사해야 한다. 앞에서 살펴본 바와 같이, 조사방법에는 2차자료를 이용한 간접조사와 현지를 방문하여 수행하는 실사조사 등이 있다.[3] 수집된 정보는 성공적인 마케팅전략의 개발에 있어 중요한 열쇠가 된다. 예를 들어, 광고의 주제, 시장진입을 위한 신제품, 시장진입의 방식, 적정가격의 수준, 상품의 유통경로 등 특별한 의사결정을 위하여 정보가 수집된다. 더욱이 국제마케팅전략이 적절히 현지사정에 맞게 적용될 수 있도록 국제시장환경의 추이에 관한 정보도 요구된다.

국제마케팅전략의 개발에 있어 정보는 효과적인 의사결정을 위해 필요하다. 때로는 정보도 없이, 또는 불충분한 정보를 가지고 성급하게 의사결정을 하게 된다. 과거에는 기업이 2차적인 탁상조사나 시장잠재력에 대한 분석이 없이 해외시장에 진입하는 것이 보편적이었다. 흔히 "거래에서 중요한 것은 선적비용이며, 시장조사는 그 다음 문제이다"라는 자세를 가진 경영자들은 해외시장 진입을 잘못하거나 진입 초기에 마케팅전략을 부적절하게 사용해 손해를 입는 경우가 많다. 예를 들어, 미국의 한 남성복 제조업체가 유럽 시장에서 자사 기성복 제품의 시장잠재력을 고려하는 과정에서 탁상조사라도 하도록 충고를 받았지만 해외시장조사에 최소한의 경비지출도 원하지 않았다. 그 결과, 유럽 시장 진출을 포기하기로 결정하였고, 해외시장의 거대한 잠재기회를 잃어버리고 말았다.

경영자들이 국제시장에서 실패하는 가장 큰 원인은 국제시장에 대한 준비와

---

1) 1차자료를 수집하는 방법은 크게 서베이(survey), 관찰(observation), 실험(experiment)에 의한 방법으로 나누어 볼 수 있다.
2) 2차자료는 내부자료와 외부자료로 나뉘며, 내부자료는 회사 내 영업실적, 종업원 현황 및 실적, 영업비용, 원가 및 판매조직 등에 관한 자료를 말한다.
3) 국제마케팅조사에 이용되는 2차자료는 정부, 기타 공공기관, 국제기구, 서비스단체, 무역관련 협회, 전화번호부 및 소식지, 데이터베이스, 기타 기업 등에서 얻을 수 있다.

정보가 부족하였기 때문이다. 국제마케팅 실패사례를 분석해 보면 기업이 처한 환경을 이해하였더라면 피할 수 있었던 것들이다. 아직도 기업이 국제마케팅조사를 가치 없다고 느끼거나 인적 · 물적 자원의 부족으로 조사를 기피하는 경우가 많다. 기업들이 국제시장에서 적절한 정보들을 수집하지 못하는 데에는 다음과 같은 이유들이 있다.

첫째, 고객의 취향과 선호에 민감하지 못하다.

둘째, 각 국가마다 다른 마케팅환경의 특성, 즉 유통망의 특성, 다양한 통신매체의 존재 여부 등을 정확하게 파악하지 못하였다.

셋째, 해외자료에 대해 친숙하지 못하고 자료원에 대한 장점과 단점을 알지 못하였다.

넷째, 해외시장조사에 소요되는 비용을 꺼려 한다.

마지막으로, 해외조사기관에 대한 자격, 능력, 신뢰성 등을 믿지 못해서 해외조사기관의 선정을 주저한다는 것이다.

그러나 이러한 이유들 때문에 국제시장조사가 기피되어서는 안 된다. 국제시장조사에 소요되는 비용이 예상보다 비싸고, 국내시장의 자료와 비교하여 신빙성이 떨어지고 질이 낮더라도, 해외시장 진입에 앞서 시장조사활동은 필수적이다. 이러한 해외시장에 대한 정보의 도움으로 효과적인 국제마케팅전략을 개발할 수 있다.

세계시장에 대한 정보를 수집한다는 것은 결코 쉬운 일이 아니다. 국제시장에서 2차자료를 얻기란 국내시장보다 더 어렵고 시간도 오래 걸린다. 1차자료의 수집도 더욱 복잡하다. 그 이유는 자료수집과정에서 문화, 언어, 경제, 사회 등 환경의 차이점을 고려해야 하기 때문이다. 설문지를 사용할 경우 반드시 현지어로 번역해야 하고, 조사도구도 새로운 환경에 적합해야 한다. 국내에서 사용되는 표본과 비교할 대상이 존재하지 않는 경우도 있다. 국제시장에서는 조사시간이 더 많이 요구되고 의사소통이 부자연스럽다. 또한 분석도 다른 문화적 배경으로부터 얻은 자료해석에 신중해야 하고, 조사자의 편견이 개입되지 않아야 한다. 탐험적인 조사활동을 통해 이러한 문제들을 파악하고, 누구에 의해서, 무엇을 조사해야 할 것인가를 결정해야 한다.

4. 국제시장조사와 국내시장조사의 차이

국제마케팅은 국내마케팅과 환경이 다르기 때문에 국제시장조사의 수단과 기술이 실질적으로 크게 다르다. 이 차이에 대한 네 가지 주요한 근거로서 새로운 매개변수, 새로운 환경, 요소의 증가, 그리고 경쟁범위의 확대 등을 들 수 있다.

(1) 새로운 매개변수

국가 간 교역이 이루어질 때, 기업은 국내마케팅활동에서 발견되지 않았던 매개변수, 즉 관세, 통화와 환율의 변동, 상이한 운송수단, 공적인 문서 및 서류, 그리고 항구시설 등을 접하게 된다. 국내에서만 활동한 기업은 이러한 조건과 상황에 대한 경험이 적거나 아주 없다. 경영자가 적합한 사업결정을 내리기 위해서는 각각 매개변수에 대한 정보를 반드시 수집해야 한다. 또한 서로 다른 국제사업형태로 인해 새로운 매개변수가 출현한다. 예를 들어, 수출 라이선싱, 국제합작투자 또는 해외직접투자 등을 들 수 있다.

(2) 새로운 환경

기업이 국제마케팅활동을 전개하게 되면 잘 알려지지 않은 환경에 노출된다. 기업은 현지국의 문화를 학습하고, 정치제도를 이해하여 현지국의 정치적 위험을 파악하고, 사회구조와 언어의 차이점과 특성을 구분할 수 있어야 한다. 더욱이 사업수행에 관련된 현지법에 위반되는 활동을 피하기 위하여 관련법규에 대한 완벽한 이해가 필요하다. 또한 마케팅계획 수립에 있어서 과학기술수준과 경제상황을 구체적으로 이해해야 한다. 즉, 과거 국내시장에서 형성된 모든 가설들이 재평가되어야 한다. 이것은 매우 중요한 것임에도 불구하고 소홀히 취급되어 온 것은 대부분의 경영자들이 국내사업환경에서 성장하였고, 그 활동에만 익숙해졌기 때문이다.

(3) 요소의 증가

기업의 국제시장에 대한 참여는 2개 시장 이상에 진입하는 것을 의미하며, 지리적인 범위가 넓어짐과 동시에 기업환경의 범위도 넓어진다. 따라서 경영자들이 지리적인 차이를 이해하고, 아울러 그 속에서 발생하고 있는 다양한 요소의 상호작용을 이해해야 한다. 이때 경영자는 국제마케팅조사를 통해 도움을 얻을 수 있다.

(4) 경쟁범위의 확대

기업은 국제시장에 참가함으로써 국내시장보다 확대되고 다양한 경쟁에 노출된다. 예를 들어, 수산품은 다른 수산품뿐만 아니라 육류나 심지어 대체품인 야채류와도 경쟁한다. 이와 유사하게, 국내시장에서 기술집약적 제품을 생산하는 기업은 외국에서 저임금으로 생산된 제품으로 인하여 갑작스런 경쟁에 부딪힌다. 결국 기업은 반드시 경쟁의 폭을 정해야 하고, 마지막으로 기업활동에 근거한 실제적인 잠재영향력을 반드시 평가해야 한다.

5. 자료해석과 결과보고

해외시장에 대한 자료가 수집된 이후에 조사자들의 임무가 매우 중요하다. 왜냐하면, 이 단계에서 유용한 자료를 만들기 위한 창의적인 방법을 동원해야 하기 때문이다. 수집목적이 다른 2차자료들을 유용한 방법으로 결합시키거나, 조사의 목적상 다양한 도표, 수정정보 또는 대리정보를 사용할 수 있다. 예를 들어, TV 시장정보를 통해 비디오레코더 판매의 잠재시장수요를 예측할 수 있고, 항구시설계획에 대한 정보는 장기적인 컨테이너 수량을 예측할 수 있다.

해외시장 조사자는 유용한 정보를 제공하기 위해 창의적인 추론을 이용하고, 자료의 한계성을 초월할 수 있어야 한다. 그러나 창의적 추론이 위험을 불러일으킬 수 있다. 자료에 대해 심층적으로 분석한 후, 엄밀한 검증이 이루어져야 한다. 이를 위해 조사자는 다른 정보원천(情報源泉)이나 전문가의 결과와 비교분석을 해야만 한다. 또한 조사자들은 기업의 장기계획에 맞도록 조사내용을 변경하여 국제시장조사활동의 계속적인 발전과 이러한 경험을 바탕으로 기업이 많은 것을 배울 수 있도록 해야 한다.

경영자에 대한 조사결과의 보고는 기업의 성공을 위해 매우 중요하다. 조사자는 보고서에 세심한 주의를 기울여 중요한 정보를 경영자에게 보고해야 한다. 경영자들은 복잡하고 미묘한 해외시장조사의 과정을 잘 이해하지 못하며, 알고자 하는 정보에 대한 설명이 필요할 뿐이다. 조사자가 수집한 막대한 자료를 모두 설명하려는 행동은 부적절하다. 조사자의 임무는 자료를 요약하여 핵심적인 내용을 경영자가 이해하여 의사결정을 하도록 도와 주는 데 있다.

따라서 보고서는 간결해야 한다. 조사자는 먼저 간단하고 핵심적인 요약문을 한 장으로 제시한 후, 주요 문제에 대한 정의, 제시된 결과의 확증, 결과에 대한 명확한 설명 등을 기술해야 한다. 기타 세세한 정보는 부록에 기록하도록 한다. 보고서 제출의 목적은 유용한 결과보고, 시장조사 필요성의 강조 및 효과적인 의사전달에 있다. 왜냐하면, 보고서는 조사과정의 핵심적인 내용을 나타내기 때문이다. 아무리 중요한 해외시장조사라도 경영자가 이해하지 못하거나 사용하지 않는 보고서는 소중한 기업자원의 낭비일 뿐이다.

6. 국제마케팅믹스의 의의

(1) 국제마케팅믹스의 개념[4]

국제마케팅활동에 있어서 국제마케팅믹스(international marketing mix)의 본질적 개념은 국내상황에서의 마케팅믹스와 동일하다. 일반적으로 마케팅믹스란 "기업이 목표시장에서 마케팅목표를 달성하기 위하여 사용하는 통제가능한(controllable) 마케팅수단들의 집합"으로 정의한다. 마케팅믹스는 기업이 제품의 매출이나 수요, 고객의 반응과 태도에 영향을 미치기 위해 활용할 수 있는 모든 수단, 즉 제품

4) 김주헌, 『국제마케팅』, 문영사, 2001, pp. 275~276.

(product), 가격(price), 촉진(promotion), 유통(place) 등 네 가지 변수로 구성되어 있다.

기업의 입장에서 마케팅믹스는 통제와 선택이 가능한 관리변수이며, 마케팅 목표의 달성을 위한 구체적인 정책수단이 된다. 이에 반해 마케팅환경은 기업의 마케팅성과에 영향을 미치는 기업이 통제할 수 없는 외부여건이다. 따라서 마케팅 관리자의 과제는 마케팅목표의 효과적인 달성을 위해 끊임없이 변화하며, 통제가 불가능한 마케팅환경에 적절히 대응할 수 있는 최적의 마케팅믹스 조합을 만들어 실행하는 것이다.

(2) 국제마케팅믹스의 표준화와 적응화

국제기업은 해외사업활동 과정에서 여러 가지 복잡한 전략선택의 문제에 직면하게 된다. 국제마케팅믹스의 표준화(standardization)와 적응화(adaptation)도 국제기업이 필연적으로 직면하는 문제이다. 국제마케팅 관리자가 국제마케팅믹스전략을 전 세계적으로 동일하게 수행할 것인지, 아니면 현지국 시장환경에 맞추어 다르게 할 것인지에 대해 결정하는 것이 표준화와 적응화의 문제이다.

국제마케팅믹스의 표준화란 국내에서 사용하던 마케팅믹스를 해외시장에 그대로 적용시키는 전략이고, 적응화란 각국 현지시장의 여건에 맞게 수정하여 적응시키는 전략이다. 그러나 현실적으로는 완전한 표준화와 적응화의 극단전략은 존재하지 않고 적절히 조절하는 정도의 문제이다.

표준화 전략을 지지하는 입장은 기술혁신에 따른 통신과 교통수단의 발전으로 세계시장이 점차 동질화되고 있기 때문에 국제기업들이 통일된 국제마케팅믹스전략을 수행함으로써 규모의 경제를 통한 비용절감, 기업과 제품이미지의 일관성, 국제마케팅 개발노력의 절감, 국제마케팅계획과 통제의 용이성 등을 강조한다. 예를 들어, 코카콜라사는 제품, 광고, 유통경로 등 대부분의 국제마케팅전략의 표준화를 통해 세계시장에 진출함으로써 비용절감과 통일된 이미지를 구축하고 있다.

이에 반해 적응화 전략을 지지하는 입장에서는 기업의 외부여건이 변함에 따라서 국가 간의 환경격차가 줄어들 수 있지만, 국가 간 통제가 어려운 환경차이가 엄연히 존재하기 때문에 현지환경에 맞도록 국제마케팅믹스전략을 변경해야 한다는 국제마케팅환경에 따른 전략선택을 주장한다.

7. 데이터베이스마케팅

(1) 데이터베이스마케팅의 의의

네이스빗(John Naisbitt)은 그의 저서 『메가트랜드』(*Megatrends*, 2000)에서 '개인의 시대'(the age of the individual)의 도래를 예견한 바 있다. 마케팅에서도 불특정 대중 중심의 마케팅(mass marketing)에서 특정 개인 또는 집단 중심의 개별 마케팅(individualized marketing)으로 사고가 전환되고 있다. 이러한 마케팅사고는 데이터베이스마케팅(database marketing), 미시적 마케팅(micro marketing), 관련마케팅(relevance marketing), 일대일마케팅(one-on-one marketing), 빈도마케팅(frequency marketing), 관계마케팅(relationship marketing), 통합마케팅(integrated marketing), 상호작용마케팅(interactive marketing), 대화마케팅(dialogue marketing) 등과 유사한 개념으로 사용되고 있다.

데이터베이스마케팅의 핵심은 잠재고객의 확인이 판매 전에 가능하고, 데이터베이스를 적극적으로 개발하여 활용하며, 고객과의 관계관리에 초점을 두고, 고객에 개별적으로 접근하여 설득하는 등의 특징을 지니고 있다. 특히, 데이터베이스를 활용하여 잠재고객에 접근하고 기존 고객의 충성도를 제고시키는 것을 마케팅 성공의 강력한 무기로 삼고 있다. 이러한 마케팅사고는 오늘날 기업에게 새로운 기회를 제공하는 경쟁적 우위요소로서, 기업생존의 새로운 원칙으로 등장하고 있다. 예를 들어, 미국 기업을 대상으로 조사한 결과에 따르면 1990년도 연매출액 10억 달러 이상 대기업의 57%, 중소기업의 39%가 고객데이터베이스를 이미 구축하고 있으며, 그 중 대기업 21%, 중소기업 28%가 고객데이터베이스 구축을 계획하고 있는 것으로 나타났다.

(2) 데이터베이스마케팅의 유용성

마케팅의 전환기적 특성 중 가장 두드러진 것은 고객데이터베이스를 과거에 비해 보다 많이 더욱 효과적으로 구축하고 활용한다는 점이다. 데이터베이스 내의 관련된 정보에 기초하여 개별 소비자와 접촉하고 대화함으로써 불특정 대중을 중심으로 한 마케팅에서 특정 고객을 중심으로 한 데이터베이스마케팅이 가능해졌다. 데이터베이스가 일단 구축되면 개별 고객의 확인이 가능하여 개인별 접근이 용이하고(addressability), 개인별 구매행태를 측정하여 파악할 수 있고(measurability), 고객에게 매번 다양한 촉진방법으로 소구할 수 있으며(flexibility), 특정 고객의 매출액에 대한 기여도를 정확히 확인할 수 있다(accountability)는 장점이 있다.

일반적으로 고객데이터베이스에 저장가능한 정보는 고객속성정보, 판매정보, RFM(recency, frequency, monetary)정보, 상품정보, 판촉정보, 시장세분정보 등이나, 이 중에서 고객데이터베이스 내에 저장가능한 정보는 네 가지 형태로 구분될 수 있다. ① 서베이 등의 조사나 고객응답카드에서 드러난 정보로서 외부에서 입수가능한 자료이다. ② 입수가능한 자료를 토대로 유추할 수 있는 정보이다. 가령 고객응답카드에 소득이 높고 대가족이라는 정보가 주어졌다면 상대적으로 큰 평수의 집에 거주하고 있다고 가정할 수 있는데, 이는 유추된 형태의 정보에 속한다. ③ 개인별 자료와 센서스자료를 비교하여 얻어질 수 있는 자료이다. 대표적으로 PRIZM (potential rating index for zip markets) 자료를 들 수 있는데, 이는 우편번호를 사용하여 분류한 지역의 센서스자료와 고객 서베이자료를 혼합한 형태의 정보이다. ④ 교차된 자료형태이다. 예를 들면, A제품의 구매자가 B제품 고객응답카드에 회신하였다면 이 고객에 관한 정보는 서로 교차적으로 이용가능할 것이다.

고객데이터베이스를 구축하고 활용하는 사례는 다양하다. 서비스기업의 경우에는 데이터베이스 구축이 상대적으로 용이하다. 가령 은행은 대출시 많은 개인적인 정보를 제공받을 수 있기 때문에 어렵지 않게 데이터베이스를 구축할 수 있다. 택배나 가정배달을 하는 경우에도 데이터베이스의 구축이 용이하다. 피자헛이나 도미노피자의 경우 주문을 받아 배달을 하기 때문에 고객의 전화번호 및 위치, 구매패턴 등을 쉽게 알아챌 수 있다. 편의점이나 슈퍼마켓 등의 소매업에서도 데이터베이스 구축이 용이하다. 최근 정보기술의 발달로 인하여 판매시점 관리시스템을 이용한 스캐너자료가 활용되어 매장에서의 계산 및 재고관리는 물론이고 소비자행동이나 심지어는 소비자 개인자료까지도 구매시 입력되어 활용되고 있다. 소비재를 생산하는 제조기업의 경우는 고객응답카드나 판매촉진을 통하여 소비자 개인정보를 부분적으로 제공받을 수 있다. 산업재의 경우도 판매원을 통하여 고객정보를 입수할 수 있다.

(3) 데이터베이스마케팅의 활용

DB마케팅의 활용은 DB마케팅 계획단계와 사전 · 사후분석으로 나누어 살펴볼 수 있다. 계획단계에서는 시장, 상품, 판촉수단 선정에 활용될 수 있고, 분석과정에서는 시장, 상품, 판촉효과, 고객분석에 활용될 수 있다.

구체적으로 고객데이터베이스는 시장세분화와 고객순위 결정에 활용될 수 있다. 먼저 고객데이터베이스를 통해서 시장세분화가 가능한데, 지역별, 상품별, 연령별, 성별로 고객을 군집화할 수 있다. 또한 성별과 연령을 매트릭스화하여 세분화시키거나 지역과 연령을 매트릭스로 하여 세분화시켜 봄으로써 좀더 밀도 높은 전략을 수립할 수 있다.

고객의 순위를 결정하기 위하여 RFM점수를 사용할 수 있다.. RFM점수는 최근 구입일(recency), 구입횟수(frequency), 구입금액(monetary)을 가산평균하여 가장 최근에, 가장 많이, 자주 구입하는 고객에게 높은 점수를 부여할 수 있게 되어 있다. RFM파일은 상품을 구입한 고객속성정보와 매출정보로부터 만들어진다. 이러한 RFM파일을 활용하여 우량고객과 불량고객을 구분하여 관리할 수 있고, 더 나아가 지역별로 우량고객과 불량고객을 구분하여 관리하면 효과적이다.

고객데이터베이스의 가장 큰 효용은 고객의 가치를 측정할 수 있다는 점이다. 구체적으로 고객의 평생가치를 측정하고, 고객화에 소요되는 비용을 계산한 뒤 이를 토대로 고객을 평가하며, 고객의 충성도를 제고시키는 방안을 모색할 수 있다.

고객의 평생가치를 산정하기 위해서는 구매를 지속적으로 계속하는 고객을 찾아 내는 작업이 우선적으로 필요하다. 그러나 이는 쉬운 작업이 아니다. 왜냐하면, 처음 구매는 쉽게 포착될 수 있지만 그 이후의 구매를 포착하기란 쉽지 않기 때문이다. 이 경우 구매사이클(purchase cycle)의 개념을 사용하여 계속구매자를 정의

그림 20-1 데이터베이스마케팅의 활용

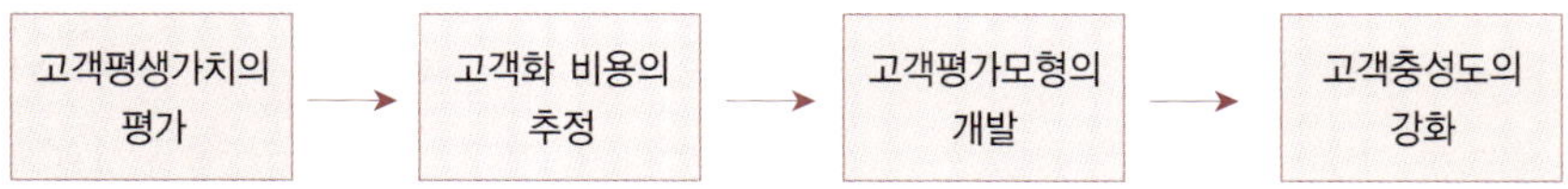

할 수 있다. 가령 지난 1년간 구매사이클을 3번 이상 놓친 구매자는 계속구매자에서 제외시켜도 무방할 것이다. 계속구매자집단이 정의되었다면 그들의 평생가치는 평생 동안의 평균구매액으로 계산할 수 있다. 즉, 고객의 평균평생가치는 (계속구매자의 평생 총구입액)÷(계속구매자의 총수)로 계산될 수 있다. 좀더 구체적으로 기간별로 구분하여 기간별 평균평생가치의 합을 평균평생가치로 볼 수도 있다. 결국 고객이 오랫동안 계속구매고객으로 남아 있다면 고객의 평생가치는 증가할 것이다.

일반소비자를 잠재구매자로 만드는 데 비용이 소요된다. 또한 잠재구매자를 시용하게 하고 반복구매자로 만드는 데에도 비용이 든다. 이러한 비용을 추정하여 고객의 평생가치와 비교해 보아야 한다. 일반적으로 새로운 고객을 유치하는 비용은 현재의 고객을 만족시키는 비용보다 평균적으로 5배 정도라고 한다.

고객의 평생가치가 결정되고 고객화에 소요되는 비용이 추정되었다면 고객을 점수화하여 평가할 수 있다. 또한 구매가능성에 기초하여 고객을 평가할 수도 있다. 이렇게 고객을 우수잠재고객과 비우수잠재고객으로 분류할 수 있고, 신제품이나 신서비스를 우수고객집단에게만 제공할 수 있다면 효과적일 것이다. 또한 우수고객집단과 비우수고객집단이 구별된다면 차별적인 촉진수단을 구사할 수도 있을 것이다. 고객평가모형을 개발할 때 다른 제품이나 서비스를 구매할 가능성을 타진해 볼 수도 있다. 이러한 고객평가모형을 유사모형(affinity modeling)이라 하는데, 이 모형은 교차판매(cross selling)의 가능성을 타진할 경우 유용하게 사용될 수 있다.

고객데이터베이스를 통하여 기업은 고객과의 관계를 강화시킴으로써 고객의 충성도를 제고할 수 있다. 고객충성도의 정도는 일반인(suspects), 잠재구매자(prospects), 시용구매자(trial buyers), 반복구매자(repeat buyers), 고객(clients), 지지고객

(advocates)으로 세분할 수 있다. 이 분류에서 중요한 시사점은 잠재구매자를 단지 반복구매자로 전환시키는 데 만족해서는 안 되며, 고객 및 지지고객의 수준까지 올릴 수 있어야 한다는 것이다. 여기서 데이터베이스는 잠재구매자와 현재구매자의 구매를 추적할 수 있기 때문에 고객충성도를 관리하는 데 좋은 수단이 된다.

(4) 고객데이터베이스의 활용사례

항공사의 경우를 보면, 아메리칸항공(American Airlines)의 어드벤티지 프로그램(Advantage Program), 유나이티드항공(United Airlines)의 마일리지 플러스(Mileage Plus), 유에스항공(US Air)의 프리퀀트 플라이어(Frequent Flyer) 등 다빈도 이용고객을 중심으로 데이터베이스를 구축하고 있다. 그리고 크래프트 제너럴 푸드(Kraft General Foods)는 'Crystal Light Beverages', 'Kool-Aid', 'Kraft Cheese & Macaroni' 등의 제품을 중심으로 클럽 포 키즈(Club for Kids) 프로그램을 위한 데이터베이스를 활용하고 있으며, 필립모리스(Philip Morris)는 'The Marlboro Store'란 고객데이터베이스를 오래전부터 활용하면서 *Philip Morris Magazine*을 2,300만 구독자에게 고정적으로 보내고 있고, 퀘이커 오츠(Quaker Oats)는 'The Quaker Direct Program'을 운영하면서 2,000만 가정에 매년 3～4회 촉진물을 보내고 있으며, 위스키제조회사인 시그램(Seagram)은 'VO Video Club'을 운영하면서 비디오 대여시 우수고객에게 할인혜택을 제공하고 있다. 특히, 시그램의 경우 1986년부터 데이터베이스를 구축하기 시작하여 1989년까지 600만 명의 고객리스트를 보유하고 있으며, 이 수는 매년 20% 정도 증가하고 있다. 현재는 'Crown Royal', 'Chivas Regal', 'Glenlivet' 등의 브랜드를 직접우편을 이용해 판촉하여 성공을 거두고 있다. 'Glenlivet'의 경우 시용하는 고객에게는 유리잔, 계산기, 5달러의 리베이트를 제공하고 있는데, 기존의 불특정 다수를 대상으로 하지 않고 경쟁제품을 애용하는 50만 명의 고객을 데이터베이스에서 추출하여 판촉물을 우송하고 있다. 또한 'Chivas Regal'의 경우에는 고급스러운 승선여행이나 휴양지 방문 등의 특혜를 제공함으로써 다빈도 구매고객에게 보상해 주고 있다. 시그램의 광고, 포장, 이벤트마케팅, 매장 내 판촉 등 모든 형태의 마케팅 활동은 고객데이터베이스를 구축하기 위한 주요 수단으로 활용되고 있다.

(5) 데이터베이스마케팅의 윤리적 문제

1991년 로터스(LOTUS)사는 2,000달러 정도에 구입가능한 가정용 PC 데이터베이스인 'Marketplace: Households'를 개발하였다. 이 데이터베이스는 미국 8,000만 가정의 가족이름, 주소, 연령의 범위, 성별, 결혼 여부, 주거형태, 소득범위, 라이프스타일 등을 포함하여 11개의 데이터베이스로 구성되어 있었다. 그러나 데이터베이스의 판매는 극심한 반대에 부딪혔는데, 반대를 주장하는 이유는 많은 정보가 동의 없이 사용되었다는 것이다. 이에 반박하여 로터스사는 이 데이터베이스의 목적은 개인의 정보를 알기 위한 것이 아니라 특정 집단의 특성을 파악하기 위한 목적이라고 주장하였다. 그렇지만 3만 개 이상의 소비자불만을 접수한 로터스사는 결국 가정용 PC 데이터베이스인 'Marketplace: Households'는 물론 기업용 유사품인 'Marketplace: Business'까지도 시장에서 철수하였다. 블록버스터 비디오(Blockbuster Video)와 뉴잉글랜드텔레폰(New England Telephone)사의 데이터베이스사업 철회도 비슷한 경우에 속한다.

반면에 성공적으로 데이터베이스사업을 영위하는 기업도 있는데, 대표적으로 아메리칸 비즈니스 인포메이션(American Business Information)의 데이터베이스인 'Lists-On-Disc'와 미국 신발소매업체의 데이터베이스를 들 수 있다. 전자는 전화번호부에서 기업주소를 확인하고 차후 개별적으로 접근하여 기업정보를 얻고 이를 외부에 공표한다. 후자는 소매점의 POS정보를 이용하여 100개 이상의 고객정보를 구축하여 고객을 위한 가치창조노력에 활용하고 있다. 결과적으로 DB마케팅의 미래는 DB마케팅과 관련된 윤리적인 문제 및 프라이버시 침해문제를 어떻게 전략적으로 대응하느냐에 달려 있다고 해도 과언이 아니다. 이를 위해 내시(Edward Nash)가 제시한 공시(disclosure), 선택(option), 민감성(sensitivity) 기준이 문제해결에 좋은 지침이 될 수 있다.

2 국제재무관리

국제재무관리는 기업이 국제경영환경에서 필요한 자금의 조달과 운용에 관련된 의사결정을 효율적으로 수행하여 기업의 가치와 부의 극대화를 실현하는 데 필요한 관리문제를 다루는 분야이다.

1. 국제재무관리의 기초

최근에 학문적 체계를 갖추기 시작한 국제재무관리는 경영활동을 한 나라에 국한하지 않고 2개국 이상에서 수행하고 있는 주로 다국적기업이 국제경영환경에서 자금의 조달과 운영에 관한 의사결정을 효율적으로 수행하기 위한 관리기능이다. 국제재무관리는 다국적기업의 출현과 성장에 따라 급속히 발전해 왔으며, 최근에는 우리나라 기업들도 정치 · 경제적 국제화를 강화하는 추세여서 어느 때보다 그 중요성이 강조되고 있다.

기본적으로 국제재무관리는 일반 국내재무관리와 마찬가지로 기업의 가치와 부의 극대화라는 목표를 효율적으로 달성하기 위해 기대수익과 위험의 상반관계(相反關係, trade-off)를 기초로 기업자금의 합리적인 조달과 운용을 수행하는 것이다. 그러나 세계화의 환경 속에서 그러한 국제재무활동을 전개하는 데 있어서 일반 국내재무관리에서 볼 수 없는 몇 가지 특징을 갖게 된다.

첫째, 변동환율체제 아래에서 국제재무관리는 이종통화표시의 거래를 수반하여 국제재무관리보다 환율변동에 따라 기업의 자산 · 부채의 가치와 수익 · 비용이 영향을 받기 때문에 수시로 변동하는 환위험관리문제를 포함한다. 따라서 국제재무관리의 1차적 목표는 예상치 못한 환율변동으로 초래되는 위험을 극소화하여 보유자산의 가치를 안정적으로 보전할 뿐만 아니라, 적극적으로 환차익의 실현을 통해 투자자산의 수익을 극대화하는 데 있다.

둘째, 다국적기업이 실물과 금융거래를 수행하는 데 국내기업보다 환율에 의해 상당한 영향을 받게 된다. 특히, 상대국의 상대적 물가상승률과 금리변화 등과 매우 긴밀한 관계를 유지하면서 변화한다. 이상과 관련하여 국제재무관리에서는 국제통화제도, 외환시장의 환율결정과 예측, 환위험의 측정과 관리 등을 다룬다.

셋째, 1980년대에 접어들어 각국 자본시장의 자유화와 규제완화가 진전되는 가운데 새로운 국제금융의 기법이나 시장정보가 신속하게 확산됨으로써 국제재무관리는 세계자본시장에서 금융자산의 효율적 배분을 촉진하는 재테크의 성격을 지니게 되었다. 특히, IMF 외환위기 이후 환율과 금리의 불안정성이 증대되면서 다국적기업의 경영전략이 실물자산의 관리 이상으로 국제금융자산의 효율적 관리에 역점을 두고 있어 이러한 재테크의 중요성은 앞으로 더욱 증대될 전망이다. 이와 관련하여 국제재무관리에서는 국제금융시장에서의 자금조달전략과 운용에 대한 주제를 광범위하게 다루고 있다.

마지막으로, 국제재무관리는 해외직접투자나 국제금융시장의 주식과 채권투자 등 간접투자과정에서 각국의 법규나 정치 · 사회적 요인의 영향을 받게 된다. 따라서 국제재무관리는 해외직접투자와 간접투자의 과실송금 규제, 해외예금의 동결, 원리금의 상환중지, 외환시장의 폐쇄 등 예상하지 못한 조치로 해외자산 운용에 미치는 손실이나 불이익의 원인이 되는 정치적 위험을 주요 관리대상으로 삼고 있다.

2. 환위험의 측정과 관리

외화로 표시된 자산, 부채, 수익 및 비용을 가지고 있는 기업의 순이익이나 가치가 외국통화의 예상치 못한 환율변동으로 인해 변할 수 있는 상태나 또는 그 범위를 환노출(foreign exchange exposure)이라고 한다. 환노출은 크게 경제적 노출(economic exposure), 거래노출(transaction exposure), 환산노출(translation exposure)로 구분해 볼 수 있다.

경제적 노출은 예상하지 못한 환율의 변동으로 기업의 미래현금흐름이 변화할 수 있는 가능성을 말한다. 일반적으로 기업의 가치는 미래에 기대되는 현금흐름의 총현재가치라고 할 수 있기 때문에 환율변동으로 인해 기업의 미래현금흐름이 변한다면 기업의 가치도 변하게 된다.

경제적 노출을 관리하는 목적은 예상하지 못한 환율변동이 기업의 미래현금흐름에 미치는 효과를 예측하여 이를 기업에 유리한 방향으로 적용하도록 조치를 취하는 것이다. 이를 위해서 기업의 경영자는 시장에서 불균형상태가 발생하는 경우, 이것을 즉시 발견하여 적절한 대응조치를 할 수 있도록 준비를 갖추어야 한다. 이러한 목적을 달성하기 위한 가장 효과적인 방법은 기업의 영업활동과 자금조달원천을 국제적으로 다변화시키는 것이다. 영업활동의 국제적 다변화는 판매나 생산시설의 위치, 원료공급원 등을 국제적으로 분산시키는 것을 말하며, 자금조달원천의 국제적 다변화는 여러 국가의 자본시장에서 여러 가지 통화로 자금조달을 수행하는 것을 말한다.

거래노출이란 외화로 표시된 거래를 결제할 때 환율변동으로 인해 이익이나 손실이 발생할 가능성을 말한다. 환율변동 이전에 거래가 발생하였으나 환율변동 이후에 결제가 이루어지는 외화표시거래에 있어서 거래노출이 발생하며, 이러한 거래에는 외화표시의 외상매입이나 매출, 외화대출이나 차입 등이 포함된다.

거래노출에 대한 관리방법은 크게 대내적 환노출관리방법과 대외적 환노출관리방법으로 나눌 수 있다. 대내적 환노출관리방법이란 환노출을 본원적으로 감소하거나 제거시키기 위해 기업 내부적으로 사용하는 방법으로서 네팅(netting), 매칭(matching), 리딩(leading)과 래깅(lagging) 등을 말한다. 대외적 환노출관리방법이란 외환시장과 국제금융시장을 통한 거래를 수행함으로써 환노출을 제거하는 방법을 말하며, 그 대표적인 예로서 선물환시장(forward market), 금융시장 또는 옵션시장(options market) 등을 통한 헤징(hedging)방법 등이 있다.

환산노출이란 연결재무제표를 작성하는 과정에서 외화로 표시된 자산, 부채, 수익, 비용 등을 본사국 통화로 환산할 때 환율이 변동함으로써 기업의 회계적 재무상태와 성과가 변동될 가능성을 말한다.

환산노출을 관리하는 데 주로 사용되는 기법은 대차대조표(balance sheet) 헤지라고 부른다. 대차대조표 헤지란 다국적기업 전체의 연결재무제표상의 항목들 중 환위험에 노출된 특정 외국통화표시 자산항목들의 합계가 같은 통화표시 부채항목들의 합계와 일치하도록 관리하는 방법이다. 이와 같은 관리를 통해 순환산노출액이 영(zero)이 되어 그 특정 외국통화의 가치가 변하더라도 환손실이나 환이익이 발생하지 않게 된다. 이 밖에도 거래노출을 관리하기 위해 사용하는 선물환시장, 금융시장, 옵션시장 또는 스왑시장(swaps market)과 같은 외부시장을 이용할 수 있으나 환산노출을 제거하기 위해 관리비용을 투입하면서 투기적 위험을 부담해야 하는지에 유의해야 한다.

3 국제기업조직

1. 조직의 개념과 목표

기업을 사람에 비유한다면 기업조직(corporate organization)은 마치 뼈에 해당하는 부분으로서 매우 중요한 위치를 차지하고 있다. 따라서 조직이 없거나 허약한 기업은 쉽게 무너지지만, 조직이 잘 짜여지고 튼튼한 기업은 무한한 성장가능성을 지니고 있다.

조직은 기업이 국제화 전략을 추진하는 데에도 매우 중요하다. 조직은 전략을 수행하는 데 있어서 너무 빈약하지도 않고 지나치게 방대해서도 안 되는 합당한 조직이어야 한다. 기업의 국제화가 확대됨에 따라 조직의 구조를 기업의 장기목표와 제품 및 시장특성에 맞도록 변화시켜야 한다. 아울러 권한과 책임, 정보의 전달, 감독범위의 결정 등 개인적 위치와 권력관계의 변화도 신중하게 고려해야 한다.

국제시장을 통해서 기업의 장기적 이윤을 극대화하는 것이 국제경영활동의 주된 목적이라고 한다면, 조직도 그러한 목적을 달성하기 위한 수단이 되어야 한다. 따라서 조직을 국제경영의 환경변화에 부합할 수 있도록 적절하고 효율적으로 구성하고 바람직하게 운영하여 조직목표에 도달하도록 해야 한다.

결국, 조직의 목표는 현지자회사, 관련회사, 국제합작회사를 포함한 해외사업장의 활동들을 최대한 고양시키고, 동시에 이 활동들을 유기적으로 결합하여 국제기업체로서 하나의 범세계적 활동으로 통합하여 종합화하려는 것이다.

2. 조직의 형태

국제기업의 조직은 국제경영환경과 상호 의존하는 제도이기 때문에 조직형태를 결정하는 일정한 원칙은 존재하지 않는다. 특정한 제품과 시장을 가지고 있는 국제기업에게 적절한 조직이라도 타기업에게는 적절하지 못하며, 한 시점에서 적합한 조직형태가 다른 시점에서는 적합하지 않게 되기도 한다. 즉, 가장 효과적인 국제사업활동을 통해 기업의 목적을 달성할 수 있는 가장 적합한 일정 불변의 국제기업의 조직구조는 존재하기 어렵다.

딤자(W. A. Dymsza)는 전 세계 국제기업들의 조직구조를 종합 · 분석하여 기능별 조직, 제품별 조직, 지역별 조직, 국제사업부조직, 메트릭스조직 등 다섯 가지의 형태를 제시하였다.

기능별 조직(functional organization)은 제품의 종류가 적고 생산이나 판매지역의 범위가 좁을 때 취하는 형태이다. 이 조직은 사장 밑에 생산, 판매, 총무, 재무, 인사 등의 기능에 따라서 부서가 나누어지는 조직이다. 예를 들어, 디어(Deere)사는 세계적인 영업활동을 기능별로 조직화하고 있다. 제조와 마케팅을 위해 세계적 경영책임을 가진 광범위한 일선사업부(line division)를 두고 있으며, 상급 부사장들이 제조와 마케팅을 담당하는 경영자들이 되어 미국, 캐나다 그리고 해외지역을 위한 현지경영활동을 병행하고 있다. 본사에는 두 사람의 부사장이 각각 국내와 국외활동을 통솔한다.

제품별 조직(product organization)은 제품의 종류가 다양하고 성격과 기술 등의 차이가 많은 경우 채택하는 형태이다. 이 조직은 사장 아래 제품별로 각각 하나의 사업본부를 구성하고, 그 부서 밑에 제품에 따라 기능이 통합되어 있는 조직이다. 제품별 조직에서는 해외자회사의 국제경영활동을 각각 자기가 속해 있는 제품사업본부에 보고하게 된다. 경우에 따라서는 같은 지역에 위치한 두 개 이상의 자회사가 각각 해당 제품사업본부에 보고하기도 한다. 예를 들면, 존슨 앤 존슨, 웨스팅하우스 등의 회사가 이런 형태를 택하고 있다.

지역별 조직(regional organization)은 생산이나 판매 등이 여러 지역에서 이루어지고, 여러 지역의 특성이 다양한 경우 취하는 형태이다. 이 조직은 사장 아래 지역별로 하나의 사업본부를 구성하고, 그 부서 밑에 지역에 따라 기능이 통합되어 있는 조직이다. 지역별 조직의 예를 들면, 제품라인이 비교적 단순한 국제기업이 주로 택하고 있는데, 모빌오일, 유니레버, 다우케미칼 등의 회사가 이런 형태를 택하고 있다.

국제사업부조직(international division organization)은 기업의 해외영업활동이 확대됨에 따라 기업조직 내에 다른 제품사업부와 같이 하나의 독립된 사업단위로 운영하는 형태이다. 이 조직은 사장 아래 국내사업부와 동급의 국제사업부를 구성하고, 그 부서 밑에 제품에 따라 기능이 통합되어 있는 조직이다. 국제사업부조직은 유럽 기업들보다 미국의 국제기업들이 많이 채택하고 있는데, 그 이유는 유럽 국가들의 국내시장이 비교적 소규모이기 때문에 국내와 국제사업활동을 구분할 필요를 느끼지 않고 초창기부터 직접 세계시장을 대상으로 하여 제품별이나 지역별 사업부조직으로 발전시켜 왔기 때문이다. 그러한 예로서 지엠, 아이비엠, 코카콜라, 필립모리스, 벤딕스 등을 들 수 있으며, 우리나라의 경우에는 소수의 대기업 건설회사들이 채택하고 있는 조직이다.

매트릭스조직(matrix organization)은 그리드조직(grid organization)이라고도 하는데, 앞에서 살펴본 제품별 · 기능별 · 지역별 조직들을 다차원적으로 중첩시킨 형태이다. 이 조직은 사장 아래 있는 경영자들이 기능, 제품, 지역을 결합한 여러 문제에 대하여 책임을 진다. 예를 들면, 다우케미칼사는 지역별 · 제품별 · 기능별 책임이 중복된 조직구조를 채택하고 있으며 팀경영을 하고 있다. 상층조직에는 이사회, 회장, 사장, 집행담당 부사장, 그리고 중복된 책임을 지고 있는 경영위원회가 있다. 또 중복된 책임, 복수의 관리자 및 팀경영이라는 일반원칙이 본사로부터 해외 관련회사에 이르는 조직 전체에 침투되어 있다.

매트릭스조직의 특징은 어느 한 기본 단위에서 점검하지 못한 운용상의 문제점들을 다른 조직단위에서 지적함으로써 업무상의 과실을 줄일 수 있으며, 동시에 단위조직 간의 견제와 균형을 유지하여 기업의 효율적인 경영활동을 전개해 나갈 수 있다는 점이다. 반면에 조직구조가 복잡하고 기본 조직단위들 간의 갈등이 심화될 수 있다.

처음에 국제사업부제로 영업활동을 전개하는 국제기업은 점차 취급제품이 다양해지면서 조직구조를 제품별 조직으로 바꾸고, 나아가서 해외시장이 다변화되면 매트릭스조직을 택하게 된다. 또 취급하는 제품계열이 다양하지 못한 기업은 지역별 조직을 채택하다가 새로운 제품계열이 추가되면서 조직형태를 매트릭스 구조로 바꾸게 된다.

결국, 국제기업이 궁극적으로 선택하게 되는 조직구조는 기업이 처해 있는 독특한 경영요소에 바탕을 둔다. 따라서 비록 동일업종에 속한 기업일지라도 그들을 둘러싼 경영환경이 다르기 때문에 동일한 조직구조를 택한다는 보장이 없게 된다.

3. 조직의 집권화와 분권화

앞에서 살펴본 바와 같이, 조직의 형태를 일반적으로 기능별 · 제품별 · 지역별 · 국제사업부 · 매트릭스조직 등의 유형으로 나누지만, 거시적인 관점에서는 집권적 조직과 분권적 조직으로 나눌 수 있다.

국제기업의 모든 해외영업활동에 따른 의사결정권한이 중앙집권적으로 통합되어 관리되는 경우 집권적 조직(centralized organization)이라 한다. 집권적 조직의 전형은 앞서 살펴본 기능별 조직이 여기에 속한다. 집권적 조직의 장점은, ① 개인적 리더십을 용이하게 하고, ② 통합화와 행위의 통일성을 촉진하며, ③ 긴급한 사태의 대응을 용이하게 한다는 점이다. 반면에 단점으로는, ① 모든 의사결정권이 중앙에 집중되어 권한의 라인계열이 너무 길어짐으로써 신속하고 탄력적인 기업활동이 어렵다는 점이고, ② 의사결정을 담당하는 최고경영층과 현장관리층의 거리가 길어져서 의사소통이 잘 되지 않을 뿐만 아니라 정보전달과 의사결정에 시간이 오래 걸린다는 점이다. 유의할 점은 국제기업이 집권적 조직의 형태를 취한다고 하더라도 해외영업활동의 모든 분야를 실제적으로 집중화시키지는 않는다는 점이다. 해외사업이 활발해질 경우 금융, 자원, 연구개발 등에서 주로 집권화가 이루어지고 나머지 분야는 어느 정도 분권화를 시키게 된다

국제기업의 모든 해외영업활동에 따른 의사결정권한이 어느 정도 분산된 경우 분권적 조직(decentralized organization)이라 한다. 분권적 조직의 전형은 앞에서 살펴본 제품별 조직, 지역별 조직 그리고 국제사업부조직이 여기에 속한다. 분권적 조직의 장점으로는, ① 최고간부의 부담을 경감시키고, ② 경영의 다각화와 제품 및 시장의 강화를 가능하게 하며, ③ 관리자의 교육과 동기부여를 개선하는 데 있다.

결국, 분권적 조직이 필요한 경우는, ① 최고경영층의 부담이 과중하여 기업 전반에 걸친 종합적 · 장기적인 마케팅계획과 통제가 수행될 수 없을 때이고, ② 경영의 다각화나 제품품종의 다양화라는 조건이 증대될 경우이다. 이러한 경우 각기 다각화 분야나 제품에 관한 관리나 운영방법이 극도로 상이해짐으로써 이를 최고경영층만이 통일적 · 집중적으로 관리하거나 운영하기가 매우 곤란해진다. 따라서 각각의 분야나 제품에 대한 독자적 관리를 부문경영층이나 현장관리층에 위양하지 않을 수 없게 된다. ③ 생산과 판매의 라인활동을 특히 강화할 필요가 있을 경우 분권화를 통해 책임을 부여시킬 수 있다.

4 국제경영정보

1. 국제경영과 정보화

국제기업이 국경을 넘어서 기업활동을 수행해 나가는 과정에서 발생가능한 여러 문제들을 해결하기 위한 경영의 개념을 국제경영이라 할 수 있다. 기업이 국제경쟁력을 높이기 위해 이질적인 정치 · 사회 · 경제 · 문화적인 환경에 진출하여 기업활동을 수행하는 경우 더 많은 위험과 불확실성에 직면하게 된다. 이와 같이 경쟁력 측면에서 불가피한 경우 기업의 국제화를 더욱 효과적으로 지원하기 위해 정보화가 요구된다.

목표로 삼은 해외시장에 성공적으로 진출하기 위해서는 그 시장을 잘 이해할 수 있어야 하며, 그 시장에서 생산 · 판매 · 연구활동 등을 수행하는 데 있어서 야기될 위험을 줄이고 문제를 해결할 수 있어야 한다. 이를 위해서는 진출하고자 하는 시장에 대한 정보의 수집에서부터 정보의 분석 · 관리 · 유통에 이르는 체계화된 정보시스템이 필요하다.

기업의 국제화에 필요한 정보화는 크게 두 가지로 구분될 수 있다.

첫째, 국제화의 대상으로 삼는 시장, 생산기지, 연구기지 등에 대한 정보수집과 수집된 정보의 유통을 담당하는 정보시스템으로서 기업을 국제경영환경과 연결하는 역할을 수행하게 된다. 이러한 정보시스템에는 전자문서교환(electronic data interchange; EDI), 인터넷 등이 포함된다. 또한 전통적인 상거래가 아닌 정보통신이라는 새로운 매체를 이용한 전자상거래를 지원하는 정보화를 들 수 있다. 단순한 정보의 공유와 유통의 역할에 머물던 인터넷을 비롯한 각종 통신매체들이 더욱 다양한 기능으로 구매자와 공급자를 연결하면서 새로운 거래형태인 전자상거래(electronic commerce)가 출현하고 있다. 기업 내외의 통신, 시간과 장소를 초월하여 이루어질 수 있는 거래, 그리고 거래와 관련된 결재와 제품과 서비스의 물류 등이 새로운 통신매체를 통해 혁명적으로 변화하고 있다.

둘째, 국제경영환경에서 발생하는 위험과 문제를 방지하거나 해결하기 위해 필요한 정보를 분석 · 관리하며 의사결정을 지원하는 정보시스템으로, 이것은 기업활동의 효율성을 높이는 역할을 한다.

이와 같은 정보시스템은 조직구성원이 어떠한 경영층에 속하는지, 어떠한 기능적 특성을 가진 업무를 수행하는지 등에 따라 계층별 정보시스템과 기능별 정보시스템으로 분류될 수 있다. 경영계층에 따른 정보시스템에는 거래처리시스템(transaction processing system), 의사결정지원시스템(management information system), 중역정보시스템(executive information system)으로 나눌 수 있으며, 경영기능에 따른 정보시스템에는 생산정보시스템(manufacturing information system), 마케팅정보시스템(marketing inforamtion system), 재무정보시스템(financial information system), 회계정보시스템(accounting information system), 인사정보시스템(human resource information system) 등 시스템의 사용주체와 기업활동의 지원대상에 따라 여러 가지 정보시스템이 존재하게 된다.

경영계층에 따른 정보시스템의 여러 가지 종류를 살펴보면 다음과 같다.

거래처리시스템은 조직의 정보시스템을 구성하는 기본적인 정보시스템으로서 기업활동의 가장 기본적인 업무인 거래를 처리하며, 거래처리로부터 발생하는 데이터를 저장 · 관리한다. 거래처리시스템의 목적은 단지 많은 양의 데이터를 신속하게 처리하는 데 있으며, 의사결정을 지원하는 것은 아니다.

경영정보시스템은 하위경영층의 업무를 감독 · 통제하며, 최고경영층의 의사결정에 필요한 정보를 제공하는 중간경영층의 경영관리업무를 지원하는 정보시스템이다. 이 경영정보시스템은 기업경영에 활용되는 모든 종류의 정보시스템을 포함하는 광의의 경영정보시스템과 구별하기 위해 협의의 경영정보시스템이라고도 부른다.

중역정보시스템이란 최고경영층의 전략적 기획과 각종 의사결정에 필요한 정보를 제공하는 시스템을 말한다. 중역정보시스템은 조직성과를 확인할 수 있도록 도와 줌으로써 통제범위가 확대되고, 전자우편이나 전자결재 등의 기능을 통해 전반적인 의사소통능력이 향상될 수 있으며, 경영자에게 필수적인 정보를 제공함으로써 불확실성을 감소시켜 준다.

경영기능에 따른 정보시스템의 여러 가지 종류를 살펴보면 다음과 같다.

생산정보시스템이란 생산기능을 구성하는 생산기획, 작업관리, 공정의 운영과 통제, 그리고 생산실적 관리 등과 관련된 활동을 지원하는 정보시스템을 말한다. 일반적으로 생산정보시스템은 현장의 작업을 운영하고 통제하는 현장시스템, 생산현장에서 일어난 생산활동들의 내역을 분석하고 평가하는 관리시스템, 그리고 생산활동의 전반적인 계획수립을 담당하는 계획시스템으로 구성된다.

마케팅정보시스템이란 마케팅의 기획, 관리, 그리고 거래처리에 관한 데이터를 처리하고 또한 마케팅과 관련된 의사결정에 필요한 정보를 제공하는 정보시스템을 말한다. 마케팅정보시스템은 제품, 가격, 유통, 광고 등과 관련된 의사결정과 계획수립업무를 지원하는 계획시스템, 마케팅의 성과들을 분석하고 관리하는 관리시스템, 그리고 주문처리로부터 애프터서비스에 이르는 마케팅활동을 구성하는 각종 거래들을 처리하는 거래처리시스템으로 구성된다.

재무정보시스템은 자금조달 및 재무자원의 운용과 평가에 관한 정보를 제공하여 이와 관련된 의사결정을 지원한다.

회계정보시스템은 기업경영의 가장 기본적인 정보시스템으로 기업의 재무에 관한 자료를 수집 · 기록 · 정리하여 경영자와 외부의 이용자가 의사결정을 하는데 유용한 회계정보를 제공하는 시스템으로서 역사적으로 가장 먼저 기업에 도입된 정보시스템이다.

인사정보시스템은 초기에 급여내역이나 인사기록을 저장 · 관리하는 목적으로 활용되었으나, 최근에는 기업의 가장 중요한 자원인 인력의 효과적인 활용을 위해 단순한 인사기록의 유지뿐만 아니라, 직원의 모집, 선발, 고용, 직무배치, 평가, 종업원 복지, 교육과 개발, 건강과 안전 등과 같은 종합적인 인력관리를 지원하는 시스템으로 발전하고 있다.

이상의 경영기능별 정보시스템들은 여러 나라에 국제생산기지를 보유하고, 마케팅환경이 다른 여러 해외국가 시장을 대상으로 상품을 국제마케팅하며, 국제금융시장에서 운영자본을 조달하고, 국가 간 조세제도, 환율변동 등이 상이한 상태에서 국제기업이나 다국적기업이 과학적인 의사결정을 내릴 수 있게 된다.

기업경영을 위한 정보시스템에는 앞에서 설명한 시스템들 이외에도 기업경영을 지원하는 역할에 따라 의사결정지원시스템(decision support system), 전략정보시스템(strategic information system), 사무자동화 시스템(office automation system), 통합데이터베이스(integrated database) 등이 존재한다. 그러나 이러한 정보시스템들이 기업현장에서 구현될 때는 경영계층별 또는 기능별로 분리되어 존재하기보다 통합된 체계로 구축되는 것이 바람직하다. 특히, 경쟁이 격화되어 기업의 부문별 효율성보다는 기업 전체의 효율성이 중요하고, 정보시스템의 전략적 활용이 강조되기 위해서는 이러한 정보시스템들이 통합되고 종합적인 관점에서 개발되어야 할 필요가 있다.

2. 다국적기업의 정보시스템

전 세계에 생산시설을 보유하고 있는 다국적 컴퓨터제조기업은 연구소에서 설계된 제품의 현지생산을 위해 범세계적 네트워크를 통해 설계도면을 공유한다. 전 세계에 지점망을 소유한 국제금융기관에서는 글로벌 거래시스템을 통해 외환위험을 관리하고 수익성을 분석하며, 24시간 가상 외환시장을 운영하고 있다.

이러한 실례들은 전 세계에 걸쳐 생산 · 판매 · 연구개발기능을 보유하고 있는 다국적기업들이 정보통신기술을 이용하여 시간과 공간을 초월하고 서로가 보유한 독점적 전문성을 공유하는 모습을 보여 주고 있다. 이러한 다국적기업들은 진출하고 있는 각 지역의 비교우위를 정보통신기술을 이용하여 연결하고 활용함으로써 다국적기업의 절대우위를 유지하고 있다. 또한 정보통신기술을 이용하여 각 지역의 특성에 맞는 제품과 서비스의 제공을 위해 범세계적으로 자원의 활용을 가능하게 하고 있다.

다국적기업들이 범세계적인 조직의 연계를 위해 활용하고 있는 정보통신기술은 거래처리, 의사결정, 데이터 저장관리 등을 위한 정보시스템과 인터넷, 영상회의시스템, 위성통신시스템 등의 통신시스템으로 나누어 볼 수 있다.

갤브레이스(Galbraith)는 복잡성과 불확실성이 증가함에 따라 경영관리 또는 의사결정에 더 많은 정보가 요구된다고 갈파하였다. 그러나 인간의 정보처리능력은 매우 제한되어 있기 때문에 오히려 과다한 정보 속에서 전략적인 정보만을 추출하여 가공할 수 있는 시스템의 지원이 필요하다. 다국적기업은 한 국가에 제한되지 않고 전 세계를 무대로 사업활동을 수행하기 때문에 더 많은 복잡성과 불확실에 직면하게 된다. 이러한 다국적기업에게서 정보시스템의 역할은 다음과 같이 요약해 볼 수 있다.

첫째, 시간과 공간의 제약을 극복하기 위한 의사소통의 수단이 될 뿐만 아니라 커뮤니케이션 비용절감이 가능하게 된다. 예를 들어, 자동차산업과 같이 제품개발이나 생산관련 공정을 경쟁력이 있는 국가에 분산시켜 진행하고, 생산활동은 현지에서 수행하는 다국적 간의 동시공학적(concurrent engineering)인 생산체제가 가능하다. 세계 첨단패션을 주도하고 있는 파리나 뉴욕의 최신 유행을 그대로 가져다가 동일한 시간대에 현지에서 생산할 수 있다. 커뮤니케이션 비용절감의 예로는 텍사스 인스트루먼트(Texas Instrument)사는 전자메일을 이용함으로써 1인당 통신비용을 4센트 미만으로 유지하고 있다.

둘째, 다국적기업은 우수한 정보시스템을 이용해 새로운 시장진입과 시장에서의 경쟁우위를 확보하고 유지할 수 있다. 예를 들어, 우리나라 금융시장에 진입하는 외국의 금융기관들은 선진 정보시스템을 앞세워 국내금융시장에서 경쟁우위를 유지하고 있다. 또한 일본의 자동차 제조업체들은 미국의 무역장벽을 우회하기 위하여 미국 내 생산기지를 설립하여 CAD(computer aided design)와 CAM(computer aided manufacturing) 등과 같은 정보시스템을 이용한 생산기술을 토대로 단시일에 미국 내 시장에서 경쟁력을 확보하는 데 성공하였다.

셋째, 다국적기업의 복수사업단위 간의 통합과 조정의 도구가 될 수 있다. 통합과 조정은 다국적기업이 성공하기 위한 핵심 요소이다. 왜냐하면, 통합과 조정은 다국적으로 분산되어 있는 생산과 판매활동에서 국경을 초월한 분업과 전문화를 통해 시너지효과(synergy effect)를 가져올 수 있기 때문이다. 정보시스템은 세계 여러 지역에 분포되어 있는 사업단위들 간의 노동, 기술, 관리능력 및 물적 자원 등을 효율적으로 이동시켜 시너지효과는 물론 규모의 경제도 달성할 수 있도록 한다. 예를 들어, 제너럴 모터스(General Motors; GM)사와 포드(Ford)사가 추구하였던 월드카(world car)전략은 세계 각지에 진출해 있는 현지의 자동차 제조업체들이 각국마다 특정 부품을 전문화하여 분업생산하고, 이를 전 세계 시장에 GM이나 포드의 상표명으로 판매하는 전략이었다. 이 전략을 위해 GM과 포드는 상호간 제품사양을 공유하고 생산기술을 이전하였다.

넷째, 다국적기업은 정보시스템을 이용하여 세계 각 지역의 사업단위들을 지원할 수 있다. 세계 각 지역의 사업단위들은 정보시스템을 통해 손쉽게 모기업이 소유하고 있는 무형적 자산을 확보하여 활용할 수 있다. 여기서 말하는 모기업의 무형자산이란 각 국가의 사업단위들이 현지에서 확보할 수 없는 정보와 노하우들을 말한다. 즉, 모기업의 명성, 경영관리 및 기술적 지원, 신제품과 제조과정 기술, 기타 다른 시장에서의 마케팅경험 등이다. 예를 들어, 한국에 진출하고 있는 부즈앨런 & 해밀턴과 같은 외국 컨설팅업체들은 모기업이 가지고 있는 이러한 무형자산들을 정보시스템을 통해 신속하게 이전받아 경쟁력을 유지할 수 있다.

제4편

무역상무

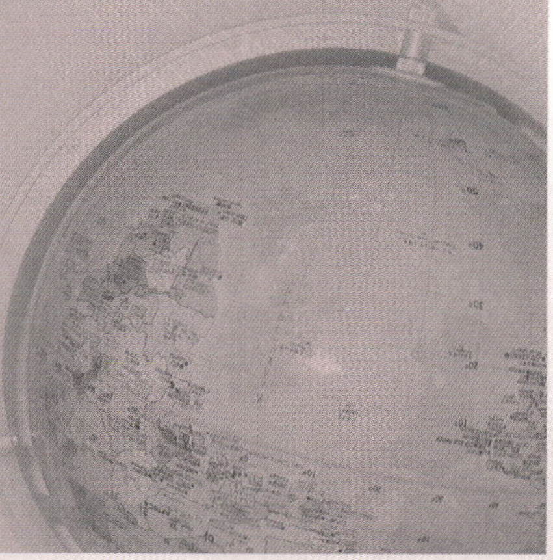

Chapter 21 무역계약

1 무역계약의 사전단계

1. 수출제품 선정

국제무역에서 성공하기 위해서는 먼저 수출할 물품에 대한 선정이 절대적으로 중요하다. 수출을 고려하고 있는 그 제품이 품질 · 디자인면에서 우수하지 않거나 비록 품질 및 디자인이 좋다고 할지라도 가격이 높다면 수출경쟁력이 떨어질 것이다. 따라서 직접 자사제품을 수출하거나 무역대행업을 수행하는 경우, SWOT 분석방법 등 과학적인 방법을 사용하여, 자사제품의 강점과 약점, 기회요인 및 위협요인 등에 대한 객관적인 분석을 통해서 경쟁력이 있는 수출제품을 선정해야 할 것이다.

2. 해외시장조사

(1) 해외시장조사의 의의와 내용

해외시장조사란 외국에 물품을 판매하거나 외국으로부터 물품을 구매할 가능성을 조사하는 것이다. 해외시장은 언어, 문화, 상관습, 정치, 경제제도 등에 있어 우리나라와는 차이가 있기 마련이다. 예를 들어, 중국은 지리적으로 우리나라와 가까운 국가이고 문화적으로도 같은 유교문화권에 속하지만 중국인의 기질이나 인간관계를 중시하는 상관습, 중국의 통관절차 등은 우리나라 사람들의 기질이나 상관습, 통관절차와는 다르다. 더구나 유럽지역이나 미국 등 서양문명권에 속한 국가들은 인종, 문화, 생활습관 등이 크게 다르다. 유럽지역 국가들이나 미국은 유럽연합이나 NAFTA 등 경제통합체의 회원국으로 있는 경우가 많아 이들과 교역하기 위해서는 개별 국가의 무역정책뿐만 아니라 그 국가가 속한 경제통합체의 공동통상정책 역시 고려하지 않으면 안 된다. 이러한 점에 대한 조사를 소홀히 한다면 물품 자체가 좋다 하더라도 수출하기 어려울 것이고, 물건을 수입한다 하더라도 저렴한 가격에 들여오기 어려울 것이다.

해외시장조사는 외국에 팔거나 외국으로부터 수입하려는 특정 상품의 목표시장(target market)을 선정하기 위하여 실시하는 조사이다. 해외시장조사는 크게 세 가지 범주로 이루어진다. ① 목표시장의 전반적인 개황에 대한 조사, ② 해당 상품의 유통구조, 경쟁대상 제품의 가격, 거래처 등 상품특성에 대한 조사, ③ 잠재고객의 소득수준, 구매력, 기호 등 소비자조사이다.

1) 전반적인 개황

전반적인 개황이란 거래대상 지역의 기후와 지리적 여건, 인구규모 등 환경적 요인, 해당 국가의 경제성장률, 해외직접투자 유치실적, 외환시장 동향 등 경제상황, 그리고 정치동향 등을 말한다. 경제성장률이 높다면 앞으로 해당 국가의 시장규모가 커질 것으로 예상되므로 수입규모 역시 늘어나게 된다. 그렇게 된다면 우리나라로서는 수출하기 좋은 나라라고 생각할 수 있다. 정치적 요인 역시 경제적 요인과 밀접한 관계에 있다. 예를 들어, 정치상황이 안정적이라면 해외투자가들이 안심하고 들어와서 공장을 많이 건설하게 된다. 공장에는 많은 사람들이 필요하므로 그 나라 근로자들을 많이 채용하여 실업은 줄어들게 된다. 실업이 감소하면 소득이 있는 근로자들이 많아져서, 자국제품뿐만 아니라 외국제품에 대한 구매도 늘어나게 된다. 전반적인 개황이란 목표시장의 전반적인 특성을 조사하는 것으로서 보통 국가정보라는 데이터베이스에서 제공되고 있다.

2) 상품특성에 대한 조사

상품특성에 대한 조사는 해당 제품의 관세율, 유통구조, 경쟁제품의 가격, 거래처 등에 대한 구체적인 조사를 말한다. 해당 제품의 관세율이 낮다면 수출품의 가격이 해당 시장의 경쟁제품 가격에 비하여 비싸지 않기 때문에 그 곳 시장에서 우리나라 수출품의 경쟁력이 높아진다. 한편, 그 나라 자체에서 생산하는 경쟁제품의 가격이 싸다면 우리나라 수출품 가격도 그만큼 싸게 책정하지 않으면 안 되어 수출에 따른 이익이 많지 않게 된다. 해당 상품의 유통구조가 복잡하면 아무리 수출해도 실제로 최종소비자에게 물품이 도달하는 데 시간이 많이 걸린다. 따라서 여러 유통단계를 거치는 동안 판매가격도 비싸지게 된다. 따라서 유통구조의 특성 역시 중요한 해외시장조사 대상이다.

3) 소비자조사

소비자에 대한 조사는 주로 소비자의 기호를 아는 데 중점을 둔다. 소비자의 기호는 같은 종류의 상품이라도 상품의 세세한 품질을 결정하는 데 중요한 역할을 하게 된다. 예를 들어, 미국 시장에서는 화학섬유로 만든 스웨터보다 땀흡수가 잘 되는 천연섬유인 면화로 만든 스웨터가 잘 팔린다. 따라서 미국에 스웨터를 수출하려면 화학섬유로 된 스웨터보다는 천연섬유로 만든 상품의 수출에 주력해야 할 것이다. 미국의 젊은 여성들은 비만을 우려하여 소고기 등 육류보다는 생선을 잘 먹는다. 이러한 소비자 기호의 특성은 그 목표시장을 공략하는 데 중요한 정보가 된다.

(2) 해외시장 조사방법

해외시장조사의 방법으로는 직접조사, 간접조사 및 위탁조사, 인터넷에 의한 방법을 들 수 있다.

1) 직접조사의 방법

해외시장조사를 실시하려는 무역업자가 자기 회사의 직원을 해외시장에 직접 파견하여 필요한 정보를 직접 수집하고 조사하는 방법을 말한다.

2) 간접조사의 방법

무역업자가 자기 회사의 직원을 해외시장에 파견하지 않고 KOTRA, 한국무역협회, 상공회의소 등 국내기관이나 외국대사관, EU 상공회의소 등 외국기관을 통하여 해외시장에 관한 정보를 간접적으로 수집하여 조사하는 방법을 말한다.

3) 위탁조사의 방법

매킨지사나 Dun & Bradstreet 같은 외국의 전문조사기관에 조사비용을 지급하는 조건으로 조사목적과 조사항목을 명시하여 특정 시장에 대한 조사를 위탁하는 방법을 말한다.

4) 인터넷에 의한 방법

정보의 바다인 인터넷에서 해당 국가나 해당 업체의 인터넷 사이트를 찾아서 정보를 얻는 방법이다. 현재 거의 모든 기관들은 인터넷에 자사의 홈페이지를 구축하고 있다. 야후 등 정보검색엔진을 사용하면 해당 상품이나 해당 회사의 정보를 얻을 수 있다. 최근에는 e-마켓플레이스가 활성화되어 있어서 해당 상품에 대한 보다 전문적인 정보를 얻을 수 있다.

3. 거래처 선정

외국에 물품을 수출하기 위해서는 외국의 수입업자를 발굴하여야 하며, 외국으로부터 수입하기 위해서는 외국의 수출업자를 선정해야 한다. 그리고나서는 외국의 수입업자(바이어)나 수출업자에 대한 신용조사를 실시하여 신뢰할 수 있는 자를 거래처로 선정해야 한다. 거래처를 선정하는 방법은 다양하다. 전통적으로 해외박람회 참가, 한국무역협회 등 무역유관기관 방문, 각국 대사관의 상무관으로부터의 정보수집 등이 주로 활용되었다면, 최근에는 인터넷을 사용한 방법도 많이 쓰이고 있다.

(1) 목표시장 직접방문

거래처를 발굴하는 데 있어 효과적인 방법으로는 수입국이나 수출국 현지에 출장을 가서 직접 거래처에 대한 정보를 수집 · 발굴하는 방법이다. 예를 들어, 대한무역투자진흥공사(KOTRA) 현지사무소를 통하여 바이어리스트를 확보하거나, 한국대사관을 통하여 거래처를 소개받는 방법, 또한 상업회의소를 방문하여 무역업자 명부나 상공인 명부를 열람할 수 있다. 명부에서는 무역업자의 이름, 주소, 전화번호, 이메일주소, 취급품목 등에 대한 정보를 얻을 수 있다.

(2) 해외전시회 및 박람회 참가

실제로 무역업에 종사하고 있는 무역회사의 경험에 의하면, 해외에서 개최되는 전시회나 박람회에 참가하고 그 곳에서 바이어를 만나는 것이 가장 효과적이라고 한다. 직접 바이어를 만나 상담을 진행시키면 물품에 대한 정보만 교환하는 것이 아니라 거래 상대방을 직접 대면하고 식사도 같이 하는 등 개인적인 친분관계를 쌓게 되므로 상담을 성사시키는 데 매우 효과적이라 할 수 있다. 전시회관련 인터넷 사이트로는 www.conventionist.com, www.expoguide.com 등을 참조할 수 있다.

(3) 우리나라 해외공관 활용

21세기의 특징은 외교분야에서 경제적 측면이 강조되고 있다는 점이다. 우리나라도 외교부를 외교통상부로 개편한 것은 그만큼 외교분야와 경제분야가 서로 뗄 수 없는 관계라는 점을 나타낸 것이다. 보통 대사관이나 해외공관에는 상무관이 주재하고 있다. 이들은 그 나라의 유망한 기업을 자국에 유치하거나 자기 나라의 기업들이 그 나라에 수출하는 것을 돕고 있다. 이들 해외공관을 활용하면 목표시장의 바이어에 대한 정보를 얻는 데 유용하다. 외교통상부 홈페이지(www. mofat.go.kr)에 들어가면 해외에 나가 있는 공관들의 홈페이지 주소를 알 수 있다.

(4) 인터넷을 통한 바이어 발굴

최근 들어 외국의 거래선을 발굴하는 데에 인터넷을 활용하는 방법을 추천할 수 있다. 인터넷을 사용하여 거래선을 발굴하는 방법으로는 다음과 같은 것들을 들 수 있다.

첫째, 한국무역협회의 KOTIS(Korea Trade Information Service)에서 해당 국가의 바이어정보를 얻을 수 있는 방법이다.

둘째, 자기 회사의 홈페이지를 구축하고 이를 해외 유명 웹사이트에 등록함으로써 외국바이어가 스스로 우리 회사의 홈페이지를 방문하도록 유인하는 방법이다. 홈페이지는 외국바이어가 관심을 가지도록 전문가에 맡겨 제작하는 것이 유리하다. 홈페이지에는 자기 회사의 소개, 재정상태에 대한 정보, 판매하는 물품의 전자카탈로그(물품목록) 등 바이어가 알고 싶어하는 정보를 제공함으로써 신뢰성을 쌓도록 한다.

셋째, 컴퓨터 인터넷을 사용하여 우리나라 무역관련 공공기관이나 민간기관에 구축되어 있는 거래알선 사이트를 방문하면 해당 지역의 해당 품목에 대한 바이어의 정보를 실시간 검색이 가능하다.

4. 신용조사

(1) 신용조사의 배경 및 필요성

신뢰할 수 있는 거래처를 확보하기 위해서는 거래처와 매매계약을 체결하기 전에 상대방에 대한 냉정하고 엄격한 신용조사(credit inquiry)가 필요하다. 국내에서 물품을 사고파는 계약에서도 상대방이 물품을 받고도 대금을 주지 않는 경우가 적지 않은데, 외국과의 거래에서는 말할 것도 없다. 국내에서는 상법이 제정되어 있어 매매계약 이행과정에서 문제가 발생하면 제3자인 사법기관이 나서서 강제력을 가지고 조정한다. 국제무역의 경우에는 매매계약의 당사자가 서로 다른 국가의 국민이므로 어느 한 쪽이 계약상의 의무를 이행하지 않았을 때 이를 해결할 공통의 법률이 없다. 더구나 서로 문화적 차이, 상관습의 차이 등으로 말미암아 국내의 경우보다 문제해결절차가 훨씬 복잡하고 해결 자체가 쉽지 않다. 그러므로 제일 좋은 방법은 문제 자체가 일어나지 않도록 믿을 만한 거래처를 선정하는 것이다. 신용조사란 믿을 수 없는 거래처를 가려내는 기능을 수행한다고 볼 수 있다.

신용조사의 필요성으로는 다음 세 가지를 지적할 수 있다.

첫째, 무역거래에는 채무불이행의 위험이 존재하기 때문에 신용조사가 필요하다. 채무불이행의 위험이란 수입상이 상품을 받은 뒤에 물품대금을 지불하지 않을 위험을 말한다.

둘째, 무역거래에는 때때로 악덕상인이 등장하기 때문에 신용조사가 필요하다. 악덕상인 중에는 해외에서 견본만을 모아서 그것을 판매함으로써 이익을 보는 견본상인(sample merchant)이 있으며, 고의로 클레임을 제기할 것을 처음부터 계획하고 계약상의 약점을 문제삼아 상습적으로 클레임을 제기하는 클레임상인(claim merchant)이 있다.

셋째, 무역거래는 본질적으로 거래 상대방의 신뢰성에 기반을 둔 거래이기 때문에, 거래 상대방의 신뢰성을 확인하기 위한 신용조사가 필요하다.

(2) 신용조사 항목

무역거래 상대방의 신용상태를 조사할 때에는 적어도 상도덕, 재정상태, 영업능력, 시장상황의 4개 항목(four C's)에 대하여 구체적으로 조사할 필요가 있다.

1) 상도덕

상대방의 성실성, 평판, 영업태도, 채무변제의 열의 등의 계약이행과 관련하여 윤리의식에 관련된 내용을 조사한다. 상대방이 신뢰할 수 있는 자인가의 여부는 이러한 의미의 상도덕(Character)에 크게 좌우된다.

2) 재정상태

상대방의 재산상태, 자본금을 중심으로 한 지급능력과 직결된 내용을 조사한다. 재정상태(Capital)를 조사하기 위해서는 재무제표를 조사해야 하나 자료입수가 어려운 경우가 많다.

3) 영업능력

상대방 기업의 연간 매출액, 이익규모, 최고경영자의 수완 등 상대방의 영업능력에 관련된 내용을 조사한다. 즉, 회사의 조직형태 및 연혁, 이익규모, 이익률 등을 토대로 영업능력(Capacity)을 조사한다.

4) 시장상황

상대방 회사가 소재하고 있는 국가가 정치적으로 안정되어 있는지, 재정 · 금융정책상 거래에 지장을 주는 요인은 없는지, 법률적 규제는 없는지, 통관수속 ·

항만 · 운송시설은 어떠한지 등의 시장상황(Conditions)에 관련된 내용을 의미한다.

(3) 신용조사의 방법

신용조사의 방법에는 신용조회처(credit reference)를 이용하는 방법, 상업흥신소에 의뢰하는 방법, 국내의 신용조사기관에 의뢰하는 방법 등이 있다.

1) 신용조회처를 이용

조사대상자의 은행조회처 또는 동업자조회처를 알고 있는 경우에 그러한 신용조회처에 상대방의 신용상태를 조회하는 방법을 말한다. 은행조회처을 이용하는 경우에는, 상대방의 거래은행을 경유하여 조사대상자의 은행조회처에 조회하는 것이 좋다.

2) 국내의 신용조사기관에 의뢰

해외신용조사를 전문으로 하고 있는 국내기관, 즉 한국수출보험공사(www.keic.or.kr), 대한무역투자진흥공사, 신용보증기금(www.shinbo.co.kr) 등에 신용조사를 의뢰하는 방법을 말한다. 해당 업체의 실존 여부 등 약식조사는 KOTRA 해외공관을 통하는 것이 효과적이며, 보다 자세한 조사를 위해서는 한국수출보험공사 등에 문의하는 것이 좋다.

3) 상업흥신소에 의뢰

세계적으로 유명한 상업흥신소에 비용을 지불해서 신용조사를 의뢰하는 방법을 말한다. 상업흥신소는 신용조사를 전문업으로 하는 기관으로서 세계 주요 도시에 조사원을 파견하여 현지조사를 실시하고 있다. 상대방과 처음 거래를 트는 경우에는 정보력이 뛰어난 이들 전문업체에 의뢰하여 신용조사를 하는 것이 바람직하다. 미국에는 Dun and Bradstreet, 영국에는 Bradstreet British, 독일에는 Auskunft W. Schimmelpfung, 일본에는 Tokyo Mercantile Agency 등이 대표적인 상업흥신소들이다.[1)]

1) 문철한, 『무역상무론』, 동성출판사, 1999, p. 42.

4) 해외신용전문 웹사이트 활용

신용장 개설은행의 신용도를 파악하기 위해서는 www.pnlkorea.com이나 www.bankersalmanac.com 등을 참조하는 것이 효과적이다.

5. 거래제의 및 조회

(1) 거래제의

상대방에 대한 신용조사를 실시한 후 믿을 만한 거래처로 결정하면 상대방에게 거래제의를 하게 된다. 거래할 상대방이 여럿일 경우에는, 상대방 각각에게 거래제의서(letter of business proposal)를 발송한다. 그러나 동일한 내용의 글을 여러 명에게 동시에 발송하는 경우에는 거래권유장(circular letter)을 활용하기도 한다. 거래제의 서신에는 주로 다음의 내용을 기재한다.

첫째, 상대방의 상호나 주소를 알게 된 경위.

둘째, 자사의 업종, 회사 연혁, 거래상품 명세 및 특징 등 자기 소개.

셋째, 가격, 결제조건, 수량 등 거래조건 제시.

넷째, 거래를 희망한다는 문구.

다섯째, 자사 신용조회처.

위와 같은 내용의 거래제의장을 발송할 때에는 보통 상품목록, 정가표, 견본 등을 함께 송부한다. 예전에는 주로 우편을 이용하여 종이문서 형태로 발송하였으나, 최근에는 대부분 전자우편(이메일)으로 보내는 것이 일반화되었다.

(2) 조회

조회(inquiry)란 거래제의에 대한 상대방 회사의 답장으로서 거래 상대방으로부터 오는 문의를 말한다. 거래제의에 대하여 상대방 무역업자는 거래할 의사가 있을 경우에 상품의 품질, 수량, 가격, 결제조건, 선적시기 등 구체적 거래조건에 대하여 조회를 하게 된다. 조회에 대하여 거래를 제의한 수출상이 오퍼를 내면 무역거래가 계약단계로 들어가게 된다. 그러나 실제의 경우, 바이어정보가 오래되어서 그 회사가 이미 도산한 경우라면 거래제의를 하여도 상대방으로부터 회신이 오지 않는 경우도 많다. 따라서 바이어를 발굴할 때, 종이문서로 작성된 상공인 명부보다는 실시간으로 오퍼정보가 제공되는 인터넷 거래알선 사이트 등을 활용하는 것이 바람직하다.

2 무역계약의 성립

무역계약이란 수출상이 수입상에게 상품을 인도할 것을 약속하고, 수입상은 물품을 받는 대가로 물품대금을 지급할 것을 약속하는 계약이다. 무역계약은 수출상의 청약(offer)에 대하여 수입상이 승낙(acceptance)하면 성립된다. 청약과 승낙 중 어느 하나가 없어도 무역계약은 성립하지 않는다.

1. 청약

청약은 수출상이 수출하려는 상품의 판매조건을 수입상에게 제시하는 것을 말한다. 청약이란 영어 발음 그대로 오퍼라고도 한다. 청약은 수출상이 판매하려는 물품의 가격 · 수량 · 대금지급방법 등 구체적인 조건을 제시하고 이 조건을 수입상이 받아들인다면 계약을 체결하고 싶다는 수출상의 확정적인(definite) 의사표시이다. 즉, 상대방이 이를 승낙하기만 하면 더 이상 조건변경 없이 이를 받아들이겠다는 특별한 의사표시이다.

(1) 확정청약과 자유청약

청약에 승낙회답기간이 명시되어 있는가, 아니면 명시되어 있지 아니한가에 따라 청약은 확정청약(firm offer)과 자유청약(free offer)으로 구분된다. 확정청약이란 청약의 승낙기간이 명시되어 있는 청약을 말한다. 이러한 확정청약의 특징으로는 상대방이 승낙회답기간 내에 승낙하기만 하면 청약에 제시된 판매조건을 바꿀 수 없다는 데 있다. 다시 말해, 청약을 통지받은 당사자가 승낙기간 내에 승낙하기만 하면 청약을 통지한 측이 청약의 내용대로 계약을 체결해야 한다. 보통 청약에 확정적(firm) 또는 취소불능(irrevocable)이라는 단어가 명시되어 있으면 확정청약으로 간주된다.

자유청약이란 청약의 승낙기간을 명시하지 아니한 청약을 말한다. 자유청약은 승낙기간이 나타나 있지 않으므로 수출상이 승낙의 회답을 받기 전이라면 청약 자체를 취소할 수도 있고 거래조건 내용을 변경할 수도 있는 청약이다.

(2) 대응청약과 원청약

원래의 청약에 대해서 청약을 통지받은 당사자가 청약상의 가격, 선적시기, 수량 등에 대하여 자기가 유리한 방향으로 일부 수정하여 수출상에게 다시 제시할 수 있다. 이처럼 수정된 내용을 포함한 회신은 원래의 청약을 거절하는 것으로 간주한다. 그리고 수출상의 청약에 대한 수입상의 역제의를 대응청약(counter-offer)이라고 한다. 원청약(original offer)은 청약자가 원래 발행한 청약을 의미한다.

2. 승낙

승낙은 청약을 통지받은 당사자가 청약을 수락하여 계약을 체결하겠다는 의사표시이다. 영미법에서는 무역계약의 성립에 거울이미지의 원칙(mirror image rule)을 적용하고 있다. 이는 청약의 내용을 수정하지 않고, 그대로 수락하는 승낙만을 '계약을 성립시키는 승낙'으로 본다는 원칙을 말한다. 승낙은 청약의 유효기간 내에 해야 효력을 발생한다.

3. 계약서 작성

무역의 여러 절차 중에서 가장 중요한 것이 무역계약서의 작성이다. 우리나라를 비롯한 동양 사회에서는 계약(contract)이란 개념이 낯설어서 말로만 약속을 하고 계약서 작성을 통하여 계약내용을 확실하게 해 두는 데 익숙하지 않다. 그러나 외국에서는 학생을 조교로 임명할 때도 계약서를 두 부 작성하여, 한 부는 학과에서 보관하고 다른 한 부는 학생이 보관하도록 되어 있다. 국제무역에서는 불확실한 요인이 너무나 많다. 예를 들어, 물품을 수송하는 도중 태풍을 만나 물품이 파손될 경우도 있다. 이를 보상하기 위해서는 해상손해보험에 들어 두어야 할 것이다. 또한 수입국에서 해당 물품의 가격이 예상외로 폭락하여, 수입상이 물품을 수입해서 팔아도 손해가 날 수도 있다. 이러한 경우 수입상은 여러 가지 구실을 붙여 물품의 인수를 회피하려고 할 것이다. 이러한 여러 가지 돌발상황에 대비하여, 자기에게 손해가 나지 않도록 계약서를 철저히 작성해야 한다.

3 무역계약의 기본 조건

무역계약을 체결할 때, 거래를 성사시키는 데 급급해서 계약조건의 이행에 관한 사항들을 허술하게 다룰 가능성이 크다. 그러나 잘못하면 수출대금을 받지 못하는 경우가 발생하게 된다. 무역계약을 체결하는 데에는 수출상과 수입상이 몇 가지 중요한 조건에 대하여 합의를 하여야 한다.

첫째, 품질을 어느 수준으로 할 것인가에 대한 조건, 즉 품질조건이다.

둘째, 물품을 얼마나 구입할 것이냐에 대한 조건, 즉 수량조건이다.

셋째, 물품의 가격에 관한 가격조건이다.

넷째, 물품의 인도시기 및 장소에 관한 선적조건이다.

다섯째, 물품이 손상을 입었을 때 누가, 어느 정도로 보상할 것이냐를 결정하는 보험조건이다.

여섯째, 물품대금을 언제, 누가, 어떤 방식으로 지급할 것인가를 결정하는 결제조건이다.

이상의 여섯 가지 조건, 즉 품질조건, 수량조건, 가격조건, 선적조건, 보험조건, 결제조건을 '무역계약의 기본 조건'이라 한다.

1. 품질조건

품질조건에서는 품질의 결정방법과 품질의 결정시기를 고려하여야 한다. 거래물품의 품질을 결정하는 방법으로는 ① 견본을 보고 품질을 결정하는 견본매매, ② 견본을 따로 제출하기 어려울 경우 사용하는 명세서매매, ③ 브랜드가 널리 알려진 경우 사용하는 상표매매, ④ 표준품을 보고 결정하는 표준품매매, ⑤ 규격매매의 다섯 가지가 있다.

(1) 견본매매

무역거래의 대부분은 견본매매(sale by sample)로 이루어지고 있다. 견본이란 계약이 체결되어 수출상이 물품을 수입상에게 보낼 때, 선적하는 상품과 동일한 물품이어야 한다. 그러나 견본은 우수하여 계약을 체결하였는데, 막상 물품이 도착하고 보니 견본에 비해 품질이 떨어지는 경우가 많다. 물품의 품질에 관한 클레임이 제기될 경우 견본매매에 의하여 계약이 체결된 경우가 상당히 많다. 이러한 분쟁의 소지를 방지하기 위하여, 동질의 견본을 적어도 3개 이상 준비할 필요가 있다. 그 중에서 원견본(original sample)은 상대방에게 발송하고, 보관견본(duplicate sample)은 발송자 자신이 보관하고, 제3견본(triplicate sample)은 수출물품의 제조업자에게 제시하기 위해 준비한다. 가능한 한 견본매매의 경우 수출품질, 명세 및 상태가 견본과 일치하는 물품을 인도하여야 한다.

(2) 명세서매매

명세서매매(sale by specification)란 견본을 이용할 수 없는 경우, 명세서를 보고 품질을 결정하는 매매를 말한다. 선박, 철도차량, 대형기계, 의료기기와 같은 상품은 상품 한 단위 가격이 거액이므로 그 중 하나를 견본으로 수입상에게 보낼 수 없다. 수십만 톤 나가는 대형유조선을 수입상에게 견본으로 보낼 수는 없는 노릇이다. 이러한 경우, 물품의 구조 · 성능 등에 관하여 자세하게 설명한 명세서에 의하여 품질을 결정하게 된다. 이 경우 보조적 설명을 위하여 설계도, 도해목록 등이 추가로 제시되기도 한다.[2)]

(3) 상표매매

거래상품의 상표나 브랜드가 국제적으로 널리 알려져 있는 경우에는 구태여 견본을 이용할 필요가 없다. 예를 들어, 롤렉스시계, 벤츠자동차, 니콘카메라, 소니 TV 등은 그 품질이 세계적으로 인정받은 제품들이다. 이러한 상품의 경우 구태여 견본을 보지 않더라도 소비자가 그 품질을 믿을 수 있다. 이러한 경우, 거래상품의 상표나 브랜드에 의하여 품질을 결정하게 된다.

(4) 표준품매매

농수산물이나 광산물은 TV나 세탁기 등의 가전제품과는 달리, 크기나 형태, 함량 등이 일정하게 산출되기 어렵다. 이들은 철광석과 같이 일정한 규격이 있을 수도 없는 경우에 일정한 표준품을 기준으로 삼아 이 표준품과 유사한 품질을 인도하도록 하는 것이 표준품매매(sale by standard)방식이다. 표준품이란 구체적인 견본이 아닌 점에서 견본매매와 차이가 있다. 표준품이란 일종의 견본유사품이라 할 수 있다. 품질이 일정하게 유지하기 어려우므로 인도된 물품과 표준품 사이에 품질의 차이가 있기 쉽다. 이러한 경우, 차이가 있는 만큼 결제대금을 올려 주기도 하

2) 문철한, 『무역상무론』, 동성출판사, 1999, p. 107.

고 내려 주기도 한다. 표준품매매의 품질표시방법에는 다음의 두 가지가 있다.

1) 평균중등품질조건

평균중등품질조건(fair average quality; FAQ)은 주로 곡물이나 과일거래에 사용되는 방법으로, 전년도 수확물 중 중등품 수준에 속하는 물품을 인도하면 수출상이 책임을 다하는 조건이다. 특히, 곡물의 국제거래의 경우 선물거래방식으로 매매가 이루어지는 경우가 많다. 선물거래에서는 전년도 수확물 중 평균중등품을 기준으로 거래계약을 체결하지만, 금년도 수확물이 출하된 후의 인도물품 품질은 금년도 수확물의 평균중등품 정도라야 한다.

2) 판매적격품질조건

판매적격품질조건(good merchantable quality; GMQ)은 외국산 원목이나 냉동수산물과 같이 내부 상태를 알기 어려운 상품의 경우, 수출상이 판매적격성을 보증하는 조건이다. 즉, 목적지에 도착하여 검사하였을 때, 상품이 부패하여 판매하기 어려운 상태이면 수출상이 손해를 보상해 주는 조건이다.

(5) 규격매매

거래상품의 규격이 국제적으로 통일되어 있거나 또는 수출국의 공적 규정에 의하여 상품의 규격이 정해져 있는 경우에는 구태여 견본을 이용할 필요가 없다. 이 경우 거래상품의 규격에 의해 품질을 결정한다. 예를 들어, 한국은 KS(Korean Standard) 마크를 기준으로 하여 품질을 결정한다.

2. 가격조건

가격조건에서는 ① 매매가격의 산정기준, ② 매매가격의 구성요소, ③ 매매가격의 표시통화 등이 고려되어야 할 사항이다.

(1) 가격의 표시방법

국제 간의 거래라는 것은 원래 상관습, 무역절차, 통화가치, 외환제도 등 여러 가지 면에서 서로 차이가 나는 당사자 간의 거래이다. 그만큼 분쟁의 소지도 크다고 할 것이다. 국제상업회의소는 여러 나라에서 관습적으로 사용되어 온 국제무역상의 조건들을 검토하여 정형거래조건의 해석에 관한 국제규칙인 인코텀스(International Rules for the Interpretation of Trade Terms; Incoterms)를 제정하였다. 이처럼 가격조건을 국제적으로 표준화시키고, 무역업자 간 가격을 정할 때, 이 표준화된 열세 가지 가격조건 중 한 가지를 선택하도록 하였다. 이렇게 한다면 처음부터 공통의 기준으로 거래한 것이기 때문에 나중에 뒷말의 소지가 적고 분쟁이 발생하더라도 가격의 구성요소가 명확하여 해결이 용이하게 된다.

(2) 가격의 산정기준

매매가격의 산정기준이 되는 정형거래조건 중에서 어느 하나를 채택하여 매매가격의 산정기준으로 삼는 것이 국제관행이다. 인코텀스(Incoterms, 2000)에 규정된 13종의 정형거래조건은 운송료, 보험료 등 비용의 분담과 물품의 인도지점 등에 의하여 분류한 것이다. 자세한 내용은 정형거래조건에서 다룬다.

(3) 매매가격의 표시통화

매매가격을 표시하는 통화는 수출국 통화, 수입국 통화, 제3국의 통화 중 어느 하나이다. 수출국의 통화로 가격을 표시하는 경우에는 환율변동으로 인한 위험(환위험)을 수입상이 부담하게 되며, 수입국의 통화로 가격을 표시하는 경우에는 환위험을 수출상이 부담하게 된다. 그리고 수출입 양국의 통화가치 변동이 극심한 경우에는, 표시통화의 안정성 · 교환성 및 유동성 등을 고려하여 제3국의 통화를 표시통화로 선택한다. 매매가격의 표시통화는 '어느 나라의 어떠한 통화'인가를 분명히 명시하여야 한다. 왜냐하면, 동일한 명칭의 통화라고 하더라도 그 통용국가에 따라 대외가치가 다르기 때문이다. 예를 들어, 달러라는 통화명칭은 미국의 달러(U.S. Dollar), 캐나다의 달러(Canadian Dollar), 싱가포르의 달러(Singapore Dollar), 홍콩의 달러(Hong Kong Dollar) 등 여러 나라의 통화에서 공통으로 사용하고 있다. 그러나 이들의 대외가치는 각각 다르다.

3. 수량조건

(1) 수량의 단위

수량의 단위로는 중량(weight), 용적(measurement), 개수(number) 등이 사용된다.

① 중량단위: 중량을 표시하는 단위 중에 유사한 단위이면서 차이가 있는 경우가 있다.

- long ton(L/T): 영국에서 주로 사용된다 하여 English Ton이라 하며 1,016kg이다.
- short ton(S/T): 미국에서 주로 사용된다 하여 American Ton이라 하며 907kg이다.
- metric ton(M/T): 한국과 유럽대륙에서 주로 사용되고 있는데 Middle Ton이라 하며 1,000kg이다.

② 용적단위: 용적을 표시하는 단위인 경우에는 입방미터, 배럴 등의 단위를 사용한다.

③ 개수단위: 컨테이너의 경우에는 컨테이너 박스의 크기가 일정하다. 보통 TEU(twenty feet equivalent unit) 또는 FEU(forty feet equivalent unit) 등의 단위가 사용되는데, 운송하는 데에는 TEU가 주로 사용된다.

(2) 수량의 결정시기

1) 선적수량조건

물품의 수량을 당사자가 계약서에 나타난 대로 제대로 인도하였는가 여부를 알아보기 위하여 먼저 어느 시점의 수량을 기준으로 하여 수량을 계산할 것이냐 하는 문제가 있다. 선적수량조건은 선적항에서 배에 화물을 실을 때의 수량을 기준으로 한다. 정형거래조건 중 수출상이 선적항에서 화물을 인도함으로써 수출상의 책무가 끝나는 FOB, CIF조건은 선적수량조건에 해당된다. 이 조건에서는 설령 양륙항에서 수량이 선적할 때와 다르더라도 수출상은 책임을 지지 않는다.

2) 양륙수량조건

선박이 도착한 목적항에서 화물을 부두에 내릴 때의 수량이 계약서상의 수량과 일치해야 하는 조건이다. 따라서 해상운송 도중 수량이 감소하면 수출상이 책임을 부담해야 하는 조건이다.

(3) 과부족 용인조건

장기간 운송되는 광산물이나 곡물 등 비포장화물의 경우에는 화물을 처음 선박에 실을 때와 목적지에 도착하여 화물을 선박에서 내릴 때 중량이 달라질 수 있다. 이러한 경우 수출상과 수입상이 별도로 조항을 두지 않더라도 일정 비율의 과부족분에 대해서는 계약이 이행된 것으로 간주한다. 이 조건을 과부족용인약관(more or less clause)이라고 한다.

1) more or less 약관

신용장통일규칙에 의하면, 과부족에 대하여 명시되어 있지 않는 경우 5% 범위 내에서 과부족을 허용하고 있다. 그러나 추심결제방식의 경우에는 계약서에 반드시 과부족용인약관을 설정해야 나중에 분쟁의 소지가 적다.

2) 개산수량조건

about, approximately, circa, around 등의 표현이 수량 앞에 있는 경우, 신용장통일규칙에 의하면 10% 범위 내에서 과부족을 허용한다.

4. 선적조건

예전에 운송이란 주로 수출국의 선적항에서 수입국의 양륙항까지 선박으로

화물을 운송하는 것을 의미하였다. 그러나 최근에 와서 항공운송이나 철도운송 등이 폭넓게 사용되면서 선적이란 선박, 항공기, 기차 등 여러 운송수단에 적재하는 것을 의미하는 것으로 확대되었다.

(1) 선적시기

선적시기를 결정할 때에는 구체적인 달이나 날짜를 제시하는 것이 일반적이다. 다만 계약서를 작성할 때, 조심해야 할 점은 영어 단어 자체에 시기에 관한 내용이 구체적으로 포함되어 있다는 점이다. ① from, until, to라는 전치사가 사용될 경우, 이 단어 뒤에 나오는 날짜가 선적시기에 포함된다는 점이다. ② after라는 전치사가 사용될 경우, 이 단어 뒤에 나오는 날짜는 선적시기에 포함되지 않는다. ③ 선적시기와 관련하여 prompt, immediately, as soon as possible, without delay 등의 표현이 사용되었다면 이들은 구체적인 날짜를 나타내고 있지 않으므로 계약상에 효력이 별로 없다. 즉, 분쟁의 소지가 많다. 그러므로 가급적 이러한 문구는 피해야 한다.[3)]

(2) 분할선적

화물을 수송할 때, 한 번에 모든 양을 수송하지 못할 경우가 생길 수 있다. 이와 같은 경우 여러 번에 걸쳐 나누어서 실어 보내게 되는데, 이를 분할선적(partial shipment)이라 한다. 신용장에 특별히 이를 금지하는 문구가 없다면 분할선적은 허용된다.

(3) 환적

처음 선박에 화물을 선적하여 수송하다가, 화물을 선박에서 내려서 다른 선박이나 다른 운송수단에 싣는 것을 환적(transshipment)이라 한다. 화물은 운송수단에

3) 한국무역협회, 『무역계약과 인코텀스』, 2000, p. 55.

싣거나 내릴 때에 깨지는 등 손상되기 쉽다. 따라서 화물의 손상을 피하기 위하여 보통 계약에서는 환적금지(transshipment prohibited)라는 조항이 들어간다. 그러나 운송방식이 복합운송인 경우에는 본래 여러 운송수단을 사용하여 화물을 운송하는 것이므로 환적이 허용되는 것으로 본다.

5. 결제조건

수출상의 입장에서 물품을 제조하여 외국에 보내는 최종목적은 결국 대금을 받아 내기 위한 것이다. 따라서 어떤 의미에서는 결제조건은 가장 중요한 조건이라고 할 수 있다.

(1) 결제시기에 따른 분류

1) 선불조건

물품을 수입국으로 향할 선박에 선적하거나 수입상에게 인도하기 전에 수출대금을 미리 받는 조건이다. 물품을 주기 전에 돈부터 받았으니 수출상에 매우 유리한 조건이다.

2) 동시불조건

화물 자체가 화물에 대한 권리를 주장할 수 있는 서류, 예를 들어 선하증권 같은 서류를 주고서 수출대금을 받는 조건이다.

3) 후불조건

화물을 인도한 후에야 대금을 받을 수 있거나 물품을 인도하고 환어음을 받았는데, 이 환어음이 상당한 날짜가 지나야 대금을 받는 기한부환어음일 경우 해당한다.

(2) 결제방식에 의한 분류

1) 송금결제방식

전신환이나 우편환으로 수출대금을 송금하여 결제하는 방식이다.

2) 추심결제조건

수출상이 수입상을 지급인으로 하여 환어음을 발행하고, 수출상은 이 환어음을 추심하여 수출대금을 회수하는 방식이다.

3) 신용장결제방식

신용장결제방식은 수입상이 돈을 안 갚고 떼먹을 위험을 은행이 나섬으로써 줄인 제도이다. 즉, 화환어음에 은행의 신용을 보장하는 신용장이 추가됨으로써 수입상의 신용도를 강화한 제도이다. 최근까지 무역거래에서 가장 널리 사용된 제도이다.

6. 보험조건

(1) 보험계약

무역거래에서 누가 보험계약자로서 보험계약을 체결하느냐의 문제는 어떠한 정형거래조건으로 무역계약을 체결하느냐에 따라 결정된다.

현행 인코텀스(Incoterms, 2000)에 규정되어 있는 열세 가지 정형거래조건을 살펴보면, ① EXW, FAS, FCA, FOB, CFR 및 CPT조건을 채택하여 무역계약을 체결하는 경우에는 수입상이 보험계약자로서 자신을 위하여 보험계약을 체결하는 반면에, ② DAF, DES, DEQ, DDU 및 DDP조건을 채택하여 무역계약을 체결하는 경우에는 수출상이 보험계약자로서 자신을 위하여 보험계약을 체결하며, ③ CIF 및 CIP조건을 채택하여 무역계약을 체결하는 경우에는 수출상이 보험계약자로서 수입상을 위하여 대신 보험계약을 체결한다.

(2) 손해보상조건

런던보험업자협회에서 제정한 것으로서 보험회사가 담보할 위험과 손해보상에 관한 정형약관에는 구약관과 신약관이 있다. 구약관(구 ICC)의 손해보상조건에는 ① 분손부담보(단독해손부담보; FPA)조건, ② 분손담보(단독해손담보; WA)조건 및 ③ 전위험담보(A/R; AAR)조건이 있다.

(3) 보험금액

보험금액은 보험회사가 보상할 책임이 있는 보험사고가 발생한 경우에, 보험회사가 그 보험사고에 대하여 보상책임을 지는 최고한도의 금액이다. 보험금액은 희망이익[4)]을 어느 정도로 보느냐에 따라 달라진다. 대개의 경우, CIF가격 또는 CIP가격의 10%를 희망이익으로 보고, CIF가격 또는 CIP가격의 110%에 해당하는 금액을 '보험금액'으로 정하여 보험계약이 체결된다.

4 정형거래조건

국제무역이란 서로 인종도 다르고 문화와 제도가 다른 국가 간 교역이기 때문에 국제 간 분쟁이 발생할 여지가 매우 크다 하겠다. 특히, 개별 국가는 산업구조가 차이가 있고 경제제도가 다르다. 이러한 상황에서 국제무역을 원활하게 하기 위해서는 무엇보다도 거래조건을 표준화할 필요가 있다. 각 국가가 하나로 통일된 조건을 갖고 있다면 적어도 그러한 면에서는 분쟁의 소지가 줄어들 것이기 때문이다. 정형거래조건은 거래조건, 특히 가격조건의 표준화를 통하여 산업구조와 경

4) 희망이익이란 보험에 부쳐질 화물이 무사히 목적지에 도착하였을 경우에 화주(貨主)가 그것을 판매하여 얻을 수 있다고 기대(예상)하는 이윤을 말한다. 다시 말하면, 화물이 목적지에 무사히 도착하는 것에 의해 얻어지는 이익을 희망이익이라고 한다.

제, 법률, 제도가 다르다 하더라도 동일한 조건을 공유함으로써 국가 간 분쟁을 최소화한다.

인코텀스

인코텀스(Incoterms)란 국제상업회의소(International Chamber of Commerce; ICC)가 중심이 되어 제정한 「정형거래조건의 해석에 관한 ICC규칙」으로 'International Commerce Terms'의 조합약칭이다. 이것은 1936년에 제정되었으나, 그 후 여섯 번(1953년, 1967년, 1976년, 1980년, 1990년, 2000년)의 삭제 · 추보 · 개정이 있었다. 2000년 1월 1일부터 시행되고 있는 인코텀스(Incoterms, 2000)에는 13종의 정형거래조건이 수록되어 있다.

(1) 공장인도조건

공장인도조건(ex works; EXW)은 매도인인 수출상의 영업장 구내에서 매수인인 수입상에게 물품을 인도하는 조건으로서 구체적 인도장소가 공장이면 ex factory, 창고이면 ex warehouse, 농장이면 ex plantation으로 부르기도 한다. 이 조건에서 수출상은 물품의 제조, 포장비 등의 기초적인 비용만 부담하면 된다. 수출상은 수출물품을 수입상의 차량에 실어 줄 의무도 없으며, 물품을 국외로 반출하는 데 필요한 수출통관을 실행해야 할 의무가 없다. 당연히 수출상은 물품만 자기 영업장에서 수입상에게 인도하면 자기 의무는 끝나고 그 이후부터는 모든 의무를 수입상이 지므로, 수출상의 입장에서 보면 최소의무조건이며 수입상 입장에서는 가장 부담이 큰 조건이다.

(2) 운송인인도조건

운송인인도조건(free carrier; FCA)은 매도인인 수출상이 물품을 수출통관한 뒤 지정된 장소에서 수입상이 지정한 운송인에게 물품을 인도하는 조건이다. 이 조건의 영어 원문인 free carrier는 문자 그대로 수출상은 운송인(carrier)에 물품을 인도한 이후에 의무로부터 자유(free)로워진다는 의미이다. 여기서 운송인(carrier)이란 화주(물건의 주인)와 운송계약을 체결하고 운송계약을 실행하는 사람이거나 운송계약을 대신 이행해 주는 대리인을 말한다. 운송인인도조건은 물품이 수출상의 영업장 구내에서 인도되는 경우에는 수출상이 수거용 차량에 물품을 적재할 책임을 지지만, 다른 장소에서 인도할 경우에는 수출상에게는 차량적재의 의무가 없다. 한편, 운송인인도조건의 매매가격에는 국제운송비와 보험료가 포함되지 않으며 이들 비용은 수입상이 부담한다. 정형거래조건은 상당수 해상운송에 맞게 만들어진 조건들이다. 그러나 운송인인도조건은 수입상이 지정된 운송인에게만 인도하면 육상운송, 해상운송, 항공운송, 내수로운송, 복합운송 등 어떤 운송방식을 사용하건 모두 적용되므로, 최근의 복합운송 추세에 비추어 볼 때 앞으로 비중이 높아질 중요한 거래조건이라 할 수 있다.

(3) 선측인도조건

선측인도조건(free alongside ship; FAS)은 수출상이 선적항에서 물품을 실어나를 선박의 선측에 물품을 인도하는 조건이다. 선측인도조건의 경우, 예전에는 수입상이 수출통관하도록 하였으나 인코텀스 2000의 개정된 규칙에서는 수출상이 수출통관하게 되어 있다. 선측인도조건은 영어 원문인 free alongside ship 그대로 수출상이 물품을 본선의 선측(alongside ship)에 부려놓았을 때 의무로부터 자유로워지는 조건이다. 선측인도조건은 원면, 원목, 곡물 등 본선에 화물을 적재하는 데 시간과 비용이 많이 드는 부피가 큰 화물(bulky cargo)의 경우 많이 사용된다. 선측인도조건은 해상운송 또는 내수로운송을 전제로 하는 무역계약에만 사용이 가능한 조건이며, 운송계약과 해상보험계약도 수입상이 체결해야 한다.

(4) 본선인도조건

본선인도조건(free on board; FOB)은 수출상이 선적항에 정박해 있는 본선의 난간을 통과한 후 수입상에게 물품을 인도하는 조건으로서 국제무역에서 가장 많이 사용하는 조건이다. 이 조건은 선측인도조건에다 본선에 화물을 적재하는 추가비용이 포함된 조건이다. 본선인도조건은 영어 원문 free on board 그대로 수출상이 본선의 갑판상(on board)에서 수입상에게 물품을 인도하였을 때, 의무로부터 자유로워지는 조건이다. 본선인도조건은 해상운송이나 내수로운송의 경우에만 사용되는 조건이다. 본선인도조건은 본선의 난간을 통과한 후 인도하도록 규정지어 있으므로 컨테이너운송과 같이 본선의 난간이 의미가 없을 경우에는 앞에서 언급한 운송인인도조건(FCA)을 사용하도록 권고하고 있다. 본선인도조건의 매매가격에는 해상운임과 해상보험료가 포함되지 않지만, 물품의 운송을 위해 요구되는 포장비용과 품질검증 등 검증비용은 수출상이 부담해야 할 비용이어서 매매가격에 포함된다.

(5) 운임포함조건

운임포함조건(cost & freight; CFR)은 영어 원문 cost & freight 그대로 본선의 난간을 통과할 때까지의 일체의 비용(cost)에다 목적항까지의 운임(freight)까지도 수출상이 부담하는 조건이다. 따라서 수출상 입장에서는 선측인도조건, 본선인도조건, 운임포함인도조건으로 갈수록 부담해야 하는 비용이 점점 많아진다. 운임포함조건은 FOB조건과 마찬가지로 해상운송이나 내수로운송을 전제로 하는 무역계약에만 사용할 수 있는 조건이다. 운임포함조건은 물품의 소유권이 본선의 난간을 통과할 때 수출상에서 수입상으로 이전되므로 매도인과 매수인 사이의 위험부담의 분기점은 FOB조건과 마찬가지로 물품이 선적항에서 본선의 난간을 통과하는 시점이다. 해상보험계약은 수입상이 체결하며 해상보험료도 수입상이 부담한다. CFR가격에는 해상운임이 포함되지만, 해상보험료는 포함되지 않는다. 따라서 CFR가격은 수출원가에 해상운임이 가산된 금액이라고 말할 수 있다.

(6) 운임보험료포함조건

운임보험료포함조건(cost, insurance & freight; CIF)은 영어 원문 cost, insurance & freight 그대로 수출상이 선적항의 본선 갑판상에 물품을 인도할 때까지의 비용

(cost)에다 목적항까지의 운임(freight)과 예상하지 못한 해상사고에 대비한 보험료(insurance premium)까지 추가로 부담하는 조건이다. 운임보험료포함조건은 FOB, CFR와 같이 해상운송 및 내수로운송에 사용되는 조건으로서, CIF가격은 수출원가에 해상운임과 해상보험료가 가산된 금액이라고 말할 수 있다. 운임보험료포함조건은 수출상이 본선의 난간을 통과하여 물품을 인도하도록 규정되어 있기 때문에 국제운송에서 보편화되어 있는 컨테이너운송의 경우에는 부적합하며, 이러한 경우 CIF조건과 비슷한 CIP조건을 사용하도록 권고하고 있다.

운임보험료포함조건의 특징으로는 다음과 같은 점들을 들 수 있다.

첫째, CIF조건에서도 수출상은 수출통관을 해야 하고 관련비용도 수출상이 부담한다.

둘째, CIF조건에 있어서는 위험부담의 분기점과 비용부담의 분기점이 서로 다르다. 수출상과 수입상 사이의 위험부담의 분기점은 본선의 난간을 통과하는 시점이지만, 수출상과 수입상 사이의 비용부담의 분기점은 목적지 항구까지 연장된다.

셋째, CIF조건과 FOB조건의 근본적인 차이점은 CIF조건에서는 해상운송계약과 해상보험계약을 수출상이 체결해야 하고 해상운임과 해상보험료도 수출상이 부담해야 하지만, FOB조건에서는 해상운송계약과 해상보험계약을 수입상이 체결해야 하고 해상운임과 해상보험료도 수입상이 부담해야 한다는 점이다.

(7) 운송비지급조건

운송비지급조건(carriage paid to; CPT)은 수출상이 운송인에게 물품을 인도하되, 영어 원문 carriage paid to 그대로 수입국 내의 지정목적지(to 다음에 나오는 목적지)까지의 운송비(carriage)도 지급(paid)하는 조건이다. 운송비지급조건은 운송인인도조건(FCA)과 같은 계열의 조건으로서 운송인인도조건은 운송인에게 물품을 인도하면 수출상의 의무는 완료되나 CPT조건에서는 수출상이 운송인에게 인도할 뿐만 아니라 운송비까지 지급한다는 점에서 FCA조건과 차이가 있다. 운송비지급인도조건은 FCA조건과 같은 계열로서 컨테이너운송 등 모든 운송방법에 사용할 수 있다. 위와 같이 운송인에게 물품이 인도되는 시점까지의 위험을 수출상이 부담하고, 그 시점 이후의 위험은 매수인인 수입상이 부담한다는 점에서 CPT조건의 위험

표 21-1 정형거래조건의 비교

명칭	특성
EXW(공장인도조건)	수출상의 최소부담조건
FCA(운송인인도조건)	복합운송에 적합한 조건
FAS(선측인도조건)	본선의 선측에 물품을 인도하는 조건으로 부피가 큰 화물의 경우 사용
FOB(본선인도조건)	국제무역에 가장 많이 사용되는 조건
CFR(운임포함조건)	수출상은 본선의 난간을 통과할 때까지의 제 비용뿐만 아니라 국제운송비까지 부담하는 조건
CIF(운임보험료포함조건)	수출상은 본선의 난간을 통과할 때까지의 비용에 국제운송비 및 해상보험료까지 부담하며, 국제무역에서 많이 사용하는 조건
CPT(운송비지급조건)	FCA계열의 거래조건으로서 FCA조건에 수입국의 지정목적지까지의 운송비도 매도인이 부담하는 조건
CIP(운송비보험료지급조건)	FCA계열의 거래조건으로서 FCA조건에 수입국의 지정목적지까지의 운송비 및 보험료를 매도인이 부담하는 조건
DAF(국경인도조건)	주로 서유럽이나 중앙아시아와 같이 국경이 육지로 맞닿아 있는 경우 사용되는 조건
DES(착선인도조건)	수출상이 선박회사를 보유하여 목적항까지 유리한 조건으로 운송가능할 때 주로 사용
DEQ(부두인도조건)	착선인도조건에다 매도인이 부두하역비까지 추가로 부담하는 조건
DDU(관세미지급조건)	매도인이 최종목적지까지 물품을 인도하는 조건으로 수입통관은 매수인이 부담
DDP(관세지급조건)	매도인이 최종목적지까지 물품을 인도하는 조건으로 수입통관마저 매도인이 부담하는 수입상의 최소부담조건

부담 분기점은 FCA조건의 위험부담 분기점과 동일하다.

(8) 운송비보험료지급조건

운송비보험료지급조건(carriage, insurance paid to; CIP)은 수출상이 운송인에게 물품을 인도하되 영어 원문 carriage, insurance paid to 그대로 수입국 내의 지정목적지(to 다음에 나오는 목적지)까지의 운송비와 보험료까지 지급하는 조건이다. 운송비보험료포함조건은 FCA, CPT조건과 같은 계열의 조건으로서 컨테이너운송 등 모든 운송방법에 사용될 수 있다. CIP조건은 수출상이 보험료를 부담한다는 조건 외에는 근본적으로 CPT조건과 동일한 조건이다. 위와 같이 운송인에게 물품이 인도되는 시점까지의 위험을 수출상이 부담하고 그 시점 이후의 위험은 수입상이 부담한다는 점에서, CIP조건의 위험부담 분기점은 FCA조건 및 CPT조건의 위험부담 분기점과 동일하다고 말할 수 있다. CIP가격은 FCA가격에 목적지까지의 운송비와 보험료가 가산된 금액과 유사한 금액이다. CIP조건에 있어서는 위험부담 분기점과 비용부담 분기점은 서로 다르다. 수출상과 수입상 사이의 위험부담 분기점은 물품이 운송인에게 인도되는 시점이지만, 수출상과 수입상 사이의 비용부담 분기점은 지정된 목적지까지 연장된다.

(9) 국경인도조건

국경인도조건(delivered at frontier; DAF)은 수출상이 물품을 수출통관하고 국경의 지정장소까지 물품을 운반한 뒤 지정장소에서 수입상에게 물품을 인도하는 조건이다. 구체적으로 말하면, 국경인도조건은 물품을 운송수단상에서 수입상에게 인도하는 조건으로서 물품의 양하비용은 수입상의 책임이다. 국경인도조건은 주로 계약물품을 철도나 도로 등 육상운송수단을 사용하여 수송할 때 많이 이용되고 있다. 따라서 서유럽지역이나 러시아, 동유럽 국가들과 같이 육상으로 국경이 맞닿아 있는 국가 간 교역에 자주 이용되고 있다. DAF조건에 있어서 수출상과 수입상 사이의 위험부담 분기점과 비용부담 분기점은 일치한다. 그 분기점은 매도인의 물품인도가 완료되는 시점, 다시 말하면 국경소재의 지정된 인도지점에 도착한 운송수단상에 물품이 적재되어 있는 시점이다.

(10) 착선인도조건

착선인도조건(delivered ex ship; DES)은 수출상이 물품을 목적항까지 운반하고 아직 수입통관을 안한 상태에서 본선의 갑판상에서 물품을 수입상에게 인도하는 조건이다. 따라서 DES조건에서는 본선의 갑판상에서 수입상에게 물품을 인도할 때까지의 모든 비용은 수출상이 부담하나, 본선에서 물품을 부두로 양륙하는 비용을 포함한 추후의 비용은 매수인인 수입상이 부담하는 조건이다. 착선인도조건은 해상운송 또는 내수로운송에 사용될 뿐만 아니라 복합운송으로 인도되는 경우에도 사용되도록 확장되었다. DES조건은 주로 수출상이 선박회사와 보험회사를 보유하여 목적항까지 유리한 조건으로 물품을 운송할 수 있을 때 사용된다.

DES조건은 현실적으로는 수출상이 목적항까지의 운송계약과 보험계약을 체결하고 운임과 보험료도 수출상이 부담하게 되므로 CIF조건과 유사한 측면이 있다. 그러나 DES조건과 CIF조건이 다른 점은 CIF조건은 서류인도조건인 데 반하여 DES조건은 현물인도조건인 데 차이가 있다. 즉, CIF조건은 매도인이 매수인에게 선적서류를 인도함으로써 임무를 완료하지만 DES조건인 경우에는 물품의 인도가 본선의 갑판상에서 완료되었을 때 종료된다. 한편, DES조건은 물품인도조건이므로 목적항에 도착한 본선상에서의 물품인도시점에서 수출상의 비용부담과 수입상의 비용부담이 갈라지므로 비용부담의 분기점이 된다. 이와 동시에 목적항에 도착한 본선의 갑판상에서 물품을 인도하면 그 순간부터 위험부담도 수출상에서 수입상으로 이전되므로 위험부담의 분기점이 된다. 따라서 DES조건에서는 위험부담의 분기점과 비용부담의 분기점이 일치한다.

(11) 부두인도조건

부두인도조건(delivered ex quay; DEQ)은 수출상이 물품을 목적항까지 운반하고 이를 본선에서 부두로 하역한 뒤 목적항의 부두에서 물품을 수입상에게 인도하는 조건이다. 부두인도조건은 영어 원문 그대로 수출상이 목적항의 부두(quay)에서 수입상에게 물품을 인도하였을 때 임무가 완료된다. 부두인도조건은 착선인도조건에 비하여 매도인이 본선에서의 물품양륙비를 추가로 부담한다는 점에서 매도인의 부담이 보다 강화된 조건이다. 인코텀스 2000이 그 이전의 정형거래조건과 다른 점은 과거에는 매도인이 수입통관을 완료한 뒤 매수인에게 물품을 인도하였으나 인코텀스 2000의 경우에는 매수인이 수입통관을 할 의무가 있다. DEQ조건에서는 DES조건과 마찬가지로 본선의 갑판상에서 매수인에게 물품을 인도할 때까지의 모든 비용, 즉 수출통관비, 본선적재비, 해상운임, 보험료를 부담할 뿐만 아니라 추가적으로 부두로의 양륙비용을 수출상이 부담한다. 수입상은 수입통관비, 부두사용료, 최종목적지까지의 반입운송비를 부담한다. 한편, DEQ조건에서는 매도인의 인도가 완료되는 시점, 즉 물품이 지정된 목적항의 부두 위에 놓여 있는 시점이 수출상과 수입상 간의 위험 및 비용부담의 분기점이다. 그러므로 DEQ조건에서는 위험부담의 분기점과 비용부담의 분기점이 일치한다.

(12) 관세미지급인도조건

관세미지급인도조건(delivered duty unpaid; DDU)은 매도인이 최종목적지까지 물품을 운반한 뒤 운송수단에서 양하하지 않은 상태에서 매수인에게 인도하나 수입통관의 책임은 매수인이 지는 조건이다. 여기서 물품을 인수하는 자는 반드시 매수인일 필요가 없으며, 매수인이 지정한 자도 물품을 인수할 수 있다. 관세미지급인도조건은 매도인이 목적항에 도착한 본선에서 물품을 부두로 하역할 때까지의 모든 비용을 부담할 뿐만 아니라 최종목적지까지의 반입운송비까지도 부담하므로 부두인도조건과 비교해 볼 때 매도인의 부담이 큰 조건이다. DDU조건에서 수출상은 국제운송비, 운송 중 사고에 대비한 보험료, 목적항에서의 양륙비, 수입국내의 최종목적지까지의 반입운송비를 모두 부담한다. 매수인은 수입국에서 관세 등 수입통관비, 최종목적지에서의 운송수단으로부터의 물품양하비, 창고료 등의 비용을 부담한다.

(13) 관세지급인도조건

관세지급인도조건(delivered duty paid; DDP)은 매도인이 최종목적지까지 물품을 운반한 뒤 운송수단에서 양하하지 않은 상태에서 매수인에게 인도한다는 점에서는 DDU조건과 같으나, 이때 수입통관의 책임을 매도인이 부담한다는 점에서 DDU조건과 차이가 있다. DDP조건으로 무역계약을 체결하는 경우, 수출상은 국제운송계약을 체결하고 보험료도 부담해야 하며, 최종목적지까지 물품을 운반하는 반입운송비도 부담한다. 더구나 매도인은 수입허가를 취득하고 수입통관하는 과정에서 관세도 지불해야 한다. 수입상은 수출상이 최종목적지까지 운송해 온 물품을 운송수단에서 내려놓는 비용만 부담하면 되므로 DDP조건은 수출상의 입장에서는 최대의무를 지는 조건이다. 이에 비하여 수입상이 수출상 영업장 구내에서 물품을 인도한 후에는 모든 책임을 지는 EXW(공장인도)조건은 판매자에 대한 최소한의 의무를 나타내는 조건이다.

Chapter 22 국제운송

국제무역에서 운송의 중요성은 날이 갈수록 커져 가고 있다. 21세기 들어 세계화와 지역화가 동시에 이루어지면서 EU, NAFTA, ASEAN 등 다양한 유형의 경제통합체들이 생겨나고 있으며, 이와 동시에 국가 간 자유무역협정(FTA)의 체결이 활발하게 이루어지고 있다. 이들은 공통적으로 국제무역의 활성화를 주요 목표로 하고 있다. 국제무역이 활성화되기 위해서는 제품의 품질 못지않게 교통수단의 역할이 중요해지고 있다. 세계화를 통한 경쟁이 치열해지면서 무엇보다도 경비절감을 통한 효율성 강화가 중시되고 있다. 경쟁관계에 있는 기업보다도 빠르고 저렴한 운송수단의 선택과 최적의 운송경로 선택 등으로 운송비용이 절감될 수 있다면 이는 가격경쟁력을 강화시켜 국제경쟁력의 강화로 이어질 것이다.

이와 같은 국제운송은 그 운송방식에 따라 해상운송, 항공운송, 철도운송, 도로운송, 국제복합운송 등으로 구분되는데, 그 특징은 다음과 같다.

첫째, 비용절감의 압력이 강화됨에 따라 일관운송이 가능한 복합운송의 비중이 높아지고 있다.

둘째, door to door 서비스가 가능한 컨테이너운송의 비중이 높아지고 있다.

셋째, 랜드브리지를 사용한 수송비 절감노력이 강화되고 있다.

1 해상운송

국제무역에는 다양한 운송수단이 사용되고 있으나 화물기를 수단으로 하는 항공운송이 보편화되기 전까지는 해상운송이 주요 수송수단이었으며, 지금도 해상운송이 국가 간 운송에서 가장 큰 비중을 차지하고 있다. 해상운송이란 선박으로 화물을 외국에 운송하고 운임을 받는 상행위이다. 해상운송을 담당하는 선박은 여객을 운송하는 여객선과 화물을 운송하는 화물선으로 대별되며, 화물선은 그 운항방식에 따라 다시 정기선과 부정기선으로 구분된다. 해상운송계약은 정기선에 의한 개품운송계약과 부정기선에 의한 용선운송계약으로 구분된다.

1. 해상운송의 특징

첫째, 항공운송이나 육상운송에 비하여 대량운송을 할 수 있는 장점이 있다. 수십만 톤의 대형유조선으로 실어 나르는 석유수송량을 생각해 보면, 10량 이상의 화차가 연결된 철도운송이나 대형화물기 등 어떤 운송수단과 비교해 보아도 대량운송이야말로 해상운송의 가장 큰 장점이라 할 수 있다.

둘째, 단거리 운송에 유리한 자동차운송이나 중 · 장거리 운송에 유리한 철도운송 등 육상운송과 비교해 보면 태평양을 횡단할 수 있는 해상운송은 원거리 운송에 적합하다.

셋째, 해상운송은 한 번에 많은 양을 운송할 수 있으므로 물품단위당 운임이 저렴하다. 이에 비하여 항공운송은 여타 운송수단에 비하여 수송속도는 놀라울 정

표 22-1 운송수단의 비교

	철도	자동차	선박	항공기
수송량	대량물품의 수송에 적합	소량화물의 수송에 적합	대량화물의 수송에 적합	소량화물의 수송에 적합
수송거리	원거리 수송에 적합 (예: TSR)	근거리 수송에 적합	원거리 수송에 적합	원거리 수송에 적합
기후	전천후 수송수단	기후의 영향을 조금 받음	기후의 영향을 많이 받음	기후의 영향을 많이 받음
수송시간	수송시간이 다소 길다	수송시간이 적게 걸림	수송시간이 상당히 걸림	매우 신속함
중량 및 용적	중량화물 수송	경량화물에 적합	부피가 크고 중량화물 적합	부피가 작고 경량화물 적합
배차	배차가 경직	배차가 신축적	배선 불편	배선 불편
포장	포장비가 비교적 저렴함	포장이 간편	포장비가 많이 듬	포장비 저렴
안전성	가장 안전함	비교적 안전함	안전성이 낮음	안전성이 낮음
일관운송	트럭과 연계	door to door 서비스	육상운송수단과 연계	육상운송수단과 연계

자료: 무역아카데미, 『무역운송 및 보험』, p. 15상의 표와 오수균 외, 『무역학원론』, 두남, p. 371상의 표를 수정하여 작성함.

도로 빠르나 상대적으로 운임이 높다.

넷째, 항공운송이나 육상운송수단과 비교하면 운송속도가 상대적으로 매우 느리다. 그러나 최근에는 고속컨테이너선의 개발에 박차를 가하는 등 수송속도가 개선되고 있다.

다섯째, 기후의 영향을 많이 받는 운송수단이다. 태풍이 불면, 인근 항구에 피항하여야 하는 등 기후에 따라 운송기간이 달라질 수 있는 단점이 있다.

2. 정기선과 부정기선

해상운송은 먼저 정기선과 부정기선으로 구분할 수 있다. 정기선과 부정기선의 차이를 쉽게 설명하면, 가을 단풍시즌에 설악산을 관광여행할 때 관광회사의 전세버스를 이용하여 가는 것이 부정기선을 이용하는 것과 비슷하고, 고속버스를 이용하여 가는 것이 정기선을 이용하는 것으로 보면 된다. 우리나라의 경우 대부분의 중소무역업자들은 주로 정기선, 특히 정기컨테이너선을 이용한다.[1)]

(1) 정기선

정기선(liner)이란 정해진 기항지 사이를 정해진 운항일정에 따라 규칙적으로 항해하는 선박을 말한다. 그리고 정기선을 운항하는 해운업자를 정기선사라고 한다. 예를 들어, 어떤 선박이 한국의 부산항으로부터 미국의 뉴욕항까지의 항로를 정해진 운항일정에 따라 규칙적으로 운항한다면, 우리는 그 선박을 정기선이라 부른다. 이때 정기선이 규칙적으로 항해하는 부산항으로부터 뉴욕항까지의 항로를 정기항로라고 한다. 무역물품이 공산품인 경우에는 대부분 정기선사의 정기선에 의해 수입국으로 해상운송되는 것이 일반적인 관행이다.

1) 허문구, 『알기 쉬운 무역운송실무』, 한국재정경제연구소, pp. 103~104.

(2) 부정기선

부정기선(tramper)이란 정해진 항로를 규칙적으로 운항하는 정기선과는 달리, 배를 사용하겠다는 요청이 들어오면 화주가 원하는 시간과 항로에 선복을 제공하는 선박을 말한다. 이와 같은 부정기선을 운항하는 선박회사를 부정기선사라고 한다.

부정기선 중에는 특정 화물만을 운송할 목적으로 특별히 건조된 특수전용선이 있다. 특수전용선으로는 원유만을 운송할 목적으로 건조된 유조선(oil tanker), 수산물이나 청과물만을 운송할 목적으로 건조된 냉동선, 자동차전용선, 가스전용선 등이 있다. 최근에는 부정기선의 전용선화 현상이 발생하고 있다. 즉, 부정기선사가 특정 화주와 장기운송계약을 체결하고, 장기에 걸쳐 특정 화주만을 위하여 특수전용선을 운항하는 경우이다. 예를 들어, 한전, 포철, 곡물협회 등 해외로부터 원료를 대량구입하는 화주와 선박회사 간에 1년 이상의 장기용선계약을 하는 경우가 발생하고 있다.[2)] 부정기선은 주로 곡물, 석탄, 원유, 광석, 목재 등과 같이 비포장상태로 운송되는 대량화물(bulk cargo)을 취급한다.

3. 해상운송계약

해상운송계약은 정기선에 의한 개품운송계약과 부정기선에 의한 용선운송계약으로 구분할 수 있다.

(1) 개품운송계약

개품운송계약이란 여러 명의 화주로부터 위탁받은 각각의 물품을 선주 자신이 모아서 집적된 화물을 운송하는 형태이다. 개품운송의 경우에는 절차를 간소화하기 위하여 간단한 선복예약서(booking note; B/N)가 작성되며, 정기선사는 운송물품을 선적한 후에 선하증권(bill of lading; B/L)을 발행한다. 이때 선하증권은 운송계

2) 한국무역협회, 『무역운송/보험』, 무역아카데미, 2000, p. 67.

약 성립의 증빙서류가 된다.

(2) 용선운송계약

용선(charter)이란 선주가 선박이용자에게 선박의 전부 또는 일부를 제공하는 것을 말한다. 용선은 항해용선, 정기용선 및 나용선으로 세분된다.

항해용선(voyage charter)이란 특정 항구 간 한 번의 항해(voyage)를 위해 운송계약을 체결하는 것을 의미한다. 이 경우 선주가 선박의 의장 및 항해에 대한 모든 책임과 비용을 부담한다.

정기용선(time charter)이란 선박에 모든 장비를 갖추고 선원까지 승선시킨 선박을 일정 기간 빌리는 계약이다. 용선기간 중에는 선주가 선원비, 선용품비, 보험료 등의 통상적 선비를 부담하고, 배를 빌리는 용선자는 연료비, 용선료 등을 부담한다.

나용선(bareboat charter)이란 선원과 장비가 갖추어지지 않은 상태로 선박 자체만을 장기간(보통 3년 이상) 빌리는 계약이다. 이때 선박을 빌리는 용선자는 모든 장비와 선원을 고용하며, 자기가 고용한 선장을 통하여 그 선박을 운영한다.

4. 해상운임

해상운임 산정의 기준으로는 중량톤(W/T), 용적톤(measurement ton), 종가(ad valorem) 등이 사용된다. 대부분의 정기선사는 metric ton(M/T)을 해상운임 산정의 기준이 되는 중량톤으로 사용하고 있다. 정기선사는 부피에 비하여 무게가 많이 나가는 화물은 중량화물로 취급하여 중량톤을 기준으로 중량운임을 계산하여 운임을 징수하는 반면에, 무게에 비하여 부피가 큰 화물은 용적화물로 취급하여 용적톤을 기준으로 용적운임을 계산하여 운임을 징수한다. 한편, 견직물이나 귀금속과 같은 고가품의 화물에 대하여는, 그 가격을 표준으로 하는 종가운임(ad valorem freight)을 계산하여 운임을 징수한다.

5. 선하증권

선하증권은 선적서류 중에서 화물에 대한 소유권을 나타내는 서류이다. 특히, 신용장에 의한 거래를 하는 경우에는 모든 무역절차가 서류에 의한 거래이므로 선하증권이 화물을 대표하게 된다. 마치 대학을 졸업한 학생의 졸업장이 학점을 이수하는 등 긴 시간의 노력을 증명하는 서류인 것처럼 선하증권을 소지하고 있으면 화물을 갖고 있는 것과 마찬가지이다. 은행은 수입상으로부터 대금을 회수할 때까지 물적 담보로서 선하증권을 소지한다. 선하증권의 기능은 다음과 같다.

첫째, 선하증권은 화물에 대한 권리증권의 기능을 갖고 있다. 다시 말하면 운송인은 선하증권을 소지한 사람이 화물을 요구할 때 언제든지 화물을 인도하여야 한다.

둘째, 선하증권은 화물의 수령증 기능을 한다. 운송인이 화주로부터 화물을 인수하였을 때 화주에게 선하증권을 발급해 주므로 선하증권은 운송인이 화물을 받았다는 사실을 증빙해 주는 영수증 역할을 하고 있다. 만약 목적지에 도착한 화물이 선하증권에 기재된 것과 차이가 있을 때는 운송인이 책임을 져야 한다.

셋째, 선하증권은 유통증권의 특징을 가진다. 선하증권은 화물의 권리를 나타낸 유가증권으로서 배서에 의하여 유통된다.

넷째, 선하증권은 선주와 화주 사이에 계약이 체결된 것을 증명하는 계약증서이다.

6. 해상화물운송장

교통이 발달할수록 운송수단은 고속화되기 마련이다. 특히, 지리적으로 가까운 지역 간 무역의 경우에는 물품 자체가 물품을 찾을 수 있는 서류인 선하증권보다 먼저 목적지에 도착하는 경우가 빈번히 발생하고 있다. 도버해협을 사이에 둔 영국과 프랑스 간 교역을 생각해 보자. 선하증권을 포함한 선적서류는 은행의 복잡한 서류처리절차를 거치는 동안 물품은 고속선으로 이미 목적항에 도착해 있을 수도 있다. 수입상의 입장에서는 자국에 도착한 물품을 하루라도 빨리 찾고 싶을 것이다. 이처럼 수입상이 선하증권을 신속하게 입수하기 어려운 경우, 선하증권 대신에 비유통성 서류를 사용하고 있는데 이를 해상화물운송장(sea way bill)이라 한다. 해상화물운송장은 비유통식, 즉 기명식이므로 해상화물운송장에 기재된 수입상임이 증명만 되면 수입상이 해상화물운송장 없이도 화물을 인도받을 수 있어 신속하게 물품을 인수하는 장점이 있다. 이와 달리 선하증권의 경우에는 수입상이 도착한 선하증권을 선사에 제공해야 물품을 인수할 수 있다.

7. 컨테이너운송

(1) 컨테이너운송의 의의

컨테이너운송은 해상운송을 근본적으로 변화시킨 운송방법이라 할 수 있다. 컨테이너운송의 핵심은 수송용기의 표준화에 있다고 볼 수 있다. 컨테이너는 포장, 운송, 하역, 보관 등 화물유통의 전 과정을 일관수송할 수 있는 혁신적 수송도구이다. 컨테이너로 화물을 운송함에 따라 수송하기도 편리하고 목적항에서 물품의 하역도 간편해졌다. 이는 운송시간의 절약으로 이어지고, 운송시간이 절약되면 자연적으로 운송비가 줄어들어 상품의 국제경쟁력이 향상된다. 우리나라의 경우 수출화물의 거의 90% 이상이 컨테이너운송방법을 사용하고 있다.

(2) 컨테이너운송의 장 · 단점

컨테이너운송은 경제성, 신속성, 안정성 등 운송의 3대 원칙의 차원에서 볼 때 여느 운송수단보다 월등하다.

첫째, 운송 및 하역비가 절감되고 이미 컨테이너라는 철제용기 안에 화물이 들어있으므로 보관비가 절감되고 포장비도 많이 들지 않는다(경제성).

둘째, 컨테이너를 사용하면 특히 하역시간이 단축되고 운송서류 역시 간소화되므로 시간을 절약할 수 있다(신속성).

셋째, 컨테이너 자체가 철제용기이므로 화물이 손상될 위험이 매우 작다(안전성).

(3) 컨테이너운송의 형태

1) CY-CY(FCL-FCL: door to door)운송[3)]

화물이 수출상의 공장이나 창고에서 컨테이너에 적재한 후 컨테이너를 개폐하지 않고 선적항 및 양륙항을 거쳐 최종목적지인 수하인의 창고까지 수송하는 방식이다. 이때 운송인은 수출상의 창고로부터 수입상의 창고까지 전 수송구간에 대하여 책임을 진다. 이 방식은 가장 발달된 형태의 컨테이너운송방식으로서 수하인이나 송하인에게 충분한 수송서비스를 제공하는 측면이 있다.

2) CFS-CFS(LCL-LCL: pier to pier)운송[4)]

컨테이너운송방식 중에서 가장 초보적인 단계로서 운송인이 여러 명의 수출상으로부터 한 컨테이너 박스를 다 채울 수 없는 소량화물을 모아 선적항의 CFS에서 컨테이너에 혼재하여 실은 다음, 도착항에 있는 선사의 지정 CFS에서 여러 명의 수입상에게 인도하는 방식이다.

3) CY-CFS(FCL-LCL: door to pier)운송

물품을 수출하는 수출상은 한 명인데, 물품을 수입하는 수입상은 여러 명일 경우 사용되는 방식이다. 이 방법은 선적지 컨테이너 터미널의 CY에서 양륙항의 CFS까지 운송하는 방식이다.

4) CFS-CY(LCL-FCL: pier to door)운송

이 방법은 물품을 수출하는 수출상은 여러 명인데, 물품을 수입하는 수입상은 한 명일 경우 사용되는 방식이다. 운송인은 여러 명의 수출상으로부터 물품을 선적항의 CFS에서 집하하여 컨테이너에 실은 다음 최종목적지인 수하인의 창고까지 운송하는 방식이다. 이 방법은 우리나라에서 많이 사용되고 있다.

3) FCL은 full container level의 약자로서 한 종류의 화물을 한 컨테이너 박스에 모두 채울 수 있는 화물을 의미한다.
4) CFS는 container freight station의 약자로서 혼재화물을 처리하는 장소이다. LCL은 less than container level의 약자로서 하나의 컨테이너에 여러 화물을 싣는 혼재화물을 의미한다.

2 항공운송

1. 항공운송의 의의

최근 국제무역에서 거래되는 상품의 성격이 과거에 비하여 매우 달라졌다. 오늘날에는 기술혁신이 구현된 상품일수록 부가가치가 높고 잘 팔리고 있다. 신형 펜티엄컴퓨터가 팔리는 시대에는 아무리 값이 싸다 하더라도 486컴퓨터를 사는 사람은 많지 않을 것이다. 일반적으로 전자제품의 경우 무겁고 부피가 큰 제품보다는 가볍고 부피가 작은 제품일수록 고도의 기술이 구현된 제품이며 가격도 비싼 특징을 보이고 있다. 이처럼 소형 고가제품의 경우에는 운송시간이 많이 소요되는 해상운송보다는 신속하고 상대적으로 화물의 손상이 덜한 항공운송을 사용하는 비중이 커져 가고 있다.

2. 항공운송의 특징

첫째, 해상운송에 비하여 신속성을 가지고 있다. 선박으로는 여러 날이 소요되는 태평양항로의 경우, 항공기로는 한국에서 미국 서해안까지 14시간이면 도착한다. 무역에 있어서 납기준수가 하나의 기준이라고 보면 항공운송은 납기를 맞추는데 가장 효과적인 운송수단이다.

둘째, 항공운송은 해상운송과 비교할 때, 안전성을 갖고 있다. 항공기가 추락할 확률은 선박이 침몰할 확률보다 낮다.

셋째, 해상운송에 비하여 포장비가 적게 든다. 해상운송의 경우 기후가 나빠져서 해수가 갑판에 들어오게 되면 화물이 변질될 우려가 크다. 그러나 항공운송의 경우에는 항공기 자체가 하나의 알루미늄 포장용기 역할을 하므로, 포장비가 적게 든다.

넷째, 재고비용이나 보관비용을 줄일 수 있다. 항공운송을 사용하면 물품을 적기에 인도할 수 있으므로, 수입상이 재고를 쌓아 둘 필요가 적어지며 그만큼 재고비용과 보관비용이 줄어든다.

다섯째, 변질되기 쉬운 물품의 운송에 적합하다. 해상운송을 사용할 경우, 운송시간이 길므로 운송 도중 변질되기 쉽다. 항공운송의 경우 신속한 배달이 가능하기 때문에 상품이 변질될 가능성은 적다.

3. 항공화물 수출절차

첫째, 매매계약을 체결한 후, 물품출고가 임박하면 항공사에 예약을 한다. 이러한 절차는 일반적으로 항공운송 주선업자(air freight forwarder)가 업무를 대행한다.

둘째, 화주는 수출서류를 구비한 뒤 상품을 포장하여 수출통관을 준비한다.

셋째, 포장이 완료된 화물은 보세지역에 반입하고, 상업송장, 포장명세서 등 운송서류와 함께 수출신고서를 세관에 제출한다. 최근 우리나라는 무역자동화가 이루어져 수출신고는 EDI신고를 원칙으로 한다.

넷째, 항공사나 대리점에서 항공화물운송장을 발급받고 화물에 라벨을 붙인다.

다섯째, 항공기 탑재가 결정된 화물은 적하목록에 기재하고 세관제출용 적하목록을 세관에 제출한 뒤 화물의 국외 반출허가를 받는다.

여섯째, 운송인은 적하목록을 가지고 화물장치장에서 항공기에 탑재할 화물을 인수하여 행선지별로 탑재한다.

4. 항공화물운송장

(1) 항공화물운송장의 특성

항공화물운송장(air way bill)은 항공화물 운송에 있어 가장 중요한 서류로서 해상운송에서 선하증권에 해당하는 서류이다. 항공화물운송장은 원본 3장과 부본 6장으로 되어 있다. 항공화물운송장과 해상운송에서 선하증권의 차이점은 선하증권이 화물에 대한 권리를 증명하는 유가증권으로서 유통성이 있는 반면, 항공화물 운송장은 유통이 불가능하다는 점이다.

(2) 항공화물운송장의 기능

항공화물운송장은 다양한 기능이 있다.

첫째, 항공화물운송장은 운송하려는 화물을 항공회사가 받았다는 영수증이다.

둘째, 송화인과 운송인 사이에 운송계약이 체결되었다는 것을 증빙하는 서류이기도 하다.

셋째, 세관신고서의 기능을 가진다.

넷째, 송화인이 보험에 부보한 경우 보험가입증명서의 역할도 수행한다.

3 육상운송

1. 철도운송

첫째, 철도운송은 자동차운송이나 항공운송과 비교해 볼 때, 화물을 대량으로 운송하는 데 장점이 있는 운송수단이다.

둘째, 특히 장거리 운송의 경우에 다른 운송수단에 비하여 경제성이 있다. 예를 들어, 극동아시아지역과 유럽을 잇는 시베리아횡단철도(TSR)의 경우에는 해상운송에 비하여 요금이 저렴하다.

셋째, 기후변화에도 큰 영향을 받지 않는 전천후 운송수단이기도 하다. 해상운송이나 항공운송의 경우 태풍이 불면 결항되지만, 철도의 경우에는 수송이 가능하다.

넷째, 기차출발시간을 마음대로 변경할 수 없는 단점이 있다. 이에 비하면 자동차운송의 경우에는 목적지로 출발할 트럭만 있으면 언제라도 출발할 수 있다.

2. 자동차운송

첫째, 자동차운송은 국제복합운송이 발달함에 따라 문전에서 문전까지(door to door) 운송서비스가 가능한 운송수단으로 각광받고 있다.

둘째, 근거리 운송에 적합하다.

셋째, 수송이 필요하다면 언제라도 자동차를 출발시킬 수 있는 장점이 있다.

넷째, 대량수송을 할 수 없는 단점이 있다. 트럭 한 대에 아무리 물품을 많이 싣는다 하더라도 대형화물기와는 비교가 안 되며, 더구나 수십만 톤의 선박과 비교할 수는 없다.

4 국제복합운송

1. 국제복합운송의 정의

국제복합운송(international multimodal transport)이란 외국에 보낼 화물을 선박이나 철도, 도로, 항공기 등 여러 운송수단 중에서 두 가지 이상의 운송수단을 사용하여 송하인의 문전에서 수하인의 문전까지 국제 간 운송하는 것을 의미한다. 운송계약은 화주와 각각의 운송회사가 개별적으로 체결하지 않고 복합운송을 담당하는 복합운송인이 전체 운송구간에 대하여 화주와 하나의 운송계약을 체결한다. 다시 말해, 국제복합운송은 복합운송인이 자기의 단일책임하에 해상운송, 항공운송, 도로운송, 철도운송 등 여러 가지 운송방식 중에서 적어도 두 가지 이상의 운송방식을 활용하여 물품을 한 나라의 출발지로부터 다른 나라의 최종목적지까지 일관운송하는 것을 말한다.

2. 국제복합운송의 특성

(1) 비용절감

수송화물이 대부분 컨테이너화물이므로 중간의 연결지점에서 하역비 등을 절감할 수 있다. 이와 동시에 수송수속이 간편하여 서류가 단순화되므로 수송시간도 단축된다.

(2) 운송책임의 단일화

복합운송이란 앞에서 설명한 대로 복합운송인이 전체 운송구간을 놓고, 가장 저렴하게 수송할 수 있도록 최적의 운송경로를 설정한 다음 여기에 투입할 다양한 운송수단을 배치하는 등 국제운송에 관한 모든 책임을 지게 된다. 따라서 복합운송인은 전체 운송에 대하여 단일책임을 진다. 이에 따라 클레임의 처리도 일원화된다.

(3) 복합운송증권의 발행

해상운송의 경우에는 선하증권이 선박에 실린 물품에 대한 권리증 역할을 한다. 그러나 복합운송의 경우에는 바다뿐만 아니라 육지와 하늘을 통한 수송이 모두 포함되므로 선하증권이 적합하지 않게 되었다. 따라서 복합운송증권(combined transport B/L)은 육해공 전부를 포괄하는 수송의 경우 물품에 대한 권리증서 기능을 수행한다.

(4) 일관운임의 설정

복합운송인은 육해공을 포함한 전체 운송구간에 대하여 책임을 지므로 운송서비스에 대한 보수로서 각 운송구간마다 서로 다른 운임을 설정하지 않고 전 운송구간에 대하여 단일화된 운임을 화주에게 제시한다.

(5) 화물추적의 용이

단일운송인에 의하여 화물이 운송되므로 화물의 추적이 용이해진다.

3. 복합운송의 주요 경로

복합운송의 대표적인 수송방법은 대륙을 횡단하는 철도를 육교(land bridge)로 하여 바다-육지-바다로 연결되는 해륙일관수송방식이다. 이러한 해륙일관수송방식은 여타 운송방식에 비하여 운송비용이 저렴하고 운송시간도 획기적으로 단축되는 장점이 있다. 또한 복합운송에는 화물이 들어 있는 컨테이너를 수송 도중에 열지 않고 송하인의 창고로부터 수하인의 문전까지 일관수송되므로 안전성도 강화된다.

(1) 시베리아 랜드브리지

시베리아 랜드브리지(Siberia land bridge; SLB)는 가장 대표적인 랜드브리지로서 시베리아를 육교로 하여 극동지역과 유럽지역을 바다-육지-바다로 잇는 복합운송 형태이다. 구체적으로는 한국이나 일본 등 동아시아지역 항구에서 나홋카 등 러시아 항구까지 컨테이너선으로 해상운송을 하고, 러시아 항구에서 시베리아횡단철도로 육상운송을 한 다음 다시 유럽의 최종목적항까지 해상운송하는 복합운송이다. 예를 들어, 부산에서 네덜란드의 로테르담까지 물자를 수송할 때, SLB를 사용하지 않고 수에즈운하를 이용하는 경우 총수송길이가 2만 700km인 데 비하여, SLB를 사용하면 부산에서 로테르담까지의 운송거리는 1만 3,000km로 획기적으로 단축된다.[5)]

5) 허문구, 『알기 쉬운 무역운송실무』, 한국재정경제연구소, 2000.

표 22-2 복합운송의 주요 경로

	출발지	1차 중계지	2차 중계지	목적지	소요시간
시베리아 랜드브리지	한국, 일본, 대만의 극동 항구	러시아의 보스토치니항	브레스트까지 철도로 이동	프랑스, 네덜란드, 독일, 스위스 등 유럽 도시까지 배로 이동	30~45일
아메리카 랜드브리지	극동 주요항	미국 로스앤젤레스	미국 뉴올리언즈까지 철도로 이동	네덜란드 로테르담 항구까지 배로 이동	35~40일
미니 랜드브리지	한국의 부산	미국 시애틀, 오클랜드, 로스앤젤레스		미 동부 항구까지 철도로 이동	15~18일
마이크로 브리지	한국의 부산	미국 시애틀, 오클랜드, 로스앤젤레스		미시시피강 서쪽 미시시피강 동쪽 미 동안 근린도시	22일

자료: 무역아카데미, 『무역운송 및 보험』, 2000 참조.

(2) 아메리카 랜드브리지

아메리카 랜드브리지(American land bridge; ALB)는 극동지역과 유럽 간의 국제복합운송에 있어서 미국대륙횡단철도가 교량역할을 수행한다. 예를 들어, 한국에서 로스앤젤레스와 같은 미국 태평양 연안의 항구까지 해상운송하고, 그 곳에서부터 미국대륙횡단철도를 통하여 육상운송한 다음 다시 뉴올리언즈 같은 미국의 항구에서 함부르크 등 유럽의 항구로 운송하는 방식이다.

(3) 미니 랜드브리지

미니 랜드브리지(Mini land bridge; MLB)는 한국의 부산 같은 극동지역 항구를 출발하여 시애틀이나 로스앤젤레스 같은 미 서부의 항구까지 해상운송하고, 도착한 컨테이너화물을 도로나 철도를 활용하여 미국 동부지역까지 운송하는 국제복합운송방식이다. 극동지역에서 뉴욕과 같은 북미 동부지역 항구까지 해상수송거리는 총 9,800마일이다. 그러나 극동지역에서 미국 서부지역 항구까지 해상운송한 다음 철도를 이용하여 미 동부의 뉴욕까지 가는 경우 총수송거리는 7,600마일로서 그 수송거리는 크게 단축된다. 따라서 그만큼 수송시간이 적게 걸리고 비용도 적게 든다.

(4) 마이크로 브리지

마이크로 브리지(Micro bridge; MCB)는 한국의 부산 같은 극동지역 항구를 출발하여 시애틀이나 오클랜드, 로스앤젤레스, 샌프란시스코 같은 미 서부의 항구까지 해상운송하고, 도착한 컨테이너화물을 도로나 철도를 활용하여 미국 중 · 서부지역까지 운송하는 국제복합운송방식이다.

Chapter 23 해상보험

1 해상보험의 개요

1. 해상보험의 개념

해상보험(marine insurance)이란 보험회사가 선박의 침몰 · 좌초 · 충돌 · 화재와 같은 해상사고 때문에 발생한 해상손해에 대하여 보상할 것을 약속하고, 화주나 선주는 그 대가로 보험료를 내는 제도이다. 다시 말하여, 해상보험은 보험자(보험회사)가 피보험자(선주, 화주)에게 해상손해를 보상해 주기로 약속하고 그 대가로 보험료를 징수하는 제도이다.

한편, 영국해상보험법(MIA 1906) 제1조에서는 "해상보험계약이란 보험자가 피보험자에 대하여, 그 계약에 의해 합의된 방법과 범위 내에서, 해상손해를 보상해 줄 것을 약속하는 계약이다"라고 정의하고 있다.

2. 해상보험의 용어

해상보험은 그 용어가 생소하여 용어의 의미를 모르면 해상보험을 이해할 수 없다. 여기에서는 해상보험의 기본 용어를 소개하기로 한다.

(1) 위험 · 손인 · 위태 · 손해

1) 위험 · 손인 · 위태

예로부터 우리나라에는 물을 여러 가지 종류로 분류하였다고 한다. 아침에 길러 온 물과 저녁에 길러 온 물은 성질이 다르기 때문에 한방에서는 이를 가려서 사용하였다고 전해진다. 이와 같이 위험과 관련된 용어의 경우 보험론에서는 영어로 여러 가지로 나누어 사용된다. 예를 들어, 위험이란 용어는 손해발생 가능성을 의미하며, 영어의 risk에 해당한다. 손인은 영어로 peril이라고 하는데, 손해의 원인이 되는 사고를 의미한다. 해상보험의 경우, peril은 선박의 충돌 · 좌초 · 침몰 · 화재 · 투화 · 전쟁위험 등이 이에 해당된다. 그리고 위태는 영어로 hazard라 하며, 손해의 원인을 증가시키는 환경을 의미한다. 예를 들어, 용접행위는 화재의 발생가능성을 높이므로 용접행위가 hazard가 된다.

2) 손해

손해(loss)란 보험사고의 발생으로 피보험이익의 전부 또는 일부가 멸실되거나 손상되는 것을 의미한다.

(2) 피보험이익, 보험의 목적

1) 피보험이익

해상보험계약은 해상운송과 관련하여 발생하는 손해에 대하여 보험회사가 보상해 주는 목적으로 맺는 계약이므로 보상금을 지불하기 위해서는 얼마나 손해를 보았는지 계산해야 하며, 손해를 계산하기 위해서는 그 전제로 이익이 있어야 한다. 이러한 이익을 피보험이익이라 하며, 영어로는 insurable interest라고 한다. 피보험이익이 계산되지 않는 경우에는 보험금을 청구할 수 없다. “이익이 없으면 보험도 없다”는 법언이 이를 증명하고 있다. 보험계약이 성립하기 위해서는 피보험이익이 적법성을 가진 경제적 이익이어야 하며 확정될 수 있어야 한다.

2) 보험의 목적

보험의 목적은 위험발생의 객체로서 해상보험에서는 화물이나 선박을 의미한다. 영어로는 subject-matter insured라고 한다.

(3) 보험료 · 보험금 · 보험가액 · 보험금액

1) 보험료와 보험금

보험료란 보험회사가 위험을 부담하는 대가로 보험계약자가 지불하는 보수이며, 영어로는 premium이라 한다. 보험금은 보험사고가 발생하여 피보험자가 손해를 입었을 경우 이를 보상해 주기 위하여 보험회사가 지급하는 보상금이다.

2) 보험가액과 보험금액

보험가액이란 피보험이익의 평가액으로서 피보험이익에 대하여 발생할 수 있는 손해의 최고한도를 의미한다. 영어로는 insurable value라고 한다. 한편, 보험금액은 보험가입금액이라고 할 수 있으며, 보험사고가 발생할 경우 보험회사가 그 손해에 대하여 보상해 줄 수 있는 최고한도이다.

(4) 보험자 · 피보험자 · 보험계약자

1) 보험자

보험자란 보험계약을 인수한 자로서 영어로는 assurer, insurer, underwriter라는 명칭으로 부른다. 보험자는 보험사고가 발생하면 손해를 보상해 주기 위하여 보험금을 지급하는 자로서 보통 보험회사를 의미한다.

2) 피보험자

피보험자란 해상손해가 발생하였을 때 보험회사로부터 손해에 대한 보상을 받을 권리, 즉 보험금을 청구할 권리가 있는 자를 의미한다. 영어로는 assured, insured라는 명칭으로 부른다. 보다 전문적인 용어로는 선박이나 화물과 같은 피보험목적물에 대하여 피보험이익을 가진 자를 의미한다. 다시 말해, 피보험자란 피보험이익이 손상을 입어서 손해가 발생하였을 때 손해를 원상복구하기 위하여 보상을 요구하는 자를 의미한다.

3) 보험계약자

보험계약자란 보험회사에 보험료를 지불하고 보험회사와 보험계약을 체결하는 당사자이다. 보험계약자는 보통의 경우 피보험자와 동일하나 무역계약의 정형거래조건 중에서는 보험계약자와 피보험자가 다른 경우도 있다. 예를 들어, CIF조건의 경우에 보험계약자는 수출상이지만 해상사고가 발생하여 보상을 받는 사람은 피보험자인 수입상이어서, 이 경우에는 피보험자와 보험계약자가 다를 수 있다.

2 해상손해

해상손해(marine loss)는 주로 선박이나 화물, 운임과 같은 보험의 목적이 해상위험(maritime peril)에 노출되는 경우에 발생한다. 해상위험은 항해와 관련된 침몰 · 좌초 · 충돌과 같은 사고 · 화재 · 투화 등을 말한다.

해상손해를 세분하면, 물적 손해와 비용손해로 구분할 수 있다. 물적 손해란 선박이나 화물과 같은 보험의 목적이 해상위험, 즉 항해와 관련된 침몰 · 좌초 · 충돌 · 화재와 같은 사고가 발생하여 선박이나 화물이 멸실되거나 손상되는 손해이다. 비용손해는 보험사고가 발생하여 선주나 화주가 부득이 지출하게 되는 비용상의 손해를 의미한다.

1. 물적 손해

물적 손해는 손해의 정도에 따라 다시 전손과 분손으로 구분되며, 전손 이외의 모든 손해는 분손이다.

(1) 전손

전손(total loss)이란 피보험이익이 전부 멸실된 경우를 말한다. 전손은 다시 현실전손과 추정전손으로 구분된다.

1) 현실전손

현실전손(actual total loss)이란 ① 선박, 화물 등이 실제로 멸실되거나, ② 본래의 성질이 상실될 경우, 또는 ③ 선주나 화주가 선박이나 화물을 강탈당하여 피보험 목적물인 선박이나 화물이 상당한 기간 동안 행방불명된 경우를 의미한다. 현실전손의 예를 들면, 화재로 인한 화물의 완전소실, 해수의 유입으로 인한 시멘트(화물)

의 고체화, 전쟁 중 적군에 의한 화물의 나포 등을 들 수 있다.[1)]

2) 추정전손

추정전손(constructive total loss)이란 보험의 목적이 현실전손으로 되는 것을 피할 수 없는 경우, 즉 피보험목적물의 가액을 초과하는 비용을 지출하지 않고서는 피보험목적물이 현실전손을 면할 수 없기 때문에, 피보험자가 피보험목적물을 정당하게 포기하는 경우에 존재하는 손해이다. 특히, 추정전손은 다음 세 가지 경우에 존재한다.

첫째, 선주나 화주가 선박이나 화물을 강탈당하였을 때, 선박이나 화물을 다시 찾을 가망이 전혀 없는 경우, 또는 그 선박이나 화물을 회복시키는 비용이 회복되었을 때의 가액을 초과하리라 예상되는 경우이다.

둘째, 해상위험으로 인하여 선박이 너무 심하게 손상되어서 선박수리비용이 수선된 후 선박의 가액을 초과하리라 예상되는 경우이다.

셋째, 화물이 손상된 경우로서, 수리비용과 화물을 목적항까지 계속 운반하는 비용을 합산한 총비용이 도착시 화물의 가액을 초과하리라 예상되는 경우이다.

위와 같은 경우, 피보험자(선주나 화주)는 보험의 목적(선박이나 화물)을 보험자(보험회사)에게 위부(abandonment)하는 경우 추정전손이 성립된다. 만일 위부하지 않으면 손해는 분손으로 간주된다. 위부란 현실전손은 아니지만 피보험자가 보험회사로 하여금 그 손해를 전손으로 추정하게 하기 위하여 선박, 화물에 대한 모든 권리를 보험회사에 양도함으로써 보험금액 전부를 타낼 수 있는 제도이다. 한편, 피보험자가 보험의 목적을 보험자에게 위부하는 경우에 피보험자는 보험자에게 위부의 통지(notice of abandonment)를 해야 하며, 만일 피보험자가 위부의 통지를 하지 않으면 그 손해는 분손으로 처리된다.

(2) 분손

분손(partial loss)이란 전손 이외의 물적 손해로서, 피보험이익의 일부가 멸실되거나 손상되는 손해이다. 분손은 다시 단독해손과 공동해손 손해로 구분된다.

1) 문철한, 『무역상무론』, 동성출판사, 1999, p. 403.

1) 단독해손

단독해손(particular average)이란 보험의 목적이 일부 손상되거나 멸실된 경우에 그 손해를 피보험자 단독으로 부담하는 손해로서, 공동해손 이외의 손해를 말한다. 이와 같은 단독해손은 공동해손과 같이 여러 이해관계자가 공동으로 부담하는 손해가 아니라, 피해자가 단독으로 부담하여야 할 손해이다. 단독해손의 예를 든다면, 화재로 인한 화물 일부의 소실, 해수의 유입으로 인한 화물 일부의 손상, 악천후로 인한 선박 일부의 손상 등이다.

2) 공동해손

공동해손(general average)이란 선박이나 화물이 공동의 위험에 놓이게 된 경우, 선박이나 화물을 보존할 목적으로 취한 자발적인 희생 때문에 발생되는 손해와 그 관련비용을 관계당사자가 공동으로 부담하는 손해이다. 예를 들어, 수출화물을 싣고 항해하던 선박이 태풍을 만나 침몰위기에 놓였을 때, 화물을 바다에 투하하면 선박이 태풍권역을 빠져나갈 수 있다고 하자. 이 경우에 화물을 포기하지 않으면 선박이나 화물이 모두 상실되나, 화물을 포기하면 선박이나 화물을 보존할 수 있게 된다. 이때 화주는 화물을 포기하고 그 손해에 대해서 화주 혼자서 부담하는 것이 아니라 화물투하로 인하여 이익을 본 선주나 화주가 손해를 공동으로 부담하는 제도이다.

2. 비용손해

비용손해 중 보험보상의 대상이 되는 비용으로는 구조비, 손해방지비용, 특별비용 등이 있다.

(1) 구조비

구조비(salvage charge)란 선박이나 선박에 실려 있던 화물이 해상위험에 노출되어 손해를 볼 가능성이 있는 경우, 선박이나 화물을 구조할 의무가 없는데도 구조하였을 때 이를 보상해 주는 비용이다. 해사법은 이러한 구조에 대하여 상당한 보수를 청구할 수 있도록 되어 있다.

(2) 손해방지비용

손해방지비용(sue and labor expense)은 해상위험이 발생하였을 때, 손해가 발생하는 것을 방지하거나 경감시키기 위하여 피보험자가 지출한 비용이다. 손해방지비용은 보험회사가 보상해 주어야 한다. 현대 해상보험론의 토대가 된 영국 해상보험법은 피보험자가 손해를 방지하거나 경감시키기 위하여 노력하도록 의무화하고 있다. 이처럼 손해방지비용을 따로 인정한 것은 피보험자의 이러한 노력 자체가 결국 보험자를 위한 활동이므로 보험자가 이에 대한 보상을 해 주어야 한다고 본다.

(3) 특별비용

특별비용(particular charge)은 피보험목적물의 안전이나 보존을 위하여 피보험자가 지출한 비용이나 피보험자를 위하여 지출한 비용으로서 공동해손 비용과 구조비를 제외한 비용이다. 특별비용의 규모는 손해액과 특별비용을 합한 액수가 보험금을 넘지 않는 범위 내에서 결정된다. 구체적으로는 손해조사비용과 양륙항에서의 화물 재포장비 등이 이에 해당된다.

Chapter 24 무역결제

1 무역결제방식

무역결제방식은 여러 가지 방식이 사용되고 있다. 지금까지는 신용장에 의한 결제방식이 국제무역대금 결제의 주류를 이루었으나 최근에는 신용장방식의 대금결제 비중이 하락하고 있는 추세이다. 대신에 신용장 없이 결제하는 송금방식의 비중이 높아 가고 있다. 무신용장 결제방식의 비중이 높아진 것은 고속컨테이너선의 출현 등으로 말미암아 물품의 수송속도가 빨라진 데 이유가 있다. 물건은 이미 수입국에 도착하였는데, 물건을 찾는 데 필요한 서류는 아직 입수하지 못해서, 수입상이 물품을 찾는 데 시간이 지체되는 등 비효율성이 발생하고 있다. 그 결과 화물선취보증장 등 보완적 방법이 동원되고 있기도 하다. 그럼에도 불구하고 아직도 수입할 때에는 신용장방식의 사용빈도가 적지 않고, 수출상의 대금회수 불안을 해소시키는 신용장제도는 새로운 시장을 개척하는 경우 효과적인 제도라고 하겠다. 본 절에서는 신용장결제방식, 추심결제방식, 송금방식, 전자결제방식을 차례로 살펴보기로 한다.

2 신용장결제방식

1. 신용장의 의의

(1) 배경

국제무역은 상관습, 법 · 제도, 경제환경 등 여러 측면에서 서로 차이가 있는 국가들 간의 교역이다. 따라서 국제무역은 국가 내에서의 교역보다 많은 위험에 노출된다. 수출상의 입장에서는 수입상이 요구한 물품을 제조하여 외국에 보냈는

표 24-1 국내기업의 수출입 결제동향(2009년)

결제방식	수출할 때	수입할 때
신용장결제방식	16.4%	25.2%
추심결제방식	6.6%	3.6%
송금결제방식	59.9%	64.1%
계좌이체방식	0.1%	0.1%
기타 방식	17.0%	7.0%

주: 한국무역협회 데이터베이스.

데도 불구하고 수입상이 사소한 조건의 미비를 이유로 대금지급을 거절한다면, 이를 해결할 방법이 마땅치 않다. 즉, 수출상 입장에서는 대금회수 불이행의 위험에 노출되어 있다. 한편, 수입상의 입장에서는 계약과는 다른 물품이 도착할 수도 있으며, 또는 아예 물품 자체가 수입국에 도착하지 않는 위험을 감수해야 한다. 더구나 국제무역은 서로 다른 국가 간의 교역이므로 분쟁이 발생한다 하더라도 마땅한 해결방법이 없다. 그러므로 수출상은 먼저 수출대금을 받고 난 후에 물품을 보내려 할 것이고, 수입상의 입장에서는 물품을 먼저 받고 나중에 대금을 지불하려 할 것이다. 이처럼 국제무역의 양 당사자가 자기 이익만을 고집한다면 국제무역은 활발히 이루어지지 않을 것이다. 제2차 세계대전이 발발하기 전에 유럽 각국은 경쟁적으로 보호무역정책을 실시하였으며, 그 이후에 전 세계적 규모의 경기침체기가 도래하였다. 이러한 역사적 교훈에 비추어 볼 때, 국제무역은 활성화되어야 한다. 신용장제도는 국제무역의 활성화, 특히 수출상의 대금회수 불안을 해소하기 위하여 국제적으로 고안된 제도이다. 신용장제도는 제2차 세계대전 이후 1950년대와 1960년대 국제무역의 호황을 가져오는 토대를 마련하였다고 평가된다.

(2) 정의

신용장이란 수입상의 요청에 따라 수입상의 주거래은행인 신용장 개설은행이 수출상에게 발행한 조건부 지급확약서이다. 조건부 지급확약이란 의미는 수출상이 신용장에 써 있는 조건과 일치하는 선적서류를 제시한다면 신용장 개설은행이 수입상의 재정상태가 어떠한 상태이건 불문하고 수출상에게 대금을 반드시 지급한다는 의미이다.

(3) 의의

수출상의 입장에서 볼 때, 들어보지도 못한 외국의 중소기업이 자사제품을 수입하겠다는 의사를 보내왔을 때, 수입상을 신뢰하기란 쉬운 일이 아니다. 이때 수입국에 있는 은행이 물품에 대한 지불보증을 해 준다면 수출상의 대금회수 불이행의 위험은 한결 감소할 것이다. 왜냐하면, 수출상 입장에서는 듣도 보도 못한 수입상은 믿기 어려워도, 자산규모가 일개 수입상과는 비교가 안 될 정도로 크고, 대부분 은행 간 국제네트워크 내에 소속되어 있는 은행은 믿을 수 있기 때문이다. 한편, 신용장결제에서는 수출상이 선적서류를 은행에 제시하지 않고서는 대금결제가 이루어지지 않는다. 즉, 물품에 대한 청구권을 나타내는 선적서류가 은행에 제시된 후에야 대금결제가 이루어지므로 수입상은 물품인도에 대한 걱정을 덜게 된다.

2. 신용장거래의 특성

(1) 독립성

신용장은 수출상과 수입상 간의 매매계약에 근거하여 발행된다. 그러나 일단 신용장이 개설되면 신용장거래는 원래의 수출상과 수입상 간에 체결된 매매계약과는 법률적으로 해석할 때 별도의 계약으로 존재하게 된다. 즉, 제1계약인 수출상과 수입상 간의 매매계약과 제2계약인 수출상과 신용장 개설은행 간의 신용장계약은 서로 독립되어 있다는 의미에서 이 원칙을 독립성의 원칙이라 한다. 신용장방식에서 수출상에게 물품대금을 치르겠다고 약속한 주체는 수입상이 아니고 신용장을 개설한 은행이므로, 매매계약상의 수입상은 제2계약에서는 계약당사자가 아니며 개설은행이 계약당사자가 된다. 따라서 제2계약은 제1계약과는 독립적이어야 한다.

(2) 추상성

신용장거래에 있어서 모든 절차는 서류에 기초하여 이루어진다. 즉, 서류상으로 결함이 없으면 설령 물품의 품질 등이 불량하다고 해도 신용장거래상으로는 문제가 없다. 신용장거래는 물품의 진실성에 기초한 거래가 아니라 서류에 의한 거래라는 의미에서 추상성이라는 특징을 지닌다. 은행은 서류심사를 할 때 수출상이 제시한 선적서류가 신용장상에 나타난 조건과 일치하는지 여부를 확인만 하면 수출대금을 내주게 되어 있다. 다시 말해, 그 서류에서 다루고 있는 물품 자체가 진정 수입상이 수입하기로 의도한 물건인가 조사할 필요는 없다는 의미이다. 본질적으로 신용장거래는 수출상과 수입상 간의 거래를 수출상의 주거래은행과 수입상의 주거래은행 간의 거래로 대체한 거래방식이다. 예를 들어, 휴대폰이 수출입 대상 상품인 경우, 은행이 급속하게 기술이 발전하고 있는 휴대폰에 대한 전문지식을 갖기는 어렵다. 따라서 은행 입장에서 상품의 진실성 여부를 확인하는 것은 어려운 작업이다. 만일 은행이 상품의 진실성 여부나 매매계약의 자세한 부분까지 관여하려면 개개물품에 대한 전문가가 필요하며, 그러한 일은 은행의 영역을 능가하는 업무가 될 것이다. 따라서 은행이 주 역할을 수행하는 신용장방식에서는 물품에 대한 심사를 배제하고 업무를 서류심사에만 국한한다.

3. 신용장의 당사자

당사자란 신용장의 거래에 관계하는 관계당사자를 의미한다. 신용장의 당사자로는 신용장 개설을 의뢰하는 수입상, 신용장이 발행되어 실제로 이득을 보는 수출상, 신용장거래에 관여하는 은행들로 구성되어 있다.

(1) 개설의뢰인

개설의뢰인(applicant)이란 자기의 거래은행에 신용장 발행을 요청하는 자를 말한다. 수출상과 수입상 간 신용장방식에 의한 매매계약을 체결할 경우 수입상은 수출상에게 신용장을 개설해 주어야 한다. 이를 위하여 수입상은 자신의 거래은행에 수출상 앞으로 신용장 개설을 요청하게 되므로 수입상은 개설의뢰인으로 칭한다. 개설의뢰인은 무역절차에 있어 다양한 기능을 수행하므로, 개설의뢰인 이외에 여러 가지 다른 명칭으로 부르기도 한다. 예를 들어, 개설의뢰인의 대부분이 매수인이므로 수입상(importer)이라 한다. 그리고 개설의뢰인은 신용장의 조건과 일치하는 선적서류가 도착하면 수입대금을 반드시 지급해야 하므로 채무자(accountee)라고 부르기도 한다. 한편, 개설의뢰인은 수입물품을 수령하므로 수화인(consignee)이라 부르기도 하며, 신용장을 개설해 주는 사람이라는 의미에서 개설인(opener)이라고도 한다.

(2) 개설은행

개설은행(issuing bank)이란, 개설의뢰인의 지시와 요청에 따라, 수출상을 수익자로 하여 신용장을 발행해 주는 은행으로서 주로 수입상의 주거래은행이 그 역할을 담당한다. 신용장 개설은행은 신용장의 조건과 일치하는 선적서류가 제시되기만 하면 대금을 지급할 것을 확약하는 은행이다. 개설은행은 대금지급에 있어서 신용이 약한 개설의뢰인에 대신하여 개설은행 자신이 대금지급을 확약함으로써 대금지급에 대한 우려를 씻어 낸다. 신용장거래의 관계당사자들이 이러한 개설은행의 지급약속을 믿고 거래하게 되므로 개설은행은 신용장결제방식에서 핵심적 역할을 수행한다. 개설은행 역시 여러 가지 명칭으로 불리고 있다. 신용장을 개설하는 은행이라는 의미에서 opening bank라고도 하고, 대금지급을 보장하는 자라는 의미에서 보증인(guarantor)이라고도 한다. 또한 발행주체라는 관점에서 issuer라고 하기도 한다.

(3) 수익자

수익자(beneficiary)란 신용장에 의거하여 대금지급을 보장받음으로써 채무불이행의 위험에서 벗어나는 이익을 받는 자라는 측면에서 수익자이다. 이들은 일반적으로 수출상(exporter)이며, 물품을 공급하는 자라는 의미에서 매도인(seller)이라고 부른다. 수출상은 수출대금을 수령하기 위하여 환어음을 발행하게 되는데, 환어음의 발행자라는 의미에서 어음발행인(drawer)이라 부른다. 또한 신용장 금액의 지급을 받을 권리가 있으므로 채권자(accountor)이며, 개설은행의 신용을 받는 당사자이므로 신용수령인(accreditee)이라 부른다. 한편, 선적 측면에서는 수출하는 물품을 선박에 선적하는 사람이므로 화주(shipper)라고 하며, 운송 측면에서는 수입상 앞으로 화물을 보내는 사람이므로 송화인(consigner)이라 하기도 한다.

(4) 확인은행

보통의 경우에는 신용장이 개설되면 수출상은 개설은행의 신용을 믿으므로 수출대금 회수문제에 대하여 걱정할 필요가 없다. 그러나 신용장 개설은행의 대외지명도가 약하거나 수입국에 전쟁이 발발하는 등, 수입국의 정치나 경제상황이 불안정할 경우 수입국 정부는 외환규제를 할 수도 있다. 이러한 경우 수출상은 개설은행의 대금지급능력에 대하여 의심하게 된다. 이처럼 수출상 입장에서 개설은행이 못 미더울 경우에는 개설은행보다 공신력이 더 있는 제3의 은행이 개설은행과 함께 대금지급을 확약하게 함으로써 대금지급을 보장받으려 한다. 이때 대금지급을 확약하는 제3의 은행을 확인은행(confirming bank)이라 한다. 그리고 확인은행의 확인이 추가된 신용장은 확인신용장(confirmed credit)이라고 한다.

(5) 통지은행

신용장 개설은행은 신용장의 개설에 대한 통지와 그 내용을 수익자인 수출상에게 통지해야 하는데, 수입국에 있는 개설은행이 직접 수익자에게 신용장을 개설한 사실과 신용장의 내용에 대하여 직접 통지하는 것이 아니라 수출국에 있는 신용장 개설은행의 본 · 지점이나 환거래은행을 통하여 통지하게 된다. 이와 같이 신용장 개설의 사실과 그 내용을 통지하는 은행을 통지은행(advising bank)이라 하며, 신용장 개설은행의 본 · 지점이나 개설은행과 환거래계약을 맺은 환거래은행(corresponding bank)이 통지은행의 역할을 담당한다. 통지은행의 업무로는 신용장 외관상의 진정성을 조사할 의무가 있으나, 그 업무 외에는 환어음의 지급 · 인

수·매입에 관한 어떤 책임도 지지 않는다. 실제의 경우 통지은행이 매입은행 및 지급은행을 겸하는 경우가 많다.

(6) 매입은행

수출상은 물품의 선적을 완료한 이후에 신용장상에 나와 있는 선적서류를 구비하여 수출대금을 지급받는다. 절차상으로는 수출상이 선적서류가 첨부된 환어음, 즉 화환어음을 발행하여 은행에 제시하면, 은행은 화환어음을 매입하면서 그 대가로 수출대금을 지급하게 된다. 이때 수익자에게 수출대금을 지급하기 위하여 화환어음을 매입하는 수출지 소재 은행을 매입은행(negotiating bank)이라고 한다. 이 경우 매입은행은 환어음의 선의의 소지자가 되며, 신용장 개설은행은 환어음의 소지자에게 지급약속을 한다. 매입은행은 개설은행의 이러한 약속을 믿고 환어음을 매입하는 것이다. 매입은행이 환어음을 매입할 때, 어음의 최종지급일까지의 이자 및 수수료를 공제하는 등 환어음을 할인하여 매입하기 때문에 매입은행을 할인은행(discounting bank)이라고도 부른다.

(7) 지급은행

수출상이 선적서류를 첨부하여 발행한 화환어음과 상환으로 수출상에게 직접 대금을 지급하도록 개설은행으로부터 대금지급을 위탁받은 은행을 지급은행(paying bank)이라 한다. 말하자면, 지급은행은 신용장 개설은행의 대리인으로서 개설은행을 대신해서 선적서류와 상환하여 대금을 지급한다. 지급은행은 선적서류가 신용장의 조건과 일치하는지 심사하고 수리한 선적서류를 개설은행에 송부한다. 보통의 경우에는 신용장 개설은행의 환거래계정이 있는 예치환거래은행이 지급은행이 된다. 따라서 지급은행이 신용장에 나타나 있는 선적서류와 상환으로 대금을 지급한 후 이를 신용장 개설은행에 통지하면 지급은행은 환거래계정에서 금액의 차감을 통하여 개설은행 대신 지급한 수출대금을 즉시 상환받을 수 있다. 따라서 이 경우에는 환가료문제가 발생하지 않으므로 환어음을 할인 없이 전액 지급할 수 있다.

(8) 인수은행

수출상이 선적서류를 첨부하여 제시한 환어음이 어음제시와 함께 즉시 대금이 지급되는 일람출급이 아니고 일정 시간이 지난 뒤에 대금이 지급되는 기한부어음일 경우에는 어음의 만기일 이전에 기한부어음을 인수할 은행이 필요하게 된다. 이처럼 기한부어음을 인수하는 은행을 인수은행(accepting bank)이라 한다.

(9) 상환은행

상환은행(reimbursing bank)이란 개설은행의 지시에 따라 신용장에 의거한 지급 · 인수 · 매입을 행한 지급 · 인수 · 매입은행에게 지급 · 인수 · 매입의 자금을 상환해 주는 은행을 말한다. 일반적으로 신용장의 표시통화가 수출입 양국 이외의 제3국의 통화인 경우에, 개설은행은 제3국에 소재하고 있는 개설은행의 본 · 지점 또는 예치환거래은행(depository correspondent bank)을 상환은행으로 정하고, 그 상환은행으로 하여금 지정은행의 상환청구에 응하도록 조치한다.

4. 신용장의 결제절차

(1) 신용장 개설

① 신용장방식으로 결제할 것으로 매매계약을 체결한다.

② 수입상이 자기의 주거래은행에 수출상을 수익자로 하는 신용장 개설을 의뢰한다.

③ 신용장 개설은행은 수입상의 요청에 따라 신용장을 개설한다.

(2) 신용장 통지

④ 수입상의 요청에 따라 신용장을 개설한 개설은행은 수출지의 수출상 환거

래은행을 통지은행으로 삼아 신용장이 도착한 사실을 수출상에게 통지할 것을 요청한다.

⑤ 통지은행은 수출상에게 신용장 도착을 통지한다.

(3) 선적 및 운송서류 제시

⑥ 수출상이 은행에서 신용장을 받은 후, 신용장 내용이 계약과 차이가 없으면 수입상에게 보내는 물품을 선적한 후 선박회사로부터 선하증권을 발급받는다.

⑦ 수출상은 수입상을 지급인으로 하는 화환어음을 발행하고 선하증권, 상업송장, 보험증권 등 선적서류와 함께 이 화환어음을 은행에 제시한다.

(4) 수출대금 지급 및 상환

⑧ 은행은 환어음 및 운송서류가 신용장에 쓰여져 있는 조건들과 일치하는지 심사하여, 서류상 이상이 없으면 환어음을 매입하는 것과 같은 방법으로 수출상에게 수출대금을 지급한다.

⑨ 수출대금을 수출상에게 지급한 매입은행은 환어음 및 선적서류를 개설은행에 보내고 대신 지급한 수출대금을 지급해 줄 것을 요청한다.

⑩ 개설은행은 서류를 심사하여 신용장의 조건과 일치하면 이를 수리하고, 자기 대신 수출상에게 대금을 지급한 매입은행이나 지급은행에게 대금을 갚는다.

(5) 대금결제 및 물품인수

⑪ 신용장 개설은행은 수입상에게 운송서류 도착을 알리고, 수입상이 수입대금을 지급하면 수입상에게 운송서류를 인도한다.

⑫ 수입상은 운송서류를 운송업자에게 제시하고 도착한 물품을 인수한다.

5. 신용장의 종류

(1) 화환신용장과 무화환신용장

1) 화환신용장

화환신용장(documentary L/C)은 영어 원문 자체에서 보듯이 서류(document)가 첨부된 신용장을 의미한다. 여기서 서류란 운송서류를 의미하는데, 수출상이 은행으로부터 수출대금을 지급받으려면 운송서류를 주어야 한다. 즉, 수출상이 은행에 물품에 대한 권리를 보증하는 선하증권 등 운송서류를 은행에 제시하면 은행은 이 서류를 받는 대신 수출대금을 내주게 된다. 은행의 입장에서는 선적서류가 대금지급의 담보역할을 하게 된다. 대부분의 신용장은 화환신용장으로 보면 된다.

2) 무화환신용장

무화환신용장(clean L/C)은 화환신용장에 대조되는 용어로서 서류제시가 필요 없는 신용장을 의미한다.

(2) 취소불능신용장과 취소가능신용장

1) 취소불능신용장

신용장에 취소불능(irrevocable)이라는 문구가 있거나 취소가능(revocable)이란 문자가 표시되어 있지 않으면 취소불능신용장(irrevocable credit)이다. 다시 말해, 신용장에 취소가능 또는 취소불능에 대한 명시가 없으면, 그 신용장은 취소불능신용장으로 간주된다. 이 취소불능신용장의 경우, 수익자가 동의하지 않으면 어떠한 경우에도 신용장이 취소되거나 변경될 수 없다. 취소불능신용장은 필요한 선적서류가 모두 제시되고 또한 신용장의 모든 조건이 만족되면 개설은행이 수익자에게 대금지급을 확실히 약속하는 신용장이다.

2) 취소가능신용장

신용장 왼쪽 상단에 취소가능(revocable)이란 문자가 표시되어 있으면 취소가능신용장(revocable credit)이다. 취소가능신용장의 특징은 개설은행이 미리 수익자에게 조건변경이나 취소에 대한 통지를 하지 않고서도 조건변경 또는 취소를 할 수 있는 신용장이다. 실무적으로는 매입은행이 제한되거나 매입은행이 지정된 경우에 한하여 개설되는 것이 대부분이다.

(3) 일람출급신용장과 기한부신용장

1) 일람출급신용장

일람출급신용장(sight L/C)과 기한부신용장의 구분은 대금지급을 즉시 하느냐, 아니면 일정 기간이 지난 뒤 하느냐의 차이이다. 일람출급방식 신용장이란 신용장을 보면 즉시 지급하는 신용장을 의미한다. 수출상이 물품을 선적한 다음, 신용장의 조건과 일치하는 선적서류를 구비하여 개설은행이나 확인은행에 제출하면, 은행이 선적서류와 상환으로 수익자에게 대금을 즉시 지급해 주는 현금거래 신용장을 의미한다.

2) 기한부신용장

기한부신용장(usance L/C)이란 선적을 마친 수출상이 선적서류와 함께 기한부 환어음(usance bill)을 개설은행에 제시하면, 개설은행이 기한부 환어음을 수리한 후 환어음에 명시된 기간이 지난 다음 대금을 지급하기로 결정된 만기일자(maturity date)에 신용장대금을 수익자에게 지급하는 외상방식의 신용장이다. 기한부신용장은 수출상이 기한부 어음을 매입을 의뢰할 때 수출국 은행의 취급방법에 따라 기한부 매입, 연지급, 인수신용장으로 세분된다.

(4) 확인신용장과 무확인신용장

1) 확인신용장

개설은행 이외의 다른 은행이 수출상에게 대금의 지급을 확약하느냐 여부에 따라서 신용장을 확인신용장과 무확인신용장으로 구분할 수 있다. 확인신용장(confirmed credit)은 물품수입국의 정치 · 경제상황이 불안하여 수출상 입장에서 볼 때 개설은행의 신용상태가 못 미더울 경우 요구된다. 이 경우 신용상태가 좋은 제3의 은행을 확인은행으로 내세워 추가적으로 신용장상의 대금지급을 약속함으로써 대금지급 약속을 이중으로 강화시킨 신용장을 의미한다.

2) 무확인신용장

무확인신용장(unconfirmed credit)은 확인은행에 의한 대금지급 확약이 없는 신용장, 다시 말하면 확인은행의 확인(confirmation)이 없는 신용장이다.

(5) 내국신용장

해외로부터 신용장이 도착하였을 때, 국내의 수출상은 외국으로 물품을 선적하여 보내야 대금을 지급받게 된다. 이때 국내의 수출상이 자기 공장이 있어서 물품을 만들어 외국에 보내면 좋으나, 만일 자기 공장이 없는 경우에 수출상은 국내의 다른 업체로부터 물품을 사서 외국에 수출하게 된다. 이때 실제로 물품을 공급하는 국내업체는 물품을 수출상에게 납품하였는데도 혹시 수출상으로부터 대금을 받지 못할까 걱정하게 된다. 이러한 경우, 수출상은 자신의 거래은행에 요청하여 해외로부터 도착한 신용장을 담보로 하여 수출상 자신이 개설의뢰인이 되고 국내의 공급업체가 수익자가 되는 신용장을 개설하게 된다. 이처럼 국내에서 수출을 목적으로 국내업자 간에 개설되는 신용장을 내국신용장이라 한다. 영어로는 local credit 또는 domestic credit이라 부른다.

(6) 양도가능신용장과 양도불가능신용장

1) 양도가능신용장

신용장이란 일반적으로 수익자로 지정된 당사자만이 사용할 수 있다. 그러나 신용장에 따라서는 수익자로 지정된 당사자가 신용장 금액의 전부 또는 일부를 제3자에게 양도할 수 있는데, 이를 신용장의 양도라 한다. 양도가능신용장(transferable credit)이란 신용장에 transferable이라는 문구가 있어서 최초의 수익자가 타인에게 신용장의 전부 또는 일부의 사용권을 양도하는 신용장이다.

2) 양도불가능신용장

양도불능신용장(non-transferable credit)이란 transferable이라는 문구가 없는 신용장으로서, 신용장의 수익자가 그 사용권을 제3자에게 양도할 수 없는 신용장을 말한다.

3 추심결제방식

1. 추심결제의 의의

추심방식이란 은행이 수출대금 회수를 보장하는 신용장 없이 선적서류와 화환어음만으로 대금결제를 하는 방식이다. 과거에는 신용장방식이 국제무역의 주요 결제수단이었으나 오늘날 비용절감 측면이 강조되면서 신용장방식은 전체 무역에서 사용되는 빈도가 20% 정도에 그치고 있다. 이처럼 신용장방식이 줄어들게 된 것은 다음과 같은 이유 때문이다.

첫째, 무신용장거래를 하는 경우, 신용장 발행에 따른 은행수수료를 부담하지 않아도 되어 비용이 절감되는 측면이 있기 때문이다.

둘째, 신용장이 발행되기 위해서는 복잡한 은행의 내부 절차를 거쳐야 하므로 실제로는 적지 않은 시간이 소요되기 때문이다. 특히, 지리적으로 가까운 국가 간 무역의 경우에는 신용장이나 선하증권 같은 선적서류보다도 물품이 먼저 도착하는 경우가 발생하게 되어 신용장을 사용할 경우 비효율성이 나타나게 되었다.

따라서 서로 믿을 만한 고객과 거래하는 경우에는 비용이 절감되고 시간도 절약되는 추심방식으로 결제하는 비중이 많아지는 추세이다.

2. 추심결제의 특성

첫째, 추심방식은 신용장방식과는 달리 은행의 지급확약이 없이 대금결제가 이루어지기 때문에 신용장방식에 비교하여 볼 때, 대금회수 불안의 위험이 상당히 크다고 할 수 있다.

둘째, 신용장방식에 있어서는 개설은행이 대금지급의 책임을 지므로 수출상은 신용장 개설은행을 지급인으로 하여 환어음을 발행한다. 그러나 추심방식에 있어서는 은행이 대금지급의 책임을 지지 않으므로 수출상은 수입상을 지급인으로 하여 환어음을 발행한다.

셋째, 추심방식은 장기간에 걸친 거래로 믿을 만한 수입상과의 교역이나 같은 기업의 본점과 지점 간의 거래와 같이 신용조사가 필요없는 거래에 이용할 수 있다.

3. 추심결제의 종류

(1) D/P조건

D/P(document against payment)조건은 지급도조건이라 부르는 추심결제방식으로서, 수출상이 물품을 선적하고 수입상을 지급인으로 하는 환어음을 발행하여 자신의 주거래은행에 선적서류와 환어음을 제시하고 추심을 의뢰하면 수입상은 수출상이 발행한 일람출급 환어음을 결제해야만 선적서류를 인수할 수 있는 방식이다. 이 지급도조건에서는 수출상의 주거래은행이 추심의뢰은행이 되어 수입지의 추심은행에 선적서류와 환어음을 송부하면 추심은행이 선적서류와 환어음의 도착을 수입상에게 통지하여 대금을 결제하는 방식이다.

(2) D/A조건

D/A(document against acceptance)조건은 인수도조건이라 부르는 추심결제방식으로서 일종의 외상거래이다. 이 조건에서 수출상은 수입상을 지급인으로 하는 기한

부 환어음을 발행하고 선적서류와 함께 이를 수출상의 거래은행인 추심의뢰은행을 통하여 수입지의 추심은행에 보내면 추심은행은 환어음의 지급인인 수입상이 환어음을 인수함과 동시에 선적서류를 인도해 주고 어음만기일에 수입상으로부터 대금을 받아 추심의뢰은행을 통하여 대금을 수출상에게 지급하는 방식이다. 이러한 방식은 수입상에게 환어음의 만기일만큼 대금결제를 늦추어 주므로 수출상 입장에서 보면 외상거래로서 그만큼 위험부담이 큰 결제방식이다. 따라서 D/A방식을 사용할 경우에는 별도의 수출보험을 들어 놓는 게 좋다.

4. 추심의 당사자

(1) 추심의뢰인

추심의뢰인(principal)이란 물품을 선적하고 은행에 추심업무를 위탁하는 자로서 수출상을 의미한다.

(2) 추심의뢰은행

추심의뢰은행(remitting bank)이란 추심의뢰인으로부터 추심업무를 지시받은 은행으로서 주로 수출지 소재의 수출상 거래은행이다.

(3) 추심은행

추심은행(collecting bank)은 추심의뢰은행의 요청에 따라 수입상에게 추심하여 받아 낸 대금을 추심의뢰은행에 보내는 은행으로서 주로 수입국 소재 추심의뢰은행의 환거래은행이다.

(4) 지급인

지급인(drawee)은 환어음에 대한 대금지급인이라는 의미로서 주로 수입상을 의미한다.

5. 추심결제절차

(1) 매매계약 체결과 선적

수출상과 수입상은 신용장 없이 추심에 의한 대금결제방식으로 매매계약을 체결한다. 수출상은 매매계약에 따라 선적을 완료한다.

(2) 추심의뢰

선적을 마친 수출상은 상업송장 · 운송서류 · 보험서류 · 포장명세서 등과 같은 선적서류를 구비한 뒤 수입상을 지급인으로 한 환어음을 발행한 후에, 환어음의 추심을 자기의 거래은행에 의뢰한다.

(3) 추심지시

추심의뢰인인 수출상으로부터 추심의뢰를 받은 수출국 은행은 추심지시서를 작성하여 그 지시서를 선적서류, 환어음과 함께 수입국 소재의 추심은행 앞으로 송부하고 추심을 지시한다.

(4) 추심업무

추심의뢰은행으로부터 추심지시를 받은 추심은행은 추심의뢰은행이 보낸 환어음과 선적서류의 도착을 수입상에게 알리고 환어음의 지급인인 수입상에게 제시하여 추심(대금을 받도록)한다. 이때 선적서류의 인도조건이 D/P조건이면 수입상이 어음금액을 지급한 후에 선적서류가 인도되며, 인도조건이 D/A조건이면 수입상이 그 어음을 인수(acceptance)한 후에 선적서류가 인도된다. 대금은 기한부 어음의 만기일 내에 수입대금을 수령한다.

(5) 물품수령

대금을 지급한 수입상은 넘겨받은 선적서류를 선박회사에 제시하여 물품을 수령한다.

(6) 대금송부

추심은행은 추심한 대금을 추심의뢰은행에 송부한다.

(7) 대금수령

추심의뢰은행으로부터 대금을 송부받은 추심의뢰은행은 대금을 수출상에게 지급한다.

4 송금결제방식

1. 송금결제의 의의

송금결제방식이란 앞서 설명한 '신용장결제방식' 및 '추심결제방식' 이외의 결제방식으로서, 수출상이 물품을 선적하기 전에 수입상이 은행을 통하여 수출상에게 대금을 송금하거나 선적 후 선적서류나 물품의 인도와 동시에 대금을 결제하는 방식이다. 최근 우리나라의 경우에 중소기업을 중심으로 그 사용빈도가 높아 가고 있는 결제방식이다. 송금방식의 장점은 결제절차의 간편함을 들 수 있다.

2. 사전송금방식

(1) 수표송금방식

수표송금방식(demand draft; D/D)은 수출상이 물품을 선적하기 전에 수입상이 수입대금을 미리 은행에 예금하고 수입대금에 해당하는 요구불 송금수표를 은행으로부터 발급받아 수입상이 수출상 앞으로 송금하는 방식이다. 우송 도중 분실사고가 발생할 경우에는 수입상이 책임을 진다. 수출상은 수입상으로부터 받은 송금수표를 은행에 제시하여 대금을 받은 후에 물품을 선적한다. 이러한 수표송금방식은 소액거래에 사용된다.

(2) 우편송금방식

우편송금방식(mail transfer; M/T)은 수입상이 수입대금을 은행에 미리 예금하고 송금은행은 자신이 발행한 우편환을 수출지의 지급은행 앞으로 직접 우송하는 방식이다. 수출상은 지급은행으로부터 대금이 도착하였다는 통지를 받고 은행에 가서 대금을 받는다. 수출상이 대금을 받은 후에 수입상에게 보내는 물품을 선적한다는 점에서는 송금수표방식과 동일하나 송금은행이 우편환을 직접 지급은행으로 송부하기 때문에 우송과정에서 사고가 발생하면 그 책임은 송금은행이 부담한다는 측면에서 수입상에게 보다 안전한 방법이다. 그러나 송금기간이 상대적으로 길기 때문에 우송기간 동안의 환율변동에 따른 위험이 존재한다. 이 방식은 소액거래에 사용되나 고액거래에는 자주 사용되지 않는다.

(3) 전신송금방식

전신송금방식(telegraphic transfer; T/T)은 무역대금 결제방식에서 많이 사용되는 방식이다. 송금은행은 우편환 대신에 전신환을 발행하여 송신하는 방식이다. 전신송금방식은 전신, 컴퓨터통신을 사용하므로 송금이 신속하게 이루어진다. 따라서 환율변동에 따른 위험이 거의 없으며 사고가 발생할 때 송금은행이 책임을 지므로 수입상 입장에서는 가장 안전한 방식이다. 그러나 전신료가 다소 비싼 단점이 있다.

이상과 같은 세 가지 송금방법 중에서, 많은 금액을 시급히 송금하고자 할 경우에는 전신료의 추가부담이 있더라도 전신환(T/T)에 의한 송금방법으로 송금하여야 하며, 급하지 않은 송금을 하고자 할 경우에는 송금은행의 책임하에 지급지시서를 우송하게 되는 우편송금환(M/T)에 의한 송금방법으로 송금하는 것이 좋다. 왜냐하면, 송금수표(D/D)에 의한 송금방법으로 송금한 경우에, 만일 송금수표가 우송 도중에 분실된다면 분실사고에 대한 책임을 수입상이 져야 하기 때문이다.

5 전자결제방식

1. 전자결제의 최근 동향

최근 활성화되고 있는 전자무역을 지원하기 위해서는 결제방식도 전자결제방식으로 전환해야 한다. 다른 모든 무역절차가 전자화되었는데 결제만 종이문서로 시행된다면, 전체적으로 처리속도가 크게 떨어지는 등 큰 불편이 따르게 될 것이다. 그러나 전자결제방식은 어느 나라나 공통적으로 사용하기에는 아직 표준화가 이루어지지 않고 있다. 더구나 제3자가 거래에 개입할 여지를 제거하는 전자인증 문제가 남아 있어 몇 가지 방식이 시험가동중에 있다.

2. 신용장의 전자화: SWIFT시스템

국제무역에서 주요 결제수단으로 사용되고 있는 신용장의 처리속도를 빠르게 하기 위하여 최근에는 신용장을 문서로 작성하여 수출국에 보내는 대신, 국제은행간 금융자료통신협회(Society for Worldwide Inter-bank Financial Telecommunication; SWIFT) 전자시스템을 통하여 신용장을 발행하거나 통지하고 있다. 우리나라는 1992년부터 SWIFT 전송방식에 의하여 신용장을 통지하고 있다. 통지은행에서는 전자시스템을 통하여 전송해 온 신용장 파일을 출력하여 고무인을 찍어 사용한다. 이처럼 출력한 신용장 종이문서는 과거의 문서신용장과 동일한 효력을 갖는다. SWIFT신용장은 전자시스템을 통해서 전송하나 신용장으로서의 효력은 출력한 후에 발생하므로 절반의 전자화라고 할 수 있다.

3. 글로벌 전자무역결제 네트워크

현재 국내에서 전자상거래를 통하여 물건을 살 때에는 인터넷상에서 대부분 주민등록번호 등을 기재한 후 신용카드번호를 기재함으로써 돈을 지불하게 된다. 그러나 주로 국내기업과 외국기업 간의 거래인 국제무역의 경우에는 수출입액수 자체가 작게는 수만 달러에서 크게는 수천만 달러 상당의 거액이므로 신용한도액이 수백만 원을 넘지 못하는 신용카드 등 기존의 결제방식이 사용되기 어렵다. 따라서 최근에는 국제무역에만 전문적으로 사용될 수 있는 글로벌 전자무역결제 네트워크가 시험운영되고 있다. 글로벌 전자무역결제 네트워크는 크게 보아 신용장 거래방식을 전자화하는 볼레로넷과 신용장을 배제하는 무역대금 전자결제방식을 지향하는 트레이드카드시스템이 대표적이다.

(1) 트레이드카드

트레이드카드(trade card)는 신용카드를 사용한 결제가 소액결제인 관계로 국제무역에서 사용되기 어려운 난점을 해소하기 위하여 만들어졌다. 트레이드카드는 국제무역용 온라인카드 솔루션으로서 국제무역용 신용카드라 보면 된다. 트레이드카드시스템은 신용장 없는 무역대금 결제방식이다.

(2) 볼레로넷

볼레로(Bill of Lading Electronic Registry Organization; Bolero)넷은 신용장거래 자체를 전자화하는 데 목표를 둔 글로벌 전자무역결제 네트워크의 한 종류이다. 신용장거래방식을 전자화하기 위해서 볼레로넷(bolero net)은 먼저 가장 핵심적인 선적서류인 선하증권과 신용장의 전자화를 통하여 무역대금의 결제가 전자결제되도록 하고 있다.

Chapter 25 무역클레임

1 무역클레임의 개념

무역계약이 체결되었다는 의미는 수출상과 수입상이 계약내용에 합의하였다는 의미이다. 수출상과 수입상 모두 합의하였으므로 계약내용이 실행되는 것이 당연하나 실제로는 합의된 계약내용이 이행되지 않을 수도 있다. 무역클레임(trade claim)이란 수출입 당사자 중 어느 한 편이 무역계약을 이행하지 않아서 손해가 발생할 때, 손해를 입은 당사자가 손해의 원인을 제공한 상대방에게 손해배상을 청구하는 것을 의미한다. 보다 폭넓은 의미에서는 수출입과 관련하여 한 쪽의 상대방에 대한 항의나 불만도 클레임에 포함시킬 수 있으나, 통상적으로는 객관적인 배상청구의 의사표시로서 육하원칙에 따른 내용기술과 입증자료를 갖추어 정식으로 제기하는 것을 클레임이라 할 수 있다.

2 무역클레임의 원인

1. 명확하지 않은 계약조건

클레임이 발생하는 원인을 살펴보면, 계약조건이 명확하지 않아서 생기는 경우가 많다. 보통 무역업자들은 무역계약 자체를 성사시키기 어려우므로, 계약체결에만 급급한 나머지 나중에 문제가 발생할 여지가 있음에도 불구하고 이를 지나치기 쉽다. 따라서 가능하면 계약을 이행하는 과정에서 발생할 수 있는 모든 사항은 계약서에 포함시켜야 클레임을 피할 수 있다. 또한 계약서를 작성할 경우에 애매한 표현은 가능한 한 지양하고 명확한 표현을 사용해야 분쟁을 피할 수 있다. 클레임이 발생할 경우, 피해를 줄이기 위해서는 계약서에 제품의 하자발생시 클레임 제기기간을 분명하게 명시해야 한다.

2. 상관습의 차이

국가 간 상관습의 차이에서도 클레임이 발생할 수 있다. 모든 국가들은 각각의 인종적 · 지리적 · 문화적 특성을 갖기 마련이다. 이러한 인종적 · 지리적 · 문화적 전통은 국가 간 상관습의 차이를 가져온다. 같은 유럽대륙이라도 이탈리아 등 남유럽 국가의 경우에는 아직도 계약을 체결할 때 문서보다 당사자 간 대화를 중시한다. 그러나 독일 등 북유럽 국가의 경우에는 계약을 체결할 때 문서를 중시한다. 교역상대방 국가의 상관습을 면밀하게 사전조사하면 클레임의 발생소지가 줄어든다. 이처럼 국제 간 상관습의 차이를 해소하기 위하여 신용장 통일규칙이나 정형거래조건 등을 제정하는 등 많은 노력이 경주되고 있다.

3. 법률의 차이

상대방 국가의 통상관련 법률을 잘 알지 못해서 발생할 수도 있다. 예를 들어, 한국이 유럽이나 미국에 수출하기 위해서는 유럽의 해당 국가나 미국의 무역관련 법률 및 제도에 대한 동향도 알아 두어야 한다. 더구나 각국은 WTO가 출범에 따른 무역자유화 조치로 인하여 자국시장을 방어하기 어렵게 되자, 세이프가드 등 각종 자국시장 보호조치를 내놓고 있다. 이러한 국제시장 동향을 파악하고 있어야 클레임을 예방할 수 있다.

4. 불충분한 신용조사

클레임이 발생하는 경우는 크게 보아 사실적 클레임과 마켓클레임으로 나누어 볼 수 있다. 특히, 문제가 되는 경우는 마켓클레임이다. 이 중 악덕상인들이 처음부터 교역상대방에게 클레임을 걸기 위하여 함정을 마련하는 경우, 상대방에 대한 신용조사를 철저하게 하지 않으면 상대방의 클레임에 걸리게 된다. 따라서 클레임을 예방하기 위해서는 교역상대방에 대한 철저한 신용조사가 필수적이다. 그리고 상대방의 신용도가 불확실한 경우, 수출보험을 들어 둠으로써 위험을 줄일 수 있다. 우리나라의 경우, KOTRA의 해외무역관을 통하여 상대방 회사가 실제로 존재하는 회사인지, 아니면 서류상으로만 존재하는 유령회사인지 확인하는 신용조사를 실시할 수 있다. 또한 전문 인터넷사이트(예: www.pnlkorea.com)를 통하여 신용장 개설은행의 신용도를 조사할 수 있다. 중국과의 신용장거래의 경우에는 수출보험공사가 보험가입을 허용하는 은행을 고시하고 있다.[1)]

5. 도량형의 차이

각국은 자국 고유의 도량형체계를 갖추고 있다. 프랑스는 일찍부터 미터법을 시행하고 있으나 영국은 여전히 자국 고유의 도량형체계를 관습적으로 사용하고 있다. 특히, 중량을 측정하는 톤도 영국톤의 경우 미터법으로 환산하면 1,016kg이나 미국톤은 907kg이다.[2)] 따라서 계약서에 단순히 톤으로만 표기하면 나중에 클레임의 원인이 된다. 그러므로 처음 계약서를 작성할 때부터 적용할 중량단위가 영국톤인지 미국톤인지 명확히 표기해야 클레임을 예방할 수 있다.

3 무역클레임의 종류

1. 발생원인에 따른 분류

무역클레임은 그 발생원인에 따라 품질에 관한 클레임, 수량에 관한 클레임, 운송에 관한 클레임, 포장에 관한 클레임, 결제에 관한 클레임, 보험에 관한 클레임, 서류에 관한 클레임 등으로 분류된다.[3)]

1) 김성훈, 『국제무역사기사례와 예방책』, 한국무역협회, 2004.
2) 손태빈 · 이주원, 『무역클레임과 중재론』, 두남, 2001, p. 37.

(1) 품질에 관한 클레임

품질조건 위반 때문에 제기되는 클레임으로서, 위반사항은 품질불량(inferior quality), 품질상이(different quality), 등급불량(inferior grade) 등이 있다.

(2) 수량에 관한 클레임

수량조건 위반 때문에 제기되는 클레임으로서, 위반사항은 선적량 부족(short shipment), 중량 부족(short weight), 양륙량 부족(short landing) 등이 있다.

(3) 운송에 관한 클레임

선적 및 인도조건의 위반 때문에 제기되는 클레임으로서, 위반사항은 선적지연(delayed shipment), 선적불이행(non-shipment), 인도불이행(non-delivery), 분실(missing), 유실(drifting away), 화물취급불량(bad handling) 등이 있다.

(4) 포장 및 화인에 관한 클레임

포장 및 화인조건의 위반 때문에 제기되는 클레임으로서, 위반사항은 포장불충분(insufficient packing), 포장불량(bad packing), 화인누락(no shipping mark), 화인상이(different mark) 등이 있다.

(5) 결제에 관한 클레임

결제조건의 위반 때문에 제기되는 클레임으로서, 위반사항은 신용장 개설지연(delayed issue of L/C), 대금 불지급(non-payment), 초과지급(over payment) 등이 있다.

---

3) 문철한, 『무역상무론』, 동성출판사, 1999, p. 555.

(6) 보험에 관한 클레임

보험조건의 위반 때문에 제기되는 클레임으로서, 위반사항은 부보태만(negligence in effecting insurance), 전쟁위험의 보험료(war risk premium) 등이 있다.

(7) 서류에 관한 클레임

서류작성과 관련하여 제기되는 클레임으로서, 위반사항은 부정송장(incorrect invoice), 기재사항 상이(misdiscription) 등이 있다.

2. 클레임의 특성을 기준으로 한 분류

무역클레임은 고의성을 기준으로 하여, 사실적 클레임과 마켓클레임으로 분류할 수 있다.

(1) 사실적 클레임

사실적 클레임이란 무역거래를 수행하는 과정에서 발생하는 일반적인 클레임을 말한다. 국제무역을 하다 보면 선적한 물품의 품질이 불량한 것으로 판명되거나 계약을 위반하는 경우가 발생한다. 이러한 클레임은 수출입 당사자 중에서 어느 일방의 과실 또는 태만에 의하여 발생하는 경우가 대부분이며, 피해를 입은 당사자는 클레임을 제기하여 손실을 보상받게 된다.

(2) 마켓클레임

마켓클레임(market claim)이란 클레임을 제기할 정도로 심각한 결함이 있지 않은데도 클레임을 제기하는 경우를 말한다. 예를 들어, 수출입계약이 체결되었을 때에는 수입국의 경기가 나쁘지 않았으나, 막상 수입국에 물품이 도착하였을 때에는 불황의 여파로 수입품의 가격이 하락할 경우가 있다. 이때 수입상이 수출상에게 손해를 전가할 목적으로 클레임을 제기하게 된다. 더구나 계약 당시부터 상대방에게 고의적으로 손해를 입힐 목적으로 클레임을 제기하는 경우도 있다. 이러한 클레임을 총칭하여 마켓클레임이라고 한다. 마켓클레임이 발생하는 원인으로는, ① 물품가격이 급격하게 변동한 경우, ② 경기가 갑자기 침체기에 빠진 경우, ③ 환율이 예상치 않게 변동하는 경우, ④ 상대방이 거래선을 옮기고자 하는 경우 등으로 나누어 볼 수 있다.[4] 이와 같은 마켓클레임을 예방하기 위해서는, 무역거래를 개시하기 이전에 수입업자에 대한 신용조사를 철저히 시행할 필요가 있다.

4 무역클레임의 제기와 대응

1. 무역클레임의 제기

클레임을 제기할 때에는 당사자 간의 약정이 있는 경우에 이미 약정한 바에 따라 제기하고, 아무런 약정이 없는 경우에는 물품을 받는 즉시 또는 합리적 기간 내에 검사를 하여 하자가 있으면 신속하게 가해자에게 클레임 발생사실을 통지한 후 곧바로 입증자료와 청구금액을 결정하여 정식으로 클레임을 제기하여야 한다.

2. 구비서류

무역클레임을 제기할 때는 다음의 서류를 갖추어 상대방에게 제출해야 한다.

4) 손태빈 · 이주원, 『무역클레임과 중재론』, 두남, 2001, p. 41.

(1) 클레임진술서

거래사실을 입증할 수 있는 계약일자, 물품명, 계약수량 등을 명기하고, 분쟁 발생의 경위, 손실 산출금액 등을 제시해야 한다.

(2) 손해명세서

실제로 손해를 입은 피해의 내역을 구체적으로 명기하여야 하며, 송장가액과 클레임금액을 함께 표시하여야 한다.

(3) 피해증빙서류

손해액과 제 비용을 입증해 줄 수 있는 영수증 등을 구비해야 한다.

(4) 검사보고서

국제적으로 공인된 검사기관이 발행한 것이어야 한다.

3. 무역클레임에 대한 대응

(1) 클레임 내용의 검토

무역클레임을 통지받았을 때에는 먼저 클레임이 마켓클레임인지 여부를 조사한다. 마켓클레임인 경우이거나, 특히 고의적인 클레임일 경우에는 클레임을 전면 거부한다. 무역클레임이 제기된 경우에 다음의 사항을 검토해야 한다.

첫째, 클레임이 정당한 기간 내에 제기된 것인지 살펴본다.

둘째, 자신이 클레임의 정당한 당사자인지 조사한다.

셋째, 입증자료를 검토하여 입증할 자료가 미비하면 입증자료를 요청한다.

넷째, 클레임 청구금액이 타당한 금액인지 조사한다.

다섯째, 검사기관이 공인검사기관인지 조사한다.

(2) 클레임 원인조사

클레임에 대한 원인조사는 클레임의 정당성 여부를 판단하는 데 중요하다. 정당성 여부에 따라 클레임을 거부할 것인가, 아니면 수락할 것인가 판단한다.

(3) 클레임의 전가

무역거래는 제조, 운송, 보험, 결제 등 복합적으로 계약을 체결하여 이루어지므로 쉽사리 클레임의 궁극적인 원인을 밝혀 내기 어렵다. 그러나 원인조사를 통하여 클레임의 원인이 운송기관에 있다고 판명되면 운송기관에 직접 배상을 청구하거나 그 해당 운송기관이 부보한 보험회사와 배상액을 협의하여 해결한다.[5)]

5 무역클레임의 해결

무역클레임의 해결방법으로는 크게 당사자 간에 해결하는 방법과 제3자가 개입하여 분쟁을 해결하는 방법으로 나눌 수 있다. 가장 바람직한 것은 당사자 간에 합의가 이루어져 제3자의 개입 없이 클레임을 해결하는 것이나, 실제의 경우에는 대부분 제3자에 의한 해결방법인 알선, 조정, 중재, 소송의 네 가지 방법을 사용하게 된다. 이 중에서도 중재가 가장 많이 사용되는 방법이다.

5) 오원석 · 박상철, 『무역실무』, 한국방송통신대학교 출판부, 2003, p. 279.

1. 당사자 간 해결

당사자 간 해결은 제3자를 개입시키지 않고 클레임의 양 당사자 간의 직접적인 교섭만으로 클레임을 해결하는 방법을 말한다.

(1) 당사자 간 합의

당사자 간 합의는 클레임 양 당사자의 협상을 통하여 클레임을 원만하게 해결하는 방법이다. 다시 말하면, 합의는 클레임을 제기한 피해자와 클레임 제기대상인 가해자가 교섭을 통하여 클레임을 원만하게 해결하는 방법으로서 가장 바람직한 해결방법이다.

(2) 화해

분쟁당사자들이 법정소송으로 비화하기 전에 스스로 합의를 하고, 그 합의내용의 이행을 위하여 지방법원 판사 앞에서 화해의 내용을 확인해 두는 것을 의미한다.

2. 제3자에 의한 해결

만일 당사자에 의한 해결이 안 될 경우에는 당사자 이외의 제3자인 알선기관, 조정인, 중재인, 법원의 판사 등이 개입하여 클레임을 해결하는 방법을 말한다.

(1) 알선

알선이란 당사자 중 어느 한 쪽이 상공회의소나 대사관, 국제상사중재협의회 등과 같은 공정한 제3자의 의뢰에 의하여 제3자가 분쟁사건에 개입하여 해결을 위하여 조언하는 방법이다. 이 경우에 알선기관은 단순히 조언을 해 주는 역할에 그치고 강제력이 수반되지 않으나 알선기관이 당사자에게 강력한 영향력을 행사할 수 있기 때문에 성공하는 경우가 많다. 대한상사중재원의 클레임 처리현황을 보면 알선에 의해 분쟁사건이 많이 해결되고 있다.[6]

(2) 조정

조정이란 당사자들이 합의하여 조정인을 선임한 뒤, 조정인이 제시하는 조정안을 쌍방이 모두 승낙하면 클레임이 해결되는 방법을 말한다. 이때 조정은 양 당사자의 합의에 의하여 행해지므로 어느 한 쪽이 조정을 신청하더라도 다른 상대방이 이에 응하지 않으면 조정의 방법으로 클레임을 해결할 수 없다. 더욱이 클레임의 양 당사자는 제시된 조정안에 대해 반드시 수락할 의무가 없으므로, 만약 어느 한 쪽이 조정안을 승낙하지 않으면 조정은 실패로 돌아간다.

(3) 중재

중재란 클레임의 당사자들이 합의하여 중재인을 선임하고, 양 당사자가 중재판정에 무조건 복종함으로써 클레임을 해결하는 방법을 말한다. 중재가 조정과 다른 점은 클레임의 양 당사자가 중재판정을 거부할 수 없을 뿐만 아니라 중재판정이 법적 구속력을 갖는다는 점이다. 더욱이 중재는 단 1회의 중재판정에 의하여 클레임이 해결된다. 즉, 어느 한 쪽이 중재판정에 불복한다 하더라도 상급기관에 상소할 수 없다. 더구나 통상적으로 중재는 3개월 내에 한 번의 중재로 사안이 종결되므로 판정이 경제적이고 신속한 장점이 있다.

국제무역은 사법제도가 서로 다른 국가 간 교역이므로, 무역클레임과 같은 국제분쟁에 있어서 한 국가에서 내려진 법원의 판결이 다른 나라에서 효력을 발생하기 어렵다. 뿐만 아니라 급속히 변화하는 현대사회에서 재판은 분쟁을 신속하게 해결하기 어렵다. 그러나 중재는 분쟁의 성격에 따라 절차를 유연하게 적응해 나가므로 무역클레임의 효과적인 해결방안이라 할 수 있다.

6) 김상호, 『무역클레임과 무역』, 두남, 2002, p. 44.

(4) 소송

소송이란 국가기관인 법원의 판결에 의하여 클레임을 강제적으로 해결하는 방법을 말한다. 국제 간의 무역거래에서는 거래상대방이 외국에 있는 것이 보통이므로 우리나라의 재판권은 상대국에 미치지 않는다는 치명적인 장애가 있고, 설령 우리나라 법정에서 승소한다 하더라도 강제집행을 할 수 없는 한계가 있다.

6 국제중재협약

중재에 관한 국제협약에는 제네바의정서, 뉴욕협약 등이 있다.

1. 제네바의정서

제네바의정서는 「중재조항에 관한 의정서」(Protocol on Arbitration Clauses; PAC)를 말하는데, 1920년에 설립된 국제상업회의소(ICC)가 중심이 되어 제정한 중재에 관한 최초의 다수국가 간의 협약이다. 1923년 제네바에서 채택되어 제네바의정서라 한다.

이 의정서는 분쟁에 관한 중재계약의 효력을 국제적으로 승인시킬 것을 목적으로 하고, 일정한 요건 아래 각 체약국에게 중재계약 및 중재조항의 효력을 승인할 의무를 지우고 있다. 그런데 제네바의정서에서는 각 체약국이 자국영역 내에서 행한 중재판정의 집행을 확보하는 약속을 함에 그치고, 외국중재판정의 승인과 집행에 대하여는 아무런 규정을 두지 않았다. 따라서 이 의정서의 규정에 의하면, 당사자가 어느 한 나라에서 얻은 중재판정을 타국에서 집행하려고 하는 경우에 그 타국의 법률 또는 법원은 이 중재판정의 집행을 거부할 수 있다.

2. 뉴욕협약

뉴욕협약(New York Convention)이란 1958년에 미국 뉴욕의 UN 본부에서 개최된 국제상사중재에서 성립된 「외국중재판정의 승인 및 집행에 관한 협약」(Convention on the Recognition and Enforcement of Foreign Arbitral Awards; CREFA)을 말한다. 우리나라는 1968년 3월 뉴욕협약에의 가입을 위한 서명(signature)을 한 후, 1973년 5월 9일부터 그 효력이 발생하였다. 우리나라가 뉴욕협약에 가입함에 따라 우리나라에서 내려진 중재판정은 다른 체약국에서 승인되고 또 그 집행도 보장된다. 반대로 다른 체약국에서 내려진 상사분쟁에 관한 중재판정은 우리나라에서 승인되고 또 그 집행도 보장된다.[7)]

7) 김상호, 『무역클레임과 무역』, 두남, 2002, p. 44.

Chapter 26 무역관계 법규

1 총설

1. 디지털경제시대의 도래

21세기는 정보통신기술(ICT)이 급속히 발전함에 따라 정보와 지식이 시공을 초월해 대량으로 전달되면서 인터넷과 e-비즈니스가 새로운 부의 원천이 되고, 세계가 하나의 지구촌이 되는 디지털혁명시대이다. 2000년 2월 1일 스위스 다보스(Davos)에서 폐막된 세계경제포럼의 주제도 디지털혁명이 몰고 온 사회적 격변을 정부와 기업이 어떻게 대응할 것인가의 대토론회였다. 여기에 참석한 세계의 석학과 CEO(chief executive officer)들이 말하기를 21세기는 산업사회의 구조뿐만 아니라 교육과 종교까지도 바꿀 것으로 예측한 바 있다. 디지털시대는 우리가 원하든 원하지 않든 새로운 가치관과 교육환경을 크게 바꿀 것이며, 세계경제지도가 새롭게 그려질 것이다. 그래서 디지털경제시대에는 전자무역이 세계경제를 주도하게 되어 새로운 무역규범의 탄생이 예고된다.

2. 국제무역환경의 변화

디지털경제시대의 국제경제질서에 대응하기 위하여 새로이 제정된 대외무역법(對外貿易法)은 전자적 형태의 무체물 수출입도 무역에 관한 정의에 포함하여 전자무역의 활성화를 유도하고 있다. 전자무역을 수용한 것은 한국의 경제규모가 확대되고 국제무역거래도 증대되어 대외무역법의 범위를 점차적으로 확대한 것이다. 실제로 대외무역법은 1986년 제정 이래 무역자유화 시책에 따라 점차적으로 그 관리 정도를 완화시켰다. 그러한 예로는 무역업에 대해 허가제에서 등록제로 변경한 후 다시 신고제로 변경한 것을 폐지하고, 2000년 1월 1일부터 무역업고유번호제를 실시한 것을 들 수 있다.

대외무역법에 무역진흥 등에 관한 일반적인 제도와 함께 규정되어 있던 불공정무역행위 및 산업피해 구제에 관한 조사 등의 절차를 따로 규정함으로써 일반국민이 이를 쉽게 알 수 있도록 하고 있다. 또 수입물품의 증가에 따른 국내산업의 피해구제절차를 WTO협정에 보다 부합하도록 개선하는 한편, 무역위원회 구성에 있어서 전문성 및 공정성을 강화하고, 불공정무역행위 등에 관한 조사절차를 명료화하여 산업피해 구제제도의 공정성 및 투명성을 높임으로써 공정무역질서를 확립하고, 개방경제체제하에서의 국제경쟁력 강화를 위해 대외무역법을 2001년 1월 전면 개정하여 시행하고 있다. 이후 '알기 쉬운 법령 만들기 사업'의 일환으로 2007년 4월에 어려운 법령 용어의 순화(醇化)를 위하여 대외무역법이 전부 개정되었고, 2009년 4월 일부개정에서는 기업부담 완화를 위하여 종합무역상사 지정제도 및 전략물자에 대한 신고 · 통보의무 등을 폐지하였으며, 기업의 해외진출과 관련된 상담 · 안내 등 기업의 해외진출에 대한 지원업무를 종합적으로 수행하기 위하여 해외진출지원센터를 두는 등 기업의 해외진출 기반을 마련하였다.

이처럼 대외무역법은 변화되는 국제경제질서에 따라 통상법으로서 국제거래의 생활관계를 합리적으로 규율하는 대외무역관리의 기본법이며, 무역거래의 지침이 되고 있다.

2 대외무역의 관리

1. 무역의 의의

(1) 무역의 의의

한 나라의 경제주체들은 다양한 형태로 국제거래활동을 전개하고 있다. 이러한 국제거래활동들은 국제물품거래활동, 국제서비스거래활동, 지적재산권 국제거래활동, 국제투자활동으로 나누어 볼 수 있다. 넓은 의미에서 무역(international trade)이라고 하면 이러한 다양한 대외경제활동을 모두 포함하는 뜻으로 사용된다.

따라서 무역은 부문별로 상품무역, 서비스무역, 기술무역 등으로 표현하기도 한다. 그러나 일반적으로는 세관의 통관절차를 거쳐야 하는 유형물품의 국제거래만을 무역의 범위에 한정하여 사용하는 경우가 많다. 물품의 국제거래는 한 나라의 대외 경제활동에서 가장 기초적인 단계를 형성하기 때문이다.

과거 우리나라 대외무역법 등 무역관계법령에서 사용된 무역이라는 용어는 물품의 수출 · 수입을 의미하는 것으로 규정하였다. 그러나 전자무역의 출현과 서비스무역의 증가로 최근 개정된 법률에서는 무역의 범위를 확대규정하고 있다. 현재 대외무역법에서는 무역을 "물품과 대통령령이 정하는 용역 또는 전자적 형태의 무체물의 수출입"으로 규정하고 있다.

(2) 물품, 용역, 전자적 형태의 무체물

위의 경우 물품은 유형재(visible goods)로서 일반적으로 외국환거래법에서 정하는 지급수단, 증권 및 채권을 화체한 서류를 제외한 동산을 말한다.

또한 용역은 다음의 하나에 해당하는 업종의 사업을 영위하는 자가 제공하는 용역과 국내의 법령 또는 대한민국이 당사자인 조약에 의하여 보호되는 특허권 · 실용신안권 · 의장권 · 상표권 · 저작권 · 저작인접권 · 프로그램저작권 · 반도체 집적회로의 배치설계권 양도, 전용실시권의 설정 또는 통상실시권의 허락을 의미한다.

① 경영상담업,

② 법무관련 서비스업,

③ 회계 및 세무관련 서비스업,

④ 엔지니어링 서비스업,

⑤ 디자인,

⑥ 컴퓨터시스템 설계 및 자문업,

⑦ 「문화산업진흥기본법」 제2조 제1호의 규정에 의한 문화산업에 해당하는 업종,

⑧ 운수업,

⑨ 「관광진흥법」 제3조 제1항에 따른 관광사업(이하 '관광사업'이라 한다)에 해당하는 업종,

⑩ 그 밖에 지식기반용역 등 수출유망산업으로서 지식경제부 장관이 정하여 고시하는 업종.

그리고 전자적 형태의 무체물은 소프트웨어와 '부호 · 문자 · 음성 · 음향 · 이미지 · 영상 등을 디지털방식으로 제작하거나 처리한 자료 또는 정보' 등으로 다음에 해당하는 것을 말한다.

① 영상물(영화, 게임, 에니메이션, 만화, 캐릭터를 포함),

② 음향 · 음성물,

③ 전자서적,

④ 데이터베이스.

2. 대외무역관리의 의의 및 수단

(1) 무역관리의 의의

무역관리란 무역정책의 한 부분으로 운영되며, 무역에 관한 제 법규에 의해 경제주체의 무역거래를 제한하는 소극적 간섭이라고 할 수 있다. 무역관리는 무역거래과정에 대한 정부의 인 · 허가, 면허, 승인, 인증, 행정지도 등의 방법에 의해서 이루어진다. 따라서 무역관리는 국가 또는 정부가 대외무역거래에 대한 규제나 통제행위뿐만 아니라 통상 · 무역의 전부 또는 일부에 대하여 총액, 내용, 시기, 결제방법 및 거래상대국 등을 적극적으로 간섭 내지 통제 · 관리함으로써 국민경제의 발전을 도모하고자 하는 행정행위이다.

(2) 무역관리의 수단

1) 법률적 관리

현행 무역관리제도는 대외무역관계법 및 동 시행령, 관리규정 등의 법규적인 수단에 의해 관리되고 있다. 이러한 법규는 다음과 같이 나눌 수 있다.

첫째, 무역관리 법규로는 대외무역법, 관세법, 외국환거래법 등이 있다. 대외무역법은 수출입 물품의 관리로는 대외무역의 기본법이다. 관세법은 수출입 물품의 통관관리를 담당하며, 외국환거래법은 외국환의 결제를 담당하고 있다. 그래서 대외무역의 기본 관리는 물품과 통관의 관리 및 외국환의 관리로 분리하여 담당하고 있다.

둘째, 개별법의 제정목적은 무역관리에 있는 것은 아니나, 그 법을 집행하는 과정에서 무역에 영향을 미치는 개별 행정법을 말한다(환경, 보건, 문화재보호 등).

2) 행정지도에 의한 관리

행정청의 행정행위의 일환으로 행정지도에 의한 대외무역관리를 말한다. 여기서 행정행위는 일반적으로 행정주체가 구체적인 사실에 대한 법규적 행위로서 행하는 공권력의 발동인 단독적 공법행위 등이다. 그리고 행정지도는 법규적 행위로서 행정행위는 아니면서 행정목적을 달성하기 위하여 행정청이 하는 지도행위를 말한다. 행정행위는 실정법에서 허가, 인가, 면허, 특허 또는 승인 등의 방법으로 행하여진다.

3) 일반적 무역관리수단

① 진흥수단

가. 내국신용장

내국신용장은 무역업체가 국내에서 수출용 완제품을 구매하여 직수출하거나, 수출물품 제조업자가 수출물품 제조에 필요한 수출용 원자재를 구매하여 제조·가공 후 직수출하거나 또는 국내에서 수출물품을 공급받는 자가 기본 L/C를 담보로 그 업체의 의뢰에 따라 외국환은행이 국내의 완제품 또는 원자재 공급업자를 수혜자로 하여 개설한 제2차 L/C로 일종의 지급보증서와 같은 L/C를 말한다.

나. 수출금융

수출금융은 물품의 수출을 지원하기 위하여 수출입업자, 수출용 완제품 및 수출용 원자재 생산업자를 지원대상으로 하여 수출상품의 제조·가공에 필요한 소요자금을 지원하는 무역정책의 일환으로 이루어지는 우대금융을 말한다.

다. 관세환급제도

관세환급은 수출물품 제조에 소요된 원재료가 수출 등에 제공된 때에는 원재료 수입시에 납부한 관세 등을 수출업자에게 되돌려 주는 제도를 일컫는다.

라. 수출보험

수출보험은 수출거래에 수반되는 위험 중에서 수출업자가 예기치 못한 전쟁, 파산 등의 비상위험이나 신용위험, 환위험 등에 보호하기 위한 제도로서, 수출업자, 생산업자, 금융기관 등이 입게 될지도 모를 경영손실의 위험을 보상함으로써 수출진흥을 도모하기 위한 비영리정책보험을 말한다.

② 규제수단

무역규제수단이라 함은 일반적으로 수입을 제한하는 수단을 말하는데, 주로 관세장벽과 비관세조치이다. 정당한 경우의 무역규제는 일시적으로 국제규범으로 인정되는 제도이다.

가. 수출입 금지

각국은 경우에 따라서 국내산업의 보호 또는 정치적 이유 기타 등에 의하여 특정 물품의 수출입 또는 특정 국가와의 수출입을 법령에 의하여 금지 또는 제한하고 있다. 그러나 일반적인 규정규범을 위반하는 경우에는 통상제재를 받는다.

나. 반덤핑관세 및 상계관세

반덤핑관세란 정상적인 수출가격보다 저렴한 가격으로 수출하는 경우에 그 가격차이만큼 부과하는 관세를 말한다. 그리고 상계관세란 수출상품의 보조금 등을 제공하는 경우에 대우받은 가격만큼 상대국에서 부과하는 관세를 말한다.

다. 수량제한

수량제한은 수출품의 양을 제한하는 경우를 말한다. 협정이나 자율적인 제한의 경우가 있다.

라. 수출자율규제

수출자율규제는 수입국의 수입제한조치를 미리 방지할 목적으로 수출국 스스로 수출을 자제하는 것으로서 수입수량 제한의 변형된 형태라고 할 수 있다. 따라서 이러한 수출자율규제는 조약이나 협정 및 타협의 산출일 경우가 많다.

③ 균형수단

가. 구상무역

구상무역은 구상주의 또는 쌍무주의에 의하여 2국 간의 무역을 균형 또는 조정하는 제도를 말한다. 이러한 구상무역에는 동시개설신용장(back to back L/C) 또는 기탁신용장(escrow L/C), 토마스신용장(TOMAS L/C) 등과 같은 특수한 형태의 신용장이 이용된다.

나. 바터제 및 연계무역

바터제(barter trade)는 두 나라 사이에 수입물품의 대금을 화폐로 결제하지 않고 그에 상응하는 만큼의 물품으로 수출하거나, 수출한 것에 상응하는 만큼의 물품을 수입하는 방식이다. 이는 두 나라 사이에 무역을 균형시키고자 하는 제도로서 일종의 물물교환무역이라고도 한다.

다. 수출입링크제

수출입링크제도는 수출과 수입을 연결시켜서 일정한 수출(또는 수입)과 교환할 것을 조건으로 수입(또는 수출)을 허용하는 제도이다. 이것은 수출입의 연결방식에 따라 수출의무제와 수입권리제로 구분할 수 있다.

3. 대외무역관리체제와 관계법규

(1) 기본법

대외무역관리의 기본법은 대외무역법이다. 대외무역법 이외에도 무역을 규율하는 법규로는 수출입에 관한 통관법규인 관세법, 외국환 결제에 관한 외국환거래법, 불공정무역에 관해서는 불공정무역행위 조사 및 산업피해 구제제도에 관한 법률 등이 보조적으로 규율된다. 그래서 무역거래는 3대 기본 법규로서 그 법의 제정 목적에 따라 대외무역관리를 담당하고 있다.

(2) 관계법

대외무역을 관리하는 관계법규들은 원래 제정목적이 대외무역관리는 아니었으나 법률의 운용과정에서 불가피하게 대외무역관리에 관여하는 법규들이 있다. 기본 법규 이외에 외국인투자촉진법, 조세감면규제법, 자유무역지역의 지정 등에 관한 법률, 중재법, 수출보험법, 산업디자인진흥법, 무역업무 자동화 촉진에 관한 법률 등 기타 관련법 및 무역관련 50여 개의 개별법이 있다(약사법, 마약법, 향정신성 의약품관리법, 식품위생법, 전기통신법 등).

3 대외무역법의 개설

1. 대외무역법의 연혁

대외무역법을 입법한 시기별로 대별하여 보면 다음과 같다.

(1) 무역법 제정 이전 시기

1946년 1월 3일자 미군정령 제39호로 제정 · 공포된 무역규칙이 대외무역관리에 관한 법령의 효시라고 볼 수 있다. 이 시기의 무역규칙들은 규제적이고 무역행정에 전반적으로 일관성이 없어 무역정책의 부재현상이 초래되었다. 따라서 대외무역은 미국 군정청에 의해 통제적으로 운영되어 실질적인 무역거래가 성립되지 않았다.

(2) 무역법 시기

무역법이 1957년 12월 13일 법률 제460호로 제정 · 공포되었다. 그 후 무역법, 동 시행령, 무역위원회규정, 동 시행세칙이 제정 · 공포됨에 따라 우리나라 대외무역정책의 기본 골격이 형성된 최초의 무역관련 기본법이 시행되었다. 이 법은 무역행정의 정비 · 강화 및 무역수지 균형과 국내산업의 균형적 발전을 확립할 수 있는 새로운 전기를 마련하였다.

(3) 무역거래법 시기

기존의 무역법과 수출진흥법, 수출장려보조금 교부에 관한 임시조치법 등을 통합 · 정비하여 1967년 1월 16일 법률 제1878호로 공포하고 4월 1일부터 시행하였다. 이 시기는 무역자유화의 기초가 수립된 시기이며, 한국의 현행 법제가 형성된 시기이다.

(4) 대외무역법 시기

대외무역법은 "국가는 대외무역을 육성하며 이를 규제 · 조정할 수 있다"는 헌법이념에 따라 1986년 12월 31일에 제정 · 공포되어 1987년 7월 1일부터 시행되고 있다. 이 법은 명칭만 다를 뿐 법의 연혁 및 법의 기본이 무역법 시기부터 시작된다고 볼 수 있다. 대외무역법은 무역거래법과 수출관련 법인 산업설비수출촉진법, 수출조합법을 통폐합하여 제정된 법이다. 대외무역법은 그 동안 수차례 개정되었고, 최종적으로 2009년 4월 22일 법률 제9630호로 개정되어 시행되고 있으며, 앞으로도 국제통상의 실질대응을 위해 지속적으로 개정될 것이다.

2. 대외무역법의 본질

(1) 대외무역법의 목적

현행 대외무역법의 목적은 수출과 수입을 함께 진흥시켜 자유무역에 의한 무역확대로 국민경제의 발전과 공정한 무역을 통하여 국제통상질서를 준수한다는 데에 그 목적이 있다. 이것은 종래의 무역거래법 목적인 "수출을 진흥하고 수입을 조정하여 대외무역을 건전하게 발전시킨다"는 데에 목적이 있다는 취지와는 다른 진보적 규정이다. 이러한 대외무역법의 목적은 통상확대를 위한 명문으로 규정함으로써 외국과의 통상교섭의 법적 근거를 마련하여 통상법으로서 대외무역법의 지위를 갖추게 된 것이다.

1) 대외무역의 진흥

현행 대외무역법에서는 대외무역을 진흥시키기 위하여 수출과 수입을 함께 진흥시키므로 대외통상교섭의 유리한 지위에 있게 하는 법적 근거를 제시하였다. 이것은 국제무역의 자유화를 추구하는 WTO협정의 취지와 그 목적이 같다는 데에 그 목적을 두고 있다.

2) 공정한 거래질서의 확립

대외무역법은 그 목적규정에서 "공정한 거래질서를 확립하고", 제3조에서 "자유롭고 공정한 무역의 원칙" 등을 선언하고 있다. 이것은 불공정한 무역거래를 지양하고 무역거래행위를 확립하기 위한 것이다. 이러한 조항은 무역상대국으로부터 수입규제의 유발을 방지하고 무역거래행위에 대해 이 법과 국제법규가 정한 범위 내에서 대응하여 국제무역질서를 준수하는 자유무역과 공정무역의 원칙을 선언한 것이다.

3) 국제수지의 균형달성

대외무역법은 "수출과 수입을 증대시키며, 통상을 균형 있게 확대시켜 국민경제를 발전시킨다"는 목적규정을 두고 있다. 이것은 외환사정에 따라 수출과 수입을 조정할 수 있으며, 수출과 수입을 균형 있게 확대시켜 국민경제를 발전시키는 것을 목적으로 하고 있는 것이다.

4) 통상확대

대외무역법은 대외무역에 관하여 내국인과 외국인에게 적용되는 통상법이다. 이것은 대외통상의 법적 근거를 제시하고, 자유롭고 공정한 무역에 따른 통상확대를 도모하는 법이다.[1)]

5) 국민경제 발전에 기여

대외무역법은 대외무역을 진흥하고 공정한 거래질서를 확립하여 국제수지의

1) 김병학, 『대외무역법론』, 두남, 2000, p. 12; 상공부 무역정책연구회, 『대외무역법』, 법문사, 1988, p. 68.

균형과 통상의 확대를 도모함으로써 궁극적으로 국민경제의 발전에 기여하는 통상법이다. 이것은 불확실한 국제무역거래 여건에 능동적으로 대처하기 위하여 수입자유화와 수입의 합리적 관리를 도모하여 대외개방화를 통한 수출경쟁력 강화와 교역상대국의 수입규제를 완화시켜 수출증대를 통한 국민경제 발전에 기여하는 법이다.

(2) 특성

1) 국제성, 대외성

대외무역법은 국민의 대외경제생활, 즉 국제상거래에 적용되며, 또한 국제적으로 타당하다고 인정되는 범위 내에서는 국제성을 지니고 있다. 대외무역 제법 제정시에 우리나라 헌법에 의하여 체결 · 공포된 무역에 관한 조약과 일반적으로 승인된 국제법규, 기타 국제협정에 따른다고 규정하여 국제성을 뚜렷이 하고 있다.

2) 종합성

무역거래현상은 매우 복잡 · 다양하며, 개개의 현상은 각각 독립되어 있다기보다는 서로 유기적인 관계를 유지함으로써 전체로서 국민경제질서를 형성하며, 또한 이러한 국민경제질서는 국제경제질서와 밀접한 관련을 맺고 있다. 따라서 무역에 관한 어느 한 분야의 규제는 동시에 다른 분야의 경제활동에 영향을 미치게 된다.

3) 포괄성

대외무역법 규제내용은 구체적인 거래를 대상으로 하는 것이 아니라 일반적인 사항에 관하여 다수의 당사자를 전제로 하며, 무역거래업체와 관련된 일반적인 사항을 규정하려고 하는 것이다.

4) 위임입법성

대외무역법은 유동적인 대외거래를 규율하는 법으로써 탄력적인 법형식이 요청되기 때문에, 입법경직성이 강한 국회가 원칙적인 사항만을 제정법에 규정하고,

시행에 관한 세부적 사항 등은 행정부가 제정하는 시행령과 관리규정에 위임하고 있다.

5) 경제통제성

대외무역법은 수출입질서와 대외신용의 유지, 향상을 통한 지속적인 무역의 진흥을 도모하기 위해 규제 및 조정을 하고 있다. 따라서 국민경제질서 중의 대외적 경제질서를 규제 · 조정하며, 직접 정부가 공익과 사익의 조화를 이루려는 일종의 경제통제법의 일종이다.

6) 지식경제부의 전속권한

모든 무역관리의 권한은 지식경제부 장관의 전속이며, 그 중의 일부 권한을 관련기관, 협회, 단체 등에게 위임 또는 위탁을 통해 관리하고 있다.

7) 무역업무의 과학화

대외무역법에서는 무역업무를 전자문서 교환체제로 자동화하는 등의 과학적인 무역업무 처리기반을 구축하고 있다.

8) 전자무역의 촉진

경제적 가치가 있는 전자적 형태의 무체물에 대해 정보통신망을 통하여 수출입하는 것도 무역으로 보고 이를 위해 전자무역 중개기관 등을 두고 있다.

(3) 운용원칙

대외무역법에서는 다음과 같은 운용원칙을 가지고 있다. 법 제3조 제1항에서는 "우리나라의 무역은 헌법에 의하여 체결 · 공포된 무역에 관한 조약과 일반적으로 승인된 국제법규가 정하는 바에 따라 자유롭고 공정한 무역을 조장함을 원칙으로 한다"고 규정하고 있다. 또한 법 제3조 제2항에서는 "정부는 이 법이나 다른 법률 또는 헌법에 의하여 체결 · 공포된 무역에 관한 조약과 일반적으로 승인된 국제법규에서 무역에 대한 제한을 정한 규정이 있는 경우에는 그 제한을 정한 목적을 달성하기 위하여 필요한 최소한의 범위 안에서 이를 운영하여야 한다"고 규정하고 있다. 따라서 우리나라 대외무역법의 운용원칙은 무역관리체제를 자유무역을 추구하는 국제규범에 부합시키고 더 나아가 그러한 범위 내에서 무역제한을 가할 때에는 최소한의 범위를 국한시킴으로써 자유 · 공정무역의 추진과 무역제한의 최소화 원칙을 가지고 있다.

3. 타법령과의 관계

(1) 개별 행정법

개별 행정법들은 대외무역법에 대하여는 특별법의 지위를 가진다. 그러나 대외무역법은 무역에 관한 기본법이므로 개별 행정법에서 명시적으로 대외무역법의 적용을 배제하지 않는 한 무역에 관하여는 대외무역법 규정과 개별 행정법 규정은 동시에 충족되어야 한다.

(2) 관세법, 외국환거래법

1) 관세법

대외무역법과의 관계에서는 대외무역법에 의하여 먼저 수출입이 허용되고 이행되는 과정에서 발생하는 관세 등의 부과 · 징수 및 통관절차는 관세법에 의하여 적용된다. 따라서 대외무역법에서는 관세법상의 수입에 따른 산업피해 구제제도(탄력관세제도)는 관세법에 의하여 별도로 운영되도록 특례규정을 도입하였으나, 유사한 행정기능이 이중적으로 운영됨에 따른 비효율성을 제거하기 위하여 관세법상의 산업피해 구제제도도 대외무역법상의 무역위원회에 의한 피해구제를 적용하도록 하고 있다.

2) 외국환거래법

기획재정부 장관이 외국환거래법령에 의하여 무역대금 결제방법을 정하고자 할 때에는 미리 지식경제부 장관과 협의하여야 한다. 한편, 기획재정부 장관은 대외무역법이 정하는 바에 의하여 인정된 물품의 수출입에 관한 지급 · 영수에 대하여는 지식경제부 장관의 허가를 받지 않아도 되도록 하고 있다.

(3) 국가보안법

대외무역법에 의한 물품의 수출입행위에 대하여는 그 행위가 업무수행상 정당하다고 인정되는 범위에서 국가보안법을 적용하지 아니한다(대외무역법 제51조).

(4) 독점규제 및 공정거래에 관한 법률

수출입의 질서유지를 위한 지식경제부 장관의 조정명령의 이행에 대하여는 독점규제 및 공정거래에 관한 법률을 적용하지 아니한다. 다만 이 경우 수출입질서 유지를 위한 지식경제부 장관의 조정명령이 독점규제 및 공정거래에 관한 법률 제2조 제1호의 규정에 의한 사업자 간의 국내시장에서의 경쟁을 제한하는 것인 때에는 공정거래위원회와 미리 협의하여야 한다(대외무역법 제50조)..

4 대외무역법령의 체계

1. 대외무역법의 체제

(1) 헌법상 무역관리

대외무역에 관한 우리나라 헌법 125조의 규정 "국가는 대외무역을 육성하며 이를 규제 · 조정할 수 있다"고 규정하고 있다. 그래서 대외무역에 관해 대외무역법의 규정에 따라 무역관리는 헌법이념에 따른 관리이다.

(2) 대외무역법상 관리

대외무역에 관한 기본법인 대외무역법은 전문 7장 59조와 부칙 3조로 구성되었으며, 대외무역법에서 위임된 사항과 그 시행에 관하여 필요한 사항을 정하기 위한 대외무역법 시행령과 대외무역법과 동법 시행령에서 위임된 사항과 그 시행에 관하여 필요한 사항을 정함을 목적으로 하는 대외무역관리규정으로 구성되어 있다.

2. 대외무역법령의 관리체제

(1) 주체에 대한 관리

1) 무역거래의 주체와 무역업 등의 구분

① 무역거래의 주체

대외무역법에서는 무역거래의 주체를 무역거래자로 규정하고 있다. '무역거래자'라 함은 수출 또는 수입을 하는 자, 외국의 수입자 또는 수출자의 위임을 받은 자 및 수출 · 수입을 위임하는 자 등 물품 등의 수출 · 수입행위의 전부 또는 일부를 위임하거나 행하는 자를 말한다(대외무역법 제2조 제3호). 한편, 기존의 대외무역법에서는 무역업과 무역대리업을 별도로 구분하여 무역업을 "무역을 업으로 영위하는 것"을 말하고, 무역대리업을 "외국의 수입업자 또는 수출업자의 위임을 받은 자(외국의 수입업자 또는 수출업자의 지사 또는 대리점을 포함)가 국내에서 수출물품을 구매하거나 수입물품을 수입함에 있어서 그 계약의 체결과 이에 부대되는 행위를 업으로 영위하는 것"으로 규정하였다. 그러나 2000년 12월 개정시 무역업과 무역대리업의 구분을 완전히 폐지하여 무역거래의 주체로 통합하여 관리하고 있다.

② 무역업 등의 구분

대외무역법이 제정되기 이전에는 무역업을 수출입업이라 규정하고, 일반수출입업, 특례수출입업, 내국수출입업으로 구분하여 관리하였다. 그러나 대외무역법이 제정되면서 무역업을 갑류무역업과 을류무역업으로 구분하였으나, 이것도

1996년 12월 31일에 개정되면서 구분하지 아니하고 무역업으로 단일화하여 관리하고 있다. 한편, 종전까지 갑류무역대리업과 을류무역대리업으로 구분하여 관리해 오던 무역대리업은 무역업 신고제가 2000년 1월 1일부터 폐지됨으로써 무역의 완전한 자유화와 함께 그 구분도 폐지되어 현재는 대외무역법상에서 무역대리업의 구분을 하지 않고 있다.

2) 무역업의 관리

① 무역업 관리의 연혁

무역업의 관리제도는 대외무역법상 무역거래 주체주의에 관한 것이며, 이는 누가, 어떻게 무역을 영위할 수 있는가에 대한 주요 범위이다. 우리나라의 무역업 관리제도는 1993년 6월 30일까지는 허가제[2)]였다. 허가제에서는 누구나 무역업을 자유로이 영위할 수 있도록 허용되어 있지 않았다. 법률에 특별한 규정이 있는 경우를 제외하고는 신용장요건, 자본금요건, 자격유지요건 등 일정한 요건과 수입자격을 갖춘 자로서 상공부 장관으로부터 무역업 허가권한을 위임받은 시 · 도지사에게 무역업의 허가를 받은 자만이 무역업을 영위할 수 있도록 그 자격을 엄격히 규율하였다(구대외무역법 제7조 ①항, 동법 시행령 제104조 ①항).

무역업 허가제도는 1993년 7월 1일부터 무역업의 등록제도[3)]로 변경 · 시행하게 되었다. 무역업의 등록제는 무역업을 영위할 수 있는 기준을 외국의 자유화 추세와 보조를 맞추어 나가도록 완화하는 것이었다. 그러나 무역업의 자유화 이전에 대외신용과 수출입질서를 적절하게 유지하고 부실한 무역업자의 난립을 방지하면서 수출입업을 효율적으로 관리하기 위함이었다.

2) 허가(license)란 법령에 의하여 일반적으로 금지되어 있는 행위를 특정의 경우에 특정인에 대하여 해제하는 행정처분을 말한다. 법령상으로는 허가 · 면허 · 인가 등의 용어가 함께 사용되고 있으나, 이들은 단지 국민의 자유활동에 과해졌던 제한을 해제하고 그 자유를 회복시키는 행위일 뿐 새로이 권리를 설정하는 특허나 다른 행위의 법률적 효과를 보충하는 인가와 구별된다. 다만 특정인에게 허용되는 것이기 때문에 사실상 독점적 이익이 보장되며, 이해에 영향을 미치게 되는 경우가 많으므로 허가과정에는 여러 규제조치가 취해지고 있다. 따라서 허가를 받지 않고 금지된 행위를 하면 대개는 처벌을 받게 되는데, 허가를 받지 않았다는 이유로 그 사법상의 효력이 부인되는 일은 없다.

3) 등록이란 행정법상 일정한 법률사실 또는 법률관계를 행정청 등 특정한 등록기관에 비치된 장부에 기재하는 일을 말한다. 등록은 어떤 사실이나 법률관계의 존재를 공적으로 공시 또는 증명하는 공증행위에 속하며, 그 직접효과는 공증력이 발생하는 데 있으나, 기타의 효력은 각종 등록에 따라 여러 가지가 있다. 예컨대, 주민등록처럼 주민이 되는 요건인 경우도 있고, 실용신안 · 의장 또는 상표의 등록처럼 권리발생의 요건인 경우도 있으며, 어업권의 등록, 자동차의 등록, 항공기의 등록처럼 권리득상(權利得喪)의 제3자에 대한 대항요건인 경우도 있고, 건설업자의 등록, 의사의 등록, 농약제조업자 및 수입업자의 등록처럼 일정한 영업을 하기 위한 요건인 경우도 있다. 최후의 경우는 허가의 성질을 가지는 것이다.

등록제로 시행되어 오다가 대외무역법이 1996년 12월 30일 전면적으로 개정됨에 따라 신고[4]제로 전환되었다. 이에 따라 무역업을 영위하고자 하는 자는 지식경제부 장관으로부터 무역업의 신고권한을 위탁받은 한국무역협회장에게 신고만 하면 제한 없이 수출입을 할 수 있게 되었다.

이러한 무역업의 신고제도는 대외무역법의 제7차 개정(1996년 12월 30일)시에 1997년부터 1999년 12월 31일까지 한시적으로 시행되도록 규정함으로써 무역업의 완전자유화에 대비한 무역업의 과도기적 관리방식이었다.

② 무역업 신고의 완전자유화(무역업 고유번호 부여)

현행 대외무역법에서는 무역업의 구분이 없어졌으며, 무역을 하고자 하는 자는 지식경제부 장관에게 신고할 의무도 없어졌다. 그러나 무역업신고제가 폐지되면 지금까지 무역업 신고번호를 기초로 한 각종 무역통계의 작성이 사실상 곤란해지고, 기존 통계와 연속성이 없어지게 된다. 또한 쿼터관리, 수출실적 확인 등과 같은 업체별 통계관리가 불가능하게 되어 산업피해조사, 통상마찰 대응 등 무역 및 산업정책 수립의 애로가 발생할 수 있다. 따라서 이와 같은 문제들을 해결하기 위하여 대외무역관리규정(규정 제3-5-1조)에서는 2000년 1월 1일부터 통계목적을 위해 무역업 고유번호를 부여하는 제도를 실시하고 있다. 이에 따라 지식경제부에서는 종전의 무역업신고 위탁기관이었던 한국무역협회로 하여금 우편 · 팩스 · e-mail · EDI의 방법으로 무역업체의 신청을 받아 무역업 고유번호를 부여하도록 하고 이를 관리하도록 위탁하고 있다.

수출입활동을 원활히 하기 위해서 수출입신고시 무역업 고유번호를 필히 기재하도록 하고 있어 무역업체는 반드시 무역업 고유번호를 무역협회에 신청하여 이를 부여받아야 한다.

3) 종합무역상사에 대한 관리

종합무역상사란 대규모의 자본과 조직을 가진 무역업자로서 광범위한 해외시

4) 신고는 사인(私人)이 행정청에 대하여 어떠한 사항을 그대로 신고 · 통고 · 보고함으로써 최종적인 법률효과를 발생하게 하는 공법행위이다. 신고에는 의사표시의 신고, 출생신고 · 사망신고 등과 같은 호적상의 신고, 도난신고와 같은 질서행정법상의 신고, 납세신고와 같은 조세법상의 신고 등이 있다. 따라서 무역업의 신고는 의사표시의 신고로서 무역업을 영위하겠다는 의사표시로서 해당 행정청에 통고하는 행위이고, 해당 행정청은 신고사항에 결격사유가 없으면 신고를 수리하여 신고필증을 교부하여 무역업을 영위하게 하여야 한다.

장을 상대로 무역업을 영위하는 대형화된 무역상사이다. 지식경제부 장관은 해외 시장의 개척 및 무역기능의 다양화를 기하고 중소기업과의 계열화 등을 통한 중소기업의 무역활동을 지원하기 위하여 무역거래자 중에서 종합무역상사를 지정할 수 있다. 그러나 최근들어 지식경제부 장관이 무역거래자 중에서 종합무역상사를 지정할 수 있도록 하던 것을 기업부담 완화를 위하여 폐지하였다.

4) 전문무역상사에 대한 관리

전문무역상사란 첨단산업 제품의 해외시장 진출을 지원하기 위해서 무역거래자 중에서 지식경제부 장관이 지정하는 무역상사이다. 전문무역상사의 관리는 종합무역상사와 동일한 기준과 대우를 받지만 그 차이점은 첨단산업 제품을 수출하는 기업을 대상으로 한다. 최근, 지식경제부 장관이 무역거래자 중에서 전문무역상사를 지정할 수 있도록 하던 것을 폐지하여 기업의 부담을 완화하였다.

(2) 객체 및 행위에 대한 관리

1) 수출입물품의 품목별 관리

① 수출입공고상의 품목분류방법 및 원칙

가. HS제도

관세협력위원회(Customs Cooperation Council; CCC, 현재 WCO)에서는 무역에 종사하는 관계자들의 업무처리를 신속하게 하고 무역거래의 원활화를 도모하고자 CCCN(CCC Nomenclature)을 골격으로 하여 새로운 통일상품분류명 및 부호체계(The Harmonized Commodity Description and Coding System; HS제도)를 탄생시켰다. HS는 관세, 무역통계, 운송, 보험 등과 같은 다양한 목적에 공통적으로 사용될 수 있도록 제정한 다목적 상품분류표이다. 우리나라도 1988년 1월 1일부터 이 협약에 가입하고 HS제도를 도입하여 한국통일상품분류(Harmonized System of Korea; HSK)를 제정 · 시행하고 있다. 그 후 1992년 1월부터 관세 · 통계 통합품목분류(HSK)로 고쳐 사용하고 있다.

나. 품목관리원칙

우리나라는 GATT에 가입하면서 1967년 7월 25일부터 수출입품목 관리체계를

positive list system[5]에서 negative list system[6]으로 전환하였다. 그러므로 품목별로 수출입을 금지하거나 제한하고 있지 않으면 자유롭게 수출입할 수 있다. 현행 수출입공고상의 품목은 수출제한품목과 수입제한품목으로 분류하고 있다.

② 수출입공고 등

수출입공고는 수출입 승인대상이 되는 물품에 대한 승인절차와 방법, 제한의 내용 등 개별적인 품목에 대한 수출입요령으로서 무역에 관한 직접규제방식이다. 무역업자는 수출입공고의 승인대상 품목에 해당되는 물품을 수출입하고자 할 때에는 그 공고에서 제시된 수출입요령에 따라 수출입을 해야 한다. 공고에 게기되지 않은 품목은 수출입 자유화 품목이다.

수출의 지속적인 증대와 무역의 균형화를 촉진하기 위해 필요한 경우에는 수출입공고의 규정을 적용하지 않고 별개의 공고를 적용할 수 있도록 규정하여 TEIS 수출입 별도공고제도는 수출입공고와 중복되는 부분이 많고, 무역관리업무의 효율성 제고에 장애가 되어 수출입공고에 포함되었다.

③ 통합공고

수출입물품으로 대외무역법 이외의 특별법(약사법, 검역법, 유해화학물질 관리법 등)의 적용을 받는 경우 수출입이 제한된다. 이와 같이 각종 특별법에서 정한 수출입제한 내용을 무역거래자가 용이하게 파악할 수 있도록 하는 한편 특별법상의 무역관리 내용을 대외무역법의 영역으로 연계시키기 위하여 특별법상의 수출입제한 내용을 하나로 통합하여 고시하는 공고를 통합공고라 한다. 통합공고에 적용을 받는 물품을 수출입하려는 자는 수출입공고의 적용과 동시에 통합공고의 내용에 충족되도록 관련기관 또는 단체로부터 요건을 확인받아야 한다.

④ 전략물자 수출입공고

전략물자 수출입공고는 국제평화와 국가안보 등에 영향을 미치는 품목에 대하여 정부가 별도로 그 수출입을 관리하기 위하여 이루어지는 공고이다. 전략물자

5) 이것은 자국의 산업보호 등을 목적으로 시행되고 있는 제도이다. 수출입공고에 수출입이 허용되는 품목만을 표시하고, 여기에 표시되지 않은 기타의 품목은 원칙적으로 수출입이 제한 또는 금지되도록 하는 수출입공고의 품목표시방법이다.

6) 수출입공고에 수출입의 제한 내지 금지품목만을 표시하고 여기에 표시되지 않은 기타 품목은 수출입이 허용되도록 하는 수출입공고의 품목표시방법이다. 이 방법은 무역자유화의 폭을 넓히고, 국내제품을 값싸고 질 좋은 외국제품과 경쟁하게 함으로써 국내산업의 체질을 개선하고, 일반대중의 소비생활을 향상시키는 데 그 목적을 두고 있다.

의 수출제한 및 수입증명서 발급에 관하여 필요한 사항은 지식경제부 장관이 이를 공고한다.

2) 수출 · 수입의 이행에 관한 관리

① 수출입 승인의 의의

대외무역법에서는 무역거래의 주체가 되는 무역업자 등의 관리는 완전자유화를 채택하고 있지만 거래물품, 거래형태, 거래지역을 비롯한 대금결제방법 등에 대하여는 관리대상으로 지정 · 관리하고 있다. 결국 수출입 승인이란 예외적으로 제한하는 품목에 대한 승인절차라는 방법으로 그 품목의 수출입이 가능하도록 해주는 제도이다.

② 수출입 승인의 면제

우리나라의 무역관리는 1997년 3월부터 일반적인 수출입거래를 자유화하고 특정의 경우에만 승인을 얻도록 하는 '원칙자유 · 예외제한'을 원칙으로 하고 있다. 따라서 무역거래를 하고자 하는 자는 당해 물품이 예외적으로 수출입 승인대상으로 지정 · 고시된 물품인 때에는 수출입 승인을 받아야 한다. 그러나 예외적인 제한대상의 경우라도 영리를 목적으로 하지 않는 물품의 수출입이거나 영리행위라 하더라도 주된 거래에 따른 부수적 거래 또는 출입국자의 휴대품 등 관리의 실익이 없는 경우 등에 대해서는 승인대상에서 제외하여 수출입절차를 간소화하고 있다.

3) 특정 거래형태의 수출입 인정

① 특정 거래형태의 의의

국제무역계약은 외국기업과의 상사계약일 뿐 아니라 계약조건에 여러 가지 특수성을 지니고 있다. 이러한 관점에서 거래형태에 어느 정도 제한 또는 규제를 할 필요성이 생기게 되어 무역업자의 독창적인 거래기법을 제한하거나 영업활동을 위축시킬 가능성이 있다. 대외무역법에서는 별도로 관리할 필요가 있는 거래형태만을 개별적으로 수출 또는 수입인정요건을 규정하여 관리하고 있는데(대외무역법 시행령 제20조), 그 내용은 다음과 같다.

① 법 제11조 제1항에 따른 수출 또는 수입의 제한을 회피할 우려가 있는 거래,

② 산업보호에 지장을 초래할 우려가 있는 거래,

③ 외국에서 외국으로 물품 등의 이동이 있고, 그 대금의 지급이나 영수(領收)가 국내에서 이루어지는 거래로서 대금결제 상황의 확인이 곤란하다고 인정되는 거래,

④ 대금결제 없이 물품 등의 이동만 이루어지는 거래.

특정 거래형태의 수출입이란 지식경제부 장관이 거래내용의 특수성 때문에 특별한 관리가 필요한 수출입을 여러 가지 유형으로 정형화하여 특별관리함을 말한다.

② 특정 거래형태의 수출입 유형

대외무역법에서는 특정 거래형태의 수출입을 위탁판매수출, 수탁판매수입, 위탁가공무역, 수탁가공무역, 임대수출, 임차수입, 연계무역, 중계무역, 외국인수수입, 외국인도수출, 무환수출입 등 11가지로 구분하여 관리하고 있다. 그러나 무역자유화의 확대로 인해 대부분이 제외되었으며, 2개 이상의 은행을 이용하여 결제하는 중개무역과 신고가격기준 5만 달러 상당액을 초과하는 무환수출만 특정 거래형태 인정대상으로 남아 있다.

4) 외화획득용 원료 · 기재의 수입

① 제도의 취지

일반적으로 대외무역법령에 의한 물적 관리는 수출입승인제도에서와 같이 국가에서 통제 · 관리하기 위한 수단으로 사용되고 있다. 그러나 외화획득용 원료 · 기재의 수입승인제도는 외화획득을 진흥하기 위한 관리제도이다. 그리고 외화획득용 원료 · 기재의 수입관리제도에 있어서 외화획득의 이행을 해외거래선에게 물품을 인도하여 수출하는 경우만을 의미한다. 따라서 외화획득용 원료 · 기재의 수입관리는 수출까지 영역을 확대하여 광의의 개념으로 외화획득 이행에 대한 정책적 지원과 관리를 하고 있다. 또한 현재 대외무역법령에서는 외화획득용 원료 · 기재의 수입시 수출입공고 등에서 수입이 제한되는 품목이라 할지라도 수입을 허용하며, 수입에 대한 수량제한도 하지 않고 있다.

② 외화획득용 원료 · 기재의 정의

'외화획득용 원료 · 기재'라 함은 외화획득용 원료와 외화획득용 시설기재 및

외화획득용 제품을 말한다. 이러한 외화획득용 원료 · 기재와 관련된 대외무역법령상의 정의를 살펴보면 다음과 같다.

첫째, '외화획득용 원료'라 함은 외화획득에 제공되는 물품과 제3조에 따른 용역 및 제4조에 따른 전자적 형태의 무체물(이하 '물품 등'이라 한다)을 생산(제조 · 가공 · 조립 · 수리 · 재생 또는 개조하는 것을 말한다. 이하 같다)하는 데에 필요한 원자재 · 부자재 · 부품 및 구성품을 말한다.

둘째, '외화획득용 시설기재'라 함은 외화획득에 제공되는 물품 등을 생산하는 데 사용되는 시설 · 기계 · 장치 · 부품 및 구성품(하자 및 유지보수에 필요한 부품 및 구성품을 포함)을 말한다.

셋째, '외화획득용 제품'이라 함은 수입한 후 생산과정을 거치지 아니하는 상태로 외화획득에 제공되는 물품 등을 말한다.

③ 자율소요량계산서

수출 등 외화획득을 위하여 사용되는 원료, 시설, 기계 및 제품을 수입할 때에는 이를 우선적으로 승인할 수 있으며, 또한 외화획득용 원료를 수입하는 때에는 특별한 경우를 제외하고는 수출입공고상의 수입금지 및 제한조치나 수량제한을 받지 않는 등 외화획득용 원료의 수입에 대해서는 문호를 개방하고 있는 동시에 동 원료의 수입에 대하여 한 금융지원, 관세 등의 환급 등 각종 지원혜택을 부여하고 있다. 따라서 각종 혜택이 주어지는 외화획득용 원료는 수출물품의 제조에 사용될 원자재의 품종별 · 규격별 수량이 정확히 책정될 필요가 있는데, 그 이유는 만약 수출물품 등의 제조에 사용될 외화획득용 원자재가 과소하게 책정 또는 계산되면 수출업자에게 혜택을 주고자 하는 본 제도의 목적을 제대로 달성할 수 없어 대응수출이행에 막대한 지장을 초래할 수 있으며, 반대로 수출물품 등의 제조에 사용될 외화획득용 원자재가 과다하게 책정 또는 계산되면 각종 혜택을 받고 외화획득용으로 수입된 원자재가 국내로 유출될 가능성이 있기 때문이다.[7)]

소요량증명제도란 책임 있는 기관이 외화획득용 물품에 필요한 원자재의 양을 책정하고 이를 증명함으로써 외화획득용 원료수입에 대한 우대조치의 적정화를 기할 목적으로 운영되는 제도를 말한다.[8)] 이 제도는 수출입물량의 확대와 생산

7) 김병학, 『대외무역법론』, 두남, 2000, p. 362.
8) 최근 들어 소요량증명제도는 행정절차의 간소화와 민간기업의 자율성 확대를 위하여 그 절차 및 운용을 보다 완

업체 간의 시설수준 및 노후도, 기술수준 및 원재료의 불량도 등의 격차로 인하여 정확한 산출과 적용이 어렵게 되어 점차 완화되고 간소되어 왔다. 최근에는 기업이 자율적으로 소요량을 산출하는 자율소요량계산서제도로 전환되었다.

사후관리대상 품목을 외화획득용 원료 등으로 사용하거나 공급한 업체는 대외무역관리규정 별지 서식 제20호에 따라 당해 기업이 자율적으로 작성하며, 자율소요량계산서는 단위자율소요량 또는 기준소요량에 외화획득용 물품 등의 수량을 곱한 물량으로 표시하며, 단위자율소요량의 산출근거를 품목 및 규격별로 명확히 표시하여야 한다.

기준소요량이 고시된 품목이라고 하더라도 수출계약서 등의 관련서류에 소요원료의 품명 · 규격 및 수량 등이 표시된 경우에는 이에 따라 자율소요량계산서를 작성할 수 있다.

5) 전략물자 수출입 및 산업설비 수출

① 전략물자 수출입관리의 의의

전략물자(strategic material)란 본래 전쟁수행에 필요한 중요 물자를 뜻하는데, 국가에 따라 그 중요도는 다르나, 일반적으로 석유 · 식량 · 희소금속 등을 들 수 있다. 여기에 무기 · 공작기계 · 전자기기 등을 포함시키기도 한다. 전략물자의 공급여하에 따라 전쟁수행과 국방경제 유지가 좌우된다. 따라서 이들 전략물자를 확보하기 위해 국내자원을 개발하고 해외물자의 수입 확보 및 비축, 대체자원 연구에 힘을 쏟는 한편, 적성국가에 대한 수출제한 등도 이루어지고 있다. 최근에 특히 중요시되고 있는 것은 희소금속이다. 항공 · 우주 · 원자력 · 전자 등 첨단기술산업에 필요한 희소금속자원은 가장 중요한 전략물자이다. 그 중에서도 크롬 · 망간 · 티타늄 등은 항공기와 미사일의 합금원료로, 코발트는 제트엔진 제조에 그 필요성이 증대되고 있다.

이러한 전략물자는 정부가 별도로 그 수출입을 관리하고 있는데, 대외무역법령에서는 전략물자를 "국제평화 및 안전유지와 국가안보를 위하여 수출허가 등 제한이 필요한 경우, 지식경제부 장관이 정하여 고시하는 물질, 시설과 장비(부품

화하여 간소화하는 방향으로 개편해 나가고 있다.

포함) 및 기술"(대외무역법 제19조 2항)(전략물자 수출입고시 제2조 제1호)로 정의하고, 동 물품을 전략물자 수출입고시로 별도 고시하여 전략물자를 수출하고자 하는 자에게 지식경제부 장관이나 관계행정기관의 장의 수출허가를 받도록 제한을 하거나, 전략물자를 수입하고자 하는 자가 전략물자 수입목적확인서의 신청을 하는 경우에 이를 발급할 수 있도록 규정하고 있다. 따라서 지식경제부 장관의 전략물자 수출입고시에 게기된 물품을 수출입하고자 하는 자는 지식경제부 장관이나 관계행정기관의 장에게 전략물자에 해당하는지에 대한 판정을 신청할 수 있으며, 지식경제부 장관이 발급하는 수입목적확인서의 발급을 신청할 수 있다.

② 산업설비수출의 관리

산업설비수출은 각종 상품을 제조하기 위한 기계장치 등의 하드웨어와 그 설치에 필요한 엔지니어링, 노하우, 건설시공 등의 소프트웨어가 결합된 산업단위체의 종합수출을 말한다.[9] 우리나라에서 산업설비수출이라는 용어는 산업설비촉진수출법을 제정하는 과정에서 플랜트(plant)란 외래어를 산업설비라는 용어로 대치시킴으로써 생겨난 것이며, 따라서 산업설비수출은 플랜트수출과 동의어로 사용되고 있다.

산업설비의 범위는 직접적인 생산활동을 영위하기 위한 화학 · 석유정제 · 제련 · 자동차 · 채광 · 섬유공장 등의 협의의 산업설비와 협의의 산업설비에 댐 · 교량 · 도로 · 항만시설 등 국토개발 플랜트 및 학교 · 병원 · 주택 · 도시건설 등 사회플랜트까지 모두 포함한 광의의 산업설비로 분류되고 있다. 일반적으로 플랜트라고 할 경우에는 협의의 플랜트를 의미한다.

산업설비수출은 기계류에 엔지니어링, 노하우, 건설시공 등이 결부된 기계시스템의 수출이므로 다음과 같이 일반상품의 수출과는 다른 특성을 가지고 있다.

첫째, 거래단위가 대형화와 수주액이 거액이다.

둘째, 수출이행기간 및 수출대금 회수기간이 장기화를 요한다.

셋째, 기술집약적 수출이다.

넷째, 연지급수출금융의 필요성이 요구된다.

다섯째, 통상마찰 해결 및 경제협력수단으로 활용되기도 한다.

9) 강이수, 『대외무역법』, 무역경영사, 1993, p. 258.

산업설비수출은 이상과 같은 특성으로 인하여 거래의 성공 여부에 따라 국제사회에서 우리나라의 이미지 형성 및 경제적 파급효과에 커다란 영향을 미치므로, 이에 대해 대외무역법에서는 일반수출과 달리 별도로 관리를 행하고 있다.

6) 수출입물품의 원산지표시

① 수출입물품의 원산지제도

우리나라의 원산지표시제도는 1991년 7월 1일부터 시행되고 있다. 원산지를 표시하여야 하는 대상으로 공고한 물품을 수출 또는 수입하고자 하는 자는 그 물품에 대하여 원산지의 표시를 하도록 규정하고 있다. 원산지의 표시방법 · 확인 기타 표시에 관하여 필요한 사항은 대통령령으로 정하고 있다. 이 제도는 공정한 무역질서의 확립을 도모하고, 소비자에게 정확한 상품정보 제공으로 국내소비자 보호 및 유통거래질서를 확립하며 대외적으로는 관세의 양허, 수입수량의 제한, 우회수입을 포함한 특정 지역으로부터의 수입관리 등 무역정책의 실효성을 확보하기 위한 것이다.

② 수입물품의 원산지표시 대상물품

원산지표시 대상물품이란 지식경제부 장관이 공정한 무역질서의 확립을 도모하기 위하여 원산지를 표시하여야 하는 대상으로 공고한 물품을 말한다. 원산지표시 대상물품을 수출입하고자 하는 자는 그 물품에 대하여 원산지의 표시를 하여야 하는바, 원산지표시 대상물품으로 지정된 수입물품에 원산지를 표시하여야 한다. 그러나 원산지표시 대상물품으로 지정되어 있는 경우라 하더라도 원산지표시를 하지 아니할 수 있는데, 이것을 원산지표시 면제대상 물품이라 한다.

7) 수출입질서 유지

① 불공정 수출입행위의 금지

불공정 수출입행위라 함은 광의로는 덤핑, 보조금지급, 상표 및 특허권 등 지적소유권의 침해 또는 불공정 경쟁행위를 말하며, 협의로는 지적소유권의 침해행위를 말한다. 우리나라도 국제무역질서에 부합하는 공정무역을 함으로써 외국과의 무역마찰을 방지하기 위하여 대외무역법에서 일정한 수출입행위를 불공정한 수출입행위로 규정하여 이를 금지하고 있다.

② 수출입 물품가격의 조작금지

무역거래자는 외화를 도피할 목적으로 물품의 수출입가격을 조작하여서는 아니 된다. 이는 무역거래자가 외화를 도피할 목적으로 외국의 거래상대와 공모하여 수출가격을 부당하게 낮게 하거나 수입가격을 부당하게 높게 책정하여 그 차액을 외국으로 도피하는 경우를 규제하기 위한 규정이다.

③ 무역거래자 간 무역분쟁의 신속한 해결

국제무역거래에서 발생할 수 있는 무역분쟁은 거래당사자 간의 문제이다. 이런 무역분쟁이 당사자 간에 원만하게 해결되지 않을 경우 소송에 의해 해결할 수밖에 없는데, 이러한 해결은 시간이 오래 걸릴 수도 있어 양 당사자 간에 재정적으로 어려움을 가져다 줄 수도 있다. 따라서 실무에서는 상사중재제도를 활용하여 신속한 분쟁해결을 도모하고 있다. 무역분쟁의 신속한 해결을 의무화하고 있는 것은 수출입의 질서유지와 수출물품의 대외성가의 유지를 통해 우리나라의 대외성가를 유지하기 위함이다.

④ 선적 전 검사관련 분쟁조정

선적전검사제도(preshipment inspection system; PIS)는 농산물 및 특히 공산품의 자국수입과 관련하여 그 물품의 품질(성능 · 규격 · 재질 · 제작형태 · 상태 등), 수량, 수입거래자격의 적정성 여부 등을 수입국 정부기관 또는 중앙은행이 지정한 선적 전 검사기관이 선적 전에 수출국 현지에서 검사하고, 그 검사결과에 따라 수입국 도착 후 통관처분 및 일정한 관세를 부과하는 제도이다. 이러한 제도는 수입상이 복잡한 무역거래절차를 이용하여 부당하게 외화를 도피하거나 낮은 가격을 책정하여 관세를 포탈하는 것 등을 방지하기 위해 운용하였으나, 최근 들어 선적 전 검사기관이 가격을 수입국 수준으로 채용한다든지, 수량판정에 오류를 나타내는 등 수출업자에게 불이익을 줌으로써 분쟁이 자주 발생하였다.

이에 따라 WTO 출범과 선적 전 검사에 관한 협정을 체결하였으며, 우리나라 대외무역법에서도 선적 전 분쟁해결을 위해 개정 법률에 채용하여 제도적인 장치를 마련하였다(1997. 3).

⑤ 수출입질서 유지를 위한 조정

지식경제부 장관은 다음의 하나에 해당하는 경우에는 무역거래자에게 수출하는 물품의 가격 · 수량 · 품질 기타 거래조건 또는 그 대상지역 등에 관하여 필요한 조정을 명할 수 있다.

첫째, 헌법에 따라 체결 · 공포된 조약과 일반적으로 승인된 국제법규에 따른 의무이행을 위하여 필요한 경우,

둘째, 우리나라 또는 교역상대국의 관련법령에 위반되는 경우,

셋째, 기타 물품수출의 공정한 경쟁을 교란할 우려가 있거나 대외신용을 손상하는 행위를 방지하기 위하여 필요한 경우.

8) 산업피해조사

① 산업피해 구제제도

산업피해 구제제도란 자국시장의 개방에 따른 급격한 수입증가 또는 불공정한 수입행위로 국내산업이 피해를 입거나 입을 우려가 있을 경우 수입을 일정 범위 내에서 조정하고 규제하기 위한 무역제한 또는 수입규제조치의 수단을 말한다. 이 제도는 수입에 대한 관세 · 비관세장벽에 의한 수입제한조치뿐만 아니라 관련산업의 조정, 지원조치 등 소극적 · 적극적인 모든 형태의 정부개입이 포함된다.

산업피해 구제에 관한 규정은 기존 대외무역법에 명시되어 적용되어 왔다. 그러나 불공정무역행위 및 수입의 증가로 인한 국내산업의 피해를 조사하고 구제하는 절차를 정하여 공정한 무역질서를 확립함으로써 국민경제의 건전한 발전에 기여하는 한편, 세계무역기구 설립을 위한 마라케시협정 등 무역에 관한 국제협약의 이행을 위하여 대외무역법에서 분리하여 독립적인 법제정의 필요성이 대두되었다. 이에 불공정무역행위 조사 및 산업피해 구제제도에 관한 법률을 제정하여 운용하고 있다.

② 무역위원회

특정한 물품의 수입증가, 무역 · 유통서비스의 공급증가 또는 불공정한 수입으로 인한 국내산업의 피해를 구제하는 데 필요한 각종 조사 · 판정 및 구제조치 등을 수행하기 위하여 지식경제부에 무역위원회를 두고 있다. 대외무역법에서 정한 것 외에 무역위원회의 조직 및 운영 등에 관하여 필요한 사항은 대통령령으로 정하며, 이에 따라 산업피해의 조사 · 결정 · 판정 및 구제조치 건의 등 무역위원회의 운영 및 절차에 관하여 이 영에서 정한 것 외에 필요한 사항은 무역위원회가 정한다.

③ 산업피해의 조사

산업피해조사란 특정 물품, 외국인에 의한 무역 · 유통서비스, 국내에서 보호되는 특허권 등의 지적재산권을 침해하는 물품과 동종 또는 직접적인 경쟁관계에 있는 물품의 수입 등이 국내산업에 미치는 피해를 조사하는 것을 말한다.

무역위원회는 산업피해조사의 신청을 받은 때에는 관계행정기관의 장과 협의하여 그 신청일로부터 30일 이내에 조사개시 여부를 결정한 후, 그 사실을 관보에 게재하고 신청인에게 통지하여야 한다.

④ 잠정조치

무역위원회에 조사를 신청하였거나 무역위원회가 직권으로 조사중인 불공정 무역행위로 인하여 회복할 수 없는 피해를 받거나 받을 우려가 있는 자는 무역위원회에 불공정 무역행위의 중지, 그 밖에 피해를 예방할 수 있는 조치(이하 '잠정조치'라 한다)를 하여 줄 것을 신청할 수 있다.

⑤ 섬유 및 의류에 대한 세이프가드조치

섬유 및 의류의 수입증가로 인하여 국내산업에 심각한 피해를 받거나 받을 우려가 있을 때에는 특정 국가에 대해 취할 수 있는 수입제한조치를 대외무역법은 규정하고 있다. 지식경제부 장관은 섬유 및 의류의 수입증가로 인하여 동종의 물품 또는 직접적인 경쟁관계에 있는 물품을 생산하는 국내산업이 심각한 피해를 받거나 받을 우려가 있을 때에는 수입제한조치를 할 수 있다. 그리고 수입제한조치를 하는 경우 그 대상품목 · 대상국가 · 제한범위 및 조사절차 등에 관하여 필요한 사항은 대통령령으로 정한다.

⑥ 산업피해 구제조치

수입에 의한 산업피해 구제조치는 당해 수입의 유형이 공정무역관행에 의한 수입인지 또는 불공정무역관행에 의한 수입인지의 여부에 따라 그 조치방법이 결정되며, WTO에서는 긴급수입제한조치, 반덤핑관세 부과, 상계관세 부과, 보복관세 부과 등을 허용하고 있다.

무역위원회는 국내산업에 대한 피해조사의 결과 국내산업에 미치는 피해가 있다고 판정한 때에는 당해 국내산업을 관장하는 관계행정기관의 장, 당해 국내산업과 관련 있는 협회 · 조합 등의 의견을 종합적으로 검토한 후, 그 판정일로부터 45일 이내에 관계행정기관의 장에게 일정한 기간을 정하여 구제조치를 하여 줄 것을 건의할 수 있다.

무역위원회는 구제조치 및 잠정조치의 건의를 받아 관계행정기관의 장이 행한 구제조치가 국내산업에 미치는 영향 및 효과 등을 검토하여 당해 구제조치 내용의 변경·해제 또는 적용기간의 연장을 관계행정기관의 장에게 건의할 수 있다.

⑦ 서비스에 대한 세이프가드조치

서비스무역은 1990년대 중반까지 상품무역에 비해 빠른 속도로 증가하여 왔으며, 그 결과 서비스무역이 세계 전체 무역에서 차지하는 비중은 20%를 상회하고 있다. 게다가 세계 각국의 GDP에서 서비스업이 차지하는 비중은 1999년 현재 평균 63%에 달하고 있고, 그 비중 또한 증가추세에 있으며, 선진국일수록 서비스업의 비중은 더욱 높은 것으로 나타나고 있다. 이러한 세계경제의 서비스화 추세를 반영할 때 향후 서비스무역 증가의 가능성은 매우 크다고 볼 수 있다. 그럼에도 불구하고 서비스무역은 그간 GATT체제하에서는 상품무역과 달리 자유무역의 대상에 포함되지 않았다. 따라서 우루과이라운드에서는 이를 자유무역의 틀 안으로 끌어들이고자 협상을 진행한 결과 155개 서비스업종에 대한 무역자유화와 규제철폐에 합의하였다. 따라서 서비스무역도 섬유 및 의류산업과 마찬가지로 수입의 급증에 따른 국내산업의 피해를 조사하고 이를 구제하는 조치를 취하는 것이 가능하고 또한 필요한 것이라 할 수 있다.

⑧ 덤핑 및 보조금 등으로 인한 산업피해조사

덤핑으로 인한 산업피해의 조사개시 결정, 덤핑사실의 조사, 덤핑으로 인한 산업피해의 조사·판정, 덤핑방지조치의 건의, 재심사 등은 관세법 제51조 내지 제56조에서 정하는 바에 따른다. 보조금 등으로 인한 산업피해의 조사개시 결정, 보조금 등의 지급사실 조사, 보조금 등으로 인한 산업피해의 조사·판정, 상계조치의 건의, 재심사 등은 관세법 제57조 내지 제62조에서 정하는 바에 따른다.

(3) 행정관리

행정관리는 행정벌에 의해 이루어진다고 할 수 있다. 행정벌이란 행정법상의 의무위반에 대해 일반통치권이 과하는 제재로서의 처벌을 말한다. 여기서 의무위반이란 행정법상의 명령·금지의 위반을 말하며, 행정벌이 과하여지는 행위를 행정범이라고 한다. 행정법규는 행정목적의 실현을 위하여 국민에게 각종 의무를 과하는 동시에 국민이 그 의무를 위반하는 때에 제재를 가할 것을 규정함으로써 행정법규의 실효성을 확보하고자 한다.

대외무역법령에서는 여러 가지 행정벌을 규정하고 있다. 이러한 행정벌은 과태료처분 등의 제재를 과하는 행정질서벌과 징역, 벌금을 과하는 행정형벌로 구분할 수 있다.

5 대외무역 관련법규

1. 관세법

(1) 개요

무역거래의 대상이 되는 물품은 매매당사자 간의 인도 · 인수과정을 통하여 국제적인 이동을 하게 된다. 무역을 이행하는 과정에서 물품은 수출국에서 수입국의 영역으로 이동하게 된다. 물론 물품이 이동하기 위해서는 대외무역법 등 관련법규에 따른 합법적인 절차가 선행되어야 한다. 이러한 무역을 수행하는 과정에서 대부분의 국가들은 물품의 이동을 최종적으로 확인 · 점검하기 위해 세관에서 통관절차를 거치도록 하고 있다.

이러한 통관절차에 관하여는 주로 관세법에 규정되어 있다. 물품은 최종적으로 관세법에 규정된 통관절차를 이행하지 않고서는 국제적 이동이 불가능하다. 이러한 과정에서 부과되는 관세를 납부해야 하는 것도 통관절차의 한 부분이라고 할 수 있다.

(2) 관세법의 목적

관세법은 관세의 부과 · 징수 및 수출입물품의 통관을 적정하게 하여 국민경제의 발전에 기여하고 관세수입의 확보를 기함을 목적으로 한다. 이 규정에서, 관세법의 두 가지 목적을 알 수 있다. ① 국민경제 발전, ② 관세수입 확보라는 관세의 부과 · 징수를 통하여 수입을 조정함으로써 국내산업을 보호하고 국제수지 개선을 도모할 수 있다. 또한 관세의 가격효과를 통해 국내물가를 조정할 수 있기 때문에 국민경제 발전을 위한 경제정책으로 사용할 수 있다. 그리고 관세징수의 결과 조세수입이 증가하여 국가재정의 확보에도 기여한다.

(3) 관세법과 대외무역법의 관계

무역에 관하여 관세법과 대외무역법의 적용면에서 볼 때 시간적으로 연결되는 선후관계에 있다. 대외무역법에 의하여 먼저 수출입이 허용되고, 그 수출입이 이행되는 과정에서 발생하는 관세 및 통관절차는 관세법에 의하여 적용된다. 다만 산업피해 구제제도의 이중적 제도로 운용될 가능성이 있었다. 그러나 불공정무역행위 조사 및 산업피해 구제제도에 관한 법률의 독립된 법이 제정됨으로써 이러한 문제도 해결되어 유사한 정부기능이 이중적으로 운용되어 올 수 있는 비효율성을 제거하였다. 따라서 관세법과 대외무역법상의 산업피해 구제는 불공정무역행위 조사 및 산업피해 구제제도에 관한 법률상의 무역위원회에 의하도록 하고 있다.

2. 외국환거래법

(1) 개요

국가 간 무역거래는 외국환거래를 수반하는 경우가 대부부분이다. 물물교환 등과 같이 무환으로 이루어지는 경우도 있지만 그 비중이 매우 미약하다. 따라서 국가 간 물품거래는 외국환과 분리하여 논할 수 없다. 외국환은 내국환과 달리 이

종통화 간의 교환이 필요하다. 따라서 환율의 등락에 따라 외국환의 수요와 공급이 영향을 받게 된다. 이를 시장기능에 맡기지 않고 정부가 직접 환율변동에 개입하거나 비가격적인 통제수단을 이용하여 외국환의 수급을 조정하게 된다. 이와 같이 정부가 외국환에 대하여 시장기능에 맡기지 않고 직접 통제하는 것을 외국환관리라고 할 수 있다. 이러한 외국환의 관리는 물품의 교환을 비롯하여 각종 서비스거래, 국제투자, 이전거래, 차관 등 다양하다. 우리나라에서는 이러한 법규로서 외국환거래법이 제정되어 운용되고 있다. 동법 중 무역관리와 관련하여 수출입결제에 관하여 규정하고 있다.

(2) 목적

외국환거래법은 외국환과 그 거래, 기타 대외거래를 합리적으로 조정 또는 관리함으로써 대외거래의 원활화를 기하고 국제수지의 균형과 통화가치의 안정을 도모하여 국민경제의 건전한 발전에 이바지함을 목적으로 제정된 법이다. 외국환거래법 역시 최종목적은 국민경제의 발전에 이바지하는 데 있으며, 그 추진수단으로서 외국환 및 대외거래를 합리적으로 조정 또는 관리하고 이를 통하여 대외거래의 원활화를 기하고 국제수지의 균형과 통화가치의 안정을 도모하려는 데 있다.

(3) 외국환거래법과 대외무역법의 관계

대외무역법은 무역의 대상인 물품의 이동을 관리하는 법규인 반면, 외국환거래법은 무역에 의하여 발생하는 대금결제를 관리하는 법규이다. 따라서 대외무역법과 외국환거래법은 서로 보완 · 협조관계를 유지하고 있다.

3. 기타 관련법규

(1) 무역보험법

이 법은 물품 · 용역 등의 수출 기타 대외거래에서 발생하는 위험을 담보하기 위한 무역보험제도를 효율적으로 운영함으로써 수출을 촉진하여 국민경제의 발전에 이바지함을 목적으로 한다.

(2) 무역업무 자동화 촉진에 관한 법률

이 법은 무역업무의 자동화(이하 '무역자동화'라 한다)를 촉진하여 무역절차의 간소화와 무역정보의 신속한 유통을 실현하고 무역업무의 처리시간과 비용을 절감하여 산업의 국제경쟁력을 높임으로써 국민경제의 발전에 이바지함을 목적으로 한다.

(3) 외국인투자촉진법

이 법은 외국인투자에 대한 지원과 편의제공을 통하여 외국인투자의 유치를 촉진함으로써 국민경제의 건전한 발전에 이바지함을 목적으로 한다. 한편, 이 법은 종전의 외자도입법을 1996년 대체 제정한 것이다.

(4) 자유무역지역의 지정 등에 관한 법률

이 법은 자유로운 제조 및 무역활동 등이 보장되는 자유무역지역을 지정 · 운영함으로써 외국인 투자의 유치, 국제무역의 진흥 및 지역개발 등을 촉진하여 국민경제의 발전에 이바지함을 목적으로 한다.

(5) 중재법

이 법은 중재에 의하여 사법상의 분쟁을 적정 · 공평 · 신속하게 해결함을 목적으로 한다.

(6) 불공정무역행위 조사 및 산업피해 구제에 관한 법률

이 법은 불공정무역행위 및 수입의 증가로 인한 국내산업의 피해를 조사하고 구제하는 절차를 정하여 공정한 무역질서를 확립함으로써 국민경제의 건전한 발전에 기여하는 한편, 세계무역기구 설립을 위한 마라케시협정 등 무역에 관한 국제협약의 이행을 위하여 필요한 사항을 규정함을 목적으로 한다. 이 법은 종래 대외무역법의 산업피해 구제제도를 WTO 협약의 이행을 위하여 별도 법률로 2001년 2월 3일 제정하여 운용하고 있다.

(7) 전자거래기본법

1990년대에 들어와 전자상거래의 활성화로 인해 여러 가지 법적 문제들이 발생되고 있다. 전자상거래의 분쟁에 대해 기존의 법과 제도로는 효과적인 해결방법을 제시하지 못하는 실정이다. 그래서 전자상거래의 지속적인 활성화와 더불어 건전한 경제발전과 소비자보호를 위한 제도적인 뒷받침이 필요하게 되었다.

전자상거래에 대한 일반적인 법원칙이 필요해짐에 따라 1999년 7월 1일 전자거래기본법이 제정 · 시행되기에 이르렀다. 지식경제부에서 마련한 전자거래기본법은 전자상거래와 관련된 기존의 법 · 제도를 포괄적으로 반영하고 있다. 여기서 한 발 더 나아가 보다 발전된 형태로 전자상거래에 관한 사항을 규정하고 있다. 기존의 개별적 형태로 존재하였던 무역업무 자동화 촉진에 관한 법률, 정보통신망 이용촉진 등에 관한 법률, 사무관리규정, 공업 및 에너지기술 기반조성에 관한 법률, 화물유통촉진법 등에 규정되었던 전자상거래에 관한 규정들로는 인터넷이라는 개방된 네트워크 환경하의 전자상거래를 포괄적으로 규제하기에는 역부족이다. 따라서 개별적 법규를 종합하고 포괄하는 새로운 법규를 제정 · 시행하게 되었다.

전자거래기본법이 1999년 제정 · 공포된 이래 전자거래에 관한 기본법으로서 전자거래의 법률관계를 규율하고 전자거래의 안전성을 확보하기 위한 법적 기틀을 마련함으로써 전자거래의 활성화와 기반조성에 기여하였으나 전자거래의 확산 및 기술과 환경의 급속한 변화를 제대로 반영하지 못하였다. 그리고 전자거래의 법률관계에 관한 규정을 정비하여 법적 논란을 해소하고 소비자의 피해구제 · 분쟁해결 등에 관한 사항을 보완하여 전자거래의 안전성과 신뢰성을 확보하기 위하여 2002년 1월 19일 법률 제6614호로 전면 개정되었다.

금번의 개정에 있어서 가장 큰 특징은 구법령에서와 달리 시행규칙이 제정되도록 하여 전자거래통계 등 실태조사의 조사사항 등에 대한 권한위임을 이루어 업무의 효율성을 제고시켰다. 그러나 이 법도 다양해지는 전자상거래를 모두 규율할 수 없는 한계성을 드러내고 있다.

(8) 기타

그 밖에도 수출용 원재료에 대한 관세 등 환급에 관한 특례법, 조세감면규제법 등과 함께 무역금융규정 등의 수출지원을 위한 규정 등이 있다.

4. 개별 행정법

개별 행정법은 입법취지가 대외무역관리에만 국한된 것이 아니나, 그 목적이 국민보건과 안전, 환경보호 및 소비자보호 또는 문화재보호 등의 경우, 그 해당 목적수행에 미치는 영향을 조정하기 위하여 특정 물품의 수출입을 보호 및 규제관리하는 경우이다. 이러한 개별 행정법규에 의한 무역관리는 무역거래주체에 관한 관리와 품목에 대한 관리로 나누어 볼 수 있다. 주체관리에 관한 당해 법률에 의해 관리대상이 되는 품목의 수출입을 하려는 자는 대외무역법과는 별도로 관계행정기관의 장의 허가를 얻어야 한다. 또한 품목에 관한 관리영역은 지식경제부 장관의 통합공고로 일원화되었으나 품목에 관한 관리에 적용되는 당해 법률에 의해 해당 품목의 수출입을 할 때에는 관계행정기관의 장 등의 허가를 받아야 한다.

Chapter 27 전자무역

1 전자무역의 개요

1. 전자무역의 정의

(1) 정의

전자무역이란 정보기술(information technology; IT)에 기반을 둔 정보네트워크를 통하여 무역하는 것을 지칭한다. 보다 상세히 설명하자면 전자무역이란 재화나 서비스의 국가 간 거래인 무역을 할 때, 인터넷이나 VAN(부가가치통신망) 등 정보기술을 사용함으로써 업무의 효율성을 높이는 무역활동이다. 현재 우리나라에서는 전자무역과 비슷한 개념으로 사이버무역 또는 인터넷무역이란 용어도 사용되고 있으나, 2000년에 개정된 대외무역법에서는 전자무역이란 용어를 채택하였으므로 본 장에서는 전통적인 의미에서의 국제무역과 대비되는 개념으로 전자무역, 인터넷무역, 사이버무역이란 용어들 중에서 전자무역이란 용어를 사용하기로 한다.

(2) 인터넷무역과 전자무역

인터넷무역이란 무역과 관련된 정보검색, 조회, 상담 및 계약 등이 주로 개방형 네트워크인 인터넷을 통하여 이루어진다는 점에서 정보전달상의 장점을 강조한 용어이다. 이와는 대조적으로 EDI를 활용하여 통관업무의 자동화에 초점을 맞추고 있는 무역자동화는 주로 폐쇄형 네트워크인 VAN에 의하여 이루어지고 있다는 점에서 인터넷무역과 차이가 있다. 따라서 폐쇄형 네트워크나 개방형 네트워크를 모두 포괄하고 있는 전자무역이 인터넷무역보다 폭넓은 개념이라 할 수 있다.

(3) 전자무역과 e-비즈니스

현재 경영학에서는 e-비즈니스라는 개념이 빈번히 사용되고 있다. 전자무역이란 e-비즈니스와 전혀 다른 개념이 아니며, 다만 정보기술이 적용되는 대상에 따라 구분되는 용어로 이해되어야 한다. 즉, e-비즈니스가 구매, 생산, 마케팅, 고객관리 등 기업의 업무프로세스를 인터넷관련 정보기술을 활용하여 혁신하는 개념인 데 비하여, 전자무역은 e-비즈니스의 적용대상으로서 무역이라는 특정 영역을 강조한다. 다시 말해, 전자무역이란 무역프로세스의 e-비즈니스화로 이해될 수 있다.

2. 전자무역의 특징

(1) 단일시장으로 통합

전자무역의 가장 큰 특징은 국내시장과 해외시장의 구분이 없어지고 전 세계의 시장이 단일시장으로 통합된다는 점이다. 인터넷이 도입되기 이전에는 국경 내에 있는 시장은 국내시장으로 분류하고, 국경 밖에 있는 시장은 해외시장으로 구분하는 등 국경이 시장구분의 기준이 되었다. 그러나 정보통신혁명으로 말미암아 전 세계는 국경 없는 사회(borderless society)로 바뀌어 가고 있다. 예를 들어, 한국에서 인터넷을 통하여 미국의 가상서점인 아마존에서 책을 구입한 사람은 벌써 국경을 넘어서 구매행위를 한 것이다. 이처럼 정보화가 세계적 규모로 진전된다면 네트워크 중의 네트워크인 인터넷이 접속되는 곳은 궁극적으로 가상공간상에서 단일시장으로 통합된다.

(2) 거래비용의 절감

전자무역의 두 번째 특징으로는 거래비용의 절감을 들 수 있다. 무역이란 크게 보면 해외시장조사, 거래선 발굴, 홍보 등 계약체결 이전과 운송, 보험, 결제 등 계약체결 이후의 단계로 구분할 수 있는데, 이들 각각의 절차에는 탐색비용, 계약비용, 이행비용 등 막대한 거래비용이 소요된다. 과거에는 해외시장을 조사하고 해외바이어를 선정하기 위하여 국제박람회에 참가하는 등 많은 비용이 소요되었다.

그러나 인터넷을 사용할 경우, 외국에 가지 않아도 거래알선 사이트를 활용하여 해외바이어를 발굴할 수 있어 정보탐색비용을 획기적으로 절감할 수 있다. 또한 종이문서로 되어 있는 수십 가지의 무역서류를 정형화된 전자문서인 EDI로 대체함으로써 정보의 재입력에 드는 비용이 절감되는 등 계약관련 비용을 줄여서 궁극적으로 거래비용을 획기적으로 절감하게 된다.

(3) 글로벌 마케팅

인터넷이 개발되기 전에는 모든 시장이 공간적 제약 속에 묶여 있었다. 그러나 인터넷을 활용할 수 있다면 전 세계를 상대로 한 글로벌 마케팅이 가능하게 되었다. 예를 들어, 경상도 김천에서 포도를 재배하는 농부는 자기가 생산한 포도를 경상도의 청과물시장에서 판매하거나, 잘해야 중간도매상을 통하여 서울 청과물시장에 출하할 수 있었다. 그러나 그 농부가 인터넷 홈페이지를 영어로 구축하고, 이 홈페이지에 자기가 생산한 포도의 높은 당도 등 장점을 자세하게 설명하고 가격표도 국제통화인 달러로 붙여 놓았다면, 그 농부는 이미 세계시장을 상대로 글로벌 마케팅을 하고 있는 것이다.

(4) 중소기업의 활성화

과거에는 국내기업이 해외시장을 개척하려면 해외에 지사를 설치해야 하는 등 막대한 비용이 들었다. 따라서 자금력이 취약한 중소기업들은 직접 해외시장을 개척하기 어려워 자사제품을 수출하기 위해서는 해외지사망을 갖추고 있는 종합무역상사에 의존할 수밖에 없었다. 그러나 인터넷의 거래알선 사이트에 공개되어 있는 정보를 잘 활용한다면 중소기업이 구태여 외국에 출장가지 않고서도 해외바이어와 이메일 등으로 실시간 접촉하여 무역거래를 성사시킬 수 있게 되었다. 이러한 상황에서는 해외에 지점이 있는 대기업에 못지않게 중소기업들도 해외시장 정보에 대한 정보격차(digital divide)문제를 해소할 수 있어 중소기업이 새로운 수출역군으로 거듭날 수 있는 기회가 제공되고 있다.

3. 전통무역과 전자무역의 비교

여기에서는 전자무역의 특성을 명확히 나타내기 위하여 전통무역과 전자무역을 비교하기로 한다.

첫째, 해외시장조사의 관점에서 보면, 전통무역에서는 해외시장을 조사하기 위하여 대표이사 자신이나 자사의 수출담당 부서 직원이 직접 해외박람회에 참가하거나 해외바이어에 대한 정보가 수록된 종이주소록을 참조하여 거래선을 확보하였다. 그러나 전자무역에서는 거래알선 사이트에 게시된 오퍼를 참조하여 거래선을 선정하므로 해외시장조사 비용이 획기적으로 절감된다.

둘째, 전통무역에서는 일하는 시간이 아침 9시부터 오후 5시까지이며, 이것도 국가 간 시차가 있을 경우에는 더욱 협소해진다. 예를 들어, 한국이 아침시간이면 미국은 대부분 늦은 오후시간대에 해당하므로 한국의 수출상이 미국의 수입상과 국제전화로 직접 상담할 수 있는 시간은 매우 제한적일 수밖에 없다. 그러나 전자무역은 인터넷 등 정보기술을 이용하여 당사자끼리 직접 만나지 않고서도 거래상대방을 물색하고 계약과정을 진행시킬 수 있게 된다. 이메일이나 EDI를 활용하면 퇴근한 뒤에도 회사 컴퓨터에 도착한 전자문서를 열어 볼 수 있으므로 24시간 상담이 진행된다고 할 수 있다. 또한 사용료가 매우 저렴한 인터넷폰을 사용하면 국제전화를 장기간 사용할 수 있어 상담이 진행되는 속도가 더욱 빨라지게 된다.

셋째, 거래대상 지역의 경우도 전통무역에서는 전문인력 부족과 해외시장의 정보부족으로 말미암아 특정 지역에 국한되었으나, 전자무역에서는 인터넷을 통하여 전 세계를 상대로 영업활동을 펼칠 수 있게 되었다.

넷째, 해외홍보의 경우 전통무역에서는 국제박람회에 참가하거나 종이문서로 된 카탈로그를 해외의 잠재고객들에게 우송하여 자사제품을 홍보하였다. 이러한 경우 종이카탈로그를 해외에 보내는 데 시간이 많이 소요되며, 대량의 홍보책자를 각각의 잠재고객들에게 보내는 데 우송료가 많이 소요된다. 그러나 전자무역의 경우 거의 비용을 들이지 않고서도 전자카탈로그를 많은 수의 해외고객들에게 동시에 전송할 수 있다. 또한 상대방이 자사의 홈페이지를 방문하도록 유인하여 자사제품을 자세히 홍보할 수 있다. 무역전문 거래알선 사이트는 오퍼를 등록하면 다른 수백 개 사이트에 자동으로 등록되는 서비스도 제공하고 있어서 시간과 비용을

표 27-1 전자무역과 전통무역의 비교

구분	전자무역	전통무역
시장조사	인터넷 정보검색	상공인 명부 열람, 전시회 참가
대상지역	전 세계	일부 지역
거래시간	하루 24시간	하루 8시간
마케팅	쌍방향, 1 대 1 마케팅	생산자에서 구매자로의 일방적 마케팅
거래선 발굴	거래알선 사이트 등록 및 조회, 홈페이지 활용	거래알선기관 방문, 해외지역 직접 방문
홍보	전자카탈로그, 홈페이지, 메일링리스트, 유즈넷	종이카탈로그
통관	전자문서교환(EDI)	종이문서
대금결제	볼레로 프로젝트, 트레이드카드	신용장, 추심결제, 송금방식
물류, 운송	무역자동화(KTNET), 화물추적정보시스템	해상 · 항공 · 복합운송

자료: 이성봉 · 심상렬 · 왕중식, 『전자무역의 최근 동향과 활성화 방안』, 대외경제정책연구원, 2001, p. 22의 표를 수정 · 보완하여 작성하였음.

대폭 절약할 수 있다.

다섯째, 마케팅의 본질을 비교하면, 전통무역에서는 판매자가 대량의 물품을 다수의 구매자에게 사도록 하는 일방적인 형식이었다. 이 경우 판매자는 일간신문이나 TV광고를 통하여 자사제품의 우수성을 알리는 데 주력하였다. 개별 고객의 불만사항은 종이로 된 서식에 기재하여 통에 넣는 정도로 그치며, 판매자의 생산활동에 큰 영향을 미치지 못한다. 그러나 전자무역의 경우 자사의 홈페이지에 개설된 고객게시판을 통하여 무시할 수 없는 숫자의 고객반응이 즉각 생산자에게 전달되므로 생산자는 더 이상 고객들의 의견을 무시할 수 없게 된다. 21세기는 마케팅에 있어서 고객과 생산자 양 방향으로 정보가 흐르는 1 대 1 마케팅의 특징을 보이고 있다.

여섯째, 무역서류의 경우, 전통무역에서는 수출이나 수입절차를 밟기 위해서 서로 중복되는 수십 가지의 종이문서를 준비하지 않으면 안 되었다. 그러나 전자무역에서는 EDI(전자문서교환)라는 정형화된 전자문서를 사용함으로써 중복되는 정보의 재입력 없이 실시간으로 핵심 정보를 상대방에게 전송할 수 있게 되었다. 이로써 많은 비용을 절감할 수 있게 되었는데, 이를 무역자동화라 한다.

일곱째, 결제방식에 있어서 전통무역에서는 주로 신용장방식을 사용하여 왔다. 그러나 최근에는 고속컨테이너선의 보편화로 인하여 서류보다 물품이 먼저 수입지에 도착하는 경우도 발생하고, 신용장결제방식의 복잡한 절차로 인하여 신용장방식의 비효율성이 노출되고 있다. 전자무역에서는 종이서류를 통한 신용장방식을 전자화함으로써 신속하게 문서전달을 목표로 한 볼레로 프로젝트나 아예 신용장 없는 전자결제방식인 트레이드카드시스템이 실험되고 있다.

2 무역자동화

1. 무역자동화의 정의와 의의

(1) 정의

무역자동화란 종전처럼 사람이 서류를 직접 들고 은행, 수출입단체, 세관 등을 일일이 다니거나 우편, 팩스 등을 통해 무역업무를 처리하는 대신 새로운 정보기술인 전자문서교환(electronic data interchange; EDI)방식에 의하여 컴퓨터로 사무실에서 간편하게 무역업무를 처리함으로써 무역업무에 있어 종이문서를 전자문서로 대체하는 것을 의미한다.

(2) 의의

1) 전통무역의 한계

지금까지의 전통적인 무역업무 처리절차는 무역업체, 세관, 항만, 선박회사, 항공회사, 운송업체, 은행, 보험회사 등 무역관련 기관들 간에 상호 교환되는 서류들을 수작업으로 작성한 다음, 그 서류를 사람이 직접 들고 해당 기관에 제출하여야 되었다. 무역자동화 이전에는 무역거래 한 건을 처리하기 위하여 평균 27개 무역관련 기관과 해당 무역업체가 서로 40여 개의 무역관련 서류를 교환하였다. 그리고 평균 200여 개의 항목을 기재해야 하며, 이 중에서 30여 개의 항목은 20회 이상 반복하여 기재되었다.[1] 이처럼 반복되는 자료의 기재과정에서 많은 오류가 발생하였다. 더구나 우리나라의 무역규모가 크게 늘어남에 따라 업무처리량도 그에 비례하여 증가하고 있다. 이미 무역자동화를 이룩한 선진국들은 자국과 무역거래를 하는 국가들에 대해서도 무역자동화를 통하여 절차를 밟도록 의무화하고 있다. 따라서 이들 국가에 수출하기 위해서는 관련무역절차를 자동화하지 않으면 안 되었다.

2) 무역자동화의 장점

첫째, 무역업무 처리시간이 단축된다. 예를 들어, 상역, 운송, 보험, 통관, 운송 등 모든 무역프로세스를 컴퓨터로 처리하면 무역업무 처리기간이 평균 4주에서 1주일로 획기적으로 줄어든다. 예를 들어, 신용장 도착통지를 EDI로 받게 되면 사람의 개입 없이 그 내용을 컴퓨터가 해석하고 저장하였다가 수출승인, 선복요청, 보험청약, 수출신고 등 다른 업무를 처리할 때 관련전자문서의 해당되는 항목에 자동으로 데이터가 입력됨으로써 무역업무를 신속하게 처리할 수 있게 된다.

둘째, EDI를 사용하면, 동일한 자료의 경우 사람의 손을 거치지 않고 데이터베이스 간 데이터가 자동적으로 이동하므로, 숫자 등 자료를 사람이 직접 옮겨 쓸 때 발생하는 오류를 방지할 수 있다.

셋째, 무역자동화가 구축되면 업무시간이 크게 줄어들므로 적은 수의 사람으로 충분하게 되어 인건비가 절약되고 업무지연에 따른 창고비용 등 재고비용이 크게 줄어든다. 이는 바로 무역업체의 수출경쟁력을 강화시켜서 종국에는 우리나라의 국제경쟁력을 강화시키는 역할을 하게 된다.

1) 한국무역협회, 『전자무역』, 2003, p. 129.

2. 전자문서교환(EDI)

(1) EDI의 특성

무역자동화의 핵심 수단은 EDI이다. 국제무역이 실행되기 위해서는 신용장을 개설하고, 통관절차를 밟아야 하며, 물품을 해외에 보내거나 도착한 물품을 최종 목적지까지 배달해 주어야 한다. 과거에는 이러한 절차들이 사람끼리 표준화된 종이서류를 교환해야 마무리되었다. 그러나 최근에는 컴퓨터끼리 표준화된 전자문서를 교환함으로써 업무가 마무리되고 있다. 24시간 작동하고 있는 컴퓨터끼리 문서를 주고받음으로써 사람이 자고 있는 동안에도 업무가 진행되며, 문서전달 자체도 컴퓨터통신을 사용하므로 업무처리속도 또한 매우 빨라서 국제무역 자체가 혁신과정에 들어서게 되었다.

이러한 전자문서교환은 1960년대 말, 미국의 운송업계가 공통의 표준화된 전자문서를 개발하면서 시작되었다. 이러한 노력은 UN의 무역서류 간소화 및 표준화 작업으로 이루어져, 매도인, 매수인 등 무역서류에서 반복적으로 나타나는 기재항목에 대한 표준화 작업이 이루어졌다. 이 결과, 1987년 EDI 국제표준인 UN/EDIFACT(Electronic Data Interchange for Administration, Commerce and Transport)가 제정되었다. 우리나라는 전자거래진흥원에 국별 EDIFACT위원회가 설치되어 표준제정 및 보급업무를 수행하고 있다.

(2) EDI의 구성요소

EDI는 표준, 사용자시스템, 통신네트워크, 거래약정의 네 가지 요소로 구성된다고 할 수 있다. EDI표준은 거래당사자 간 비즈니스 데이터를 주고받을 수 있는 통신표준과 전자문서표준으로 나눌 수 있는데, 특히 중요한 것은 전자문서표준으로 1987년 유엔/유럽경제사회이사회(UN/ECE)가 전자문서 국제표준인 UN/EDIFACT를 제정하여 사용하고 있다. EDI 사용자시스템은 컴퓨터 하드웨어, 소프트웨어 등을 말한다. EDI 통신네트워크는 전자문서를 주고받기 위한 시스템을 말하며, 이는 부가가치통신망(VAN)이 대표적인 통신네트워크이다. EDI 거래약정은 무역업체

표 27-2 전자문서와 종이문서의 비교

항목	EDI 전자문서	종이문서
서류형태	표준화된 전자문서	다양한 종이서류
전달수단	컴퓨터통신망을 통한 전달	사람이나 우편물을 통해 전달
정보입력	사람에 의한 재입력 불필요	동일한 정보의 반복적 입력
정확도	높은 정확도, 낮은 에러발생	낮은 정확도, 에러발생 빈도 높음
업무시간	신속한 업무처리	긴 업무처리시간
소요인력	적은 인력으로 충분	많은 인력 필요
대고객서비스	고객서비스 향상	업무수행의 비효율성

자료: 전자무역연구회, 『전자무역의 이해와 전개』, 브레인코리아, 2002, p. 263.

등 EDI 사용자들이 무역자동화 서비스를 받기 위하여 한국무역정보통신(KTNET)과 같은 EDI 서비스 제공업체에 가입할 때 사용하는 서비스이용약관을 말한다.[2)]

(3) 최근 EDI 동향

EDI가 처음 출발하였을 때는 문자 중심의 데이터를 전자문서로 전환한 다음, KTNET과 같은 VAN 사업자를 통하여 컴퓨터로 주고받는 형식이었다. 이러한 기존의 EDI는 VAN에 가입된 회원끼리만 정보유통이 가능한 폐쇄형 네트워크여서 중소기업과 같이 자금부족으로 회원가입이 엄두가 안 나는 업체들에게는 그림의 떡이었다. 더구나 전송되는 자료가 문자 위주여서 동영상 등 멀티미디어 정보전달에는 한계를 보였다. 최근에는 웹상에서 표준화된 전자문서를 전송가능한 국제표준 XML(eXtensible Markup Language)이 채택됨에 따라 개방형 네트워크의 특성을 가지는 인터넷EDI가 상용화되고 있다. 이미 한국무역정보통신은 중소기업들이 인터넷을 이용하여 은행 등과 수출입업무를 할 수 있는 인터넷EDI서비스를 하고 있다.

2) 전자무역연구회, 『전자무역의 이해와 전개』, 브레인코리아, 2002, pp. 256~271.

3. 무역자동화와 EDI

우리나라의 무역자동화는 1992년 3월 한국무역협회가 출자한 무역자동화 전담회사인 한국무역정보통신(KTNET)이 설립됨으로써 본격화되었다. 1993년 6월부터는 무역자동화 서비스가 제공되기 시작하였으며, 현재 1만여 개의 무역업체가 KTNET을 통하여 상역 · 외환 · 통관 · 운송 · 보험 등 제반 무역절차를 컴퓨터로 처리하고 있다. 현재 우리나라는 통관분야에서 100% 무역자동화가 실현되고 있으며, 그 나머지 분야는 약 40%의 이용률을 보이고 있다. 우리나라 무역자동화는 크게 보아 수출입관련 무역자동화, 통관부문 무역자동화 그리고 물류부문 무역자동화로 나누어 볼 수 있다.

(1) 수출입부문 무역자동화

1) 신용장 개설과 EDI

수입상인 개설의뢰인이 신용장 개설을 개설은행에 의뢰하려면 APP700 전자문서를 개설은행에 전송하면 된다. 이러한 개설의뢰에 대하여 개설은행은 수입상에게는 개설응답 전자문서인 INF700을 컴퓨터로 전송하고, 수출국에서 신용장 도착을 알리는 통지은행에게는 국제은행 간 통신망인 SWIFT를 통하여 전송한다. 이처럼 전자문서를 통하여 신용장을 개설하게 되면, 수입상이 개설은행을 방문하지 않고서도 신용장 개설이 가능하고 첨부서류 제출이 면제되므로 시간과 비용이 절감된다. 또한 신용장 원본도 수입상의 사무실에서 EDI로 수신하고, 이를 A4용지로 출력하면 무역유관기관에서 원본으로 인정된다. 개설은행의 이중입력이 필요 없게 되어 신용장 통지기간도 2~3일 단축된다.[3)]

2) 신용장 통지와 EDI

SWIFT 통신망을 통하여 외국에서 들어온 신용장은 우리나라의 무역자동화 사업자인 KTNET의 EDI시스템을 경유하여 수출국의 통지은행에 수신된다. 통지은행

3) 이상진 외 3인, 『21세기 뉴 패러다임 전자무역』, 두남, 2003, p. 91.

은 SWIFT 전문을 신용장 통지 전자문서서식인 ADV700으로 변환하여 국내수출상에게 송신한다. 이처럼 업무당사자 간 전자문서만 교환되면 수출상이 통지은행을 방문하지 않고서도 신용장 접수가 가능해지며, 수출상이 프린터로 출력한 종이문서를 신용장 원본으로 인정한다.

3) 내국신용장 개설과 EDI

내국신용장(local L/C)은 국내수출상이 국내업체로부터 수출용 원자재나 수출용 완제품을 구입하기 위해 원신용장을 담보로 하여 물품을 공급하는 국내업체를 수익자로 하여 수출상의 거래은행이 발행하는 신용장을 의미한다. 수출상은 내국신용장 개설신청 전자문서인 LOCAPP를 거래은행에 송신하면, 은행은 수익자인 물품공급업체에게 내국신용장 개설통지 전자문서인 LOCADV를 송신한다.

(2) 통관부문 무역자동화

통관부문 무역자동화는 무역업체가 내국물품을 외국으로 반출하거나 외국물품을 국내로 반입할 때 제반 통관서류를 EDI를 통하여 전자적으로 처리하는 것을 의미한다. 통관업무의 자동화는 무역자동화의 핵심으로서 국내외적으로 그 필요성이 제기되어 왔다. 대외적으로는 1970년대 말부터 통관자동화를 추진해 온 미국, 일본 등 선진국들이 통관관련 서류를 EDI로 제출할 것을 요구하고 있어, 이들 선진국에 대한 수출비중이 높은 우리나라로서는 통관자동화의 필요성이 요청되고 있다. 대내적으로는 수출입 물동량 증가에 따라 통관업무는 크게 늘어 난 데 비하여 세관인력의 충원은 미흡하였다. 따라서 적은 인원을 가지고도 많은 업무를 처리하기 위하여 통관업무의 자동화가 필요하게 되었다.

1) 수출통관업무

수출통관은 수출상이 내국물품을 외국으로 보낼 때 거치는 세관절차이다. 관세청은 1994년부터 EDI방식을 수출통관에 도입함으로써 수출상들은 세관을 직접 방문하지 않고서도 수출신고를 할 수 있게 되어 업무처리가 몰라보게 빠르게 변화되었다.

첫째, 일반적인 경우 수출상은 통관업무에 정통한 관세사를 통하여 세관에 수출신고를 하게 된다. 즉, 수출상은 자기 사무실의 컴퓨터에 설치되어 있는 EDI시스템을 사용하여 관세사에게 수출신고의뢰 전자문서인 EXPREQ를 전송한다.

둘째, 수출신고 실무를 담당한 관세사는 수출신고의뢰 전자문서에 나타나 있는 데이터를 활용하여 수출신고 전자문서인 CUSDEC를 작성하고 이를 세관에 전송한다.

셋째, 세관에 설치되어 있는 EDI시스템은 수신된 수출신고를 심사하여 오류가 발생한 신고건에 대해서는 오류통보 전자문서를 관세사에게 전송하고 관세사는 오류를 정정한 후 다시 송신한다.

넷째, 세관심사를 통과한 신고건은 세관시스템이 자동으로 수출신고가 받아들여졌다는 내용의 전자문서인 CUSRES를 송신함으로써 관세사에게 통보된다. 관세사는 수리된 신고건을 종이문서로 출력하고, 확인도장을 날인한 후, 수출신고필증으로 사용한다.

다섯째, 관세사는 통관업무를 위탁한 수출상에게 수출신고수리 전자문서인 EXPRES를 전송한다.[4)]

2) 수입통관업무

수입통관은 수입상이 외국물품을 국내로 들여올 때 거치는 세관절차이다. 관세청은 1996년부터 EDI방식을 수입통관에 도입함으로써 수입상들은 세관을 직접 방문하지 않고서도 수입신고를 할 수 있게 되어 2~3일 내에 수입통관이 가능하게 되었다. 전자문서교환에 의한 수입통관절차는 다음과 같다.

첫째, 일반적인 경우 수입상은 통관업무에 정통한 관세사를 통하여 세관에 수입신고를 하게 된다. 즉, 수입상은 자기 사무실의 컴퓨터에 설치되어 있는 EDI시스템을 사용하여 관세사에게 수입신고의뢰 전자문서인 IMPREQ를 전송한다.

둘째, 수입신고 실무를 담당한 관세사는 수입신고의뢰 전자문서에 나타나 있는 데이터를 활용하여 수입신고 전자문서인 CUSDEC를 작성하고 이를 세관에 전송한다.

4) 이상진 외 3인, 『21세기 뉴 패러다임 전자무역』, 두남, 2003, p. 105.

셋째, 세관에 설치되어 있는 EDI시스템은 수신된 수입신고를 심사하여 오류가 발생한 신고건에 대해서는 오류통보 전자문서를 관세사에게 전송하고, 관세사는 오류를 정정한 후 다시 송신한다.

넷째, 세관심사를 통과한 수입신고건은 접수통보 전자문서인 CUSRES가 관세사에게 송신된다.

다섯째, 접수통보를 받은 관세사는 수입신고서를 출력하여 첨부서류와 함께 세관에 제출한다.

여섯째, 관세사가 해당 신고건의 납부고지서를 출력하여 국고수납기관에 관세를 납부하고, 관세수납기관은 세관에 관세의 수납사실을 통보하는 전자문서인 CREADV를 전송한다.

일곱째, 세관은 수납기관이 전송한 영수필 통지를 검증하여 정상 · 오류 여부에 대해 전자문서인 GENRES를 수납기관에 송신 · 통지한다.

여덟째, 세관은 심사 및 검사를 수행한 후 신고수리요건이 되면 관세의 수납사실이 확인되는 즉시 신고필증을 발급한다.

아홉째, 관세사는 통관업무를 위탁한 수입상에게 수입신고수리 전자문서인 IMPRES를 전송한다.[5)]

(3) 물류부문 무역자동화

1) 물류자동화의 배경

국제 간 화물이동은 고속컨테이너선의 등장으로 신속히 이루어지고 있으나, 화물운송에 관련된 서류는 수작업으로 처리하고 우편이나 인편을 통하여 전달되므로 비용과 시간면에서 비효율성이 노출되어 왔다. 이러한 비효율성을 타개하기 위하여 물류부문 무역자동화가 추진되고 있다. 물류부문이란 크게 보면 세관이나 항만당국 등 정부기관, 선박회사, 창고업체, 화물주선업체 등 민간부문, 그리고 무역자동화 사업자인 한국무역정보통신(KTNET)과 한국물류정보통신(KLNET) 등 세 부문으로 구성되어 있다. 이처럼 물류부문 자체가 복잡한 구조로 되어 있어 자동

5) 한국무역협회, 『전자무역』, 2003, pp. 146~147.

화가 어려운 분야이다. 자동화가 이루어지기 위해서는 표준화가 선행되어야 하는데, 정부기관 간, 민간부문, 자동화 사업자 간에도 독자적으로 자동화를 추진하고 있어 물류부문 전체적인 자동화는 쉽지 않은 상황이다.

2) 물류자동화의 개념

물류자동화는, ① EDI를 통한 육상 · 항공 · 해상운송 관련 서류의 전자문서화와 컴퓨터를 통한 교환, ② 물류 데이터베이스 구축을 통한 물류정보 제공, ③ 화물추적서비스 등으로 구분해 볼 수 있다.

3) 물류자동화와 EDI

수출상이나 수입상이 선박회사와 운송계약을 맺을 때, EDI시스템을 활용하면 선복을 쉽게 수배할 수 있다. 예를 들어, 각 선박회사가 하나의 전산망으로 연결되어 있다면 어느 선박이 어느 항로에 투입가능한지 쉽게 알 수 있기 때문이다. 이는 마치 우리나라 철도의 전산시스템으로 좌석을 예약하면 어느 역에서 예약하건 전국의 철도망이 하나의 전산망으로 통합되어 있기 때문에 서울역에서 예약하는 손님이나 부산역에서 예약하는 손님이나 컴퓨터 단말기에 종합되어서 동시에 나타나게 되는 것과 마찬가지이다. 예를 들어, 해상운송의 경우, 수출상이 KTNET을 경유하여 선박회사에 선적의뢰 전자문서인 SHPREQ를 전송하면 선박회사는 선적완료 이후에 수출상에게 선적완료 전자문서인 BLADVI를 전송한다.

(4) 화물추적서비스

CARGOPASS(수출입화물 유통정보)는 무역업체와 물류업체를 위한 통합정보네트워크이다.

4. 무역자동화의 한계

(1) 무역프로세스 중 일부분만 자동화

무역프로세스 전 과정은 크게 보아 계약체결 이전 단계와 계약체결 이후 단계로 나누어 볼 수 있다. 무역자동화 시스템은 주로 계약체결 이후 프로세스의 자동화에 집중되어 있으며, 계약 이전 프로세스는 자동화가 구축되어 있지 않다. 따라서 시장개척 등 계약체결 이전 단계의 비중이 높은 중소기업의 경우 무역자동화로 인한 혜택이 크지 않다.

(2) 과다한 초기 투자비용

대부분의 정보시스템 도입사례에서 나타나듯이 무역자동화 시스템을 구축하는 데에는 초기 전산인프라를 구축하는 데 적지 않은 비용이 소요된다. 따라서 무역자동화 시스템은 규모의 경제에서 오는 단위비용 감소가 가능한 대기업에는 유리하나 자금이 충분하지 않은 중소기업의 경우에는 무역자동화 이용에서 오는 이점이 크지 않다. 무역자동화 시스템을 구축하기 위해서는 시스템 설치비, 시스템 사용료, 시스템을 관리할 수 있는 전문인력 채용 등 관련비용이 적지 않다. 실제로 대기업은 90%에 가깝게 무역자동화 시스템을 이용하고 있으나 중소기업은 이용률이 2.5%에 머물고 있는 실정이다.

(3) 무역프로세스 간의 불완전한 통합

무역자동화 시스템은 기존의 무역프로세스를 그대로 유지한 채, 다만 각 과정에 사용되는 종이문서를 전자문서로 대체하는 데 중점을 두고 있을 뿐 무역프로세스 자체의 근본적인 개선에 노력하고 있지 않다. 현재는 상역망, 통관망, 물류망이 서로 연결되어 있지 않아서 200여 종의 전자문서가 사용되고 있다. 만일 상역, 통관, 물류자동화 망이 서로 연결될 경우, 단 50여 종의 전자문서로 기존의 무역프로세스를 처리할 수 있다.[6)]

3 전자무역 e-마켓플레이스

전자무역에서 활용되고 있는 대표적인 e-마켓플레이스로는 무역거래 알선사이트를 들 수 있다. 무역거래 알선사이트란 가상공간(cyber space)상에 형성된 장터(market place)이다. 이 장터에서 물건을 파는 사람과 물건을 사고자 하는 사람들이 서로 흥정하고 조건이 맞으면 물건을 사고판다는 점에서는 물리적인 장터와 다를 바 없다. 다만 무역거래 알선사이트가 화개장터와 같은 물리적 장소에 형성된 것이 아니고 인터넷 네트워크에 의하여 구축된 가상공간상에서 형성되었기 때문에 e-마켓플레이스라 부르고 있을 뿐이다.

1. 무역거래 알선사이트의 정의

무역거래 알선사이트에는 우리나라 무역업체들이 회원으로 가입하여 팔고자 하는 물품에 대한 오퍼를 게시하며, 외국의 무역업체들도 이 거래알선 사이트에 회원으로 등록하여 역시 팔고자 하는 물품에 대한 오퍼를 등록한다. 무역거래 알선사이트란 전자장터는 물건을 팔고 싶지만 누가 사고 싶은지 모르거나 물건을 사고는 싶은데 누가 그 물건을 갖고 있는지 모르는 답답한 상황에서 사고자 하는 사람들과 팔고자 하는 사람들을 모아 놓아서 쉽게 거래할 수 있도록 한 것이다. 특히, 이 전자장터는 국경과 시간을 초월한 가상공간상에 자리잡고 있기 때문에 어느 나라 사람이나 인터넷만 가능하면 들어올 수 있고, 시간대를 초월해서 들어올 수 있는 전천후 시장이란 점에서 가장 시장다운 시장이라 할 수 있다.

6) 이상진 외 3인, 『21세기 뉴 패러다임 전자무역』, 두남, 2003, pp. 214~215.

2. 무역거래 알선사이트의 주요 기능

(1) 오퍼정보 검색

무역거래 알선사이트의 기능 중에서 가장 기본적이면서도 인터넷의 장점을 살린 기능이 오퍼정보 검색기능이다. 오퍼정보 검색은 외국의 무역상이 팔고 싶은 물품, 즉 수출하고자 하는 물품의 종류와 가격 등 매매조건들을 제시해 놓은 정보를 검색하는 것이다.

(2) 오퍼정보 등록

무역거래 알선사이트에서는 외국의 무역업체가 등록해 놓은 오퍼를 검색할 뿐만 아니라 무역업체 자신이 팔고자 하는 물품에 대한 오퍼를 등록할 수 있는데, 이를 오퍼등록이라 한다. 오퍼를 등록하기 위해서는 회원자격이 필수적이다. 회원으로 가입할 때 회사에 대한 정보가 입력되어 있으므로 상품정보만 입력하면 오퍼등록이 가능하다. 자기가 제시한 오퍼에 잠재고객이 쉽게 찾아올 수 있도록 자세한 내용과 키워드를 포괄적으로 선정해야 한다.

(3) 상품카탈로그 검색

오퍼정보가 글자로 되어 있는 정보라면 상품카탈로그는 그림으로 정보를 제공하는 수단이다. 회사의 홈페이지 내에 실려 있는 전자카탈로그는 제품 품목별로 분류되어 있어 주제어 검색과 품목별 검색이 가능하다.

(4) 홈페이지 작성 서비스

외국의 무역거래 알선사이트에서는 제공하지 않는 부가서비스이다. 사용자가 상품에 대한 이미지파일을 만들어 웹사이트에 입력하면 홈페이지가 자동으로 제작된다.

(5) 검색엔진 등록을 통한 자사 홍보

국내 e-마켓플레이스에 등록하면 자동적으로 외국의 검색엔진에 등록되어 추가적으로 자사제품을 외국에 홍보하는 기능을 수행한다.

3. 무역거래 알선사이트 동향

(1) 알리바바

아라비안나이트의 알리바바와 40인의 도적이라는 설화에서 나오는 주인공 이름인 알리바바를 전자장터의 이름으로 선정한 알리바바는 중국의 인터넷업체로서 160만 명 이상의 가입자를 확보하고 있다. 중국 자체가 만리장성 이남의 화북 · 화남지역뿐만 아니라 티벳, 만주대륙 등 광대한 영토를 갖고 있는 국가이다. 그러나 수송망은 중국 남북을 잇는 운하 이외의 현대적인 수송망을 갖추고 있지 않다. 따라서 인터넷을 활용한 B2B전자장터로서의 기능이 중시되고 있다. 알리바바는 중국계 기업이므로 중국 영토 내뿐만 아니라 홍콩, 싱가포르 등 동남아시아의 화교상권에 대한 영향력도 확대하고 있다.

(2) EC21

우리나라의 전자무역을 일구어 낸 기관으로는 한국무역협회(KITA)와 한국무역정보통신(KTNET), 한국무역투자진흥공사(KOTRA), 중소기업진흥공단의 4대 기관을 들 수 있다. 이 중에서도 한국무역협회의 역할은 지대하다고 할 수 있다. EC21은 한국무역협회가 설립하여 2000년 한국무역협회로부터 분사한 회사로서 거래알선, 주문, 대금지급 등 무역 전 과정을 인터넷으로 이루어지도록 구축되었다. 동사는 무역업체가 홈페이지와 전자카탈로그를 자체로 제작 · 운영할 수 있도록 지원하는 사이트빌더를 제공하여 전 세계 200여 국가의 5만여 기업들을 대상으로 19만 개 이상의 상품카탈로그를 축적하고 있다. 이 기관은 해외바이어 정보를 기반으로 기

표 27-3 국내외 주요 무역거래 알선사이트

운영기관	홈페이지	주요 내용
대한무역투자진흥공사	www.silkroad21.net	대한무역투자진흥공사가 유관기관과 공동으로 구축한 전자무역포털로 개별 기관에 흩어져 있는 무역거래 알선정보의 통합검색이 가능함.
EC21 (전 한국무역협회)	www.ec21.com	한국무역협회에서 분사하여 거래알선, 주문, 대금지급까지 무역 전 과정을 온라인으로 지원함.
ECPlaza (전 한국무역정보통신)	www.ecplaza.net	한국무역정보통신에서 분사하여, 오퍼등록 및 검색, 전자카탈로그 제공, 신용조사, 인터넷EDI방식으로 무역자동화 서비스를 제공하고 있음.
중소기업진흥공단	www.smipc.or.kr	중소기업의 수출촉진, 벤처창업 지원, 중소기업 홈페이지 운영, 중소기업 연수를 담당함.
티페이지	www.tpage.com	B2B 전문검색엔진으로 국내기업정보, 오퍼검색, 해외마케팅 등 비즈니스 토털 솔루션 서비스를 제공함.
ALIBABA	www.alibaba.com	인터네셔널, 중국, 중화권 등 3개의 사이트를 중심으로 한 기업 간 전자상거래업체로서 오퍼등록 및 검색에 관한 정보를 제공함.
Worldbid	www.worldbid.com	중화권 e-마켓플레이스로 출발하여 현재는 전 세계적 차원의 e-마켓플레이스로 성장함.
Eceurope	www.eceurope.com	유럽의 기업들에 대한 데이터베이스를 구축하여 정보서비스를 제공함.

업의 해외마케팅을 지원하는 eTradePioneer서비스를 유료로 지원하고 있다.

(3) 티페이지

티페이지사는 글로벌 전자무역포털을 지향하는 인터넷업체로서 1999년 설립 이래 전 세계 225개국에 걸쳐 12만 5,000여 회원사를 확보하였으며, 12만 개의 기업 디렉토리를 축적하고 있다. 티페이지사는 최근 전면 유료화를 단행함으로써 참가기업 거래정보의 신뢰성 제고에 나서고 있다. 이로써 회원사들에게 믿을 수 있는 정보를 제공하여 거래성사비율을 높이는 전략을 구사하고 있다.

4 전자무역결제

전통적인 무역에서는 신용장결제방식이 가장 보편적으로 사용되어 왔다. 그러나 최근에는 신용장결제방식은 우리나라 기업들의 총수출건수의 30% 미만에 그치고 있으며, 송금방식이 주종을 이루고 있다. 특히, 국제B2B거래가 확산됨에 따라 대부분의 정보가 인터넷을 통하여 전자메시지 형태로 전달되는데, 결제방식은 아직도 종이문서를 사용하고 있으므로 전자결제방식이 출현하지 않으면 전자무역의 흐름에 병목현상이 발생하여 전체 전자무역시스템의 효율성을 떨어뜨릴 것으로 예상된다. 따라서 결제방식도 여타 무역프로세스의 전자화에 맞추어 전자화할 것으로 예상되고 있다. 앞으로 전자무역이 활성화되면 대금결제방식도 점차 트레이드카드, 볼레로 프로젝트 등 글로벌 전자무역결제 네트워크 등으로 변모할 것으로 전망된다.

1. 무역결제방식의 변천

최근 전자문서가 종이문서를 대체하는 등 컴퓨터네트워크 구축을 통한 무역자동화가 상역, 통관, 물류 등 국제무역의 여러 분야에 이루어짐에 따라 결제분야 역시 종이문서에 기반을 둔 신용장방식이 쇠퇴함과 동시에 믿을 만한 국제전자결제시스템의 개발이 요청되고 있다. 이미 전자적으로 대금을 결제하는 방식은 다양하게 개발되어 왔다. 그러나 이들은 기업 간 국제거래를 뒷받침하기에는 많은 제약을 가지고 있다. 예를 들어, 현재 신용장은 국제은행 간 통신망인 SWIFT시스템을 통하여 전송되고 있으나 사용할 때는 수신한 전자파일을 다시 종이문서로 출력하여 사용하고 있다. 따라서 신용장의 전자화는 부분적으로만 달성되었다고 할 수 있다. 한편, 신용카드에 의한 대금결제는 가장 많이 사용되는 방식이나 보안의 문제점과 함께, 거래액 자체가 소액이어서 주로 B2C 전자상거래에 활용될 뿐 거액의 대금이 결제되는 국제B2B거래에는 적합하지 않은 단점이 있다.

전자화폐나 전자수표 역시 사용되는 지역이 제한적이며 겨우 국내상거래에 도입되고 있는 실정이다. 따라서 궁극적으로는 거액의 무역대금을 결제할 수 있어서 국제B2B거래를 뒷받침할 수 있는 결제수단의 개발이 요청되고 있으며, 이는 글로벌 전자무역네트워크의 구축으로 나타나고 있다.

2. 글로벌 전자결제네트워크 동향

(1) 스위프트넷(SWIFTnet)

SWIFT는 국제은행 간 금융데이터통신협회(Society for Worldwide Interbank Telecommunication)의 약자로 국제은행 간 대금결제를 위한 통신망이다. 회원은행 간 SWIFT 통신망을 통한 신용장 전송은 유효한 서류로 간주되고 있어 현재 대부분의 신용장은 이 통신망을 통하여 수신한 전자문서를 출력하여 사용하고 있다. 그러나 스위프트시스템은 문자 그대로 은행 간 통신망이어서 은행 이외의 증권회사나 보험회사, 카드회사, 일반기업들은 회원은행에 금융정보를 보낼 때, 전산망으로 보내지 않고 예전과 같이 종이서류 형태로 보내고 있었다. 최근에 SWIFT는 폐쇄형 전용선방식에서 결제네트워크를 기업고객이 직접 인터넷을 통하여 접속할 수 있는 웹기반의 SWIFTnet으로 전환하였다.

(2) 볼레로사의 SURF

볼레로(Bolero)사는 Bill of Lading Electronic Registry Organization의 약자로 선하증권 전자등록기구를 의미한다. 이 기구는 국제자금결제의 대부분을 점유하고 있는 SWIFT와 세계해운업계를 장악하고 있는 TT클럽(Through Transport Club)이 1998년 컨소시움을 구성하여 설립한 국제무역네트워크 회사이다. 이 회사는 영국 런던에 본사를 두고 있으며, 뉴욕, 도쿄, 프랑크푸르트, 파리, 홍콩, 싱가포르, 한국에 현지법인을 두고 있다. 볼레로사는 특히 선적서류 중 중요 서류인 선하증권을 전자문서로 전환하는 데 중점을 두고 있다. 사실 그 동안 무역자동화가 이루어졌으나 선하

그림 27-1 무역결제방식의 변천

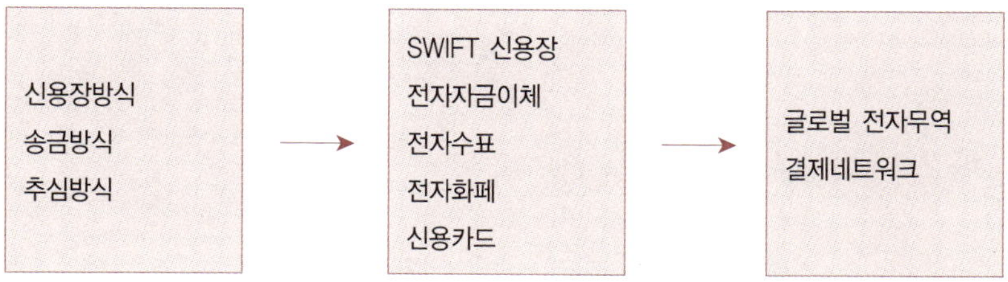

증권은 전자문서로 변환되지 못하였다. 볼레로사는 선하증권뿐만 아니라 신용장 등 제반 무역서류의 전자화를 목표로 하고 있다. 볼레로사는 최근 SURF(settlement utility for managing risk and finance)라는 새로운 대금결제 솔루션을 개발하여 상용화에 노력하고 있다. SURF는 매도인과 매수인 사이에서 전자문서 형태의 무역정보 흐름을 관장함으로써 전자무역이 원활하게 이루어지도록 관리하는 시스템이다.

(3) 트레이드카드

트레이드카드(trade card)란 기존의 신용카드가 소액결제에만 사용되는 단점이 있는 데 포착하여, 기업 간 무역결제에서 거액의 대금을 카드로 결제할 수 있게 만든 국제무역용 온라인 카드솔루션이다. 트레이드카드가 나오게 된 배경으로는 기존의 신용장거래가 서류점검 결과 불일치비율이 70%를 상회하고, 이를 수정하는 데 드는 시간과 비용이 막대하여 국제무역이 원활하게 이루어지지 않는 데 기인한다. 트레이드카드는 전자문서 형태로 중앙처리장치에 전송된 상업송장, 포장명세서, 선적관련 정보 등 무역관련 전자문서들과 전자계약서의 일치성을 자동으로 점검함으로써 서류점검에 드는 비용을 대폭 절감하고 있다. 트레이드카드는 신용장 개설이 어려운 기업 간의 소액거래와 건수가 많은 무역거래를 지원하는 전자무역 거래방식으로서 거래금액이 1만 달러부터 10만 달러규모의 거래에서 적합한 거래 방식이다.

5 전자무역실무

1. 해외시장조사

국제무역이란 인종, 문화, 상관습, 법 · 제도, 산업구조 등이 차이가 있는 국가 간에 이루어지는 교역이므로 국내거래에 비하여 본질적으로 위험이 높은 상거래이다. 따라서 사전에 목표시장(target market)에 대한 철저한 정보수집을 통하여 위험을 최소화하는 것이 성공의 관건이다. 해외시장조사는 목표시장의 정치, 경제, 사회 등에 대한 전반적인 조사와 수출입 희망상품의 유통구조, 가격, 거래선 등에 대한 구체적 조사로 구분할 수 있다.

가장 확실한 방법은 그 국가나 지역으로 출장을 가서 직접 알아보는 것이지만, 이는 많은 시간과 비용이 소요되므로 인터넷을 통하여 해당 국가에 대한 정보를 수집 · 분석하는 것이 차선책이라 할 수 있다. 국내의 대표적인 무역유관기관은 한국무역협회와 해외무역투자진흥공사(KOTRA)라 할 수 있다. 이 중에서 무역통계는 한국무역협회에서 제공하는 종합무역정보시스템(KOTIS)이 가장 방대한 정보를 제공하고 있으며, 해외지역 정보면에서는 KOTRA가 해외공관을 통한 정보축적이 많으므로 이들을 활용하는 것이 효과적이다.

2. 해외홍보 및 거래선 발굴

전통적인 무역에서는 물품을 직접 들고 해외박람회에 참가하여 알리거나 종이카탈로그를 제작하여 우편으로 보내는 방법을 사용하였다. 이러한 방법은 많은 비용이 들기 때문에 중소기업으로는 엄두가 안 나는 방법이다. 그러나 전자무역에서는 해외에 가지 않고서도 자기 회사나 제품을 효과적으로 광고할 수 있는 방법이 있다. 이러한 방법으로는 ① 인터넷상에 자기 회사를 알릴 수 있는 홈페이지를 구축하며, ② 거래알선 사이트에 자기 제품을 등록하며, ③ 검색엔진에 등록하며,

④ 메일링리스트나 유즈넷의 활용 등이 있다.

(1) 홈페이지 제작

홈페이지는 자기 회사의 특성이나 회사 제품을 홍보하는 데 가장 중요한 수단이라 할 수 있다. 홈페이지가 없는 회사라면 해외고객의 입장에서는 신뢰성이 가지 않을 것이다. 따라서 비용이 들더라도 값싸게 보이지 않고, 특화되어 있는 홈페이지를 제작하는 것이 바람직하다. 한편, 홈페이지는 모두 영어로 작성되어야 해외의 고객이 읽을 수 있을 것이다. 아무리 멋 있게 제작하여도 홈페이지가 한국어로만 되어 있으면 해외의 잠재고객에게는 그림 속의 떡일 수밖에 없다. 그리고 가능한 한 독자적인 도메인을 가지는 것이 바람직하다. 최근에는 일정 금액으로 독자적인 도메인 이름의 홈페이지를 관리해 주는 웹호스팅 서비스가 제공되고 있어 이를 활용하는 것이 바람직하다. 웹호스팅에 대한 정보는 한국인터넷정보센터(www.nic.or.kr/isp/isp.html)에서 알아볼 수 있다.

(2) 무역거래 알선사이트 등록

전자무역기법 중에서 전통무역과 가장 대조가 되며 인터넷을 잘 활용한 수단이 무역거래 알선사이트라고 평가할 수 있다. 무역거래 알선사이트는 여러 가지 유용한 기능이 있다.

첫째, 전 세계의 수많은 회사들 자신이 수출하고자 하는 물품이나 수입하고자 하는 물품에 대한 정보를 게시한 오퍼게시판을 검색하거나 직접 특정 품목명을 입력하여 관심 있는 품목의 거래선을 찾아볼 수 있다.

둘째, 상대방이 등록한 오퍼를 검색할 뿐만 아니라 우리 회사 스스로가 자기의 오퍼를 등록할 수 있는 기능을 활용하여 세계시장에 자기의 존재를 알릴 수 있다.

셋째, 전자카탈로그에 대한 검색을 통하여 구체적인 상품의 형태나 가격정보를 알 수 있다. 현재 우리나라는 EC21, ECPlaza, 중소기업진흥공단의 거래알선 사이트인 SMPIC 등 한국의 거래알선 사이트들과 알리바바, 커머스넷 등 해외의 거래알선 사이트 등이 있다.

(3) 검색엔진에 등록

우리나라의 중소무역업체가 이미 수출이나 수입실적을 많이 쌓지 않는 한, 해외의 잠재고객들이 그 회사의 홈페이지 주소를 알기가 어렵다. 한국의 기업과 교역을 원하는 해외고객들이라면 검색엔진을 통하여 홈페이지에 접근하는 것이 일반적이다. 검색엔진으로는 주제별 검색엔진과 주제어 검색엔진으로 나누어 볼 수 있다. 대표적인 주제별 검색엔진으로는 야후가 있으며, 주제어 검색엔진으로는 알타비스타가 있다.

(4) 유즈넷과 메일링리스트 활용

일종의 게시판인 유즈넷 공간에 잠재고객들에게 자사의 홈페이지 주소와 함께 간단한 홍보문안을 게시하는 것도 홍보의 한 방법이다. 또한 동일 업종에 종사하거나 동일한 관심을 보유한 사용자들의 커뮤니티 주소록인 메일링리스트에 게시하는 것도 홍보의 한 방법이다.

3. 신용조사

거래알선 사이트에 자사의 홈페이지나 오퍼 등을 등록하였을 경우 거래선, 즉 잠재고객이 이메일을 통하여 조회(inquiry)를 해오게 된다. 이때 상대방 거래선에 대한 신용조사가 필요하게 된다. 더구나 최근에는 결제방식이 수출상에게 대금지급을 확약하는 신용장방식의 비중은 낮아지는 대신 무신용장방식에 의한 대금지급의 비중이 높아지고 있다. 따라서 수출상은 수입상의 신용상태에 대하여 철저한 사전조사를 할 필요성이 있다. 국내신용조사기관으로는 KOTRA, 수출보험공사 등을 들 수 있다. 인터넷상에서 신용정보를 제공하는 해외신용조사기관으로는 Kompass, Dun & Bradstreet 등이 있다.

4. 거래제의 및 계약체결

전통적인 무역에서는 직접 해외출장을 가거나 국제우편이나 국제전화를 사용하여 상담을 진행하거나 계약을 체결하였다. 그러나 이러한 방법은 시간과 비용이 많이 소요되었다. 이제는 이메일을 활용하거나 인터넷폰을 활용하여 과거보다 훨씬 저렴한 비용으로 상담을 진행시킬 수 있게 되었다. 그리고 이메일은 단순한 문자뿐만 아니라 동영상 및 소리까지도 전송할 수 있어 획기적인 통신수단으로 각광받고 있다. 또한 표준화된 전자문서인 EDI를 활용하여 공식문서도 얼마든지 전송이 가능하게 되었다. 게다가 인터넷폰을 사용하면 국제전화보다도 저렴한 가격으로 외국의 바이어와 의사소통도 가능해졌다.

5. 무역자동화를 통한 통관

전통적 무역에서는 수출통관이나 수입통관절차는 서류를 기반으로 실행되었다. 그러나 전자문서교환(EDI)이라는 표준화된 전자문서가 컴퓨터 간 교환됨으로써 수출통관이나 수입통관절차는 대폭 간소화되고 시간도 절약할 수 있게 되었다.

6. 전자결제

전통적인 무역에서는 신용장결제방식이 가장 보편적으로 사용되어 왔다. 그러나 최근에는 신용장결제방식은 우리나라 기업들의 총수출건수의 30% 미만에 그치고 있으며, 송금방식이 주종을 이루고 있다. 앞으로 전자무역이 활성화되면 대금결제방식도 점차 전자화폐, 트레이드카드 등으로 변모할 것으로 전망된다. 특히, 국제B2B거래가 확산됨에 따라 대부분의 정보가 인터넷을 통하여 전자메시지의 형태로 전달되는데, 결제방식은 아직도 종이문서를 사용하고 있기 때문에 전자결제방식이 출현하지 않으면 전자무역의 전체 흐름이 종결되지 않으므로 결제방식의 근본적인 변화가 예상되고 있다.

현재까지는 국제은행 간 금융데이터통신협회(Society for Worldwide InterBank Financial Telecommunication; SWIFT)가 전자적으로 신용장을 전송하고 있다. 따라서 현재도 부분적으로는 결제방식이 전자화되었다고 할 수 있다.

7. 운송과 화물추적시스템

전통적인 무역에서 무역업체들은 해외거래처에 긴급한 서류나 상품샘플을 보낼 때 국제특송 서비스를 이용하고 있다. 과거에는 상대방이 해당 서류나 샘플을 받았는지 확인하기 위하여 별도로 국제전화를 하는 등 추가적인 절차가 필요하였다. 그러나 최근에는 자신이 보낸 서류나 물품이 상대방에게 전달되기까지의 전 과정을 화물추적시스템을 활용하여 추적해 볼 수 있다. 심지어는 상대 회사의 누가 받았고, 언제 화물을 인수하였는지도 알 수 있게 되었다.

6 전자무역의 국제동향

1. 동아시아전자상거래연합

최근 우리나라는 과거 30년간 전통적인 수출시장이었던 미국과 일본 시장에서 중국을 비롯한 경쟁국들과 치열한 경쟁을 벌이고 있다. 향후 수출확대를 위해서는 경제성장속도가 어느 지역보다도 빠른 동아시아지역에 대한 수출에 노력하지 않으면 안 된다. 이러한 배경에서 우리나라를 비롯한 중국, 일본, 대만, 홍콩, 싱가포르, 말레이시아 동아시아 7개국은 국가 간 전자무역네트워크를 구축하여 무역관련 비용을 절감함으로써 역내교역을 활성화하는 데 노력하고 있다. 동아시아전자상거래연합(Pan Asian e-Commerce Alliance; PAA)의 실천적 목표는, ① 7개 국가들이 서로 교역할 때, 필요한 무역서류를 종이문서 대신에 전자문서로 송 · 수신하고, ② 이들 국가의 수출입기업들에 대한 통합데이터베이스를 구축하고, 이 데이터베이스상에 들어 있는 기업정보를 전자무역네트워크에 가입한 기업들끼리 공유함으로써 무역업자 간 신뢰성을 높여서 동아시아지역의 역내무역을 활성화하기 위한 것이다.

2. 한 · 일 전자무역네트워크

우리나라 남해안에서는 일본 TV프로그램 시청이 가능할 정도로 일본은 지리적으로 가장 가까운 나라이며, 역사적으로 정치, 경제, 문화 등 여러 측면에서 심대한 영향을 주고받은 국가이다. 또한 일본은 우리나라의 가장 중요한 무역파트너로서 우리나라는 원자재나 완제품을 상당 부분 일본으로부터 수입하고 있으며, 또한 상당량을 일본에 수출하고 있기도 하다. 최근에는 한일무역자유지대(FTA)의 구축 논의가 활발하다. 서로 교역량이 상당한 한국과 일본은 무역을 보다 활성화하고 무역부대비용을 절감하기 위하여 전자무역네트워크 구축에 노력하고 있다.

한 · 일 간의 협력사업은 세 가지 방향에서 진행되고 있다.

첫째, 한국의 무역자동화 사업자인 KTNET과 일본의 TEDI가 중심이 되어 양국의 무역에 공통의 전자문서를 사용하기로 하고 이를 개발해 나가는 것이다. 이러한 사업의 일환으로 2002년에는 선적정보 통보, 포장명세서, 상업송장, 3개 전자문서의 개발을 마쳤으며, 선하증권과 구매지시서의 개발에도 착수하고 있다.[7)]

둘째, 한 · 일 양국의 업종별 B2B e-마켓플레이스를 연계하는 작업에 들어갔다. 이 사업의 목적은 한 · 일 양국의 중소기업들이 인터넷상에서 시장정보 검색, 거래선 발굴, 신용조사, 상담 및 계약 등 계약체결 이전 단계의 무역활동을 지원하는 e-마켓플레이스를 구축하는 데 있다.

셋째, 한 · 일 양국은 아시아지역이 어느 지역보다도 문화 · 인종적으로 다양해서 서로 무역원활화에 지대한 장애가 되고 있는 점을 직시하여 아시아 공통의 인터넷 국제표준언어를 개발하기로 합의하였다.

7) 이상진 외 3인, 『21세기 뉴 패러다임 전자무역』, 두남, 2003, p. 230.

3. ASEM 전자무역네트워크

우리나라는 전통적 우방국인 미국이나 일본과는 경제적 측면에서도 많은 교류를 가져왔으나 유럽지역 국가들과는 상대적으로 교역량이나 교역횟수가 적은 것은 사실이다. 여기에는 유럽지역 국가들이 유럽연합(European Union)이라는 지역 통합체를 결성하여 비회원국에 대하여서는 차별적인 무역정책을 시행한 것도 하나의 이유이다. 그러나 최근 유럽연합은 아시아지역 국가들과의 정치, 경제, 사회 등 전반적인 교류확대에 노력하고 있다. 아시아 · 유럽정상회의(ASEM)는 아시아와 유럽이 서로 교류를 확대하고자 하는 취지에서 결성되었다. ASEM 전자무역네트워크는 아시아 · 유럽정상회의에서 아시아와 유럽지역 국가들 간의 전자무역네트워크를 구축함으로써 두 지역 간 무역을 원활하게 하자는 취지에서 제안되었다. 논의되고 있는 안건으로는 전자무역이 실시될 때 선결조건인 보안문제, 지적재산권 등이 우선 검토과제로 논의되고 있다.

7 전자무역의 미래과제

1. 기업의 e-비즈니스 혁신을 통한 전자무역과의 연계

전자무역이 확대발전하기 위해서는 무엇보다도 기업 자체가 구조변화를 통하여 원료의 구매 · 생산 · 판매 · 유통에 이르는 전 과정을 e-비즈니스로 변환시켜야 한다. 지금까지 전자무역이란 주로 기업의 수출입부서가 은행, 보험회사, 운송회사, 관련정부기관과 교환하던 종이서류를 전자문서로 대체하는 무역자동화에 초점을 맞추어 왔다. 그러나 본질적으로 국제무역이란 국내기업과 외국기업 간에 물품이 오가는 교환과정이라 볼 때, 국내기업과 외국기업의 업무프로세스가 e-비즈니스로 전환해서 부서 간 의사소통이 전자정보로 유통될 수 있다면, 국내기업 간에 정보가 유통되는 것이나 국내기업과 외국기업 간에 정보가 유통되는 것이나 큰 차이가 없게 된다.

미래에 인터넷폰의 상용화로 국내전화 사용료나 국제전화 사용료나 별 차이가 없어지면 외국에 전화하는 것을 굳이 국제전화라고 부를 필요가 없게 될 것이다. 어차피 전화란 지리적으로 떨어져 있는 상대방과 의사를 소통하는 수단이라 볼 때, 한국의 서울에서 부산에 전화하는 것이나 서울에서 미국의 LA에 사는 친척에 전화하는 것이나 큰 차이가 없어질 것이다. 이미 물품의 운송부문은 컨테이너선의 등장으로 국내기업의 창고에서 컨테이너에 실린 물품은 그대로 컨테이너선과 트레일러 등을 통하여 외국기업의 창고까지 일관수송되고 있다. 그러나 무역과 관련된 서류의 전달은 매우 복잡한 과정을 거치고 있어 일관수송되지 않고 있다. 이처럼 수출입에 종사하는 모든 국내외 기업들의 업무프로세스가 ERP와 같은 비즈니스모델로 통합되고, 국경에서 물품의 반출을 관리하는 세관이나 무역협회 등 무역유관기관들도 인터넷으로 업무를 자동화한다면, 무역업무는 국내기업-무역유관기관-외국기업 간을 관통하는 하나의 일관작업으로 변모하여 업무처리속도는 훨씬 빨라질 것이다.

2. 인터넷기반 전자무역시스템 구축

전자무역이 보다 발전되기 위해서는 현재의 VAN기반의 전자무역시스템을 인터넷기반의 전자무역시스템으로 전환시켜야 한다. VAN기반의 무역자동화 시스템은 시스템 설치 및 사용료와 유지비용이 적은 돈이 아니어서 자금난에 시달리는 중소기업이 사용하기가 쉽지 않다. 사실 대기업은 수출입실적이 크기 때문에 전자무역시스템을 도입할 경우 도입에 따른 비용절감 측면도 커서 도입비용이 큰 부담으로 작용하지 않게 된다. 그러나 아직 수출입실적이 많지 않은 중소기업의 경우 시스템 도입비용은 대기업에 비하여 상대적으로 높을 수밖에 없다. 따라서 VAN기반 전자무역시스템보다도 비용이 저렴하고 설치비용이 따로 들지 않는 인터넷기반의 전자무역시스템을 개발하는 것이 전자무역을 확산하는 관건이라 할 수 있다. 이미 한국무역정보통신(KTNET)에서는 인터넷기반의 EDI서비스를 실시하고 있으나 관세청 등 무역유관기관도 이 분야에 대한 서비스제공을 앞당겨야 할 것이다.

3. 새로운 전자무역 비즈니스모형의 개발

무역자동화 중심의 기존 전자무역은 이미 사용되고 있는 무역서류들을 전자문서로 바꾸는 데 중점을 두고 있다. 즉, 국제적으로 관습화된 무역절차는 그대로 두고 다만 정보전달수단을 보다 신속한 수단으로 바꾼다는 의미이다. 무역프로세스를 계약체결 이전 단계와 계약체결 이후 단계로 구분한다면 무역자동화는 주로 통관, 보험, 상역 등 계약체결 이후 단계의 정보화에 집중하고 있다. 이들 계약체결 이후 단계의 특성은 업무 자체가 정해져 있다는 특징이 있다. 예를 들어, 수출품이나 수입품을 통관하거나 보험에 드는 업무는 특성상 어떤 융통성이 있는 업무가 아니며, 기계적으로 수행되는 업무라 할 수 있다. 사실상 국제무역 자체가 수익성이 있는지 여부는 기계적으로 이루어지는 계약체결 이후의 단계보다는 계약체결 이전 단계에 있다고 할 것이다. 오퍼상 등 무역업자들이 해외바이어들과 상담을 해서 큰 계약을 성사시키느냐 여부는 계약체결 이전 단계이다. 이렇게 보면, 전자무역을 활성화시키기 위해서는 계약체결 이전 단계의 정보화에 달려 있다고 할 것이다. 따라서 시장을 개척하고 제품을 해외바이어들에게 소개하고 상담을 진행하는 과정에서 업무의 정보화를 통하여 과거보다 수익을 더 낼 수 있다면 이는 분명 국제무역의 수익성과 직접적인 연관을 가지게 될 것이다. 따라서 이러한 계약체결 이전 단계에 적용할 수 있는 전자무역 비즈니스모형의 개발이 요청되고 있다.

4. U-Trade Hub의 정착

우리나라는 국가전략사업의 일환으로 인터넷 기반의 전자무역 인프라 구축에 노력하여 왔고, 그 결과 전자신용장, 온라인 수출대금 결제, 전자선하증권 서비스를 통합하여 제공하는 U-Trade Hub를 2008년에 7월 개통하였다. 향후 U-Trade Hub의 정착이 전자무역의 주요 과제라고 하겠다.

찾아보기

ㄴ

ㄷ

ㄹ

ㅁ

ㅅ

ㅇ

ㅈ

ㅊ

ㅋ

ㅌ

ㅍ

ㅎ

저자약력

박의범

학력: 서강대 무역학과/고려대 경영학박사
주요 경력: 한국국제경영관리학회 회장, 경실련 다국적기업평가위원회 위원장, 강원대 국제경영연구센터장, 미국 남가주대 · 캐나다 마니토바주립대 방문교수
연구 및 강의분야: 국제경영론, 국제경영전략, 국제마케팅, 지속가능경영
현 강원대학교 국제무역학과 교수

임재열

학력: 서울대 무역학과/서울대 경제학석사
주요 경력: 한국산업은행 조사부, 산업연구원 연구원, 인디애나대 방문교수
연구 및 강의분야: 국제금융론, 외환론
현 강원대학교 국제무역학과 교수

이영련

학력: 고려대 경제학과/미국 미주리대 경제학박사
주요 경력: 미국 미주리대 객원교수, 강원대학교 기획협력처장
연구 및 강의분야: 미시경제학, 한국무역론, 동아시아경제론
현 강원대학교 국제무역학과 교수, (사)한국무역교육인증원 원장

이현훈

학력: 숭실대 경제학과/미국 오레곤대 경제학박사
주요 경력: APEC 사무국 선임분석관, UNESCAP 선임환경관, 일본 게이오대 특별초빙교수
연구 및 강의분야: 국제무역이론, 국제무역정책, 경제발전
현 강원대학교 국제무역학과 교수

정용균

학력: 한국외국어대 영어과/미국 오레곤대 경제학박사
주요 경력: 한국외국어대 외국학종합연구센터 책임연구원, 한국통상정보학회 부회장
연구 및 강의분야: 국제e-비즈니스론, 무역결제론, 상사중재론
현 강원대학교 국제무역학과 부교수

권종욱

학력: 영남대 무역학과/고려대 경영학박사
주요 경력: 강원대 경영대학 부학장, 오하이오주립대 방문교수
연구 및 강의분야: 국제경영론, 비교문화론
현 강원대학교 국제무역학과 부교수

손찬현

학력: 서울대 산업공학과/미국 Case Western Reserve대 경제학박사
주요 경력: 일본 요코하마국립대 객원교수, 미국 예일대 경제학과 및 경제성장센터 초청연구원, APEC교육재단 사무국장, 대외경제정책연구원 선임연구위원
연구 및 강의분야: 국제통상론, 지역무역협정론, 국제무역이론
현 강원대학교 국제무역학과 부교수

김태인

학력: 전북대 회계학과/동국대 경영학박사
주요 경력: 관세법인 엘리트 대표
연구 및 강의분야: 국제상학, 관세법, 무역관계법
현 강원대학교 국제무역학과 전임강사

제3판 무역학원론

2010년 3월 2일 초판1쇄 인쇄
2010년 3월 15일 초판1쇄 발행

저　자　박의범, 임재열, 이영련, 이현훈,
　　　　정용균, 권종욱, 손찬현, 김태인
발행인　노현철
발행처　도서출판 해남
　　　　서울특별시 서대문구 충정로 3가 227-1 우리타워 6F
　　　　전화 739-4822　　팩스 720-4823
　　　　e-mail haenam30@dreamwiz.com
　　　　homepage www.hpub.co.kr
　　　　등록 1995. 5. 10 제 1-1885호

정　가　29,000원

ISBN　978-89-6238-018-7　93320

저자와
협의하에
인지 생략